SAVE
BEOGRAD
Smederevo
Velika Morava
Mlava
Kolubara
Smederevska Palanka
Koporin
Gornjak
Ramaća
Resava
Resava
Despotovac
Kragujevac
Ravanica
Karan
Čačak
Jošanica
Sisojevac
itovo Užice
Crna Reka
Zaječar
Kalenić
Zapadna Morava
Kalenička Reka
Arilje
Kraljevo
Beli Timok
Timok
DONAU
Žiča
Ljubostinja
Veluće
Južna Morava
Knjaževac
Rudenica
Kruševac
Moravica
Studenica
Ušće
Rasina
Gornja Kamenica
Mileševa
Palež
Nova Pavlica
Davidovica
Gradac
Raška
Niš
Đurđevi Stupovi
Toplica
Nišava
Isker
St. Petrus
Prokuplje
Lim
Sopoćani
Novi Pazar
Ibar
Kuršumlija
Bijelo Polje
Ibar
Kosovska Mitrovica
B U L G A R I E N
Sitnica
Peć
Priština
Sophia
SOPHIA
Gračanica
Dečani
Lipljan
Južna Morava
Zemen
Đakovica
Drin
Struma
Marica
Prizren
Kučevište
Staro Nagoričino
Koriša
Ljuboten
Kriva Palanka
Kumanovo
Psača
Rila
Weisser Drin
Kukës
Rečani
Mušutište
St. Nikolaus
Matejič
Hl Nikitas
Sušica
Lesnovo
Tetovo
Lešak
SKOPJE
Pčinja
Nerezi
Bregalnica
Vardar
Schwarzer Drin
St. Andreas
Treska
Marko-Kloster
Gornji Kozjak
Štip
A L B A N I E N
Radoviš
Koče
Melnik
Stobi
Veljusa
Zrze
Strumica
Treskavac
Kavadar
Vodoča
Strumica
TIRANA
Manastir
Prilep
Pološko
Mesta
Struga
Kalište
Dojran See
Ochrider See
Ochrid
Resen
Serrhes
Radožda
Skumbi
Peštani
Bitola
Grnčari
Crna
Struma
Zaum
Kurbinovo
Veliki Grad
Vardar
Hl. Maria zu Globoko
Prespa See
G R I E C H E N L A N D
Mali Grad
Beschik See
Ostrovo See
Golf von Rendina
Thessaloniki
Korçë
Mborja (Borje)
ÄGÄISCHE
Kastoria
Verija (Ber)
Vjosa
Golf von Thessaloniki
Vistritsa
Chilandar
Vatopedi
Kares-Kloster
Golf von Hagion
Golf von K
Lavra

Vojislav J. Đurić Byzantinische Fresken in Jugoslawien

Vojislav J. Đurić

Byzantinische Fresken in Jugoslawien

Hirmer Verlag
München

Die Übersetzung aus dem Serbokroatischen besorgte Anton Hamm, München.

Aufnahmen

Freskengalerie, Belgrad; N. Gattin, Städtische Anstalt für Denkmalschutz, Skopje; K. Denić, V. Đurić, R. Živković, D. Kažić, Nationalmuseum, Belgrad; G. Popov, Republische Anstalt für Denkmalschutz, Belgrad; D. Tasić.

Zeichnungen

B. Živković (10), A. Skovran (1), D. Todorović (2).

Für die deutsche Ausgabe

Gesamtherstellung: Verlag »JUGOSLAVIJA«, Belgrad

Printed in Yugoslavia by Beogradski izdavačko-grafički zavod, Belgrad
Tiefdruck by Grafički zavod Hrvatske, Zagreb

ISBN 3 7774 2710 1

EINFÜHRUNG

Als die Slawen nach langer Wanderung im 6. Jahrhundert an das Ufer der Donau kamen, standen jenseits des Stromes vor ihnen am Balkan immer noch blühende byzantinische Städte mit ihren mit Statuen und Bodenmosaiken geschmückten Monumentalbauten, mit großartigen Kirchen, deren Wände Mosaiken und Fresken bedeckten, mit prunkvollen Nekropolen, wo sich über den letzten Ruhestätten angesehener Bürger von einst prächtige Grabmäler erhoben. Die grobgesitteten Neuankömmlinge sahen sich vor einer ihnen völlig unbekannten Zivilisation, die, durch frühere Barbareneinfälle bereits leicht angegriffen, um ihre Existenz kämpfte. Nachdem die unternommenen Kriegszüge fehlgeschlagen waren, trat die Bevölkerung der alten, schon zu Zeiten der Römer bekannten Städte, wie Sirmium an der Save, Viminatium und Singidunum an der Donau, Naissus an der Nišava, Scupi am Vardar, Ulpiana auf dem Amselfeld, Doclea an der Morača, Salona in der Niederung von Split und vieler anderer, weniger bekannter, ihren süd- und meerwärts gerichteten Rückzug an und überließ ebendiese ihre Städte und Herrschaftsbesitze den Neusiedlern, die sich im 7. Jahrhundert endgültig auf dem Balkan festsetzten.

Lange standen die Slawen sowohl der von römischem und hellenischem Geist geprägten Kultur als auch den christlichen Kulturdenkmälern verständnislos und ohne Achtung gegenüber. Nachdem sie sich in den alten Städten und halbzerstörten Palästen niedergelassen hatten, errichteten sie in flüchtiger Eile ihre armseligen Behausungen aus Holz und Lehm. Mitgebracht hatten sie die Gewohnheiten der Flachlandbewohner des Nordens und eine polytheistische Kultur. Es brauchte eine gewisse Zeit, bis die Slawen so weit waren, um sich, nachdem sie das Christentum angenommen hatten, in die neue mediterrane Kultur einzugliedern und mit der Pflege einer Kunst zu beginnen, die das ganze Mittelalter hindurch den elementaren Ausdruck ihres geistigen Wesens bilden und in den glücklichen Entwicklungsepochen die höchste Leistung darstellen sollte, zu der sie sich aufzuschwingen vermochten.

Barbareneinfälle und ganze Völkerwanderungen in den ersten Jahrhunderten unserer Zeitrechnung, die mit der Ankunft der Slawen und Bulgaren ihren Abschluß fanden, hatten auf dem Balkan eine wahre Verwüstung hinterlassen. Die sich in der Folgezeit herausbildende Haltung des Christentums, die den Kunstwerken der Antike jegliche Geltung versagte, trug nur dazu bei, die alte Zivilisation in Vergessenheit geraten zu lassen, deren Denkmäler allmählich aus dem Blickfeld verschwanden, von den Anschwemmungen der Flüsse überdeckt und vom Wachstum in den Wäldern überwuchert werden sollten. Die Archäologen fördern heute die Ruinen römischer und byzantinischer Städte zutage: großartige Theater, in denen einst Werke antiker Schriftsteller aufgeführt wurden, heidnische Tempel und christliche Kirchen von gewaltigen Ausmaßen, in denen Gottesdienste von höchster Feierlichkeit stattfanden, römische Castra, in denen von weither herangeholte Krieger kämpften, römische und byzantinische Bäder, erbaut nach hauptstädtischen Normen. Doch an den Wänden dieser Ruinen blieb nur ein Geringes an Freskenmalerei erhalten, ganz besonders, was die figürlichen Darstellungen des christlichen Themenkreises betrifft, da diese Kunstwerke unter Witterungseinflüssen und bei Feuersbrünsten stärker litten als die Mosaikarbeiten.

Niš
Altchristliche Grabkammer, 4. – 5. Jh.

In Jugoslawien sind es eigentlich nur mehr zwei bedeutendere Gesamtwerke, die noch von dem einstigen Schaffen der christlichen Bevölkerung auf diesem Kunstgebiet Zeugnis ablegen: einmal die aus dem 4. Jahrhundert stammenden Fresken einer Grabkammer in Niš in Serbien und zum andern die Reste der im frühen 6. Jahrhundert entstandenen Wandmalerei der Episkopalkirche von Stobi in Makedonien. Die Grabkammer von Niš ist ein in die Erde eingelassener rechteckiger Raum mit vier Wandgräbern, den ein halbkreisförmiges Tonnengewölbe überdeckt. Hinein gelangte man über eine Treppe an der Ostseite. Alle Innenwände weisen noch erhaltene Malereien auf. Die unterste, unmittelbar durch die Grabhöhlungen verlaufende Zone füllt ein Zaun aus gekreuzten Latten mit verschiedenen in Grün und Rot gehaltenen Gewächsen dahinter aus. Die eine Oberzone an Ost- und Westwand zeigt jeweils ein Christusmonogramm in einem Kranz aus Palmzweigen sowie, diesem zugewandt, zwei in eine Landschaft hineingestellte Heilige, die in weiße Tuniken und Pallien gekleidet sind und höchstwahrscheinlich vier der Apostel darstellen. Zwei von ihnen, nämlich die an der Ostwand, sind an ihren charakteristischen Gesichtszügen als Petrus und *Paulus* zu erkennen. An der Nord- und Südwand der Grabkammer gliedert sich die Malerei über der untersten, der Grabzone, in zwei weitere Zonen. Die mittlere nimmt wiederum ein Zaun ein, nur ist seine Gestaltungsweise diesmal eine prunkvollere: er scheint aus Marmor zu sein und wird durch Büstenpfeiler (Hermen) unterteilt. Auch hier sind dahinter wieder Gewächse. Die oberste, an das Gewölbe anschließende Zone ist mit belaubten, Trauben tragenden Reben ausgestaltet, mit Vögeln darin, von denen einige an den Beeren picken. Das Thema der Grabkammer von Niš findet als Ganzes seine Erklärung in den bei Begräbnissen zu lesenden einfachen Stundengebeten. Der Wunsch der Auftraggeber war offensichtlich der, an den Wänden ihrer gemeinsamen Grabkammer den Garten des Paradieses mit Heiligen darin dargestellt zu haben: in diesem Garten und bei diesen Heiligen sollten ihre Seelen weilen. Weitergespannte thematische und stilistische Analogien zur Malerei der Grabkammer von Niš sind in den Bestattungsräumen einiger Katakomben in Rom zu finden. In engerer Beziehung zu dieser Malerei stehen die Fresken zweier Grabkammern auf dem altchristlichen Friedhof im ungarischen Pécs, Fünfkirchen, der Wandschmuck in den Grabkammern der Nekropole von Sofia in Bulgarien sowie die ungenügend publizierte Freskenausstattung der Grabkammern in Thessalonike. Die Ähnlichkeit der Wandmalerei der Grabkammer von Niš mit der aus der Wendezeit vom 4. zum 5. Jahrhundert stammenden altchristlichen Malerei römischer Katakomben läßt die enge Verbundenheit der römischen Bürger von Niš mit der Hauptstadt erkennen. Hier, im Naissus des Altertums, blühte bis in die fünfziger Jahre des 5. Jahrhunderts hinein, bis zu seiner Zerstörung durch die Hunnen unter der Führung Attilas, eine Kultur, in der sich östliche wie westliche Einflüsse geltend machten. Nach Attilas Einfall blieb die Stadt lange Zeit verlassen, und erst ganz kurz vor dem Einzug der Slawen auf dem Balkan kam wieder neues Leben in sie.[1]

Taf. I

Stobi, frühes 6. Jh.

Abb. 1

Von den Fresken der Episkopalkirche in Stobi blieben nur Fragmente erhalten: einige beschädigte Heiligenköpfe und *zwei kleine Teilstücke unbekannter Kompositionen,* die mit Ausnahme des einen der beiden Teilstücke, das aus dem Längsschiff stammt, an den Wänden des Narthex vorgefunden und ins Belgrader Nationalmuseum gebracht wurden. Die Kirche besaß übrigens auch einen reich „al fresco" bemalten Sockel, der nicht mehr vorhanden ist. Unter den erhaltenen Heiligenköpfen befindet sich ein einziger in Lebensgröße gemalter, der zu einer von mehreren Reihen von Heiligengestalten in der unteren Zone des Narthex gehört haben dürfte. Bei den Ausgrabungen entdeckte Reste griechischer Aufschriften, die auf Schriftrollen angebracht waren, sprechen dafür, daß einige stehende Figuren solche aufgerollten „Rotuli" in den Händen hielten. Der tiefbewegte Blick und die weitgeöffneten Augen der meisten, übrigens kleinformatigen Köpfe weisen darauf hin, daß diese zu an religiösen Szenen teilnehmenden Gestalten gehörten. Das lebhafte Farbenspiel auf den Gesichtern und die gewandte, freizügige und kühne Pinselführung bei der Modellierung der Gestalten sind ein beredtes Zeugnis dafür, daß die Künstler jenes „impressionistische" Verfahren, das für die Malerei um die Wende vom 5. zum 6. Jahrhundert charakteristisch ist, höchst erfahren zu handhaben verstanden. In Bezug auf die geradezu antiken Heiligentypen mit ihren weitgeöffneten Augen finden sich die engsten Parallelen in den ältesten der im St. Katharinenkloster auf dem Sinai erhaltenen Ikonen sowie in einigen Miniaturen der Codices purpurei des 6. Jahrhunderts. Die Fresken der Episkopalkirche in Stobi, die hohen künstlerischen Wert besitzen, entstanden jedenfalls vor 518, dem Jahre, in dem die Stadt von einem starken Erdbeben heimgesucht wurde und fast alles Leben in ihr erstarb.[2]

Ein neuer Aufschwung der Wandmalerei setzt nach der Christianisierung der slawischen Bevölkerung auf dem Balkan in der zweiten Hälfte des 9. Jahrhunderts ein. In diese Zeit fällt auch die Schaffung der ersten festeren Staatsgebilde der Slawen mit einer gesellschaftlichen Hierarchie, an deren Spitze sich Menschen hervortun, die für die Errichtung von Gotteshäusern und deren dekorative Ausgestaltung zu sorgen beginnen. Allerdings ist in diesen ersten christlichen Tempeln der Slawen keine Malerei erhalten, obschon das einstige Vorhandensein einer solchen ganz gewiß ist. Die später geschaffenen Kulturdenkmäler, deren Zahl vom 11. Jahrhundert an stetig zunimmt, zeigen, daß sich die Slawen, die Kirchenstifter des Balkans, bei der Innenausstattung ihrer Gotteshäuser in überwiegendem, wenn nicht gar ausschließlichem Maße für die Freskenmalerei entschieden haben. Die prunkvolle byzantinische Mosaikendekoration konnte in der slawischen Welt auf dem Balkan nicht Fuß fassen, nicht nur weil die Mittel gefehlt hätten, sondern auch weil es in diesem Gebiet, abgesehen von den Lateinersiedlungen im Küstenland, bis zum späten Mittelalter keine großen Städte gab, in denen Mosaikwerkstätten mit ihrer komplizierten Arbeitsweise hätten bestehen können. So bewirkten denn die Umstände, daß Jugoslawien heute ein „Land der Fresken" ist, ein Gebiet Europas, in dem Hunderte von Kirchen mit guterhaltener mittelalterlicher Wandmalerei stehen.

Lenkt man das Augenmerk auf die Freskenmalerei byzantinischen Stils in Jugoslawien — und damit zu einem geringen Teil auch auf die Malerei der Nachbarländer, soweit sie nämlich in historischem oder künstlerischem Bezug zur jugoslawischen steht — so ist nachdrücklich darauf hinzuweisen, daß die jugoslawischen Länder an jener empfindlichen Grenze Europas gelegen sind, an der sich die Einflüsse von Orient und Okzident mit ihren verschiedenen Kulturen und Kunststilen überschnitten haben. Ost- und Weströmiches Reich, lateinisches und griechisches Schrifttum, Katholizismus und Orthodoxie trafen hier unter häufigen gegenseitigen Fehden aufeinander, und dennoch blieb Raum für ein bodenständiges Schaffen, einen slawischen Eigenweg in Schrifttum und Literatur. Auf den großen Verbindungsstraßen, auf denen die Menschen von Ost nach West oder in umgekehrter Richtung wanderten, wurden auch Ideen vermittelt, die zum Zustandekommen einer interessanten kulturellen und künstlerischen Symbiose beitrugen. Dabei erscheint allerdings auch heute noch die westliche Hälfte Jugoslawiens als Schatzkammer einer mittelalterlichen Kunst, deren Ursprünge in Italien oder den Ländern Mitteleuropas lagen, die östliche hingegen, in der die Orthodoxie vorherrschte, als Museum von Werken, die von der byzantinischen Kunst inspiriert sind. Die in Makedonien, Serbien und einem Teil des adriatischen Küstengebiets bewahrte mittelalterliche Wandmalerei ist der Niederschlag jener Kunstauffassungen, die sich, hervorgebracht in der Hauptstadt des byzantinischen Reichs, nach dessen Randgebieten ausbreiteten und von da aus über die Reichsgrenze hinweg die weiten Räume der orthodoxen Länder zu erfassen vermochten. Die politische Entwicklung in den drei Gebieten der byzantinischen Wandmalerei in Jugoslawien stand im Laufe der Jahrhunderte unter verschiedenen Vorzeichen: ein Unterschied, dessen Spuren auch in der Malerei zu finden sind. Makedonien verblieb am längsten im Gefüge des Byzantinerreichs, und so ist denn auch in seiner Wandmalerei die konstantinopolitanische, thessalonikische oder epirotische Prägung am reinsten vorhanden; Serbien hatte seinen eigenen Staat, weshalb seine Wandmalerei Strömungen spezifischer Art hervorbrachte, wenngleich ihr Quellort in den großen byzantinischen Kunstzentren lag und ihre Übertragung von dorther durch fremde Meister erfolgte. Das katholische Küstenland mit seinen relativ autonom verwalteten Städten, das im politischen Machtbereich der Weststaaten lag, schuf in Verquickung der verschiedenen Einflüsse einen besonderen Stil, der von der byzantinischen Ausdrucksform ziemlich weit entfernt und am stärksten auf Venedig bezogen war.

Die gesamte Wandmalerei Serbiens und Makedoniens und teilweise auch die Fresken des Küstenlands sind Zweige am großen Baum der byzantinischen Kunst. Ihre schöpferischen Anregungen und Inspirationen bezogen sie aus der byzantinischen Hauptstadt und aus der zweitgrößten Stadt des Reichs, Thessalonike. Vom 10. Jahrhundert bis zur Mitte des 15. Jahrhunderts wurden in fast konsequenter Weise all jene Entwicklungsstufen und Veränderungen mitvollzogen, die die Malerei von Byzanz durchlief. Gewisse Eigenzüge nun, die die jugoslawischen Fresken zweifellos aufweisen, verleihen diesen einen besonderen Reiz, weshalb das Interesse an ihnen unaufhörlich steigt. Ihre außerordentliche Kostbarkeit wird noch gesteigert durch die Tatsache, daß unter ihnen zahlreiche Kunstwerke aus Epochen erhalten blieben, aus denen in der Hauptstadt des Reichs und den griechischen Ländern entstandene Werke fast völlig fehlen. Dies gilt vor allem für den Zeitraum des 13. Jahrhunderts, in dem die byzantinischen Länder zerstückelt waren, sowie auch für den Ausgang des 14. und die erste Hälfte des 15. Jahrhunderts, eine Zeit, aus der man derartige Kunstdenkmäler in Griechenland nur ganz selten antrifft. Die jugoslawischen Fresken füllen die Lücken in der Geschichte der byzantinischen Malerei und verbinden diese zu einem Ganzen; dabei zeugt ihr hoher künstlerischer Rang davon, daß ihre Schöpfer zu den besten Malern der jeweiligen Epoche zählten. Unter ihnen befanden sich auch Vertreter der fortschrittlichsten künstlerischen Ideen, entwicklungsführende Persönlichkeiten, Bahnbrecher des Neuen. Daher werden denn auch viele ihrer auf jugoslawischem Boden erhaltenen Werke in jede Anthologie von Schöpfungen der byzantinischen Kunst eingereiht.

I Niš, altchristliche Grabkammer. Apostel Paulus, Ende 4. Jahrhundert

II Ochrid, Sophienkathedrale. Christi Himmelfahrt, Detail, Mitte 11. Jahrhundert

IV Ochrid, Sophienkathedrale.
Erzengel Michael, Mitte 11. Jahrhundert ▶

III Ochrid, Sophienkathedrale.
Apostelkommunion, Detail, Mitte 11. Jahrhundert

MAKEDONIEN UNTER BYZANZ

11.–13. JAHRHUNDERT

Nachdem in der Schlacht auf der Belasica im Jahre 1014 die Macht des Zaren Samuel gebrochen worden und einige Jahre danach auch der letzte seiner ohnmächtigen Nachfolger unterworfen war, nahm Byzanz unter der Führung Basileios' II. Bulgaroktonos nicht nur das Territorium Makedoniens ein, in dem sich das Zentrum von Samuels slawischem Großreich befand, sondern auch das übrige Balkangebiet, das früher im Gefüge dieses Reichs gewesen war und sich bis zur Donau erstreckte. Bis zur Eroberung Makedoniens durch die Serben, die 1282 begann und 1334 endete, standen die Ländereien im Einzugsgebiet des Vardar unter byzantinischer Herrschaft, wenn man von einigen kurzen Unterbrechungen im 11. Jahrhundert sowie zu Beginn des 13. Jahrhunderts absieht, erstere bewirkt durch die Erhebungen slawischer Aufständischer und die Vorstöße der Normannen, letztere durch die Wirren nach dem Durchbruch der Lateiner, als Bulgaren und epirotische Despoten miteinander um Makedonien rangen. Politisch-militärisches Gebietszentrum war bis zu den lateinischen Eroberungen Skopje, geistiger Mittelpunkt jedoch, der sich als Strahlungsherd byzantinischer Kultur gar bis zum Beginn des 14. Jahrhunderts behauptete, die erzbischöfliche Residenzstadt Ochrid. War letztere zunächst auch noch alleinige Pflegestätte slawischen Schrifttums gewesen, so wandten sich diesem Wirkungsbereich nunmehr auch kleine Klöster und slawische Bergeinsiedlermönche zu und schufen vorerst noch bescheiden illuminierte Handschriften. Byzanz prägte diesem Kunstschaffen durch Vermittlung seiner politisch-religiösen Machtinstitutionen deutlich sein geistiges Siegel auf. Die autokephale Landeskirche von Ochrid, die unter dem Zaren Samuel Patriarchatsstatus erhalten hatte, wurde zwar bereits unter Basileios II. zum Erzbistum degradiert, gewann jedoch die Rolle der kulturellen und religiösen Hauptwirkungsstätte von Byzanz in Makedonien. Die jeweils durch kaiserliche Ernennung an ihre Spitze gestellten, hochgebildeten Erzbischöfe verfügten über eine wohlabgegrenzte Selbständigkeit. Sie kamen zumeist aus Konstantinopel selbst, wo sie bereits angesehene Ämter bekleidet hatten, und brachten Gepflogenheiten und künstlerische Auffassungen der Hauptstadt nach Ochrid. Unter ihnen waren viele sehr kultivierte Theologen der byzantinischen Kirche, aufgrund ihrer Teilnahme am politischen Geschehen bekannte Persönlichkeiten und überragende Gestalten der byzantinischen Literaturgeschichte. Sie und ihre engsten Vertrauten waren es, die das Kunstschaffen ihrer Diözese im 11. und 13. Jahrhundert, den Epochen, in denen sich durch ihr Verdienst eine Erneuerung des kirchlichen Lebens vollzog und die Errichtung und Ausstattung von Gotteshäusern vorgenommen wurde, entscheidend prägten.

Ochrid Sophienkirche Mitte 11. Jh.

Als in Nachfolge des Slawen Johannes 1037 der bisherige Chartophylax des Konstantinopler Patriarchats, Leon, auf den erzbischöflichen Stuhl von Ochrid gelangte, mit dessen Ernennung es Brauch wurde, dieses Amt mit Würdenträgern griechischer Herkunft zu besetzen, begann die Erneuerung der Ochrider Kathedrale, der Sophienkirche, eines dreischiffigen Gotteshauses, das bereits unter dem Zaren Samuel errichtet worden sein dürfte. Vollendet wurde das Werk noch vor Leons Tod im Jahre 1056. Zwar ist die Freskenausstattung der Sophienkirche heute fast nur mehr zur Hälfte vorhanden, doch bildet das, was davon blieb, die besterhaltene künstlerische Wiedergabe eines theologischen Programms in einer Kathedrale aus dem Byzanz des 11. Jahrhunderts. In Altarraum und Narthex sind die Fresken in der Tat vollständig in ihrem thematischen Zusammenhang erhalten, während an den Wänden des Naos nur noch hier und da ein Fragment zu sehen ist. Die Malerei des Altarraums hat — mit Ausnahme einer einzigen Darstellung, deren Stoff einer Kirchenhymne entnommen ist: die Thronende Gottesmutter, das Jesuskind im Schoß, in der Apsiskonche und, ihr huldigend, eine Suite von je sechs Engeln an Nord- und Südwand — fast ausschließlich, ob nun symbolisch oder unmittelbar wiedergegeben, die Eucharistie zum Thema, die wichtigste liturgische Handlung, die im Allerheiligsten vollzogen wird. Alttestamentarische
Abb. 5 Themen — *Abrahams Opfer,* Abrahams Begegnung mit den Engeln, die Philoxenie — Abrahams Gastfreundschaft — die drei Jünglinge im Feuerofen und Jakobs Traum — sind hier als Urbilder der Eucharistie begriffen, symbolträchtig sowohl als Ganzes als auch in den Einzelheiten, da auf das Letzte Abendmahl, die eigentliche Einsetzung des eucharistischen Sakraments, oder auch auf Christus als
Taf. III eucharistisches Opfer anspielend. Zwei andere Schöpfungen, *die Apostelkommunion* in der Apsis und zwei Szenen aus der Lebensbeschreibung des hl. Basilius des Großen an der Nordwand des Altarraums, geben diese liturgische Handlung unmittelbar wieder. Diese beiden Kompositionen sind übrigens — im Gegensatz zu den mit eucharistisch-übertragener Bedeutung ausgestatteten alttestamentarischen Szenen, wie sie in den Altarräumen byzantinischer Kirchen häufig anzutreffen sind — in ihrer Gestaltung ganz einmalig in der Ikonographie dieses Themas in der Welt von Byzanz. Daß diese Besonderheit gerade hier, in der Sophienkirche in Ochrid, zu finden ist, sollte, wie es scheint, in bezug gesetzt werden zu der Tatsache, daß der Stifter dieser Kirche und ihrer Malerei eben Erzbischof Leon war. In der in der Apsis dargestellten Szene der Eucharistie steht Christus hinter der Abendmahltafel und segnet das Weihgabebrot in seiner Hand, während sich ihm die Apostel von beiden Seiten nähern. Überall sonst in byzantinischen Kirchen ist diese Szene so gestaltet, daß Christus den Aposteln gebrochenes Brot und Wein darreicht. Und weiter: auf dem Wandgemälde, das die Basilius-Liturgie zeigt, an der Diakone und Gläubige teilnehmen, segnet Basilius, eine Schriftrolle haltend, auf der der Anfang eines Gebets mit eucharistischer Bedeutung steht, die auf dem Gabentisch bereiteten Weihgaben: einen Kelch mit Wein und einen Brotlaib mit dem Zeichen des Kreuzes.

Erzbischof Leon von Ochrid nun war einer der Hauptwortführer bei der unmittelbar vor der Kirchentrennung mit Rom geführten Polemik und Freund des Konstantinopler Patriarchen Michael Kerularios; er schrieb Johannes, dem Bischof von Trani, drei Briefe, in denen er die schismatischen Auffassungen der römischen Geistlichkeit scharf angriff. Seinen Ausführungen zufolge bestand der grundlegende Unterschied zwischen der römischen und der byzantinischen Kirche in der Art des beim Abendmahl verwendeten Brotes: die Byzantiner waren hierbei für gesäuertes, die Römer für ungesäuertes Brot. Es war dies eine liturgische Frage, die ein ungeheueres Echo auslöste. Die Annahme, daß die theologischen Streitigkeiten der Zeit, bei deren Verfechtung dem Oberhaupt des Erzbistums Ochrid und Stifter der Ochrider Malerei eine führende Rolle zukam, ihren Ausdruck in der ostentativen Zurschaustellung gesäuerten Brotes fanden, wie sie einzig und allein in den Szenen an den Wänden der Sophienkirche vorkommt, ist somit nicht von der Hand zu weisen. In einem der dort gestalteten Themen,
Abb. 6 nämlich in der *Basilius-Liturgie,* wurde der Keim zu einer höchst bedeutsamen eucharistischen Szene gelegt, die später als Anbetung des Opfers fast regelmäßig in der unteren Apsiszone byzantinischer Kirchen zur Darstellung gelangen sollte.

Als Verdienst Leons kann wohl auch gelten, daß unter den Darstellungen in den unteren Zonen von Altarraum, Diakonikon und Prothesis zahlreiche berühmte Patriarchen von Konstantinopel, Antiocheia, Alexandreia und Jerusalem, Bischöfe der kleinasiatischen Kirchenzentren, römische Päpste und kypriotische Erzbischöfe und auch zwei slawische Kirchenfürsten, nämlich Kyrill und Kliment von Ochrid, in Erscheinung treten. Den Ehrenplatz im Altarraum nehmen aus verständlichen Gründen die Konstantinopler Patriarchen ein, doch auch einige als Vertreter der einstigen Anschauungen von der kirchlichen Einheit verehrte ältere römische Päpste erhielten Plätze von hohem Rang in der Apsis des

Diakonikons. Der eigenen, paphlagonischen Herkunft eingedenk, ließ Leon auch die kleinasiatischen Bischöfe an hervorragender Stelle figurieren, ebenso wie auch die angesehenen kypriotischen Kirchenfürsten — letzteres als Hinweis auf die Ranggleichheit zwischen der Kirche von Zypern und dem von ihm verwalteten Ochrider Erzbistum. Den bescheidensten Platz im Diakonikon bekamen die Slawenapostel zugewiesen. Diese Hervorhebung bedeutender kirchlicher Würdenträger von Byzanz und Rom, die Placierung ihrer Bilder an den festlichsten Stellen im ganzen Gotteshaus, birgt in sich die Idee von der Verbundenheit Ochrids mit den großen Zentren kirchlichen Lebens in Ost und West und von der kontinuierlichen Einordnung der Ochrider Landeskirche in das Gefüge des christlichen Universums: eine Idee, deren besondere Aktualität sich aus der Vergangenheit Ochrids herleitet, in dem vordem unter dem Zaren Samuel ein von diesem berufener Patriarch residiert, der sich seinen Titel nach den Anschauungen der Byzantiner widerrechtlich angeeignet hatte. In anderen ostkirchlichen Zentren (in der Hagia Sophia in Konstantinopel beispielsweise oder im Serbien des 13. und 14. Jahrhunderts) befinden sich die Darstellungen der heimischen kirchlichen Würdenträger für gewöhnlich außerhalb des Altarraums — im Westteil der Kirche oder im Narthex.

Ein in seiner Art gleichfalls einmaliges Werk der byzantinischen Wandmalerei ist eines aus der Reihe von Szenenbildern in der Prothesis, nämlich die Legende von den vierzig Märtyrern von Sebaste, die in Konstantinopel selbst hohes Ansehen genoß. Erwähnung verdient ferner der im Diakonikon dargestellte Zyklus von Szenen aus dem Leben Johannes des Täufers. Von dem Zyklus der zwölf Kirchenfeste blieben nur vier Bilder erhalten: die Geburt Jesu, der Tod Mariä, der Tempelgang Mariä und *die Himmelfahrt Christi.* Im Narthex, der als Versammlungsraum für die Frauen bestimmt war, sind Taf. II fast alle Wandflächen mit Darstellungen weiblicher Heiligen geschmückt, doch sind hier auch zwei in der Wandmalerei selten vorkommende Szenen wiedergegeben: die Entrückung des hl. Elias in den Himmel und die hl. Siebenschläfer zu Ephesus.

Von besonderer Bedeutung für das Kennenlernen von Byzanz als einer Schatzkammer ikonographischer Motive, die später, im Italien des 13. und 14. Jahrhunderts, große Popularität gewannen, sind einige Madonnendarstellungen, wie man sie andernorts in Byzanz nur selten oder gar nicht antrifft. Eine davon ist am Nordpfeiler neben dem Ikonostas zu finden: die Gottesmutter, auf einem Arm das Jesuskind, dessen Beine bis zu den Knien unbedeckt sind. Ein recht seltenes Motiv für Byzanz, wenn man sich unter dessen erhaltengebliebenen Kunstdenkmälern umsieht. Als Ausdruck für eine möglichst stark menschliche Gestaltung Christi war es insbesondere bei den toskanischen Heiligenbildmalern der zweiten Hälfte des 13. Jahrhunderts beliebt. Das zweite Bild ist einstweilen noch eine absolute Einzelerscheinung in der byzantinischen Welt. Es befindet sich an der Innenwand über dem Eingang zum Narthex und zeigt die Gottesmutter mit dem Jesuskind, das auf einem Kissen auf der bloßen Erde sitzt. Dies ist die Darstellungsweise der Gottesmutter als „Madonna dell'Umiltà", die mit Simone Martini begann und in der Folgezeit auch über Italien hinausdrang; die demutsvolle Poesie dieser Szene fand vor allem bei den Bürgern dieses Landes Anklang.

So gibt die Malerei der Sophienkirche von Ochrid äußerst schlüssig Auskunft über die gestaltende Betrachtungsweise in bezug auf Themenkreis, Programmzusammenstellung und Ikonographie, wie sie für Byzanz um die Mitte des 11. Jahrhunderts kennzeichnend ist, gerade zu einer Zeit also, aus der so wenige Werke der Freskenmalerei in Kathedralen erhalten sind. Eine zumindest ebenso wichtige Rolle spielt sie für das Kennenlernen der Stilrichtungen und künstlerischen Ideen, die aus den Kreisen des hohen byzantinischen Klerus stammten.

Die Maler der Sophienkirche — es waren mehrere, und der hervorstechendste Meister unter ihnen ist wohl der Schöpfer der Gottesmutter in der Apsis und des *Erzengel Michael* neben dem Westeingang, Taf. IV um nur die charakteristischsten seiner Arbeiten zu nennen, denen ein besonders hoher künstlerischer Wert zueigen ist — griffen zu Ausdrucksmitteln, die ihren Werken ein Höchstmaß an dramatischem und expressivem Gehalt verliehen. Ihre Heiligen, häufig in Ruhestellung oder in der Bewegung erstarrt, neigen in der Physiognomie zur Häßlichkeit, ja, zur Karikatur. Die Gesichtszüge sind vielfach semitisch geprägt, aus dem suggestiven, durchdringenden Blick der weitgeöffneten Augen spricht eine starke innere Unruhe. Die durch Volumensschattierung und Nachziehen der Konturen erzielte plastische Geschlossenheit der Form verleiht den Heiligengestalten in Verbindung mit der an sich recht kargen, hell-dunkel kontrastierten Farbgebung eine geradezu sprechende Überzeugungskraft. Jene ausgewogenen Kompositionen mit rhythmischer Stoffanordnung beiderseits der üblichen Vertikalachse sind in der Sophienkirche nur sehr spärlich vertreten. Weitaus überwiegend sind Szenen ohne festen geometrischen Plan, bei deren Schöpfung nicht der Wunsch nach einem geschlossenen Aufbau der Darstellung durch entsprechende Gestaltenverteilung ausschlaggebend war, sondern vielmehr das Bestreben, durch Unruhe in der Anordnung und krampfhaft angehaltene Bewegung einen dramatischen Klang in das Bild hineinzubringen. Fügt man dem hinzu, daß die Maler dunkle Farbharmonien wählten, und zwar sehr enge Skalen — Kastanienbraun, Ocker und Weiß für die Gesichter, Dunkelblau für den Hintergrund, Grau, Rötlichgrau und Dunkelgrün für Bauwerke und Landschaft, und sehr ähnliche Farbklänge unter Hinzufügung von Weiß und Schwarz für die Kleidung —, so wird ihre Absicht durchschaubar, eine weltabgewandte, gegen lyrische Stimmung und klassische Vorbilder gerichtete Kunst zu schaffen, deren Hauptanliegen es war, die asketische Geisteshaltung ihrer Zeit mit ihrer Diesseitsentsagung in Form und Farbe zu bannen, wobei sie es auf sich nahm, alles Leibliche, Stoffliche, alle irdische Schönheit in den Hintergrund zu stellen.

Ihren Ursprung hatte diese Kunst in den Bereichen östlichen Mönchtums, doch war sie längst schon nach Konstantinopel übernommen worden, wo sie in den Künstlerwerkstätten der großen hauptstädtischen Klöster wie Studios gepflegt wurde. Sie hinterließ Spuren in einigen zwischen dem 9. und 11. Jahrhundert geschaffenen Konstantinopler Miniaturen (Chludov-Psalter, Handschrift des Britischen Museums aus dem Jahre 1066 usw.) sowie mehreren Mosaiken und Fresken der Hauptstadt aus demselben Zeitraum (Obergeschoßraum in der Hagia Sophia, bei den Ausgrabungen im Bereich der Hagia Eirene entdeckte Fresken). Und dennoch sind in Konstantinopel keine Werke zu finden, deren Aussage zur Sprache der Ochrider Künstler in recht eigentlich analogem Verhältnis stünde. Vorhanden sind solche näher in Richtung von Ochrid, in der zweiten großen Stadt des Reichs, Thessalonike: in größter Zahl unter den Fresken im Narthex der dortigen Hagia Sophia, der erzbischöflichen Hauptkirche dieser Stadt, und in geringerem Umfang unter der Wandmalerei der Kirche Panhagia ton Chalkeon. In beiden Fällen handelt es sich um Werke, die gleichzeitig mit oder kurz vor den Ochrider Fresken entstanden sind und echte Parallelen zu diesen aufweisen. Die Schöpfungen der Künstler, die in der Hagia Sophia von Thessalonike wirkten, stehen denen von Ochrid so nahe, daß es scheint, als seien beide aus den Händen derselben Gruppe hervorgegangen. Es ist daher recht gut möglich, daß die Mutterstadt der Ausgestalter der Ochrider Sophienkirche Thessalonike war. Die Künstlerhochburg Thessalonike sollte in der Geschichte der Malerei des unter byzantinischer Herrschaft stehenden Makedonien auch anderweitig eine Konstantinopel durchaus ebenbürtige Rolle spielen.[3]

Vodoča, 1. Hälfte 11. Jh.

Abb. 2, 3

Etwa zur gleichen Zeit, da die Fresken der Sophienkirche in Ochrid geschaffen wurden, oder möglicherweise einige Jahre früher, dürfte auch die älteste Malerei in der Kirche des hl. Leontios in Vodoča, der Kathedrale der Bischöfe von Strumica, entstanden sein. Erhalten blieben nur zwei ganzfigurige Darstellungen in der unteren Zone der älteren Kirche, die heute den Westteil des später umgebauten Gotteshauses bildet, nämlich der *Diakon Esaurios* im Altarraum und der *Hl. Panteleimon* am Südwestpfeiler — beide wahre Meisterwerke der ersten Hälfte des 11. Jahrhunderts. Die fest modellierten Köpfe von hellenistischem Typus, fein in der Zeichnung, die Gesichter von kastanien- bis ockerfarbenem Teint, mit weißen Glanzlichtern versehen, wirken wie gegossen, es ist, als habe der Ausdruck von Frieden durch die zu ruhigen Formen verflossenen Hell- und Dunkeltöne möglichst stark in sie hineingebannt werden sollen. In Zeichnung und Typenwahl diesen Darstellungen am nächsten verwandt sind die Werke des ranghöchsten unter den Künstlern, die in der Sophienkirche in Ochrid wirkten; nahe stehen ihnen auch einige Heiligengestalten unter den Mosaiken in Hosios Lukas in der Phokis oder auch die in der Nea Moni auf Chios.[4]

Veljusa, nach 1080

Etwas mehr blieb von den Fresken an den Wänden der Klosterkirche Maria Eleusa in dem Dorfe Veljusa bei Strumica erhalten. Wie man aus dem Wortlaut zweier einst in der Kirche befindlicher historischer Inschriften erfährt, wurde das Gotteshaus 1080 von dem Mönch Manojlo, in der Folge Bischof von Strumica, von Grund auf erneuert. Anderweitige klösterliche Urkunden berichten, daß Manojlo, als er den Bischofsstuhl bestieg, aus dem Auxentioskloster in Chalkedon bei Konstantinopel kam. Nach einigen Ikonen zu schließen, die in alten Besitzstandsverzeichnissen von Veljusa erwähnt sind, brachte er von dort den Kult der chalkedonischen Märtyrer — es waren dies sein Namensvetter Manojlo sowie Saul und Ismael — nach Strumica. Bei der Neugestaltung der Kirche in Veljusa, eines Dreikonchenbaus mit Mosaikboden, hielt er sich an die vornehmsten Architekturtraditionen der Hauptstadt und ließ für sie einen dekorativen Ikonostas in Stein meißeln. Die Tatsache, daß der bischöfliche Stifter seine Kirche so reich ausstattete, sie mit Gütern beschenkte und ihre Schatzkammern mit Kostbarkeiten anfüllen ließ, berechtigt zu der Annahme, daß auch die Malerei des Gotteshauses noch zu seinen Lebzeiten, d.h. im Anschluß an das Jahr 1080, vollendet wurde; bestätigt wird diese Annahme durch den Stil der Fresken selbst.

Neben der beschädigten Thronenden Gottesmutter in der Halbkalotte der Altarapsis sowie den Szenen der Anastasis in der nördlichen und der Darstellung im Tempel in der westlichen Seitenapsis ist hier in Veljusa eine ikonographisch ganz besondere Darstellung in der unteren Zone der Altarapsis erhalten: zwei Liturgen, Basilius der Große und Johannes Chrysostomos, der Apsismitte zugekehrt, verneigen sich vor der Hetoimasia: auf einem Thron ein aufgeschlagenes Evangelienbuch und eine Taube, das Sinnbild des Heiligen Geistes. Sie halten in den Händen Schriftrollen mit aus ihren Liturgien entnommenen Gebeten für die Gläubigen. Dahinter stehen, frontal dem Beschauer zugewandt und Bücher in den Händen haltend, der hl. Athanasius und der hl. Gregor. Mit dieser Szene taucht in der Ikonographie erstmals eine Darstellung der Anbetung der Kirchenfürsten in der Apsis auf. Die eucharistisch motivierte Wiedergabe der Basilius-Liturgie in der Ochrider Sophienkathedrale wurde hier in erweiterter Form in den Altarraum verlegt, doch sind auch hier noch nicht alle in seinem Bereich dargestellten Kirchenfürsten in die Komposition eingegliedert, denn zwei Bischöfe am Rande nehmen, wie dies aus ihrer frontalen Stellung und der Tatsache, daß sie anstelle von Gebetsrollen Bücher in den Händen halten, ersichtlich ist, nicht an der Gesamthandlung teil. Die vollständige Geschlossenheit dieser für den Altarraum byzantinischer Kirchen so charakteristischen Szene sollte erst im 12. Jahrhundert verwirklicht werden.

Auch die Malerei der Kirchenkuppel — in der Kalotte ein Christusmedaillon, zwischen den Tambourfenstern eine Maria in Orantenhaltung, Johannes der Täufer, zwei Engel in königlichen Gewändern und vier Propheten — ist eine ikonographische Besonderheit. Sie umfaßt, recht besehen, zwei Themen: die Deesis und das Prophetentum. Als Kurzfassung des Jüngsten Gerichts ist die Deesis ein Nachhall der alten byzantinischen Kuppeldekoration, bei der die Himmelfahrt Christi dargestellt zu werden pflegte. In Anlehnung an die Worte der Heiligen Schrift, die da lauten: „Er wird ebenso kommen, wie ihr ihn habt zum Himmel auffahren sehen", schuf der Maler hier einen Bezug zwischen Christi Heimgang und seiner dereinstigen Wiederkunft. Die Propheten hingegen sind ein Vorzeichen für ein in Byzanz neu aufkommendes System bei der Ausgestaltung der Kuppel, das in der Folge das absolute Übergewicht erlangen sollte. Dank ihrer besonderen Merkmale nimmt die Malerei in Kuppel und Apsis der Kirche von Veljusa eine bedeutende Schlüsselstellung für das Kennenlernen der ikonographischen Übergangstypen in den byzantinischen Kirchen ein.

Weit besser als im Mittelschiff sind die Fresken in der kleinen Erlöserkapelle, einem Anbau an der Südseite der Kirche, erhalten. Die zentrale Stelle in der Kalotte ihrer reichbemalten Kuppel nimmt die Gestalt des Christus Immanuel ein, die Apsis schmückt die Darstellung zweier Engel, die ein großes Medaillon tragen, das Christus auf einem Regenbogen sitzend zeigt. Im Durchgang zur Kirche befinden sich drei Heiligengestalten: in der Nische ein Bischof und anschließend der hl. Niphon und der *Hl. Panteleimon.* Die Apsisszene stellt entweder die Synaxis der Erzengel oder aber eine Christusvision vor, die in dieser Form in der Wandmalerei von Byzanz ansonsten recht selten auftritt. Abb. 4

Die Malerei von Veljusa wurde in ihrer Gesamtheit von einigen gleichzeitig wirkenden, außerordentlich begabten Künstlern geschaffen, die wie alle Maler, die im 11. Jahrhundert im Auftrag der Vertreter des erzbischöflichen Klerus von Ochrid am Werk waren, der sog. mönchischen Kunstrichtung angehörten. In Beibehaltung des Schattierungsprinzips waren sie bestrebt, durch Hell-Dunkel-Kontraste möglichst viel Volumen und durch dunkle Farbgebung eine mystische Grundstimmung in ihre Werke hineinzulegen. Bei deren farblicher Anreicherung gingen sie weiter als die vor ihnen in Makedonien tätigen Meister: so ersetzten sie bisweilen die kastanienbraune Tönung der im Schatten liegenden Gesichtspartien der Heiligen durch Graugrün, wobei sie Tiefschattenstellen karminrot akzentuierten. Daneben war es bei ihnen schon fast zur Regel geworden, Haupt- und Barthaar durch ein vorerst noch flüchtiges Linienspiel zu verdeutlichen, was früher nicht der Fall gewesen war. Die hier auftauchenden dekorativen Gestaltungselemente sollten später weit charakteristischer werden, und die Linie als Stilelement sollte größere Bedeutung gewinnen. Die beherrschende Rolle des Volumens gegenüber dem ausschmückenden Detail und der Vorrang der Schattierung vor dem Glanzlicht bleiben hier in Veljusa allerdings noch unangetastet. Das hohe Können der Maler dieser Kirche, die kernige Kraft und die Anmut ihrer Werke, die Fortschrittlichkeit ihrer Auffassungen, die in neuen stilistischen und ikonographischen Merkmalen zur Geltung kommt, all das dürfte Beweis genug sein für die Annahme, daß die Künstler, die diese Fresken im Auftrag des damaligen Bischofs von Strumica, Manojlo, schufen, aus einer Künstlerwerkstatt der Hauptstadt berufen wurden oder auch aus Chalkedon, dessen Künstler Manojlo, der auf Wunsch des Konstantinopler Patriarchen von dort nach Strumica gekommen war, ja kennen mußte; in diesem Zusammenhang sei nur auf die einst in der Schatzkammer seines Klosters befindliche Ikone mit der Darstellung der chalkedonischen Märtyrer verwiesen, deren Anfertigung durch Meister aus diesem Ort auf der Hand liegt.[5]

Ochrid Sophienkirche, Ende 11. – Anfang 12. Jh.

Die Fresken in der Kapelle im Obergeschoß über dem Diakonikon in der Sophienkathedrale in Ochrid dürften, ihrem Stil nach zu urteilen, um die Wendezeit vom 11. zum 12. Jahrhundert entstanden sein. Neben einer Wiedergabe der Deesis in der Apsis sind hier Szenen vom Märtyrertod einiger Apostel gezeigt, die zu einem Teil beschädigt sind. Einfach in der Komposition, jeweils eine oder nur ganz wenige Figuren beinhaltend, weisen diese Bilder eine betonte Vertikalachse und einen weitgehend mit Bauwerken ausgefüllten Hintergrund auf, der mit seinen Mauern aus Steinquadern den flachen Raum abschließt. Kennzeichnend für die Malerei in dieser Kapelle, die in der Farbgebung etwas lebhafter ist als die ältesten Fresken der Kirche, ist das Auftreten dekorativer und graphischer Elemente bei der Herausarbeitung der Gestalten (Gesichter, Haar, Bärte) sowie eine Gewichtsverringerung des Volumens, das seichter, wandbezogener ist. Nun konnte es der Künstler, der diese Kapelle ausschmückte, an Begabung allerdings nicht mit den großen Meistern der Malerei aufnehmen, die bis dahin in Makedonien gewirkt hatten.[6]

Vodoča, 1. Hälfte 12. Jh.

Auch bei den Fresken der jüngeren Schicht in der Kirche des hl. Leontios in Vodoča handelt es sich nicht um Werke überragender Künstler. Heute nur mehr in Form kläglicher Fragmente erhalten, die in das Stadtmuseum von Štip gebracht wurden, waren sie noch zu Beginn unseres Jahrhunderts in erheblich besserem Zustand. Ihr Entstehen fällt in die Zeit, da die Kathedrale in Vodoča architektonisch erweitert und an ihrer Ostseite ein großer Anbau errichtet wurde, nach dessen Fertigstellung die alte Kirche die Funktion des Narthex übernahm. Teilweise wohl auch in letzterem, vor allem aber in dem neuen Kirchengebäude wurden damals die Fresken der heutigen jüngeren Schicht geschaffen. Das altertümliche Dekorationsprogramm im Allerheiligsten — in der unteren Zone Kirchenfürsten in Frontaldarstellung, in der Halbkalotte der Apsis die Thronende Gottesmutter mit dem Jesuskind auf dem Schoß und, Mutter und Kind huldigend, eine Suite sich verneigender Engel wie in der Ochrider Sophienkathedrale — zeigt, daß sich die Schöpfer dieser Malerei in den Bahnen der im Ochrid des 11. Jahrhunderts zum Gesetz erhobenen Tradition bewegten. Der Raum der Prothesis war möglicherweise den vierzig Märtyrern von Sebaste geweiht, zu denen auch der hl. Leontios gehörte, der Schutzpatron des Gotteshauses von Vodoča. Von der ihrem Martyrium gewidmeten Komposition, von der nicht mehr bekannt ist, an welcher Stelle in der Kirche sie sich befand, blieb lediglich eine Kopie erhalten, die im Archäologischen Museum in Sofia aufbewahrt ist. Eine Darstellung der Apostelkommunion füllte die untere Zone der Prothesis aus — eine in byzantinischen Kirchen völlig aus dem Rahmen fallende Einordnung dieser Szene.

Wie bereits angedeutet, sind die hier genannten Fresken wahrscheinlich in der ersten Hälfte des 12. Jahrhunderts entstanden. Wenngleich die Integrität des Volumens gewahrt ist, tritt doch bereits eine gewisse pittoreske Gestaltungsweise deutlich in Erscheinung. So haben die Meister bisweilen zwei nebeneinander befindliche Figuren ganz unterschiedlich schattiert und diese Schattierung dann in Gesichtern und Draperien konsequent durchgehalten. Farbliche Spielereien erscheinen auch an den plastisch konzipierten Heiligenköpfen und zwar in Form einer verschiedenfarbigen Strichelung, mit der ein bis dahin unbekanntes künstlerisches Verfahren eingeführt wurde. Bezieht man in diese Erwägungen die Darstellungstechnik in der Komposition zum Thema der Märtyrer von Sebaste ein: diese Verschlungenheit der Gestalten zu einem komplizierten Geflecht aus Haltungen und Bewegungen, dieses Festhalten des Augenblicks ihrer Seelenqual auf dem vereisten See, so darf gefolgert werden, daß die jüngeren Maler von Vodoča bereits sehr gut mit jenen neuen künstlerischen Gestaltungsprinzipien vertraut waren, die dann weit ausgeprägter in der byzantinischen Malerei der zweiten Hälfte des 12. Jahrhunderts zur Geltung kamen, der Zeit, da Byzanz von der Komnenendynastie regiert wurde.[7]

Alles, was in Makedonien an Freskenmalerei aus dem 11. und dem beginnenden 12. Jahrhundert noch vorhanden ist, wurde durch das Verdienst der hohen kirchlichen Würdenträger des Ochrider Erzbistums geschaffen. Da nun diese ihre Anschauungen auch in den Kunstwerken ihrer Stiftungen zum Ausdruck gebracht wissen wollten, zogen sie in diesem Sinne befähigte Maler heran, und so tragen alle diese Werke den Stempel der sog. mönchischen Kunst. Komplizierte ikonographische Ausdrucksweise und dramatisch-expressive stilistische Aussage sind hier vereint, um dem Betrachter die mystische Welt des Dargestellten aufgehen zu lassen, die, obschon schwer zu begreifen, durch ihren Ernst, ihre gedankliche Tiefe und den sie beseelenden Wunsch ihres Schöpfers, nichts zu beschönigen, zu idealisieren, sondern religiöse und dogmatische Überzeugungen zu vermitteln, ungemein eindringlich wirkte.

Im 12. Jahrhundert wird Makedonien vom Pronoiasystem erfaßt, das dem Adel hierzulande die Festigung seiner Stellung ermöglicht und ihm eine Erweiterung seines Besitzstandes einträgt. Vereinzelte Versuche zur Aufrichtung einer selbständigen Feudalherrschaft scheitern allerdings an der straffen Verwaltung unter den Komnenen, die selbst aus dem Militäradel hervorgegangen sind. Unter diesen Umständen kommt es zu häufigen Besitzstreitigkeiten zwischen dem Ochrider Erzbistum und den immer stärker werdenden Magnaten. Die neue Lage überträgt sich auch auf das Gebiet der Kunst: die kirchlichen Würdenträger sind nicht mehr die einzigen, ja, nicht einmal mehr am zahlreichsten, wenn es darum geht, Kunstwerke in Auftrag zu geben, Kirchen zu stiften und Malereien zu bestellen. An ihre Stelle tritt jetzt der Adel, häufig in Gestalt von Angehörigen der vornehmsten byzantinischen Häuser. Auch auf dem erzbischöflichen Stuhl von Ochrid selbst werden die Ordensleute durch Männer vom Hof oder ehemalige Hofbeamte abgelöst: Erzbischof Johannes Komnenos, der um die Mitte des 12. Jahrhunderts amtierte, und dies nicht nur kurze Zeit, war ein Sohn des angesehenen Sebastokrators Isaak, stammte also aus dem Herrscherhaus, und Erzbischof Johannes Kamateros, dessen Amtszeit in den Ausgang des 12. Jahrhunderts fällt, war, bevor er nach Ochrid kam, unter Andronikos Komnenos kaiserlicher Beamter bei Hofe. Dieser Umschwung der Dinge hat zur Folge, daß in der makedonischen Malerei des 12. Jahrhunderts eine neue, höfische Stilrichtung in Erscheinung tritt.

Das bedeutendste Denkmal der komnenischen Hofmalerei des 12. Jahrhunderts sind unbestreitbar die Fresken in der Kirche des hl. Panteleimon in dem Dorfe Nerezi bei Skopje. Sie entstanden 1164, wie dies aus einer über der Zugangstür vom Narthex zum Kircheninnern angebrachten Inschrift hervorgeht, derzufolge das Gotteshaus in besagtem Jahr errichtet und ausgestaltet wurde. Stifter war Prinz Alexios Komnenos, Sohn des Konstantin Angelos, eines ziemlich unbedeutenden Adeligen jener Zeit, der jedoch immerhin als schöner Mann galt, und der Tochter des Kaisers Alexios Komnenos, Theodora. Nur seine mütterliche, komnenische Herkunft ließ der Stiftherr von Nerezi in der bewußten Inschrift anführen, da das Geschlecht der Angeloi noch ganz am Anfang seines Aufschwungs stand, der es bis an die Spitze der byzantinischen Gesellschaft hinaufheben sollte. Als Grund dafür, daß Prinz Alexios Komnenos seine Stiftung — eben Nerezi — gerade in Makedonien errichten ließ, wird angenommen, daß die Angeloi einige ihrer Besitztümer in der Umgebung von Skopje hatten, oder auch, daß der Prinz in dieser Stadt im Dienst stand. Quellenmäßig belegt ist nur, daß er sich im Gefolge des Kaisers Manuel befand. Wie dem auch sei: die Kunstwerke von Nerezi zeigen, daß er für die Ausstattung seiner Kirche mit Freskenmalerei die hervorragendsten Maler am Hof ausfindig gemacht hat.

Nerezi, 1164

In Naos und Altarraum sind nur mehr die Fresken der tiefergelegenen Zonen vorhanden, während in den Räumen unter den vier kleinen Eckkuppeln des Bauwerks die Malerei fast zur Gänze erhalten blieb: in den vier Kalotten wird jeweils — und jeweils anders — Christus gezeigt; die Wände schmücken Einzeldarstellungen von Heiligen — Brustbilder und ganzfigurige Wiedergaben. Der Altarraum ist eucharistischen Themen gewidmet: der Apostelkommunion und der Anbetung der Hetoimasia. In letzterer Szene erscheinen jetzt (wie in Bačkovo oder — auf der ältesten Freskenschicht — in Bojana in Bulgarien) die Kirchenfürsten erstmals vollzählig, in den Händen geöffnete Schriftrollen, auf denen der volle Wortlaut von Gebeten eucharistischen Inhalts zu lesen ist. Die höhergelegenen Zonen im Mittelschiff füllt eine Szenenfolge aus dem Christus- und Marienleben — ausgewählte Werke der komnenischen Hofmalerei: Darstellung im Tempel, die Verklärung, die Auferweckung des Lazarus, die *Geburt Mariä* und der *Tempelgang der Mariä Allheiligen,* der *Einzug in Jerusalem,* die *Kreuzabnahme* und die *Beweinung* — dergestalt, daß eine Szene jeweils die ganze Wandbreite einnimmt. Darunter, in der unteren Zone, befinden sich sechsundzwanzig Einzeldarstellungen von Heiligen, deren Gesichtsausdruck mit geradezu porträthafter Eindringlichkeit individuell geprägt ist. Der *Heilige Panteleimon,* der Schutzpatron Nerezis, erhielt den Ehrenplatz; sein Antlitz erstrahlt in vollendeter Schönheit unter dem Stuckzierbogen neben dem Ikonostas; Szenen aus dem Leben des Heiligen, die die Wände des Narthex schmückten, sind größtenteils zerstört.

Taf. VII
Taf. VIII, Abb. 7, Taf. VI
Taf. V

In stilistischer Hinsicht liegt Nerezi am Ende eines langen Wegs, der sich heute wohl noch am deutlichsten in der Miniaturmalerei abzeichnet, da von den Wandmalereien, in denen die in seinem Verlauf erbrachten künstlerischen Lösungen Gestalt angenommen hatten, das meiste bereits unwiederbringlich dahin ist. Die stilistischen Auffassungen der komnenischen Kunst, geprägt von dem nachdrücklichen Wunsch, der Figur das bisherige Schwere, Voluminöse zu nehmen, sie unter Zuhilfenahme gewisser Verformungen und Stilisierungen leichter, beweglicher, geschmeidiger darzustellen, wurden hier in geradezu vorbildlicher Weise in die Tat umgesetzt. Die Kompositionen sind auf das unumgängliche Minimum an Szenenteilnehmern reduziert, bei deren Verteilung und Stellung man mit bedachtsamer Konsequenz nach einem vorgefaßten Plan vorging. Bei der Ausarbeitung der Figuren wurde die Linie zum tragenden Element und diente als solches nicht mehr ausschließlich zur Anfertigung einer leichten, eleganten Zeichnung, sondern wurde in sämtliche Umrißflächen der Figur hineinverflochten, um — letzte künstlerische Leistung — dieser Relief zu verleihen und das Höchstmaß an plastischer Wirkung herauszuholen. Betonung des graphischen Elements und „Impressionismus" in Form von Flächenzersplitterung: gerade das ist es, woran die im Byzanz des 12. Jahrhunderts entstandenen Werke am leichtesten zu erkennen sind und wodurch sie sich von dem, was vorher und nachher geschaffen wurde, unterscheiden. Die ohne große Tiefenwirkung modellierten, auf die Bildoberfläche bezogenen Figuren sind gleichsam in ein buntes Netz aus dicken, dünnen und hauchfeinen Strichen eingesponnen. Zu parallelen weißen Bündeln zusammengefaßt, zeichnet die Linie Haupthaar, Bärte und Augenbrauen, häufig mit weißen Tupfen kombiniert, bedeckt sie, Lichtreflexe gestaltend, die am stärksten hervortretenden Gesichtspartien, zu roten, parallelgestrichelten Anhäufungen verdichtet, wird sie zum Wangenrot; und zerstückelt, zersplittert, als Krümmung und als Gerade durchdringt sie die dunkelsten Falten und hellsten Bauschungen der wallenden Heiligengewänder. In der zweiten Hälfte des 11. Jahrhunderts noch in den Ansätzen steckend, reifte diese Technik im 12. Jahrhundert zu immer größerer Vollkommenheit heran, um schließlich in dessen zweiter Hälfte in Nerezi und vergleichbaren Kunststätten zu einem glanzvollen Höhepunkt zu gelangen.

Besagte Funktion der Linie als primäres künstlerisches Gestaltungsmittel ist nun mit einem ausgesprochenen Kolorismus gekoppelt. Die großflächig verteilten Grundfarben — jeweils paarweise aufeinander abgestimmt: Blau und Ocker, Hellgrün und Rot, Grau und Weiß — werden nicht zwecks plastischer Flächenformung in helle und dunkle Töne abgestuft, sondern — um einen aus der Musik übernommenen Ausdruck Cézannes zu gebrauchen — mittels verschiedenfarbener Linien oder Tupfen moduliert. Dies trifft besonders auf die Gestaltung der Heiligengesichter zu, bei denen ein völlig abstrakter Kolorismus vorherrscht, der nicht einmal den Wunsch hegt, den Teint naturgetreu wiederzugeben.

Was bei dem Maler von Nerezi am meisten ins Gewicht fällt, ist die trefflich-routinierte und dabei ausgesprochen charakteristische Kompositionsweise. Ikonographisch gesehen könnte keine einzige Darstellung von Nerezi als neue Lösung bezeichnet werden. Im Gegenteil, die Feststellung dürfte nicht schwer fallen, daß jede davon in Byzanz bereits ein Präzedens mit sehr ähnlicher Figurenanordnung besitzt. Hier jedoch muß ganz klar herausgestellt werden: es besteht ein bedeutender Unterschied zwischen dem vererbten ikonographischen Schema, das stets einige kompositorische Grundelemente enthält, so z.B. die Gesamtanordnung der Figuren und deren Sinngebung im Rahmen dieser Anordnung, und der künstlerischen Interpretation, die sich in der Ikonographie durchaus nicht erschöpft, obliegen ihr doch solch hochwichtige Gestaltungsfaktoren wie Aufbau und Beiwerk, Lichtverhältnisse und Farbgebung, Stellung und Bewegung der Figuren, Verknüpfung und Beseelung von Proportionen und Bezugsmomenten. Grob gesprochen: das ikonographische Schema bildet nur die religiöse Schale des Bildes; alles andere macht sein künstlerischer Gehalt, die in ihm eingefangene Stimmung, aus.

In diesem Sinne sei nur die hervorragendste und bekannteste Komposition von Nerezi herausgegriffen, nämlich die *Beweinung Christi:* wohl sind unter der im gleichen Zeitraum entstandenen Malerei zahlreiche analoge Werke zu finden, kein einziges davon aber strömt eine solche Kraft aus wie die Schöpfung des Meisters von Nerezi. Szenen in der Art dieser Beweinung werden ikonographisch in zwei Gruppen unterteilt, von denen jede, obschon das Figurenverteilungsschema bei beiden dasselbe ist, einen anderen Begriff beinhaltet: die erste den der Grablegung, und die zweite den der eigentlichen Beweinung. Der Meister von Nerezi entschied sich für den dramatischeren Augenblick, in dem die Mutter um ihren toten Sohn klagt. Schon das ist ein Beweis für seine Ausrichtung auf das Wesentlichere. Die Grabtragung Christi wurde von dem Künstler gerade in dem Moment festgehalten, da die

Taf. VI

◄
V Nerezi.
Hl. Panteleimon, Detail, 1164

VII Nerezi. ►
Geburt Mariä (links) und Tempelgang Mariä (rechts), Detail, 1164

VI Nerezi.
Beweinung Christi, 1164

VIII Nerezi.
Einzug in Jerusalem,
Detail, 1164

IX Kurbinovo.
Mariä Heimsuchung, 1191

X Kurbinovo.
Erzengel aus der Apsis, 1191

XI Kurbinovo.
Anastasis Christi, 1191

XII Kurbinovo.
Mariä Verkündigung,
Detail, 1191

Gottesmutter, auf die Knie gesunken (mit unnatürlich gespreizten Beinen in einer Stellung verharrend, wie sie in Byzanz nirgendwo sonst vorkommt), ihren Sohn umarmt und sein Antlitz mit Küssen bedeckt. Gleichzeitig wird der Apostel Johannes gezeigt, wie er, in stark vornübergeneigter Haltung, eine Hand Christi küßt, und in kniender Stellung erscheinen Joseph von Arimathia und Nikodemus, die die Füße des Heilands stützen. Der Unterschied zwischen der hier erbrachten künstlerischen Lösung und anderen, etwa aus derselben Zeit stammenden Lösungen desselben Themas ist wirklich groß, insbesondere in strukturmäßiger Hinsicht. Sind die bisherigen Kompositionen in ein liegendes Rechteck eingeschrieben und die einzelnen Gestalten ohne nachdrücklichen Bezug zueinander hineingesetzt, so bildet die in Nerezi geschaffene Szene einen Halbkreis, der den erstarrten Leib Christi zur Basis und den Rücken des Johannes zum Bogen hat, der sich über die Grundlinie spannt. Die Wölbung, die der Rücken des Johannes beschreibt, verbindet gleich einer Brücke beide Enden der Komposition, die so zu einem festgefügten Ganzen wird. Viel trägt zu diesem In-sich-Bezogensein auch das Strömen der Linien bei, namentlich derer auf den Faltenwürfen der Gewänder, deren verspielter Verlauf nicht allein durch die Körperbewegungen sondern in seinem Rhythmus durch die Komposition als Ganzes bedingt ist. Die Bewegungen sind mit derart präziser Vollendung ineinander verwoben und aufeinander abgestimmt, daß die Anregung nicht zu übersehen ist, die der Künstler von Nerezi von seiner im Zeichen der Mathematik stehenden Zeit empfing, lebte er doch im gelehrten Byzanz des 12. Jahrhunderts, wo diese Wissenschaft und ihr Studium hoch im Kurs standen. In der „Beschreibung der Kirche der heiligen Apostel zu Konstantinopel", einem Werk von Nikolaos Mesarites aus dem ausgehenden 12. Jahrhundert, werden einige ästhetische Ideen behandelt, die ihren Platz augenscheinlich auch im Erfahrungsschatz der Schöpfer von Nerezi hatten. Die Schönheit des Dargestellten und die Kunst der Konstruktion liegen Mesarites zufolge in der Mathematik begriffen: „Töne und Harmonie haben ihren Ursprung in der Arithmetik; Vermittlerin und tragende Kraft ist die Geometrie." Das Auge sieht die Schönheit als Farbe, der Geist hingegen erfährt sie als geometrische Form. Der phantasievollen Komposition der in Nerezi geschaffenen Szene, diesem Geflecht aus Körpern und Bewegungen der handelnden Personen, liegt ein ebensolches geometrisches Gerüst zugrunde, wie es jenes war, das bei den gelehrten Zeitgenossen des Künstlers von Nerezi in der Hauptstadt des Reichs so hohe Achtung genoß.

Was Szenen wie Einzelfiguren in Nerezi so ganz besonders an Ausdrucksgehalt und künstlerischer Überzeugungskraft gewinnen läßt, ist der Eindruck, den die Köpfe der Heiligen beim Betrachter hinterlassen. Gesichtsausdruck, Bewegungen und Stellungen spiegeln die ganze innere Welt dieser Heiligen. Das lebendige Mienenspiel wird, soweit erforderlich, stets von darauf abgestimmten Bewegungen und entsprechenden Haltungen begleitet. So hat sich die stille Wehmut früherer Beweinungen in Nerezi in krampfhaft schluchzende Klage verwandelt. Wesentlich breiter als früher ist die hier wiedergegebene Skala menschlicher Empfindungen, und diese wiederum gewinnen auch im einzelnen an Tiefe: lag beispielsweise früher über die Gesichter bestimmter Heiligentypen eine starre, maskenhafte Ruhe gebreitet, so sind sie jetzt von der Bewegtheit lebender Menschen erfüllt. Absichtliche Längsdehnung der Heiligengestalten, Kopfgestaltung nach dem Vorbild hellenistischer Werke, stark verzogene, stürmisch bewegte Draperien, lichte, außerordentlich glanzvolle Farbgebung — dies sind einige der für den Maler von Nerezi typischen schöpferischen Mittel, die er anwandte, um seine Welt heraufzubeschwören, eine Welt reiner Poesie, voll Wehmut, aber ohne Verzweiflung, Klage, aber ohne naturalistisches Wehgeschrei, Herzensfreude, aber ohne breites Lächeln, Ernst, aber ohne Drohung. Wir haben es hier mit einem Werk der klassischen Kunst der Komnenenepoche zu tun, die bei aller Eigenart hellenisch im Geist ist, heiter sogar dort, wo der Aussagegehalt menschliches Leid ist. Hervorgebracht wurde es von Malern, die ihren festen Tätigkeitsbereich höchstwahrscheinlich in den Schaffensstätten am Hof des Herrscherhauses hatten, wo man seinerzeit Texte des griechischen Altertums sorgfältig hütete und nach antiken Vorbildern schrieb. Viele Künstler aus der Zeit Nerezis — genannt seien hier nur die von Bačkovo in Bulgarien, Đurđevi Stupovi in Serbien und St. Georg in Staraja Ladoga in Rußland — waren bemüht, in ihren Werken jenen Ausdruck zu erreichen, den die Epoche anstrebte, keinem jedoch war es beschieden, ihn in dem geradezu unfaßbaren Maß zu verwirklichen, in dem dies dem Maler oder den Malern von Nerezi gelungen ist.[8]

Eín weiteres in Makedonien erhaltenes Denkmal steht mit seiner Kunst, in der die in Nerezi aufgeworfenen Gestaltungsprobleme unmittelbar aufgegriffen werden, stellvertretend für eine neue, gleichzeitig aber auch die letzte Entwicklungsetappe des komnenischen Stils. Es handelt sich dabei um die Fresken der St. Georgskirche oberhalb des Dorfes Kurbinovo am Prespa-See. Der Stifter dieser

Kurbinovo, 1191

einschiffigen Kirche, die einst in einer heute nicht mehr vorhandenen Ansiedlung stand, ist unbekannt, doch blieb eine in Freskotechnik gearbeitete Inschrift auf dem Abendmahlstisch erhalten, in der vermerkt ist, daß die Maler ihre Tätigkeit im April des Jahres 1191 aufnahmen. Die Malerei in Kurbinovo ist nur an wenigen Stellen beschädigt, so daß hier die gesamte Ausschmückung einer kleineren byzantinischen Kirche ersichtlich ist. Da das Gotteshaus keine Kuppel besaß, wurden die Darstellungen der Propheten an den Wänden angebracht und zwar in den obersten Zonen; darunter folgen Szenen aus einem ausführlichen Zyklus des irdischen Lebens Jesu, und die untersten Wandzonen nehmen Einzeldarstellungen von Heiligen ein. Den Ehrenplatz in der Halbkalotte der Apsis erhielt die Thronende Gottesmutter mit dem spielenden Kind auf den Armen; an hervorragender Stelle, nämlich unter den bemalten Bögen neben dem Ikonostas, figurieren auch Christus und der heilige Georg, der Schutzpatron der Kirche, deren Gestalten durch die überlebensgroße Darstellung, die höhenmäßig zwei Bildzonen einnimmt, noch eindringlicher hervortreten. Ikonographisch bis in die letzte Konsequenz durchgeführt hat der Maler von Kurbinovo in der Apsis das Thema der Anbetung des Opfers durch die Kirchenväter: er ersetzte nämlich die Hetoimasia im Mittelpunkt der Szene durch einen Abendmahlstisch, auf dem, auf einem Opferteller liegend, das Jesuskind als eucharistisches Opfer dargestellt ist. Das Ergebnis der breiten Erörterungen zur Frage des eucharistischen Rituals, die seit der zweiten Hälfte des 11. Jahrhunderts bei den Konstantinopler Synoden unter den gelehrten Dogmatikern und Liturgen der byzantinischen Hauptstadt im Gange gewesen waren, fand seinen Niederschlag auch in der in Kurbinovo erbrachten künstlerischen Lösung zu diesem Thema. Diese Darstellungsweise sollte dann in orthodoxen Kirchen bis ins ausgehende Mittelalter ständig wiederkehren.

Es müssen mindestens drei Maler gewesen sein, die in Kurbinovo am Werk waren: der begabteste unter ihnen schuf den Wandschmuck in den *oberen Zonen des Altarraums* sowie die Darstellungen Christi und des hl. Georg neben dem Ikonostas, der zweite malte, möglicherweise zusammen mit einem Gehilfen, die Fresken an den Seitenwänden, und der am wenigsten talentierte betätigte sich an der Westwand, in den unteren Zonen des Altarraums und zum Teil an der Nordwand. Was alle drei gemeinsam haben, ist das Fehlen jenes durchdachten Kompositionsgefüges und der straffen Verknüpfung von Körpern und Linien zu geradezu denkmalartigen Gruppen, wie sie in der Kunst von Nerezi vorhanden waren; auch sind die Physiognomien der Heiligen weitgehend frei von dem dortigen graphischen Liniennetz, unter dem sich bisweilen die plastische Wirkung verlor. Dagegen gelang den Malern von Kurbinovo in gesteigertem Maße die Verlebendigung der in ihren Szenen auftretenden Gestalten. Diese wirken ungemein beweglich und gleichzeitig von heftiger Unruhe ergriffen, ein Eindruck, der durch ein ganz besonderes Verfahren bei der Gestaltung der Draperien erzielt wird, die hier eine überragende Bedeutung für die künstlerische Ausdrucksfähigkeit gewinnen. In Anlehnung an bereits geschaffene Vorbilder, wie sie etwa in Nerezi zu finden waren, gingen die Maler von Kurbinovo bei der Hervorhebung des Faltenspiels noch weiter und erhöhten dessen expressive Wirkung, indem sie aus den zylindrischen Grundformen der am Körper anliegenden Gewänder röhrenförmige, schlangenhafte, strahlige und mäandrische Stoffgebilde hervortreten ließen, die, sich an der Rückseite von Armen, Waden, Gelenken und Hüften entlangwindend, mehr noch als die Körperbewegungen an sich das ganze innere Mitgerissensein der dargestellten Personen zu erkennen geben. Bei dieser oder jener Gestalt hat sich solch ein Stück Stoff gar losgelöst und flattert nun hinter ihr her, wie vom Wind getragen, oder hängt umgestülpt neben dem Körper, als sei es infolge der ungestümen Bewegung herabgeglitten. Die Mannigfaltigkeit im Rhythmus der wirbelnden Faltenwürfe der Gewänder ist das Ergebnis der „manieristischen" Ausrichtung der Maler, für die auch die eigenartige Proportionierung der Figuren spricht: diese sind vorwiegend stark überlängt und sehr schlank; eine Ausnahme bildet hierbei nur der bereits als am wenigsten befähigt erwähnte Maler, der seine Figuren untersetzt und die Köpfe unverhältnismäßig groß zeichnet. Und während das Mienenspiel bei den talentvolleren Künstlern verhalten ist und es den Draperien überlassen bleibt, die beabsichtigte Stimmung hervorzurufen, hat das Suchen nach Möglichkeiten, innere Regungen im Gesichtsausdruck festzuhalten, bei dem Maler der Westwand grobe Entstellungen gezeitigt, verzerrte Physiognomien, wie in der Koimesis, in der der Schmerz über das Hinscheiden der Gottesmutter zum Ausdruck kommt, anatomisch oft unnatürlich wirkende Köpfe, in plastische Flächen zerfallend, die durch den jähen Wechsel von Hell und Dunkel eine merkliche Unruhe ausstrahlen.

Abb. 8, Taf. IX–XII

Die zwei begabtesten Maler von Kurbinovo haben, wahrscheinlich noch bevor sie nach Prespa kamen, auch die Fresken in der Kirche Hagioi Anargyroi in Kastoria geschaffen; ihre Werke sind hier neben denen eines ihnen völlig wesensfremden Künstlers im Haupt- und Südschiff der Kirche erhalten. Vergleicht man die Malereien von Kastoria und Kurbinovo miteinander, so stellt man fest, daß gewissen künstlerischen Lösungen hier wie dort die gleichen Vorlagen zugrunde liegen. Dies ist nun in der byzantinischen Malerei durchaus nichts Ungewöhnliches: es kam nicht nur oft vor, daß Maler ihre einmal erbrachten Lösungen immer wieder anwandten — darüber hinaus war es bei weniger bedeutenden Meistern die Regel, sich mit Vorlagen größerer und bekannterer Künstler zu behelfen. Dieser Brauch war in Byzanz auch dort bekannt, wo man sich nicht mit Malerei befaßte. So berichtet zum Beispiel Theophylaktos, Erzbischof von Ochrid um die Wendezeit vom 11. zu 12. Jahrhundert, in seiner „Lebensbeschreibung des hl. Kliment", daß der Heilige danach strebte, es an Tugend seinem Lehrer, dem Slawenapostel Method gleichzutun, „also wie das Werk des kunstreichen Malers anderen zum Vorbild dienen mag". Im Grunde genommen folgten die Maler von Kurbinovo, die möglicherweise selbst aus der Künstlerwerkstatt irgendeiner der bekannten Städte des Reichs kamen, den zu dieser Zeit in Konstantinopel vorhandenen neuen Beispielen und verpflanzten diese in die Provinz. In der Kirche zur Muttergottes von Arakou in dem Dorf Laguderi auf Zypern hinterließ ein hauptstädtischer Künstler im Jahre 1192 geschaffene Fresken, die in ihrem künstlerischen Wert selbst die Werke des begabtesten Malers von Kurbinovo noch übertreffen, in den gebotenen künstlerischen Lösungen jedoch durchaus mit diesen identisch sind. Provinzielle Maler vom Balkan, wie jener, der in der Kirche Hagioi Anargyroi von Kastoria neben den Künstlern von Kurbinovo wirkte, mit denen er, wie schon gesagt, wesensmäßig so gar nichts gemeinsam hatte, wären niemals imstande gewesen, einen derart lauteren und trefflichen Ausdruck hervorzubringen.[9]

Prilep St. Nikolaus, um 1200
Abb. 10, 9

Unter den Malern im Makedonien des ausgehenden 12. Jahrhunderts gab es noch eine ganze Anzahl weiterer Vertreter der obengenannten Richtung. Einer davon schuf an der Schwelle zum 13. Jahrhundert den Wandschmuck in der Apsis der St. Nikolauskirche in Prilep, ein zweiter, wohl etwas später, den der St. Eliaskirche oberhalb des Dorfes Grnčari am Prespa-See. In der Malerei der oberen Zonen in St. Nikolaus, die die *Gottesmutter, Zwei Engel* und die Opferanbetung wiedergibt, sind die Heiligengesichter frei von jeglicher Betontheit des Graphischen, während sie in den unteren Zonen, die eine Darstellung der Opferanbetung füllt, durch verstärkte Linien, die an Schnittwunden gemahnen, in einzelne Flächen aufgelöst werden. Die Draperien der Engel ähneln mit ihren wirbelnden Formen denen von Kurbinovo, mit dem Unterschied, daß sie schwerer, massiger wirken: die von ihnen umhüllten Gestalten erscheinen geradezu gebeugt unter der Last ihrer Gewänder, es ist, als stolperten sie über deren Saum. Nach der Ausschmückung des Altarraums wurden die Malereien in der Kirche eingestellt. Der Gedanke liegt nahe, daß dieser plötzliche Abbruch der Arbeiten durch die heillosen Zustände bewirkt wurde, die 1203 in Byzanz herrschten, als die Lateiner auch auf makedonisches Territorium vordrangen.[10]

Grnčari, frühes 13. Jh.

Von der Malerei in St. Elias bei Grnčari ist bisher lediglich eine einzige Komposition, die Koimesis, völlig freigelegt; einige der darin enthaltenen künstlerischen Lösungen weisen darauf hin, daß der Maler im Schaffen der Meister von Kurbinovo Belehrung gesucht und gefunden hat. Dies trifft übrigens auch auf einige andere Künstler in dieser Gegend zu; als Beispiel sei einer der Meister genannt, die — und zwar bereits im vorgerückten 13. Jahrhundert — in der Kirche des hl. Johannes des Evangelisten in der Stadt Berrhoia bei Thessalonike wirkten.[11]

So gibt es unter den makedonischen Denkmälern aus der zweiten Hälfte des 12. Jahrhunderts manche, die nicht nur bedeutsame Bewegungen im Byzanz der Komnenendynastie veranschaulichen, sondern, wie Nerezi und Kurbinovo, gleichzeitig auch als Spitzenwerke ihrer Epoche zu betrachten sind. In ihnen ist — weitergetragen teils durch das Verdienst angesehener Kirchenstifter, teils durch das Schaffen außerordentlich begabter und in ihrer Kunst bewanderter Maler — der Geist der byzantinischen Metropole eingefangen. Die Malerei im Makedonien des 12. Jahrhunderts ist höfisch geprägt: Schönheit der Form, Gepflegtheit der Ausdrucksmittel, Inspiration durch hellenistische Vorbilder und helle Farben bei einem konsequent angewandten Gestaltungsverfahren mittels verschiedenfarbener Glanzlichter bilden einen gemeinsamen Nenner, der sie von der düsteren, mystischen und strengen mönchischen Kunst der voraufgegangenen Epoche scheidet.

Als im Frühjahr des Jahres 1204 die byzantinische Hauptstadt dem Ansturm der Lateiner unterliegt, zerfällt das Reich in mehrere Teilstaaten. Um die Oberherrschaft über Makedonien beginnt ein Ringen zwischen dem bulgarischen Zarenreich und dem Despotat von Epiros. Die Epiroten behalten dabei die Oberhand und beherrschen Makedonien so lange, als in Konstantinopel die Lateiner am Ruder sind, wenn man von einigen kurzen Erfolgen der Bulgaren absieht. Unter dem Epirotenherrscher Theodor wird das Erzbistum Ochrid zur führenden kirchlichen Organisation des epirotischen Staates; ganz besonders festigt sich diese Rolle infolge der Kaiserkrönung Theodoros I. Laskaris durch den Ochrider Erzbischof Demetrios Chomatianos nach der Befreiung Thessalonikes von den Lateinern im dritten Jahrzehnt des 13. Jahrhunderts. Allerdings sind aus jener Zeit keine Kunstwerke erhalten, so daß man nicht weiß, wie die Malerei beschaffen war, die in Makedonien in der Epoche des Lateinerreichs gepflegt wurde, als dort die Kunstbetreuung wieder in die Hände der hohen kirchlichen Würdenträger vor Ochrid überging. Erst nach der Befreiung Konstantinopels und der Wiederherstellung der Einheit von Byzanz (1261), als der Zuständigkeitsbereich des Ochrider Erzbistums von neuem auf das Vardargebiet beschränkt war, begann in Makedonien wieder eine umfassendere Kunstpflege, deren Förderer nun fast bis ans Ende des 13. Jahrhunderts hohe kirchliche Würdenträger und begüterte Klosterangehörige blieben. Im großen und ganzen rückständig und provinziell, harrte die Malerei im Makedonien des 13. Jahrhunderts auf Künstler mit neuen Eingebungen; diese sollten allerdings erst ganz am Ende dieses Jahrhunderts in Erscheinung treten.

Welcher Art die Malerei war, die im Makedonien der Lateinerepoche von den Gottesmännern des Ochrider Erzbistums gepflegt wurde, davon konnte eine Gruppe von Denkmälern zeugen, die größtenteils aus den siebziger und achtziger Jahren des 13. Jahrhunderts stammen. Das am besten

Manastir, 1271

erhaltene unter ihnen ist die Malerei der dreischiffigen Basilika von St. Nikolaus in dem Dorf Manastir in der weiteren Umgebung von Prilep. Sie entstand 1271 und ist reich an Themen: eine Muttergottes, der

Abb. 11

zwei Erzengel ihre Huldigung darbringen, schmückt die Apsiskalotte, im Altarraum sind die Apostelkommunion und die Opferanbetung wiedergegeben; Szenen aus dem Erdenleben Christi und

Abb. 12

Einzeldarstellungen von Soldatenheiligen, Märtyrern und anderen Heiligen, ganzfigurig oder in Form großer Brustbilder schmücken das Hauptschiff; die Wurzel Jesse, die Leiter des Johannes Klimakos sowie Bischöfe oder verdienstvolle Kirchenmönche sind im südlichen, und das Jüngste Gericht nebst einem Stifterbild schließlich im nördlichen Seitenschiff gezeigt. Eine lange Inschrift im Hauptschiff, die sich über den Köpfen der stehenden Figuren hinzieht, erläutert die Geschichte des Gotteshauses: ein im Jahre 1095 errichtetes Bauwerk sei als zu klein abgerissen, und an seiner Stelle durch das Verdienst des Igumens Akakios, des einstigen Herrn von Ioannikis, im Jahre 1266 eine neue, größere Kirche erbaut worden, die nach weiteren fünf Jahren, während der Regierungszeit des Kaisers Michael VIII. Palaiologos, dank der Fürsorge ihres Stifters Wandschmuck erhalten habe. Dazu heißt es in der Inschrift weiter, die Ausmalung des Gotteshauses sei unter der Leitung des Diakons Johannes, „Referendars des allerheiligsten Erzbistums“ (von Ochrid), vorgenommen worden, der mehrere „hervorragende, kunstfertige und treffliche Meister berufen“ habe.

In Wirklichkeit sind die künstlerischen Ideen der Meister von Manastir völlig veraltet und waren, außer in der Provinz, längst vor ihrer Zeit schon überholt. Mit Ausnahme einiger Heiligenköpfe im Hauptschiff, denen man den Maler des 13. Jahrhunderts an der plastischen Einfachheit ihrer Gestaltung ansieht, einem Merkmal, das charakteristisch war für die Künstler jener Zeit, die solchermaßen ihren Heiligen ein monumentales Aussehen zu verleihen trachteten, gehört alles — die Heiligentypen im Südschiff, die Draperien in der Apsis, die im Bild dargestellten Bauwerke und auch die Ikonographie — zur Kunst des 11. und 12. Jahrhunderts. Am herkömmlichsten wirken die Heiligen im Südschiff, deren Typen jener Malerei des 11. Jahrhunderts entnommen sind, wie sie beispielsweise in der Sophienkathedrale von Ochrid zu finden sind. Etwas jüngeren Datums sind die Vorlagen für die Draperien der Heiligen im Altarraum, die unmittelbar denen von Kurbinovo und St. Nikolaus in Prilep nachgebildet sind; in Kunstwerken derselben Gattung sind auch die Vorbilder für die im Altarraum dargestellten Kirchenfürsten zu suchen. Stilistisch am jüngsten sind die Fresken im Hauptschiff und an den Durchgangssäulen zwischen Haupt- und Südschiff, bei denen sich für so manche auch in Werken fortschrittlicherer Künstler aus der Zeit des Entstehens der Malerei von Manastir übereinstimmende Züge finden ließen. Am wenigsten Talent hatte der Meister, der im Nordschiff tätig war. Seinem Werk fehlt gewissermaßen jegliches Schöpfertum; es ist im großen und ganzen nur Wiederholung längst erbrachter künstlerischer Lösungen. Einer der im Altarraum wirkenden Meister hat möglicherweise auch signiert, sofern der Name Rufinos in dem neben einem Heiligen erhaltengebliebenen Vermerk als Signatur angesehen werden darf.

Von Mitgliedern dieser Malerwerkstatt stammen mit Sicherheit auch die heute völlig verkommenen Fresken der Metropolitankirche St. Nikolaus im bulgarischen Melnik, die in gleicher Weise wie die Malerei in Altarraum und Mittelschiff von Manastir die alten Auffassungen aus der zweiten Hälfte des 12. Jahrhunderts verkörpern, allerdings auch plastisch gestaltete Köpfe im Stil der Zeit aufweisen. Weitestgehend in diese Schaffensrichtung fallen auch die Fresken im Altarraum und an der Südfassade der Klosterkirche Panhagia Mavriotissa bei Kastoria.

Prilep, Erzengelkirche, um 1270–80

Ein Werk des besten Malers dieser Zeit sind die Fresken im Westteil der Erzengelkirche in Prilep. In der Malerei der höchstgelegenen Zone lassen sich, obwohl sie schwer beschädigt ist, zwei Zyklen ausmachen, nämlich die Leidensgeschichte Christi und die Wunder der heiligen Erzengel (von den einzelnen Szenen einigermaßen erhalten sind das Letzte Abendmahl, der Verrat des Judas, Christus vor Pilatus und die Kreuzigung sowie die Philoxenie, Josua vor dem Erzengel Michael und das Wunder zu Chonae). Nach unten zu folgen auf die beiden Zyklen zunächst große *Brustbilder* verschiedener Heiliger und danach, in der untersten Zone, eine Reihe ganzfiguriger Gestalten, unter denen neben dem Eingang auch der Stifter der Kirche mit dem Kirchenmodell in den Händen erscheint: der große abendländische Chartularios Johannes, im Gewand eines Megaloschimos. Ungeachtet der starken Verwandtschaft der Malerei hier mit den Fresken im Hauptschiff der Kirche von Manastir weisen so manche der besser erhaltenen Figuren einen hohen künstlerischen Gehalt auf, der zuweilen an die Schönheit der im gleichen Zeitraum entstandenen Schöpfungen von Sopoćani heranreicht.

Abb. 13

Ikone aus Struga 1267

Wirken und Wesensart der Liebhaber altertümlicher Malweise werden noch deutlicher erhellt an einem Beispiel aus dem Bereich der Tafelmalerei. Es handelt sich hierbei um eine große Ikone in der St. Georgskirche in Struga am Ochrider See, darstellend die ganzfigurige Gestalt des hl. Georg. Auf ihrer Rückseite blieb eine lange Versinschrift erhalten, aus der hervorgeht, daß sie von dem „demütigen Diakon und Referendar Johannes" — letztere Titelbezeichnung weist darauf hin, daß es sich hier offensichtlich um dieselbe Person handelt, die etwas später die Ausmalung der St. Nikolauskirche in Manastir leitete — in Auftrag gegeben und 1267 in Struga gemalt wurde. Dieser Diakon Johannes — denn nur als solcher erscheint er im Wortlaut der Inschrift, nicht als Maler Johannes — sagt hier im einzelnen von sich: „Nachdem ich voll Ehrfurcht Deine (gemeint ist der hl. Georg) heilige Gestalt aufgezeichnet habe, fertigten die Meister der Farbe diese (Ikone) hier an." In ihrer Gestaltungsweise erinnert diese Ikone des hl. Georg nun sehr wohl an die Fresken von Manastir und insonderheit an diejenigen der Erzengelkirche in Prilep, so daß die Annahme, der Künstler Johannes, der sie signierte, habe bei der Ausmalung dieser beiden Kirchen mitgewirkt, durchaus nicht von der Hand zu weisen ist.

Dieser Johannes, „Diakon und Referendar des Ochrider Erzbistums", war möglicherweise identisch mit Johannes Pediasimos, jenem Diakon und Chartophylax aus Ochrid, der sich in Byzanz einen ziemlichen Namen als Schriftsteller gemacht hat. Er korrespondierte im letzten Jahrzehnt des 13. Jahrhunderts mit dem Konstantinopler Patriarchen Gregorios, schrieb dann später eine Abhandlung der Geometrie und hinterließ eine ganze Reihe in jambischen Distichen abgefaßter Gedichte. Er führte sogar den Beinamen eines „Altmeisters der Philosophen". Derselbe Johannes, der in den sechziger und siebziger Jahren des 13. Jahrhunderts erzbischöflicher Referendar in Ochrid war, konnte in den achtziger Jahren dieses Jahrhunderts sehr wohl zum dortigen erzbischöflichen Chartophylax aufgerückt sein, d.h. in den nächsthöheren hierarchischen Rang, der der Funktion eines Sekretärs entsprach. Was diese Hypothese noch unterstützen würde, sind solch zutreffende Merkmale, wie die Kenntnis der Zeichenkunst und das Aufsichtsamt über die Maler, Eigenschaften, die einem Fachmann und Autor auf dem Gebiet der Geometrie durchaus entsprächen, sowie die Versinschrift der bewußten Ikone, die recht gut das Werk eines Dichters von der Art eines Pediasimos sein könnten.[12]

In etwa immer noch aus dem besagten Zeitraum stammen die Darstellungen zweier Heiliger an der Südwand des Diakonikons neben dem Ikonostas in der Ochrider Sophienkathedrale, die sehr stark an das Werk der Maler des Südschiffs der Kirche von Manastir erinnern. Setzt man diese Verwandtschaft in Bezug zu jener Angabe in Manastir, derzufolge die Berufung der dortigen Künstler durch den Ochrider Referendar Johannes erfolgte, so würde dies die Annahme rechtfertigen, daß diese Künstler auch auf Geheiß des Ochrider Klerus in einigen Kirchen tätig waren.

Ochrid St. Johannes Kaneo, um 1290

Schließlich datieren aus jener Zeit auch die Fresken in der schönen Ochrider Johanneskirche „Jovan Kaneo", die nur mehr in Altarraum und Kuppel erhalten sind. Sie wurden von zwei anonymen Künstlern geschaffen, von denen der Begabtere eine gewisse Affinität zu jenem Maler von Manastir aufweist, von dem die Darstellungen der Soldatenheiligen an den Durchgängen zwischen Haupt- und

Südschiff stammen, während der Untalentiertere in die ohnehin dem Hergebrachten verhaftete Ochrider Kunst eine noch dürftigere Note brachte. Könnte es nicht sein, daß der Stifter dieser Kirche, deren
Abb. 14 Geschichte völlig unbekannt ist, Johannes Pediasimos war? Da ist die Namensgleichheit zwischen ihm und dem Kirchenpatron — dieser ist Johannes der Evangelist —, da ist weiter die Freskengestaltung in der traditionellen Art von Manastir, dessen Künstlerkreis er gut kannte, und schließlich: war er nicht der Herkunft nach ein Edelmann aus Serrhes, der sehr wohl die Mittel gehabt haben kann, um diese repräsentative Ochrider Kirche erbauen und ausmalen zu lassen?[13]

Prilep Demetrioskirche, um 1290

Ein Künstler, der in Bezug auf diese Gruppe von Malern um Johannes, den Diakon und Referendar des Erzbistums Ochrid, etwas abseits stand, im wesentlichen jedoch ebensosehr am Herkömmlichen festhielt wie diese, war der, dessen Werk die um 1290 entstandenen Fresken in der Demetrioskirche in Prilep sind: in der Apsiskonche die Thronende Gottesmutter mit dem Jesuskind im Schoß, die Anbetung der Hetoimasia durch die Kirchenväter, ikonographisch völlig veraltet, in der unteren Zone der Apsis, an der Naosnordwand der Hl. Menas und neben dem Ikonostas die Gottesmutter mit dem Kinde auf
Abb. 15 der einen, der *Hl. Demetrios* auf der anderen Seite. Die Kirchenväter gleichen in der Darstellung der Gesichter den Werken jenes talentlosesten Malers von Kurbinovo; an die Malweise des späten 12. Jahrhunderts gemahnt auch die Figur des hl. Menas. Die besten Werke — obschon auch sie in der Gestaltungsweise veraltet, im Rahmen des damals in der Ochrider Diözese allgemein Üblichen liegend — sind die Gottesmutter mit dem Kinde und der hl. Demetrios. Nur bei ihnen und der Thronenden Gottesmutter kommt das Volumen, auf das die Meister jener Zeit die größte Aufmerksamkeit verwandten, stärker zum Ausdruck. Stifter des großen Kirchenerneuerungswerks im 13. Jahrhundert und Auftraggeber für die gleichzeitig vorgenommene Ausmalung des Gotteshauses war der byzantinische Edelmann Demetrios Misinopolitos, dessen Bildnis sich neben einer weiteren Darstellung des Kirchenpatrons, seines Namensvetters, im Südschiff befindet. In der Inschrift unter der Gottesmutter mit dem Kinde gedachte der Maler in Form einer Fürbitte des byzantinischen Herrscherpaars Andronikos und Eirene.[14]

Rückständig, veraltet, oft naiv und ungeschickt in der Ausführung, war die Malerei im Erzbistum Ochrid in der zweiten Hälfte des 13. Jahrhunderts zum provinziellen Schaffen geworden, und hinterste Provinz war denn auch überall dort, wo Beispiele ihr wesensverwandter Kunst zu finden sind, unter denen jenes mit der weitestgehenden Ähnlichkeit gleichwohl die Darstellung der Wurzel Jesse und einige Einzelfiguren an der Außenmauer der Panhagia Mavriotissa im benachbarten Kastoria bilden. Im Anschluß an die Vertreibung der Lateiner hatte die Metropole nicht die Kraft, eine befruchtende Wirkung auf die in der künstlerischen Entwicklung zurückgebliebenen Gebiete auszustrahlen und die erforderliche Zahl an Künstlern auszubilden, um die hauptstädtischen Ideen durch das ganze weite Reich zu tragen.

Die makedonische Wandmalerei der zweiten Hälfte des 13. Jahrhunderts bildet bis zum Aufkommen des Palaiologenstils im letzten Jahrzehnt dieses Jahrhunderts eine Wesenseinheit mit der des Despotats von Epiros, dem die makedonischen Gebiete lange Jahre hindurch eingegliedert waren. Wenngleich weder direkte Künstlerkontakte zwischen beiden Ländern nachzuweisen noch identische Lösungen oder unmittelbar verwandte Züge in ihrer Malerei zu finden sind, so liegt es doch auf der Hand, daß die ideenmäßige Ausrichtung der Kunst hier wie dort dieselbe war. Ein Teil des Wandschmucks in Hagios Demetrios Katsouris, die Fresken im Diakonikon der Kato-Panhagia und die guterhaltene Malerei in Hagios Nikolaos tis Rhodia — alles Kirchen in der Umgebung von Arta — bringen etwa dieselben traditionsgebundenen Lösungen, wie sie in Makedonien vorhanden sind: Lösungen, die auf den aus der Komnenenkunst überkommenen Ausdrucksmitteln basieren und in der in der zweiten Hälfte des 13. Jahrhunderts üblichen provinziellen Art gestaltet wurden. Eine kurze Weile sind die epirotische und die makedonische Wandmalerei einander gleich im Wesen und sehr ähnlich in der Form. Zu gleicher Zeit ist Serbien, im Gegensatz dazu, Konstantinopel, Nikaia und Thessalonike zugewandt, den Verbreitungsstätten der fortschrittlichsten Ideen auf dem Gebiete der Malerei.

Erst ganz an der Neige des 13. Jahrhunderts kommen nach Makedonien wieder Künstler aus den großen Zentren, insbesondere aus Thessalonike, und bringen lebensspendende neue Ideen mit sich, die in dem heimischen Milieu bald Fuß fassen. In diesen Zeitpunkt fällt mit größter Wahrscheinlichkeit auch das Entstehen der Fresken des dem Erzengel Michael geweihten Höhlenkirchleins über dem Dorf

Radodža am Ufer des Ochrider Sees. Von der ursprünglichen Malerei ist nur der Erzengel Michael aus dem monumentalen *Wunder zu Chonae* freigelegt. Sein idealisiertes Antlitz mit der kastanienbraunen Tönung des Teints und der plastischen Modellierung steht ganz im Zeichen des plastischen Stils der zweiten Hälfte des 13. Jahrhunderts. Eine Merkwürdigkeit bei der Gestaltung der Stirn bildet ein in deren Mitte gesetzter mandelförmiger Fleck, dessen Vorhandensein in dieser Form wohl darauf zurückzuführen ist, daß dem hier in der Provinz wirkenden Künstler das rechte Verständnis für gewisse hintergründige Kunstgriffe der Maler der zweiten Hälfte des 13. Jahrhunderts abging, die zum Beispiel durch Hervortretenlassen eines kleinen Kreises zwischen den Augen die starke gedankliche Konzentration der dargestellten Person zu veranschaulichen suchten. Die Draperien am Gewand des Erzengels, in der Wiedergabe wesentlich flüchtiger als das Gesicht, tragen die Merkmale der Malerei der ersten Jahrhunderthälfte, in der die Faltenwürfe und das Spiel von Licht und Schatten darauf als breiter Farbenstrom zur Darstellung gelangten. Diese Diskrepanz — Erfassen der plastischen Werte einerseits, Sinnverfehlung gewisser psychologischer Gestaltungsmerkmale andererseits — läßt es denkbar erscheinen, daß der hier wirkende Maler zwar eine echte, hohe Begabung besaß, jedoch nicht zu den fortschrittlichsten Künstlerkreisen seiner Zeit gehörte, sondern seine Laufbahn in Thessalonike oder gar einem kleineren Kunstzentrum begonnen hatte.[15]

Radodža, Ende 13. Jh. Abb. 18

Das größte und bedeutendste Denkmal der Malerei des 13. Jahrhunderts in Makedonien ist die Kirche zur Muttergottes Peribleptos in Ochrid. In den Fresken hier kamen erstmals die neuen Auffassungen in der byzantinischen Wandmalerei, die Auffassungen der sog. „Palaiologenrenaissance" zum Ausdruck, die in den ersten Jahrzehnten des 14. Jahrhunderts zahlreiche Werke hervorbringen sollte. Die künstlerische Ausgestaltung dieser Kirche erfolgte in den Jahren 1294/95 auf Geheiß des Progons Sgur, dem großen Heteriarchen des byzantinischen Reichs und Verwandten des Kaisers Andronikos II. Palaiologos. Seinerzeit befand sich über der Eingangstür ein farbiges Relief, den im Gebet vor einer Ikone der Muttergottes Periblebtos auf den Knien liegenden Kirchenstifter darstellend. Das Relief wird heute im Ochrider Volksmuseum aufbewahrt, doch davon, wer der Stifter der Kirche war und wann sie erbaut wurde, zeugt noch eine lange Fresko-Inschrift im Narthex. Den Wandschmuck des Gotteshauses schufen die beiden Maler Michael Astrapas und Eutychios, deren Signatur teils ausgeschrieben, teils in Initialen an mehreren Stellen erhalten ist.

Ochrid Muttergottes Peribleptos, 1294/95

Überreich an Themen und ikonographischen Allegorien ist das hier entstandene Werk. Der Altarraum ist wie üblich eucharistischer Thematik gewidmet; dargestellt sind die Apostelkommunion und die Anbetung des Opfers. In symbolischem Bezug zur Eucharistie stehen auch die in der Prothesis gestalteten Themen Christus als Priester im Tempel zu Jerusalem und — dem alten Testament entnommen — die Philoxenie. Eine weitere alttestamentarische Szene mit eucharistischem Gehalt, nämlich die Drei Jünglinge im Feuerofen, befindet sich neben einem Johannes dem Täufer gewidmeten Zyklus im Diakonikon. Die oberen Zonen des Naos füllen verschiedene Kompositionen, darstellend die Zwölf Kirchenfeste, die Passion, Wunder und Gleichnisse Christi. In überwältigender Weise wird die Gottesmutter verherrlicht: in einem Zyklus des Marienlebens, der sich friesartig an Nord- und Südwand des Naos entlangzieht, in der in fünf Szenen an der Westwand veranschaulichten *Koimesis*, und schließlich in Form alttestamentarischer Mariensymbole in den Kompositionen der Brennende Dornbusch, die Jakobsleiter, der Kampf Jakobs mit dem Engel, der Traum des Nebukadnezar, das heilige Zelt Moses, die Hohenpriester vor dem Altar, die Weisheit erbaut sich einen Tempel und das Lager Salomons, die sich im Narthex befinden. Ihre Mittlerrolle bei der Inkarnation Christi wird in dem Weihnachtshymnos über dem Kircheneingang vom Narthex her gefeiert. In der flachen Kalotte des Narthex schwebt der Pantokrator in der Aureole, der Weltenrichter. Solchermaßen erhielt die Schirmherrin dieser Ochrider Kirche den hervorragendsten Platz in deren Malerei, und unter den ihr gewidmeten Kompositionen gibt es so manche, die in Byzanz ganz selten zu finden ist oder eine absolute Ausnahmeerscheinung bildet. Die unteren Zonen werden von ganzfigurigen Heiligengestalten ausgefüllt, wobei die Verteilung so ist, daß im Altarraum berühmte Bischöfe, an den Wänden des Naos angesehene Mönche und Eremiten, an den Säulen auf der Westseite besonders markante Soldatenheilige und im Narthex die Apostel zur Darstellung gelangten. Wiedergegeben sind auch Propheten und Evangelisten: erstere in der Kuppel, letztere in den Pendentifs. Den Ehrenplatz neben dem Ikonostas an der Nordwand erhielt der hl. Kliment, Slawenlehrer und Schutzpatron Ochrids, neben dem, als Heiliger dargestellt, der Ochrider Erzbischof Konstantin Kabasilas steht, den die Kirche von Ochrid damals bereits zu verehren begann, obwohl erst einige Jahrzehnte seit seinem Tode vergangen waren. An der Südwand gegenüber

Taf. XIII, XIV
Taf. XV

befindet sich eine Darstellung des Apostels Petrus, der, ein Kirchlein auf den Schultern, das die ihm von Christus überantwortete Kirche versinnbildlicht, die Hölle durchschreitet: ein äußerst seltenes Thema, das später auch in Serbien erschien, hier in Ochrid jedoch — aufgrund älterer ikonographischer Vorlagen, in denen es zu gewissen Freiheiten bei der Auslegung der Worte des Evangeliums gekommen war — erstmals Gestalt annahm. Die Malerei der Muttergottes Peribleptos nahm also bei all ihrer komplizierten Gelehrsamkeit auch etwas vom Wesensgehalt ihres Ochrider Entstehungsmilieus in sich auf.

Die Maler Michael und Eutychios kamen wahrscheinlich direkt aus Thessalonike an ihre hiesige Wirkensstätte. Der Stifter der Muttergottes Peribleptos ließ dort die Kirche Hagios Nikolaos erbauen, die später den Beinamen „tou Sgourou" führte, und es ist wohl möglich, daß er dabei auch die Künstler ausfindig machte, die in der Folge die Ochrider Muttergotteskirche ausmalten. In Thessalonike lebten damals die bekannten byzantinischen Maler Manuel Panselinos und Georgios Kaliergis, die berühmte Werke hinterlassen haben. Panselinos ist möglicherweise der Wandschmuck der Protatonkirche im Karyes-Kloster auf dem Heiligen Berg Athos zuzuschreiben, eine Malerei, die eine hohe, ja, unvergleichliche Ähnlichkeit mit den Werken des Künstlerpaars von Ochrid aufweist. Und ein Werk des Malers der Protatonkirche könnten auch die ursprünglichen Fresken in der Hauptkirche des Lavra-Klosters sein, einem erhaltenen Fragment nach zu urteilen. Somit erscheint es recht gut denkbar, daß Michael und Eutychios ihre Ausbildung in Thessalonike genossen und von dorther die nunmehrigen neuen künstlerischen Auffassungen nach Ochrid brachten.

Das Schaffen der beiden fußt sowohl auf den Traditionen der hervorragendsten byzantinischen Maler der zweiten Hälfte des 13. Jahrhunderts als auch auf den aus der Reichshauptstadt kommenden und immer weiter um sich greifenden Prinzipien des neuen Stils der „Palaiologenrenaissance". Daher stehen ihre Werke in Ochrid — ebenso wie die ihrer Zeitgenossen in Thessalonike — im Zeichen eines Übergangsstils. Dem 13. Jahrhundert zugehörig ist das Gefühl für eine gewaltige, ausladende Formgebung, wie es in den großzügigen Ausmaßen der Kompositionen und dem wuchtigen Körperbau und athletisch anmutenden Aussehen der Gestalten mit ihrer schweren, aufgebauschten Gewandung zum Ausdruck kommt. Die neuen Auffassungen machen sich bemerkbar in der erhöhten Zahl der in die Komposition einbezogenen Personen, der weniger streng durchgeführten Verknüpfung derselben zu einem festgefügten Ganzen und den in das Bild aufgenommenen Details aus dem alltäglichen Leben, in der Überladung der Szene mit Bauwerken und Einrichtungsgegenständen sowie im erzählenden Charakter der Themengestaltung. Manche ikonographischen Lösungen, wie z.B. die Darstellung der Apostel im Narthex, sind aus der älteren Kunst des 13. Jahrhunderts übernommen; entsprechende Vorbilder finden sich bereits in den sechziger Jahren im serbischen Sopoćani. Und dennoch: die kühne Tiefenanordnung der Figuren, ihre zügig vorgenommene perspektivische Verkürzung und die ungezwungene Natürlichkeit ihrer Haltung — all dies ist nur den fortgeschrittensten Künstlern der „Palaiologenrenaissance" zueigen.

In bezug auf den dramatisch-expressiven Stimmungsgehalt ihrer Werke sind die Maler der Muttergottes Peribleptos in ihrer Zeit unübertroffen. In dieser Hinsicht haben sie ihren ganz persönlichen Stil geschaffen, der sich in seiner Eigenart von dem aller anderen Künstler unterscheidet, selbst jener, deren Schöpfungen den ihrigen noch am nächsten kommen. Die Kunst von Michael und Eutychios ist durch und durch, bis in ihren innersten Kern markig und kraftvoll. Blau, Ocker, Rot und Weiß nehmen breiteste Bildflächen ein und stoßen dabei in kräftigen Kontrasten aufeinander. Die Zeichnung der Gestalten ist eckig und temperamentvoll durchgeführt, stark abgewinkelt dort, wo eine jähe Bewegung aufgezeigt wird, Draperien und Gesichter bei der Herausmodellierung von Licht und Schatten dergestalt schneidend, daß kleine, geradezu kubistisch anmutende Flächen entstehen, die durch das Gegeneinandersetzen von Hell und Dunkel ein besonderes plastisches Leben gewinnen. In Form tiefer, anatomisch oft nicht ganz gerechtfertigter Gesichtsfalten durchkerbt die Zeichnung die Physiognomie, wobei sie diese entstellt, nur um ein Höchstmaß an Ausdrucksvehemenz zu gewinnen. Das Licht — Weiß, verteilt über die plastische Flächenanordnung der herkulischen Gestalten — zerbricht förmlich an deren Festigkeit, und seine Aufgabe erschöpft sich in der Hervorhebung der Kraft, die in den Bewegungen dieser in Aktion befindlichen Hünen liegt. Der ruhige Formenguß und die feierliche Würde der Bewegungen von einst sind durch heftige Kerbschnitte des Volumens und leidenschaftliche Erregtheit in der Haltung ersetzt worden. Wie schon einmal, an der Neige des 12. Jahrhunderts, so ging auch hier ein Stil in seiner „barocken" Etappe zu Ende. Und wie stets bei solchen

XIII Ochrid, Gottesmutter Peribleptos.
Erzengel Gabriel, 1294/95

◀
XIV Ochrid, Gottesmutter Peribleptos.
Mariä Verkündigung, 1294/95

XV Ochrid, Gottesmutter Peribleptos
Tod Mariä, 1294/95

XVI Studenica, Muttergotteskirche.
Johannes der Täufer, 1208/09

Gelegenheiten, so wurde auch hier das alte Schaffensgebäude niedergerissen und ein neues aufgebaut. Die Dualität bei der Darstellung hochbetagter Heiliger und der jugendlichen Gestalten — hier eine gewisse Idealisierung, dort strenge, überscharf akzentuierte Züge — scheint diese Begegnung zwischen altem Geist und jungem Ideengut auf ihre Weise zu symbolisieren.

Zum Zeitpunkt ihres Wirkens in Ochrid waren Michael und Eutychios Anhänger der mönchischen Richtung in der religiösen Malerei; dies mag der Grund für den Nachdruck sein, den sie so häufig auf eine bewußt häßliche Gestaltung ihrer Heiligen, auf die Ausdruckskraft der Szene und eine spröde, aber treffsichere Farbgebung legten. Dramatisches Ungestüm war der Inhalt ihrer Werke, und sie verliehen ihm die entsprechende Form: stets ist Schmerz gleich Schrei, Kraft gleich Aggressivität, Kontemplation gleich krampfhafter Anstrengung, Bewegung gleich Ergrimmtheit, Brechen der Materie und Zusammenpressen der Formen. Als die beiden Künstler einige Jahre nach Abschluß ihres Ochrider Werks an den Hof des serbischen Königs Milutin berufen wurden, in dessen Diensten sie wahrscheinlich bis an ihr Lebensende verblieben, gaben sie ihre ursprünglichen künstlerischen Auffassungen auf und verfielen in Nachvollziehung des Schaffens in Konstantinopel und Thessalonike in eine klassizistische Malweise, die bei Hofe weitaus beliebter war.[16]

Prilep St. Nikolaus, 1298

Das letzte große Denkmal in Makedonien vor der serbischen Eroberung der südlichen Landesteile ist die Malerei der Nikolauskirche in Prilep. Zwei unbekannte Künstler vollendeten die Ausmalung dieses Gotteshauses, die mit den Fresken in der Apsis an der Schwelle vom 12. zum 13. Jahrhundert begonnen worden war. Sie hätten ihr Werk auf Wunsch eines byzantinischen Adeligen namens Vekos sowie dessen Sohn Kapza und seiner Frau Maria in Angriff genommen und es 1298 abgeschlossen, heißt es in einer Inschrift an der Innenwand über dem südlichen Kirchentor.

Dieses ihr Werk teilten sich die beiden Maler so ein, daß der Begabtere die Südwand, der Minderbegabte die Nordwand übernahm, und sie an der Westwand gemeinsam tätig waren. Bei aller typenmäßigen Verwandtheit ihrer Heiligenfiguren unterscheiden sie sich in Handschrift und Herausarbeitung des plastischen Gehalts voneinander: wo der Talentvollere weiche Hell-Dunkel-Übergänge schafft, setzt der Untalentiertere sehr schmale Schatten, an die er fast übergangslos helle Flächen anschließt. Während so der erstere durch seine gekonnte Beherrschung der Farbe feinausgewogene Harmonien und plastische Eindringlichkeit erzielt, entsteht bei dem letzteren der Eindruck, als seien die tiefdunklen Schattenstränge nichts weiter als verbreiterte Figurenumrisse. Sind die Heiligengestalten des einen randvoll mit Ausdruckskraft gefüllt, wirken die des anderen, dem die Kraft der Gestaltung versagt war, leer, nichtssagend. Was beiden gemeinsam ist, ist das meist getreue Festhalten an den Auffassungen des 13. Jahrhunderts: ihre Figuren sind hünenhaft, die Szenen von ziemlich großen Ausmaßen, und deren Teilnehmer nehmen den größten Teil der Bildfläche ein, so daß Bauwerke oder Landschaft zuweilen kaum zur Geltung kommen können. Bei einigen Szenen des Evangelienzyklus, der die zwölf Kirchenfeste und die Leidensgeschichte Christi umfaßt — der einzigen Gesamtkomposition übrigens, alles andere sind Einzeldarstellungen —, ist die ikonographische Inspiration durch Werke aus der Übergangszeit vom 12. zum 13. Jahrhundert unverkennbar: so weist beispielsweise die Beweinung Christi in Form- und Sinngehalt nur ganz geringe Abwandlungen und Ergänzungen gegenüber derselben Szene in Nerezi auf, und die Kreuzabnahme und die Frauen am Grabe stellen nur Variationen der entsprechenden Lösungen von Mileševa dar. Bei den anderen Szenen indessen nahmen die Künstler, darin dem Beispiel ihrer Zeitgenossen folgend, eine höchst augenfällige Erhöhung der Zahl der in die Darstellung einbezogenen Personen vor, setzten diese jedoch allesamt an die Bildoberfläche, unmittelbar in den Vordergrund, wo sie zu einer Gruppe ohne selbständige Bewegungsfreiheit zusammendrängten. Die gesamte Bildfläche ist mit Gestalten überfüllt, so daß nirgends freier, leerer Raum vorhanden ist. Zusammenballung von Menschen, Bauwerken und Felswänden, orientalische Buntheit in Gewandung und Ornamentik und ein leicht unbyzantinischer Gesichtstypus — dies sind die Kennzeichen der — übrigens etwas schwerfälligen — Aussage dieser Maler. Der Bildaufbau beruht im Grunde genommen auf zwei primären Elementen, die weder einander durchdringen noch aufeinander abgestimmt werden: es sind dies die den Hintergrund abschließende Landschaft oder Bildarchitektur einerseits und die über den Vordergrund hingebreitete Menschengruppe andererseits. Die Szene hat keinen Boden; die Architektur reicht bis zum unteren Bildrand herab, so daß die Gestalten frei im Raum schweben. Die im Verhältnis zur Malerei der Muttergottes Peribleptos um einiges ruhigere Wirkung wird

Abb. 16

durch den trägeren Rhythmus bei der Verteilung und die einfachere räumliche Erfassung der — übrigens ziemlich seicht konzipierten — Gestalten erzielt, deren Volumen unangetastet bleibt von jähem Licht- und Schatteneinfall. Ungeachtet dessen aber haben die beiden Künstler hier, insbesondere der Begabtere unter ihnen, bereits die Tendenz zur Wiedergabe von Gemütsbewegungen in der Malerei erfaßt, diese jedoch weit mehr in einer rein gefühlsmäßigen Geste, einer Kopfwendung oder zuweilen auch in einer geradezu naturalistischen Prägung von Gesichtsausdruck und Mienenspiel festgehalten als in besonders deutlich herausgestellten Körperbewegungen. Damit war der Bruch mit den gediegenen Malertraditionen des 13. Jahrhunderts, bei denen Würde und Zurückhaltung bei der Gestaltung der Heiligen eine wesentliche Rolle spielten, vollzogen und die Suche nach neuen Ausdrucksmöglichkeiten im Bereich des Gefühlslebens, wie sie dem 14. Jahrhundert eigen sind, aufgenommen.

Ein gelegentliches Merkmal dieser beiden Künstler, das insbesondere bei den Einzeldarstellungen von Heiligen — es handelt sich um Propheten in der oberen sowie Soldatenheilige und Märtyrer in der unteren Zone — in Erscheinung tritt, ist das alte komnenische Verfahren bei der Malweise: eine Neigung zur Graphik bei der Kennzeichnung der Lichtreflexe auf den Gesichtern und beim Auftragen von Wangenrot. Hier muß allerdings betont werden: echte Parallelen zur Malerei von St. Nikolaus in Prilep sind nirgends vorhanden; die Künstler erbrachten eigene Lösungen, indem sie auf ihre Weise eine Verbindung zwischen alten und neuen Auffassungen herstellten. Dabei trägt ihr Schaffen eine dermaßen persönliche Note, daß es schwer fällt, irgendeinen Schluß in bezug auf ihre künstlerische Zugehörigkeit zu ziehen. In Anbetracht der Traditionsgebundenheit in Ikonographie und Stil, insbesondere aber der Tatsache, daß in die Gesichter der Peiniger Christi karikaturhafte Züge hineingelegt wurden, will es vorerst scheinen, als seien hier einheimische Maler am Werk gewesen, die bis zu einem gewissen Grad jene Ideen weiterführten, welche vor allem bei den um die Mitte des 13. Jahrhunderts in der Panhagia Mavriotissa wirkenden Künstlern aus dem Kreis von Kastoria Eingang gefunden hatten. Immerhin steht ihr Werk ziemlich vereinsamt am Ausgang des 13. Jahrhunderts: ein Zeugnis für das Bemühen seiner Schöpfer, in einer Zeit des stilistischen Übergangs zu einem persönlichen Ausdruck zu finden.[17]

Bis zur serbischen Eroberung der südlichen Landesteile im Jahre 1334 scheint dann in Makedonien nicht mehr viel geschaffen worden zu sein. Jedenfalls ist kein weiteres Denkmal byzantinischer Malerei aus jener Zeit mehr vorhanden. Es ist, als hätten die häufigen Kämpfe in diesem Weltwinkel die Entstehung eines größeren Kunstwerks vereitelt. Erst nachdem König Milutin in die Städte im Norden des Landes und König Dušan in die des Südens eingezogen waren, begann sich das künstlerische Schaffen wieder zu regen. In den südlichen Bezirken sollte in Zukunft allerdings nur mehr selten ein Werk entstehen, das an Bedeutung den Schöpfungen der Zeit vom 11. zum 13. Jahrhundert gleichkäme, da König Milutin und Zar Dušan die Künstlertätigkeit in die Umgebung ihrer Hauptstadt Skopje verlegten, während Südmakedonien eben auch in bezug auf die Malerei Peripherie blieb.

DIE DALMATINISCHEN STADTSTAATEN

12.–14. JAHRHUNDERT

Byzanz, die Republik Venedig und Ungarn haben einander während des Mittelalters in der Herrschaft über die adriatischen Küsten- und Inselstädte abgelöst. Mit der Ankunft der Slawen ändert sich die ethnische Bevölkerungsstruktur: die alten Romanen ziehen sich in die befestigten Städte zurück, die Dörfer werden slawisiert, und im Hinterland schießen in nächster Nähe Kleinstaaten slawischer Stämme empor. Dalmatien, geographisches Zentralgebiet des Küstenlands, das bis heute seinen alten Namen bewahrt hat, rückt auch politisch in den Vordergrund, und Zadar ist eine Zeitlang Sitz von Staatskommissaren und Küstenverwesern. Die dalmatinischen Städte errichten nach und nach ihr Stadtstaatensystem, innerhalb dessen der heimische Adel hohe Ämter erlangt und auf seinen kleinen Territorien im Grunde genommen ungestört schaltet und waltet. Diese relative Selbständigkeit, die sich meist auf den Transithandel stützt, bei dem Seeschiffahrt und Karawanenverkehr die wichtigste Rolle spielen, bleibt ungeachtet der Oberherrschaft fremder Mächte das ganze Mittelalter hindurch erhalten.

Die neue mittelalterliche Kunst, die hier im 8. und 9. Jahrhundert nach Kriegen und großen politischen und ethnischen Veränderungen hervorgebracht wird, fügt sich stilistisch in die Entwicklungsströmungen Westeuropas ein. In ihren Formen ist sie identisch mit der Kunst des nächstgelegenen Hinterlands, die die Kroaten in ihrem Staat pflegen. Ein einigermaßen kundiges Auge kann sofort wahrnehmen, daß in der Architektur und der sie begleitenden Bildhauerkunst bereits in der Epoche der Vorromanik byzantinische Urformen erkennbar sind, die von jenen, die durch ihre Herkunft an die westeuropäischen Schaffenszentren gebunden waren, in westlichem Geist umgestaltet wurden. In der Wandmalerei, deren noch vorhandene Reste in der Zeit vom 11. bis zum 15. Jahrhundert entstanden, lassen sich derlei Erscheinungen noch besser verfolgen, da hier die Zugehörigkeit eines Werkes verratenden stilistischen Besonderheiten wohl ausgeprägter sind als in anderen Kunstgattungen. Genau besehen, laufen in der dalmatinischen Wandmalerei der Zeit zwischen dem 12. und 14. Jahrhundert, soweit dies heute anhand der eben doch recht geringen Zahl erhaltener Werke noch festzustellen ist, zwei verschiedene Richtungen nebeneinander her: eine ausgesprochen westliche, romanische, und eine zweite, besondere, bei der die künstlerischen Merkmale von Byzanz mit denen des Westens in der Weise verquickt sind, daß die dem Werk zugrundeliegende jeweilige byzantinische Form von der Hand des Malers von der Adriaküste entsprechend abgewandelt wurde. Diese zweite Richtung nun ist es, die, obschon nur begrenzt byzantinisch im Stil, als eigenartige Symbiose für dieses Buch in Frage kommt, dessen Ziel es ist, das Bestehen und den ideenmäßigen Verlauf der byzantinischen Malerei auf dem Territorium des heutigen Jugoslawien zu verfolgen.

Hierbei muß gleich betont werden, daß die Stadt mit den meisten erhaltenen Resten dieser Malweise Zadar ist, das, nachdem es lange Zeit Sitz des byzantinischen Verwalters des Themas Dalmatien gewesen war, auch unter den Venezianern, in deren Zeit das Entstehen der meisten der betreffenden Werke fällt, die Vorliebe für eine byzanznahe künstlerische Aussage bewahrte.

Im Geist dieser byzantinisch-romanischen Stilmischung gehalten war jedenfalls der am Ausgang des 18. Jahrhunderts zerstörte Mosaikschmuck in der Apsis der dortigen romanischen Kirche St. Chrysogonus. Wie aus Beschreibungen bekannt, war in der Apsiskonche die Deesis dargestellt; darunter folgten — in einer Reihe nebeneinanderstehend — die zwölf Apostel. Auf dem Mosaik war eine lange lateinische Inschrift vorhanden, in der es hieß, es sei auf Wunsch der Stana geschaffen worden, der Tochter des Fürsten Petrana, Prokonsuls von Zadar und Dalmatien, der übrigens noch in Quellen aus dem zweiten Viertel des 12. Jahrhunderts Erwähnung findet. Die Auftraggeberin stammte offensichtlich aus einer kroatischen Familie, die durch ihre hohe gesellschaftliche Stellung hervorragte. Die Slawen stellten dazumal einen erheblichen Teil der Bevölkerung Zadars; so blieb eine geschichtliche Aufzeichnung erhalten, derzufolge die Einwohner der Stadt beim Besuch von Papst Alexander III. diesem entgegenzogen, um ihn „mit Liedern in ihrer slawischen Zunge" zu begrüßen. Besagtes Mosaik, von dem heute nur mehr der Untergrund mit den Mörtelabdrücken der Mosaiksteinchen zurückgeblieben ist, wurde höchstwahrscheinlich 1175, im Jahr der Kirchenweihe von St. Chrysogonus, vollendet. Zur gleichen Zeit entstanden möglicherweise auch die Fresken der ältesten Schicht in der nördlichen Apsis. Damals hatte sich nämlich in Byzanz wie im Westen die Gewohnheit eingebürgert, Kirchennebenräume mit Wandschmuck in anspruchsloserer Technik zu versehen, als es die in Hauptapsis, Kuppel oder Gewölbe angewandte war. So haben viele Kirchen des byzantinischen Kulturkreises — erwähnt seien nur Hosios Lukas in der Phokis, die Sophienkirche in Kiew und die Hauptkirche des Klosters Gelati in Georgien, alles Denkmäler des 11. und 12. Jahrhunderts — gleichzeitig Wandmalerei in zwei verschiedenen Techniken erhalten. Es ist durchaus denkbar, daß dieses Verfahren auch in St. Chrysogonus in Zadar Anwendung fand, besonders, wenn man die stilistischen Eigenarten der Fresken der ältesten Schicht in der nördlichen Apsidiole in Betracht zieht. Von dieser ältesten Malerei blieben nur einige Figuraldarstellungen erhalten. Die Reste dreier davon sind in der Apsiskonche zu sehen: in der Mitte Christus, eventuell auch ein anderer Heiliger, in Chiton und Himation gehüllt, links davon der hl. Benediktus, rechts ein unbekannter Heiliger, möglicherweise auch eine Heilige. In der unteren Zone waren acht Heilige stehend dargestellt, von denen nur Kosmos und Damian und ein unbekannter Heiliger etwas besser erhalten geblieben sind. Wie aus dem Überrest einer Rollenaufschrift hervorgeht, war auch Johannes der Täufer darunter. Eine weitere Heiligenfigur ist schließlich noch, wenn auch heute sehr verblaßt, rechts auf dem Bogen über der Apsis erhalten geblieben.

Zadar St. Chrysogonus, Ende 12. Jh.

Die Malerei der ältesten Freskenschicht in St. Chrysogonus knüpft, wie an dem noch Vorhandenen zu sehen, in Heiligentypen, Gestaltung und Farbgebung an jene Kunst von Monte Cassino an, die Werke in der Art der süditalienischen Exultet-Rollen hervorbrachte, in denen das byzantinische Erbe unter dem Einfluß des westlichen Gestaltungslinearismus Veränderungen erfuhr, obschon dabei jene für den byzantinischen Stil so charakteristische Stilisierung der menschlichen Gestalt blieb. Sprödheit der Farbklänge, Vereinfachung des plastischen Gehalts, unbefangenere Modellierung ohne Schwelgen in Schönheit und Formbarkeit der Materie und porträthafte Herausarbeitung des Gesichts — das alles bildete den Weg, auf dem sich diese Malerei allmählich von der abstrakteren, erhabeneren byzantinischen Kunst entfernte. Daß der Stil der Mutterkirche des Benediktinerordens, dem das Kloster St. Chrysogonus angehörte, aus Süditalien an die Adriaküste herübergetragen wurde, ist zweifellos das Verdienst der Benediktiner von Zadar.

Zadar St. Chrysogonus, Anfang 13. Jh.

Die jüngeren Fresken im gleichen Raum dieser Kirche, unter denen die ältere Schicht teilweise verschwunden ist — der hl. Chrysogonus, die Mittelfigur in der Apsiskonche, und Mariä Verkündigung, die beiden Heiligen auf der Bogenfront über der Apsis verdeckend — dürften zu Beginn des 13. Jahrhunderts geschaffen worden sein, nach der Verwüstung der Kirchen von Zadar im Jahre 1202, als die Kreuzfahrer die Stadt einnahmen und an Venedig auslieferten. Es war wohl bei der darauffolgenden Erneuerung des Gotteshauses, daß die besagten Fragmente in und oberhalb der nördlichen Apsis entstanden und gleichzeitig damit auch die Fresken an der Nordwand desselben Raums: *Die Geburt Jesu* in der oberen, vier stehende Heilige und, die Figuren als Brustbilder wiedergegeben, die Deesis in der mittleren und den Erzengel Michael mit einem weißen Diskus mit zwei Figürchen darauf in der unteren Zone. Die szenische und figurale Ikonographie von Byzanz blieb hier unangetastet, und auch im Stil sind

Abb. 19

diese Fresken fast unverändert byzantinisch, Abweichungen machen sich lediglich hier und da im Äußeren der Heiligen bemerkbar. Immerhin besteht beispielsweise eine ganz deutliche Ausdrucksverwandtheit zwischen den im ausgehenden 12. Jahrhundert entstandenen spätkomnenischen Werken in der fernen russischen Kirche von Nerediza und der Malerei hier. Die bewegte Pinselführung und der starke Farbauftrag sind den byzantinischen Künstlern der Komnenenzeit abgeschaut, doch hat sich der Meister, der diese Fresken schuf, von seinen Vorbildern bei der Farbgebung gelöst: wohl sind die Farben auch hier reines Rot, Blau, Ocker und Weiß, jedoch ohne sorgfältig vollzogene Übergänge und Feinheiten nebeneinandergesetzt. Etwas Rohes, Robustes liegt in der Aussage dieser Bilder, wie es in dieser Art bei den byzantinischen Künstlern nicht anzutreffen ist. Außerdem ist es schließlich noch das Übergewicht der Zeichnung gegenüber der plastischen Gestaltung, das den Maler hier aus dem byzantinischen Künstlerkreis ausnimmt und ihn jener Gruppe venezianischer Meister zuordnet, die um das Jahr 1200 auf der Basis der byzantinischen Traditionen einen eigenen Ausdruck zu schaffen suchten.[18]

Zadar
St. Andreas,
Ende 12. Jh.

Irgendwann im letzten Viertel des 12. Jahrhunderts mögen die Fresken des St. Andreaskirchleins in Zadar entstanden sein. Heute sind davon nur mehr Fragmente der Darstellung der Apostel in der Apsis vorhanden; drei in der Konche befindliche Heilige gehören bereits einer späteren Schicht an. Hier scheint im kleinen die Thematik der Mosaiken von St. Chrysogonus wiederholt worden zu sein. Jedenfalls standen in der unteren Apsiszone, frontal dem Betrachter zugewandt, die zwölf Apostel — ein in den venezianischen Kirchen des 12. Jahrhunderts sehr häufiges Thema, das seinen Ursprung auch wiederum in Byzanz hat. An der einigermaßen erhaltenen Figur eines Apostels an der Südseite ist zu erkennen, daß sich die Schöpfer dieser Fresken recht unmittelbar an den „Manierismus" der byzantinischen Malerei der zweiten Hälfte des 12. Jahrhunderts anlehnten, dessen beste Werke die in Lagoudera auf Zypern und in Kurbinovo sind. Die Krümmung des Ärmelrands unter dem erhobenen Arm dieses Apostels ist — Kennzeichen der byzantinischen Kunst des ausgehenden 12. Jahrhunderts! — derart mäanderförmig, daß man annehmen darf, der Maler habe die Werke der byzantinischen Künstler seiner Zeit, deren Schaffen derartige Wesensmerkmale trug, gekannt. Dieser eine Apostel, der einzige der ganzen Komposition, bei dem wenigstens der Oberkörper halbwegs unversehrt blieb, zeugt davon, daß diese Malerei unter allen in Dalmatien noch vorhandenen Denkmälern das Byzantinische am reinsten bewahrte. Ihr Quellort ist möglicherweise in den im gleichen Zeitraum entstandenen Mosaiken von San Marco in Venedig zu suchen, die sich ihrerseits wiederum an den „manieristischen" Stil von Byzanz anlehnen.

Zadar
Alte St. Peterskirche,
Ende 12. oder Anfang 13. Jh.

Etwas jüngeren Datums ist der Wandschmuck der zweischiffigen „Alten" St. Peterskirche, die ostwärts an St. Andreas angebaut wurde. Zu den Fresken der letzteren weist er gewisse Affinitäten auf, insbesondere in der Modellierung der Heiligengestalten, deren Konzeption ganz im Zeichen von Byzanz steht. Die Lichtreflexe auf den Gesichtern, die Ockerfarbe der Wangen, die grünen, dunkelrot konturierten Schattenpartien der Figuren erinnern an die in der byzantinischen Malerei an der Schwelle vom 12. zum 13. Jahrhundert erbrachten gestalterischen Lösungen. Einigermaßen erhalten ist diese Freskenausmalung nur mehr in der Konche der nördlichen Apsis (drei stehende Heilige), doch ist an kleinen Überresten erkennbar, daß seinerzeit auch die der südlichen mit Wandschmuck versehen war. Die Maler beabsichtigten offensichtlich, auch die Kirchengewölbe mit Fresken auszuschmücken und hatten in den ersten beiden Jochen zu diesem Zweck bereits den Mörtel angebracht, stellten ihr Beginnen danach jedoch aus irgendeinem Grunde ein. Erst später, im vorgerückteren 13. Jahrhundert, vollendeten andere, sichtlich romanisch orientierte Künstler die Ausmalung der Kirche. Diese Unterbrechung mag ein Anhaltspunkt für die Hypothese sein, derzufolge die Malerarbeiten 1202 in Angriff genommen wurden und in der Folge durch Krieg und Verwüstung, die in Zadar herrschten, eingestellt werden mußten. Durchaus nicht im Widerspruch zu solch einer Annahme stehen hier die stilistischen Eigenschaften der Fresken. Die gut erhaltene Figur des nördlichsten der drei Heiligen in der Konche der Nordapsis weist eine weit flüchtigere Gestaltung auf als die der Heiligen in der Apsis von St. Andreas. Auch der Farbauftrag ist hier sehr viel dünner, und bei der Modellierung hat die Zeichnung das Übergewicht. Immerhin aber hielt sich der hiesige Maler an das in Lagoudera und Kurbinovo dominierende Verfahren bei der Herausarbeitung der Draperien, bei der diese den Körper gleich einem festen Panzer umspannen, und an der solchermaßen deutlich hervortretenden Gestalt die lockereren Partien in mannigfaltigen Formen gelöst herniederwallen. Hier, im „Alten" St. Peter, ist diese Manier allerdings „romanisiert" und vereinfacht.[19]

Zadar
Kathedrale (St. Anastasia),
um 1285

Der zweiten Hälfte des 13. Jahrhunderts gehören die Fresken in den zwei Seitenapsiden der der hl. Anastasia geweihten Kathedrale von Zadar an. Dieses Gotteshaus wurde, wie es scheint, 1202 schwer beschädigt, im weiteren Verlauf des 13. Jahrhunderts dann erneuert und 1285 schließlich neu eingeweiht. Anzunehmen ist, daß zu dieser Einweihungsfeierlichkeit auch der Wandschmuck vollendet wurde; der Stil der Fresken entspricht jedenfalls durchaus diesem Zeitpunkt. Die Darstellung in der Konche der Nordapsidiole zeigt in der Mitte Christus, links von ihm den hl. Thomas Beckett, den Bischof von Canterbury, und rechts die hl. Anastasia. In der unteren Zone befinden sich acht frontal und in stehender Haltung wiedergegebene Heilige, darunter auch einige in Zadar besonders beliebte, alle aber — bis auf einen — sehr schwer beschädigt. Die Konche der Südapsidiole füllt eine Komposition der Deesis; von den Heiligen in der unteren Zone blieben nur Figurenstücke der Heiligen Kosmas und Damian erhalten, auch diese großenteils beschädigt. Es waren dies im Aussehen monumental wirkende Gestalten mit hünenhaftem Körperbau und kraftvoller Kopfform, umwallt von weiten Draperien — genau die Art, die den in der zweiten Hälfte des 13. Jahrhunderts in Byzanz herrschenden Geschmack traf. Allerdings machten die byzantinischen Formen unter dem Einfluß der in Dalmatien gerade einsetzenden Gotik gewisse Veränderungen durch. So ist die Gestaltung des Faltenwurfs der Heiligengewänder — besonders auffallend bei Johannes dem Täufer — weit weniger stilisiert, als dies damals in Byzanz der Fall war. Die Verteilung der Hell-Dunkel-Effekte auf den Draperien tritt lebendiger und natürlicher hervor, ja, es besteht ganz allgemein die Tendenz zu einer wirklichkeitsnäheren Betrachtung der Formen unter der Lichteinwirkung. Es handelt sich um Werke hochbegabter Künstler, ausgeprägter Vertreter des Glanzlichtverfahrens, jedenfalls der besten, die während des Mittelalters in Zadar wirkten. Im Gesamteindruck erinnert ihr Schaffen sehr an die Malerei jener Doppelikone, darstellend die Muttergottes der Benediktinerinnen und den hl. Petrus, die etwa zur gleichen Zeit für das Marienkloster in Zadar angefertigt wurde. Wesensgleich ist die Kunst dieser Meister mit der venezianischen Ikonenmalerei desselben Zeitraums; als Vergleichsbeispiel sei hier nur die im Museum von San Marco befindliche große Ikone Madonna del Latte herangezogen. Für ihre größte und ansehnlichste Kirche beriefen die Bürger von Zadar die Kunstfertigsten der dazumal in Venedig wirkenden Maler. Ein interessantes Detail: in einer Inschrift, die wie alle Inschriften in Zadar lateinisch ist, ist der Name Johannes des Täufers mit dem abgekürzten Epitheton für „heilig" in griechischer Sprache versehen. Es könnte dies ein Zeichen dafür sein, daß der Maler zu jenen Griechen gehörte, die sich, nachdem sie während des Bestehens des Lateinischen Kaiserreichs in den Westen Europas gezogen waren, dort unter Beibehaltung der byzantinischen Vorbilder der Malweise der Venezianer anpaßten und überdies in die Gestaltung ihrer Werke den neuesten Stil, die Gotik, einfließen ließen.

Abb. 21

Zadar
Kathedrale (St. Anastasia),
um 1324

Abb. 20

Dem Entstehungszeitpunkt nach die letzten in der Reihe der in Zadar vorhandenen Werke mit dem bewußten spezifisch romanisch-byzantinischen Ausdrucksgehalt sind zwei an der Westwand der Anastasia-Kathedrale links und rechts des Haupteingangs befindliche Medaillons, beides Brustbilder der *Apostel Petrus* und Paulus. Die beiden Heiligen, deren Gestaltung oberflächlich, mit dem Nachdruck auf der Zeichnung durchgeführt ist, treten in frontaler Haltung vor einem blaugrünen Hintergrund hervor, die rechte Hand zum Segen erhoben. Ausdrucksarm, anspruchslos in der Farbgebung, weisen diese Figuren gewisse Besonderheiten auf, die erkennen lassen, daß sie in der Epoche der Gotik geschaffen wurden, obschon sie im Prototyp byzantinisch und in der Darstellungsweise weitgehend romanisch sind. Bei Petrus stehen Volumenwiedergabe und Typus im Zeichen jener venezianischen Malerei des 13. Jahrhunderts, wie sie beispielsweise an dem im Museo Correr aufbewahrten Totenschrein der seligen Juliane zu finden ist. Bei Paulus fällt die Entstellung der Gesichtszüge auf: mit seinen großen, hervorstehenden, starrblickenden Augen, der langen, sich an der Spitze verbreiternden Nase, der hohen, gefurchten Stirn und den Apfelbäckchen könnte er ein Vorgänger jener karikierten Typen sein, die etwas später Lorenzo Veneziano in die Predella seiner Altarbilder hineinzustellen pflegte. Auch die naturgetreue Wiedergabe der Blumen der die Medaillons als Zierrahmen umrankenden Tulpengewinde zeugt davon, daß zum Zeitpunkt des Entstehens dieser beiden Fesken in Zadar bereits der Geist der Gotik herrschte. Dieser Zeitpunkt könnte das Jahr 1324 sein, in dem das Hauptportal der Kirche vollendet wurde, das ja von den Medaillons flankiert wird.

Ein interessanter Umstand ist das zeitliche Zusammentreffen zwischen der Ausmalung der Kathedrale von Zadar und dem Aufenthalt des griechischen Malers Johannes Klerikopoulos in der Stadt, der währenddessen das Altarbild für die Demetrioskirche schuf, von dem schriftlich bezeugt ist, daß es „alla greca" gemalt war, — signiert allerdings war es lateinisch, und als Jahr war 1314 angegeben. Es ist nicht ausgeschlossen, daß Klerikopoulos einer jener Künstler war, die die in der Malerei der Anastasia-Kathedrale zutagetretenden Auffassungen maßgeblich mitgeprägt haben.[20]

Brač
Donji Humac, um 1270
Abb. 17

In den letzten Jahrzehnten des 13. Jahrhunderts wurde an der Wand der Dorfpfarrkirche von Donji Humac auf Brač über dem Altar eine Darstellung der *Deesis* geschaffen. Denkbarer Entstehungszeitpunkt ist das Jahr 1270, in dem wahrscheinlich die Kirchenweihe stattfand. Das Fresko, dessen Hintergrund in der unteren Hälfte gelb, in der oberen rot ist, zeigt den thronenden Christus und zu seinen beiden Seiten, flehend zu ihm hingewandt, die Gottesmutter und Johannes den Täufer. Die durch die Bittgebete dieser beiden bei Christus als dem Weltenrichter eingelegte Fürbitte für das Menschengeschlecht war Bestandteil des Ideengehalts einer jeden mittelalterlichen Darstellung der Deesis. Dieser Gedanke wird hier in einer neben dem Haupt der Gottesmutter befindlichen lateinischen Inschrift auch ausgesprochen: „Heilige Maria, Mutter Gottes, bitte für uns", heißt es da. Die Köpfe der Gestalten hier haben in mancher Hinsicht das Aussehen byzantinischer Heiliger vom Ende des 12. Jahrhunderts bewahrt: so ist die Linie, die störend in den plastischen Gehalt der Formen eingreift, Mittel zu satter Akzentuierung eines besonders hellen Lichteinfalls auf den Gesichtern — ein Merkmal, das auch für den spätkomnenischen „Impressionismus" zutrifft. Die Draperien hingegen haben, wiewohl vom Typ her byzantinisch, einen merklichen romanischen Einschlag erhalten: infolge starkliniger Faltennachziehung wirken sie schematisch und steif, und durch die Herausarbeitung zweier klar gegeneinander abgehobener perspektivischer Flächen ist ihre plastische Ausdruckskraft beeinträchtigt. Der übliche Ton für Schattenstellen ist Blau oder Rot, beleuchtete Partien sind flächig-weiß gekennzeichnet. Auch in diesem Fresko wird das Aufkommen des gotischen Stils bereits spürbar. Johannes der Täufer gemahnt mit seinem im Gesichtsausdruck bis zur Karikatur stilisierten Kopf mit dem zerzausten Haar bereits an jene struppigen Alten, die unter dem Einfluß des gotischen Naturalismus auf den Bildern italienischer Künstler jener Zeit in Erscheinung treten. Seine gotisch orientierte Zugehörigkeit zum Westen brachte der Maler auch in den Inschriften und Heiligennamen zum Ausdruck, die lateinisch abgefaßt, in gotischen Lettern geschrieben waren, welche gerade damals auch in Dalmatien bereits auftauchten. Immerhin: im Gesamteindruck bewahrte das Fresko in Donji Humac mit seinen breit angelegten Gestalten die monumentale Wirkung byzantinischer Werke des 13. Jahrhunderts. Starke Affinitäten bestehen zu venezianischen Schöpfungen des ausgehenden 13. Jahrhunderts, insbesondere zu den unter Bergkristall gesetzten Miniaturbildern in vielen Werken venezianischer Goldschmiede und Kristallschleifer. Die venezianischen Miniaturen tragen oft trotz ihres kleinen Formats monumentale Züge, und den Schöpfern dieser Kunstwerke ist dieselbe Art der Volumengestaltung eigen wie dem Maler von Donji Humac. Somit dürfte der Wandschmuck der hiesigen Kirche mit großer Wahrscheinlichkeit das Werk eines Künstlers sein, der entweder aus Venedig stammte, oder zwar dalmatinischer Herkunft, aber in Venedig ausgebildet worden war.[21]

Mit dem Heraufdämmern des 14. Jahrhunderts verschwinden die byzantinischen Formen aus der Wandmalerei Dalmatiens. Die Gotik, die nach dem Geschmack der katholischen Besteller religiöser Bilder war, nahm in den Stadtstaaten des Küstengebiets völlig überhand. Einzig und allein in Kotor und den ganz im Süden gelegenen Städten, die zum Territorialbereich des serbischen Staates gehörten, erhielt sich das byzantinische Wesen in der Freskenmalerei noch länger, wie dies den Überresten des Wandschmucks der Kathedrale von Kotor und der Franziskanerkirche in Bar zu entnehmen ist. Weiterhin war die byzantinische Heiligengestalt in den katholischen Kirchen des Küstengebiets noch auf Altarbildern und Holzkreuzen, in den Werken jener Meister anzutreffen, die, wie in Venedig das Malerpaar Paolo und Lorenzo und deren Zeitgenossen, im 14. Jahrhundert die alten byzantinischen Formen gemäß den dem Zeitgeist entsprechenden Wünschen der Auftraggeber mit den im Westen auftauchenden stilistischen Neuheiten verbanden. Einst gleichzeitig mit reiner Romanik in einem breiten Fächer künstlerischen Schaffens vertreten: in Miniaturen, auf silbernen Buchdeckeln, in Wand- und Ikonenmalerei, beschränkt sich die byzantinische Gestaltungsweise schließlich auf letztere; ist die Ikone den Legenden- und Wundertraditionen, den Quellorten des Kults einzelner ikonographischer Typen im Osten doch am festesten und treuesten verhaftet.

Die zwischen dem ausgehenden 12. und dem einsetzenden 14. Jahrhundert in Dalmatien entstandene Wandmalerei mit byzantinischen Stil- und Gestaltungskomponenten, die nur so wenige Denkmäler hinterlassen hat, stellt ein Problem in bezug auf ihre Datierung dar, da keine einigermaßen sicheren historischen Belegquellen vorhanden sind. Hinzu kommt, daß in Italien wie in Byzanz Gegenstücke zu den hier vorhandenen künstlerischen Lösungen mit entsprechendem Maß an Übereinstimmung und gleichem oder doch nur wenig davorliegendem Entstehungszeitraum fehlen, was die Erarbeitung einer genaueren chronologischen Einstufung der Denkmäler erschwert. Die Tatsache, daß verwandte Züge zwischen den Werken der Wandmalerei in Dalmatien einerseits und in Italien und Byzanz andererseits nur im Rahmen des Allgemeinen festzustellen sind, ist möglicherweise ein indirekter Beweis dafür, daß in Dalmatien bereits damals vereinzelte Malerwerkstätten bestanden, deren Werke sich sporadisch und schwer beschädigt bis heute erhalten haben. Ohne rechte künstlerische Metropole gebrach es dieser Malerei in ihrem innersten Wesen an schöpferischer Kraft. Während sie die byzantinischen Einflüsse hauptsächlich mittelbar, über Italien, in sich aufnahm, war sie bestrebt, zu einer besonderen Gestaltungsweise zu finden, durch die individuelles Schöpfertum und Geschmack des Entstehungsmilieus zum Ausdruck kommen sollten. Die Benediktinerkunst Süditaliens und die venezianische Malerei waren, wie es scheint, richtungsweisend für die meisten dieser Künstler, die zu Lösungen in diesem Sinn gelangten. Somit stellt die Wandmalerei des Küstenlands in der jugoslawischen Kunstgeschichte eine ganz besondere Erscheinung dar.

DER SERBISCHE STAAT

10.–15. JAHRHUNDERT

Die Anfänge der Wandmalerei

Namentlich erwähnt werden die Serben erstmals zu Beginn des 9. Jahrhunderts, als sie sich, im Herzen der Balkanhalbinsel siedelnd, in den Landstrichen zwischen Ibar und Lim, deren Flußläufe auf ihrem Weg in die Morava bzw. die Drina in süd-nördlicher Richtung jene Bergketten durchschneiden, innerhalb derer unter Byzanz Selbständigkeit auf größerem Raum möglich war, zu einem festeren Verband zusammenschlossen. In der zweiten Hälfte desselben Jahrhunderts erfolgte ihre Christianisierung; heidnische Sitten und Gebräuche erhielten sich allerdings auch weiterhin. Historische Quellen, die auf die sagenumwobenen Anfänge ihres Daseins auf dem Balkan, insbesondere im 10. Jahrhundert, Licht werfen, sind nur in spärlichem Umfang erhalten. So erfahren wir, daß es den mächtigeren serbischen Fürsten zeitweise gelang, unter Einsatz der militärischen Kraft ihrer Truppen die Grenzen ihres Staats zu erweitern und sich jeweils für geraume Weile die Unabhängigkeit zu sichern. Der Gegenschlag der überlegenen Byzantiner und Bulgaren habe diesem selbständigen Dasein immer wieder kurzfristig ein Ende bereitet, doch seien jedesmal alsbald neue Widerstandsbewegungen und Zusammenschlüsse ins Leben gerufen worden. Aus alten Urkunden geht auch hervor, daß die Serben bereits im achten Jahrzehnt des 9. Jahrhunderts dem slawischen Bistum Pannonien eingegliedert wurden, dem als Bischof Methodios vorstand, einer der beiden Brüder aus Thessalonike, die das Christentum unter den Slawen predigten. Ein Jahrhundert später, so heißt es weiter in den Quellen, hätten die Serben dann ihr eigenes Bistum in einem Land namens Rascien gehabt, und ihre griechischen Bischöfe, Wladikas genannt, hätten dem Ochrider Erzbistum unterstanden.

In jene historisch wenig erhellten Zeiten fällt der Bau und die erste Ausmalung der Kirche St. Petrus zu Ras unweit des heutigen Novi Pazar. Das genauere Datum dürfte mit jenem Zeitpunkt anzusetzen sein, da der serbische Fürst Časlav nach der Festigung seines Landes dessen Grenzen erweiterte und ihm die Selbständigkeit verschaffte. Möglicherweise war das hier errichtete Gotteshaus als Hauptkirche des Bistums Rascien gedacht, da der Sitz der rascischen Bischöfe das ganze Mittelalter hindurch, mit Ausnahme weniger kurzfristiger Unterbrechungen, ganz in der Nähe lag.

St. Petrus zu Ras, 10. Jh.

Der besonderen Note im baulichen Gefüge der Kirche St. Petrus zu Ras entspricht ihre Innenausstattung. In Kuppel und Kuppelraum wurden die architektonischen Formen und die einzelnen Bildszenen mit einem System aus in den frischen Mörtel gekerbten plastischen und auch gemalten Verzierungen umrahmt. Mit Mörtelgravuren in Form vierblättriger Blumenornamente versehen wurden die Bogenfronten über den Trompen, die Apsis und sämtliche Bögen des Raums unterhalb der Kuppel samt den jeweils dazwischenliegenden flachen Nischen, deren freie Felder eingravierte Kreuze schmücken. Die Szenen im Tambour sind mit rechteckigen Rahmen aus roten und gelben Linien umgeben, die auch sämtliche Tambourfenster umfassen. Nur hier im Tambour und im Raum unter der Kuppel blieben Reste der ursprünglichen Fresken erhalten. Obwohl die Malerei schwer gelitten hat, da die oberste, schönste Farbschicht fast gänzlich ausgelaugt ist, so kann man doch erkennen, daß hier Szenen aus dem Zyklus der zwölf Kirchenfeste wiedergegeben sind. Schwerer zu definieren sind die vier Bilder im Tambour, doch lassen Farbgebilde und Reste der Zeichnung ahnen, daß es sich dabei um die Verkündigung, die Heimsuchung Mariens, die Geburt Jesu und die Darstellung im Tempel handeln könnte. Trotz einiger besser erhaltenen Figuren einstweilen noch nicht deutbar sind die Szenen in den Trompen. Ebenso unklar ist, wer die Gestalten in der Zone unterhalb dieser waren, da nur die unteren Körperpartien erhalten sind. Manche unter ihnen tragen eine hohe Fußbekleidung, die an Stiefel erinnert, wie sie oft bei den Heiligen der Miniaturen der karolingischen Epoche anzutreffen sind.

Nur selten findet sich im Schaffen jener Zeit etwas, was dieser Malerei mit ihren harmonisch aufeinander abgestimmten purpurvioletten, gelben und roten Farbtönen, ihren ausgewogenen Szenen und der ruhigen Haltung der Figuren entspräche. Die Farbgebung und der gelb gemalte Hintergrund, der bis zu den Schultern der dargestellten Heiligen reicht und wie eine einfarbige Mauer wirkt, erwecken noch am ehesten Assoziationen mit der etwa zur gleichen Zeit entstandenen ältesten Malerei in der St. Stephanskirche in Kastoria. Und doch überragen die hiesigen Fresken diejenigen von Kastoria durch die „klassizistische" Lösung der Komposition und die gewandte, leichte Zeichnung der Figuren; deren Gestaltung ist übrigens in beiden Fällen gleich oberflächlich. Zu den wesensverwandten Denkmälern im engeren Sinne zählen auch die Fresken der Metamorphosiskirche in dem Dorf Koropi in Attika, die, ebenfalls aus dem 10. Jahrhundert stammend, mit ihrer klassizistischen Zeichnung, ihrer Farbgebung und der Art des Hintergrunds der Malerei von St. Petrus zu Ras sogar noch näher stehen als die von Kastoria. Diese lichte, ruhevolle, verhaltene Malerei gibt jedenfalls zu erkennen, daß sie in der Kunst des byzantinischen Reichs wurzelt.[22]

Nun hielten sich die Serben am Anfang ihres staatlichen und künstlerischen Eigendaseins gar nicht immer so konsequent an das byzantinische Schaffen. Als sie in der ersten Hälfte des 11. Jahrhunderts ihren Schwerpunkt in den Südteil des Adriatischen Küstenlands verlegten und dort einen starken, unabhängigen Staat in einer der beiden altserbischen Kernlandschaften bildeten, nämlich der Zeta, die dem Westen zugewandt war und eine katholische Kirchenorganisation mit einem den Titel eines „Primas Serviae" tragenden Erzbischof in Bar besaß, nahm die Malerei dort ein westliches, frühromanisches Gepräge an. Ein Beispiel dafür sind die Fresken im Michaelskirchlein in Ston, dessen Stifter ein König der Zeta war, der mit dem Kirchenmodell in der Hand dargestellt ist. Es dürfte sich höchstwahrscheinlich um König Mihailo handeln, der 1077 vom Papst den Königstitel empfing und 1081 starb. Diese Malerei, die sich auf das benediktinische Schaffen der nächsten Umgebung Roms, etwa in der Art von Castel Sant'Elia, stützt, jedoch rustikaler, einfacher gestaltet ist, beeindruckt durch die Frische der Farbgebung und das ungewöhnliche Aussehen der Heiligen.[23]

Ston St. Michael, um 1080

Kurz bevor die Zeta als Staat in der ersten Hälfte oder um die Mitte des 12. Jahrhunderts zu existieren aufhörte, entstanden die Fresken in der Thomaskirche des Dorfes Kuti in der Bucht von Kotor. Nur von den Wänden abgeblätterte Fragmente sind davon erhalten, die bei archäologischen Forschungsarbeiten gefunden und ins Museum von Herceg-Novi gebracht wurden. Einige erhaltene Heiligenköpfe kleinen Formats lassen erkennen, daß in der Malerei der Zeta bereits damals ein starker Einfluß der byzantinischen Kunst des 12. Jahrhunderts aufkam, obschon auch die Traditionen der romanischen Stilauffassungen beibehalten wurden.

Kuti, Mitte 12. Jh.

Derselben Zeit und einem sehr ähnlichen Mischstil gehören die Fresken des einschiffigen Kirchleins von Panik im Tal der Trebišnica in dem unmittelbar an die Bucht von Kotor anschließenden herzegowinischen Hinterland an, von denen nur kleine Teile gefunden wurden: einige Fragmente von Heiligenköpfen und daneben Buchstaben aus den einstigen Inschriften, die griechisch waren.[24]

Panik, Mitte 12. Jh.

Die serbische Malerei der Zeit vom 9./10. Jahrhundert bis zur Mitte des 12. Jahrhunderts war weder im Stil noch im Richtungsverlauf einheitlich. Dem Einfluß von Ost und West gleichermaßen ausgesetzt, war sie im Wesen provinziell und ohne größere Bedeutung für das spätere Schaffen. Dieses, die neue Epoche, sollte um die Mitte des 12. Jahrhunderts einsetzen, als das Herrschergeschlecht der Nemanjiden den Schauplatz der Geschichte betrat.

Die Epoche Stefan Nemanjas

Der unter Nemanja erfolgte Aufschwung der Monumentalkunst bei den Serben wurde durch die gesellschaftspolitischen Verhältnisse begünstigt, die in der ersten Hälfte und um die Mitte des 12. Jahrhunderts in der anderen altserbischen Kernlandschaft der Raška herrschten. Damals machten sich in den rascischen Ländern starke Tendenzen zu einer Festigung der Zentralgewalt geltend, die von den Groß-Županen Vukan, Uroš I., Uroš II., Desa und Prvoslav ausgingen. Obgleich den byzantinischen Kaisern, die sie ernannten und absetzten, unmittelbar botmäßig, trachteten diese Gaufürsten jede günstige Gelegenheit auszunutzen, um sich selbständig zu machen und ihren Herrschaftsbereich auf Kosten von Byzanz zu erweitern. Letzteres ging, bevor Nemanja auf den Plan trat, häufig mit Waffengewalt gegen den aufsässigen rascischen Adel vor, wobei die Truppen oft vom Kaiser selbst angeführt wurden. In dieser Zeit bildete sich in der Raška eine wirtschaftlich-soziale Oberschicht heran, bestehend aus Angehörigen von Adel und Militär, die die absolute staatliche Selbständigkeit anstrebte. Dabei waren ab der zweiten Jahrhunderthälfte immer größere Erfolge zu verzeichnen. In den siebziger Jahren wurde nach einem Sieg des byzantinischen Heers über die aufständischen Serben der rascische Groß-Župan Desa gefangengenommen und an seine Stelle vom Kaiser Tihomir, der Sohn des Zavida, gesetzt, dessen Brüder, darunter eben auch Nemanja, bereits über einzelne Landesteile herrschten. Bei dem daraufhin unverzüglich einsetzenden Kampf um den Großžupanenthron gelang es dem jüngsten, dem damaligen Župan Nemanja, 1166, nachdem er den Widerstand seines Bruders Tihomir bezwungen und den Brüdern Stracimir und Miroslav eigene Regierungsbezirke zugewiesen hatte, sich an die Spitze der Raška zu stellen. Obwohl er zeitweise die byzantinische Oberherrschaft anerkannte, legte Nemanja doch den Grundstein zu einer längeren Selbständigkeitsperiode des mittelalterlichen serbischen Staats.

Die überragende Bedeutung der Persönlichkeit Nemanjas für das Kunstschaffen ist auch an der Fürsorge zu ermessen, die er bereits vor der Besteigung des Großžupanenthrons der Errichtung von Kirchen widmete. Unter den Anwärtern auf den Titel des Oberhaupts der Raška anscheinend der einzige, der die Kirche für sich zu gewinnen suchte, war er es wohl, der in Toplica, wo er bereits als Župan regierte, zwei Gotteshäuser erbauen oder doch erneuern ließ. Als Herren über fest abgegrenzte Landesteile eiferten ihm darin später auch seine Brüder nach. Sobald er nach der Vertreibung von Tihomir Groß-Župan geworden war, ließ er — Denkmal seines Sieges — auf einer Anhöhe nördlich der Hauptstadt Ras eine Kirche errichten, die er, wie so viele Sieger im Mittelalter, dem hl. Georg weihte. Wegen der zwei Türme vor ihrer Westfassade erhielt sie den Namen Đurđevi Stupovi (Georgstürme). Unter allen Stiftungen Nemanjas ist diese Kirche die einzige, in der sich Fresken, mit denen sie durch das Verdienst ihres Stifters ausgestattet wurde, erhalten haben. Nemanjas Sohn und Nachfolger Stefan, der später als König den Beinamen „der Erstgekrönte" erhielt, vermittelt in seinem vor 1216 verfaßten Werk über das Leben seines Vaters eine genaue chronologische Übersicht über den Bau von Đurđevi Stupovi. Er führt an, das Gotteshaus sei vor Nemanjas Entscheidungsschlacht gegen Tihomir und die

Đurđevi Stupovi, um 1175

Byzantiner bei Pantin auf dem Amselfeld errichtet worden, als der Rückkehr des schon vorher vertriebenen Tihomir endgültig ein Riegel vorgeschoben wurde. In einer in der Kirche befindlichen Inschrift wird der Zeitpunkt dieser Errichtung mit 1170/71 angegeben; das wäre also im Anschluß an Nemanjas Besteigung des Großžupanenthrons. Wenige Jahre später, höchstwahrscheinlich um 1175, sind dann wohl die Fresken entstanden.

Đurđevi Stupovi teilte das Schicksal so vieler Kulturdenkmäler, die in den Kriegen unseres Zeitalters der Zerstörung anheimfielen, und nur Bruchstücke der Freskendekoration sind an den verfallenden Mauern erhalten; ein Teil davon wurde in das Belgrader Nationalmuseum gebracht. Seinerzeit konnte das System der über die Wände verteilten Themen rekonstruiert werden. Đurđevi Stupovi ist eines der seltenen Beispiele unter byzantinischen Kirchen, bei denen Szenen und Einzelfiguren jeweils geschickt in einen wirklichen oder gemalten architektonischen Rahmen hineingestellt sind. Über die Propheten im Tambour spannen sich flache, auf kleinen Säulen ruhende Bögen. Die
Abb. 22 Kompositionen aus dem Zyklus der zwölf Kirchenfeste im Kuppelraum sind über zwei Zonen verteilt, die oberste und die mittlere; die in der ersteren befindlichen Szenen werden oben von freiaufliegenden Bögen überwölbt, während in der letzteren jedes Gesamtbild von einer gemalten Umrahmung, darstellend jeweils einen dreiteiligen Zierbogen auf kleinen Säulen, eingefaßt wird. Bei den Evangelisten in den Pendentifs bildet wiederum die wirkliche Architektur den natürlichen Rahmen; die Brustbilder von Heiligen sind stets als Medaillon gestaltet oder in gemalte Rahmen hineingesetzt, die dem Bild die Wirkung einer an der Wand hängenden Ikone verleihen. Die Figuren der unteren Zone schließlich stehen unter gemalten Arkaden. Dieses Verfahren wurde aus der damaligen byzantischen Kunst entnommen: weitere Beispiele sind die Kriche in Nerezi, in der die Heiligen in allen vier Seitenabteilungen unter gemalten Säulenbögen oder in Ikonen- und Medaillonform wiedergegeben sind, die Grabkirche in Bačkovo in Bulgarien, bei der die gleiche Art schmückenden Zubehörs auf die Kompositionen im Obergeschoß zutrifft, und St. Georg in Staraja Ladoga in Rußland, wo sich ebenfalls über den Propheten in der Kuppel, einigen Heiligen im Kirchenschiff und manchen Kompositionen aus dem Kirchenfestzyklus Bögen schwingen. Seinen Ursprung hat dieses Verzierungssystem in der antiken Kunst. Es fand Anhänger in der byzantinischen Malerei der Komnenenepoche und war auch in der romanischen Kunst Italiens in derselben und der unmittelbar darauffolgenden Zeit tief verankert.

Nemanja machte unter den byzantinischen Malern offensichtlich solche ausfindig, die das neueste Kirchendekorationssystem kannten, das von Konstantinopel ausging und bei den für Prinz Alexios Komnenos angefertigten Freskenschöpfungen von Nerezi und den für die Nachfolger des angesehenen byzantinischen Edelmanns Gregorios Pakourianos in Bačkovo gezeitigten zur Anwendung kam. Der seinerzeitige Wirkungsbereich dieser Künstler lag zwischen Konstantinopel, Thessalonike, Makedonien und Bulgarien. Obschon damals nicht immer auf freundschaftlichem Fuße mit den Byzantinern stehend, brachte Nemanja es fertig, an ihre besten Künstler heranzukommen. Sie sollten die stilistischen Auffassungen, die einige Jahre vor dem Entstehen von Đurđevi Stupovi in Nerezi und Bačkovo Gestalt angenommen hatten, weiter entwickeln. Die Kompositionen von Đurđevi Stupovi sind, obwohl mit demselben überaus feinen Empfinden für Gleichgewicht und Ausgewogenheit des dargebotenen Stoffs und der Farbflächen, für Zuordnung und Wechselbedingtheit von Haltungen und Bewegungen der Figuren ausgeführt wie die in Nerezi und Bačkovo, mit der dortigen überfeinerten, euphonischen Kunst — und dies gilt vor allem für Nerezi, teilweise auch für Bačkovo — nicht mehr ganz identisch; die Trennfaktoren sind das robustere Aussehen der Heiligen hier und die Anwendung stärkerer Linien sowohl bei der Zeichnung als auch bei der Schaffung des plastischen Eindrucks. Hier in Đurđevi Stupovi bedeckt die Linie — Gestaltungskomponente bei der Herausarbeitung des Lichteffekts sowie des Faltenwurfs und der Konturen, wo sie oft stark aufgetragen ist, massiv wird — innerhalb der Figuren weit mehr Fläche als in Nerezi und Bačkovo. Grelle Lichtreflexe bildend, dringt sie mit elementarer Wucht in die Gesichter ein und übt dort eine zersetzende Wirkung auf das Volumen aus, während sie an den Draperien zu ornamentalen Strömen verfließt. Die Folgen dieses Verfahrens sind Unruhe und Heftigkeit. Hier haben wir die Fortsetzung jenes Suchens nach neuen Ausdrucksmöglichkeiten vor uns, wie es sich im schöpferischen Streben der hauptstädtischen Künstler bemerkbar macht, die in Nerezi und Bačkovo wirkten, und zugleich die Ankündigung jener Lösungen, die in Kurbinovo zustandekommen sollten.[25]

St. Petrus zu Ras, Ende 12. Jh.

Am Ausgang des 12. Jahrhunderts dürfte es gewesen sein, daß die Fresken der zweiten Schicht in St. Petrus zu Ras geschaffen wurden. Sie sind fast ausschließlich auf die Wände der Apsis beschränkt, nur der *Apostel Petrus* erhielt als Schutzpatron der Kirche einen Platz neben dem Nordende der einstigen Altarschranke. Die Malerei dieser Schicht unterscheidet sich von der älteren und jüngeren unter anderem durch ihren hellblauen Hintergrund. In die Apsiskalotte wurde ein Brustbild der Muttergottes Blachernoitissa hineingesetzt; das Medaillon auf ihrer Brust zeigt den Jesusknaben. Den Apsishalbkreis nehmen die ganzfigurigen Gestalten der Apostel ein; in der unteren Zone befindet sich die — beschädigte — Szene der Anbetung der Kirchenfürsten. Die Apostel stehen in einer Reihe nebeneinander; den Abschluß links und rechts bildet je ein Erzengel. Analogien zu dieser ungewöhnlichen Anordnung der Apostel — Verteilung der stehenden Figuren über den gesamten Halbkreis der Apsis hin — finden sich in georgischen Fresken des 10. und 11. Jahrhunderts sowie in der venezianischen und sizilianischen Mosaikkunst des 11. und 12. Jahrhunderts; dieselbe Anordnung ist in San Marco in Venedig sowie in den Kathedralen von Torcello, Triest, Cefalù und Monreale anzutreffen. Das älteste derartige Gegenstück sind die aus dem 10. Jahrhundert stammenden Fresken in Ateni in Georgien. Es muß seinerzeit in Konstantinopel irgendein großes, heute spurlos verschwundenes Denkmal gegeben haben, das die Verbreitung einer derartigen Anordnung der Heiligenfiguren in den Kirchen im Einflußbereich der byzantinischen Kunst bewirkte. Abb. 23

Die Annahme, daß diese Fresken kurz vor dem Ende von Stefan Nemanjas Herrschaft entstanden sind, wird einmal durch ihren Stil befürwortet, und dann durch die Ikonographie der Anbetung der Kirchenfürsten: ungeachtet dessen, daß das von ihnen angebetete Objekt nicht mehr erhalten ist, spricht allein schon die Tatsache, daß sie alle der Apsismitte zugekehrt sind, dafür, daß dieses Werk nicht vor der zweiten Hälfte des 12. Jahrhunderts geschaffen worden sein kann, da erst zu diesem Zeitpunkt eine derartige Darstellungsweise dieser Komposition in den byzantinischen Kirchen auftauchte. Andererseits wird durch die Tatsache, daß sich in dieser Malerei (neben den Heiligenköpfen und auf der Rolle des Apostels Petrus) mehrere griechische Inschriften erhalten haben, bewiesen, daß ihr Entstehungszeitpunkt vor dem Beginn des 13. Jahrhunderts liegen muß, in dessen erstem Jahrzehnt, beginnend mit Studenica, serbische Inschriften in den rascischen Ländern alles andere verdrängten.

In stilistischer Hinsicht tragen diese Fresken die Merkmale spätkomnenischer Kunst. Der betont graphische Zug bei der Gestaltung der Köpfe ist zur peripheren Erscheinung geworden, auf Haupt- und Barthaar reduziert; plastische Akzente bei den Physiognomien sind in Form stark aufgetragener weißer Tupfen und Striche in die hervortretendsten Gesichtspartien hineingesetzt. Die Draperien, die irgendwie flackernd beleuchtet zu sein scheinen, jedoch jenes Hangs zum Ornament entbehren, wie er in Kurbinovo anzutreffen ist, sind in der herkömmlichen Art mancher balkanischer Provinzmalerwerkstätten vom Ende des 12. Jahrhunderts gehalten. Die lichte Farbgebung — Gelb, Grün, Rosa und Hellblau — verleiht der ikonographisch sorgfältig ausgeführten, aber schon ein wenig müden Malerei im Altarraum der Kirche eine gewisse Frische.

Als einzige bischöfliche Hauptkirche der Raška war St. Petrus zu Ras zu Nemanjas Zeiten oft Schauplatz der Landtagsversammlungen: hier hielt Nemanja jenen Landtag ab, der die Verbannung der Häretiker beschloß, hier übergab er seinem Sohn Stefan den Thron. In diesem Gotteshaus wurde er in jungen Jahren nach orthodoxem Ritus zum zweiten Mal getauft, und es ist nicht ausgeschlossen, daß er selbst an seiner Erneuerung und zweiten Ausmalung beteiligt war.[26]

Kotor St. Lukas, Ende 12. Jh.

Im Staate Nemanjas eiferte, weit von der Hauptstadt Ras, an der Küste der Adria, die katholische Malerei der orthodoxen stilmäßig nach. Eines der beredtesten Zeugnisse dafür ist ein großes Fresko von außerordentlichem künstlerischem Gehalt in der St. Lukaskirche in Kotor. Dieses Gotteshaus, Stadtpfarrkirche des größten serbischen Handelszentrums im Küstengebiet, weist in der baulichen Gestaltung frühromanische Merkmale auf. Stiftung eines gewissen Mavro Kazafranko, Bürgers von Kotor, und seiner Gattin, wurde es 1195, „in der Zeit des Herrn Groß-Župans Nemanja und seines Sohnes Vukan, Königs von Diokleia", erbaut. Gleichzeitig mit der Errichtung des Baus muß auch seine Ausmalung erfolgt sein, nach dem Stil der Malerei zu urteilen. Außer einigen unbedeutenden Fragmenten blieb davon in der ganzen Kirche nichts erhalten, als das an der Südwand des Westjochs — in sehr gutem Zustand — befindliche Fresko, das *drei Heiligengestalten* zeigt. Die, zugehörigen Inschriften sind vernichtet, so daß eine Identifikation nicht mehr möglich ist. Frontal dem Betrachter zugewandt, stehen hier: in der Mitte ein römischer Papst mit Mitra und Tiara, Omophorion und Bischofsstab, und ihm zu Seiten je eine Heilige, von denen die linke eine Krone, die rechte ein verziertes Abb. 25

Tuch auf dem Kopf trägt. Aussehen und Kleidung dieser Gestalten geben Anlaß zu der Vermutung, es könne sich bei dem Papst um den hl. Sylvester und bei den heiligen Frauen um Katharina und Agatha handeln, die übrigens von der katholischen und der orthodoxen Kirche gleichermaßen verehrt werden.

Die ikonographische Gestaltung der Heiligen läßt eine eigenartige Verflechtung der verschiedenen konfessionellen Einflüsse erkennen. Während die heiligen Frauen byzantinische Gewandung tragen, ist der Papst im großen und ganzen westlich angetan: rote, perlenbesetzte Paenula, kegelförmige, weiße, in der Mitte senkrecht durchteilte Mitra, von der im Nacken die Infuln herabhängen und auf die Schultern fallen, in der linken Hand das Pastorale der westlichen Kirchenfürsten. Von dem üblichen päpstlichen Ornat sticht nur das über die Schulter geschlagene breite byzantinische Omophorion ab, das ganz anders aussieht als das Pallium der lateinischen Kirche, das deren Päpste und Bischöfe meist tragen. Zu einer ähnlichen Durchdringung des westlichen Ornats mit byzantinischen Elementen kam es zu gleicher Zeit auf italienischen Papst- und Bischofsbildnissen von Venedig bis Sizilien.

Im Stil allerdings lassen die Maler von St. Lukas keinerlei Mischung aufkommen, sondern gestalten ihre Malerei voll und ganz im Zeichen der byzantinischen Kunst der späten Komnenenzeit. Die Gewänder der Heiligen überziehen Ornamente derselben Zeichnung, wie sie in der zweiten Hälfte des 12. Jahrhunderts in Byzanz üblich ist, und die Gesichter sind im Typus denen der zur gleichen Zeit in der makedonischen Provinz entstandenen Fresken sehr ähnlich. Die besten Parallelen finden sich in der Malerei von Kastoria, besonders in Hagios Nikolaos tou Kasnitzi. Wie bei den byzantinischen Werken der letzten Jahre des 12. Jahrhunderts üblich, sind die Gesichter von der Linienzeichnung, der noch vor ganz kurzer Zeit eine höchst wichtige Rolle bei der gesamten plastischen Gestaltung zukam, völlig frei und erscheinen — deswegen durchaus reliefiert — in ungetrübter Klarheit. Der Bürger von Kotor, der die Fresken von St. Lukas in Auftrag gab, war offensichtlich über den neuesten Stand der Hofmalerei seines Landes völlig im Bilde und höchstwahrscheinlich berief er zur Ausmalung seiner Stiftung, ebenso wie sein Herrscher, Meister aus Makedonien.[27]

Bijela Riza Bogorodica, 12.—13. Jh.

In etwa um die gleiche Zeit oder ganz am Anfang des 13. Jahrhunderts wurde in derselben Gegend ein anderes Gotteshaus mit Fresken versehen, nämlich die Kirche Riza Bogorodica (Mariä Mantel) in Bijela, ebenfalls in der Bucht von Kotor. Von dem alten Wandschmuck blieben nur die Fresken in der Apsis zurück: in der Altarnische, ebenso wie in St. Petrus zu Ras, ein Brustbild der Blachernoitissa, der Muttergottes mit dem Christuskind auf der Brust, hier allerdings flankiert von zwei Engeln an jeder Seite, die ihr ihre Huldigung darbringen. Im Grunde genommen ist dies eine komprimierte Wiedergabe jenes Themas, das ausführlicher in der makedonischen Kunst des 11. und 12. Jahrhunderts, in der Ochrider Sophienkirche und in der jüngeren Freskenschicht in Vodoča, in Erscheinung trat. In der unteren Zone ist die Anbetung Christi als des Opfers durch sechs Kirchenväter dargestellt: neben der gleichnamigen Szene von Kurbinovo die älteste derartige Darstellung in der byzantinischen Monumentalmalerei. Neben dem Stil der Fresken dieser Kirche ist gerade diese Kompostion unter ihnen der schlüssigste Beweis dafür, daß sie nicht vor dem Ende des 12. Jahrhunderts entstehen konnten. In der Nische über dem Bischofssitz in der Apsis befindet sich ein Brustbild des Bischofs Danilo mit voller Namens- und Titelangabe in griechischer Sprache, wie dies auch bei den übrigen Freskeninschriften der Fall ist. Dies nun ist ein ungewöhnlicher Platz für ein Bischofsporträt; etwas Ähnliches ist nur noch in der Kathedrale von Torcello bei Venedig zu finden, in der das aus dem 11. oder 12. Jahrhundert stammende Bildnis des ersten Bischofs der Insel ebenfalls über den Thron in der Apsis gesetzt wurde. Mag die Sitte, das Porträt des ersten Bischofs der betreffenden Diözese über dem Bischofssitz in der Apsis anzubringen, auch nur sehr sporadisch vorkommen — die Tatsache, daß sie im Westen ebenso wie in Byzanz beheimatet ist, läßt sie als traditionelles christliches Gemeingut erscheinen. Dasselbe gilt für den Brauch, an ebendiese Stelle die Namen zeitgenössischer Bischöfe zu setzen, wie dies in St. Achileios am Prespa-See oder der Kathedrale von Aquileja im 11. Jahrhundert zu finden ist; das Vorhandensein solcher ikonographischer Angaben war Zeichen einer gewissen Selbständigkeit der betreffenden Kirche. Im Grunde genommen beinhalten die Inschriften mit dem Namen des Bischofs und der Diözese und das bischöfliche Porträt über dem Thronsitz ein und dieselbe Idee.

Allem Anschein nach war Bischof Danilo der Stifter der Malerei in der Kirche von Bijela, das damals Zentrum einer bischöflichen Diözese war, die möglicherweise zu der ansehnlichen griechischen Kirchenprovinz Durazzo gehörte. Auf jeden Fall wurde diese Malerei noch vor 1219 geschaffen, dem Jahr, in dem Sava, der Erzbischof von Serbien, die autokephale Serbische Kirche begründete und seinen Bischof in der Bucht von Kotor unweit von Bijela, in der Kirche zum hl. Erzengel Michael in Prevlaka, installierte. Auch die griechischen Inschriften der Fresken deuten an, daß diese noch vor dem absoluten Überhandnehmen serbischer Inschriften in den ersten beiden Jahrzehnten des 13. Jahrhunderts entstanden.

Die Malerei von Bijela, die innerhalb der Umrißflächen jegliche graphische Ausgestaltung vermeidet, den Figuren nur andeutungsweise Relief verleiht und Engel vom Typus derjenigen in der Demetrioskirche in Wladimir zeigt, weist bereits manche monumentale Lösungen auf. Als breite, ziegelfarben untermalte Flächen treten die behaarten Gesichtspartien in Erscheinung; ohne Übergang schließen daran die unbehaarten an: schmale grüne Schattenstreifen neben beleuchteten Stellen in Ocker. Die betonte, ziegelrote Zeichnung verleiht diesen Gesichtern einen antilyrischen Anstrich, der ins Grobe geht, wie es den ästhetischen Idealen des hohen Kirchenklerus entsprach.[28] Abb. 26

Nemanjas Herrschaft über die Raška war von entscheidender Bedeutung für die serbische Kunst. Sein Verdienst war es, daß die serbische Kirchenbaukunst im architektonischen Gesamtgefüge in der Fassadengestaltung und auch in der skulpturalen Ausstattung der Gotteshäuser dank dem Wirken von Meistern aus dem Küstenland und von jenseits der Adria im Zeichen westlicher Lösungen stand und gleichzeitig die religiöse Malerei Serbiens durch byzantinische Meister endgültig der byzantinischen Welt verhaftet, mit der Kunst der großen byzantinischen Kulturzentren verknüpft wurde. So nachgiebig er in bezug auf die bauliche Gestaltung seiner Kirchen war, so wenig vermochte sein rechtgläubiges Gemüt beim religiösen Bild Kompromisse einzugehen. Die für den Ahnherrn des serbischen Herrscherhauses geschaffenen Werke wurden richtungsweisend für seine Nachkommen.

Die Raška im 13. Jahrhundert

In der Frühzeit des 13. Jahrhunderts bricht für Byzanz wie für Serbien eine neue Epoche an: wird dort die Herrschaft von den Lateinern übernommen und die künstlerische Schaffenskraft bis 1261 derartig gelähmt, daß in dieser Zeit kein großes Werk entstehen kann, so setzt hier ein jäher Aufschwung ein, bei dem Staatsgrenzen und kirchliche Institutionen in neuer, erweiterter Form festgelegt werden. Nemanjas Nachfolger Stefan erhält 1217 von Rom die Königskrone und beginnt sich „Erstgekrönter König der Serben und des Küstenlandes" zu nennen. Nemanjas jüngster Sohn Rastko, mit geistlichem Namen Sava, der, zunächst Mönch auf dem Heiligen Berg, in der Folge Igumen, Abt, des väterlichen Klosters Studenica wird, verwirklicht 1219 mit der Zustimmung des nikäischen Kaisers und dem Segen des ökumenischen Patriarchen die Autokephalie der Serbischen Kirche und erhält den Erzbischofstitel. Auf diese Weise hört die direkte Einmischung des griechischen Erzbistums von Ochrid in die kirchlichen Angelegenheiten Serbiens auf, und die serbischen Erzbischöfe werden im Lande gewählt. Damit ist eine ungestörtere Entwicklung der nationalen Kultur gewährleistet. Mittels literarischer Werke, die Nemanjas in bescheidenem Mönchtum im Kloster Chilandar auf dem Athos beschlossenes Leben zum Thema haben, trachten Sava und Stefan gleichzeitig danach, einen Kult ihres Vaters zu schaffen und die gottgewollte Herkunft ihres Geschlechts aufzuzeigen. Mit diesen ihren Werken legen sie gleichzeitig das Fundament für eine nationalsprachige Literatur, die in den Jahrhunderten der Folgezeit eine reiche Entwicklung erfährt. Sava übersetzt aus dem Griechischen eine ganze Reihe von Gesetzestexten und Kirchenverordnungen, an die sich lange Zeit nicht nur Klöster, sondern auch Staatsmänner halten. Zahlreiche nach 1219 in Serbien geschaffene Bistümer stärken die Kirche, werden aber zugleich auch zu Zentren nationaler Kunst und Kultur. Das Griechische wird aus der Liturgie verdrängt, bei den Fresken verschwinden griechische Inschriften mit den Namen der Heiligen und den Titeln der Kompositionen. Sava nimmt auch auf das künstlerische Schaffen unmittelbaren Einfluß: einmal durch seine Ideen, die er als Auftraggeber geltendmacht, und zum andern durch seine Beziehungen zu den Künstlern der großen byzantinischen Städte.

Nach seinem Tod wurde Sava zum Landesheiligen und ebenso wie auch sein Vater in literarischen Werken und besonderen liturgischen Liedern verherrlicht. Die Nemanjiden des 13. Jahrhunderts, in der Mehrzahl fähige Herrscher, errichteten einen starken Staat, der sich auf die Wirtschaftsmacht der Bergwerke, eine reiche Viehzucht und den lebhaften Handelsverkehr mit dem Küstenland und Byzanz stützte. Sie entwickelten die staatstragenden und religionspolitischen Ideen Nemanjas und Savas weiter, um dann, militärisch gestärkt, 1282, unter König Milutin, jene jähen, zum Nachteil von Byzanz geführten Eroberungszüge in Richtung Süden zu beginnen, die bis zum Tode des Zaren Dušan im Jahre 1335 unaufhaltsam weitergehen sollten. Um die serbischen Einfälle wenigstens für ein Weilchen zum Stillstand zu bringen, war es nötig, daß sich der byzantinische Kaiser mit König Milutin 1299 verschwägerte, indem er ihm seine Tochter zur Gemahlin gab.

Unter den damaligen historischen Vorzeichen war Serbien eines der ganz wenigen orthodoxen Länder in denen die wegen der Lateinerherrschaft in Byzanz unterbrochene künstlerische Entwicklung ungehindert fortgesetzt werden konnte. Unter jenen Vorzeichen war es auch, daß Serbien seine größten Werke auf dem Gebiet der Malerei hervorbrachte und jenen monumentalen Stil schuf, der einen besonderen Abschnitt in der Geschichte der byzantinischen Malerei bildet.

Zu dem Aufstieg der serbischen Malerei trugen — daran kann es keinen Zweifel geben — weitgehend die großen byzantinischen Künstler bei, die sich infolge des Mangels an Betätigungsmöglichkeiten in Byzanz über die Mittelmeerländer hinweg verstreut hatten. Aus eigenem Antrieb oder herbeigerufen kamen sie auch nach Serbien, da sich hier eine hochstehende Gesellschaftsschicht herausgebildet hatte, was nicht nur einen Augenblicksverdienst, sondern eine langjährige Tätigkeit verhieß.

Studenica Muttergotteskirche, 1208/9

Als Sava im Jahre 1208 oder kurz vorher als Mönch vom Heiligen Berg nach Serbien zurückkehrte, brachte er die Gebeine seines Vaters mit, die im Kloster Chilandar zur letzten Ruhe gebettet waren, und bestattete sie in der Muttergotteskirche von Studenica, wo er selbst Archimandrit wurde. Zusammen mit seinen Brüdern, dem Groß-Župan Stefan und dem Großfürsten Vukan, machte er sich sogleich entschlossen ans Werk und ließ seines Vaters letzte Ruhestätte mit Fresken ausschmücken. Dazu berief er aus Byzanz einen griechischen Maler — oder brachte ihn vielleicht auch gleich mit —, der Ende 1208 oder während des Folgejahrs mit Gehilfen die Muttergotteskirche ausmalte, die bis dahin keinen Freskenschmuck besessen hatte. Des Verdienstes seiner Brüder um die Ausstattung des Gotteshauses und seines eigenen Zutuns ließ Sava in einer langen Goldinschrift im Tambour gedenken. Unter dieser Prachtinschrift signierte der Maler bescheiden, in kleinen Kursivbuchstaben in Form einer Fürbitte in Griechisch. Sein Name blieb unbekannt, da die Inschrift gerade dort, wo er stand, beschädigt ist.

Dies nun war eine Malerei, wie man sie bisher in Serbien noch nicht zu sehen bekommen hatte: außergewöhnlich nicht nur durch ihre ausgesprochene Schönheit, sondern auch wegen der ganz besonderen Malweise in den gewichtigsten Bereichen des Gotteshauses, nämlich in Altar- und Kuppelraum, wo Sava in Freskotechnik Mosaiken imitieren ließ. Auf einem Hintergrund dieser Art, dessen mit Blattgold überzogenes Gelb aus gemalten, Mosaiksteinchen vortäuschenden Würfelchen besteht, ist in der Apsiskonche in frontaler Haltung die Gottesmutter mit dem Jesuskindlein dargestellt, der zwei Erzengel huldigen, und darunter, in der Apsis, die Eucharistie mit den Aposteln. Über die niedrige Altarschranke hinweg stehen diese Fresken im Blickpunkt der Gläubigen. Die gleiche Malweise zeigen die Szenen der Verkündigung und der Darstellung im Tempel, die, sich über und um die Altarschranke hinwegziehend, an gut sichtbarer Stelle angebracht sind, nämlich an der Ostseite des Kuppelraums, wohin der Gläubige beim Gebet am häufigsten den Blick richtet. In den in den höchstgelegenen Zonen des Kuppelraums befindlichen Darstellungen der Evangelisten — in den Pendentifs — und der Propheten — an Nord- und Südwand — ist der Hintergrund blau, ebenfalls wieder in der Mosaik vortäuschenden Technik ausgeführt, und die Namen der Heiligen sind in goldenen Lettern geschrieben und in rechteckige Täfelchen hineingesetzt. Auf diese Weise wiederholte Sava in Studenica einen Versuch, der einige Jahre früher im Chilandar-Kloster gemacht worden war: den Versuch, bei der Kirchenausgestaltung die Illusion zu schaffen, der Wandschmuck sei kostbares byzantinisches Mosaik, eine Kunst, die wegen der großen Anforderungen, die sie in bezug auf Künstlerstab und technische Mittel stellte, in den Gebirgsgegenden des Balkan, weitab von den byzantinischen Städten, schwer auszuführen war.

Die übrige Malerei in dem Gotteshaus — die Anbetung der Kirchenfürsten in der unteren Apsiszone, Diakone und Bischöfe in Prothesis und Diakonikon, der Rest der Szenen aus dem Zyklus der zwölf Kirchenfeste, die stehenden Heiligen in der unteren Zone des Naos — wurde auf blauem Hintergrund, aber ohne Mosaikimitation, ausgeführt. Doch auch hier bestimmte Sava, daß bei den am stärksten in den Blickpunkt gerückten Heiligen der Hintergrund in tiefem Azurblau zu malen, die Heiligenscheine mit Blattgold zu verzieren und die Namen in Goldinschrift auszuführen seien, während die Figuren an minder auffälligen Stellen — im Diakonikon, in der Prothesis und an den engen Seiteneingängen — einen Hintergrund in gewöhnlichem Blau, Heiligenscheine ohne Gold und in Weiß geschriebene Namen erhielten. Ausschlaggebend für diese nach der Kostbarkeit des verwendeten Materials geordneten „Hierarchie" der Fresken war die Bedeutung des Kirchenraums, an dessen Wänden sie sich befanden, und die Erreichbarkeit der jeweiligen Stelle für das Auge des Gläubigen: ästhetisch gesehen, eine Vereinigung mystischer Elemente mit reinem Schwelgen in Pracht und Schönheit. Damit war das System geschaffen, das in verschiedenen Abwandlungen von fast allen Kirchenstiftern aus dem Hause der Nemanjiden im Laufe des 13. Jahrhunderts beibehalten wurde.

Sava führte als erster die Sitte ein, Heiligennamen, Festtagsbezeichnungen und Rollentexte in serbo-slawischer Sprache zu schreiben. Da der leitende Maler ein Grieche war und vermutlich auch griechische Gehilfen hatte, betraute er mit dieser Aufgabe Serben, und zwar allem Anschein nach serbische Bücherkopisten, da an vielen Stellen, vor allem auf den Rollen der Heiligen, auch heute noch die Unerfahrenheit des Ausführenden im Umgang mit dem Malerpinsel erkennbar ist. Sava war sich, wie alle byzantinischen Theologen, der Bedeutung der Bilderbeschriftung bewußt. Lange vor ihm schon wurden andere gelehrte Byzantiner mit dieser Frage konfrontiert. So antwortete Konstantin der Philosoph, der spätere Slawenapostel Kyrill, wie der Verfasser seiner Lebensbeschreibung aus der zweiten Hälfte des 9. Jahrhundert berichtet, bei einem Streitgespräch mit dem Ikonoklasten Johannes, dem vormaligen Konstantinopler Patriarchen, auf die Frage, warum in Byzanz Bilder ohne Inschriften keine Achtung genössen, wenn doch auch das Kreuz, das nie eine Aufschrift trüge, geachtet würde, folgendermaßen: „Jedes Kreuz gleicht in seiner Gestalt dem Kreuz Christi, die Ikonen aber haben nicht alle dieselbe Gestalt". Eingedenk der erbaulichen Wirkung der Bilderinschriften ließ Sava diese samt und sonders in der Sprache seines Volkes abfassen. Beginnend mit der Ausmalung von Studenica bis hin zum Ende des 13. Jahrhunderts hielten die Bilderbesteller im mittelalterlichen Serbien diese Sitte streng ein.

Die Kirche von Studenica ist der Gottesmutter Evergetissa (Wohltäterin) geweiht, was möglicherweise wiederum ein Verdienst Savas ist, der noch zu Zeiten des Kaiserreichs ein gerngesehener Gast in dem gleichnamigen Konstantinopler Kloster war, wo er auch das dortige Typikon übersetzte und es für Chilandar und Studenica bearbeitete. Ebenso wie besagte Kirche in Konstantinopel feierte auch die in Studenica Mariä Himmelfahrt als ihr Fest, und so kam es hier beim Zyklus der zwölf Kirchenfeste zu gewissen, in Byzanz sonst recht seltenen Änderungen in der Szenenanordnung: die Himmelfahrt Mariens nämlich an der Nordwand des Kuppelraums nimmt eine gewichtigere Stelle ein und an ihren üblichen Platz an der Westwand ist die Kreuzigung getreten. Anstelle der bekannten Apostelkommunion wollte Sava die Eucharistie dargestellt haben: jenen Augenblick, da Christus hinter der Abendmahlstafel mit beiden Händen Brot und Wein segnet, während die Apostel sich ihm von der Seite her nähern. Die Szene ist in dieser Form seit dem 11. Jahrhundert bekannt, und zwar von einer aus Konstantinopel stammenden liturgischen Schriftrolle her. In Studenica befindet sich das älteste bekannte Beispiel dafür in der Wandmalerei.

Als begabter Schriftsteller und Dichter und gründlich belesener Mann nahm Sava wohl auch Einfluß auf die Auswahl der Schrifttexte, die der Maler seinem Werk zugrundelegen sollte. Nicht zu übersehen ist in den Szenen der Verkündigung und der *Kreuzigung* die Fülle an Symbolen — dort der eingezäunte Garten, hier die Propheten, die Kirche und die Synagoge —, die aus Dichterwerken des angesehenen byzantinischen Schriftstellers Andreas von Kreta sowie aus Kirchenliedern zu Ehren der Gottesmutter in die Malerei eingingen, im übrigen jedoch in dieser Form in der byzantinischen Wandmalerei nicht allzu häufig vertreten sind. Damals wurde auch der Ikonentyp der Muttergottes von Studenica geschaffen, deren Darstellung an dem südwestlichen Wandpfeiler im Kirchenschiff erscheint. Taf. XVII

Es ist weiterhin Savas Verdienst, daß über dem in der Südwestecke des Gotteshauses befindlichen Grab Nemanjas dessen Bildnis und die Bilder seiner Söhne gemalt wurden. Der Wortlaut seines Stifterchrysobulls muß — nach einer seiner Lebensbeschreibungen zu urteilen — an der Wand neben dem Eingang aufgezeichnet gewesen sein, wie dies in manchen Konstantinopler Kirchen Brauch war. Der Urkundentext ist leider unter einer späteren Freskenschicht verschwunden, und die Porträts wurden im 16. Jahrhundert in veränderter Form neu gemalt. 1568 erfolgte eine Aktion zur Schaffung von Ersatz für die beschädigte Malerei Savas, und dabei ging mehr als die Hälfte der alten Fresken verloren.

Einst zeigten die Wände der ovalen Wehrtürme vor dem Haupteingang des Klosters die Freskenbilder der Gründer von Studenica, Simeon Nemanjas und seiner Söhne Stefan, Vukan und Sava. Geblieben sind nur die Porträts Stefans und Vukans, die derselbe Künstler schuf, der das Hauptschiff der Muttergotteskirche ausmalte. Nach dem Vorbild der „goldenen Tore" byzantinischer Städte in der Art derer von Konstantinopel und Thessalonike wollte Sava die Schöpfer des damals bedeutendsten serbischen Klosters feierlich an dessen Tor wiedergegeben haben, damit man ihrer voll Lob und Preis gedenke. Auf diese Weise wußte jedermann bereits am Eingang, wessen Kloster er da betrat.

Der künstlerische Belang der Malerei von Studenica geht weit über ihre kulturgeschichtliche Bedeutung hinaus. Die Fresken hier sind innerhalb der gesamten byzantinischen Wandmalerei das erste

— jedenfalls das erste erhaltene — Denkmal des neuen Stils des 13. Jahrhunderts. Bei Kompositionen wie Einzelfiguren, Szenen wie Heiligen, wurde das kleine, intime Format von früher durch große Dimensionen verdrängt. Der Hang zur Graphik der Komnenenkunst und die Ornamentik bei den Draperien wurden völlig aufgegeben und machten einer großflächigen, volumenbetonten Gestaltungsweise Platz. Die ruhigeren Bewegungen und die feierlichere Haltung der Heiligen lassen das Bestreben erkennen, diesen möglichst viel Würde zu verleihen. Aus den Gesichtern wurde alles Gefühlsaufwallungen verratende Mienenspiel fortgenommen — nur manchmal, wie z.B. bei den Frauen in der Kreuzigungsszene, ist noch eine leichte, kaum merkliche Verkrampfung der Gesichtsmuskeln als Zeichen innerer Trauer geblieben. Überhaupt rücken die Gesichter von der konkreten Darstellungsweise von Nerezi ab: es wird ein abstrakter Heiligentypus geschaffen, der immer mehr alles Porträthafte zu verlieren beginnt. Daher ist diese Malerei denn auch nicht so sehr Beschreibung, Ablauschen der Natur, als vielmehr künstlerische Gestaltung, Schaffen einer eigenen, in sich geschlossenen Welt. Es ist, als sei die Kunst von Studenica irgendwo außerhalb des Wirkungsbereichs komnenischen Hofstils herangereift, irgendwo in den klösterlichen Malerwerkstätten Konstantinopels, die nicht von jenem zweifachen Streben — einmall nach Aufzeigen des Gefühlslebens im Gesichtsausdruck und zum andern nach Schönheitseffekt durch dekorative Gestaltung — erfaßt waren, das in der Malerei des byzantinischen Hofs am Ausgang des 12. Jahrhunderts zu einer gewissen Manieriertheit geführt hatte.

Das vordem über die Figur hingebreitete Liniennetz ist hinweggezogen und die Form liegt entblößt da. Ohne reliefgebende Akzente wirkt ein Bild seicht, ja, es scheint, aus einem gewissen Abstand betrachtet, bar jeglicher Tiefe zu sein. Der Maler verlegte sich daher auf eine ganz besondere Reinheit der Farbtöne und eine äußerst aufwendige Malweise bei Köpfen und Gesichtern seiner Heiligen. Dort, wo die Köpfe hinkommen sollten, glättete er den Mörtel so lange, bis er feinkörnig und glänzend wurde. Dann trug er darauf die Farben auf, die, voll weicher Übergänge und zarter Harmonien ineinander verfließend, den Eindruck erwecken, als seien sie nicht in reiner Freskotechnik zustandegekommen, sondern mit irgendeinem besonderen, zusätzlichen Bindemittel versehen worden. Das flächige Gelb der beleuchteten Gesichtspartien geht in das Gelblichgrün schmaler Schattenstreifen über; die weißen Strähnen der Bärte spielen dort, wo sie im Schatten liegen, unmerklich ins Graue hinüber. Erdfarben, vorzugsweise Sepia, sind fast immer als Untergrund bei den behaarten Gesichtspartien zu finden, während rote Akzente an den Augenlidern und in den Augenwinkeln, auf den Lippen und bei der Zeichnung des Nasenrückens auftreten und so Leben in die abstrakte Materie bringen, ihr künstlerische Eindringlichkeit verleihen. So sind die Heiligenköpfe die glanzvollsten Leistungen in der gesamten Schöpfung von Studenica. Der Maler war ein treuer Anhänger der ästhetischen Grundsätze von Byzanz, denenzufolge der Kopf des Heiligen als Gestaltungsobjekt, an dem die Beseeltheit des Werks am tiefsten zum Ausdruck kommen kann, das stärkste Anliegen des Künstlers zu sein hatte. Die Byzantiner waren erfüllt von dem Bewußtsein, daß jedwede künstlerische Darstellung „nur durch das Antlitz zum Bild und Gleichnis dessen werden kann, der da dargestellt werden soll", wie ein unbekannter Autor in der kurz nach 869 verfaßten, slawischen „Lebensbeschreibung des heiligen Kyrill" sagt.

Aber auch bei den übrigen Teilen seiner Bilder richtete der Maler sein Augenmerk auf die Eindringlichkeit der Gestaltung: wie sorgfältig zeichnete er jedes Härchen am Leib Christi in der
Taf. XVI Kreuzigungsszene und am Körper *Johannes des Täufers,* welch feines maltechnisches Spiel vollführte er bei der Wiedergabe der durch den weingefüllten Glaspokal auf der Abendmahlstafel hindurchschimmernden linken Hand Christi in der Eucharistie, mit welch einer Hingabe verlieh er der Bildarchitektur dieser Komposition Gestalt, wie sehr ging er bei der Herausarbeitung der Tiefenwirkung bei den Draperien an den Figuren mit den in einer anderen, heller schattierten Farbe gehaltenen Lichtreflexen darauf in der Großzügigkeit der Gestaltungsweise auf! Auch war er ein Zeichner von seltenem Format, mit einer Linienführung, die bei aller Festigkeit durch ihre Geschmeidigkeit stets unaufdringlich bleibt und so dasselbe klassische Empfinden zu erkennen gibt, von dem sich dieser Künstler bei der Formgebung leiten ließ. Mit weit über dem Durchschnitt liegenden Talent ausgestattet, schuf der Maler von Studenica Werke, die — wie die Kreuzigung oder Johannes der Almosengeber im Altarraum — zum Glanzvollsten zählen, was byzantinische Kunst überhaupt hervorgebracht hat. So erscheint es denkbar, daß er aus einer Konstantinopler Malerwerkstätte hervorging, die auch einige in der Folge auf Zypern bzw. dem Sinai wirkende Künstler hervorbrachte, die mit ihm das Gefühl für fließende, plastisch gesehene Formen und auch die Farbgebung gemeinsam haben; sie alle standen, nach den erhaltenen Werken zu urteilen, in ihrer Epoche in einsamer Höhe da.[29]

IC
XC

◀
XVII Studenica, Muttergotteskirche.
Kreuzigung, 1208/09

XVIII Mileševa.
Kirchenstifter mit Maria und Christus, vor 1228

XIX Mileševa.
Maria aus der Verkündigung, vor 1228

XX Mileševa.
Die Frauen am Grabe, vor 1228

XXI Mileševa.
Tod Mariä, Detail, vor 1228

XXII Peć,
Apostelkirche.
Himmelfahrt Christi,
Detail, um 1260

XXIII Peć, Apostelkirche.
Himmelfahrt Christi, Detail, um 1260

XXIV Peć, Apostelkirche.
Deesis, Detail, um 1260

Noch ein zweites Mal ließ Sava in Serbien bedeutende Maler erscheinen, nämlich 1219, als er als neuer serbischer Erzbischof aus Nikaia in sein Land zurückkehrte. Damals habe er, so versichert der serbische Autor Teodosije in seinem am Ende des 13. Jahrhunderts geschriebenen Werk über Savas Leben, „aus der Stadt Konstantins Marmorbildner und Maler" mitgebracht. Er hatte nämlich vor, das Kloster Žiča zu vollenden, dessen Bau er seinerzeit zusammen mit seinem Bruder Stefan begonnen hatte. *Žiča, um 1220*
Nun bestimmte er es zum Sitz des Erzbistums und wollte es mit einem dekorativen Boden und einer Altarschranke ausstatten und seine bisher kahlen Wände mit Fresken schmücken lassen — ein Vorhaben, dessen Verwirklichung eben Marmorbildnern und Malern obliegen würde.

Zwar bereits während des Kumanensturms an der Ausgangsschwelle des 13. Jahrhunderts erstmals zu Schaden gekommen, bewahrte Žiča immerhin einen Teil seiner ursprünglichen Malerei: da sind die Szenen der Kreuzigung und der Kreuzabnahme sowie Einzeldarstellungen der Apostel in den Seitenchören, Brustbilder der Erzengel in den Lünetten über den Seitenkapelleneingängen und schließlich die fast zur Gänze erhaltene Dekoration der unteren Zonen in der Kapelle im Obergeschoß des Glockenturms. Unter den Händen der Konstantinopler Künstler entstanden ist offensichtlich nur der Wandschmuck der Kirche, da die Malerei im Glockenturm weit mittelmäßiger und stilistisch traditionsgebundener ist. Leider sind die noch vorhandenen Fresken nicht gerade in bestem Zustand: ihre feinste, die oberste, Farbschicht ist ziemlich beschädigt. Trotzdem kann es keinen Zweifel geben, daß es sich hier um Werke großer Künstler handelt, deren langlinig dahinfließende Zeichnung leicht und zügig und dabei derart fein und bestimmt ist, daß die in klassischen Stellungen wiedergegebenen Apostelfiguren rasant hingeworfen erscheinen, während Einzelheiten wie z.B. das in allen Feinheiten ausgearbeitete Lendentuch Christi in der Kreuzigungsszene deutliches Gepräge gewinnen. Starke Reliefgebung und Verhaltenheit der Bewegungen bei den Figuren sind für die Maler Mittel zur Erzielung einer monumentalen Wirkung des religiösen Bildes. Wie auch bei den Schöpfungen von Studenica, mit denen die hiesige Malerei am engsten verwandt ist, bilden Ernst und Würde der von hellenistischer Schönheit geprägten Gestalten und ihrer Haltungen, aber auch die kühle, dunkle Farbgebung, einen neuen Ausdruck mystischer Spiritualität. Diese aus den Pflegestätten der Kunst in den großen Konstantinopler Klöstern hervorgegangene Malerei gewann bei den serbischen Kirchenfürsten besondere Beliebtheit. Daß er an solche Künstler herankam, verdankte Erzbischof Sava vor allem seinen Beziehungen zu dem hauptstädtischen Kloster zur Muttergottes Evergetissa. Als er Ende 1234 kurz vor seinem Tod zum letzten Mal dort weilte, begab er sich in das St. Andreaskloster und „verrichtete", wie sein jüngerer Zeitgenosse, der serbische Schriftsteller Domentijan, berichtet, „fromme Werke" mit Hilfe kaiserlicher Meister, die sich dazumal offensichtlich trotz der Tatsache, daß der byzantinische Hof unter den Lateinern nach Nikaia verlegt worden war, in Konstantinopel aufhielten. Allerdings kannte Sava auch die Maler von Thessalonike recht gut: gab er diesen doch die großen verzierten Ikonen für das dortige Kloster Philokalos in Auftrag, wie der Schriftsteller Teodosije vermerkt, der diese Ikonen noch am Ende des 13. Jahrhunderts in der Klosterkirche sah.

Die Fresken in der Kapelle des Glockenturms von Žiča sind das Werk weit ungeschickterer und gehemmterer Maler, die völlig den künstlerischen Lösungen der Komnenenepoche verhaftet waren. Die von ihnen geschaffenen Gestalten in der unteren Zone — Konstantin und Helena nebst dem Archidiakon Stefan in ganzfiguriger Darstellung und vier hohe Kirchenfürsten sowie Sabas von Jerusalem und Theodor Studites in der Art eingerahmter Ikonen gehalten — zeichnen sich wohl durch die plastische Herausarbeitung des Gesichts aus, doch sind dabei die weißen Glanzlichter an den am stärksten beleuchteten Stellen in Form dicht nebeneinandergesetzter starker Striche gebildet — ein Zug stilistischer Rückständigkeit, der diese Fresken als Werk provinzieller Maler, etwa aus der Zeit um 1220, erscheinen läßt. Über die Farbgebung kann hier kein Werturteil abgegeben werden, da die Farben bei einer in der Folge ausgebrochenen Feuerbrunst verglühten.[30]

Im dritten und vierten Jahrzehnt des 13. Jahrhunderts entstand in Serbien eine Gruppe von Fresken, deren Vorhandensein dafür spricht, daß damals nicht nur große Maler aus der ehemaligen byzantinischen Hauptstadt ins Land strömten, sondern auch Künstler, die nicht unbedingt zu den hervorragendsten zählten oder auch den Schluß zuläßt, daß sich in dieser Zeit bereits heimische Malerwerkstätten gebildet hatten, die nun ihre ersten größeren künstlerischen Aufgaben erhielten. Zu finden sind diese Fresken teilweise in Studenica, sodann in der Klause des bekannten serbischen Einsiedlermönchs Petar von Koriša sowie in der Kapelle des Glockenturms von St. Nikolaus bei Kuršumlija, deren Wandschmuck nur mehr in Resten erhalten ist.

Koriša, um 1220

Der Anachoret Petar von Koriša selbst war es, der die Fresken für seine Bergeinsiedelei über dem gleichnamigen Dorf bei Prizren stiftete, deren Entstehen etwa mit dem Jahre 1220, unmittelbar nach der Eroberung dieser Stadt durch die Serben, anzusetzen ist. In der unteren Zone ist die Opferanbetung der Bischöfe und eine Reihe von Soldatenheiligen gezeigt, in der oberen eine ikonographisch ungewöhnliche *Deesis*: der thronende Christus, die Gottesmutter, in einer Hand ein Tuch haltend, Johannes der Täufer mit über der Brust gekreuzten Armen, der Erzengel Michael und zwei Apostel. Die Heiligen in der unteren Zone sind der Tradition des 12. Jahrhunderts gemäß alle von gemalten Säulenbögen umrahmt. Unsicher hinsichtlich der politischen und kirchlichen Verhältnisse — es war die Zeit, da der serbische Erzbischof Sava den griechischen Bischof von Prizren außer Landes verwies und seinen eigenen an dessen Stelle setzte — ließ Petar die Inschriften um die Heiligenköpfe abwechselnd bald in Griechisch, bald in Serbisch abfassen. Die rothaarigen Heiligen mit dem ockerfarbenen Teint und dem rund aufgetragenen Wangenrot liegen, fast jeglicher Tiefenwirkung bar, in einer Ebene mit der Bildoberfläche. Ihre gleichfalls raum- und gewichtlose Gewandung ist meist sehr dekorativ gestaltet, wie dies teilweise auch bei der Einrichtung und Architektur des Bildes der Fall ist. Typische byzantinische Einsiedlerkunst, wie sie auch in Kappadokien und Süditalien, auf Kythira und anderswo zu finden ist, verherrlicht diese Malerei asketische, körperlose Heilige, die für ihre Weltentsagung im Himmlischen Jerusalem mit farbenprächtiger, reicher Kleidung bedacht wurden. In einem sehr nahen Verhältnis dazu stand die ebenfalls im 13. Jahrhundert — wahrscheinlich in einem gleichgearteten Milieu — entstandene Miniaturmalerei des Evangeliums von Prizren. Es liegt auf der Hand, daß der bescheidene Einsiedler Petar nicht, wie sein Erzbischof, an die großen Künstler der Hauptstadt herankommen konnte; er hätte ihnen wohl auch gar nicht das rechte Verständnis entgegenzubringen vermocht. Er legte sein Werk in die Hände jener schlichten Meister, die bis zu seiner Klause gelangten, dem Schauplatz seines frommen Wirkens.[31]

Abb. 27

Kuršumlija St. Nikolaus, nach 1219

Es war kurz nach 1219, als Nemanjas Kirche St. Nikolaus bei Kuršumlija zur Kathedrale der Bischöfe von Toplica erhoben und an der Westfassade mit zwei Glockentürmen versehen wurde. Bei dieser Gelegenheit entstanden höchstwahrscheinlich auch die Fresken im Erdgeschoß der Südkapelle, die, wenn auch schwer beschädigt, bis heute erhaltengeblieben sind. Die riesenhaften (teilweise über dreieinhalb Meter messenden) Gestalten der Gottesmutter und der Bischöfe nehmen die untere, stark verblichene Szenen nicht mehr feststellbaren Inhalts die obere Zone ein. Diese Malerei, deren vornehmlichstes Kennzeichen Heilige mit plastisch gesehener Gestalt, jedoch von komnenischen Typus sind, wurde nach Maßgabe der Ideale des hohen Kirchenklerus geschaffen: ockerfarbener Teint, kastanienbraune Schatten, schwarze Zeichnung.[32]

Studenica Turm, um 1235

Am ehesten noch mit der Malerei der Glockenturmkapelle von Žiča verwandt sind in Studenica die Fresken in der Kapelle und an der Außenmauer des Eingangsturms, von denen nur mehr Reste vorhanden sind: die Anbetung des Opfers durch die Bischöfe in der unteren und die Verklärung in der darüberliegenden Zone der Kapellenostwand sowie die große, aber beschädigte Wurzel Jesse, welche die gesamte Außenmauer gegen den Klosterhof zu einnimmt. Die schematisch gestalteten Figuren haben das gleiche Aussehen wie die in Žiča, doch fehlen ihnen jene groben Striche auf den Wangen, die dort die Lichtreflexe kennzeichneten. Seinerzeit von einem Brand heimgesucht, sind die Fresken hier aller Merkmale der Farbgebung beraubt. Jedenfalls handelt es sich um Werke mittelmäßiger Maler.[33]

Studenica Muttergotteskirche, Seitenkapellen, um 1235

Von begabteren Künstlern geschaffen wurden in Studenica die Fresken im Exonarthex und den daran anschließenden Seitenkapellen, die Nemanjas Enkel, König Radoslav, in den dreißiger Jahren des 13. Jahrhunderts an die Muttergotteskirche anbauen ließ. Stilistisch noch am weitesten zurück war der Maler, der in der nördlichen Kapelle tätig war. Einigermaßen erhalten ist seine Komposition der Opferanbetung mit dem hl. Basilius und Johannes Chrysostomos, die sich in der Nische befindet. Die Typen sind aus der Malerei des 12. Jahrhunderts übernommen; die Formgebung der Gestalten mit ihrer geringen Plastizität bewegt sich weiterhin im Rahmen der komnenischen Auffassungen, trotz der zügig gesetzten Glanzlichter. Mehr noch als das vage Volumen ist es die ungeschickt ausgeführte, hervortretende Zeichnung, die den Heiligengestalten etwas Grobes verleiht. Talentvoller war der Maler des Exonarthex, der seine Fresken im Unterschied zu seinen in den Seitenkapellen tätigen Kollegen mit einem gelben, seinerzeit möglicherweise vergoldeten Hintergrund versah. Doch blieben von seinen Werken nur einige isolierte und zudem ziemlich beschädigte Figuren im südlichen Exonarthexbereich zurück, alles andere ist der Vernichtung anheimgefallen. Anklänge an diese Figuren finden sich in der Malerei der Künstler, die in der südlichen Kapelle wirkten. Dem Vorhandensein der Nemanjidenporträts und der Bildnisse der ersten beiden serbischen Erzbischöfe unter den dortigen Fresken ist zu entnehmen, daß ihr Stifter König Radoslav war, und sie — wie wohl auch der Wandschmuck in Exonarthex und Nordkapelle — 1235 geschaffen wurden. In einem aus vier Szenen bestehenden Zyklus wird hier das Andenken des Urahns des Herrscherhauses, Simeon Nemanjas, verherrlicht. Inspirationsquelle waren die Nemanja gewidmeten Schriften des Erzbischofs Sava; die Ikonographie, bei der der Einfluß von Kompositionen aus dem Christus- und aus Heiligenleben nicht zu übersehen ist, stützt sich auf literarische Vergleiche, die Sava in seinen Büchern in bezug auf seinen Vater gebraucht. Eine Wiederholung dieses Zyklus in derselben Form erfolgte in den dem hl. Simeon Nemanja geweihten Kapellen von Sopoćani und Gradac. Die stärksten Gemeinsamkeiten haben Radoslavs Fresken in der Kapelle von Studenica mit denjenigen im Eingangsturm ebendieses Klosters und denen im Glockenturm von Žiča. Bei der Volumengestaltung allerdings ging ihr Schöpfer erheblich weiter als seine Zeitgenossen: so erzielte er eine kräftiger hervortretende Wölbung des Gesichts mittels starker, gegen die Ränder der Wangen zu, in den Augenhöhlen und in den Furchen um die Nase sowie über die Randzonen von Haupt- und Barthaar hin dicht gelagerter Schatten. Die in der Kapelle von Žiča zu bemerkenden groben weißen Linien, die das Gesicht lichtüberflutet erscheinen lassen, sind durch kurze Striche ersetzt, die nur um Augen und Nasenflügel herum und auf dem Nasenrücken auftreten. Die Glanzlichter spielen nicht mehr, wie vordem, die Hauptrolle bei der Formgebung; auch die mittelmäßigen Künstler haben sich endlich für eine plastischere Gestaltungsweise entschieden.[34]

Abb. 24

Während diese Gruppen minder bedeutender Meister — unter denen neben den Traditionalisten auch solche waren, die mit den neuen Ideenströmungen bezüglich der künstlerischen Gestaltung durchaus Schritt hielten — noch in Serbien wirkten, erschienen hier dank dem Fürstensohn Vladislav, dem künftigen König, bereits neue große Maler aus den griechischen Ländern. Sie kamen, um Vladislavs Stiftung, das Kloster Mileševa, mit Fresken auszuschmücken, ein Werk, das dann auch wirklich noch vor 1228 zustandekam, einige Jahre vor Vladislavs Königtum. Beredtestes Zeugnis für diese Datierung sind seine beiden *Porträts* in der Kirche: als er nämlich 1234 serbischer König wurde, wurden die Köpfe nachträglich mit einer Krone versehen.

Mileševa, vor 1228

Taf. XVIII

Die Künstler von Mileševa dürften ihre Ausbildung mit ziemlicher Sicherheit in einer Mosaikwerkstatt in Konstantinopel, Nikaia oder Thessalonike genossen haben. Den Plan des Stifters, Fresken zu schaffen, die den Eindruck von Mosaiken erwecken würden, setzten sie äußerst souverän in die Tat um. Dabei hielten sie jedoch an der in Serbien bereits eingebürgerten Sitte fest, die — mittels der schon erwähnten Würfeltechnik zustandegebrachte — Mosaikimitation nur in den gewichtigsten Bereichen des Gotteshauses anzuwenden. In Erweiterung dieser erstmals in Studenica verwirklichten Idee erhielten so in Mileševa sämtliche Fresken des Naos, und nicht nur die im Blickpunkt befindlichen, sowie eine Komposition über dem Eingang vom Narthex zum Zentralraum der Kirche einen goldenen Hintergrund in der bewußten Pseudomosaiktechnik, während die Malerei in Altarraum und Narthex einen glatten blauen Hintergrund aufweist. Echte Mosaikmaler, die sie waren, setzten die Künstler von Mileševa neben die Heiligenköpfe kleine blaue Rechtecke zur Eintragung des jeweiligen Namens.

Auffällig ist die aus dem gewohnten Rahmen fallende Lage mancher Szenen im Naos: so erscheint die Vorbereitung der Eucharistie für die Apostelkommunion an der Westwand, die Geburt Jesu an der Nordwand und Anastasis sowie die Kreuzabnahme an der Südwand des Kuppelraums. Zu diesen Verschiebungen dürfte es deshalb gekommen sein, weil die Künstler keine Erfahrung in der Ausmalung eines rascischen Gotteshauses hatten, dessen Inneres sich von dem eines byzantinischen eben doch erheblich unterschied. Die niedrige Apsis vermochte nur die (nunmehr zerstörte) Muttergottes in der Halbkalotte sowie die (teilweise erhaltene) Anbetung des Opfers durch die Bischöfe zu fassen. Deshalb mußte für die Szene der Eucharistie, die sich ikonographisch völlig mit der in der Muttergotteskirche von Studenica deckt, ein anderer Platz gefunden werden, und so geriet sie weit hinauf, direkt unter die Kuppel. Wegen der Größe des Leibes Christi, der zu einem Bogen gekrümmt ist — eine seit dem frühen 13. Jahrhundert bekannte ikonographische Lösung —, mußte die Kreuzabnahme in das durch die Architektur gebildete natürliche Halbrund der Wand eingefügt werden. Dies wiederum hatte eine Verrückung der Darstellung im Tempel zur Folge, die denn auch an dem westlichen Wandpfeilerpaar erscheint — eine günstige Lösung angesichts der leichten Zweiteilbarkeit dieser Komposition, da so die Gottesmutter mit dem Jesuskind und Joseph an dem einen, und Simeon und die Prophetin Hanna an dem anderen Pfeiler Platz fanden —, wo sie hoch oben, gleich unter der Kuppel, das Gegenstück zu der an den beiden östlichen Wandpfeilern wiedergegebenen *Verkündigung* bildet. Die Lageverschiebungen

Taf. XIX

dieser Szenen bewirkten dann auch bei den übrigen Darstellungen zu den Kirchenfesten eine entsprechende Veränderung der Anordnung.

Die übrigen Szenen sind an ihrem gewohnten Platz: nachdem in der Kuppel Christi Himmelfahrt (das Fest, dem die Kirche geweiht ist) gezeigt war, kam an der Ostwand darunter die seltene Komposition Jesus segnet seine Jünger (d.h. eben, bevor er gen Himmel auffährt) zur Darstellung, die Koimesis gelangte an die Westwand des Kirchenschiffs, der Einzug in Jerusalem und die Frauen am Grabe sind an der Nord- bzw. Südwand des westlichen Jochs zu finden, die Apostel haben — dieselbe Anordnung wie in Žiča, die sich in der Folge in den meisten serbischen Kirchen des 13. Jahrhunderts wiederholt — ihren Platz in den Chören, Soldatenheilige an den Wänden neben den Chören, die Märtyrer im Westjoch und Eremiten und Mönche, in Form von Brustbildern oder auch ganzfigurig wiedergegeben, im Narthex. In letzterem befinden sich außerdem drei Kompositionen, die eine Ergänzung zu dem Zyklus im Naos bilden: Das Gebet im Garten von Gethsemane, Der Verrat des Judas und Christus erscheint seinen Jüngern.

An hochbedeutender Stelle stehen die Porträts. Im Naos ist der Kirchenstifter dargestellt, das Modell des Gotteshauses in einer Hand, während ihn an der anderen die Gottesmutter zu Christus hinführt. Im Narthex befindet sich das Familienporträt der Nemanjiden: die Mitglieder des Herrscherhauses — Nemanja als Mönch, der „gottragende Vater Sava" als Erzbischof, Stefan der Erstgekrönte und seine Söhne Radoslav und Vladislav — stehen hier alle nebeneinander. Ihnen gegenüber ist, auf das Heiligenpaar Konstantin und Helena folgend, ein unbekannter byzantinischer Kaiser gezeigt; am ehesten dürfte es sich wohl um Johannes III. Dukas Vatatzes handeln. Am Eingang zum Diakonikon erscheint schließlich noch der damalige Igumen des Klosters Mileševa. Die Nemanjidenherrscher auf dem Familienporträt sind mit betend vorgestreckten Händen dem in segnender Haltung dastehenden Sava und dem hl. Simeon Nemanja zugewandt, der sie wahrscheinlich Christus befiehlt, der auf einem (nunmehr zerstörten) Fresko über dem Eingang zum Naos dargestellt war. Sie gelangte erstmals hier, in Mileševa, zur Wiedergabe, diese typisch serbische Herrscherkomposition, die sich in der Folge zu jenem „horizontalen Stammbaum" des Herrscherhauses von Serbien auswachsen sollte, der seinen Platz in der serbischen Kunst (Radoslav-Kapelle in Studenica, Sopoćani, Gradac, Dragutin-Kapelle in Đurđevi Stupovi, Arilje, Gottesmutter von Ljeviša) bis in die Wendezeit vom 13. zum 14. Jahrhundert hinein behauptete. Durch ihre Heiligkeit hoch angeschrieben, traten die ersten Nemanjiden auf diesem Bild als Fürsprecher ihrer Nachfahren bei Christus auf, Simeon Nemanja aber war, um die Worte einiger alter Schriftsteller zu gebrauchen, zum „Vorläufer" geworden, der „die Pforten des Himmelreichs auftut".

Daß in Mileševa mehrere Maler wirkten, steht angesichts der Unterschiede in bezug auf stilistische Merkmale und Künstlerhandschrift einwandfrei fest, wenn auch eine genaue Abgrenzung im einzelnen schwerfällt. Immerhin sind alles in allem ohne große Mühe drei ausgesprochen voneinander verschiedene Arten der Gestaltung und des Typus der Heiligen auszumachen. Alle drei Verfahren lassen erkennen, daß hier äußerst fähige Künstler am Werk waren, Künstler von hohem Rang, die zu den größten zählen, die die europäische Malerei im 13. Jahrhundert besaß.

Die eine dieser für sich stehenden Gruppen bilden — mit Ausnahme der Koimesis an der Westwand — die Fresken in den unteren Zonen des Kuppelraums und des westlichen Jochs, deren gemeinsames Charakteristikum eine nachdrückliche Tendenz zur Poetisierung der Gestalten ist. Erreicht wurde dieses Ziel durch die Auswahl von Heiligentypen von schönem Äußeren: die Kopfform ist meist dreieckig, der Gesichtsausdruck sanft, mild, das Haar sorgfältig gekämmt; darunter sind die leicht abstehenden, oben spitz zulaufenden Ohren zu sehen. Weicher Schmelz der Farben, erzielt durch deren pastosen Auftrag, kennzeichnet die Gesichter (so bei den Aposteln in den Chören, bei der
Taf. XX Verkündigungsszene, bei dem *Engel am Grabe,* bei den Märtyrern und Soldatenheiligen, beim Stifterporträt u.a.m.).

In scharfem Kontrast zu dieser Malerei stehen die Fresken in den höhergelegenen Zonen des Kuppelraums (die Kreuzabnahme, die Sendung der Apostel, die Darstellung im Tempel, die Medaillons in dem Gewölbebogen über dem Ikonostas), deren Figuren erfüllt sind von Dramatik und Expressivität. Die Gesichter sind stark stilisiert, sorgenschwer oder leidenschaftlich im Ausdruck, bisweilen sogar verzerrt, charakteristisch ist die große, vertikal in zwei Hälften zerfallende Nase; die Farbgebung weist kräftige Kontraste auf, der Farbauftrag ist dynamisch, temperamentvoll, zügig, ausladend. Das Ganze wurde mit leicht hingestrichelten weißen Glanzlichtern gekrönt, die außerordentlich dekorativ wirken. Die im Schatten liegenden Gesichtspartien erscheinen fast regelmäßig auf der einen Seite schmal und grün, auf der anderen rostfarben. Von der zarten, anmutigen Farbwirkung der Schöpfungen der in den unteren Zonen des Kuppelraums tätigen Künstler sticht das kräftige, volltönende Kolorit dieser Malerei lebhaft ab. Aufgabe der nachdrücklich hervorgehobenen Zeichnung sollte es wohl sein, dem Betrachter die Umrisse der hoch über seinem Blick befindlichen Figuren und Kompositionen möglichst deutlich vor Augen zu führen.

Als stilistisch fortschrittlichster Künstler ist der Schöpfer der *Koimesis* anzusehen, der zum großen Teil Narthex und Altarraum ausmalte. Sein Interesse galt vorwiegend der Gestaltung des Volumens, und dadurch unterscheidet er sich erheblich von den übrigen Malern. Die grüne Schattierung der Heiligengesichter hat bei ihm Raum gewonnen und bedeckt zu über der Hälfte die Wangen, ganz anders als bei den von seinen Malerkollegen geschaffenen oder vordem in serbischen Kirchen entstandenen Werken, bei denen diese Schatten schmal gehalten und eng an die Zeichnung gebunden sind. Neben diese grünen Schattenflächen setzte er auf die Wangen schmale Zonen in Ocker, etwas Wangenrot und weiße Glanzlichter, die auch in den übrigen Gesichtspartien auftreten und einen öligen Schimmer haben. Taf. XXI

Abgesehen von den Fresken in den oberen Zonen unter der Kuppel wirkt die Malerei von Mileševa trotz der großen Bildformate meistenteils fein und innig, von tiefem Gefühl beseelt, sehr verhalten im Ausdruck und lyrisch in der Stimmung. Formvollendung und Gehalt kommen in den Einzelheiten mehr zur Geltung als beim Ganzen. Vollkommen dem Detail zugewandt, legten die Künstler ihre ganze Seele in die Gestaltung der Köpfe, bei denen sie denn auch eine hohe Vollendung, unvergleichlichen Schmelz der Farbgebung und zarte Beseeltheit der Stoffdarbietung erzielten, und achteten erst in zweiter Linie auf den Aufbau der Komposition (wobei der Maler der oberen Zonen des Kuppelraums wiederum eine Ausnahme bildet) und die Herausarbeitung der Draperien. Nach der Manier echter Mosaizisten verfuhren sie bei den Gewändern: diese werden durch breite senkrechte Streifen gebildet, die durch die Gegeneinandersetzung warmer und kalter Farben gleichzeitig auch die verschiedenen Stufen von Hell und Dunkel markieren. Hervorgehoben wurde bei den meisten Kompositionen der Protagonist, dessen Gestalt alle übrigen an Größe übertrifft und im Bildmittelpunkt steht, während die anderen Szenenteilnehmer sehr viel kleiner dargestellt, zuweilen zu chorartigen Gruppen zusammengedrängt und gegen den Bildrand gerückt sind. Daß diese beherrschende Stellung der Hauptperson durch Bauwerke oder Landschaften im Bild beeinträchtigt würde, liegt auf der Hand; daher erscheinen solche auch nur ganz selten, als Schrumpfkulissen, deren Zahl niemals eine pro Szene übersteigt: reine Andeutung eines bestimmten irdischen Schauplatzes des Geschehens. Wie zaghaft sich diese Anzeichen aber auch äußern mögen — sie lassen jedenfalls erkennen, daß bei den Malern von Mileševa bereits Ansätze zur figuralen Bereicherung und Konkretisierung der Szene vorhanden waren, Dingen, die erst ab der Mitte des 13. Jahrhunderts weitgehend mitbestimmend bei der Aussage werden sollten.

Inspiriert wurde diese Malerei von den alten byzantinischen Mosaiken des 4. und des 7. Jahrhunderts, wie sie in den thessalonikischen Kirchen Hagios Demetrios und Hagios Georgios zu finden sind; allerdings will es scheinen, als habe hierbei ein wesentliches Zwischenglied in Gestalt eines in irgendeiner byzantinischen Stadt vorhandenen Kunstdenkmals des 12. Jahrhunderts bestanden, das heute nicht mehr erhalten ist. Ein ähnliches, wenn auch älteres, Zwischenglied in der traditionellen Schaffensart von Thessalonike stellen die aus dem frühen 10. Jahrhundert stammenden Mosaiken in der kleinen St. Stephanskirche von Durazzo dar. In Serbien hinterließ die Malerei von Mileševa ebensowenig nachhaltigen Widerhall wie auch die anderen großen Denkmäler des Landes — mit Ausnahme von Sopoćani. Wo ihre Schöpfer ihr Wirken fortsetzten, nachdem sie Serbien verlassen hatten, ist nicht bekannt. Ihre Malweise sollte — wer weiß, durch wen — erst im vorletzten Jahrzehnt des 13. Jahrhunderts in der Sophienkirche von Monemvasia (Peloponnes) Eingang finden, wo sie sowohl bei der Gestaltung der Draperien als auch bei der Darstellung der Bildarchitektur zur Geltung kommt. Fest steht, daß es Griechen waren, da hier in Mileševa neben einigen Heiligen serbische Vermerke zurückgeblieben sind, die für die serbischen Schriftmaler bestimmt waren und diesen den Namen des jeweiligen Heiligen angaben, den sie dann in ihrer Muttersprache neben den Kopf des betreffenden Heiligen zu setzen hatten.[35]

Es war um das Jahr 1236, in dem Sava starb, als König Vladislav an die Kirche von Mileševa einen Exonarthex mit Seitenkapellen anbauen und darin die sterblichen Überreste des Heiligen nach ihrer Überführung aus Trnovo beisetzen ließ. Gleichzeitig wurde auch die umfangreiche Darstellung des Jüngsten Gerichts nach der Textvorlage Ephraims des Syrers geschaffen. Mittelpunkt des Ganzen bildet die Deesis: in der Mitte Christus, um ihn herum Engel und Apostel. Sie ist auf gelbem Hintergrund gemalt; der Hintergrund für die Chöre der Gefallenen und die Darstellung der Höllenqualen ist in Rot, der der übrigen Szenen in Blau gehalten. Allen Schöpfungen gemeinsam aber ist die wiederum mittels der bewußten Würfeltechnik erzielte Mosaikimitation. Doch waren in Serbien keine Künstler vom Rang der Schöpfer der ersten Fresken von Mileševa mehr da, und so gingen heimische Meister von wesentlich begrenzteren Fähigkeiten zu Werk. Wohl waren sie, wie dies einige ihrer Heiligenfiguren bekräftigen, darum bemüht, es in der Malweise ihren Vorbildern gleichzutun, ja, sie wandten sogar deren Mosaikverfahren für die Draperien an — übermäßiger Nachdruck der Zeichnung jedoch, Plumpheit der Gestaltenwiedergabe und Sprödigkeit der Farbgebung zeitigten bei ihnen ein eindeutig gröberes Gesamtergebnis. Alles in allem hat man den Eindruck, als handle es sich hier um heimische Schüler der großen Künstler von Mileševa: man beachte nur die Ähnlichkeit beim Aufbau der Komposition sowie das augenfällige Bestreben, hinsichtlich der plastischen Gestaltung der Heiligenköpfe nicht zurückzustehen; bei dem hierbei angewandten Verfahren wurde die Handschrift der älteren Schöpfer von Mileševa in nicht zu übersehender Weise kopiert.[36]

Daß sich damals bereits heimische Malerwerkstätten gebildet hatten, bezeugt das Vorhandensein einer Gruppe von Künstlern, die zwischen dem dritten und sechsten Jahrzehnt des 13. Jahrhunderts drei serbische Kirchen ausmalten, nämlich die der Muttergottes von Ljeviša, St. Nikolaus in Studenica und die Klosterkirche von Morača. Was sie als Vertreter ein und derselben Gruppe ausweist, ist die Gleichheit des Äußeren zahlreicher Heiliger, die weitgehende Ähnlichkeit der Zeichnung, die Übereinstimmung der Farbenskala sowie die absolute Identität der Handschrift, die in den Inschriften zutage tritt. Natürlich gelangten diese Maler von Schöpfung zu Schöpfung zu höherer Reife und größerem Reichtum an Ausdrucksmitteln, bis sie allmählich in den Fresken von Morača mit ihrem abgerundeten plastischen Stil den Gipfelpunkt ihres Schaffens erreichten.

Prizren
Muttergottes von Ljeviša, 1220–30
Abb. 28, 29

Die Kirche zur Muttergottes von Ljeviša erhielt ihren ersten Wandschmuck im dritten Jahrzehnt des 13. Jahrhunderts, als sie zur Kathedrale eines der Bischöfe Savas wurde. In den erhaltenen Werken dieser Malerei, nämlich der Hochzeit zu Kana und der *Heilung des Blinden* aus dem Zyklus der Wunder Christi sowie der *Maria Eleousa mit Christus* dem Ernährer auf dem Arm, ist an den Draperien zum Teil noch der Einfluß des komnenischen „Manierismus" zu bemerken, wenn auch die Gesichter von dem für letzteren kennzeichnenden Linearismus bereits frei sind. Allgemein jedoch fehlt die Tiefenwirkung. Die Ikonographie ist immer noch durchwegs komnenisch. Stellenweises Ungeschick bei der Zeichnung spricht für die Unerfahrenheit junger Maler.

Studenica
St. Nikolaus (Nikoljača), 1230–40
Abb. 30, Taf XXV

Mehr Tiefengehalt durch kräftigere Hell-Dunkel-Kontraste, eine großzügigere, sattere Farbgebung und eine durch gekonntere Zeichnung erzielte stärkere Beseeltheit als die vorhergenannten Fresken besitzen die Figuren der noch vorhandenen Szenen aus dem Zyklus der zwölf Kirchenfeste — des *Einzugs in Jerusalem* und der Frauen am Grabe — sowie die Gestalten *Johannes des Täufers* im Naos und der Gottesmutter mit den Engeln im Altarraum der Nikoljača genannten Nikolauskirche von Studenica, deren Malerei irgendwann in den dreißiger Jahren des 13. Jahrhunderts entstand. Wahrnehmbar sind darin noch ein Anflug von Eckigkeit bei der Zeichnung der Draperien und ein leichtes Mißverhältnis bei den Proportionen der Heiligengestalten, deren etwas verkürzte Darstellungsweise aus der Kirche zur Muttergottes von Ljeviša übernommen wurde.

Morača, 1251/52

Die Fresken in der Kirche des Klosters Morača, der Stiftung des Fürsten Stefan, Sohn Vukans und Enkel Nemanjas, wurden 1251/52 vollendet. Erhalten blieben sie nur in der Lünette über dem Haupteingang (ein Brustbild der Gottesmutter mit dem Christusknaben zwischen zwei Engeln) und im Diakonikon. Hier wirkte der hervorragendste Maler der bewußten Gruppe. An der Ostwand schuf er eine Darstellung der Muttergottes Blachernoissa sowie die Verkündigungsszene und die Deesis in Medaillonform, während er auf die übrigen Wände einen zwölf Szenen umfassenden Eliaszyklus verteilte. Im Symbolgehalt dieser Schöpfung wollte er offensichtlich das Thema der Eucharistie zur Sprache bringen. Die fest modellierten, wohlproportionierten, kräftigen Gestalten mit ihren ruhigen, gemessenen Bewegungen nehmen aktiven Anteil an dem Geschehen der flächigen Szene, deren Schauplatz ebenso wie in Mileševa durch im Hintergrund erscheinende landschaftliche oder architektonische Gebilde angedeutet wird. Bei der Darstellung der Kulissen setzt, wie z.B. in der *Geburt des hl. Elias*, eine perspektivische Verkürzung jener inversen Art ein, wie sie in der byzantinischen Malerei üblich geworden war. Die zügig herausgearbeiteten, mit plastischer Deutlichkeit wiedergegebenen Heiligengestalten besitzen heroische Wesensmerkmale; in ihren wohlabgestimmten Bewegungen, der bedeutungsvollen Pose, jeweils genau dem Thema angepaßt, liegen innere Kraft und Willensstärke —

Abb. 33

hier sei nur auf die Komposition *Der heilige Elias in der Wüste* verwiesen, eine der besten Schöpfungen der serbischen Malerei des 13. Jahrhunderts überhaupt. Trotz ihres blauen Hintergrunds wirken die Fresken von Morača licht und strahlend heiter. Mehr als in jedem anderen Denkmal Serbiens kündigt sich in dieser Malerei mit ihrer ausgewogenen Gesamtwirkung, dem wohldurchdachten Entwurf, dem fortschrittlichen Stil und den markanten Heiligenfiguren voll verhaltener Kraft das Erscheinen des großen Künstlers von Sopoćani an.[37] Abb. 34

Eine Andeutung davon liegt auch in den fast gleichzeitig entstandenen, auf Geheiß des obersten serbischen Kirchenältesten geschaffenen Fresken der Apostelkirche in Peć. Der Bau dieses Gotteshauses dürfte — höchstwahrscheinlich in den dreißiger Jahren des 13. Jahrhunderts — im Auftrag von Erzbischof Sava I. erfolgt sein, da dieser in mehreren Schriftquellen sowie auch auf einem in der Kirche befindlichen Fresko aus dem 14. Jahrhundert als Stifter benannt wird. Die Errichtung auf dem Herrschaftsgut des Klosters Žiča verfolgte den Zweck, nach dem Vorbild der Apostelkirche in Konstantinopel als letzter Ruhestätte der ökumenischen Patriarchen auch für die serbischen Erzbischöfe ein würdiges Mausoleum zu schaffen. Die Malerei wurde einer Inschrift in der Apsis zufolge durch das Verdienst von Savas Nachfolger, Erzbischof Arsenije I., vollendet; das Datum dürfte um das Jahr 1260 herum anzusetzen sein.

Peć Apostelkirche, um 1260

Bei der Anordnung und der Ikonographie der Fresken hielt sich Arsenije streng an Savas Idee, der er konsequent Gestalt verlieh. Er ließ die Szenen, die der Kirche das primäre ikonographische Siegel aufdrücken sollten, an den erhabensten Stellen anbringen: die *Deesis* mit ihren drei gewaltigen Figuren — Zeichen der Bestimmung des Gotteshauses als Grabkirche — füllt die Apsiskalotte, die monumentale *Himmelfahrt Christi* ist nach dem Vorbild von Žiča und den in der Apostelkirche und der Hagia Sophia von Konstantinopel oder auch in der Hagia Sophia von Thessalonike befindlichen Mosaiken zu ebendiesem Thema in die Kuppel projiziert. Über die höhergelegenen Flächen des Kuppelraums verteilen sich die fünf Kompositionen: die Auferweckung des Lazarus, der ungläubige Thomas, das Letzte Abendmahl, die Ausgießung des heiligen Geistes und Christus erscheint seinen Jüngern in der Weise, daß die beiden ersten an der Südwand, die nächsten zwei an der Nordwand und die letzte an der Westwand erscheinen. In den fünf — übrigens nicht chronologisch angeordneten — Szenen aus dem Christusleben, von denen vier aus Žiča übernommen sind, wird das Andenken an die Geschehnisse im Hause des Apostels Jakobus auf dem Berge Zion in Jerusalem gefeiert, auf dem die erste Kathedrale der christlichen Welt erstand, die „Mutter aller Kirchen". Der serbische Erzbischof Nikodim schreibt in der Einleitung zu seiner 1318/19 verfaßten Übersetzung des Jerusalemer Typikons, daß Sava, „nachdem er in der heiligen Stadt Jerusalem die Gestalt der Kirche des ruhmreichen Zion und des heiligen Sabas von Jerusalem erblickt, nach selbigem Vorbild diese große Kirche (d.h. die Apostelkirche von Peć) erbauen" wollte. Nach demselben Vorbild schuf Sava offensichtlich auch seine zweite „große Kirche", nämlich das Kloster Žiča. Die „Mutter der Kirchen" Serbiens — wie einige serbische Schriftsteller Žiča nennen — war das erste Gotteshaus, bei dem der Raum unter der Kuppel mit den Darstellungen der Zionsfeste ausgeschmückt wurde, und sie beeinflußte auch die Ausgestaltung der Apostelkirche von Peć, die nach der am Ausgang des 13. Jahrhunderts erfolgten Verlegung des Erzbistums hierher ebenfalls den Beinamen „Mutter der serbischen Kirchen" erhielt. Auch Domentijan, ein jüngerer Zeitgenosse des hl. Sava, der diesen, wie es scheint, auf einer seiner Reisen ins Heilige Land begleitete, vermerkte alle Geschehnisse auf dem Zion, deretwegen die dortige Kirche in der ganzen christlichen Welt so berühmt war.

Taf. XXIV

Taf. XXII, XXIII

Die übrigen Darstellungen der Apostelkirche von Peć sind an ihrem gewohnten Platz oder infolge der strengen Durchhaltung des Grundgedankens leicht verschoben: die Evangelisten erscheinen in den Pendentifs, die Anbetung des Opfers im Altarraum, die *Apostelkommunion* wurde, da sie in der Apsis keinen Platz fand, in zwei Teile geteilt seitwärts an den Gewölben über dem Altarraum wiedergegeben, und die interessanten, überwiegend das eucharistische Opfer versinnbildlichenden alttestamentarischen Szenen der Alte der Tage, Daniels Vision vom himmlischen Jerusalem, Daniel in der Löwengrube, David als König von Juda vor dem ihm erscheinenden Engel, Davids Reue vor Nathan, die Drei Jünglinge im Feuerofen und einige weitere, allerdings stark beschädigte, füllen die Prothesis.

Abb. 35

Besondere Ehre erwies Arsenije dem hl. Sava. Erstmals in der serbischen Malerei ließ er ihn als letzten in der Reihe der Bischöfe in die Anbetung des Opfers aufnehmen, wobei er auf frühere byzantinische Vorbilder zurückgriff, bei denen die angesehendsten heimischen Bischöfe an beiden Enden dieser Suite zur Darstellung kamen. In der Folge wurde dieser Brauch in vielen mittelalterlichen Klöstern

Serbiens beharrlich beibehalten. Wie die Athener ihren Metropoliten Michael Choniates, die Kyprioten ihre berühmten Bischöfe und die Ochrider den hl. Kliment und den Erzbischof Konstantin Kabasilas, so verherrlichten die Serben ihren ersten heimischen Kirchenfürsten.

Ein zweites Mal ließ Arsenije den hl. Sava in der Apsidiole der Prothesis darstellen, und zwar zusammen mit sich selbst bei der Vollziehung der Proskomidie am Rüsttisch. Diese seltene und ungewohnte Komposition, in der ein Erzbischof zu seinen Lebzeiten zusammen mit seinem Vorgänger bei der Vollziehung einer liturgischen Handlung gezeigt wird, hat sowohl realen Gehalt, da sie ein tatsächliches Geschehen wiedergibt, als auch symbolischen, da sie sich in der Prothesis befindet, in der das Schneiden der eucharistischen Gaben stattfindet. Gleichzeitig ist sie auch historisch von Belang, weil Arsenije darin als hochbetagter Greis dargestellt ist — ein Umstand, auf den sich die Annahme stützt, die Fresken dieser Kirche seien um das Jahr 1260 herum entstanden; denn 1263 entsagte Arsenije, von Alter und Krankheit gebeugt, dem Erzbischofsamt, und 1266 starb er. Bestattet wurde er in der Kirche, deren Werden ihm so sehr am Herzen gelegen war. Damit wurde die Beisetzung der serbischen Erzbischöfe in der Apostelkirche von Peć zum festen, in vielen Fällen gewahrten Brauch, und die Bestimmung dieses Gotteshauses zur Grabkirche fand so ihre Erfüllung.

Zur Ausmalung der Apostelkirche zog Arsenije Künstler heran, die seinem Wunsch zufolge fähig sein sollten, sich in Schaffensweise und stilistischer Auffassung gleichbedeutend neben jene zu stellen, die in Studenica und Žiča für Sava tätig waren. Ihre Zugehörigkeit zu jener Richtung, deren Vertreter Spitzenleistungen nach Maßgabe der höchsten kirchlichen Würdenträger hervorbrachten, äußert sich in der dunkel gehaltenen Farbgebung der Gestalten auf blauem Grund, in der beherrschenden Rolle der Schattierung gegenüber dem Glanzlicht, in dem sorgsam gehüteten Gehalt an tiefer Dramatik und der gedanklich fundierten theologischen Gelehrsamkeit dieser Malerei. Die einzigen kostbareren Verzierungen sind silberne, vorzeiten möglicherweise vergoldete Aureolen bei manchen Heiligen und — nur in der Himmelfahrt Christi erscheinend — silberne Sterne auf blauem Himmel. Diese Art der Verzierung wurde aus Studenica und wohl auch aus Žiča übernommen, wo auch auf blauem Hintergrund goldene Aureolen oder — wie in der Kreuzigung von Studenica — goldene Sterne schimmern, und stellt eine Teilwiederholung des dortigen Verfahrens dar. Goldverzierte Gewandung, wie sie in Studenica mehrere Heilige hatten, besaß in Peć nur Christus in der Himmelfahrtsszene. Dies lag auf der Linie der künstlerischen Lösung bei der Wiedergabe dieses Christusbildes, die an Heilige auf Ikonen gemahnt. Hier in Peć gibt es mehrere solcher Figuren — insbesondere zählen dazu manche in der Kuppel, die Gottesmutter, die Engel, die Evangelisten, und dann auch Christus aus der Deesis im Altarraum—, bei denen in der Tat typische Lösungen der Ikonenkunst auf die Wandmalerei übertragen wurden: die Lichtstellen auf den Draperien bilden weiße, verschieden geformte Flächen, von denen strahlenförmig dicht nebeneinandergesetzte längere und kürzere Linien ausgehen, was an die Goldarbeit an den Gewändern der Heiligen auf Ikonen gemahnt. Etwas Ikonenhaftes liegt auch in den sorgfältig und bedachtsam, äußerst fein modellierten Heiligengesichtern des Hervorragendsten der hier wirkenden Maler, der die Fresken in Kuppel und Kuppelraum schuf. Daß sie von der Hand eines Künstlers stammen, der in den schweren Zeiten der Lateinerherrschaft in Byzanz der Möglichkeit zur Schaffung großer Werke an Kirchenwänden beraubt, ganz auf die Ikonenmalerei umgesattelt hatte, so daß bei ihm jede Einzelheit durchdacht, genau bemessen, und damit jedes Heiligengesicht voll Ausdruckskraft ist, dies scheinen auch die satten, kräftigen Farben dieser schön gewölbten Gesichter zu besagen — das Dunkelrot der Zeichnung, das auf einer Seite dunkle, auf der anderen helle Grün der im Schatten liegenden Partien, das Ocker und Tiefrot der Wangen, und daneben auch das Weiß der sorgfältig gesetzten Glanzlichter in Form zusammenhängender Flächen oder ineinanderfließender Strichellinien. Und doch läßt der Künstler die Farben ebensowenig überhandnehmen wie seine Kollegen in Studenica und Žiča, damit sie nicht den Gesamtkontrast zwischen Hell und Dunkel übertönen, die Schattierungswerte aufheben können. Der undurchsichtige Farbauftrag und die satte, gedämpfte Farbgebung beinhalten die Aussage eines tiefen Dramas — des Kampfes zwischen Licht und Finsternis. Diesem größten Künstler der Apostelkirche von Peć nun ging ein höchst untalentierter Gehilfe zur Hand, der in der Himmelfahrt Christi an der Südseite des Tambours die Figuren der Apostel malte. Primitiv und ungeschickt, wie er war, schuf er eine Reihe Köpfe, die mit ihrer hohen, fliehenden Stirn und den kleinen, ausdruckslosen Augen wie Zerrbilder wirken. Eine rein summarische Ähnlichkeit in der Farbgebung und eine im Versuchsstadium steckengebliebene Nachahmung bei der Zeichnung sind die einzigen Bezugsmomente zwischen ihm und seinem großen Meister. Dieser, der leitende Künstler, ist ein

Anhänger und würdiger Vertreter der plastischen Stilrichtung des 13. Jahrhunderts. Er hat sogar manche Lösungen von Sopoćani weitgehend vorweggenommen. Was er mit Morača gemeinsam hat, sind die Andeutungen von Bildarchitektur, die bei ihm allerdings schon weit kühner sind und sich stellenweise zu recht ansehnlichen Gebilden ausweiten, die sowohl aus der Vogel- als auch aus der Froschperspektive gesehen und dementsprechend verkürzt sind (Christus erscheint seinen Jüngern u.a.). Seine Heiligentypen schließlich vermitteln wiederum einen ersten Eindruck von den künftigen Heroen von Sopoćani.

Traditionsgebundener ist der Schöpfer der Fresken in der Apsis. Durch die sanft angedeuteten, kaum sichtbaren Hell-Dunkel-Kontraste wirken seine Heiligen sehr viel weniger plastisch; die hellgetönten, flächigen Gesichter und Hände muten — allzu wenig durchgeformt und bar aller koloristischen Akzente — unwirklich und nichtssagend an. Monumentaleffekte erzielte er allein durch die Größe der Figuren, die Großräumigkeit der Farbflächen und die Langlinigkeit und Zügigkeit der Zeichnung. Im Altarraum waren Seite an Seite mit diesen beiden zwei weitere Maler tätig. Das Werk des einen von ihnen ist die Apostelkommunion; der andere, ein recht mittelmäßiger Meister, eher wohl noch ein Gehilfe, schuf die vier frontal dargestellten Kirchenfürsten an der Südwand und die Märtyrermedaillons; von ihm stammen außerdem sämtliche Fresken in der Prothesis. Die Komposition der Apostelkommunion, in der Farbgebung heller als die übrige Malerei, weist besonders gelungene Passagen in der nördlichen Hälfte auf, wo ihr Schöpfer ein malerisches, lebhaftes Kolorit bei rasanter Pinselführung und pastosem Farbauftrag zustandebrachte — ein Kunstgriff, mit dem er, recht besehen, seinen klein konzipierten Bildern monumentale Wirkung verlieh. In bezug auf den letztgenannten Künstler wäre zu bemerken, daß in Stilisierung und Ausdrucksgehalt der von ihm geschaffenen Köpfe, deren Unmittelbarkeit bis zur Verunstaltung geht, etwas von dem Verfahren desjenigen Malers von Mileševa liegt, der die Medaillons in den Gewölbebögen über dem Ikonostas schuf, obschon hier ansonsten von keinerlei Wesensverwandtschaft gesprochen werden kann. Dabei ist der in Altarraum und Prothesis tätige, mit ziemlicher Sicherheit als Gehilfe anzusehende Maler als wesentlich untalentierterer Zeichner und unbeholfenerer Charaktergestalter zu werten, was auch der Grund dafür sein dürfte, daß er, wie dies oft vorkam, an Wandflächen verwiesen wurde, die den Blicken der Gläubigen entzogen waren. Die erhaltenen Kompositionen der Apostelkirche zeigen, daß bei allen vertretenen Malern das auch in Mileševa überwiegende Bestreben vorhanden war, die Hauptfigur übergroß hervortreten zu lassen, ohne sich viel um Gesamtaufbau und Verhältnis zwischen Teil und Ganzem zu kümmern. Ihr Hauptanliegen war die zu verkörpernde Idee: sie hatte den Vorrang vor der Schönheit der Form. Es war Gott, Gott in all seiner Ferne und Mystik, und nicht das Erdenleben eines menschgewordenen Gottes, den die Künstler von Peć verherrlichten. Daß die von ihnen erbrachten Lösungen trotz des Aufgreifens der die serbische Malerei der ersten Jahrhunderthälfte bestimmenden Problematik isoliert dastehen, ist ein Beweis dafür, daß diese Künstler von irgendwoher aus den griechischen Ländern ins Land gerufen worden waren, und daß nach ihrem Fortgehen niemand in ihre Fußstapfen trat. Das gilt ganz allgemein für die großen serbischen Denkmäler des 13. Jahrhunderts: die Einmaligkeit und Unwiederholbarkeit eines jeden von ihnen sind das beredteste Zeugnis dafür, daß die Meister von Fall zu Fall gerufen wurden, um ein bedeutendes Werk zu vollbringen, und nach dessen Vollendung wieder außer Landes gingen und in ihre Heimat zurückkehrten.[38]

Chilandar Hagia Triada, um 1260

In stilistischer Hinsicht mit den Fresken von Peć am nächsten verwandt sind die fragmentarisch erhaltenen Werke in der Christi Verklärung geweihten Kapelle der Skiti Hagia Triada oberhalb des Klosters Chilandar auf dem Heiligen Berg Athos. Das Kirchlein, dessen Wände diese um 1260 unter König Uroš II., möglicherweise auch mit dessen Zutun entstandene Malerei schmückte, gehörte seinerzeit zu einer Einsiedelei, in der die zwei Chilandarmönche und serbischen Schriftsteller Domentijan und Teodosije mit dem Verfassen eigener und dem Übertragen fremder Werke beschäftigt waren, die hohe Bedeutung für die serbische Literaturgeschichte gewinnen sollten. In der Apsiskalotte befindet sich eine halbfigurige Darstellung der *Gottesmutter*, die ein Medaillon mit dem Brustbild des Jesusknaben hält, und der zwei Engel ihre Huldigung darbringen. Dieses Werk und drei in der unteren Apsiszone befindliche Kirchenväter in frontaler Haltung — unter denen die am besten erhaltene Figur die des hl. Gregors des Großen ist — sind die einzigen Überreste der ursprünglichen Malerei der Kapelle. Ausgesprochener Kolorist, der er war, tat sich der Künstler bei der Wiedergabe der Gesichter seiner Heiligen hervor, indem er den Teint mit lebhaft aufeinander abgestimmten Farben — Grün, Ocker, Karmin und Weiß — anreicherte; gleichzeitig jedoch gab er sich, ebenso wie der Schöpfer der

Abb. 32

Himmelfahrt Christi in Peć, größte Mühe, sie möglichst wirklichkeitsnah erscheinen zu lassen, und setzte insbesondere alles daran, die sorgfältig herausgearbeiteten Augen mit Leben zu erfüllen. Die mittels Anwendung koloristischer Prinzipien erzielte greifbare Deutlichkeit der Formen und das ausladende Volumen der Gestalten und Draperien reihen den Schöpfer dieser Fresken unter die markantesten Vertreter des plastischen Stils des 13. Jahrhunderts ein. Wenn es darum ging, die Ausdruckskraft zu verstärken, scheute er übrigens nicht davor zurück, seine Figuren leicht zu entstellen, wie dies mit besonderer Vorliebe einer der im Altarraum der Apostelkirche von Peć wirkenden Maler tat.[39]

Chilandar St. Georgsturm, Mitte 13. Jh.

Im selben Zeitraum entstanden, indes etwas weniger gehaltvoll sind die Fresken im St. Georgsturm des Chilandarklosters, der sich an der Südwestecke der klösterlichen Befestigungsanlagen erhebt. In der kleinen Kirche sind im obersten Geschoß die ursprünglichen Fresken im Narthex (Zosimas und Maria von Ägypten, Paulos von Theben, Euthymios der Große, Sabas von Jerusalem, der hl. Arsenije usw., in der untersten Zone befindlich) sowie an den Maueraußenseiten (ein Zyklus aus dem Leben des hl. Georg und ein Zyklus zu dem seltenen Sujet des *Kanons zum Hinscheiden der Seele* nach dem Dichter Andreas von Kreta) erhaltengeblieben. In dem Maße, wie für die stehenden Figuren im Narthex eine Modellierung ohne Tiefe, kaum angedeutete Hell-Dunkel-Kontraste — nach der Manier des Malers der Apsis in der Apostelkirche von Peć — und mancherlei Besonderheiten des Heiligentypus des 12. Jahrhunderts bezeichnend sind, ist den Gestalten in den beiden Zyklen eine plastische Deutlichkeit eigen, die durch die fest hingesetzte Zeichnung und den einfachen, aber temperamentvollen Farbauftrag mit kräftigen Hell-Dunkel-Kontrasten zustandekommt. Die geringe Anzahl der in der Szene auftretenden Figuren und die einfach gestaltete, erheblich reduzierte Landschaftskulisse lassen erkennen, daß es sich hier um Kunstwerke des 13. Jahrhunderts handelt, die vor Sopoćani entstanden sind und sich — dies geht auch aus dem (bei den Narthexfiguren erkennbaren) beharrlichen Streben des Künstlers, die Stimmung im Gesichtsausdruck festzuhalten, hervor — auf die künstlerischen Traditionen des 12. Jahrhunderts stützen.[40]

Abb. 31

Um die Mitte des 13. Jahrhunderts war in Serbien schon der Boden bereitet für die Aufnahme einer neuen Gruppe überragender Maler, die die Gestalt des religiösen Bildes wesentlich verändern und in ihren Werken eine Synthese all jener fortschrittlichen künstlerischen Auffassungen schaffen sollten, welche sich in der Malerei der ersten Jahrhunderthälfte abgezeichnet hatten. Diese Künstler wurden ins Land gerufen, um für König Uroš I. die Dreifaltigkeitskirche im Kloster Sopoćani auszumalen. Ihr Werk vollendeten sie zwischen 1263 und 1268, d. h. gerade in dem Zeitraum zwischen dem Amtsantritt Savas II., der in dem Zug der Kirchenfürsten im Altarraum erscheint, als Erzbischof Serbiens und der Heirat des älteren Sohns des Königs Uroš, Dragutins, der in der Szene Der Tod der Königin Anna (der Mutter Urošs) als etwa fünfzehnjähriger Jüngling noch ohne Frau dargestellt ist. Somit käme als wahrscheinlichstes Datum für den Abschluß der Maltätigkeit das Jahr 1265 in Betracht.

Sopoćani, 1263–68

Mit Wandschmuck versehen wurden der Altarraum, der Naos, der Narthex und die an diesen anschließenden beiden Seitenkapellen sowie die Prothesis und das Diakonikon. Weitaus die besten Künstler waren die Schöpfer der Fresken in Altarraum und Naos, deren Stil auf den höfischen Traditionen beruht, die koloristische Malweise mit hellenistischer Formgebung verbanden. Im Rang etwas unter ihnen stehen die Maler, die die Ausschmückung des Narthex übernahmen; sie hielten sich an die Prinzipien des Schattierungsverfahrens und die Auffasungen der mönchischen Kunst. Bemerkenswertes Talent bewiesen auch die zwei Künstler, die die Seitenkapellen neben dem Narthex ausmalten. Sehr mittelmäßige Maler, die sich von den übrigen Meistern von Sopoćani sowohl durch ihre geringen Fähigkeiten als auch durch das Fehlen jeglicher monumentaler Wirkung in ihren Werken unterscheiden, waren die beiden, deren Aufgabe die Fresken in Prothesis und Diakonikon waren, in dem Zutritt und den Blicken der Gläubigen entzogenen Bereichen also, wo ihre Schwächen den überwältigenden Gesamteindruck nicht zu beeinträchtigen vermochten.

Die als die Besten erwähnten Künstler brachten endlich in einem rascischen Gotteshaus eine vernünftige, den räumlichen Gegebenheiten angemessene Freskenanordnung zustande. Bis dahin waren die Lösungen häufig, da für eine Kirche der byzantinischen Orthodoxie ungewohnt, befremdlich ausgefallen. Diese Künstler nun setzten in die Kuppel wahrscheinlich („wahrscheinlich“ deshalb, weil die Malerei dort vernichtet ist) Christus und die Propheten, in die Pendentifs die Evangelisten beim Abfassen ihrer Schriften und dazwischen zwei Archeiropoietenbilder Christi (ein Mandylion und ein Keramidion) sowie zwei Vorväter in Medaillenform, an die Unterseiten der Gewölbebögen und in die höhergelegenen Zonen der Wandpfeiler im Kuppelraum die stehenden Figuren von Propheten und

Vorvätern, in die Apsis die Gottesmutter im Paradies (die zu ihren beiden Seiten stehenden Engel sind weitgehend beschädigt) und die Apostelkommunion sowie die Anbetung des Opfers in Gestalt Christi durch die Bischöfe, deren Zug von den drei ersten serbischen Erzbischöfen beschlossen wird. Die großen Kompositionen aus dem Christus geweihten Evangelienzyklus verteilten sie über zwei übereinanderliegende Zonen an den höhergelegenen Wandflächen dergestalt, daß jede Szene einen natürlichen architektonischen Rahmen erhielt. Dabei richteten sie es so ein, daß die chronologisch aufeinanderfolgenden Szenen an Nord- und Südwand einander gegenüber zu liegen kamen (so stehen sich jeweils gegenüber: die Geburt Jesu und Darstellung im Tempel, Frauen am Grabe und Christus erscheint den weinenden Frauen, Christus erscheint seinen Jügern und der ungläubige Thomas, die Kreuzigung und die Anastasis, die Auferweckung des Lazarus und der Einzug in Jerusalem usw.). So beinhaltet ein jeder Bereich des Kircheninneren einen abgeschlossenen Themenkreis aus dem Christusleben: der Kuppelraum den Abschnitt von Verkündigung und Geburt bis zur Verklärung, das Westjoch den vom Einzug in Jerusalem bis zur Auferstehung und der Altarraum schließlich, den auf letztere folgenden, der sich bis zum Tag des Pfingstfests erstreckt. Auf diese Weise erscheinen die einzelnen Szenen jeweils nachdrücklich in ihrer tieferen Bedeutung und bilden eine symbolische Zusammenschau: der Kuppelraum steht im Zeichen der Inkarnation, der Altarraum versinnbildlicht den Gedanken der Eucharistie, und im Westjoch — neben der Stelle, die als letzte Ruhestätte des Stifters vorgesehen war — ist der Themenkreis von Tod und Auferstehung festgehalten. Mithin wurde in Sopoćani die übliche Lesart des Zyklus in der Weise, daß ein fortlaufender Zusammenhang in der Reihenfolge Ostwand — Südwand — Westwand — Nordwand gebildet wird, vermieden, die Kontinuität aufgelöst zugunsten kleinerer, in sich geschlossener Themenkomplexe in den einzelnen Bereichen des Gotteshauses. In den Gewölben der Seitenchöre erscheinen die Darstellungen der vierzig Märtyrer von Sebaste im Augenblick ihres Todes auf dem vereisten See sowie der Hl. Dreifaltigkeit, der die Kirche geweiht ist, gleichnishaft wiedergegeben in Form der Philoxenie, und in den unteren Zonen endlich gelangten in den Chören die *Apostel* und in dem Westjoch *Märtyrer* und Soldatenheilige zur Darstellung. Taf. XXVI, XXIX, XXVIII

Ein großes dekoratives Ganzes, ein integrales Gefüge ist es, was hier durch das Verdienst des größten unter den Schöpfern der Malerei von Sopoćani entstand, der durch die Kraft seiner künstlerischen Ausstrahlung alle, die ihm mitwirkend zur Hand gingen, in solch hohem Maße in den Bann seiner Vision zwang, sie in Malweise und Farbgebung so sehr sich selbst anpaßte, daß sie eins wurden mit ihm und jede persönliche Note einbüßten, obschon bisweilen noch ihre Handschrift erkenntlich ist. Die Freskengruppe Mileševa — Peć weist eine köstliche Vielfalt auf, trägt die individuell geprägten Züge ihrer verschiedenen Schöpfer, — der Wandschmuck von Sopoćani bildet eine majestätische, harmonische Einheit. Bewirkt wird diese Einheitlichkeit im wesentlichen durch die Ähnlichkeit der Lösung bei allen großen Kompositionen, deren zentrales Dreieckmotiv zu beiden Seiten erscheinende Figurenreigen gleich den lobsingenden Chören in großen Schlußszenen auf der Bühne bereichern. Die Gruppen der Nebenfiguren sind nicht, wie in Mileševa, an den Bildrand gedrängt, um dort in entsprechender Verkleinerung hinter den Hauptdarstellern zurückzutreten, sondern wirken gleichberechtigt am Aufbau des Bildes mit, das — ausgewogenes, symmetrisches Ganzes — mit seiner ganzen Breite, mit allem, was darin wirkt und webt, den Gläubigen zugewandt ist. Jede Komposition ist ein Schlußakkord der immer gleichen Sinfonia eroica, in der das Motiv der Apotheose göttlicher Erhabenheit und Würde, göttlicher Schönheit und Kraft ständig wiederkehrt. Von erzählerischem Element keine Spur: beseitigt ist alles illustrative Beiwerk; verdrängt die Dramatik: es wird der Sieg gefeiert; nur in verstreuten Details Spuren intimer Lyrik: die Gesamtstimmung ist episch, heroisch. Die Heiligen von Sopoćani besitzen das Aussehen antiker Helden, sie verkörpern einen bestimmten Menschentypus; porträthafte Züge läßt die weitgehende Stilisierung nicht zu. Was die Maler vor Sopoćani anstrebten, ohne recht viel mehr als eine Andeutung davon geben zu können — in den Fresken von Sopoćani nahm es Gestalt an: eine Gestalt von vollendeter Harmonie.

Einen Eindruck davon, wie vollkommen der größte Maler von Sopoćani die künstlerischen Probleme bewältigte, vermitteln auch die räumliche Gestaltung der Bilder hier, die plastisch abgerundete Wiedergabe der Figuren und die Art, in der das Innenleben der dargestellten Personen zum Ausdruck gebracht wird. Der Raum, begrenzt durch die Bildarchitektur, für die das unter der Bezeichnung „Inversionsperspektive" bekannte Verkürzungsverfahren angewandt wurde, setzt in dem von der Szenographie verdeckten Hintergrund ein und tut sich gegen das Kircheninnere auf, unfaßt die ganze große Szene samt all den vielen darin auftretenden Gestalten und bezieht selbst die Gläubigen im

Gotteshaus mit ein. Aus der früher so häufigen zaghaft angedeuteten Rechteckskulisse wurde eine den Figuren, deren Bewegungsfeld sie bildet, gleichgestellte Komponente der Komposition, die sich im wesentlichen in den Gesamtaufbau letzterer einfügt und ihr geometrisches Bild zeichnet. Findet die Szene in freier Natur statt, so ist da nicht nur die Andeutung eines Handlungsschauplatzes in Form eines für sich stehenden Felsens, sondern es breitet sich eine geschlossene Landschaft aus, in der die Geschehensteilnehmer, in einzelne Gruppen verteilt, von denen eine jede eine Episode des Gesamtthemas veranschaulicht, alle zugleich auftreten.

In diesem Raum nun bewegen sich frei und ungezwungen die kräftigen Gestalten der Heroen von Sopoćani, die ihre inneren Regungen nicht durch aufgewühltes Mienenspiel, sondern durch ausdrucksvolle Bewegungen und weit ausholende Gesten kundgeben. Auf diese Weise können z. B. die Geschehensteilnehmer des Christuslebens hoch oben an den Wänden des großen Kirchenraums die Kraft und Erhabenheit ihrer inneren Welt stärker zur Geltung bringen, so wie die Schauspieler in den großen Theatern der Antike—den im fernen Zuschauerraum Befindlichen — Qualen und Tapferkeit ihrer Helden durch typische Masken und ausladende Bewegungen nahebrachten. Die stark reliefierten, langen und schweren antiken Gewänder der Heiligen von Sopoćani, die deren athletische Körper straff umspannen, und die Gesichter mit ihrem hellenistischen Typus, deren energische Züge durch die reliefbildende Farbgebung noch fester hervortreten, folgen konsequent der allgemeinen Tendenz zur Schaffung einer monumentalen, majestätischen Gesamtwirkung.

Taf. XXVII Die überwältigende *Koimesis* an der Westwand, das größte und bekannteste Werk von Sopoćani, beinhaltet all die Vorzüge des großen Malers gleichsam in Quintessenz; gleich einem nie gehörten, unwiederholbaren Schlußakkord klingt diese Schöpfung im Betrachter auch dann noch nach, wenn er die Kirche längst verlassen hat.

Hinzudenken muß man sich zu all diesen Fresken noch den leuchtenden Schimmer des Goldbelags auf dem in Mosaikimitation ausgeführten Hintergrund, zahlreiche Stuckverzierungen mit antiken Motiven über großen Marmor- oder Holzikonen beiderseits des Ikonostas, ganz oben an den Wandpfeilern und rings um das Portal des Naos. Kostbarkeit des Materials, ausgesuchte Schönheit der menschlichen Gestalt und hohe irdische Vorzüge bewirkten bei der hier geschaffenen Verherrlichung des Himmels ein solch unfaßbares Maß an Monumentalität und heroischer Ausdruckskraft, wie es bis dahin noch nie erreicht worden war. Dünn gesäte einschlägige Spuren in der byzantinischen Miniaturmalerei des 13. Jahrhunderts und vereinzelte entsprechende Lösungen in der Ikonenkunst lassen erkennen, daß die Ausnahmestellung Sopoćanis nur Schein ist und es auch außerhalb Serbiens Künstler gab, die, wenn nicht mit demselben Erfolg, so doch von denselben Absichten geleitet, den Versuch machten, die auf dem Gebiet der monumentalen Aussage in der Malerei inzwischen herangereiften Ergebnisse in ihrem Schaffen einzufangen.

Die Maler des Narthex, vor die Aufgabe gestellt, die in byzantinischen Kathedralen gerade in diesem Raum oft anzutreffenden umfangreichen Themen: die ökumenischen Konzile, die Geschichte des Joseph (aus dem alten Testament), die Wurzel Jesse und das Jüngste Gericht über die Wände ihres Wirkungsbereichs zu verteilen, entschlossen sich, für jedes Thema eine ganze Wand herzunehmen. Nur die unterste Zone füllten sie mit ganzfigurigen Gestalten, hauptsächlich Darstellungen angesehener orthodoxer Mönche und Einsiedler, sowie zwei Kompositionen, nämlich einem Bild der Stifterfamilie und einer Szene vom Tod der Mutter König Urošs I., Anna Dandolo, über deren Grab. Verständlicherweise konnte hier nicht die ungebändigte Kraft des großen Schöpfers der Malerei im Naos und die dortige Integrität der monumentalen Lösung zum Ausdruck kommen. Die breit ausgeführte Josephslegende, die erbaulichen Einzelheiten des Jüngsten Gerichts und die ermüdende Wiederholung der immer gleichen Lösungen bei der Darstellung der Ökumenischen Konzile ließen weder künstlerische Geltendmachung und Herausschälung des Gesamtgehalts noch leichte Überschaubarkeit und Harmonie der Szene zu. Das Gold des Hintergrunds allein genügte nicht, um aus den Werken der Maler des Narthex solche Kostbarkeiten zu machen, wie es die Fresken im Naos sind, mit deren Schöpfern es jene außerdem nicht an Talent aufnehmen konnten, weshalb sie denn zu bescheideneren Lösungen griffen, die jedoch durchaus jene Plastizität der Gestalten und jene Tiefe des Bildes zu Vorzeichen haben, wie sie für ihre Vorbilder im Naos zutreffen. Weit unter deren Niveau allerdings liegt der Wandschmuck im Narthex in bezug auf farbkünstlerische Ästhetik: seine Schöpfer reduzierten die Farbskala nämlich auf Ocker, Dunkelblau, Dunkelrot und Weiß und setzten bei der Herausarbeitung der plastischen Wirkung an die Stelle der farblichen Kontraste die Schattierung.

Der Maler der dem hl. Simeon Nemanja geweihten Südkapelle, die, neben verschiedenen in stehender Haltung in der unteren Zone wiedergegebenen Heiligen, auch eine Vita ihres Schutzpatrons nach dem Vorbild des analogen Zyklus in Studenica beinhaltet, muß die Werke der im Kirchenschiff tätigen Künstler weit eingehender als Vorbilder für sein Schaffen herangezogen haben. Er ließ es sich angelegen sein, die plastische Wirkung der dortigen Heiligen und deren typische Merkmale in seine eigenen Schöpfungen hineinzubannen, doch wählte er bei der Farbgebung seiner Gestalten erheblich dunklere Harmonien und beeinträchtigte so das Heroische ihres Äußeren. Demgegenüber machte der Maler der an die Nordseite des Narthex anschließenden dem hl. Stefan geweihten Seitenkapelle nicht einmal den Versuch, sich an seinen Kollegen ein Beispiel zu nehmen, sondern schuf, seinen Kenntnissen und Fähigkeiten entsprechend, etwas veraltete Heiligentypen, die er durch eine sprühende Farbgebung und eine eindringliche Stoffgestaltung zu verlebendigen trachtete. Den Figuren in den Szenen der Vita des Erzdiakons Stefan und den Einzelgestalten verschiedener Heiliger haftet etwas Unhellenistisches und plebejisch Gesundes an. Die Maler der Seitenkapellen sparten — wohl auf Wunsch des Auftraggebers — an Gold und verwandten für den Hintergrund die übliche dunkelblaue Färbung.

Im Gegensatz dazu ersetzten die talentlosen Schöpfer der Fresken in Prothesis und Diakonikon das Gold des Hintergrunds durch Gelb; der Maler der Prothesis brachte dabei sogar eine grobgezeichnete Mosaikimitation an. Dieser Letztgenannte weist in seinem Werk — Szenen aus dem Marienleben — alle Anzeichen primitiver Gestaltungsweise auf: zu kurz geratene Figuren, ungeschickte, grobe Zeichnung, wirkungslose Farbzusammenstellung, im Versuchsstadium steckengebliebene plastische Wiedergabe der Heiligengestalten. Sein Gegenstück sowohl in bezug auf den Schaffenszeitpunkt als auch hinsichtlich des Mangels an Talent bildet der Maler der Fresken im Diakonikon, der mit Szenen aus dem Leben des hl. Nikolaus und Einzeldarstellungen vertreten ist. Kennzeichnend für seine Schaffensweise sind ein lichtes Kolorit und ein dünner Farbauftrag bei oberflächlicher Ausführung und einem veralteten, aus der Kunst des vergangenen Jahrhunderts überkommenen äußerlichen Gepräge der Heiligen.

Die Kunst der Maler von Sopoćani fand, obwohl ihre Schöpfer nach Vollendung ihres Werks ebenso wie ihre Vorgänger in Studenica, Mileševa und Peć Serbien verlassen haben dürften, auf dem Boden dieses Landes tiefen Widerhall. Etwa zehn Jahre nachdem die erste Ausmalung der Kirche beendet war, erhielt ein nicht zu der alten Künstlergilde von Sopoćani gehörender Meister den Auftrag, über dem künftigen Grab des Stifters in der Südostecke des Naos ein Familienbild der Nemanjiden zu schaffen, in der Art, daß diese einen Zug bilden, dessen einzelne Glieder sich an den Hände halten und von der Gottesmutter zu Christus hingeführt werden sollten. Ihren Abschluß findet diese Herrschersuite in einer Reihe von Soldatenheiligen an der Westwand. Vor dem Anblick der Werke der großen Meister trachtete der Maler danach, es diesen gleichzutun, obwohl er nicht an sie heranreichte, um durch seinen Einbruch den auserlesenen Gesamteindruck nicht zu beeinträchtigen. Nun erscheint ein solches Vorgehen bei einem mit Feingefühl begabten Künstler des Mittelalters ganz natürlich und sollte nicht dazu verleiten, darin einen größeren Einfluß Sopoćanis auf die spätere serbische Kunst zu suchen.[41]

Gradac, um 1275

Anders jedoch sieht die Sache schon aus, wenn man die um 1275 vollendeten Fresken in der Verkündigungskirche des Klosters Gradac am Ibar betrachtet, deren Schöpfer den Stil der Monumentalmalerei von Sopoćani aufgriffen, soweit sie damals dazu fähig waren. Sie kamen auf Geheiß der Königin Jelena, der Gemahlin Urošs I., und erhielten von der Stifterin anscheinend durchaus festumrissene Aufgaben zugewiesen, wie auch schon die Baumeister vor ihnen. Obzwar keine diesbezüglichen schriftlichen Zeugnisse vorliegen, macht die themenmäßige Verteilung der Malerei hier ganz von selbst deutlich, daß den Künstlern dabei in den wesentlichen Zügen die Muttergotteskirche von Studenica als Vorbild diente. Die Hauptthemen aus dem Christusleben befinden sich hier wie dort an der gleichen Stelle; die dortige, ziemlich ungewöhnliche, Szenenanordnung wurde somit hier nachvollzogen. Begreiflicherweise kam es dabei auch zu manchen Abweichungen: so zeigen die Apsidiolen der Prothesis und des Diakonikons die großen halbfigurigen Darstellungen der Gottesmutter bzw. des toten Christus — Illustrationen eines der am Karsamstag gesungenen Troparien, der hier erstmals in der Wandmalerei festgehalten wurde; ganz einzig in seiner Art und Anordnung ist auch der aus drei Szenen bestehende, dem hl. Sava (Sabbas von Serbien) gewidmete Zyklus in der unteren Zone des Westjoches, und themenmäßig mit Studenica gar nichts gemein hat der Wandschmuck des Narthex: ein Gottesmutterzyklus, die Ökumenischen Konzile und dergleichen mehr. Die Nachahmung Studenicas war nicht stilistischer, sondern ideenmäßiger Art und unterscheidet sich vollkommen vom heutigen Begriff der Imitation. Als letzte Ruhestätte des Urahnen des nationalen Herrscherhauses stand die Muttergotteskirche

a) Gradac, Geburt Jesu, Kuppelraumsüdwand, um 1275

von Studenica im damaligen Serbien in hoher Achtung. Auch König Milutin, Jelenas Sohn, ehrte das Andenken seines Urgroßvaters, als er — wie uns der Verfasser seiner Lebensbeschreibung, der bekannte Schriftsteller und Erzbischof Danilo II., überliefert — bei der Errichtung seiner Grabkirche, der Stephanskirche in Banjska, verlangte, das Gotteshaus solle ein „Abbild der Gottesmutter von Studenica" werden. Danilo II., damaliger Bischof von Banjska, war als Stellvertreter des Königs und Aufseher über das Bauvorhaben bestrebt, daß dem königlichen Wunsch getreulich entsprochen werde. Banjska ist nun aber kein „Abbild der Gottesmutter von Studenica" im heutigen Sinne; nur der als Baumaterial dienende kostbare Stein ähnelt dem Marmor des Urbilds, freilich beginnt der Unterschied gegenüber letzterem bereits bei den verschiedenfarbigen Schachbrettmustern, zu denen er geformt wurde. Die „Ikonographie" der Architektur und möglicherweise auch die Anordnung der (völlig zerstörten) Malerei im Kirchenraum jedoch war dieselbe wie in Studenica. Ähnlich liegt der Fall in Gradac: auch hier übernahmen die Maler neben der — zwar nicht bis ins letzte, immerhin aber bei den meisten Kompositionen im Naos nachvollzogenen — Szenenanordnung auch einige ikonographische Lösungen aus Studenica. So ist z.B. die ungewöhnliche *Geburt Jesu,* die in einem einzigen, durch die Erhebungen einer Berglandschaft in mehrere Zonen aufgeteilten Szenenbild zahlreiche Begebenheiten — angefangen von dem eigentlichen Geburtsereignis bis zur Flucht nach Ägypten — bringt, eine Weiterführung der ursprünglichen Wiedergabe dieses Sujets in Studenica, die, da beschädigt, im Jahre 1568 in gleicher Form und an derselben Stelle neugeschaffen wurde. Eine ähnliche Darstellungsweise der Geburt Jesu ist auf einer aus dem 11./12. Jahrhundert stammenden Ikone im St. Katharinenkloster auf dem Sinai sowie in bestimmten Miniaturmalereien aus der Entstehungszeit von Gradac zu finden. Eigentliches Herkunftsgebiet derartiger aufbaumäßiger Lösungen ist die römische Bildhauerkunst des 3. Jahrhunderts; sie sind den Triumphbögen abgeschaut — ein Beispiel dafür ist das Reliefwerk des Septimius Severusbogens auf dem Forum von Rom.

Abb. 37, Zeichnung a

Ganz anders hingegen verhält es sich mit dem Stil dieser Malerei: hierbei wurde seitens der Stifterin beziehungsweise der Maler jedes Festhalten an den alten Vorbildern vom Beginn des 13. Jahrhunderts aufgegeben. Stärker noch als die Künstler dürfte dazu Königin Jelena beigetragen haben, die, wie Erzbischof Danilo II. bezeugt, in Sopoćani bereits die Überwachung des Bauvorhabens übernommen und seine Vollendung betreut hatte, und nun wohl den Wunsch hegte, ihre Stiftung möge durch den Stil ihres Freskenschmucks an die Kirche ihres verehrten, damals bereits hochbetagten Gemahls gemahnen. Wie dem auch sei: die Künstler von Gradac waren jedenfalls bestrebt, den Wesensgehalt der Malerei von Sopoćani möglichst gründlich zu erfassen und ihrerseits einen gleichermaßen erhabenen Gesamteindruck zu erzielen. Nun hat die Dekoration der Kirche von Gradac, die jahrhundertelang ohne Dach war, die Zeit leider nicht vollständig überdauert: einige Szenen aus dem Evangelienzyklus im Naos, ein paar Einzelheiten aus dem Gottesmutterzyklus und den Ökumenischen Konzilien im Narthex, die selten schöne Verkündigungsszene über dem Kircheneingang und hier und da die Einzelfigur eines Heiligen — dies alles zeugt davon, daß ein äußerst kostbares, in der Tradition der Fresken im Narthex von Sopoćani gehaltenes Denkmal fast vollständig verloren ist. Goldener Grund mit Mosaikimitation (an den im Blickschatten liegenden Stellen im Altarraum kommt auch blauer Grund vor), Heiligenköpfe von hellenistischem Typus, der gleichen Art zugehörend wie die von Sopoćani, hoher Raumgehalt bei Draperien und Figuren, vereinzelte Heiligengestalten von athletischem Körperbau — all dies sind Merkmale, die von den Künstlern von Sopoćani übernommen wurden. Freilich machen sich auch Unterschiede gegenüber der dortigen Malweise bemerkbar. Die Draperien der Heiligen sind nicht mehr so straff gespannt, sondern weicher, schlaffer, gelöster. Die Heiligenköpfe weisen mehr graphische Gestaltung auf, insbesondere an Haupthaar und Wangen; auf die hervortretenden Wölbungen sind betonte weiße Glanzlichter gesetzt. Den Kompositionen fehlt jene so ganz von der Erhabenheit eines feierlichen Augenblicks erfüllte Stimmung, wie sie im Naos von Sopoćani offenbar wird, die Gestalten sind unruhiger in ihren Bewegungen. Das Kolorit, im wesentlichen getreulich an den harmonischen Farbzusammenstellungen von Sopoćani festhaltend, hat einiges von dem dortigen Glanz eingebüßt. Die Malerei von Gradac bildet die letzte schöpferische Entwicklungsstufe der Kunst von Sopoćani, die Gefahr lief, sich allmählich zu überleben, in trockenen Akademismus auszuarten, unfruchtbar zu werden.[42]

Abb. 36

St. Petrus zu Ras, Ende 13. Jh.

Zur Geltung kommt der Einfluß dieser Kunst noch in der dritten Freskenschicht von St. Petrus zu Ras. Es war irgendwann im letzten Viertel des 13. Jahrhunderts, als Maler berufen wurden, um den alten, beschädigten Wandschmuck dieses Gotteshauses zu restaurieren und ergänzen. Sie übermalten die dazumal schon verblaßten Fresken des 9./10. Jahrhunderts in Kuppel und Kuppelraum, restaurierten die Figur eines aus dem 12. Jahrhundert stammenden Erzengels im Altarraum und versahen den Narthex mit neuer Malerei, deren Reste die Koimesis über dem Eingang zum Naos und ein großes Brustbild des hl. Nikolaus über dem Zugang zum südlichen Kirchenvorraum sind. Überhaupt erhielten sich von ihren Werken nur Teile: Christus mit Erzengeln und Propheten in halbfiguriger Darstellung in der Kuppelkalotte, die Evangelisten im Kuppelraum und einige Heilige — *Christophoros*, Christus, Johannes der Almosengeber, Ephraim der Syrer und einer der hl. Anargyroi — in der unteren Zone des Kirchenschiffs. Zum Vorbild dienten den Schöpfern dieser Malerei die Fresken in Narthex und Simeonskapelle von Sopoćani, was jedoch dabei herauskam, hat weitgehende Ähnlichkeit mit dem Wandschmuck der Kapelle König Dragutins in Đurđevi Stupovi und teilweise auch dem von Arilje. Die wuchtigen, monumentalen Gestalten, sehr plastisch herausgearbeitet, doch dunkel in der Farbgebung, zudem auf blauem Grund, sind nicht das Werk eines überragenden Künstlers, sondern eines Malers, der ohne Enthusiasmus und schöpferischen Elan bereits erbrachte Lösungen und Verfahren wiederholte. Es liegt etwas handwerkerhaft Beflissenes in diesem hingebungsvollen Nachbilden großer Kunst, aber auch das Unvermögen, diese zu begreifen und weiterzuführen.[43]

Abb. 38

Đurđevi Stupovi, 1282/83

Weit fähiger war der Meister, den König Dragutin 1282 oder 1283 berief, um sich von ihm den Narthex der St. Georgskirche in Đurđevi Stupovi sowie die Kapelle ausmalen zu lassen, die er bei der Umgestaltung des Klostereingangsturms zum Gedenken des 1282 abgehaltenen Landtags von Deževo errichten ließ, auf dem er das Herrscheramt des serbischen Königs seinem jüngeren Bruder Milutin übertrug, wobei er allerdings Mitregent geblieben sein dürfte. Von Reue darüber, daß er seinen Vater vom Thron gestoßen hatte, und von Todesahnungen niedergedrückt — auslösendes Moment mochte dabei ein in ebenjenem Jahr erfolgter unglücklicher Sturz vom Pferd sein, bei dem er sich ein Bein brach — bestimmte dieser König im Gedenken an seinen Urgroßvater, Stefan Nemanja, Đurđevi Stupovi zu seiner letzten Ruhestätte, und hier wurde er nach seinem Tode im zweiten Jahrzehnt des 14. Jahrhunderts auch tatsächlich begraben.

In dem beschädigten, ja, zu einem Gutteil sogar verfallenen Narthex der Georgskirche sind nur mehr Reste des Wandschmucks vorhanden. Alles, was erhalten blieb, sind ein großes Bild des Schutzpatrons der Kirche, der auf einem galoppierenden Pferd dargestellt ist, über dem Eingang zum

Naos, vier ziemlich beschädigte Kompositionen aus einem dem hl. Georg gewidmeten Zyklus an den Seiten der Gewölbe und schließlich die ebenfalls weitgehend zu Schaden gekommenen Porträts der Kirchenstifter, Stefan Nemanjas und König Dragutins, im unterer Teil der Nordostecke. Der hier tätige Maler ist zugleich der Schöpfer der Fresken in der interessanten, für die serbische Geschichte äußerst wichtigen Kapelle im Erdgeschoß des Eingangsturms. Auf Geheiß des Königs brachte er hier als Füllung der unteren Wandzone den Zug der Nemanjiden in der Art, wie er in Sopoćani dargestellt ist: sich dem thronenden Christus nähernd, erscheinen darin der hl. Simeon Nemanja, Stefan der Erstgekrönte, König Uroš I. mit seiner Gemahlin Jelena, König Dragutin (mit dem Kirchenmodell in der Hand) in Begleitung seines Sohns Vladislav und seiner Gemahlin Katelina sowie der damalige serbische Herrscher, König Milutin, mit seiner Gemahlin Jelena. Mit Ausnahme der beiden Letztgenannten, die — der erste derartige Fall in solch einem Zug — frontal dargestellt sind, sind alle Teilnehmer Christus zugewandt. In den vier Feldern des die Kapelle deckenden Kreuzrippengewölbes ist jeweils ein bedeutsamer serbischer Landtag veranschaulicht: das östliche Feld zeigt die Thronübergabe durch Stefan Nemanja (dargestellt als Megaloschimos Simeon) an seinen Sohn Stefan; das südliche die Einsetzung Urošs I., nachdem er seinen Bruder Vladislav um die Herrschaft gebracht hatte, durch die Bischöfe zum König; das westliche die ebenfalls mit dem Segen der Bischöfe erfolgende Erlangung der Königswürde durch Dragutin nach dem Sturz seines Vaters und das nördliche die Thronübergabe durch Dragutin an seinen Bruder Milutin. Im Aufbau ebenso konzipiert wie die Darstellungen der Ökumenischen Konzilien, beinhalten die Illustrationen dieser vier serbischen Landtage dieselbe Idee wie der Nemanjidenzug in der unteren Zone, nämlich den Leitgedanken der Machtkontinuität des „heiligen Geschlechts“ der Nemanjiden. Zur Zeit des Landtags von Deževo hatten sie darüberhinaus einen besonderen politischen Beiklang. Angesichts seines kranken Zustands ließ König Dragutin über sein Porträt Medaillons mit den Bildnissen der drei Arztheiligen Kosmas, Panteleimon und Damian hinsetzen. Die einzige Komposition mit religiösem Thema in dem Gotteshaus ist die Heilige Dreifaltigkeit in Form der alttestamentarischen Engel, und auch diese steht insofern in einem inneren Zusammenhang mit der Thronerhebung der serbischen Herrscher, als sie das von diesen ebenso wie von den byzantinischen Kaisern bei ihrer Krönung zu sprechende Gebet „Ich glaube“ symbolisiert. Die übrigen Wände weisen einige wenige stehende Figuren und Medaillons auf. Die Dragutinschen Fresken in Đurđevi Stupovi stehen im Zeichen der stilistischen Auffassungen des Meisters, der die Simeonskapelle in Sopoćani ausmalte, doch übertraf ihr Schöpfer diesen an künstlerischer Qualität. Die monumentalen Draperien mit ihrer massiven Schwere, die plastisch herausgearbeiteten Formen der Gesichter von antiker Schönheit, die vortreffliche Zeichnung, fest und bestimmt dort, wo sie die ruhige Sicherheit und den inneren Frieden der Gestalten einfängt, spielerisch, wenn sie, wie bei den Engeln in der Dreifaltigkeit, ausgefallene Körperbewegungen oder, wie bei St. Georg, den Lauf eines Pferds oder das Flattern eines Mantels wiedergibt — dies alles sind Anzeichen dafür, daß hier ein begabter Künstler, ein Vertreter des voll ausgereiften plastischen Stils des 13. Jahrhunderts, am Werk war. Seine Figuren sind etwas mehr gelängt als die der mit den seinigen verwandten Schöpfungen von Sopoćani. Alles spricht dafür, daß er Grieche war, ein Grieche, der in eine serbische Umwelt gekommen war und sich hier Sprache und Schrift des Landes angeeignet hatte, diese aber nicht in dem Maße beherrschte, daß er nicht doch hie und da in die serbischen Inschriften neben den Heiligenköpfen ein griechisches Epitheton oder eine griechische Namensform hätte einfließen lassen. Sein Können brachte er möglicherweise aus Konstantinopel selbst mit, denn dort befinden sich in der St. Euphemiakirche auf dem Hippodrom Reste von Fresken, die in Stil und Technik der Dragutinschen Malerei in Đurđevi Stupovi noch am nächsten kommen. Diese Tatsache weist gleichzeitig auf Konstantinopel als einen der möglichen Quellorte für die großartigen Schöpfungen von Sopoćani hin.[44]

Davidovica, 1281–90

Provinziell und weit belangloser ist die Malerei in dem Kloster Davidovica, der Stiftung des Mönchs David, der ein Sohn Vukans und Enkel Nemanjas war und vor seinem Eintrittt ins Kloster Dimitrije hieß. Das 1281 von den Dubrovniker Baumeistern Desine de Risa und dessen Sohn Blasius am Limufer in der Nähe von Brodarevo errichtete Kloster Davidovica ist heute eine Ruine. Aufgrund des wenigen, was von

Abb. 39

seinem Wandschmuck geblieben ist — einiger Einzelfiguren in den oberen Zonen der dem hl. Demetrios geweihten Nordkapelle und hie und da eines Fragments im Kuppelraum — läßt sich nur sagen, daß sich der Mönch David bei der im neunten Jahrzehnt des 13. Jahrhunderts erfolgten Ausmalung seiner Stiftung nach den von den älteren serbischen Malern aufgestellten Gesichtspunkten richtete: Kuppel und Kuppelraum ließ er mit gelbem, die unteren Zonen und die Kapelle mit blauem Grund versehen. Die seichte Modellierung und das Fehlen des traditionellen antiken Gepräges bei Gestalten und Köpfen der

◀
XXV Studenica, St. Nikolaus.
Johannes der Täufer, um 1240

XXVI Sopoćani.
Apostel Johannes, Detail, um 1265

◄
XXIX Sopoćani.
Apostel Paulus, um 1265

►
XXXI Peć, Apostelkirche.
Hl. Nikolaus, um 1300

XXX Peć, Apostelkirche.
Petri Verleugnung und Christus vor Pilatus, um 1300

СТЫ
НИ
IC XC

Heiligen weisen darauf hin, daß David, der Mönch, nicht, wie sein Bruder in Morača, an die besten Maler heranzukommen vermochte, sondern die Dienste irgendeines heimischen Meisters in Anspruch nahm, der die zeitgenössischen Schöpfungen unbeachtet ließ und nicht die Kunst der plastischen Gestaltung beherrschte.[45]

Ein Widerhall der Malerei von Sopoćani, die in diesem Sinne stellvertretend ist für die in den sechziger Jahren des 13. Jahrhunderts, in der Zeit des Suchens nach der Monumentalität, geschaffenen byzantinischen Werke überhaupt, ist schließlich auch noch in den Fresken der St. Achilleskirche in Arilje an der Moravica zu finden. Die Kirche wurde von König Dragutin errichtet und 1296 auf sein Geheiß ausgemalt. Die Künstler, die der König zu diesem Zweck kommen ließ, stammten höchstwahrscheinlich aus Thessalonike; für ihre Herkunft von dort spricht jedenfalls das von ihnen in einem der Fenster hinterlassene Wortgebilde ΜΑΡΠΟΥ, ein 1258 im Lebensbereich der Stadt an der Ägäis geschaffenes Akrostichon, das, aus dem Griechischen übersetzt, bedeutet: „Michael, dem Führer der Rhomäer, dem Palaiologen, jubelt laut zu". Es war dies ein geflügeltes Wort bei den Anhängern Michaels VIII. Palaiologos. Hier hatte dieses Akrostichon selbstverständlich seinen politischen Sinn verloren, doch verrät es heute die Künstlerheimat der Maler und läßt überdies die Annahme zu, daß diese bereits vorgerückten Alters waren. Zur Beschriftung wäre noch zu sagen, daß die Inschriften neben den Heiligenköpfen und über den Kompositionen von serbischen Mitarbeitern der Künstler, die Texte auf den Schriftrollen der Propheten in der Wurzel Jesse jedoch von letzteren selbst ausgeführt wurden.

Arilje, 1296

In einer Zeit, da in Byzanz bereits Werke der inzwischen herangereiften Palaiologenkunst zu erscheinen begannen, wirken die Maler von Arilje, die bei ihrem Schaffen noch immer dem Streben nach Monumentalität mittels Großzügigkeit in Kompositionsanlage und Figurengestaltung verhaftet sind, allmählich etwas überlebt und steril. Dem Leitbild der Künstler der sechziger Jahre folgend, sind sie bestrebt, die Szenen so über die Wände zu verteilen, daß sie sich in die reiche Flächengliederung rascischer Kirchen einfügen und diese einen möglichst natürlichen Rahmen für sie bildet. Dabei halten sie sich hauptsächlich an die Vorlage von Sopoćani und führen in den einzelnen Kirchenräumen jeweils eine Zusammenstellung von in ihrem inneren Gehalt einander nahestehenden Themen durch: so setzen sie in den Altarraum eucharistische Szenen (die Anbetung des Opfers und die Apostelkommunion), in den Kuppelraum den noch umfangreicher gewordenen, um einige Leidensszenen erweiterten Zyklus der Christusfeste und in das Westjoch drei Kompositionen aus dem Marienleben (Geburt, Tempelgang und Koimesis). Mithin gelangten im Narthex alttestamentarische und Erbauungsszenen (die Wurzel Jesse, die Ökumenischen Konzilien und drei Kompositionen aus einem Abraham und seinem Opfer gewidmeten Zyklus) zur Darstellung. Im Diakonikon, das den hl. Nikolaus zum Schutzpatron hat, ist dessen Vita illustriert. Kuppel und Pendentifs weisen die übliche Dekoration auf: Christus, die Propheten und die Evangelisten. Nur durch den Einfluß gewisser liturgischer Gebete erklärbar ist die besondere Eigenart der Thematik in den Chören; im südlichen stehen dicht nebeneinander die Heiligen, die der Stifter besonders verehrte: der hl. Achilles von Larissa, der Kirchenpatron, Johannes der Täufer, dargestellt mit Flügeln, das abgehauene Haupt in den Händen (inspiriert ist diese Darstellung durch die Worte des Propheten Maleachi, der Johannes mit einem himmlischen Boten vergleicht, welcher das Kommen Christi ankündigt und ihm einen Weg auf Erden bereitet), die beiden Apostelfürsten Petrus und Paulus, sodann Konstantin und Helena, Johannes Chrysostomos und die Gottesmutter mit dem Jesusknaben auf den Händen; im nördlichen befinden sich die — restweise erhaltenen — Darstellungen von Soldatenheiligen sowie ein Bild des Erzdiakons Stefan. Die Ideologie der Serbischen Kirche und des Hofs macht sich in historischen Porträts und Kompositionen bemerkbar. Das Westjoch füllen zwei Gestaltenzüge: der eine zeigt die Mönche aus dem Hause Nemanja, der andere umfaßt die serbischen Erzbischöfe, angefangen von Sava I. bis hin zu dem damaligen Erzbischof Jevstatije II. und dem Bischof Jevsevije von Moravica. Im Narthex sind die Könige Milutin und Dragutin, der das Kirchenmodell in der Hand hält, sowie die Gemahlin und die beiden Söhne des letzteren, Katelina, Vladislav und Urošic, dargestellt. Auch treten hier zwei weitere Bischöfe von Moravica in Erscheinung: in einer Szene, die sein Hinscheiden wiedergibt, Bischof Merkurije, und als Einzeldarstellung Bischof Gerasim. Unter den Ökumenischen Konzilien figuriert auch die Synode Simeon Nemanjas gegen die Häretiker, die in dieser Form bereits in Sopoćani zur Darstellung gelangte.

Zeichnung b

Die in ihrem künstlerischen Wertgehalt stark differenzierte Malerei von Arilje umfaßt sowohl hochbedeutende als auch völlig belanglose Werke. Immerhin bestehen gewisse allgemein zutreffende Merkmale bei der Gestaltung der Draperien — monumentale Wirkung und damit Wahrung der

Tradition von Sopoćani, dabei jedoch Beeinträchtigung der Vollkommenheit des Eindrucks durch starke Zeichnung des Faltenwurfs und allzu großzügig und unvermittelt gesetzte Glanzlichter — sowie bei der Wiedergabe der Heiligenköpfe, die die frühere Eindringlichkeit und Großartigkeit eingebüßt und dafür mehr deskriptive Einzelheiten angenommen haben. Bei dem Hervorragensten der hier schaffenden Künstler sind die Bewegungen der Figuren ungewöhnlich lebhaft, bisweilen sogar heiter-verspielt (so in der Apostelkommunion), was ein weiteres Unterscheidungsmerkmal gegenüber den Heiligengestalten von Sopoćani bildet; der Talentloseste wiederum brachte eckige, steife, unbeholfene Bewegungen zustande. Alle Maler nehmen — in einer Weise, die an die Fresken von St. Nikolaus in Prilep gemahnt — eine große Anzahl von Figuren in ihre Kompositionen auf, verteilen sie aber nicht in der Art feierlicher Bühnendarbietungen in planmäßiger Ordnung über die Tiefe des Raums hinweg, obschon der Raumgehalt durch die „umgekehrte Perspektive" der vorhandenen Bildarchitektur hervorgehoben wird, sondern setzen sie zu unruhigen Gruppen zusammengedrängt an die Bildoberfläche. Was bei den Unbegabteren auffällt, ist die betont hervortretende und — solchermaßen zugleich Schattenkennzeichnung — häufig verdickte Zeichnung sowie die Verbreiterung der beleuchteten Flächen und das Fehlen jeglicher Schattierung bei diesen. Ganz anders in seiner Malweise, brachte der eine durch sein künstlerisches Niveau hervorstechende Meister mit Vorliebe einen schimmernden Schmelz des Teints und eine lichte Helle der Farben zur Geltung (Verkündigung, Abendmahl, Verrat des Judas, *Geburt der*
Abb. 40, 41 *Gottesmutter, Stifterporträts*). Bei ihm ist bereits die Kenntnis der neuen stilistischen Aussageweise der Palaiologenkunst zu spüren, während die übrigen erheblich traditionsgebundener sind und bei der Wiedergabe ihrer Heiligen oft an veralteten Typen hängen, die aus dem 11. und 12. Jahrhundert stammen und allenfalls noch in der Malerei des frühen 13. Jahrhunderts anzutreffen sind. Im wesentlichen waren hier zwei Künstler am Werk, die Naos und Narthex ausmalten: der hervorragendere der beiden schuf überwiegend im südlichen, der unbedeutendere vor allem im nördlichen Teil des Gotteshauses. Der schwächste Meister war im Diakonikon tätig. Ungeachtet der Unterschiede in bezug auf die künstlerische Qualität jedoch haben sie alle drei ein charakteristisches Schaffenssymptom gemeinsam: bei allen dreien sind bereits Anstalten zu verzeichnen, mit den Traditionen, auf denen ihre Kunst beruht, zu brechen, Ansätze, in noch unbekannte Bereiche der gestalterischen Problematik vorzudringen, wenn sie beispielsweise die Heiligen in ihren Kompositionen, anstatt sie in der üblichen Weise feierlich im Halbprofil darzustellen, mit Vorliebe im Profil oder in streng frontaler Haltung auftreten lassen. Damit greifen sie bereits die neuen Strömungen in der byzantinischen Malerei auf.

Im wesentlichen indes beschäftigt sich die Malerei von Arilje mit künstlerischen Problemen, die zu ihrer Zeit bereits überholt waren. Mit ihrer überwiegend dunklen, an die mönchische Kunst gemahnenden Farbgebung, die bis zu einem gewissen Grad als Mittel zur Erzielung eines bestimmten Aussagegehalts angewandten Deformationen der Gestalten, dem getreuen Festhalten an der dunkelblauen Färbung des Hintergrunds, die in der ganzen Kirche durchgeführt ist, und den in der Ikonographie enthaltenen tieferen Bedeutungen ist diese Malerei eben doch zutiefst traditionsgebunden. In Arilje erfolgt ein letztes Aufklingen und Verebben fast aller Fragen, die von den in Serbien wirkenden Künstlern das ganze nunmehr ablaufende Jahrhundert hindurch gestellt, insbesondere aber derjenigen, die von den Meistern in Sopoćani abgehandelt wurden. Hier schließt sich der von den Malern im Serbien des 13. Jahrhunderts gezogene Gedankenkreis. Das Neue kam außerhalb desselben, außerhalb Serbiens, in der byzantinischen Hauptstadt auf, doch der Anstoß zu seinem Aufgreifen erfolgte genau im Mittelpunkt dieses Kreises.[46]

Serbien hat im 13. Jahrhundert eine ungeheuere Rolle in der byzantinischen Malerei gespielt. Indem es die Kontinuität des künstlerischen Schaffens gewährleistete, erbrachte es die Voraussetzungen für die Entwicklung eines besonderen Stils innerhalb dieser Malerei, der sich nicht als Übergangsphase, sondern als separate Entwicklungsstufe mit exakten stilistischen Merkmalen und künstlerischer Eigenart zwischen die komnenische und die Palaiologenkunst einfügte. Ungeachtet der — zweifellos großen — Bedeutung, die den griechischen Malern dabei zukam, ist dieser Abschnitt der Geschichte der byzantinischen Malerei aufs engste mit der serbischen Herrscherdynastie der Nemanjiden verknüpft. Sie war es, die die byzantinische Bildersprache des 13. Jahrhunderts Form annehmen und zur Vollkommenheit gelangen ließ. Der Festigung, Pflege und Bereicherung dieser Sprache widmeten sich die größten Künstler, die der Osten Europas in jener Zeit hervorbrachte.

b) Arilje, Fresken der nördlichen und südlichen Wand des Westjochs, 1296

Bei der summarischen Aufzählung aller Verdienste, die sich das 13. Jahrhundert um die Geschichte der byzantinischen Malerei erworben hat und deren Bedeutung bei einem Vergleich mit den Kenntnissen und Auffassungen der Künstler des 12. Jahrhunderts leicht zu ermessen ist, mag das einschlägige Kunstschaffen Serbiens zu Recht als Grundlage dienen. Eine allgemeine Bilanz macht deutlich, daß die Schatzkammer des Wissens auf dem Gebiet der Malerei damals fürwahr eine Bereicherung erfuhr:

1. Das 13. Jahrhundert war eine Zeit ausgesprochen plastischer Figurengestaltung — ein wesentliches Unterscheidungsmerkmal seiner Malerei gegenüber dem Schaffen des vorangegangenen Jahrhunderts mit seiner Vorliebe für die Linie, einer Grundhaltung entsprungen, aus der heraus diese Malerei weniger bei den Erfahrungen ihrer unmittelbaren Vorgänger, als vielmehr bei den Auffassungen der davorliegenden Jahrhunderte, des 10. und 11. also, einhakte.

2. Von Grund auf änderte das Jahrhundert von Sopoćani auch den Aufbau des Geschehens, dabei eine Entwicklung vollziehend, an deren Ende eine völlige Neugestaltung der gesamten Komposition stand. Die Anzahl der in letztere aufgenommenen Figuren wurde mit dem Vorrücken des Jahrhunderts zusehends größer und größer, bis schließlich der Massendarbietungscharakter der Schöpfungen von Sopoćani erreicht war. Parallel dazu ging eine weitere charakteristische Erscheinung vor sich: die Zentralgestalt des Geschehens näherte sich immer mehr dem Bildmittelpunkt, um endlich genau auf der Kompositionsachse zu erscheinen. Dies nun machte ihre vordem in der Regel — und ab und zu auch noch auf den Bildern der ersten Jahrhunderthälfte — anzutreffende Hervorhebung durch unverhältnismäßige Größe gegenüber allen anderen Szenenteilnehmern überflüssig, und so wurden ihre Ausmaße auf die allgemein geltende Norm reduziert. Und nicht zuletzt: die Komposition wurde symmetrisch, erhielt eine von einer Mittelachse ausgehende Figurenanordnung und wandte sich mit ihrer ganzen Breite dem Gläubigen im Gotteshaus zu, was die repräsentative Gesamtwirkung förderte. Der Bildaufbau des 13. Jahrhunderts war anders als der des vorhergehenden, dessen Szenengemälde stets nur die unentbehrlichste Anzahl der Figuren — meist nur die Protagonisten der Handlung — zeigten, die dann jeweils zu einem besonderen Geflecht aus Körpern und Bewegungen verknüpft waren; und er war nicht nur anders: er war neu.

3. Neu am Bild des 13. Jahrhunderts war auch die Schaffung räumlichen Gehalts. Früher fast nicht zur Darstellung gelangt, trat die Architektur im Szenenhintergrund nun immer platzgreifender in Erscheinung und gewann eine immer schwerwiegendere Rolle bei der Raumgebung. Je weiter das Jahrhundert fortschritt, desto öfter kam dabei neben den bereits bekannten Projektionen — der orthogonalen und der schrägen — auch die „umgekehrte Perspektive" zur Anwendung. Die ihr eigenen Betrachtungsweisen aus der „Froschperspektive" oder der „Vogelschau" rückten immer häufiger ins Blickfeld. Zweifellos war die dadurch geschaffene Raumillusion stärker als je zuvor.

4. Ein letztes charakteristisches Merkmal des 13. Jahrhunderts ist schließlich seine Vorliebe für möglichst große Bilddimensionen ohne Rücksicht auf die Größe der mit Fresken auszuschmückenden Baulichkeit. Daher nimmt die Komposition fast in der Regel eine ganze Wand oder doch eine von deren Sekundärplastik geschaffene und umrahmte große Fläche ein.

Der Volumengehalt der Figuren und eine groß bemessene, frontal konzipierte und symmetrisch angelegte Komposition mit einer Fülle an Geschehen und Geschehensteilnehmern in einem konkreten Raum drückten somit dem Schaffen des 13. Jahrhunderts das Siegel auf, wurden Mittel zur Erzielung einer monumentalen Wirkung und brachten neues künstlerisches Wissensgut, das zu Beginn des 14. Jahrhunderts Eingang in die Palaiologenkunst finden und darin adaptiert werden sollte.

Im Gegensatz zur darstellenden Kunst Makedoniens, die, integral mit derjenigen von Epiros verbunden, überlebte Auffassungen verkörperte und bei konservativen Lösungen verharrte, war die Malerei Serbiens im 13. Jahrhundert schöpferisch und progressiv. Nach unmittelbaren Analogien in gleichzeitig entstandenen Fresken aus Konstantinopel, Trapezunt und vom Sinai sowie Ähnlichkeiten in — wenn auch nur in sehr beschränkter Anzahl erhaltenen, meist aus Konstantinopel oder Nikaia stammenden — Werken der Ikonen- und Miniaturmalerei zu urteilen, nahm Serbien aktiven Anteil an den Bestrebungen um die Schaffung des Stils des 13. Jahrhunderts. Diese gingen aus von den auch unter den Lateinern in der alten byzantinischen Hauptstadt gebliebenen und den im Kaiserreich von Nikaia wirkenden Künstlern und erhielten durch den in letzterem gehegten neuen hellenistischen Geist Nahrung und Auftrieb. Auf den Konzeptionen dieser drei Wirkungskomponenten ruhte die Zukunft.

Von der Eroberung Makedoniens bis zum Untergang des Reichs

DIE ZEIT KÖNIG MILUTINS

Die nun bald ganze hundert Jahre bestehende Grenze zwischen Byzanz und Serbien, an der es schon lange gegärt hatte, ohne daß ihre Verschiebung möglich geworden wäre, wurde im Jahre 1282 unversehens niedergerissen. Geführt von dem neuen König Milutin, stießen serbische Truppen in das Flußgebiet des Vardar vor, nahmen Skopje, Štip und Polog ein und kamen erst vor Veles, Prilep und Ochrid wieder zum Stehen. Alle von Byzanz unternommenen Anstrengungen, die ihm entrissenen Städte und Landstriche zurückzugewinnen, scheiterten. Nach einigen serbischen Durchbrüchen zur Ägäis ging man, dem vernünftigen Rat des größten byzantinischen Feldherrn Michael Glavas folgend, daran, einen Modus zur Wiederherstellung des Friedens mit Milutin zu finden. Kaiser Andronikos II. Palaiologos beschloß, dem Serbenkönig seine junge Tochter Simonis zur Frau zu geben und ihm die eroberten byzantinischen Gebiete als Mitgift zu vermachen und in dieser Form an sein Land abzutreten. Um die diesbezüglichen Verhandlungen zum Abschluß zu bringen, reiste der angesehene kaiserliche Beamte Theodor Metochites wiederholt nach Serbien. 1299 wurde König Milutin von dem Ochrider Erzbischof Makarios endlich mit Simonis getraut, und die beiderseits anerkannte byzantinisch-serbische Grenze verlief nun erheblich weiter südlich als je zuvor. Bis zu Milutins Tod (1321) herrschte zwischen dem byzantinischen Kaiser und dem serbischen König im großen und ganzen Frieden. Milutin ließ seine Stellung als „Schwiegersohn des griechischen Kaisers kyr Andronikos“ oft nicht ohne Stolz an öffentlichen Gebäuden und in Staatsakten, in Aufzeichnungen und Inschriften augenfällig vermerken.

Dieses Ereignis war nur eines unter den Phänomenen, in denen die neuen politischen und kulturellen Ideen zum Ausdruck kamen, die sich der serbischen Gesellschaft nach der Eroberung der byzantinischen Städte in Makedonien zu bemächtigen begannen. In der staatlichen Verwaltung und in einigen Aspekten des gesellschaftlichen Lebens setzte eine Byzantinisierung ein, was sich beispielsweise darin äußerte, daß die höfischen Würdenträger byzantinische Titel und die Angehörigen des lokalen Adels byzantinische Verwaltungsränge erhielten. Das Steuersystem nahm in steigendem Ausmaß byzantinsche Merkmale an; Brauchtum und Mode wurden aus dem neuen Milieu übernommen, dem sich die Serben mehr und mehr anpaßten. Als der bereits erwähnte Theodor Metochites, der auch ein bekannter byzantinischer Schriftsteller war, in seiner Eigenschaft als Abgesandter des Kaisers 1298 Serbien besuchte, schrieb er über dessen Hof folgende Zeilen nieder: „Der König selbst war höchst artig mit Geschmeide angetan. Gar viel davon trug er am ganzen Leib, edles Gestein und Perlen, soviel als nur immer Platz haben wollte, und von Gold glitzerte er über und über. Das ganze Haus gleißte und funkelte von der Seide und dem Gold der Gerätschaften ...“ Man trug „verschiedentliche Speisen und Süßigkeiten auf goldenen und silbernen Tellern und anderem Geschirr“ auf ... „Kurzum, es war alles nach rhomäischem Geschmack und nach dem Zeremoniell des kaiserlichen Hofes zugerichtet“.

Mit der Überschreitung der rascischen Staatsgrenze breitete sich Serbien über Gebiete aus, die in kirchlicher Hinsicht der Jurisdiktion des griechischen Erzbistums Ochrid unterstanden, mit dem die Serbische Kirche wegen des von Nemanjas Sohn Sava durch die Schaffung einer neuen autokephalen Landeskirche hervorgerufenen Schismas verfeindet war. Nach den bereits bekannten Gepflogenheiten des 13. Jahrhunderts lösten die Serben die byzantinischen Kirchenfürsten durch eigene Würdenträger ab, wobei allerdings die Liturgie in griechischer Sprache und die in Makedonien heimischen Riten gewahrt und geachtet blieben. Die in Ochrid wirkenden Prediger slawischer Zunge Kliment und Naum und der Ochrider Erzbischof Konstantin Kabasilas, ein Grieche, die in ihrer Heimatdiözese große Verehrung genossen, was auch in deren Kunstschaffen seinen Niederschlag fand, wurden von den Serben akzeptiert, und ihre Bilder erschienen — bisweilen neben den serbischen Nationalheiligen Simeon Nemanja und Sava, deren Kult aus der Raška übernommen wurde — in den Wandmalereien der von serbischen Herrschern und Adeligen in Makedonien errichteten Stiftungen. Auch die im Volk verehrten lokalen Einsiedler und Mönche, wie Gavrilo von Lesnovo, Prohor von Pčinja und Joakim von Osogovo, fanden unter den Heiligenbildern der zahlreichen Gotteshäuser ihren Platz. Die im Serbien des 13. Jahrhunderts üblich gewordene slawische Schreibweise bei den Freskeninschriften wurde auch weiterhin nur im altserbischen Kernland der Raška eingehalten, während sich in Makedonien der Brauch festsetzte, slawische Inschriften in serbischer oder manchmal auch makedonischer Spielart mit griechischen zu mischen, wobei letztere die gewichtigeren Stellen des Kircheninnern einnahmen oder gar in der Überzahl waren. Das Aufkeimen der in der Folge, um die Jahrhundertmitte, zu einem politischen Programm ausgestalteten Idee der allmählichen Ablösung von Byzanz auf dem Balkan durch Serbien ist unverkennbar.

Gerade in dieser Zeit nun werden aus Byzanz auch neue künstlerische Impulse empfangen. Die rascische Kirchenform, die zahlreiche romanische, ja sogar gotische Stilmerkmale beinhaltete, wird aufgegeben, und in der Malerei, die stets eindeutig der byzantinischen Kunstgattung zugehört hat, ist ein Abgehen von der Monumentalität des Geschaffenen wahrzunehmen. Dieser Prozeß beginnt im letzten Viertel des 13. Jahrhunderts und findet um das Jahr 1300 herum seinen Abschluß. In Makedonien entstehen Kirchen, die die Inspiration ihrer Schöpfer durch die von einem rechteckigen Grundriß mit eingeschriebenem Kreuz ausgehenden byzantinischen Ein- oder Fünfkuppelbauten verraten, während man im serbischen Küstengebiet mit der Errichtung westlich geprägter Klöster fortfährt. Von dort, aus dem Küstenland, werden auch weiterhin Einflüsse in bezug auf die bauliche Gestaltung herangetragen, die allerdings nun, im 14. Jahrhundert, nur mehr in der Raška zur Auswirkung kommen, und auch hier in erheblich geringerem Ausmaß als im vorangegangenen. Trotzdem aber stützt sich die Architektur in den rascischen Ländern eben doch auf die Traditionen dieses abgelaufenen Jahrhunderts, wirklich gute Maler gelangen nur selten in ihren Bereich, und so bleiben sie während des 14. Jahrhunderts auf dem Gebiet der Kunst allmählich zurück — mit Ausnahme von Kosovo und Metochien, die, zusammen mit Makedonien, als die neuen Zentralgebiete des serbischen Staats im 14. Jahrhundert zu den Trägern des künstlerischen Fortschritts in diesem Staat werden und es bis zum Jahre 1371 bleiben.

Zwischen den serbischen Territorien einerseits und Konstantinopel und Thessalonike andererseits bahnt sich zur Zeit König Milutins eine parallele Entwicklung in der Wandmalerei an, deren Denkmäler am Bosporus und im Vardargebiet die gleichen Jahreszahlen des Entstehens und übereinstimmende Stilmerkmale aufweisen. Die Künstler im Serbenstaat bewältigen die gleichen Aufgaben wie die der Reichshauptstadt und wirken so an der Kriterienprägung der neuen Auffassung in der Malerei — der „Palaiologenrenaissance" — mit. Die Umstände bringen es mit sich, daß im Serbien von damals die fortschrittlichsten Künstler der Epoche lebten, deren Verdienst es ist, daß dieses Land als Hochburg der Palaiologenkunst Konstantinopel und Thessalonike würdig zur Seite gestellt werden kann.

Den byzantinischen Malern gelang die Prägung des klassischen Ausdrucks und der reifen Formen der „Palaiologenrenaissance" erst zu Beginn des 14. Jahrhunderts, in dessen erstem Jahrzehnt (Euthymioskapelle der Demetrioskirche in Thessalonike), die Schaffung der besten Werke dieser Epoche entstand dann während des Folgejahrzehnts (Mosaiken der Chorakirche und Marienkirche Pammakaristos in Konstantinopel, Mosaiken der Apostelkirche in Thessalonike, Fresken der Erlöserkirche in Berrhoia und der Kirchen Hagios Nikolaos Orphanos und Hagia Aikaterini in Thessalonike). Davor wurde, und dies gilt vornehmlich für das vom 13. zum 14. Jahrhundert überleitende Dezennium, ein besonderer Stil variablen Gepräges hervorgebracht, der Altes — Monumentalität der Formen — und Neues — Umdenken in der Farbgebung, mehr Bedacht bei der Gestaltenwiedergabe — in sich vereint

(Deesismosaik in der Hagia Sophia von Konstantinopel, Fresken der Hagia Euphemia ebendort, der Protaton-Kirche und des Lavra-Klosters auf dem Athos, der Panhagia Olympiotissa in Eleston, der Muttergottes Peribleptos in Ochrid usw.). Denselben Verlauf nahm in der gleichen Zeit auch die Malerei bei den Serben; die von ihr erbrachten Lösungen stimmen meist mit den auf byzantinischem Gebiet geschaffenen überein, obschon auch Werke mit stärkerer bodenständiger Färbung entstanden.

Das älteste Denkmal, dessen Stil von der bewußten Übergangsphase geprägt ist, dürften die Fresken in dem seinerzeit der Gottesmutter geweihten einschiffigen Dorfkirchlein in Sušica bei Skopje sein. Weder Stifter noch Entstehungsjahr dieser Fresken sind bekannt, doch darf aufgrund der in ihnen vorhandenen Mischung alter und neuer Auffassungen — wobei die im monumentalen Stil des 13. Jahrhunderts wurzelnden überwiegen — angenommen werden, daß es sich hierbei um Werke handelt, die ganz am Ende des 13. Jahrhunderts entstanden sind, jedenfalls aber nach der Eroberung der hiesigen Gebiete durch Milutin, wie die slawischen Inschriften zeigen. Das Gotteshaus war möglicherweise eine Pfarrkirche, nachdem in der (1299/1300 ausgestellten) Stiftungsurkunde König Milutins für das große St. Georgskloster in Skopje ein Pfarrer von Sušica erwähnt wird. Von der gesamten, zwei große Zyklen, nämlich den der zwölf Kirchenfeste und den des Marienlebens, umfassenden Wandmalerei des Kirchleins blieb nur ein Viertel, dieses aber in recht gutem Zustand, erhalten. Der Maler hier schuf einen Schauplatz mit reichentfalteten Kulissen, in den er seine im wesentlichen in zwei Hauptgruppen einander meistens gegenüberstehenden, noch immer kräftig gebauten und ziemlich stark reliefierten Heiligengestalten hineinsetzte. Diese sind gegenüber dem früheren Ideal etwas mehr gelängt, und die sie umhüllenden Gewänder weisen einen unruhigeren, feiner geknickten Faltenwurf auf als vordem. Die ebenfalls anders gewordene, bodenständiger gehaltene Farbgebung steht im Zeichen der sich Bahn brechenden neuen Bestrebungen; dasselbe gilt für die sichtliche Suche nach originellen Lösungen bei der Raumgestaltung. Stärker als in irgendeinem anderen Werk der damaligen Malerei Makedoniens macht sich in Sušica das Vorhandensein rascischer Traditionen, zugleich aber auch deren Veränderung unter der Einwirkung des Neuen geltend.[47]

Sušica, Ende 13. Jh.

Abb. 42

Auf welche Weise König Milutin seine Hofmalerwerkstatt formierte, deren Mitglieder in den ersten beiden Jahrzehnten des 14. Jahrhunderts ohne Unterlaß für ihn tätig waren und die Wünsche des Herrschers und seiner Kunstberater an Kirchenwänden Gestalt annehmen ließen, ist heute nicht mehr bekannt — fest steht jedenfalls, daß um 1300, kurz nachdem die etwa auf 1292 zu datierende endgültige Verlegung der Residenz des serbischen Erzbischofs, der das Kloster Žiča wegen dessen Beschädigung bei einem Kriegszug der Kumanen gegen Serbien hatte verlassen müssen, nach Peć erfolgt war, an den neuen Erzbischofssitz ein Künstler kam, der allem Anschein nach auf königliches Geheiß das ursprünglich als Narthex entstandene Westjoch der Apostelkirche ausmalte. Von seinem Werk erhaltengeblieben sind der *Passionszyklus,* angefangen vom Letzten Abendmahl bis hin zum *Kreuzweg,* sowie einige sehr repräsentative Figuren an der Westwand (zwei große Fresko-Ikonen: die Gottesmutter Eleusa und der *Hl. Nikolaus* in halbfiguriger Darstellung in der unteren Zone und Konstantin und Helena in der Eingangslünette). An der Südwand dürfte sich ein sämtliche Mitglieder umfassendes Familienbild der Nemanjiden befunden haben, doch blieben hier nach der Übermalung der ursprünglichen Fresken im 17. Jahrhundert von diesen nur die Porträts Stefans des Erstgekrönten und König Urošs I. als Mönch. Ihr Erscheinen unter den Wandmalereien von Peć ist ein höchst eindringliches Argument für die Annahme, daß König Milutin bei der Adaptation der Apostelkirche als erzbischöfliches Zentrum Serbiens eine entscheidende Rolle spielte.

Peć Apostelkirche, um 1300

Taf. XXX, Abb. 43

Taf. XXXI

Die Schöpfungen dieses Malers von Peć gemahnen in geradezu frappanter Weise an die Fresken der Muttergottes Peribleptos in Ochrid; dies gilt insbesondere für die Heiligentypen, die gesamte Zeichnung und die Farbenharmonie. In bezug auf letztere fehlen hier nur die kastanienbraunen Gesichtsschatten und die streng geometrische Flächenaufspaltung, wie sie in der Ochrider Kirche zur Anwendung kamen. Gewiß: durch das Mehr an Figurenlängung, die hellgrünen Wangenschatten und die verhaltene Modellierung der sanft gewölbten Köpfe unterscheidet sich die hiesige Malerei sehr wohl von der ersten bekannten Schöpfung des Künstlerpaars Michael und Eutychios — macht man sich aber erst einmal mit dem späteren Schaffen der beiden bekannt, so mag man durchaus zu der Annahme kommen, die Fresken von Peć könnten eine Etappe ihres stilistischen Werdegangs von monumentalen Formen am Anfang zu klassizistischen Werken im zweiten Jahrzehnt des 14. Jahrhunderts bilden. In Anbetracht der Beibehaltung des — hier allerdings in erster Linie durch besondere Sorgfalt und Behutsamkeit bei der Herausarbeitung der Details erzielten — Volumengehalts einerseits und des Szenencharakters und der reichen Architektur des Bildhintergrunds andererseits ist der soeben besprochene Wandschmuck von Peć der Gruppe von Denkmälern mit stilistischen Übergangsmerkmalen aus der Zeit um 1300 herum zuzuordnen.[48]

Ist man im Fall der Apostelkirche von Peć bei der Frage, ob die dortige Malerei auf Geheiß König Milutins von Michael und Eutychios oder doch einem der beiden geschaffen wurde, auf Mutmaßungen angewiesen, so entfällt in dieser Hinsicht jeder Zweifel bei der Feststellung der Schöpfer der Fresken in der Kirche zur Muttergottes von Ljeviša in Prizren. Hier lassen die Erwähnung des Malernamens Astrapas in einer im Narthex befindlichen Aufzeichnung und das künstlerische Gepräge der Malerei, die eine sehr starke Ähnlichkeit mit den wenig später entstandenen, von Michael und Eutychios signierten Werken in St. Niketas bei Skopje und in Staro Nagoričino aufweisen, eindeutigere Schlußfolgerungen zu. Astrapas ist der Beiname des Malers Michael: als „Zograph Michael Astrapas“ signiert er in der Kirche der Gottesmutter Peribleptos in Ochrid. In einer so großen Kirche, wie es die zur Muttergottes von Ljeviša ist — die Kathedrale von Prizren, die 1307 von König Milutin mit dem Beistand der hiesigen Bischöfe Damjan und Sava erneuert wurde —, ging Astrapas begreiflicherweise mit mehreren anderen Malern zu Werk, unter denen wohl auch der Mitschöpfer seiner früheren und späteren Kirchendekorationen, der Zograph Eutychios, gewesen sein dürfte.

Prizren Muttergottes von Ljeviša, um 1310–13

Mag der Wandschmuck der Kirche auch fast zur Hälfte vernichtet sein — das Gebliebene läßt immer noch die ursprünglich vorhandene ungeheuere Vielfalt der Themen erkennen: da sind die großen Zyklen, die neben einigen dem Alten Testament entnommenen eucharistischen Szenen das Mittelschiff und die Seitenschiffe füllen — die Zwölf Kirchenfeste, der Passionszyklus, Wunder und Gleichnisse des Herrn, eine St. Nikolausvita, eine Illustration des Akathistoshymnos und die Ökumenischen Konzilien, da ist das Familienbild der Nemanjiden im Pronaos, da sind neben dem *Jüngsten Gericht* und einem Zyklus der Taufe Jesu die in einem inneren Bezug zur Verherrlichung der Gottesmutter stehenden Kompositionen (die Wurzel Jesse, die Jakobsleiter, der Hymnos des Johannes von Damaskus auf den Tod der Gottesmutter usw.) und Propheten, Sibyllen und Philosophen der Antike im Exonarthex, da ist ferner eine Reihe von Bildnissen der serbischen Erzbischöfe und der Bischöfe von Prizren in der unteren Zone, und da sind schließlich die Viten des hl. Demetrios und des hl. Georg in den Kapellen im Obergeschoß sowie eine erbauliche Illustration der mittelalterlichen Erzählung von Barlaam und Joasaph und die Szene des Daniel in der Löwengrube in dem dazwischenliegenden Portikus.

Abb. 46

Zeichnung c

Diese Fresken, die, irgendwann zwischen 1310 und 1313 vollendet, in einer Sphäre entstanden, die durchdrungen war von der Gelehrsamkeit hoher, meist aus dem Athos hervorgegangener, kirchlicher Würdenträger, bilden in stilistischer Hinsicht eine weitere Etappe auf dem Weg, den die Mitglieder der Malerwerkstatt am Hof König Milutins bei der Suche nach einem neuen Ausdruck zurückgelegt haben. Noch ist einiges vom Wesen der älteren, in den Anfängen des Schaffens von Michael und Eutychios zustandegekommenen Denkmäler vorhanden — augenfällige, heftige Bewegungen, Verzerrungen an Körpern und Köpfen der Heiligen —, doch überwiegen bereits feiner Schliff der Form, strahlender Glanz und neue, lebendige Harmonien in der Farbgebung und klassische, idealisierte Heiligentypen. Der Grund dafür, daß sich in der Kirche zur Muttergottes von Ljeviša der neue Stil endgültig durchsetzte, ist zweifellos in der fortschrittlichen Gesinnung der hier wirkenden Maler zu suchen.[49]

Abb. 45

Im Anschluß an die Freskenausstattung der Kathedrale von Prizren gingen einige der Künstler, die dabei mitgewirkt hatten, und deren Schaffen ganz im Zeichen von Michael und Eutychios stand, an die Ausmalung der Erlöserkirche im Kloster Žiča. Die finanzielle Unterstützung des Vohabens besorgten König Milutin und Erzbischof Sava III. (1309—1316), der vom Amt des Bischofs von Prizren zum Kirchenältesten Serbiens aufgestiegen war. Man weiß um Savas tatkräftige Initiative beim Aufbau der bischöflichen Hauptkirche von Prizren; ihm müssen also auch die darin wirkenden Maler gut bekannt gewesen sein. In Žiča wurden der König und der Erzbischof in dem über dem Haupteingang der Kirche befindlichen Weihnachtshymnos dargestellt, wie sie sich an der Spitze eines festlichen Geleitzugs der Gottesmutter mit dem Jesusknaben im Schoß nähern.

Žiča, 1309–16

Die Ausmalung der Erlöserkirche von Žiča gehörte zu der in jenen Jahren unternommenen umfassenden Erneuerung des Klosters nach seiner Verwüstung durch die Kumanen. Möglicherweise auf Geheiß der Auftraggeber brachten die Künstler in bezug auf Anordnung und Dimensionen eine konsequente Nachvollziehung von Einzelfiguren und Szenen der Malerei des hl. Sava zustande, wobei sie die ursprünglichen Fresken in den Chören unangetastet ließen. Eine — nur mehr in Resten erhaltene — Himmelfahrt Christi in der Kuppel, die Begebenheiten in Zion im Kuppelraum, eine Opferanbetung mit

c) Prizren, Gottesmutter von Ljeviša, Jüngstes Gericht, Exonarthexgewölbe, 1310–13

den Kirchenvätern und deren halbfigurige Darstellungen in Form von Fresko-Ikonen im Altarraum, große stehende Einzelfiguren in der unteren Zone des Naos und eine ungeheuere *Koimesis* an dessen Westwand — dies ist die Dekoration des Zentralteils der Kirche. Szenen aus den Viten des Archidiakons Stefan und des hl. Sabas von Jerusalem füllen die diesen beiden Heiligen geweihten Seitenkapellen, und der Weihnachtshymnos, eine Darstellung der vierzig Märtyrer von Sebaste auf dem vereisten See, der Wortlaut der Stiftungsurkunde Stefans des Erstgekrönten für Žiča, die Porträts dieses Königs und seines Sohns und die Bildnisse der Apostel Petrus und Paulus bilden den Wandschmuck des Durchgangs unter dem Glockenturm. Abb. 44

Die monumentale Wirkung der Heiligengestalten beruht auf deren sich aus der anordnungsmäßigen Nachvollziehung der Malerei des 13. Jahrhunderts ergebenden großen Dimensionen; der ihnen eigene hohe Volumengehalt und gewisse Verzerrungen der Physiognomien sind durch den damaligen Stand der stilistischen Entwicklung innerhalb der Werkstatt der um den Hof König Milutins gescharten Meister bedingt. So kommt es, daß die neue Kunst zum Zeitpunkt ihres Aufkommens in Serbien in Žiča ihr monumentalstes Denkmal besitzt.[50]

Der endgültige Bruch mit den Resten der Tradition in der Hofmalerwerkstatt König Milutins vollzog sich irgendwann in der unmittelbaren Folgezeit nach der Vollendung der Fresken in der Kirche zur Muttergottes von Ljeviša. In den nun folgenden Schöpfungen — es handelt sich dabei um den im Laufe des zweiten Jahrzehnts des 14. Jahrhunderts entstandenen Wandschmuck in Hagios Niketas bei Skopje, in der Kirche von Staro Nagoričino, der Joachim- und Anna-Kirche von Studenica und der Klosterkirche von Gračanica — rangen sich die königlichen Maler, am Ende eines langen Werdegangs angelangt, bei dem die Ausbildung in den großen byzantinischen Zentren durch stete Selbstvervollkommnung ergänzt wurde, zu demselben stilistischen Ausdruck durch, wie ihn die zu gleicher Zeit wirkenden größten Künstler Konstantinopels und Thessalonikes hervorbrachten. Irgendwann um das Jahr 1310 herum muß auch die feste Bindung Michaels und Eutychios' an den königlichen Hof zustandegekommen sein. Im selben Zeitraum wurde offenbar auch eine größere, Gehilfen und Schüler umfassende Malerwerkstatt formiert, wie dies denn überhaupt die Zeit war, wo in Serbien Künstlerwerkstätten erstmals in größerem Umfang auftraten. So hatten sich die Meister der angewandten Kunst um den Hof von König Dragutin, Milutins Bruder, geschart, und am Domizil der Mutter der beiden, Königin Jelena, war eine Gruppenausbildungsstätte für Stickerinnen entstanden. Einen aufschlußreichen Einblick in das Schaffen der Künstler Dragutins und Jelenas gewähren die diesbezüglichen Angaben des Schriftstellers und Erzbischofs Danilo II.

Hagios Niketas, vor 1316

In Hagios Niketas, einer Kirche, die König Milutin noch vor 1316 als Schenkung für das Kloster Chilandar erbauen ließ, teilten sich Michael und Eutychios — ihre Signatur trägt der Schild des an der Südwand dargestellten Theodoros Tiron — in geradezu idealer Weise in ihr Werk: der eine übernahm die nördliche, der andere die südliche Hälfte des Gotteshauses. Trotz der hohen Affinität ihrer Schaffensweise ist in der Mitte der Kompositionen der Apostelkommunion und der Koimesis — diese an der Westwand, jene in der Apsis befindlich — sehr wohl eine Art Nahtstelle zu bemerken, an der sie zusammentrafen. Der raffiniertere der beiden Künstler war der in der Nordhälfte wirkende: sein feines Empfinden für die ästhetischen Belange der Stoffdarbietung, sanfte Hell-Dunkel-Übergänge und eine subtile Farbgebung scheiden ihn von seinem Mitarbeiter, der die plastische Wirkung mittels stärkerer Kontraste zwischen Licht und Schatten zu erreichen sucht, im übrigen aber seine Gestalten mit opaken Farben ausfüllt. Die gleiche Einstellung aber zeigen beide in bezug auf das Verhältnis zwischen Einzelheit und Ganzem, die Art des Hineinprojizierens der Figuren in den Raum, die Lösungen hinsichtlich des Bildaufbaus und die Verwirklichung des gemeinsamen Ideals, bestehend in der Schaffung klassisch wirkender Gestalten. Wie selbstbewußt sie gerade ihre künstlerischen Thesen vertraten, geht am deutlichsten daraus hervor, daß sie die Bilder mit dem kennzeichnendsten stilistischen Gepräge — die
Abb. 48 *Hochzeit zu Kana* und die Vertreibung der Händler aus dem Tempel — an die breitesten und zudem neben den oberen Zonen des Altarraums ständig im Blickfeld der Gläubigen liegenden Wandflächen, die Nord- und Südwand des Kuppelraums, placierten. Zu erwähnen ist noch eine Besonderheit des Beiwerks bei den von dem Hervorragenderen geschaffenen Darstellungen Christi und der Gottesmutter an den Säulen neben dem Ikonostas sowie des Kirchenpatrons an der Nordwand: unter den Füßen dieser Gestalten wurde die übliche Zone, die mit den Mitteln der Malerei eine Marmorverkleidung vortäuscht, durch ein Rechteck ersetzt, das durch kunstvollen Einsatz des Spiels von Licht und Schatten eine Nachahmung byzantinischer Flechtwerkplastik aus weißem Marmor bildet.

Im Gewölbe, dessen Dekoration die Szenenbilder der Zwölf Kirchenfeste ausmachten, ist, da ein Teil davon bereits im Mittelalter schwer beschädigt und 1483/84 erneuert wurde, am wenigsten an erhaltenen Werken der ursprünglichen Malerei zu finden. Ihre Zahl nimmt jedoch beträchtlich zu, wenn man den Blick in die tiefergelegenen Zonen hinabgleiten läßt, die mit den Zyklen vom Leiden und Kreuzestod und von den Wundern und Gleichnissen Christi gefüllt sind. Zur ursprünglichen Malerei gehören die stehenden Figuren (mit Ausnahme eines Teils davon am westlichen Pfeilerpaar); Auswahl und Ikonographie — erstere nur die bekanntesten Heiligen und die wesentlichsten Szenen des jeweiligen Zyklus umfassend, letztere frei von Übertriebenheiten — verraten, daß hier reife Künstler zu Werk gingen, die klar umrissene, angemessene Lösungen, ja, nachgerade ein ganzes wohldurchdachtes und bewährtes System für den Wandschmuck einer Kirche mittlerer Größe bereit hatten.[51]

Studenica Königskirche, 1314

In denselben Jahren wie Hagios Niketas muß auch die Joachim- und Anna-Kirche, bekannter unter dem Namen Königskirche, in Studenica ausgemalt worden sein. Ihr Bau wurde, wie aus einer in Stein gemeißelten Inschrift in der Apsis hervorgeht, von dem Archimandriten von Studenica, Jovan, betreut und 1314 vollendet. Eines der Fresken des Gotteshauses zeigt König Milutin als Stifter mit dem Kirchenmodell in den Händen neben seiner jungen Gemahlin Simonis, umringt von den Gestalten seiner ruhmreichen Ahnen, des hl. Sava und des hl. Simeon, sowie der Eltern der Gottesmutter, die ihn zu Christus hinführen. In dieser Kirche mit ihren miniaturhaften Ausmaßen fanden neben den üblichen Darstellungen in Altarraum und Kuppel nur zwei Zyklen — die Zwölf Kirchenfeste und das Marienleben Platz.

Diese räumliche Begrenztheit des Schaffens und die geradezu ikonenhafte Unmittelbarkeit, mit der die Bilder hier dem Gläubigen vor Augen treten, sind wohl auch der Grund für die besondere

Sorgfalt und Raffinesse der Gestaltungsweise in der Königskirche, die ihren Fresken das Siegel des Meisterwerks aufdrückte. Auf den ersten Blick scheint es sogar, als seien sie von einem einzigen Künstler geschaffen worden; erst bei genauerem Hinsehen wird man gewahr, daß es zwei waren, die hier zu Werk gingen. In Wiederholung des Vorgehens von Hagios Niketas setzten sie die beiden am vollendetsten ausgeführten und am zeitgemäßesten aufgebauten Kompositionen — die Geburt Mariä und den *Tempelgang Mariä* — wiederum an die Nord- beziehungsweise Südwand. All ihre Kenntnisse in bezug auf klassische Proportionierung und hellenistische Prägung der Gestalten, ihr Vermögen, den in mehrere niedrige Wandflächen zerfallenden, als Bildträger vorgegebenen Raum dreidimensional zu begreifen und die Gestalten in seine Tiefe hineinzuprojizieren, und all ihre Begabung, in körperlicher Schönheit und einer leuchtend hellen Farbgebung zu schwelgen — all dies ließen die beiden Künstler in den Fresken von Studenica ausdrucksvoll zur Geltung kommen. Taf. XXXII

Daß es die königlichen Maler Michael und Eutychios waren, die diese Fresken schufen, steht außer Zweifel. Die Figuren der Apostelkommunion oder der Anbetung des Opfers im Altarraum sind in der Zeichnung völlig identisch mit jenen von Hagios Niketas oder Staro Nagoričino, die Heiligengesichter hier tragen weitgehend dasselbe Gepräge wie die in von den beiden signierten Bildern, die farbliche Zusammenstellung weist ganz entschieden die ihnen eigenen Merkmale auf. Die Werke in der Königskirche von Studenica entstanden auf dem Gipfelpunkt ihres zur Vollkommenheit hinstrebenden Werdegangs: alle noch in St. Niketas vorhandenen Unzulänglichkeiten wie Proportionsverkürzung (Hochzeit zu Kana) und Mängel bei der farblichen Durchformung (Fresken der Südseite) sind hier verschwunden.[52]

Staro Nagoričino, 1316–18

Als beide daraufhin — möglicherweise schon 1315 — an die Ausmalung der Kirche in Staro Nagoričino, Milutins dem hl. Georg geweihter, nach dem Sieg über die Türken 1313 erneuerter Stiftung, herangingen, da hatten sie den neuen stilistischen Ausdruck ihrer Epoche längst erfaßt und all den Reichtum an Kenntnissen erworben, der für das bevorstehende große Unterfangen, die Schaffung des Wandschmucks in einer prachtvollen Fünfkuppelkirche, unerläßlich war. Nachdem sie ihr Malerwerk 1317/18, zur Zeit des Igumens Venijamin, abgeschlossen und auf den Schilden zweier Soldatenheiliger, von denen der eine an der Nordwand, der andere am Südwestpfeiler figuriert, ihre Signatur angebracht hatten, konnten sie zufrieden sein: sie hatten in der Tat ihre größte und bedeutendste Schöpfung vollendet.

Bei den Fresken ergibt sich im einzelnen folgende Anordnung: in der Hauptkuppel erscheinen der Pantokrator, die Himmlische Liturgie und die Propheten, in den Pendentifs die mit der Abfassung ihrer Texte befaßten Evangelisten, im Nabel der Seitenkuppeln halbfigurige Darstellungen derselben, die Apsiskalotte zeigt die Gottesmutter im Paradies, den Wandschmuck des Naos bilden die großen Zyklen der Zwölf Kirchenfeste, der *Passion,* der Wunder und Gleichnisse, der Szenen nach der Auferstehung und der Vita des hl. Georg, die Prothesis füllt das Marienleben, das Diakonikon die Vita des hl. Nikolaus, die oberen Zonen im Narthex nehmen Kalenderszenen ein, und in Altarraum und Apsis befindet sich je eine Komposition mit eucharistischem Sinngehalt, nämlich die Apostelkommunion und die Anbetung des Opfers. Taf. XXXIII

Die Haltung der Serbischen Kirche in bezug auf Makedonien, offensichtlich mit der diesbezüglichen Einstellung des Hofs übereinstimmend, fand ihren Niederschlag in der Auswahl der Personen, die in der Malerei der unteren Zonen wiedergegeben wurden: unter den Teilnehmern der Anbetung des Opfers figurieren die Ochrider Heiligen Kliment und Konstantin Kabasilas, und gleich neben ihnen ist, frontal dem Betrachter zugewandt, der erste serbische Erzbischof, der hl. Sava, dargestellt; an der Westwand schließlich erscheinen die heimischen Anachoreten Prohor von Pčinj und Joakim von Osogovo. Seiner eigenen Darstellung, die ihn in Begleitung von Simonis zeigt, verlieh der Stifterkönig Milutin eine gesteigerte Bedeutung und ein triumphales Gepräge, indem er den hl. Georg darin auftreten ließ, der ihm, dem Sieger, ein erhobenes Schwert überreicht. Seine Verdienste ließ Milutin auch in seinem Monogramm und seiner Titelinschrift an den Säulenkapitellen im Narthex kenntlich machen. Der hl. Stefan, der Schirmherr der Nemanjidendynastie, erhielt seinen Platz neben der Gottesmutter am nordwestlichen, der hl. Georg, der Schutzheilige der Kirche, und der hl. Benjamin, der Namenspatron des damaligen Igumens, gelangten neben Christus an den südwestlichen Pfeiler des Kirchenschiffs. Der sich solchermaßen deutlich abzeichnende serbische Leitgedanke kam auch am Ikonostas zum Ausdruck: auf der einen Seite der Königlichen Türen erscheint der Siegesspender Milutins und Patron der Kirche, der hl. Georg, auf der anderen die Gottesmutter Pelagonitissa, ein besonderer, in Makedonien beliebter Typ unter den vielen Varianten der Muttergottesikonographie.

Wie schon in Hagios Niketas und der Königskirche von Studenica, so wurden auch hier wieder die am offensten daliegenden und repräsentativsten Wandflächen den hervorragendsten Bildern eingeräumt, die zugleich künstlerisch und stilistisch die markantesten sind. An Nord- und Südwand des Naos befinden sich Teile einer St. Georgsvita, die jeweils mehrere Szenen umfassen; diese sind durch die Beseitigung der Zwischenleisten zu einem Gesamtpanorama verknüpft, das von einer mannigfaltigen, in Landschaft eingebetteten Bildarchitektur gebildet wird.

Die Westwand füllt eine den Tod und die Beerdigung der Gottesmutter darstellende Komposition von überwältigender Größe, welche mittels ikonographischer Abwandlungen die feierliche Frontalität des Entschlafens und die rhythmische Bewegtheit des Leichenzugs in sich vereint. Die Tendenz zu starker Belebtheit der Szene und einer streng geometrischen Ausrichtung von Komposition und Gesamtdekoration tritt in Nagoričino ganz offenkundig zutage. Die bei ihrem vorangegangenen Schaffen gewonnene reiche Erfahrung der Künstler trug dazu bei, daß sie hier vollen Erfolg hatten.

Taf. XXXIV

Die Figuren in den unteren Zonen sowie in den Kompositionen des Altarraums streben mit ihren Bewegungen in einem genau berechneten, sich ständig wiederholenden Rhythmus der Apsis zu, während die an den Pfeilern befindlichen in Haltung und Bewegung der Mitte des Gotteshauses zugewandt sind. Die Kompositionen an Nord- und Südwand sind in ihrer Gesamtheit so angeordnet, daß sie einander gleichsam als Pendants gegenüberstehen. Diese streng geometrische Anordnung entsprang dem logischen Denken klassich gebildeter Künstler, das ein straff durchorganisiertes, wohlausgewogenes Ganzes formte. Klarheit und Überschaubarkeit sind die Tugenden der Schöpfer des Wandschmucks von Nagoričino und zugleich ihre Methode, den ihrer Epoche eigenen Reichtum an gelehrten theologischen Ideen mit den Mitteln der Malerei darzutun.

Heute fällt es schwer zu bestimmen, welche der Werke von Nagoričino von welchem der beiden Künstler stammen, und zwar nicht nur, weil diese sich hier weniger an ihre früheren Gepflogenheiten in bezug auf die Aufteilung der zu bemalenden Wandflächen untereinander hielten, sondern auch, weil sie einander nach den langen Jahren des gemeinsamen Schaffens so sehr nahegekommen waren, daß ihre Handschriften werkstattmäßig-einheitliches Gepräge annehmend, fast zu einer verschmolzen. Nicht zu übersehen ist, daß sie bereits damals zahlreiche Mitarbeiter hatten, von denen manche, wie beispielsweise der im hiesigen Diakonikon wirkende, nicht an ihr Schaffensniveau heranreichten.[53]

Gračanica, um 1320

Anders verhält es sich damit in der Kirche von Gračanica, deren Ausmalung die Mitglieder von Milutins Hofwerkstatt gleich nach der Vollendung der Fresken von Nagoričino in Angriff nahmen und kurz vor dem 1321 eingetretenen Tod des Königs abschlossen: hier waren die mit Michael und Eutychios zusammen tätigen Künstler zu bedeutenderen Arbeiten fähig. Nach den Merkmalen gewisser Fresken zu urteilen, stand auch dieses Werk augenscheinlich noch unter der Leitung der beiden Altmeister, obwohl diese nicht signierten. Die wesentlichen Themen der Malerei von Nagoričino — die Kirchenfeste, die Passion, das Pentekostarion, die Wunder und Gleichnisse, der Festkalender, das Marienleben und die Nikolausvita — erscheinen auch in Gračanica wieder, doch sind hier einzelne Zyklen um zusätzliche Szenen bereichert worden und darüberhinaus weitere, in Nagoričino nicht vorhandene Themen hinzugekommen: so gelangten im Altarraum alttestamentarische Kompositionen und im Innennarthex das Jüngste Gericht sowie der Nemanjidenstammbaum zur Darstellung, während der Wortlaut von Milutins Gründungsurkunde für das Bistum Gračanica an der Wand des Diakonikons festgehalten wurde. Dabei kam es auch zu neuen, bislang unbekannten ikonographischen Lösungen. Die alttestamentarischen Bilder — sonst immer räumlich und ihrer Symbolik nach in zwei Gruppen zerfallend: eine eucharistische im Altarraum und eine marianische im Narthex — wurden in Gračanica zu einem einzigen, in ersterem Bereich befindlichen Zyklus mit zweifachem Sinngehalt zusammengefaßt. Das kurz vor Milutins Tod zustandegekommene *Jüngste Gericht* wurde in unmittelbaren Bezug gesetzt zu dem *Porträt des Königs* und dem Nemanjidenstammbaum, der in Gračanica erstmals in Ikonographie und Formgebung der Darstellung der alttestamentarischen Wurzel Jesse angeglichen ist. Groß ist die Zahl der ikonographischen Neuheiten auch bei den Kompositionen innerhalb der Zyklen, die (Anastasis, Koimesis u.a.) dadurch oft einzigartig in der Welt von Byzanz sind. Mehr als in jedem anderen von Milutin geschaffenen Denkmal sind in Gračanica ikonographische Mehrdeutigkeit der Szene und theologische Gelehrsamkeit vertreten. Was sich entscheidend auf die Gestaltung der Malerei hier auswirkte, die auf diese Weise einen so vielschichtigen ideologischen Gehalt gewann, war die geplante Bestimmung dieser Kirche zur Kathedrale. Da sie auf rascischem Boden stand, entfielen in ihrem Wandschmuck — mit Ausnahme der Darstellung des hl. Kliment — alle makedonischen Themen, wie dies auch in der Kirche

Abb. 50, 49

zur Muttergottes von Ljeviša, in Žiča und in der Königskirche von Studenica der Fall ist. Das Gebiet, in dem ein Gotteshaus errichtet wurde, bestimmte die Auswahl der darin zu verherrlichenden Heiligen.

Wie schon in Hagios Niketas, Nagoričino und der Königskirche in Studenica, so erhielten auch in Gračanica die größten und stilistisch beredtesten Bilder wieder den Ehrenplatz an den breiten Wandflächen des Kuppelraums (Anastasis, Kreuzabnahme, Koimesis, Beweinung, Grablegung) oder an der Westwand (Jüngstes Gericht). Die Anastasis steht sogar an erster Stelle: ihr wurde die ganze Wandfläche oberhalb des Ikonostas eingeräumt — es ist, als hätten den damals schon betagten König bereits Todesahnungen überkommen. All diese Bilder stammen zugleich von den hervorragendsten Malern, meist von Michael und Eutychios selbst; manche Schöpfungen der letzteren, wie die Darstellung des Paradieses und die Personifizierung des Todes im Jüngsten Gericht und die Stifterporträts, gehören — wahre Meisterwerke — zum Besten, was sie überhaupt hervorgebracht haben. Ganz offensichtlich aber waren auch einige unter den übrigen Künstlern hier imstande, sich in begnadeten Stunden zu dem überragenden Niveau der von den beiden Altmeistern geschaffenen Werke emporzuschwingen — Beispiele dafür sind die Darstellungen Johannes des Täufers in der Prothesis und des hl. Merkurius an der Nordwand, das Porträt des hl. Savas u.a.m. In stilistischer Hinsicht bildet die Malerei von Gračanica eine Quintessenz allen Wissens und Könnens der von der hauptstädtischen „Palaiologenrenaissance" inspirierten Mitglieder der Hofwerkstatt Milutins. Anders gesehen: das schönste unter den Milutinschen Bauwerken erhielt auch die prunkvollste und theologisch höchststehende Malerei.[54]

d) Chilandar, Katholikon, Fresken des Südchors, 1318–20

König Milutin machte sich auch außerhalb seines Staatsgebiets einen Namen als Kirchenbauherr. Seine Stiftungen waren im Heiligen Land, in Konstantinopel und Thessalonike und auf dem Athos zu finden, und Schenkungen von ihm gelangten nach S. Nicola in Bari und in die Schatzkammern des Vatikan. Seine Agenten gaben bei den besten Meistern der Zeit, die in dem jeweiligen Gebiet zu finden waren, Werke in Auftrag. So zog er, nachdem er sich die Erneuerung und bauliche Abrundung des Athos-Klosters Chilandar, der Stiftung seiner verehrten Ahnen, zur Aufgabe gemacht hatte, zur

Chilandar Muttergotteskirche, 1318–20

Zeichnung d

Durchführung seines Vorhabens einen Baumeister heran, der 1293 die klösterliche Hauptkirche, das seinerzeit schönste Gotteshaus auf dem Heiligen Berg, fertigstellte, und als zwischen 1318 und 1320 deren Ausmalung erfolgte, so geschah dies mit Sicherheit unter der Leitung eines Künstlers von höchstem Rang. Es hat ganz den Anschein, als sei dies Georgios Kaliergis gewesen, jener konstantinopolitanisch-thessalonikische Maler, der in einer Inschrift von sich sagt, er sei der „beste in Thessalien". Sein Schaffen in Konstantinopel erfuhr das Lob des bekannten Schriftstellers Manuel Philes, und Werke wie die 1315 entstandenen Fresken im Erlöserkirchlein von Berrhoia und wohl auch die Malerei in Hagios Nikolaos Orphanos in Thessalonike lassen ihn als wahrhaft begnadeten Künstler erscheinen. Quellenberichten zufolge stand er bei seiner Arbeit in Fühlung mit den Chilandar-Mönchen, die sein Urteil über Kunstwerke durchaus respektierten. Die „Malerenzyklopädie" von Chilandar kam infolge der Übermalung der Fresken zu Beginn des 19. Jahrhunderts zu Schaden. Doch gemahnt die dabei durch das konsequente Festhalten der Renovatoren an den Vorlagen der alten, rußgeschwärzten Malerei erhaltengebliebene Ikonographie der Szenen in vieler Hinsicht an die Kaliergisschen Fresken von Berrhoia, und die von der Übermalung befreiten oder nicht übermalten Wandbilder — die Geburt Mariä, der Tempelgang Mariä, die Vertreibung der Händler aus dem Tempel, das nicht-schlummernde Auge, die *Stifterporträts* u.a. — sowie auch zwei Ikonen, die eine den Tempelgang Mariä, die andere einen Erzengel darstellend, lassen ein Werk erkennen, das in höchstem Maße die Handschrift und die subtile Malweise des „größten Meisters von Thessalien" verrät. In seinen Auffassungen war dieser Maler identisch mit den Künstlern vom Hofe Milutins; Unterscheidungsmerkmale zwischen seinem Schaffen und dem letzterer bilden die hellere Farbgebung und die noch vollendetere Gestaltungsweise seiner Werke. Dieser Maler stand auf der obersten Sprosse der Stufenleiter des Schöpfertums in der Epoche Andronikos' II. Palaiologos.[55]

Abb. 52, 53

Nicht alle, die zu Milutins Zeiten in Serbien Malerwerke in Auftrag gaben, waren in der Lage, mit der Verwirklichung ihrer Wünsche jene Künstler zu betrauen, deren Dienste der König in Anspruch nehmen konnte. Es gab zuviel zu tun, als daß die Hofwerkstatt auch noch Zeit für andere Auftraggeber hätte erübrigen können. Daher bestanden neben ihr noch besondere Gruppen von Meistern, die imstande waren, den ständig anwachsenden diesbezüglichen Anforderungen nachzukommen. Zeugnisse ihres Wirkens erhielten sich in zwei kleineren Gotteshäusern, einer bischöflichen Hauptkirche und einer Adelskirche. Bei der ersteren handelt es sich um die Kathedrale der Bischöfe von Hum, das Petruskirchlein in Bijelo Polje, das nach der Verwüstung durch die Bulgaren in der zweiten Hälfte des 13. Jahrhunderts erneuert und in den zwanziger Jahren des 14. ausgemalt wurde. Die —zum Teil erhaltenen — Szenen aus dem Zyklus der Zwölf Kirchenfeste und die — beschädigten — Porträts serbischer Erzbischöfe und Bischöfe sowie das Bildnis des ersten Stifters der Kirche, des Fürsten Miroslav, eines der Brüder Nemanjas, im Narthex lassen den Schluß zu, daß die kleineren Meister es sich angelegen sein ließen, aus dem Stil der größten Lehren zu ziehen. Was ihre Schaffensresultate denen ihrer Vorbilder nahebringt, sind die Gleichheit der Einstellung in bezug auf ästhetische Kriterien und eine weitgehende Übereinstimmung hinsichtlich der äußeren Züge der Heiligen, was sie davon trennt, ist die weniger zuchtvolle Gestaltungsweise und das Fehlen jenes äußersten Maßes an maltechnischer Formvollendung, welches eben nur den hervorragendsten Künstlern zueigen war. Ungewöhnliche ikonographische Lösungen, wie sie besonders in der *Himmelfahrt Christi* und der Verklärung in Erscheinung treten, haben ihre Ursache darin, daß sich die Maler dabei auf gewisse Auslegungen der gelehrten orthodoxen Kirchenväter stützten. Sie entsprechen der Natur einer serbischen Kathedrale, ebenso wie die Porträts heimischer kirchlicher Würdenträger, die zu ihrer Dekoration gehören.[56]

Bijelo Polje St. Petrus, um 1320

Abb. 47

Etwa in denselben Jahren entstand auch die Malerei in der Kirche zur Muttergottes Hodegetria in Mušutište in Metochien, der 1315 errichteten Stiftung des großen Schatzmeisters Dragoslav. Das wenige, was von den um 1320 herum entstandenen Fresken geblieben ist — Einzelfiguren im Altarraum und in der Nordwestecke des Naos —, verkörpert trotz der kühlen Harmonien und der Helle der Farbgebung die zeitgemäßen Auffassungen der Künstler jener Epoche. Die Maler von Mušutište gehen sogar noch ein Stück weiter: von dem schweren Fluß der akademischen Gestaltungsweise suchen sie durch zügig gesetzte weiße Glanzlichter an Gesichtern und Händen ihrer Heiligen loszukommen. Mit ihrem Temperament prädestinieren sie gleichsam das Kommen jener Meister, die nach Milutins Tod, von der Allgegenwart der großen dem Klassizismus verschriebenen und in ihren Anforderungen an sich selbst so strengen Hofmaler befreit, auf der Suche nach einem andersgearteten Ausdruck alle möglichen Wege beschreiten sollten.[57]

Mušutište, um 1320

Abb. 51

Mit dem Erscheinen von Michael und Eutychios in der Welt Serbiens erfuhren die Auffassungen von den ästhetischen Werten des religiösen Bildes hier eine vollkommene Wandlung. Es waren dies zwei Künstler, die den Entwicklungsgang der Malerei in Konstantinopel und Thessalonike beharrlich verfolgten und nicht zuließen, daß sie — und sei es nur um ein Jahr — hinter den Meistern des byzantinischen Hofs zurückblieben. Daher ist es auch nicht weiter verwunderlich, daß die so sehr vom Geist des Neuen erfüllten serbischen Denkmäler aus den ersten beiden Jahrzehnten des 14. Jahrhunderts so enge entstehungszeitmäßige Parallelen zu den aus demselben Zeitraum stammenden berühmten Gotteshäusern in der Reichshauptstadt und Thessalonike aufweisen, Städten, deren Maler programmäßig und künstlerisch die führenden Bahnbrecher des Fortschritts im byzantinischen Stil waren. Diese zeitliche und zugleich wesensmäßige Übereinstimmung zwischen den künstlerischen Vorhaben hier wie dort sowie die annähernde Wertgleichheit des Geschaffenen sind nur durch unmittelbare Kontakte zwischen der Hofmalerwerkstatt des serbischen Königs und der seines Verwandten, des byzantinischen Basileus, zu erklären. Charakteristische Grundzüge der einen wie der anderen sind Vollkommenheit der Gestaltungsweise und unverbrüchliche Einhaltung klassischer Maße und Formen. Dank Michael und Eutychios, aber auch den von ihnen ausgebildeten und zusammen mit ihnen wirkenden Künstlern, nahm die Malerei im serbischen Königreich einen neuen Aufschwung und erlangte wieder umfassendere Geltung innerhalb der orthodoxen Welt. Und in der Tat: nach Sopoćani hatte sich in der Raška kaum ein Maler blicken lassen, der sich mit den hauptstädtischen Meistern hätte messen können. Über Gradac, die dritte Freskenschicht in St. Petrus zu Ras und die Dragutinschen Fresken in Đurđevi Stupovi und Arilje war die Wandmalerei in Serbien, mehr und mehr vom Nährboden des Schöpfertums abgeschnitten, auf die Stufe des Provinziellen abgesunken. Erst als König Milutin seine Hofwerkstatt einrichtete, ging sie wieder mit den internationalen Strömungen der orthodoxen Kunst mit. Damit kam eine neue Bewegung auf, die auch auf die kleineren heimischen Meister eine starke Anziehungskraft ausübte, daher von diesen rasch aufgegriffen wurde und so einen immer größeren Anhängerkreis gewann.

Das neue Wandgemälde in Serbien unterschied sich von dem bislang hierzulande bekannten beträchtlich. Das große Bildformat wurde erheblich reduziert, die riesigen, athletisch gebauten Figuren wichen weit kleineren, weniger kraftvollen, die zügige Herausarbeitung des Volumens machte einer minuziösen, fast an Tafelmalerei gemahnenden Gestaltungsweise Platz. War die frühere Komposition mit ihrer ausladenden Breite einer Apotheose auf der Bühne ähnlich, mit ihrer feierlichen Erhabenheit und ihrer frontalen Hinwendung zum Gläubigen für diesen Anregung zum Gebet gewesen, so stellte die neue — eine in sich geschlossene Szene bildend oder von jenem Rhythmus getragen, wie er antiken Reliefs eigen ist, deren Figuren über ihre Fläche hinwegzuziehen scheinen, — ein reines Betrachtungsobjekt dar. Unterbrochen war der unmittelbare Kontakt zwischen den Gläubigen und den Gestalten des Bildes, dahin die „ikonenhafte" Wirkung des letzteren. Die in einen ganz neuartigen Raum hineinprojizierten, in Aktion befindlichen Gestalten waren außerstande, sich dem Betrachter zuzuwenden. Das Hauptaugenmerk der Maler richtete sich auf den Geschehensablauf; dagegen trat das repräsentative Gepräge der Szene zurück. Diese war, recht besehen, ein Ausschnitt mitten aus dem Drama, nicht dessen Apotheose, besonders geordnet und pathetisch. Daher hegte der byzantinische Hofdichter Manuel Philes (um 1275 bis um 1345), der eine ganze Reihe von Beschreibungen zeitgenössischer Kunstwerke hinterlassen hat, den Wunsch, das Bild durch das Wort zu ergänzen, die in ungeahntem Maße individuell verlebendigten Heiligen zum Sprechen zu bringen. Philes verlor sich angesichts der künstlerischen Schöpfung nicht in Ekstase, sondern er suchte darin nach Rede und Bewegung, nach der Seele des Geschaffenen, eben nach jenen Dingen, die die Maler selbst in ihr Werk hineinzulegen trachteten.

Was in außerordentlich hohem Maße zum Entstehen des neuen, in sich geschlossenen Bildes mit dem veränderten Szenencharakter beitrug, waren die Kulissen im Hintergrund. Gegenüber den Darstellungen des 13. Jahrhunderts auf ein Vielfaches angewachsen, größer und phantasievoller geworden, gewannen sie eine so überragende Rolle wie nie zuvor. Die im zweiten Jahrzehnt des 14. Jahrhunderts in der byzantinischen Welt wirkenden Künstler stellten bei der perspektivischen Verkürzung der in ihren Werken wiedergegebenen architektonischen Gebilde feste Grundsätze auf und erfanden für die Heraufbeschwörung der Raumillusion eigene Lösungen, wie sie vordem noch niemand zustandegebracht hatte und auch später niemand mehr zustandebringen sollte. Von den verschiedenen Projektionssystemen, die auch früher schon — damals aber jeweils gesondert — in der Malerei Anwendung gefunden hatten, gelangten bei ihnen mehrere gleichzeitig zum Einsazt, und dieses Nebeneinander zeitigte äußerst treffende Ergebnisse. Das meistangewandte von allen war die sog.

umgekehrte Perspektive, bei der sich die Flächen der im Bild dargestellten Baulichkeiten gegen den Betrachter zu verengen, im Gegensatz zur Wiedergabe bei den Renaissancemalern, die sich auf die Kenntnisse der wissenschaftlichen geometrischen Perspektive stützt. Auf diese Weise konnte die Szene keine Tiefenwirkung gewinnen, da sie sich eben nicht in die Tiefe des Bildes hinein auftat — solchermaßen die statische Funktion der Wandfläche wahrend —, sondern gegen den Betrachter zu. Mit der Dehnung ihrer Massen wiesen die Kulissen betont auf den Mittelpunkt des Bildgeschehens hin oder ließen die Hauptperson hervortreten. Dadurch, daß die Maler ihr Werk unter gleichzeitiger Zugrundelegung verschiedener Blickwinkel angingen, es aus der Vogelschau und der Froschperspektive, von rechts und von links zugleich gesehen beleuchteten, bewirkten sie, daß es ein eigenes, für sich bestehendes und in sich geschlossenes, seinen ureigenen Gesetzen unterworfenes Leben gewann. Damit wurde wie im Drama die Einheit von Ort und Handlung verwirklicht.

Die solcherart aufgebaute Szene bereicherten die Künstler mit einer derartigen Fülle von Gestalten, daß sich das Individuum in der Menge verlor. Nur die Hauptakteure traten deutlich erkennbar in Erscheinung. Die Figuren wurden in Anwendung des Prinzips der symmetrisch-ausgewogenen Stoffverteilung um ein Zentralmotiv herum gelagert oder in einer Reihe rhythmisch nebeneinander und in bezug zueinander gesetzt. Am interessantesten sind diejenigen Fälle, in denen sie in einer durch niedrige Mauern entsprechend unterteilten Szene in mehrere Ebenen hineinprojiziert wurden, wodurch jede dieser Ebenen ein eigenes Leben zu gewinnen vermochte. In Weiterführung dieser Idee erschienen sie auch zwischen den einzelnen Objekten der Landschaftskulissen und an den Fenstern der im Bild wiedergegebenen Baulichkeiten oder ragten hinter den Mauern der letzteren hervor. Neben der großen Anzahl an Szenenteilnehmern fallen die vielen Einrichtungsgegenstände aller Art auf: da gibt es Betten, Stühle, Bänke, Wiegen, Armsessel, Vasen und dergleichen mehr. Nie zuvor hatte das religiöse Bild in Byzanz eine solche Menge von Personen und Gegenständen aufzuweisen gehabt. Mit der beredten Fülle des Bildes war eine Methode zur gültigen Aussage der Textvorlage gefunden worden, ein höchst geeignetes Verfahren, um dem Streben nach illustrativer Gestaltungsweise, nach einem möglichst getreuen Festbannen des Wortes der Schrift in Form und Farbe gerecht zu werden.

Eine enorme Anzahl neuer Themen bedeckte nun die Kirchenwände. Zu den Hauptinspirationsquellen der Maler, dem Evangelium und den üblichen liturgischen Texten, gesellten sich in ergänzender Weise weitere hinzu: Rednerschriften kluger Theologen, Kirchenlieder und Hagiographien, die zu einem beliebten Stoff wurden. Gelehrsamkeit galt als besondere Tugend. Daher so viele ikonographische Ausgefallenheiten und Rätsel in der Malerei; denn das außerhalb der Kunst bestehende Wissen war auch für die Künstler und ihre Mäzene zum Ideal geworden.

In der Polyphonie der Malerei des frühen 14. Jahrhunderts klingt zuweilen auch ein Ton aus dem profanen Leben jener Zeit auf. In dem ganzheitlich sakralen Bereich des Geschaffenen erscheint so manche Gestalt in der entsprechenden weltlichen Tracht von damals, ein Page oder eine Dienerin, ein Henker oder ein orientalischer Händler. Die Natur kommt nur in Form vereinzelter aus dem Zusammenhang gelöster Bestandteile zur Geltung: hier ragt eine Zypresse hinter den Architekturkulissen auf, da läßt sich ein Vogel zu einem Brunnen nieder, dort läuft ein Tier durch eine steinige Landschaft. Auch Hof-, Haus- und Flurbräuche finden sich veranschaulicht, wobei die Ausführenden allerdings antik gewandet sind. Im Grunde genommen verliert sich die vorhandene Realität in der Stilisierung der byzantinischen Kunst, in dem antiken Gesamtbild, in der wirklichkeitsfernen Farbgebung. Das Wesen dieser Malerei blieb den bestehenden Grundsätzen treu: Mögliches und Alltägliches verflicht sich mit Imaginärem, Existentes verquickt sich mit Fiktivem; Geist und Erhabenheit bedienen sich des Realen, Greifbaren, um so eindringlicher, verständlicher und damit annehmbarer zu werden.

DIE ANFÄNGE DES ZARENREICHS

Das Andenken König Milutins prägte die Folgejahre nach seinem Tod. Seine Persönlichkeit wurde zum nachahmenswerten Beispiel für seine Nachfolger; seine Begriffe von Staat, Gesetzgebung und Kunst blieben lange Zeit hindurch Vorbild. Zar Dušan feiert ihn in seinem Gesetzbuch, unter Übergehung seines Vaters, als seinen Vorgänger, er läßt in der Weißen Kirche von Karan sein Porträt neben das eigene setzen und in der Demetrioskirche im Patriarchatskirchenkomplex von Peć seine Thronerhebung in einer Darstellung des serbischen Landtags verherrlichen. Es gab in der Tat Gründe, um die Staats- und Kulturpolitik König Milutins weiterzuführen. Mit der Verwirklichung seiner Ideale begann Dušan nach seiner Thronbesteigung im Jahre 1331. Mit seinen großen Eroberungszügen im Jahre 1334 nahm er Byzanz eine ganze Reihe von Städten ab, deren wichtigste Ochrid und Prilep waren, und bereits 1345 besetzten seine Heerestruppen weite Gebiete in Thessalien und Epiros, bis hin zum Golf von Korinth; Serrhes und der Heilige Berg kamen zum Gebietsstand seines Reichs. Voll Stolz ließ er sich Ende 1345 in der Metropolitankirche von Serrhes zum Kaiser der Serben und Griechen ausrufen, und am Ostertag des Folgejahres setzten ihm der bulgarische und der serbische Patriarch sowie der ochrider Erzbischof vor dem Reichstag in Skopje die Kaiserkrone aufs Haupt. Der bisherige serbische Staat wurde zum Kaiserreich der Serben, Griechen, Bulgaren und Albaner, und an die Spitze der serbischen Kirche trat ein Patriarch. Ein unermeßliches Machtgefühl, das auf den ersten Blick lange vorzuhalten versprach, ergriff sämtliche Gesellschaftsschichten, und die Eroberung Thessalonikes und die Besteigung des Throns der rechtgläubigen Kaiser von Konstantinopel durch einen serbischen Herrscher schien vermeintlicherweise nur mehr eine Frage der Zeit zu sein.

Die zehnjährige Herrschaft von Dušans halbblindem Vater Stefan hinterließ in der Geschichte der serbischen Kunst kaum Spuren. Seine Stiftungen — das nach dem Sieg über die Bulgaren bei Velbužd (Küstendil) dort errichtete Spasovica, St. Nikolaus von Dabar am Lim und Dečani, seine Grabkirche — wurden entweder später abgerissen oder aber zu seiner Zeit nicht mehr vollendet. Das gleiche Schicksal war den vom seinem Erzbischof Nikodim erbauten Gotteshäusern beschieden: die Kirche des hl. Sava in Lizica ist vom Erdboden verschwunden, und die Demetrioskirche in Peć ließ um vieles später einer seiner Nachfolger ausmalen. Doch jene zehn Jahre, das dritte Dezennium des 14. Jahrhunderts, waren von schicksalhafter Bedeutung für die byzantinische Malerei, und in ihnen vollzogen sich tiefe Veränderungen, die jedoch erst etwas später, in den künstlerischen Schöpfungen der Folgezeit, ans Tageslicht kommen sollten. Nur einige Reste — einige Heiligenköpfe aus der Opferanbetung — sind von dem Wandschmuck in St. Nikolaus von Dabar erhalten, doch zeigen sie, daß gerade damals die Loslösung von dem Klassizismus der vollausgereiften „Palaiologenrenaissance" begann. Das Wirken der königlichen Hofmaler Michael und Eutychios in Serbien war zum Erliegen gekommen, und damit war der einheitliche höfische Stil seinem Ende zugegangen.

St. Nikolaus von Dabar, um 1330

Im zweiten Viertel des 14. Jahrhunderts, insbesondere in dessen viertem und fünftem Jahrzehnt, als Serbien ausgedehnte Gebiete hinzugewann, fiel die hundertjährige Geschlossenheit des Strebens und des Gepräges in der Kunst auseinander. Neue gesellschaftliche Kräfte, die früher kaum zur Geltung gelangt waren, betraten nun den Schauplatz der Kunstgeschichte. Waren die Betreuer der serbischen Kunst bis dahin fast ausschließlich die herrschende Dynastie und die hofnahen Erzbischöfe gewesen, so setzte mit der Zeit Dušans eine Übernahme dieser Rolle durch breitere Schichten und allerlei Institutionen ein. Nicht nur der Hof, der ohne Zweifel auch weiterhin die Hauptantriebskraft für das künstlerische Schaffen blieb, sondern auch die Erzbischöfe in Peć und der Adel des ganzen Landes, und etwas später dann auch das Erzbistum Ochrid wirkten an der Formung des künstlerischen Ideenguts mit. Jeder dieser Faktoren trug etwas von seiner Haltung in die Kunst hinein, diesen oder jenen Wesenszug seiner selbst, der dann in der Ikonographie des betreffenden Werks seinen Niederschlag fand. Doch der Hauptgrund für die damals auftretenden beträchtlichen stilistischen Abweichungen lag nicht so sehr in der Rolle, die die verschiedenen Stände und Institutionen in der Kunst spielten: was sich auf die Mannigfaltigkeit des Kirchengemäldes weit ausschlaggebender auswirkte als die Standeszugehörigkeit des Stifters, war der künstlerische Regionalismus, der sich auf dem nun so großen Staatsgebiet Serbiens geltendmachte. Mehr als zwanzig Denkmäler der Malerei aus dem zweiten Jahrhundertviertel — insbesondere in den zentralgelegenen Landstrichen — zeigen, daß der serbische Hof und die Serbische Kirche in stilistischer

Hinsicht sehr ähnliche Auffassungen vertraten, während sich auf ideologischem Gebiet gewisse Unterschiede abzeichnen. Der makedonische und der um die beiden Hauptstädte Skopje und Prizren ansässige Adel verfolgte aufmerksam alles, was sich am Hof tat, bemüht, die wertvollsten Schöpfungen nachzuvollziehen. Die Aristokratie im Norden, in der Raška, hatte, weitab vom Mittelpunkt des Geschehens, nicht die Möglichkeit, es dem Hof nachzutun und blieb auf dem Gebiet der Kunst zurück. Das Erzbistum Ochrid pflegte während seines Daseins innerhalb des serbischen Gebietsbestands von Anfang an eine eigenständige Malerei und blieb den eigenen kultischen Überlieferungen treu. So bildete sich in der Kunst des serbischen Staats eine Vielschichtigkeit heraus, die heute ziemlich schwer überschaubar ist und sich einer strengeren Systematisierung entzieht.

Dečani und einschlägige Denkmäler

Die im Dienste des serbischen Hofs und der erzbischöflichen Priesterschaft wirkenden sowie einige wenige für einzelne diesen Kreisen nahestehende hohe weltliche Würdenträger tätige Maler setzten die Kunst der Hofwerkstatt Milutins am konsequentesten fort. Vor dem Zustandekommen der Malerei von Dečani, des größten zusammenhängenden Werks des mittelalterlichen Serbiens und bedeutendsten erhaltenen der von Dušan hinterlassenen Denkmäler brachten die Künstler des Hofs und des erzbischöflichen Klerus eine Reihe von Schöpfungen hervor, die zusammen mit jenem zentralen Gesamtgebilde eine für sich stehende Sondergruppe bilden.

Kučevište, um 1330

Das älteste die Tradition der Malweise aus der Zeit Milutins fortsetzende Denkmal dürfte der Wandschmuck in der Muttergotteskirche — auch Erlöserkirche genannt — in dem Dorf Kučevište bei Skopje sein. Entstehungszeitpunkt ist etwa das Jahr 1330, Stifter ein Adelsgeschlecht, dessen Mitglieder Asen, Radoslav und Vladislava von König Stefan, der den Beinamen „von Dečani" führte, das Besitztumschrysobull ausgehändigt bekamen. Zar Dušan vermachte die Kirche in der Folge, mit der Einwilligung des Gaufürsten Radoslav, seinem den hl. Erzengeln geweihten Kloster bei Prizren. Die Malerei ist zur Gänze erhalten. In der Kuppel sind der Pantokrator und die Propheten, in den Pendentifs die Evangelisten, in der Apsis die Gottesmutter und die Opferanbetung gezeigt; die Apostelkommunion ist an die Seitenwände des Altarraums gerückt. (Abb. 59) Die Kirchenfeste füllen die Gewölbe, die *Passion* zieht sich über die höchstgelegenen Wandflächen hin, die Szenen aus der Zeit nach der Auferstehung erhielten ihren Platz an der Nordwand und im Altarraum, und die Geschehnisse des Marienlebens sind ohne die übliche Kontinuität über die ganze Kirche verteilt: sie beginnen mit vier Szenen in der Prothesis, setzen sich im Altarraum (die Empfängnis der hl. Anna und die Vorverkündigung) und an der Südwand (der Tempelgang Mariä) fort und finden ihren Abschluß an der Westwand (die Koimesis, darunter die Geburt der Gottesmutter). In den unteren Zonen sind größtenteils berühmte Mönche, im Diakonikon heilige Bischöfe dargestellt. In besonders ausgestalteten Nischen, in überdurchschnittlicher Größe wiedergegeben, treten hier die Gottesmutter Eleusa und der hl. Nikolaus auffällig in Erscheinung.

Es waren mindestens zwei Maler — und zwar naturalisierte Griechen, was an den griechischen Epitheta neben den Heiligen und den charakteristischen Entgleisungen bei der slawischen Schreibweise von Namen erkennbar ist—, die diese Fresken schufen: der eine brachte mehr reliefbetonte Figuren zustande, der andere flächiger, im Inkarnat blaß wirkende. Beide aber bewegen sich im Grunde genommen in den von den Milutinschen Meistern vorgezeichneten Bahnen fort. In Farbharmonie, Szenenaufbau und Kompositionsstruktur nicht weit von den Grundsätzen der zwei vorausgegangenen Jahrzehnte entfernt, können sie immerhin eine gewisse Härte in der Zeichnung sowie einen Mangel an Durchformung und Erlesenheit der Farbklänge nicht verbergen, was allerdings nicht nur ihre geringeren Fähigkeiten verrät, sondern auch symptomatisch für neue Erscheinungen in der Kunst Serbiens ist. Die bisweilen etwas schmächtigen Figuren mit ihren unverhältnismäßig großen Köpfen bestätigen, daß diese Künstler den strengen, den inneren Gesetzen der antiken Kunst folgenden Regelkomplex ihrer Lehrer aufgegeben haben. Dafür hat die Neigung zum Erzählerischen bei ihnen neuen Auftrieb gewonnen. So ist im Kirchenfestzyklus jede Szene von ein bis zwei Zusatzbildern begleitet, die gleichsam einen Prolog oder einen Epilog zu dem betreffenden Hauptgeschehen bilden: neben der Taufe Jesu erscheint die Standespredigt Johannes des Täufers an das Volk, neben der Auferweckung des Lazarus die Begegnung Jesu mit Martha und Maria, neben der Verklärung die Erste Leidensankündigung, neben dem Einzug in

Jerusalem die Auffindung des Eselsfüllens, neben der Himmelfahrt die Rückkehr der Gottesmutter und der Apostel nach Jerusalem und die Gottesmutter beim Eintritt in dem Tempel. Die Erzählfreudigkeit wird auch in der Ikonographie der einzelnen Szenen spürbar: so erscheint in der Kreuzigung eine Frau, die das Blut Jesu auffängt, im Einzug in Jerusalem eine andere, die ihr Kind stillt und dergleichen mehr. Die im Byzanz der Zeit Milutins aufgekommenen Idealvorstellungen von der Aussagekraft das Bildes durch Anschaulichkeit werden weiterentwickelt.

Kučevište, bis 1337

In der Folgezeit wurde der Westfassade dieser Kirche ein 1337 vollendetes Zusatzbauwerk mit einem Mittelgang, zwei als Grabkapellen gedachten Seitenkapellen und einer Kapelle im Obergeschoß angegliedert. An dem Dušan und Jelena zeigenden Herrscherporträt in der Südkapelle ist zu erkennen, daß die Malerei vor der Geburt des Sohns der beiden, Uroš, zu Ende geführt wurde. Die Stifter des Wandschmucks waren der Herzog Dejan und die Herzogin Vladislava, die Schwester des Gaufürsten Radoslav: ihre Porträts befinden sich Seite an Seite mit dem des Herrscherpaars. Ihre drei Kinder — die Namen der beiden Söhne, Jovan und Dmitar, gehen aus einer Inschrift neben dem Südeingang hervor — sind in der Nordkapelle dargestellt. Die Malerei dieses Anbaus war offensichtlich eng auf die der eigentlichen Kirche abgestimmt, da die dort augenscheinlich mit Absicht weggelassenen Apostel und Soldatenheiligen hier in den unteren Zonen erscheinen. Die ausführenden Meister waren nicht identisch mit den in der Kirche tätigen. Nach der — in Resten erhaltenen — Illustration des 148. Psalms zu schließen, scheint es, als ob die Räume hier als Grabstätte gedacht gewesen seien. Die Malerei brannte irgendwann aus, so daß ihre ursprünglichen Wertkriterien nicht mehr vorhanden sind. Die monumental wirkende, realistisch gestaltete halbfigurige Darstellung der Gottesmutter mit dem Jesusknaben über dem Eingang zur Kirche entstand erst später, um die Jahrhundertmitte herum.[58]

Treskavac, um 1340

Nachdem Dušan 1334 Prilep erobert hatte, unternahm er unverzüglich energische Schritte zur Erneuerung des bekannten, hoch über der Stadt aufragenden Klosters Treskavac. Er ließ drei Besitztumsurkunden ausfertigen und ging dann an die Ausmalung der Kirche. Als „König über Serbien und das Küstenland" ist er neben dem Eingang vom Narthex zum Naos dargestellt. Von der gesamten Malerei blieb neben einem kleinen Rest (einigen stehenden Figuren) im Südschiff nur der Wandschmuck im Narthex erhalten, der in der byzantinischen Welt einzigartig ist: über ganzfigurigen Einzeldarstellungen von Märtyrern aneinandergereiht mit griechischen Versen des bekannten byzantinischen Dichters Christophoros von Mytilene versehene Szenen aus dem Kirchenkalender (Januar, März, April, Juni und August). Von den Narthexkuppeln zeigt die südliche ein Brustbild des Christus-Immanuel, die nördliche den — hier erstmals zur Darstellung gelangten — *Himmlischen Hofstaat* in Gewändern des byzantinischen Kaiserhofs, eine Illustration zu den Versen von Palm 45 (44). Unter dem Brustbild des Christuskaisers, das die Kalotte einnimmt, erscheinen an der Spitze eines Geleits von Soldatenheiligen, die nach der Art des byzantinischen Adels gekleidet sind und — Zeichen ihres hohen Rangs bei Hofe — hohe Kopfbedeckungen tragen und Stäbe in den Händen halten, die königliche Gottesmutter und König David, die sich der Hetoimasie, dem Vorbereiteten Thron, nähern. Dieses Thema sollte später in Makedonien große Beliebtheit gewinnen.

Abb. 56

Die poetisch gestimmte Malerei von Treskavac, das Werk griechischer Zographen, krankt an akademisch-konsequenter Starrheit. Sie bewegt sich getreulich in den Bahnen der zu Beginn des 14. Jahrhunderts aufgestellten Thesen — einige Kalenderszenen stützen sich sogar auf die entsprechenden Lösungen von Nagoričino. In der Figurenproportionierung bleiben die antiken Traditionen gewahrt, die Farbgebung schöpft aus dem unmittelbaren Erbe, bei der Gestaltung wird die Art und Weise der letzten Vorgänger konserviert. Lediglich die deutlichere Hervorhebung der plastischen Werte und die lässige Ausmalung der breiten grünen Gesichtsschatten sowie die Scheu vor allzu wohlgestalter Wiedergabe der Heiligen lassen erkennen, daß die Begeisterung für den Klassizismus der „Palaiologenrenaissance" bei den Künstlern abflaut und daß in der Malerei wieder einmal eine Auffassung ihrem Untergang zugeht.[59]

Dečani, bis 1350

Nachdem der Bau der Pantokratorkirche im Kloster Dečani 1335 vollendet war, kamen, von Dušan gerufen, zahlreiche Maler und nahmen den Wandschmuck des neuen Gotteshauses in Angriff. Laut den Inschriften wurden sie mit ihrem Werk im Naos erst 1348, im Narthex gar erst 1350 fertig. Die riesigen Wandflächen dieser fünfschiffigen Kirche mit ihrem dreischiffigen Narthex erforderten die langjährige Arbeit vieler Hände. Daher ließ Dušan Meister aus verschiedenen Landstrichen seines weiten Reichs zusammenkommen, die trotz ihres Bemühens, sich einander anzupassen, nicht imstande waren, in ihrer Schöpfung zu einer Einheit zu verschmelzen. Bei näherem Zusehen entdeckt man nicht nur Unterschiede in der Verfahrensweise der einzelnen Künstler, sondern auch deren ungleiche Fähigkeiten. Keine andere

Kirche Serbiens bietet einen so treffenden Querschnitt der künstlerischen Gegebenheiten einer Epoche wie gerade die von Dečani.

Es ist schon längst gesagt worden: die Malerei von Dečani trägt enzyklopädischen Charakter. Über zwanzig große Zyklen, ganze Wände bedeckend oder in diese und jene Ecke hineingesetzt, bringen all die Gelehrsamkeit der Welt, in der sie entstanden, und den gesamten Wissensschatz der Maler, die sie schufen, zur Geltung. Tausende von Kompositionen und Einzeldarstellungen vermitteln einen Eindruck vom Verhältnis der Menschen von damals zum Glauben, zu Gott und zu den Dingen dieser Welt. Doch auch die Einstellung des Hofs und der Kirchenfürsten Serbiens zur Kunst, die in dieser vor allem Mittel zum Zweck für die Religion bzw. für die Verherrlichung der Dynastie sieht, findet in Dečani ihre bildhafte Aussage. Ein Wesensmerkmal dieser Malerei ist die Erzählergabe ihrer Schöpfer: allein an einer Aufzählung der vorhandenen Themen wird deutlich, wie beträchtlich die Entwicklung ist, die das erzählende Element seit seinen ersten Schritten unter König Milutin durchgemacht hat. Die damals eingeführten oder üblich gewordenen Sujets — Kirchenfeste, Passion, Wunder und Gleichnisse, Marienleben, Ökumenische Konzilien, Kirchenkalender, Jüngstes Gericht, Szenen aus der Nikolausvita, Darstellungen der Eucharistie und alttestamentarische Kompositionen — werden durch neue ergänzt, die früher nur ausnahmsweise oder überhaupt nicht an den Kirchenwänden zu sehen waren. Zyklen wie die
Taf. XXXVI, XXXVII Genesis, die *Apostelgeschichte,* die Sprüche Salomons, der Akathistoshymnos und die Geschehnisse des Buches Daniel sind rar in der byzantinischen Malerei, manche sogar einmalig, andere wiederum hier erstmals zur Darstellung gelangt. Besonderes Augenmerk wurde den Heiligenlegenden geschenkt: neben dem hl. Nikolaus und Johannes dem Täufer werden hier in dieser Form auch die Schutzpatrone der herrscherlichen Kriegsunternehmungen, die Soldatenheiligen Georg und Demetrios, gefeiert. Die Wurzel
Abb. 57 Jesse und der *Nemanjidenstammbaum* ergänzen diese bis heute in allen Einzelheiten erhaltengebliebene zusammenhängende Kernschöpfung. Doch die Zyklenfülle ist nicht die einzige Neuheit, die die Maler von Dečani mit sich bringen: in ihrer Erzählfreudigkeit steigern sie auch die Zahl der Szenen innerhalb der einzelnen Zyklen auf ein bisher ungekanntes Ausmaß, wobei sie das Gesamtgeschehen bisweilen in kleinere, in sich geschlossene Einheiten zerlegen. So wurde Dečani zu einer gewaltigen Schatzkammer byzantinischer Ikonographie, zu einem Denkmal, dessen Werke mit ihrem Themenreichtum eine unversiegbare Quelle der Inspiration für künftige Meister bilden sollten.

Besonderen Auftrieb erhielt in Dečani auch die Ikonographie des serbischen Herrscherhauses, dessen Glorifizierung, beginnend bei der schlichten Einzeldarstellung König Stefans von Dečani über seinem Grab neben dem Ikonostas, die ihn mit dem Kirchenmodell in den Händen zeigt, über das Mehrfigurenbild der Größten des Nemanjidengeschlechts in der südwestlichen Kirchenecke, das den hl. Simeon, den hl. Sava, König Milutin, Stefan von Dečani, Dušan und dessen Angehörige umfaßt, bis hin zu dem breitangelegten Nemanjidenstammbaum im Narthex, in all jenen Formen erfolgt, die noch vor der Zeit König Milutins allmählich eingeführt wurden. Darüberhinaus wurde auch eine bis dahin nicht bekannte Lösung gefunden: über dem vom Narthex zum Naos führenden Festportal sind die Kirchenstifter, Stefan von Dečani und Dušan, dargestellt, wie sie sich vor dem in Form eines Brustbilds von ungeheuerer Größe wiedergegebenen Pantokrator verneigen und ihm durch sechsflügelige Seraphime die zusammengerollten Stifterurkunden überreichen. Aufbauend auf der in Byzanz zur Tradition gewordenen Art, den Kaiser über dem Portal darzustellen, weist dieses Bild gewisse eigenständige Merkmale auf, die offensichtlich aus der Inspiration durch einen besonderen Text herrühren. In der die nordwestliche Narthexecke füllenden Zusammenstellung der Porträts der kaiserlichen Familie einerseits und der Bilder dreier stellvertretend für die kirchliche Hierarchie stehender geistlicher Würdenträger — des hl. Sava, des Patriarchen Joanikije und des ersten Igumens von Dečani, Arsenije — andererseits scheint die Idee von der Einheit von Staat und Kirche in Serbien verkörpert zu sein. In Nachahmung heute nicht mehr vorhandener byzantinischer Beispiele zeigten die Maler in der letzten Szene des Akathistoshymnos die serbische Herrscherfamilie in einer liturgischen Zeremonie vor der Ikone der Gottesmutter Hodegetria. Vorwurf für diese Darstellung war eine in Konstantinopel eingebürgerte, in Anwesenheit des Basileus vollzogene Osterfeier, die möglicherweise auch in Serbien Eingang gefunden hatte.

Die erzbischöfliche Ikonographie lieferte ihren Beitrag in Form eines in der Apsidiole des Nordschiffs befindlichen Bildes vom liturgischen Akt der Proskomidie, gemeinsam vollzogen von den ersten beiden serbischen Kirchenfürsten, dem hl. Sava und Arsenije I. Diese bereits in der zweiten Hälfte des 13. Jahrhunderts in der Apostelkirche von Peć aufgekommene Darstellungsweise der Proskomidie ist, genau besehen, eine serbische Variante des ursprünglich-byzantinischen Motivs, bei dem die Handlungsteilnehmer hohe Würdenträger der orthodoxen Kirche, für gewöhnlich alexandrinische Patriarchen, sind. Mit ihren Porträts bedacht wurden auch die meistverdienten ersten beiden Igumene von Dečani, Arsenije und Danilo, zu deren Zeit die Ausmalung der Kirche erfolgte. Ihnen und ihren gelehrten Mitbrüdern ist es wahrscheinlich zu verdanken, daß der Wandschmuck dieses Gotteshauses ein so ungeheuer weitgespanntes und in seiner Art einmaliges Programm beinhaltet. Als Würdigung von — möglicherweise durch die finanzielle Gewährleistung der Ausmalung der Georgskapelle im Narthex erworbenen — Verdiensten ist wohl auch das an der Narthexnordwand befindliche Porträt eines Adeligen zu werten, bei dem es sich um Đorđe Pećpal, Sohn des Ostouš, einen Verwandten Dušans, handeln dürfte.

Die Maler von Dečani waren Zeugen großer staatsgeschichtlicher Ereignisse. Während ihrer ersten Schaffensjahre im vierten Jahrzehnt das 14. Jahrhunderts war Dušan mit seinen großen Eroberungen beschäftigt, im fünften Jahrzehnt stieg er vom König zum Kaiser empor, während zugleich die serbische Landeskirche vom Erzbistum zum Patriarchat aufrückte, und ein Jahr vor dem Abschluß ihres Werks erfolgte in Skopje die feierliche Verkündung des Reichsgesetzbuchs. Von diesen bedeutenden Veränderungen ist so mancher Widerhall auch in der hiesigen Malerei zu finden. Ist Dušan in den oberen Zonen des Kirchenchiffs noch als König mit entsprechendem Titelepigraph dargestellt, so erscheint er in der unteren Zone bereits als Kaiser in voller Würde. Damals wurde für ihn ein großer Marmorthron vor dem Ikonostas angefertigt, von dem aus er sitzend die Liturgie verfolgte. Über diesem Thron ist die Gottesmutter, die Schirmherrin des Gotteshauses, mit dem Jesusknaben auf den Händen dargestellt, und daneben der hl. Simeon Nemanja, der Gründer des serbischen Staates.

Die Malerei Dušans erhielt allen der Macht eines so großen Herrschers angemessenen äußeren Glanz. So, wie gewisse Formen der Architektur Dečanis auf der Tradition von Studenica und Banjska beruhen, so wurde auch für seine Fresken — der erste derartige Fall seit langem — jenes kostbare Material hergenommen, welches im 13. Jahrhundert Anwendung gefunden hatte. An den repräsentativsten Stellen erscheint im Hintergrund nicht irgendeine billige Farbe, sondern reines, tiefes Azurblau, und an Aureolen und Gewändern der Heiligen ist wieder Goldfolienbelag zu sehen. Doch weder die schimmernde Pracht des kostbaren Beiwerks noch die Größe vieler Figuren, die bei den Darstellungen der unteren Zonen und den Geschehensteilnehmern in den Kirchenfestkompositionen anfängt, sich bei den Propheten in der Kuppel zu riesenhaften Ausmaßen steigert und in dem ungeheueren Christusbild neben dem Ikonostas ihren Gipfel erreicht, stehen in rechtem Verhältnis zu der akademischen Malweise der Künstler. In konsequenter Fortsetzung des Schaffens der Milutinschen Epoche brachten sie die Formgebung auf das rechte Maß und begnügten sich im übrigen mit den im Rahmen des Ererbten gegebenen Möglichkeiten. Nur gelegentliches Auftreten subtilerer Formen, völliges Fehlen einer besonders kraftvollen Stoffgestaltung, kaum vorhandene Ansätze zu einem das handwerkliche Können übersteigenden Schöpfertum — dies sind die Charakteristika des Wandschmucks im Naos. Häufig praktiziert wird die Überspielung mangelnder Empfindungsgabe und steifer Gestaltungsweise durch die dekorative Wirkung des Ganzen und die fesselnde Kraft des Geschehens in den Details.

Der schöpferische Beitrag der Maler von Dečani liegt auf künstlerisch-gnoseologischem Bereich. Sie schneiden neue Probleme an, die erst viel später, nachdem sie zahlreichere Verfechter gewonnen haben, ihre endgültige Lösung finden werden. So bildet die Geschehenskulisse vieler Szenen des Kirchenfestzyklus eine breit hingelagerte steinige Landschaft von gleichförmiger Geschlossenheit, wie sie vordem noch nie in Erscheinung getreten ist. Bemerkenswert ist eine Besonderheit der Bildarchitektur, die übrigens, in der perspektivischen Gestaltung auf den Prinzipien der Milutinschen Epoche aufgebaut, mit ihrem ausladenden Formenreichtum stellenweise alles damals Vorhandene übertrifft: hier und da — beispielsweise in einigen Kompositionen des Zyklus der Wunder und Gleichnisse Christi — ist sie, bar aller früheren Farbenpracht, in dunkleren und helleren Ockertönen gehalten, was den Eindruck erweckt, als sei sie von einer äußeren Lichtquelle her beleuchtet. Noch mehr als ihre Vorgänger steigern die Maler von Dečani in passend ausgewählten Bildern die Zahl der Geschehensteilnehmer: da sind Pflüger, Arbeiter, Sänger, Geistliche, Edelleute, alle nach damaliger Sitte gekleidet, so, als hätten die Künstler die heiligen Geschehnisse ihrer Zeit nahebringen wollen. Einem geschichtlich Interessierten dürfte es nicht schwerfallen, in diesen Bildern einen nicht unbeträchtlichen Gehalt an Informationsgut über die materielle Kultur und die Sitten und Gebräuche im Serbien des 14. Jahrhunderts auszumachen.

Rein künstlerische Neuheiten sind eher bei den Meistern anzutreffen, die die Fresken der unteren Zonen am westlichen Ende des Naos und im Narthex schufen. Sie tendieren zu einer lichteren Farbgebung und erzielen auch eigenständigere, frischere und kunstvoller aufeinander abgestimmte Farbklänge, wie sie vor ihnen in Serbien selten waren. Ihre Figuren lassen einen neuen Typus erkennen, der mit den klassischen Normen bricht; durch übermäßige Schärfen in den Gesichtszügen wird der Charakter der betreffenden Person verdeutlicht. Die Gestaltungsweise der Heiligen in den unteren Zonen des Naos grenzt schon an Realismus, und dasselbe gilt für den Nemanjidenstammbaum im Narthex: zu keiner anderen Zeit und an keinem anderen Ort tauchen in den Porträts der serbischen Herrscherfamilie so starke naturalistische Merkmale auf. Da ist Zar Dušan: mit seinem mächtigen Schädel auf dem stämmigen Körper wirkt er alles andere denn idealisiert oder beschönigt, sondern vielmehr einmalig lebensecht. Auch sein Sohn Uroš, von klein auf bekannt für seine Willensschwäche, die auch später, als er zum Herrscher geworden war, seine kennzeichnende Eigenschaft bleiben sollte, ist so gezeigt, wie man ihn sich vorstellt: ein dicklicher Knabe mit einem Doppelkinn, die Augen zum Himmel gerichtet, als bereite ihm die Gegenwart des Malers Unbehagen. Die Wesenszüge der einzelnen Personen wurden sorgfältig herausgearbeitet und zwar mittels eines Verfahrens, das sich nicht auf bloßes Nachzeichnen der äußeren Erscheinung beschränkte, sondern durch Beseelung der äußeren Form und feine Lasierung den dem Künstler eigenen Aspekt bei der Wiedergabe geltendmachte. In der Auffassung dieser Maler scheint die Idee von der Möglichkeit realistischer Gestaltung im Rahmen der byzantinischen Formenstilisierung eine integrierende Rolle gespielt zu haben.

Während die Gruppe der im Naos von Dečani tätigen Meister mit ihrem Werk, das die Synthese fünfzigjähriger Erfahrung einer künstlerischen Bewegung am Ende des Weges bildet, den Abschluß einer Epoche in der Malerei kennzeichnet, erschließen die Schöpfer der Fresken im Narthex künstlerische Probleme, denen sich ihre Nachfolger widmen werden.[60]

Schwer ist es, bei der Bestimmung der gewiß recht verschiedenen Herkunftsorte der Zographen von Dečani zu einem schlüssigen Ergebnis zu kommen. Mit Ausnahme eines einzigen, der mit „Srđo der Sündige" zeichnete, hinterließ keiner von ihnen eine Signatur. Kučevište und Treskavac zeigen, daß Schaffenspräzedenzien in bezug auf einen Teil des Wandschmucks von Dečani in Makedonien bestanden. Die Wiedergabe von Namen in der an der Adria üblichen Form sowie die Darstellung von nur dort heimischen Musikinstrumenten legen die Vermutung nahe, daß einige der Maler in den Städten des südlichen Küstenlands zu Hause waren, wie ja auch der Baumeister von Dečani, Fra Vita, mit seinen Mitarbeitern, Maurern und Steinmetzen aus der „Königsstadt Kotor" kam. Gerade in der Zeit des Entstehens von Dečani lebten und wirkten zahlreiche griechische Maler, von denen Nikolaos und Manuel und etwas später ein zweiter Manuel, Georgios und Johannes aus Dyrrhachion urkundlich erwähnt sind, in Dubrovnik und Kotor. In letzterem ließen sich zwei dieser Zeitgenossen als Bürger nieder, verheirateten sich, erwarben Güter und hinterließen Nachkommen. Die Kathedrale der Stadt, St. Tryphon, wurde 1331 von einer Gruppe griechischer Maler, deren Namen in der Zahlungsurkunde nicht erscheinen, mit Freskenschmuck versehen. Die einzigen zwei von ihrem Werk gebliebenen Fragmente in der Apsis — die Szenen der Kreuzigung und der Kreuzabnahme — tragen im wesentlichen byzantinische Stilmerkmale, weisen aber in den Figuren einen unverkennbaren Einschlag der Gotik in Form der dieser eigenen, zum Naturalismus neigenden karikaturhaften Darstellungsweise auf. Dadurch nun steht diese Malerei den zu gleicher Zeit entstandenen Mosaiken im Baptisterium von S. Marco in Venedig näher als den Fresken von Dečani. Der Einfluß der katholischen Welt, für die die griechischen Maler in Kotor — daher auch die lateinischen Inschriften in gotischen Lettern — tätig waren, ließ ihr Schaffen zu einer Symbiose byzantinischer und westlicher Stilkomponenten werden. Wenn in Dečani — was durchaus möglich ist — eine Gruppe griechischer Maler aus dem Küstenland am Werk war, so jedenfalls nicht eben jene, die den Wandschmuck der Kathedrale von Kotor schuf. Griechische Maler hatten dazumal einen recht weiten Wirkungskreis. Freskenreste in den Franziskanerkirchen von Bar und Svač ganz im Süden der Adria lenken, wie gering ihre Zahl auch sein mag, das Augenmerk darauf, daß die byzantinisch geprägte Malerei im serbischen Küstenland auch in der katholischen Kirche Eingang fand.[61]

Kotor St. Tryphon, 1331

Erzbischof Joanikije scheint, nachdem während der Schaffensperiode von Dečani ganz in der Nähe seiner Residenz so viele Maler wirkten, die Gelegenheit ergriffen und — wohl mit Genehmigung des Herrschers — einige von ihnen zur notwendigen Ergänzung des Wandschmucks der Kirchen in Peć herangezogen zu haben. Zwei darunter schufen zusammen mit einem Gehilfen um das Jahr 1345 herum die Fresken in der bis dahin noch kahlwandigen einschiffigen Demetrioskirche, der (vor 1324 erbauten)

Peć Demetrioskirche, um 1345

Stiftung des Erzbischofs Nikodim. Bei der Themenwahl wurde das alte Kuppelmotiv in Gestalt der Himmelfahrt Christi wieder aufgegriffen; die oberen Wandzonen füllen die Kirchenfeste, und darunter folgen ein dem *Hl. Demetrios* geweihter Zyklus und zwei Szenen aus dem *Marienleben.* Den Abschluß nach unten bilden in gewohnter Weise Heiligendarstellungen, und die Wände des Altarraums zeigen die üblichen eucharistischen Bilder — soweit wäre also nichts vorhanden, was auf eine besondere ikonographische Absicht des serbischen Erzbischofs hindeuten würde. Zutage tritt eine solche jedoch bei der Malerei in den Feldern des Kreuzrippengewölbes des Westjoches: hier erscheinen neben den beiden ersten Ökumenischen Konzilien zwei serbische Synoden, von denen die eine, unter dem Vorsitz des hl. Sava abgehaltene, die feierliche Verkündung der Autokephalie der Serbischen Kirche, die andere die Throneinsetzung König Milutins durch Nemanja, dargestellt als Mönch Simeon, zum Inhalt hat. Über all dem Geschehen und seinen Teilnehmern schwebt in einer Mandorla Christus-Immanuel, der präexistente Logos. Anliegen dieser Gegenüberstellung der beiden großen Konzilien der Christenheit und der zwei serbischen Synoden ist die Aussage der Idee vom Kampf für den wahren Glauben; verdeutlicht wird dieses Anliegen in der — von Texten des Schriftstellers Domentijan inspirierten — Ikonographie der letzteren beiden Bilder: auf dem einen hält Sava den Erzbischöfen gerade seine Predigt vom rechten Glauben, und auf dem anderen gelobt Milutin, wie dies alle serbischen und byzantinischen Herrscher bei der Thronübernahme taten, diesen allzeit wachsam zu hüten. Diese serbischen Synodenbilder waren vordem volle fünfzig Jahre nicht mehr zur Darstellung gelangt. Der serbische Hof hatte allgemeinere und den neuen politischen Verhältnissen angemessenere ikonographische Lösungen für die Wiedergabe seiner heiligen Vorfahren gefunden; die Serbische Kirche jedoch hielt noch an der Tradition des 13. Jahrhunderts fest, die unter dem Einfluß des hl. Sava und seiner Nachfolger entstanden war. Abb. 54, Taf. XXXV

Seinen eigenen Schaffensbeitrag ließ Erzbischof Joanikije in dem geschlossenen Biforium an der Westwand festhalten. Die Worte seines Bittgebets sind hier neben einem Fresko des hl. Ioanikios aufgezeichnet, welcher seinerseits, vor der Gottesmutter kniend, dieser seine Fürbitte für seinen Namensvetter, den Stifter der Malerei, darbringt. Schließlich fügte der Künstler das Bildnis des Erzbischofs noch der an der Südwand des Westjoches befindlichen Porträtreihe an, die König Dušan, dessen Sohn Uroš und den hl. Sava zeigt. Als gemeinsamer Hintergrund wurde Rot gewählt — eine aus der antike überkommene Gepflogenheit, die in der byzantinischen Malerei weiterlebte und in Serbien zuweilen bei den Herrscherporträts praktiziert wurde, vielleicht als Kennzeichen der Herrscherwürde (rot waren auch Unterschriften, Gewand, Schuhe). Wahrscheinlich liegt darin auch noch irgendeine besondere Bedeutung. Für Manuel Philes beispielsweise ist die bei der Herausmodellierung eines Heiligen verwendete rote Farbe Symbol für dessen Glaubensfeuer. Noch etwas anderes fällt bei diesen Porträts auf, nämlich der ungewöhnliche Aufzug des Herrschers und des Patriarchen: ihr gewirktes, in dunklem Blau und Rot gehaltenes und mit Heiligenfiguren besticktes Gewand und ihre Kopfbedeckungen von bislang unbekannter Form haben mit der Kleidung, in der die beiden dargestellt zu werden pflegen — bei letzterem ist dies das liturgische Ornat, bei ersterem die Tracht des byzantinischen Kaisers — nichts gemein.

Die beiden Meister teilten sich in ihr Werk ähnlich wie einst die Maler von Hagios Niketas: der eine war vorwiegend auf der südlichen, der andere auf der nördlichen Seite tätig. Konsequent wurde diese Einteilung allerdings nicht durchgehalten. Der Maler der Südhälfte hinterließ eine griechische Signatur unter der in der Apsis befindlichen Darstellung der Gottesmutter. Der Inhalt dieser Signatur zeigt übrigens äußerst beredt auf, wie das künstlerische Schaffen in der orthodoxen Welt begriffen wurde; es heißt da: „Eine Gabe Gottes aus der Hand des Johannes". Dieser Johannes war ein weitaus begabterer Künstler als sein anonymer Kollege. Seine fest modellierten, sorgfältig gezeichneten Figuren gewinnen Leben durch die harmonische Farbgebung und die meisterhafte Stoffgestaltung. Antike Proportionen und Typen (ein Mädchen mit einer Vase in der Geburt Mariä, Hirten in der Geburt Jesu) sprechen für seine Gelehrsamkeit, und die natürliche Farbe des Erdbodens sowie die wirklich anmutende Wiedergabe von Bäumen und Gewächsen zeigen, daß hier ein hochtalentierter und fortschrittlich gesinnter Künstler am Werk war. Hingegen sind Mangel an Erfahrung im Szenenaufbau, eine gewisse Unsicherheit in der Zeichnung, Scheu vor der Anwendung stärkerer Hell-Dunkel-Kontraste und temperamentloser, blaßgetönter Farbauftrag die Schaffensmerkmale seines Kollegen. Diesem muß ein noch ungeschickterer Meister zur Hand gegangen sein, der auf seiner Seite die gehaltlose Komposition der Verklärung schuf. Die Maler dürften einer in Dečani wirkenden Gruppe angehört haben, da gerade dort Fresken zu finden sind, die eine ungewöhnlich starke Verwandtschaft mit ihren Werken aufweisen.[62]

Peć Apostelkirche, um 1350

Etwa in den gleichen Zeitraum fällt die Schaffung der Fresken an dem zwischen West- und Mitteljoch befindlichen Gewölbebogen und den diesen tragenden Wandpfeilern in der Apostelkirche von Peć durch einen anonymen Zographen. Diese Malerei — je zwei Propheten in drei Reihen an der Unterseite des Bogens, einige Märtyrermedaillons an seinen Stirnflächen, ein ganzfiguriger, stehender Christus und eine Gottesmutter mit dem Jesusknaben an den Breitseiten der beiden Pfeiler — stimmt in Zeichnung und Farbe, ja sogar hinsichtlich eines besonderen Merkmals in Form der bei einigen Propheten vorhandenen unnatürlichen Kopfbewegungen so sehr mit entsprechenden Lösungen im Narthex von Dečani überein, daß die Zugehörigkeit ihres Schöpfers zu einer dortigen Malergruppe außer Frage steht. Die Zeichnung des Faltenwurfs des Himations Christi mit seinem komplizierten, unruhig strömenden Verlauf ist dieselbe wie bei dem Christus neben dem Portal zum Naos von Dečani, das Gesicht des Jesusknaben auf den Händen der Mutter gleicht dem des in der Lünette ebenjenes Portals wiedergegebenen Christus-Immanuel, und die Kopfhaltung der Propheten — ein Zurückwerfen bei gleichzeitiger Drehung — ist eine Wiederholung entsprechender Lösungen in einigen Szenen des Kalenderzyklus von Dečani, in denen die Tötung von Märtyrern gezeigt wird.[63]

Man möchte meinen, daß das serbische Erzbistum in Peć seine eigene Malerwerkstatt hatte, deren Mitglieder auf Geheiß der hohen kirchlichen Würdenträger tätig waren, und daß sie die Schaffenskraft ihrer Meister zu den Zeiten, in denen dies erforderlich wurde — und ein solcher Zeitpunkt war beim Herangehen an die Ausmalung von Dečani jedenfalls eingetreten —, leihweise in den Dienst des Herrschers stellte. Gewisse Erscheinungen jedoch in der Malerei der Kirchen von Peć widerlegen die Annahme einer derartigen Möglichkeit und weisen das Gegenteil nach, nämlich, daß die Erzbischöfe zur Durchführung ihrer künstlerischen Vorhaben die Hofmaler heranzogen. Die Malerei von Peć unter Joanikijes Vorgänger, dem Erzbischof und Schriftsteller Danilo II., trug ein anderes Gepräge als die nunmehrige. Obschon Danilo bei der Gestaltung von Banjska und Dečani Kunstberater des jeweiligen Stifterkönigs, also Milutins und Stefans von Dečani, war und bei der Ausschmückung seiner eigenen Bauten in Peć — der Gottesmutter-Hodegetria- und der St. Nikolaus-Kirche sowie des großen offenen Narthex mit Glockenturm — selbst in die Arbeiten eingriff, unterschieden sich die nach seinen Anweisungen zustandegekommenen Freskenschöpfungen, die stilistisch im Zeichen der mönchischen Kunst standen, eben doch von der antiken Vorbildern zugewandten Hofmalerei.

Peć Narthex, um 1330
Abb. 58

Der von Danilos Werk gebliebene Wandschmuck in der Südostecke des großen Narthex (Propheten mit Mariensymbolen in den Händen an den Bögen, eine Gottesmutter Galaktrophousa an der Südwand, ein *Nemanjidenstammbaum* an der Ostwand, eine große Gottesmutter „vom lebensspendenden Brunnen“ zwischen den Gestalten des hl. Nikolaus und Erzbischofs Danilos II. über dem Eingang zur Gottesmutter-Hodegetria-Kirche, ein Erzengel neben diesem Eingang, die hl. Anargyroi Kosmas und Damian neben der seitlichen Narthextür) ist von bedeutungsschwerer Symbolik und verborgenem ikonographischem Sinngehalt erfüllt, wie dies der Mutter der serbischen Kirchen entspricht. Diese Malerei, die — wie an den Mitgliedern des Nemanjidenstammbaums und dem noch jungen Aussehen des porträtierten Erzbischofs ersichtlich — gleich nach der Machtübernahme durch Dušan entstand, ist das Werk zweier Künstler. Während die Figuren der oberen Zonen blasse Farben und einen kalkigen Teint aufweisen, sind die der unteren durch ein klangvolleres, dunkelgetöntes Kolorit und plastische Formen gekennzeichnet. Trotz einer spürbar vorhandenen Bezugnahme auf die ästhetischen Begriffe der Hofmaler unterscheiden sich die Heiligen hier durch die Strenge des Ausdrucks, das weitgehende Abweichen von den klassischen Typen und die gedämpfte Farbgebung von den an den Wänden höfischer Stiftungen erscheinenden. Erst gute fünfzehn Jahre später sollten im Narthex von Lesnovo wieder Werke zustandekommen, die an den Besseren der beiden Meister erinnern, die in dem von Danilo gebauten Narthex in Peć tätig waren. Wäre letzterer nicht im 16. Jahrhundert zum Gutteil mit einer neuen Freskenschicht versehen worden, so böte eine große Anzahl hier vorhandener Kompositionen die Möglichkeit einer deutlicheren Wahrnehmung der künstlerischen Auffassungen jener Maler, deren Wirkungsfeld um den Erzbischofssitz herum gelagert war.[64]

Peć Gottesmutter Hodegetria, vor 1337
Abb. 55

So aber bleibt schließlich nur noch eine Betrachtung der ungewöhnlichen Fresken in der Kirche zur Gottesmutter Hodegetria, die noch vor dem Wirken der Hofmaler Dušans für den Patriarchen Joanikije entstanden. Sie wurden wenig vor 1337 für Erzbischof Danilo geschaffen. Dieser erscheint im Rahmen eines *Stifterporträts,* das ihn neben seinem Namenspatron, dem Propheten Daniel, zeigt, der ihn, das Modell seiner Stiftungsbauten in Peć in den Händen, zu der Thronenden Muttergottes mit dem Jesusknaben im Schoß hinführt. Hier sieht der Erzbischof wesentlich älter aus als auf dem Porträt im

XXXII Studenica, Königskirche.
Tempelgang Mariä, um 1315

◄
XXXIII Staro Nagoričino.
Verspottung Christi, 1316 – 18

XXXIV Staro Nagoričino.
Hl. Jakobus der Perser, 1316 – 18

XXXV Peć, Demetrioskirche.
Geburt Mariä, Detail, um 1345

Narthex. Den Innenflächenschmuck der die einschiffige Kirche überragenden Kuppel bilden der Pantokrator, die Propheten und die Evangelisten, letztere von jungen Mädchen als Symbolen der göttlichen Weisheit inspiriert. Die Gewölbe füllen Kirchenfestszenen, und an den Wänden reihen sich die Zyklen der Passion und des Marienlebens aneinander. In der Apsis erscheinen die Gottesmutter, die Apostelkommunion und die Anbetung des Opfers. Das Diakonikon ist Johannes dem Täufer und Geschehnissen aus seinem Leben und die untere Zone des Naos wie immer ganzfigurigen Darstellungen stehend gezeigter Bischöfe, Märtyrer, Mönche und ähnlicher Gestalten vorbehalten. Unmittelbar am Eingang ist unter einem Muttergottesbild die Kommunion der Maria von Ägypten wiedergegeben, die in byzantinischen Kirchen des öfteren an dieser Stelle erscheint, weil die Bekehrung der ägyptischen Buhlerin, nach der Legende, an der Kirchentür unter dem Bild der Gottesmutter stattfand.

Seinem getreuen Festhalten an der serbischen Kirchentradition des 13. Jahrhunderts verlieh der Erzbischof Ausdruck, indem er den Gestaltenzug in der Opferanbetung durch den hl. Sava beschließen und in vier Szenen in der Prothesis das Leben des zweiten serbischen Erzbischofs, Arsenije II., veranschaulichen ließ. Danilo selbst hatte seine Vita und seine Liturgie verfaßt, doch ließ sich der Maler nur teilweise von diesen Textvorlagen leiten; ausschlaggebender war für ihn das gesprochene Wort des literarisch tätigen Stifters.

Drei Maler mit unterschiedlichen Fähigkeiten waren es, die ihre Werke in dieser Kirche hinterließen. Der Begabteste, der vor allem die Kompositionen an der Nordwand des Kuppelraums, unter denen die ausdrucksvollste die Kreuzigung ist, sowie die halbfigurigen Heiligendarstellungen in der Prothesis schuf, steht den in der Milutinschen Hofmalerei vertretenen Auffassungen am nächsten. Sicherheit im Szenenaufbau und in der Figurengestaltung vereinigen sich bei ihm mit einer Neigung zum Klassizismus; die Wölbungen der Formen sind durch sanft ineinanderfließende Hell-Dunkel-Übergänge herausmodelliert, das Inkarnat weist einen satten Farbauftrag auf. Doch nicht er, sondern der zweite Künstler war es, der dem Wandschmuck dieser Kirche das den Gesamteindruck bestimmende Gepräge verlieh: dieser brachte den Großteil der Fresken zustande. Seine Figuren wirken unruhig, völlig von Bewegung erfüllt, die sich oft zur Dramatik steigert, die Gesichter weichen deutlich vom klassischen Typus ab, und der Blick ist durch einen großen schwarzen Punkt im Auge scharf fixiert und intensiviert. Die Farben sind samt und sonders leuchtend hell und bilden volkstümliche Harmonien. Die Aufhebung der Schwere des Volumens bei den Figuren geschah, um diese beweglicher zu gestalten, die Ausschaltung der dunklen Töne bei der Farbgebung, um eine bunte Gesamtwirkung zu erzielen. So verbanden sich dramatisches und dekoratives Element zu einem besonderen Gepräge, wie es bis dahin in den Kirchen des hohen Klerus noch nicht zu sehen gewesen war. Die subtile künstlerische Aussage wich einer volkstümlichen Schaffensnote. Der dritte Meister, dessen Werke sich in den Seitenräumen an der Westseite befinden, gehörte zu den extremsten Ignoranten seiner Zeit: seine lächerlich disproportionierten Gestalten mit ihren verzerrten Gesichtszügen sind in Form und Farbe leer und nichtssagend. Die mit ihm zusammen tätigen beiden begabteren Maler wußten offensichtlich um seine Schwächen und hielten sein Schaffen, so gut sie konnten, vor den Augen der Gläubigen verborgen.[65]

Mit Danilos Malerei in Peć endet eine Geisteshaltung im mittelalterlichen Serbien, die bis dahin fast zwei Jahrhunderte lang angehalten hatte. Der traditionelle Unterschied zwischen den vom Mönchtum, selbst dem ranghöchsten, einerseits und den von den Angehörigen des Hofs andererseits vertretenen Auffassungen in bezug auf den künstlerischen Ausdruck wurde mit der Inthronisation Joanikijes aufgehoben. Von jeher war die Grundtendenz von Kirche und Ordensstand Expressivität, dunkelfarbenes Gesamtbild, Einhaltung des Schattierungsprinzips und wo immer möglich Vermeidung hellenistischer Wohlgestalt, die der Herrscher hingegen Ebenmaß, Klassizismus, Farbenfrohsinn und Verfechtung der Ideale der jeweiligen byzantinischen „Renaissance" gewesen. Der Bruch mit dieser solchermaßen abgegrenzten Einstellung vollzog sich in der von Joanikije gestifteten Malerei in Peć, bei deren Schaffung Meister des Herrschers zu Arbeiten für das Erzbistum herangezogen waren. Damit wurde jener neue Geist, der noch zu Zeiten König Milutins in Bischofskathedralen wie Ljeviša, Gračanica und St. Petrus in Bijelo Polje eingedrungen war, endlich auch in den Sakralbautenkomplex des Erzbischofssitzes hineingetragen. Das Schaffen des Hofs und das der Kirchenfürsten verschmolzen zu einer stilistisch einheitlich geprägten Kunst, und dieser Zustand sollte bis zum Untergang des Reichs anhalten. Lediglich im Bereich der Ikonographie sollten die Werke des Klerus auch weiterhin einige Sondererscheinungen beibehalten, insbesondere solche, die in einem Bezug zur Geschichte der Serbischen Kirche stehen. Es ist, als sei die Kirche gewillt gewesen, ihren Beitrag zum Bemühen um die Verwirklichung der

Herrscherideale von der Universalität des serbischen Staates zu leisten, da hierbei weltliche und geistliche Interessen zusammentrafen.

Kunsthistorisch gesehen bildet die Gruppe dieser im zweiten Viertel des 14. Jahrhunderts entstandenen Denkmäler mit Dečani als Kernstück eine in geradliniger Nachfolge zustandegekommene Weiterführung der Hofmalerei Milutins. Ihre Schöpfer stützten sich nicht nur auf die Tradition ihrer Vorgänger, sondern achteten auf alles, was in der Welt von Byzanz vor sich ging. So kommt es, daß einerseits in diesen Werken eine Wiederholung älterer Gestaltungsweisen erfolgte, andererseits in der byzantinischen Miniaturmalerei (Griechisches Menologion von Oxford, aus den vierziger Jahren d. 14. Jhdts. stammend: Gr. th. f. 1 /S.C. 2919/) Lösungen zu finden sind, die mit den in Serbien erbrachten weitgehend korrespondieren, oder beispielsweise in Pelendra auf Zypern Fresken vorhanden sind, die eine starke Affinität zur Malerei von Dečani aufweisen. Das Abgehen von den die Malerei der ersten beiden Dezennien des 14. Jahrhunderts beherrschenden Prinzipien machte sich in einer Lockerung des strengen Aufbaus, einer Zurücksetzung der äußeren Gestaltung, einer Wandlung der Heiligentypen und einer Senkung der Zahl der Szenenteilnehmer bei gleichzeitiger Erhöhung der Zahl der Hauptdarsteller bemerkbar. Die Tektonik der Bildmassen gehört nicht mehr zur Zielsetzung; das Bildgerüst gerät ins Wanken unter dem Ansturm einer vielgleisigen Erzählungsflut, starker Bewegungen und uneinheitlicher Details. Der gepflegte rhetorische Satzbau der Milutinschen Maler wurde nach und nach durch eine umgangssprachliche Plauderei mit bildhaften sachlichen und volkstümlichen Zwischenrufen ersetzt; die Disziplin lockerte sich gegenüber dem Streben nach Reizkraft und Originalität. Der Schwerpunkt verlagerte sich vom Malkünstlerischen zum Literarischen. Grundanliegen der Darstellung war nicht mehr das Wie, sondern das Was. Dabei verlor die künstlerische Ausdrucksweise an Reinheit und souveräner Kraft; der Klassizismus war im Rückzug begriffen.

Aufträge des Adels im Süden

Durch Eroberungen reich geworden, mit neuen Gütern und klangvollen Titeln ausgestattet, zu höherem Bildungsstand und feinerer Gesittung gelangt, tritt der Adel in der Königs- und Kaiserepoche Dušans als gewaltiger gesellschaftlicher und kunstwirksamer Faktor auf den Plan. Dutzende von ihm gestifteter neuer Kirchen erstehen bereits zu Zeiten Stefans von Dečani, und unter Dušan nimmt die Zahl und das Verbreitungsgebiet dieser Stiftungen ständig zu. Doch die auf Geheiß des Adels in Serbien entstandenen Kunstwerke, durch geringeren Schaffensgehalt und eine Neigung zur Imitation gekennzeichnet, bieten kein geschlossenes, von einheitlichen Auffassungen geprägtes Bild; bereitwilliger als die Schöpfungen des Hofs oder des Klerus geben sie regionalen Besonderheiten Raum. Die Aristokratendenkmäler im Staate Dušans lassen sich in zwei durch die Wesensmerkmale ihrer Wandmalerei deutlich voneinander abgegrenzte Gruppen teilen: die Adelskirchen in den Landstrichen um die Hauptstädte Skopje und Prizren und die Gotteshäuser der Magnaten im altserbischen Kernland der Raška. Die hofnahen Würdenträger des „Rhomäerlands", das der Kaiser selbst regierte, standen den zeitgenössischen Ideen näher als die in den Hintergrund gedrängten Edelleute im Norden, wo der Thronfolger, der junge Uroš, Gebietsverweser war.

Gornji Kozjak, um 1340

Das Verdienst um die um das Jahr 1340 herum erfolgte Ausmalung der St. Georgskirche in Gornji Kozjak bei Štip gebührt einem unbekannten Adelsgeschlecht, dessen Mitglieder in noch teilweise erhaltenen Porträts an der Westwand des Kirchenschiffs dargestellt sind. Mehrere Künstler, darunter auch ein sehr schwacher, übermalten eine vorher dagewesene Dekoration aus dem 13. Jahrhundert, die in der Folgezeit beschädigt worden war. Ein ähnliches Schicksal ereilte dann auch den neuen Wandschmuck: nur die Anbetung des Opfers und darüber eine Reihe großer halbfiguriger Bischofsbilder im Altarraum sowie einige wenige Heiligengestalten und eine sehr spärliche Anzahl von Szenen aus dem Kirchenfestzyklus im Kirchenschiff sind geblieben. Ein besserer Künstler, der an der Südwand des Kuppelraums tätig war, ging ähnlich den Meistern der Dečani-Gruppe von den Prinzipien der ersten Jahrzehnte des 14. Jahrhunderts aus: er brachte lebendige Farbharmonien zustande und erzielte die Ausdruckskraft seiner Gestalten durch unmerkliche Deformation und nachdrücklich-lebhafte Bewegungen. Anders jener, der die Bischöfe im Altarraum schuf: seine Farbgebung ist spröde, und die Neigung zum Karikieren als Mittel zu treffender Charakterdarstellung tritt bei ihm stärker zutage. Und gerade sein Schaffen beinhaltet im Typus mancher weniger entstellter Heiliger Anklänge an die etwa gleichzeitig entstandenen Miniaturen der Apokaukos-Handschrift. Das Konstantinopler Werk hat dem von Kozjak einen höheren Wert voraus; ansonsten bildet das einzige wesentliche Unterscheidungsmerkmal die Farbgebung der Gesichter, bei denen der Maler von Kozjak mit breiten Pinselstrichen Ocker und Weiß auf grünen Grund auftrug. Holperig im Verfahren, haben die Bilder dieses Meisters etwas Grobes an sich.[66]

Rila (Bulgarien), 1334/35

Wesentlich feiner ist die Malerei in dem bulgarischen Kloster Rila, das in der Zeit der serbischen Herrschaft erneuert wurde. Der serbische Protosebastos Hrelja — der „geflügelte“ Relja (Relja Krilatica) der Volksepen — errichtete in diesem Kloster 1334/35 „unter der Herrschaft des allerhöchsten Königs Stefan“ einen Turm, dem ein Christi Verklärung geweihtes Kirchlein eingegliedert wurde. Der darin befindliche Wandschmuck — besonders augenfällige Szenen aus der Vita des hl. Johannes von Rila im Schiff sowie Illustrationen der letzten Psalmen im Narthex — hat dadurch, daß die obere Farbschicht beschädigt wurde, etliches von seiner vollendeten Wirkung eingebüßt. Die von antiker Schönheit geprägten Gestalten der mit außerordentlichem zeichnerischen Talent ausgeführten, in lebhafter Bewegung begriffenen Engel und Spielleute in den Psalmenbildern sind ein Widerhall zeitgenössischer herrscherlicher Kunst. Nach der im dortigen Museum aufbewahrten Ikone des hl. Johannes von Rila zu urteilen, die, im Rahmen dieses Dekorationsprogramms entstanden, als einziges Stück davon völlig intakt blieb, dürfte seinerzeit die plastische Wirkung der Figuren auch bei den Fresken eine kräftigere gewesen sein.[67]

Ljuboten, um 1348

In der Zeit um 1348 erfolgte die Ausmalung der St. Nikolauskirche in Ljuboten bei Skopje, die, Stiftung einer Edelfrau namens Danica und ihrer Söhne, bereits 1336/37 fertiggebaut worden war. Von der stark beschädigten Malerei der oberen Zonen sind — und selbst diese bereits in defektem Zustand — nur mehr vereinzelte Szenen aus dem Kirchenfest- und dem Passionszyklus vorhanden. Eine deutlichere Vorstellung von dem einstigen Gesamtwerk vermitteln die davon erhaltengebliebenen Teile im Schiff — ein Zyklus der Wunder und Gleichnisse Christi und eine Reihe stehend wiedergegebener Einzelfiguren — sowie im Altarraum — eine Anbetung des Opfers, eine Zelebration der Proskomidie und Bilder von Diakonen. In einem eigenartigen Rahmen zeigt der Maler, der eine besondere Vorliebe für ungewöhnliche ikonographische Lösungen hegt (so wird in der Darstellung der Proskomidie das Zerlegen des Lamms von den alexandrinischen Kirchenfürsten Petros und Athanasios vollzogen und ein hoch oben im Diakonikon erscheinendes Mandylion Christi von zwei Engeln gehalten), die kaiserliche Familie Dušans: ihre Mitglieder nehmen nämlich die Stelle der Gottesmutter in der Deesis ein, wobei Christus sie mit der erhobenen Rechten segnet. Solchermaßen kam hier, recht besehen, die Illustration eines täglichen Gebets der Menschen des Mittelalters zustande, in dem diese zu Christus flehen, er möge ihnen am Tage des Jüngsten Gerichts — und die Deesis ist ja eine Kurzfassung des letzteren — gnädig sein. Es ist dies in etwa die Zeit, da die Maler des Westens wie des Ostens dazu übergehen, Herrscher und Kirchenstifter in dieser Weise in Bilder vom Jüngsten Gericht aufzunehmen (so Giotto in der Arena-Kapelle in Padua oder der Miniaturmaler des Zaren Ivan Alexander im Londoner Bulgarischen Evangeliar).

Die Malerei von Ljuboten wirkt ungeachtet des in bezug auf den Bildhintergrund (Hell — gegenüber Dunkelblau) und die Beschriftung (griechische gegenüber kyrillischer Schreibweise) bestehenden Unterschieds zwischen den Fresken des Altarraums und denen des Schiffs so, als sei sie von einem einzigen Künstler geschaffen worden. Mit ihrer durchwegs hellgetönten, kühlen Farbgebung, deren Harmonien in Blau, Grün und Grau nur seltene Akzente in Rot und lichtem Ocker aufweisen, hebt sie sich sichtlich von den Kirchendekorationen ihrer Zeit ab, die samt und sonders in warmen Farben gehalten waren. Ihre glatten, reizlosen Formen und das wohlberechnete, phantasielose System, nach dem die einzelnen Teile zueinander in Bezug gesetzt werden, lassen ihren Schöpfer als Künstler ohne Kraft und Schwung erscheinen. Dieser Maler griff vielfach auch alte Lösungen auf: man beachte die in drei Geschehensabschnitten abrollende Darstellung des Todes der Gottesmutter oder hinter sämtlichen Kompositionen durchlaufende Bildarchitektur in Form einer langen Mauer. Obwohl die Zahl der in der Szene erscheinenden Figuren herabgesetzt ist und diese in ruhiger Stellung, bar aller ausdrucksvoller Bewegtheit, wiedergegeben sind, wirkt das Bild überladen, ja, berstend voll durch die vergrößerten Ausmaße der Geschehensteilnehmer. Doch so epigonenhaft diese Malerei auch in der Form sein mag, die so ganz in Abhängigkeit zum Schaffen des Hofs steht, — in ihrer hellen, kühlen Farbgebung kündigt sich die Zukunft an.[68]

Zu Dušans Zeiten tauchen erstmals greifbare Anzeichen dafür auf, daß auch in kleineren Städten des Landes Künstlerwerkstätten bestanden. Bestätigungen durch schriftliche Quellen — so wie im Fall Kotor — sind allerdings selten. Meist beschränkt sich der Nachweis des Vorhandenseins einer solchen Werkstatt in einer bestimmten Stadt auf die Feststellung, daß die in ihr enstandenen Kustwerke der Architektur und der Malerei über mehrere Jahrzehnte hinweg verwandte Züge aufweisen. Ochrid bietet in dieser Hinsicht die meisten Anhaltspunkte. In dem hier behandelten Zeitraum hatte anscheinend auch Prizren ein entsprechend intensives künstlerisches Leben entfaltet, nur sind heute wenige Werke erhalten, anhand derer sich das Niveau des einstigen bedeutend reicheren künstlerischen Schaffens nachprüfen läßt.

Zwei kleine Gotteshäuser in Prizren, beides Adelsstiftungen aus Dušans Zeit, die Erlöser- und die Nikolauskirche, beweisen durch die hohe Ähnlichkeit ihres Grundrisses und die fast völlige Gleichheit ihrer Dimensionen das Bestehen eines städtischen Baugewerbes und durch die insbesondere in Ikonographie und Szenenanordnung deutlich werdende Affinität ihres Freskenschmucks das Vorhandensein einer ortsgebundenen Malertradition. In beiden Kirchen ist der Festzyklus um gewisse Szenen aus der Passion erweitert, und manche Kompositionen nehmen hier wie dort dieselbe Wandfläche ein. Einzelne Begebenheiten stimmen in der Darstellungsweise vollkommen überein oder zeigen gleiche Bewegungen bei den Geschehensteilnehmern. An dieser und jener Stelle hat sich in die slawischen Inschriften ein griechisches Epitheton oder eine griechische Namensform eingeschlichen. Mag sein, daß die Maler, die von irgendwo aus dem Süden gekommen waren und sich ihrer neuen Umwelt angepaßt hatten, trotz ihrer Aneignung der slawischen Sprache bisweilen wieder in ihre Muttersprache verfielen.

Prizren Nikolauskirche, um 1331/32

Die Nikolauskirche ist, wie aus einer entsprechenden Inschrift hervorgeht, eine Stiftung des Edelmanns Dragoslav Tutić, der sie 1331/32, als er bereits Mönch geworden war und den Namen Nikolaus angenommen hatte, errichten ließ. Der Wandschmuck ist stark beschädigt, doch auch das Gebliebene weist ihn unzweideutig als Werk eines mittelmäßigen Malers aus, der wohl das Niveau der von größeren Künstlern übernommenen Vorbilder zu halten verstand — er verstieß weder gegen die Harmonie in der Proportionierung der Gestalten noch enstellte er deren Formen —, dem jedoch eines abging: nämlich die Fähigkeit, sich zu einem eigenständigen Schaffen emporzuschwingen.[69]

Prizren Erlöserkirche, um 1348

Die Erlöserkirche wird erstmals 1348 erwähnt, als sie Dušan, nachdem er ihrem Stifter, dem Edelmann Mladen Vladojević, nach dessen Versetzung nach Ochrid die dortige Andreaskirche geschenkt hatte, dem Besitz seiner Klosterstiftung, des nahegelegenen Erzengelklosters, einverleibte. Die Ausmalung des Gotteshauses erfolgte in zwei Etappen: zunächst wurden die Apostelkommunion, die Anbetung des Opfers und der Thronende Christus im Altarraum geschaffen, und dann die übrigen Fresken. Es scheint dies eine Art Notlösung gewesen zu sein, bedingt durch die zu erwartende Veränderung im Leben des Stifters; erst, nachdem diese eingetreten war, also nach 1348, wurde der zweite Abschnitt der Dekoration durch neue Meister dem ersten angefügt. Wiewohl durch einen Brand das Gesamtwerk seiner farblichen Werte beraubt wurde, ist der Unterschied zwischen beiden Teilstücken unverkennbar: im Vergleich zu der älteren Malerei mit ihren kurzgeratenen, lebhaft bewegten Figuren, die an Qualität durchaus zu wünschen übrigläßt, erscheint die jüngere, im Schiff befindliche, als sichtlich besseres Werk; ihre Kennzeichen sind ruhige Wirkung und symmetrischer Aufbau der Szene sowie wohlausgewogene Figurenproportionierung, allerdings auch ein gewisses Übergewicht der Linie gegenüber der Farbe bei der Formgebung. Frei von harter Linienführung und einengendem
Abb. 66 Konturenzwang sind erst wieder die Darstellungen Christi und der *Gottesmutter Paraklisis* neben dem Eingang vom Narthex in das Schiff, die von einem Maler stammen, der zuletzt in Aktion trat und eine etwas andere Verfahrensweise anwandte.[70]

Besonders ausgeprägte Fähigkeiten oder stilistische Eigenarten hat nicht einer unter den hier behandelten vier Meistern von Prizren den übrigen voraus. Alle verfügen sie über jenes mittelmäßige Können, das in Anlehnung an Vorbilder wahrhaft großer Kunst die konsequente Fortsetzung des in letzterer herausgebildeten Stils anstrebt. Doch dieses Schaffen ist — ebenso wie das ihm verwandte in anderen kleinen Kirchen des Balkans (Berende in Bulgarien, die kleinen Kirchen Ochrids, Kastoria usw.) — außerstande, künstlerische Ergebnisse von Belang hervorzubringen.

Aufträge des Hochadels im altserbischen Kernland der Raška

Weitaus traditionsgebundener blieb die Kunst der ersten Hälfte des 14. Jahrhunderts im Norden des serbischen Staates. Ihre Schöpfer waren weder bereit noch von der Notwendigkeit überzeugt, die Veränderungen, die die Zeit König Milutins mit sich gebracht hatte, so rasch zu akzeptieren. Die in den Flußgebieten von Ibar, Lim und Morava enstehenden Denkmäler zehrten von der Größe jener Epoche, in der der Mittelpunkt des Landes in der Raška gelegen war. Richteten doch selbst die Herrscher — Milutin, Stefan von Dečani, Dušan —, wenn sie an die Errichtung ihrer Grabkirche dachten, den Blick zur Muttergottes von Studenica und übernahmen in dem Bestreben, daß ihre letzte Ruhestätte der ihres Ahnherrn gleichen möge, von dorther architektonische Formen oder die Bauweise. Bis tief ins 14. Jahrhundert hinein schufen die Baumeister westlich geprägte Fassaden und gotisch oder romanisch geformte Fenster (Muttergotteskirche in Peć, St. Nikolaus von Dabar u.a.). Kam es im Gebiet von Metochien bereits zu einer Überschneidung der baulichen Gestaltung, so überwog im Norden weiterhin die rascische Tradition. Der Adel fuhr fort, einschiffige Kirchen mit einer auf einem viereckigen Tambour ruhenden Kuppel zu errichten, wobei sich die Breite des letzteren zuweilen mit der des Schiffs deckte, wie dies bei den frühen Denkmälern der rascischen Schule der Fall gewesen war. Für die Malerei in den — einst Landeszentrum gewesenen — Gebieten der Raška bewirkte das starke Beharrungsvermögen des künstlerischen Erbes einerseits eine allmähliche Stagnation und die künstlerische wie politische Randlage andererseits eine Beschränkung der Entstehungsbasis auf die Tätigkeit lokaler Meister und damit das Fehlen bedeutenderer Schöpfer.

Die beiden Gaufürsten — Brajan, der in der Folge den christlichen Namen Petar erhielt, und Pribil mit seinen Söhnen Stefan und Petar — hinterließen zwei Wanddekorationen, die sowohl im Ideen- als auch im Schaffensgehalt so gut wie wesenseins sind. Brajans der Gottesmutter geweihte Familienkirche in Karan bei Užice, bekannter als „Weiße Kirche von Karan", wurde zwischen 1340 und 1342 ausgemalt. Die wesentlichen Themen der hier entstandenen Malerei bilden die Zwölf Kirchenfeste und das Marienleben. Als Folge der räumlichen Beschränktheit dieses Gotteshauses gerieten vier Szenen des Festzyklus bis in den Tambour hinauf, was nur im 10. und 11. Jahrhundert bisweilen vorgekommen war. Sämtliche alttestamentarischen Szenen — ausnahmslos im Zusammenhang mit Abraham stehend — erhielten ihren Platz an der Westwand, so, wie dies auch im Narthex des unweit gelegenen Arilje der Fall war. Den Altarraum beherrscht zur Gänze eine Darstellung der Anbetung des Opfers. Neben dem Kircheneingang erscheint die hl. Marina, einen Hammer schwingend, mit dem sie den Teufel tötet — in der serbischen Wandmalerei die erste derartige Darstellung dieser Heiligen, deren Verehrung, ausgehend von den makedonischen Gebieten, zusehends an Verbreitung gewann.

Weiße Kirche von Karan, 1340–42

Wohl alle, die sich um den Bau und die Ausmalung dieses Gotteshauses verdient gemacht hatten, erhielten darin ihr Porträt. Die Nordwand zeigt den *Stifter mit seiner Familie,* bestehend aus seiner Frau, seinem kleinen Sohn und drei erwachsenen Töchtern. Über der Nordtür befand sich ein kleines Bild, einen gewissen Megaloschimos Johannes darstellend; an dem gemauerten Ikonostas erscheint unter der Gottesmutter Tricherusa eine kniende Ordensschwester. In einem in der untersten Apsiszone, unterhalb der Anbetung des Opfers befindlichen rechteckigen Feld, das für gewöhnlich von dekorativen Faltenstoffkulissen ausgefüllt wird, sind, der Apsismitte zugekehrt, zwei Priester dargestellt; der eine von ihnen ist jener Georg, dem das Volk den Beinamen Medoš gab. In der Art ihrer Wiedergabe, dieser Hinwendung zu dem Opfer in Gestalt Christi, liegt ungeachtet dessen, daß sie eine Zone tiefer erscheinen und zudem in den Ausmaßen kleiner bemessen sind als die Kirchenväter, ihre Teilnahme an der Zelebration der heiligen Handlung über ihnen beschlossen. Die damalige Herrscherfamilie, die Familie König Dušans also, erscheint — der des Stifters gegenübergestellt — im Kreise ihrer berühmten Vorfahren: des hl. Simeon, des hl. Sava und König Milutins.

Abb. 60

Einen interessanten Freskenschmuck zeigt der gemauerte Ikonostas: auf der Vorderseite Christus und die Gottesmutter Paraklisis, von Engeln überschwebt, und daneben auch die Gottesmutter Tricherusa, deren Kult von Skopje beziehungsweise der dortigen Hauptkirche aus immer weitere Kreise zog, auf der Rückseite die Gestalten von Diakonen auf rotem Grund.

Es ist sehr wohl möglich, daß diese Malerei das Werk zweier Meister ist, von denen der eine, der bessere, dessen Schaffen im Zeichen der die plastischen Werte betonenden Tradition des frühen 14. Jahrhunderts stand, wobei allerdings die Formen rustiziert und die Farbzusammenklänge vereinfacht wurden, im Altarraum und am Ikonostas, und der andere, dessen Arbeiten stellenweise recht primitv anmuten, im Schiff tätig war. Keinem von beiden aber war es gegeben, eine besonders gelungene Ideenaussage zustandezubringen, obwohl beide, wie dies die Darstellungsweise der einzelnen Szenen zeigt, die erhabenen Vorbilder der Königskirche von Studenica gekannt haben müssen. Gewisse Analphabetismen in den Schrifttexten sowie Eigentümlichkeiten einer auf jekavischer Aussprache basierenden Mundart in den Inschriften zeugen von ihrer Herkunft aus derselben Gegend, aus der auch die adeligen Stifter stammten.[71]

Dobrun, 1343

Abb. 61

Von dem Gegenstück der soeben besprochenen Malerei, dem Wandschmuck in der Kirche von Dobrun in der Višegrader Gegend, sind nur die Fresken in den unteren Zonen erhaltengeblieben. Neben ganzfigurigen Einzeldarstellungen stehend wiedergegebener Heiliger erscheinen hier sämtliche Angehörigen von Dušans Familie sowie die männlichen Mitglieder der des Stifters: Pribil selbst, seine Söhne und — vermutlich — sein Schwiegervater Stan, der bei Hof das hohe Amt eines Protovestiarios bekleidete. Neben ihnen ist der Igumen Jefrosim dargestellt, die Hände auf der Brust zum Gebet verschränkt. Darüber zieht sich eine Reihe Medaillons mit Brustbildern von Heiligen hin; unter ihnen ist auch der Anachoret Petar von Prizren gezeigt, dessen Kult unter Dušan neuen Aufschwung gewann. Schließlich sind noch Reste einer Darstellung der Ökumenischen Konzilien vorhanden.

Unausgeprägt im Stil, kalt und reizlos in der Farbgebung, beinhaltete diese Malerei — ebenso übrigens wie die von Karan — immerhin gewisse porträthafte Werte, zumindest, was die Gestalten der Stiftergruppe anbelangt. Der Künstler hat es verstanden, das Wesen der darzustellenden Person eingehend zu erfassen: der natürliche, keineswegs erzwungene Adel in den Zügen des alten Protovestarios und des Igumens wirkt ebenso angemessen und überzeugend wie die grobe, verwandtschaftlich-gleiche Prägung der Physiognomien des Gaufürsten und seiner Söhne. Die Porträts der Herrscherfamilie hingegen, für die dem Maler, der Dušan und die Seinigen nie gesehen hatte, kein Modell zur Verfügung stand, so daß er auf seine Einbildungskraft angewiesen war, lassen, abgesehen davon, daß sie nicht der Wirklichkeit entsprechen, durchaus jene überzeugende Wirkung vermissen, die die anderen Porträts auszeichnet.[72]

Prokuplje, Lateinerkirche, um 1340

Etwa im selben Zeitraum muß, von einem unbekannten Edelmann in Auftrag gegeben, die Malerei der sog. Lateiner- oder „Jug-Bogdan"-Kirche in Prokuplje entstanden sein. Das Vorhandene — ein erheblich beschädigter Passionszyklus sowie Einzelfiguren — weist als kennzeichnendes Schaffensmerkmal starke Hell-Dunkel-Kontraste auf. Die Schatten sind durch Verdickungen der Zeichnung nachgezogen und die beleuchteten Stellen treten als breite, kalkig weiße Flächen hervor. Die Härte dieses Verfahrens wird lediglich durch den lebhaft gezeichneten Faltenwurf der Heiligengewänder mit ihrem stark gewundenen Linienfluß und den zersplitternden Formen gemildert. Die frische Farbgebung und die weiche Modellierung einiger Köpfe zeigen, daß der Maler ausbildungsmäßig Niveau besaß, offensichtlich aber keine Lust hatte, in seinen einmal festgelegten Stil, der im wesentlichen von der Festigkeit der Formen und der wuchtigen Gestaltung der Bildarchitektur bestimmt wird, störende Elemente hineinzubringen.[73]

Sopoćani, 1342–45

Nicht einmal der Herrscher selbst war imstande, die dem künstlerischen Schaffen in der Raška durch die aufgezeigten Gegebenheiten gesetzte Durchschnittsgrenze zu durchbrechen, als er ein älteres Denkmal ausmalen ließ, ja, es traf sich sogar, daß ganz besonders talentlose Meister für ihn tätig wurden. Auch Dušan ging nämlich an die Vergrößerung und Ausschmückung der Stiftung eines seiner bedeutenden Vorfahren heran, und was seinerzeit Studenica für Milutin und Đurđevi Stupovi für Dragutin gewesen war, das wurde für ihn nun Sopoćani, die Stiftung Uross I. Doch die lokalen Maler, die — zwischen 1342 und 1345 — die Durchführung seines Vorhabens besorgten, waren der Verwirklichung seiner Idee nicht gewachsen. Der Beste unter ihnen war noch jener, dem die Freskenausstattung des großen, offenen Exonarthex oblag. Die riesigen halbfigurigen Gestalten der Deesis über dem Eingang zum Endonarthex haben stark gelitten, dafür sind einige in der Lesefolge der sonntäglichen Evangelien gebrachte Szenen aus den Wundern und Gleichnissen Christi erhaltengeblieben. Einmalig ist die Darstellung des Gleichnisses vom reichen Mann, der da neue Getreidescheuern zu bauen gedenkt: ein Bild mit einer Fülle von Einzelheiten aus dem Alltagsleben. Was diesem Schaffen jedoch grundsätzlich abgeht, ist Erfindungsgabe beim Aufbau, der denn auch eine immer gleiche Lösung bringt: zwei einander gegenübergestellte Figurengruppen, deren lagemäßige Anordnung durch den Verlauf der Bildarchitektur oder der Landschaft untermalt wird. Die Figuren sind bisweilen zu kurz bemessen, im allgemeinen aber doch vollendeter herausgearbeitet, als dies bei irgendeinem anderen damals in der Raška tätigen Maler der Fall ist; ihre farbliche Gestaltung steht in den Zusammenklängen der der Heiligen von Ljuboten noch am nächsten. Dušans Stifterrolle kommt in Form eines Porträts der Herrscherfamilie sowie in Bildern seiner Vorfahren zur Geltung, die dem weltlichen Leben entsagten (hl. Simeon) und als Gründer von Sopoćani (König Uroš und Königin Jelena im Ordensgewand) auftraten.

Parallel zu der Tätigkeit im Narthex ging die Umwandlung der Zwischenräume zwischen Seitenkapellen und Chören an der Nord- und Südseite der Kirche in geschlossene Baulichkeiten, nämlich die St. Georgs- und die St. Nikolauskapelle, vor sich. In letzterer war in einer Inschrift bis vor kurzem noch der Name der Königin Jelena, offensichtlich der Gemahlin Dušans, zu lesen, während dessen eigener Name schon längst nicht mehr erkennbar ist. Von dem Wandschmuck der St. Nikolauskapelle sind vier Szenen aus einer Vita ihres Namenspatrons sowie einige Einzelfiguren erhalten, Werke, die mit ihren zu kurz geratenen, im Aussehen (gleicher Gesichtstypus, dieselbe aufgestülpte Nase) genormt wirkenden Heiligen, ihrer dürftigen Farbgebung und der Grobheit ihrer Bearbeitung ihren Schöpfer als ungeschickten Maler, schwachen Zeichner und phantasielosen Künstler ausweisen.

Der untalentierteste aller rascischen Maler war zur gleichen Zeit in der St. Georgskapelle tätig, zu deren Dekoration eine Vita ihres Patrons sowie Einzelfiguren gehören, unter ihnen auch der hl. Sava und Erzbischof Arsenije I. in der Komposition der Anbetung des Opfers. Aus der schlechten Zeichnung resultierende Unnatürlichkeit und Unbeholfenheit der Bewegungen der Heiligengestalten, die durch die Unkenntnis der Kunst des Modellierens bewirkte Naivität der Formen, die Rohheit der Farbgebung — all dies distanzierte die Werke dieses Meisters vom traditionellen Wesen byzantinischer Malerei, verwies sie in den Rahmen volkstümlichen Schaffens, ließ sie zum ethnographischen Objekt werden.[74]

So fiel in einer Zeit der unmittelbar bevorstehenden Proklamierung eines serbischen Kaiserreichs die Malerei in den nördlichen, nunmehr Peripherie gewordenen Landesteilen der völligen Verkümmerung anheim. Ihre Schöpfer, denen jede halbwegs seriöse Ausbildung fehlte, vermochten nur in den seltensten Fällen — und da im wesentlichen nur in bezug auf szenische Ikonographie — Tradition, große Vorbilder und Motive hauptstädtischer Kunst aufzugreifen, die auf wer weiß welchen Wegen bis zu ihnen gedrungen waren. Von wenigen Ausnahmen abgesehen, zeigte diese Malerei nur zu deutlich, daß die Zeiten, in denen die Gebiete hier große Künstler beherbergt hatten, längst vorbei waren.

Die Rolle des hohen Klerus des Metropolitansprengels Skopje

Die kurz vor der Jahrhundertmitte zustandegekommene Konformität des höfischen und des erzbischöflichen Schaffens erfuhr keine konsequente Ausdehnung auf die einzelnen Bistümer. Schon einmal, nämlich unter König Milutin, hatte zwischen dem Wandschmuck der Sakralgebäude der erzbischöflichen Residenz in Peć und dem der bischöflichen Hauptkirchen eine Differenz bestanden, freilich eine unter umgekehrten Vorzeichen stehende, da damals die Ausmalung der letztgenannten Gotteshäuser vom Herrscher besorgt wurde. War seinerzeit die Malerei der Diözesen klassizistisch, die der Erzdiözese hingegen mönchisch geprägt gewesen, so verkehrte sich das Verhältnis nun ins Gegenteil. Das Auftreten mönchischer Auffassungen in den Freskenschöpfungen der Bischofskirchen im nördlichen Makedonien läßt sich anhand zweier bedeutender Denkmäler verfolgen: es sind dies Lesnovo und Lešak.

Durch die Erhebung Serbiens zum Kaiserreich und des serbischen Erzbistums zum Patriarchat rückte das bisherige Bistum Skopje in den Rang eines Metropolitansprengels auf. Dieser neuen Kirchenprovinz wurden auf dem Reichstag von 1347 zwei Bistümer eingegliedert, die, bis dahin Klostersprengel gewesen, in solche umgewandelt wurden: Zletovo mit dem Sitz im Erzengelkloster von Lesnovo und Donji Polog, dessen Oberhaupt im Athanasioskloster von Lešak bei Tetovo residierte.

Lesnovo Schiff, 1347/48

Lesnovo wurde 1341 von dem angesehenen Adeligen Jovan Oliver errichtet, als er noch der oberste Heerführer Dušans war. Nach einigen Jahren, genau gesagt 1349 — er hatte inzwischen vom Kaiser den Titel eines Despoten verliehen bekommen —, baute er an den Kirchenkern einen offenen, kuppelüberwölbten Narthex an. Die Malerei im Schiff muß 1347 oder 1348 entstanden sein, innerhalb des Zeitraums nämlich, der zwischen Olivers Erlangung der Despotenwürde und der Errichtung des Narthex lag; denn in dem Bild des *Stifters* ist neben dessen Namen bereits sein neuer Rang angeführt, Abb. 62

während das Kirchenmodell, das er in den Händen hält, keinen Narthex besitzt. Die Ausmalung des letzteren wurde, wie aus einer Inschrift hervorgeht, zur selben Zeit vollendet wie sein Bau. Daß beide Dekorationswerke nach der Erhebung Lesnovos zum Bistum zustandekamen, steht außer Frage: ihre ungewöhnlichen stilistischen und ikonographischen Wesenszüge sind grundsätzlich aus den besonderen künstlerischen und theologischen Auffassungen der kirchlichen Würdenträger heraus zu erklären, die sich damals in Lesnovo zusammenfanden. Zwei von ihnen — die ersten Bischöfe der neuen Diözese, Jovan und Arsenije, — erscheinen in Porträtform in der Südwestecke des Narthex: eine Fortsetzung des in Serbien seit langem eingebürgerten Brauchs, in den Freskenschmuck der Kirchenvorhalle die Bildnisse einheimischer Bischöfe aufzunehmen.

Während die Dekoration des Narthex von einem einizigen Meister — allerdings wohl unter Mitwirkung mehrerer Gehilfen — geschaffen wurde, waren im Schiff vier Künstler am Werk, die in kleinen kreisförmigen Feldern in der unteren Zone ihre Signatur hinterließen: einer namens Sebastos unter der Gestalt des Erzengels Michael in der Stifterkomposition an der Nordwand, zwei mit Namen Michael und Markos unter der Darstellung der Gottesmutter am Südwestpfeiler des Schiffs; der Name des letzten ist nicht mehr leserlich. Alle vier zugleich signierten mehrere Teilstücke des Gesamtwerks ein und desselben Malers und zwar des besten, so daß bei der Zuweisung ihres Schaffens trotz erheblicher wechselseitiger Differenziertheit im einzelnen keine ganz eindeutige Abgrenzung möglich ist. Dafür, daß sie zu gleicher Zeit tätig waren, ist ihre Aufteilung des Werks untereinander sonderbar genug: sie erfolgte nämlich im wesentlichen in waagrechten Zonenabschnitten. Solch eine Aufteilung ist, sofern nicht durch zeitlich getrennte Schaffensperioden zustandegekommen, was ja aber im Fall von Lesnovo nicht zutrifft, nur unter der Voraussetzung verständlich, daß die Meister in der Reihenfolge von oben nach unten jeweils nach Fertigstellung ihres Abschnitts ihre Tätigkeit aufgaben. Daß hier in Lesnovo die Künstler, die die Ausmalung von obenher angingen, trotzdem auch an mehreren Stellen in den unteren Zonen signierten, in denen das Werk von einem anderen Maler zum Abschluß gebracht wurde, ist nur so zu erklären, daß sie in der Folge mit der Schaffung von Ikonen und Buchmalerei befaßt waren — und Werke dieser Art müssen in Lesnovo als einem bekannten Kopierzentrum ja in hoher Zahl vorhanden gewesen sein.

Der Wandschmuck von Lesnovo setzt in der Kuppel mit den Darstellungen des Pantokrators, der Himmlischen Liturgie und der Propheten ein, die der am wenigsten Begabte unter den vier Malern schuf. Seine Figuren sind grob, schwarz konturiert und dürftig in der Farbgebung.

Anschließend folgt das Werk des nächsten, weit besseren Künstlers: in der untersten Kuppelpartie, dem Tambour, halbfigurig dargestellt, die vierzig heiligen Märtyrer, an den Pendentifs die Evangelisten, und der, wie es scheint, ursprünglich mit Ausnahme der Koimesis vollständig vorhandene Zyklus der Zwölf Kirchenfeste in den oberen Zonen des Schiffs. Der Schöpfer dieser Fresken steht in bezug auf künstlerische Qualität an zweiter Stelle hinter dem ranghöchsten Meister von Lesnovo. Mit Vorliebe arbeitet er die Plastizität der Figuren mittels starker Hell-Dunkel-Kontraste heraus, wobei er die beleuchteten Flächen sehr schmal läßt. Zwecks Verdeutlichung von Charakterzügen greift er zu Verzerrungen des Gesichts, dessen wesentliche Ausdrucksmerkmale eine starke Kieferpartie, eine hohe Stirn und ein bezwingender Blick sind. In dieser Hinsicht wird er zum Vorläufer eines Strebens, das in der Folgezeit in Makedonien tiefe Wurzel schlagen sollte.

Der in der Reihenfolge wie auch in der Wertskala an dritter Stelle stehende Maler betätigte sich in den mittleren Zonen des Schiffs, wo er den Passionszyklus und den Zyklus der Wunder und Gleichnisse des Herrn schuf, und außerdem noch zusammen mit dem hervorragendsten Meister im Altarraum, in dem er die eucharistischen Szenen und einige große Brustbilder an den Säulen ausführte. In seinen Kompositionen ließ dieser Maler schmächtig gebaute Gestalten mit zu großem Kopf und verhältnismäßig kleinen Augen auftreten; als Gesichtsfarbe wählte er hellen Ocker, in den er auf einer Seite kastanienbraune, auf der anderen grüne Schattenpartien hineinsetzte. Bei den Einzeldarstellungen bringt er stets denselben Heiligentypus und variiert lediglich den Teint, bei dem er hellen und dunklen Ocker in verschiedenen Nuancen abstuft, bemüht, eine deutlich-plastische Wirkung zu erzielen. Ungeachtet dessen aber bleibt sein Schaffen durchwegs mit zwei wesentlichen Mängeln behaftet, nämlich Ungeschick und Naivität.

Dem besten Maler blieb es vorbehalten, das Dekorationsprogramm seinem Abschluß zuzuführen,
Abb. 65 indem er die tiefstgelegenen Zonen mit Freskenschmuck versah; dieser umfaßt einen den *Wundern des Erzengels Michael* gewidmeten Zyklus, die Koimesis, große halbfigurige Darstellungen an den Säulen

und *ganzfigurige Einzelgestalten* in der die Wandfläche nach unten zu abschließenden Zone. Doch schon bevor er an dieses sein eigentliches Werk heranging, griff er ergänzend in das Schaffen der Gruppe ein, über welches er eine Zeitlang die Aufsicht geführt zu haben scheint, wie ein zweifellos von ihm stammendes Bild hoch oben in der Apsiskalotte mit der Gottesmutter Platytera ton ouranon zwischen zwei Erzengeln zeigt. Die Heiligengestalten dieses hervorragendsten unter allen vier Malern, deren charakteristisches Merkmal die dreieckige Kopfform ist, bestechen durch ihre Wohlgestalt und die großen Augen. Sie sind durchwegs in bunte, reichverzierte Gewänder gehüllt. Strahlend rein sind die Farbtöne, mittels derer die Gesichter modelliert wurden: Grün, als Schattenandeutung über die tieferliegenden, Ocker, über die hervortretenden Partien hingebreitet, darauf aufgesetzt leuchtendes Wangenrot, und als Krönung weiße Glanzlichter in Form kleiner gerader Strichelchen. Bei den bedeutenderen Heiligen erscheint auch Blattgold an Gewand und Aureole. In dem Bestreben, den den Gläubigen zunächst stehenden Gestalten eine ikonenhafte Wirkung zu verleihen, greift der Maler zu einem besonderen Verfahren bei der Glättung des Mörtels, durch welches dieser zum Unterschied von den Wandflächen der oberen Zonen feinkörnig und gleichsam schmelzüberzogen anmutet. Abb. 63

Wenngleich sich alle vier Maler von Lesnovo hinsichtlich ihres Talents voneinander unterschieden und ein jeder von ihnen seine eigene Verfahrensweise hatte, erzielten sie im Rahmen ihres Gesamtwerks doch ein weitgehend angeglichenes künstlerisches Gepräge. Bei tunlicher Vermeidung des klassischen Aufbaus, bestehend in symmetrischer Figurenanordnung und wohlberechneter Szenengliederung, bringen sie in der Regel auf einer Seite des Bildes die Hauptgestalt und stellen dieser das ausführlich erzählte Geschehen gegenüber. Ihre Szenen sind größtenteils von Unruhe erfüllt, die Figuren zeigen ruckartige Bewegungen und erscheinen sowohl diesseits als auch jenseits der Kulissen von Landschaft oder Baulichkeiten. Das mit Menschen, Tieren, Gegenständen, Stadtansichten, Häusern und Felswänden überladene Bild scheint von tobender Unruhe und dramatischem Chaos ergriffen zu sein. Die Forderung nach eleganter Formvollendung ist hinfällig geworden angesichts des überhandnehmenden Strebens nach möglichst starkem Ausdrucksgehalt; das Gleichgewicht ist verschwunden und hat einer nachdrücklich erregten Stimmung Platz gemacht; bei den Heiligen wurde die Preisgabe der körperlichen Schönheit (die Gesichter sind verunstaltet, ja, betont häßlich) in Kauf genommen, um sie in gesteigertem Maße vergeistigt erscheinen zu lassen: in ihrem flammenden Blick glüht gleichsam ein inneres Feuer des Glaubens, aus ihren Zügen spricht eine tiefe Hingabe an Gebet und Askese. Eine ganze Welt im Mönchtum lebender Ideale wurde in Lesnovo in adäquater Weise eingefangen.

Gar manche der in der Malerei von Lesnovo auftretenden Spezifika, die zunächst wie durch Zufall entstanden anmuten, sollten ihre Anhänger und Bekenner unter den makedonischen Künstlern der mönchischen Richtung finden, ebenso aber unter den entsprechend eingestellten Auftraggebern. Letzteres dürfte den Anlaß dazu gegeben haben, daß, wie anzunehmen ist, der zweite Maler von Lesnovo, der übrigens im Gesamteindruck noch am ruhigsten wirkt, in der Folge in der St. Athanasioskirche von Lešak tätig war. Dieses Gotteshaus ist die noch zu Milutins Zeit errichtete Stiftung des damaligen Hieromonachen Antonije, der in der Folge, bei der Schaffung der beiden neuen Bistümer Zletovo und Donji Polog zum Oberhaupt des letzteren wurde und als solches den Namen Joanikije erhielt. Die wenigen Freskenreste (die Anbetung des Opfers und alttestamentarische Szenen — die Philoxenie und die Drei Jünglinge im Feuerofen —, an ungewöhnlicher Stelle, nämlich in den unteren Zonen des Chors, erscheinend, sowie einige ganz- bzw. halbfigurig dargestellte Heilige) tragen dieselben Wesensmerkmale wie die Werke des zweiten Meisters von Lesnovo. Dieser Stil fand dann später Anhänger unter den älteren Künstlern im Marko-Kloster.[75]

Lešak, um 1350

Im Marko-Kloster sollte, wie noch zu berichten sein wird, die in Lesnovo aufgekommene Unruhe in anderer Form wiederaufleben und gleichzeitig so manche der vom Besten der Maler von Lesnovo erbrachten Lösungen erneut aufgegriffen und zu einer besonderen Schaffensnote umgestaltet werden. Eine solche — bis dahin ganz selten in Erscheinung getretene — Lösung dieses Malers sei gleich angeführt. Sie bestand darin, die Figuren dort, wo wegen völliger Ausfüllung des Raums vor den Kulissen und seitwärts davon kein Platz für eine übersichtliche Anordnung blieb, in helle, halbkreisförmig überwölbte Flächen wie unter einen Glassturz zu setzen.

So drängte die suggestive Malerei von Lesnovo ihr Wesen und ihre neuen Eingebungen ihrer Umgebung auf. Ihre Schöpfer waren offensichtlich Griechen aus Makedonien: für ersteres sprechen die griechischen Signaturen, für letzteres vor allem das autochthone Gepräge und die Langlebigkeit ihres Stils.

Lesnovo Narthex, 1349

Der Freskenschmuck des Kirchenschiffs von Lesnovo brachte keine Zurschaustellung theologischer Gelehrsamkeit. Nur wenige Bilder, wie etwa die in der Apsis befindliche Komposition, in der Christus als Hoherpriester zusammen mit Engeln die Liturgie zelebriert, die Darstellung Christi als Hoherpriester in Segensgebärde im Diakonikon und seltene Szenen aus dem Zyklus der Michaelswunder, beinhalten ikonographische Neuheiten. Erst der Maler des 1349 angebauten Narthex ging — gemäß dem unter den Palaiologen eingeführten Brauch, in der Kirchenvorhalle eine Art Schau an Wissensgut abzurollen — daran, die komplizierten Ideen der Prälaten von Zletovo in Bilder zu fassen. Unterhalb der geläufigen Kuppelmotive in Gestalt des Pantokrators und der Propheten sind in der Wandmalerei von damals einzigartige Szenen von der Lehrtätigkeit der Kirchenväter Basilius der Große, Johannes Chrysostomos, Gregor von Nazianz und Athanasios der Große wiedergegeben, die von den Personifikationen der Göttlichen Weisheit inspiriert sind. Unter den Tischen, auf denen sie schreiben, quellen Flüsse hervor, aus denen Geistliche, Mönche und Menschen aus dem Volk trinken. Der östliche Kreuzarm des Narthex ist der Gottesmutter geweiht, die in Form des Motivs „vom lebensspendenden Brunnen“ und ihrer alttestamentarischen Urbilder und Symbole erscheint. Der südliche Arm, in dem die Totenmesse der Mönche abgehalten zu werden pflegte, zeigt Illustrationen zu Versen der drei letzten *Psalmen*. Den dem Vollzug der Taufe vorbehaltenen Nordarm füllt ein Johannes dem Täufer geweihter Zyklus; im Gewölbe schwebt der Pantokrator in der Aureole, umgeben von einer Heerschar von Engeln — eine Darstellung der Vision des Ezechiel. Im Westarm erscheint im Scheitelpunkt des Gewölbes ein Brustbild des Christus Immanuel; des weiteren sind hier die Leidensszene der vierzig hl. Märtyrer sowie das Gleichnis von den fünf klugen und den fünf törichten Jungfrauen wiedergegeben, welch letzteres die Gläubigen mahnend daran erinnern soll, daß weder Tag noch Stunde der Wiederkunft des Herrn bekannt sind. Seine Ergänzung findet das Thema vom Jüngsten Tag in den am östlichen Pfeilerpaar auftretenden Gestalten des Weltenrichters und der Gottesmutter Paraklisis.

Abb. 64

In der flachen Nische über dem zum Schiff führenden Portal ist der Erzengel Michael zu Pferd dargestellt, ein gezücktes Schwert in der erhobenen Hand. Pferd und Reiter sind in Rot getaucht. Der Erzengel strahlt ein inneres Feuer aus, was an Manuel Philes denken läßt, der, wie er sagt, dem Rot bei Heiligengestalten recht eigentlich geistigen Symbolgehalt unterstellt, obschon er dabei zugeben muß, daß diese Farbe von den Malern auch oft mißbraucht wird. Philes knüpft damit an die altchristlichen Vorstellungen eines Pseudo-Dionysios oder Gregors des Großen an, denenzufolge das Rot der Engel Zeichen ihres guten Wesens war, da sie nämlich in Gottes Feuerhimmel lebten und von diesem himmlischen Feuer durchglüht seien. In der Rolle des Kirchenpatrons erscheint der Erzengel Michael ein weiteres Mal im Verein mit dem zweiten Schutzheiligen des Gotteshauses, dem Erzengel Gabriel, seitwärts von demselben Eingang; an die beiden Engelsgestalten schließen die zwei Namenspatrone des Stifters, Johannes der Täufer und Johannes der Evangelist, an. Zahlreiche wunderliche Heilige, eigenartig auch in der Ikonographie (der hl. Christophoros mit dem Jesusknaben auf der Schulter, die Stammutter Eva, der hl. Barbaros und Moses der Äthiopier u.a.) nehmen Plätze der unteren Zone ein.

Durch ihre Ikonographie hat die Malerei des Narthex von Lesnovo eine Sonderstellung innerhalb der byzantinischen Kunst des 14. Jahrhunderts inne. Ihr Schöpfer besaß eine weit gründlichere Bildung als die im Schiff tätigen Meister. Gestützt auf den Klassizismus des frühen 14. Jahrhunderts, von dem er die Figurenproportionierung und den Gesichtstypus übernahm, war dieser Maler wohl fähig, Erfaßtes nachzuvollziehen, aber nicht genügend talentiert, um seinen Werken neue Impulse einzuhauchen. Die Farbgebung ist ziemlich trocken, gedämpft und glanzlos, wodurch die Figuren — denen im Narthex von Peć nicht unähnlich — ohne Leben erscheinen und so den Aussagegehalt des Sujets herabmindern. Doch immerhin: durch die in hohem Maße dekorative Wirkung seines Gesamtwerks figuriert er unter den Meistern, die ihre Aufgabe mit Fingerspitzengefühl zu bewältigen wußten. Für seine komplizierten Themen fand er sehr gelungene Konzeptionen. Die Anordnung der Bilder in den Gewölben der Kreuzarme mutet geradezu heraldisch an: ein in einen Kreis gesetztes Zentralmotiv verzweigt sich in Gestalt der entsprechend gescharten Geschehensteilnehmer in symmetrischer Ausgewogenheit zum Bildrand hin. Entgegen der klangvollen, bildhaften Sprache der Künstler im Schiff von Lesnovo, die erfüllt ist von einem Empfindungsgehalt, der naiv sein mag, doch unmittelbar anspricht, legt die kunstfertige und gelehrte, von kühlem Intellekt geprägte Malerei des Narthex das Hauptgewicht auf die Ideen, die sie in akademischer Weise Gestalt annehmen läßt. Diese Malerei zeigt, daß sich in Dušans Kaiserreich zuweilen auch in den Eparchien jener eigenständige Klassizismus herausbildete, der — im Stil dem höfischen Schaffen so nahe verwandt — beim Patriarchat bereits beliebt geworden war.

Die Würdenträger der Eparchie von Zletovo wußten um die innerhalb Makedoniens akzeptierte Verquickung der alten heimischen und der importierten rascischen Kulte und ebenso um das ungeschriebene Gesetz, demzufolge das Verhältnis zwischen dem Herrscher und den ihm unterstehenden Adeligen auch im Bereich der Porträtmalerei deutlich festzulegen war. In Form zweier in besondere Nischen neben dem Ikonostas eingefügter Bilder — eines Porträts und einer Beerdigunsszene — ehrten sie vor allem das Andenken des Anachoreten Gavrilo von Lesnovo, dessen Gebeine in dem Gotteshaus bestattet waren. Die Gestalten zweier seiner Mitbrüder, Prohors von Pčinja und Joakims von Osogovo, projizierten sie neben dem Haupteingang, und die des hl. Sava und des hl. Simeon an die Westwand. In einem an der Nordwand des Schiffs befindlichen Porträt — übrigens dem schönsten Adelsporträt in Serbien des 14. Jahrhunderts — erscheint, geleitet von dem Erzengel Michael, der *Stifter*. Ein weiteres Mal taucht dieser in einem Familienporträt im Narthex auf, das sich unter dem des Herrschers befindet. Letzteres weist weit größere Dimensionen auf, so, als habe durch die Verschiedenheit der Ausmaße und die Lage der Gestalten das Vasallenverhältnis verdeutlicht werden sollen.[76] Abb. 62

Außerhalb Makedoniens tauchten auf serbischem Staatsgebiet keine so starken Differenzen zwischen der Malerei des Hofs und der des hohen Klerus mehr auf. Die Reste der Fresken im Bereich der weitgehend abgerissenen Kirche des Einsiedlermönchs Petar von Koriša bei Prizren, die gegen die Jahrhundertmitte zu entstanden sein dürften, als das dortige Kloster den Chilandar-Mönchen unterstand, lassen nur eine künstlerische Eigenart ihrer Schöpfer erkennen: die Tendenz zu leichten Verzerrungen der Gesichter zwecks Steigerung des Ausdrucksgehalts der Heiligenköpfe. Das wenige, was — und auch dieses schon in schwer beschädigtem Zustand — von der Malerei erhalten geblieben ist, der Alte der Tage und rebenumrankte Brustbilder der Propheten in der Einsiedlerklause sowie Szenen aus den Wundern Christi und dem Marienleben (an der Felswand, die einst die Nordwand des Gotteshauses bildete), vermittelt kein auch nur einigermaßen klares Bild von den ästhetischen Begriffen, die die mönchische Malerei in Metochien gezeitigt hat.[77] *Koriša, um 1350*

So bleibt Lesnovo das wesentliche Denkmal der im serbischen Kaiserreich um die Mitte des 14. Jahrhunderts entstandenen klerikalen Kunst.

Das Erzbistum Ochrid

Als Ochrid 1334 unter serbische Herrschaft kam, wurde dem neuen Staat auch das dortige autokephale Erzbistum eingegliedert, das seit den Zeiten Savas und Chomatians mit der Serbischen Kirche verfehdet war. Unter Aufrechterhaltung dessen, wenn auch nunmehr räumlich eingeschränkten, selbständigen Daseins war Dušan nach Kräften bemüht, auch die kirchlichen Fragen zu regeln. Der bisherige Erzbischof von Ochrid, der Grieche Antimos Metochites, trat (möglicherweise unter Druck) von seinem Amt zurück — er nahm noch lange danach, ohne Inhaber eines Titels zu sein, an den Konstantinopler Kirchensynoden teil —, und an seine Stelle trat Erzbischof Nikola. Es hat ganz den Anschein, als habe Dušan bei der Ernennung der Ochrider Erzbischöfe die Rolle der byzantinischen Kaiser übernommen. In einer Freskeninschrift in der Ochrider Sophienkirche bezeichnet Nikola sich als den „ersten aus Serbien", so, wie Erzbischof Leon sich seinerzeit nach dem Zusammenbruch von Samuels Reich den „ersten aus rhomäischen Landen" genannt hatte. Der offizielle Titel des Ochrider Oberhirten lautete auch weiterhin „Erzbischof der Ersten Justiniana und ganz Bulgariens", doch spricht Dušan in seinen Akten oft von seinem „griechischen Erzbischof" und seiner „Griechischen Kirche". Konsequente Beibehaltung der kirchenrechtlichen Titel durch die Erzbischöfe einerseits — Herausstellung des wahren Wesens ihrer Kirche durch Dušan andererseits. Nikola nimmt neben dem serbischen Patriarchen an den serbischen Reichstagen teil und wirkt bei Dušans Krönung zum Kaiser mit, die den Widerspruch des Ökumenischen Patriarchats und die Verhängung des Bannfluchs über den serbischen Herrscher und die Serbische Kirche auslöste.

Die offizielle Sprache des Erzbistums blieb auch weiterhin das Griechische, doch wurde der Gottesdienst auch in slawischer Sprache abgehalten, was aus der Erwähnung serbischer Bücher in Aufzeichnungen und Inschriften hervorgeht. Die Freskenbeschriftung ist vorwiegend griechisch gehalten, doch kommen auch slawische Inschriften in serbischer Fassung vor. Der bereits zu Beginn des

e) Ochrid, Sophienkathedrale, Narthex-Obergeschoß, Stifterkomposition, 1346 – 50

Jahrhunderts von den Serben akzeptierte Kult heimischer Heiliger wurde auch weiterhin gepflegt. Gar bald nach der Eroberung Ochrids wurde die Entwicklung des Erzbistums in neue Bahnen gelenkt.

Ochrid St. Nikolaus Heil der Kranken, Südfassade 1345

Seine kirchliche und politische Stellung tritt am deutlichsten in zwei Bildern aus den vierziger Jahren des 14. Jahrhunderts zutage. Das eine davon entstand 1345 an der Südfassade des Kirchleins St. Nikolaus Heil der Kranken und zeigt in der Mitte, halbfigurig dargestellt, den hl. Nikolaus und neben ihm auf einer Seite die Mitglieder des Herrscherhauses und ihre Vorfahren, den hl. Sava und den hl. Simeon Nemanja, und auf der anderen Erzbischof Nikola. Das inzwischen erzielte Einvernehmen, demzufolge das Erzbistum Ochrid die serbische Herrschaft und die bis dahin bestrittene Autokephalie der Serbischen Kirche anerkannte, der König hingegen die selbständige Position der „Griechischen Kirche" akzeptierte, hat hier seinen Niederschlag gefunden. Ein geschickter Maler war es, der da — nach den seit langem feststehenden Gepflogenheiten in der Welt von Byzanz — eine treffende ikonographische Formulierung des bestehenden Rechtsverhältnisses zustandebrachte; diese ließ er sich mehr angelegen sein, als das künstlerische Niveau seines Werks. Etwa zur gleichen Zeit hielt ein anderer Künstler auf Geheiß von Erzbischof Nikola dessen Stellung und damit die Stellung des Erzbistums gegenüber der Serbischen Kirche in einer im Obergeschoß des Narthex der Ochrider Kathedrale befindlichen Deesis fest, in der Nikola als neuer Stifter vom Oberhaupt der Serbischen Kirche, Joanikije, zu Christus hingeführt wird. Offensichtlich war sowohl dem Herrscher als auch dem Patriarchen Serbiens daran gelegen, die Position des obersten Ochrider Seelenhirten definiert zu wissen.

Zeichnung e

Ochrid St. Nikolaus Heil der Kranken, Naos 1335/36

Erzbischof Nikola wird zum größten Kirchenbauherrn Ochrids, zum Erneuerer der Kathedrale und zu einem bedeutenden Auftraggeber für die Schaffung von Werken der Wand- und Tafelmalerei. St. Nikolaus Heil der Kranken, allem Anschein nach seine Hofkirche, wurde 1335/36 ausgemalt. Dieses Gotteshaus mit halbkreisförmigem Tonnengewölbe und einer Apsis erhielt eine Dekoration, die in der Stadt zum Vorbild für alle kleinen Kirchen dieses Typs werden sollte. Im Scheitelpunkt des Gewölbes befinden sich Medaillons mit verschiedenen Christusmotiven, die Apsis schmücken eine Darstellung der Gottesmutter im Paradies und eine Wiedergabe der Anbetung des Opfers, die höhergelegenen Zonen füllt ein Kirchenfestzyklus, und unter diesem folgt eine Reihe von Medaillons mit halbfigurig gezeigten

Märtyrern. Die untere Zone nehmen ganzfigurige Darstellungen ein: im Altarraum sind Diakone und im Schiff der Kirchenpatron, der Schirmherr der Stadt, besonders ausgewählte Anargyren, einige Soldatenheilige, Konstantin und Helena und zwei bis drei heilige Mönche wiedergegeben. In einer Kirche dieser Größe sind gewöhnlich zwei Maler am Werk. Dies war auch in der Nikolauskirche von Ochrid der Fall; die beiden darin tätigen Künstler teilten sich, von wenigen Ausnahmen abgesehen, ihren Aufgabenbereich in der Weise ein, daß der eine die Szenen und Einzelfiguren der südlichen, der andere die der nördlichen Hälfte des Gotteshauses schuf. Der bessere Maler war der erstere: seine Heiligengestalten sind — wohlgelungen in der Zeichnung und geschickt modelliert — kraftvoll anmutende Erscheinungen; die Farbgebung der Gesichter besteht aus blassem Ocker, kühlem Grün in den Schattenpartien und dem Weiß der aufgesetzten Glanzlichter. Die Gestalten des zweiten Meisters wirken schwächer; ihre Gesichter weisen — bei ebenfalls grünen Schattenstellen — eine warmgetönte, an Gelb grenzende Ockerfarbe auf, plastische Akzente mittels weißer Glanzlichter fehlen.

Die eng aufeinander abgestimmte Farbgebung verleiht der Dekoration eine ausgeglichene Wirkung, und die Art, wie die Maler das Erbe des frühen 14. Jahrhunderts verwerten, verrät Geschick und Bildung. Die Anspruchslosigkeit der Szenengestaltung jedoch, der Mangel an rechtem Gefühl für klassische Formen sowie das Unvermögen, ein einprägsames, kristallklares Volumen herauszuarbeiten, verweisen ihre Werke in den Rahmen eines soliden Durchschnittsschaffens. Sie gehören einer Übergangsperiode der Kunst an, jenem Zeitraum, in dem die alten Formen unfruchtbar werden, und die neuen, gestaltungswirksamen, noch nicht so weit durchgedrungen sind, um ein neues, verwandeltes Gesamtbild entstehen zu lassen.[78]

Ochrid Sophienkirche, 1346–50

Auffassungsmäßig mit den Malern von St. Nikolaus Heil der Kranken grundsätzlich verwandt war der Meister, der bei der Erneuerung der Sophienkirche, der Ochrider Kathedrale, die Fresken in der kleinen, Johannes dem Täufer geweihten Kapelle im Obergeschoß des Narthex schuf. Das Werk wurde augenscheinlich von dem Despoten Jovan Oliver finanziert, da an der Westwand neben dem Bild des Erzbischofs Nikola ein Familienporträt von ihm erscheint, das ihn, seine Gattin Maria und seine beiden Söhne Damjan und Krajko zeigt; die Aufschriften über ihnen allen sind serbo-slawisch, während das erzbischöfliche Porträt griechisch beschriftet ist. Von dem ursprünglich vorhandenen Kirchenfestzyklus sind nur mehr zwei bis drei Fragmente erhalten; geblieben ist ein zweiter Zyklus, der dem Schutzheiligen der Kapelle, Johannes dem Täufer, gewidmet ist, dessen flügeltragende Gestalt in der unteren Zone erscheint. Wegen der flächenmäßigen Beschränktheit der Kapelle faßte der Meister mit Sachkenntnis jeweils mehrere Geschehnisse in einem Rahmen zusammen. Auf diese Weise fügte er sich den Lösungen gewisser Szenen aus dem Zyklus der alttestamentarischen Josephslegende an den Wänden der Vorhalle der Sophienkirche; von der alten Malerei in der Kirche der Muttergottes Peribleptos aber übernahm er die Zeichnung der Komposition Geburt des hl. Johannes. Die Fresken hier lassen jedwede Schaffensinspiration und jegliches Feingefühl in bezug auf die Farbgebung vermissen und sind nur im Zusammenhang mit der Persönlichkeit ihres Schöpfers von Interesse, dessen in der Fensterhöhlung unterhalb eines gemalten Kreuzes erhaltengebliebene Signatur ihn als „Konstantin", den „Knecht Gottes", ausweist. Darunter steht auch unterzeichnet „Der sündige Johannes, Chorführer, der Sohn des Malers". Vater und Sohn dürften irgendeiner heimischen Familie angehört haben. Der Rückschluß auf ihre griechische Abstammung ergibt sich aus der Tatsache, daß sie griechisch signierten.

Nachdem Nikola all die umfangreichen Anstalten getroffen hatte, die für die Ausmalung der bis dahin leeren Wände des Narthexobergeschoßes und der offenen Säulenhalle über dem 1314 errichteten repräsentativen Exonarthex der bedeutendsten Kirche der Stadt erforderlich waren, berief er zur Durchführung dieses Werkes einen außergewöhnlichen Maler. Es war dies Johannes Theorianos, die markanteste Gestalt unter allen Künstlern, die während der serbischen Herrschaft in Ochrid wirkten. Seine Signatur hinterließ er auf dem Schwert des Erzengels Michael in der Szene Die Reue Davids. Seine Ausbildung genoß dieser Meister mit aller Wahrscheinlichkeit in den Künstlerwerkstätten Thessalonikes, und war, wie vermutet wird, einer der vielen Angehörigen des weitverzweigten, in den Geschichtsquellen oft genannten byzantinischen Geschlechts der Theorianoi. Sicher ist immerhin, daß die Fresken in der Seitenkapelle und die in den Haupträumen des Obergeschoßes im Westtrakt der Sophienkirche innerhalb des gleichen Zeitraums, d.h. nach 1346 und allenfalls noch vor 1350, entstanden sind.

Abb. 67
Zeichnung e

Als Wandschmuck des Narthex-Obergeschoßes erscheinen die Ökumenischen Konzilien (im Gewölbe), die Vision des alexandrinischen Patriarchen Petros (an der Südwand), die *Reue Davids* (an der Nordwand) sowie eine lange Reihe ganzfiguriger Einzeldarstellungen von Märtyrern und Mönchen und, zwischen diese hineingesetzt, die Deesis, in der Patriarch Joanikije, Erzbischof Nikola und die beliebten Ochrider Heiligen Kliment und Naum figurieren. Die subtile Malerei dieses Johannes Theorianos, deren hervorstechendes Kennzeichen die schlanken Figuren mit den rosa getönten, grün geschatteten und mit dezenten Glanzlichtern in Form weitgestreuter Strichelchen versehenen Gesichtern sind, stellt — und dies nicht etwa nur nach Ochrider Maßstäben — eine Neuheit dar. Dieser von neuem Leben durchpulste Stil mit seiner persönlichen Note und seinem lyrischen Stimmungsgehalt sollte immer größere Popularität gewinnen. Deutlich hebt sich von des Meisters eigenen Werken das Schaffen jenes weit unter seinem Niveau stehenden Malers ab, der ihm hier zur Hand ging und der zu einem Gutteil die Einzelfiguren an der Westwand zustandebrachte: grobe Zeichnung, rohe Ausführung und stumpfer Farbklang sind seine nicht zu übersehenden negativen Merkmale.

Für die Schaffung des Freskenschmucks der Säulenhalle über dem Exonarthex wählte Theorianos andere Gehilfen aus. In Gemeinschaftsarbeit entstanden die an der Nordwand befindliche Darstellung des Jüngsten Gerichts und, davor endend und sich über die drei anderen Wände verteilend, zwei große Zyklen, nämlich die Josephslegende, inspiriert durch Schriftstellen des Alten Testaments sowie Ephraim des Syrers, und der Kanon zum Hinscheiden einer Seele, der nach dem byzantinischen Dichter Andreas von Kreta zugeschriebenen Versen illustriert ist. Hinter dieser Gegenüberstellung eines erregenden irdischen Lebens, das bis zum Thron führte, und eines Mönchstodes, einer Seelenreise zu Christus, mag sich die Absicht verborgen haben, den Herrscher und die Männer der Kirche auf das Endziel hinzuweisen. Wie ein politisches Programm, eine Veranschaulichung der Lage in Ochrid aus kirchlicher Sicht, wirkt das Bild über dem Haupteingang dieses Raums: in der Mitte steht Christus, und diesem führt auf der einen Seite der hl. Kliment, Slawenapostel und Stadtpatron, die serbische Kaiserfamilie, und auf der anderen der hl. Panteleimon, der nach dem Kirchenkalender am selben Tag gefeiert wird wie Kliment und dem dieser in Ochrid ein Kloster errichtete, das byzantinische Kaiserpaar zu. Der tiefere Sinngehalt der ganzen in den Obergeschoßräumen des Narthex zur Sprache gekommenen komplizierten Thematik lag in der Natur der Malerei bischöflicher und erzbischöflicher Hauptkirchen beschlossen.

Ästhetischer Gesamteindruck, subtile Stoffdarbietung und Anmut der Gestalten sind die wesentlichsten Vorzüge von Theorianos' Schaffen. In Weiterführung der alten, im 11. und 13. Jahrhundert umfassend zur Anwendung gelangten, in Konstantins Malerei in der Kapelle Johannes des Täufers wieder zaghaft in Erscheinung tretenden Formel von der parallelen Wiedergabe zeitlich auseinanderliegender Geschehnisse im Rahmen ein und desselben Bildes brachte er es in den Kompositionen des Josephszyklus fertig, mittels Bereicherung der Landschaftskulisse durch Hügelwellen oder üppig gestaltete Baulichkeiten in das Bild eine Vielzahl von Begebenheiten hineinzuprojizieren, von denen jede eine Szene für sich bildet, an der jeweils eine dichtgedrängte Gruppe kleinbemessener Figuren teilnimmt. Die Verkleinerung der menschlichen Gestalt, die zuweilen bis zur Kindergröße geht, ist die Folge eines Umsichgreifens des erzählenden Elements in der Malerei, dessen Überhandnahme schon die im Kloster Rila, in Prokuplje, in der Säulenhalle von Sopoćani und gelegentlich auch die in Lesnovo tätigen Künstler zu ähnlichen Lösungen greifen ließ. Im Zuge des besagten Verfahrens hielt — in der Josephslegende — die ferne Welt des Orients mit ihren malerischen Trachten, mit Mohren, Hirten, Pharaonen und deren Siegeszügen, mit Kameltreibern und Händlern Einzug in einer Balkankirche. Der Aussagegehalt der im 13. Jahrhundert von den Künstlern von Sopoćani und San Marco in Venedig geschaffenen Josephslegenden ist gering im Vergleich zur Malerei Theorianos' mit ihren realistischen Details und ihrer dokumentarischen Wiedergabe, einer Malerei, in der sich die abstrakte Gestaltungsweise zur konkreten Erzählung verdichtet hat. Dieser Schritt vom Abstrakten zum Konkreten bewirkte zwangsweise eine Veränderung der gesamten Szene; denn eine unter diesen Vorzeichen stehende Schilderung mußte ja den Pulsschlag der lebendigen Gegenwart des 14. Jahrhunderts glaubhaft mit spürbar werden lassen.[79]

Um die Jahrhundertmitte ging Theorianos mit einem neuen Mitarbeiter an die Ausmalung der kleinen Ochrider Kirche zu Kosmas und Damian, bekannter als „Anargyrenkirchlein". Nach den Merkmalen der — nur in Resten erhaltengebliebenen — Fresken zu urteilen, übernahm er dabei die gesamte West- und einen Teil der Südwand, und der zweite Maler den Rest der letzteren sowie die Ostwand. An der Nordwand sind keine Fresken erhalten geblieben. Drei noch vorhandene Szenen aus dem Kirchenfestzyklus — die Geburt Jesu, die Verklärung und die Koimesis — sowie einige ganzfigurige Einzelgestalten zeigen, daß sich am Schaffen Theorianos' gegenüber seinen Werken in der Sophienkirche nicht das geringste geändert hat. Das satte Kolorit der Gesichter der hervorragend gezeichneten *Heiligen* weist auch hier wieder die ihm eigene, einem Meister seiner Größe entsprechende Farbenskala mit all ihrer Helle und Transparenz auf. Weniger begabt war sein Kollege, der die halbfigurige Deesis über der Apsis, die daneben befindliche Verkündigungszene, die (von ihm als „Acheiropoieton" bezeichnete) Gottesmutter „vom lebenspendenden Brunnen" in der Apsiskalotte, den Mittelteil die Anbetung des Opfers und schließlich einige Heiligengestalten in der unteren Zone der Südwand schuf. Im Gegensatz zu Theorianos, der zu einer ikonenhaften Malweise neigt, hält er sich ganz an das rein wandmalereimäßige Verfahren. Dazu aber kommt eine allzu freizügige, lässige Ausführung, die die plastischen Werte kaum zur Geltung bringt. Im Ergebnis kamen Heilige mit unverhältnismäßig großem Kopf und stierem Blick unter den großen, gesenkten Lidern zustande, die irgendwie verschlafen wirken. Lustlos gestaltet, blaß und unakzentuiert in der Farbgebung, erinnern sie in nichts an die schönen, markanten Gestalten des leitenden Meisters. Größeres Können bewies dieser — anonym gebliebene — Maler erst in einer am Ikonostas befindlichen Ikone, darstellend die Gottesmutter Episkepsis.

Ochrid Anargyrenkirchlein (Mali sv. Vrači), um 1350

Abb. 68

Jeder der beiden lieferte einen interessanten ikonographischen Beitrag. Theorianos ließ der Ochrider Überlieferung entspreched in der Anbetung des Opfers hinter der Gestalt Gregors des Wundertäters die des Ochrider Erzbischofs Konstantin Kabasilas erscheinen und setzte damit einen in St. Johannes „Kaneo" begründeten und in Nagoričino vom serbischen Herrscher akzeptierten Brauch fort. Sein Gefährte wiederum hinterließ die älteste Darstellung des hl. Kliment, die diesen mit dem Modell der Stadt Ochrid in der Hand zeigt, und die später bis ins 15. Jahrhundert hinein (Leskoec) immer wieder auftauchen sollte. Mochte diese Art der Wiedergabe des Heiligen, die seine Rolle als Stadtpatron zur Geltung bringt, auch auf ältere ikonographische Vorlagen, nämlich die Darstellung Konstantins mit dem Modell Konstantinopels (dortige Hagia Sophia) und die des hl. Demetrios mit dem Modell Thessalonikes (im 13. Jahrhundert geprägte Münze dieser Stadt), zurückgreifen — für das Ochrid der Zeit Dušans war sie jedenfalls eine Neuheit.[80]

Der gesamte Umfang von Theorianos' Schaffen in Ochrid läßt sich nicht mehr feststellen. Eine hervorragende Prozessionsikone mit den Heiligen Kliment und Naum, die möglicherweise Besitz der erzbischöflichen Hauptkirche war, verrät seine Hand: der rosige Teint der Heiligen, der hauchzarte Farbauftrag, die pulsierende Lebendigkeit und der Wohlklang des Kolorits — dies alles sind untrügliche Merkmale seiner Malweise. Seinen vornehmsten Schaffensattributen wurde in Gestalt dieser Ikone höchste Achtung zuteil; die Ochrider pflegten sie nämlich am Festtag ihrer bei ihnen in hohem Ansehen stehenden Prediger in einem feierlichen Umzug durch die Stadt zu tragen.[81]

Das Werk des Johannes Theorianos und seiner Mitschöpfer verlieh der in der Ära Dušans und Erzbischof Nikolas entstandenen Ochrider Malerei das Gepräge. Nach einem vollen halben Jahrhundert war wieder ein Künstler von überragendem Talent in die Stadt gekommen, ein Maler, der zu den fortschrittlichsten Schöpfern seiner Zeit zählte, einer jener Meister, deren Werke Lösungen enthielten, die den Beginn einer neuen Epoche in der Kunst der byzantinischen Welt kennzeichneten. In seiner poetischen Malerei kündigte sich jener neue Geist an, der in der Folge die Oberhand gewinnen sollte.

Zur Hauptantriebskraft aller künstlerischen Regungen wurde Erzbischof Nikola. Unter Einsatz seiner eigenen Mittel und der Finanzen des Erzbistums war er bestrebt, die Illusion geregelter Zeiten und gelöster Probleme zu schaffen. Unterstützt wurde er dabei von den Adelsmagnaten griechischer Herkunft, die innerhalb des serbischen Staats hohe Funktionen erhalten hatten. Finanzierte der Despot Jovan Oliver die Ausmalung der Kapelle Johannes des Täufers in der Sophienkirche, so gab der Sebastokrator kyr Isaak Dukas gemeinsam mit Nikola die zwei größten Ochrider Ikonen des Mittelalters — die eine Christus und die andere die Gottesmutter Psychosostria darstellend — für den Ikonostas dieses Gotteshauses in Auftrag. Griechischer Abkunft dürfte auch der Sebastos der (zwischen Melnik und Serrhes aufragenden) befestigten Burg Prosenik, Johannes, gewesen sein, von dem sich im Narthex der Sophienkirche ein Bildnis befindet.[82] Die griechischstämmigen hohen Adeligen schienen ihre besonderen Gründe gehabt zu haben, daß sie sich so um die „Griechische Kirche" in Serbien scharten.

Ebenso wie die Oberhirten der Serbischen Kirche in Peć räumte auch Nikola unter den für ihn tätigen Malern mit den Neigungen zu mönchisch geprägter Schaffensweise auf, in deren Zeichen die Malerei des Erzbistums Ochrid bis dahin gestanden hatte. Von den Werken des serbischen Hofs und des serbischen Patriarchats, wie sie in Dečani und Peć zustandekamen, unterschieden sich die jüngsten Ochrider Schöpfungen dadurch, daß sie die fortschrittlichsten Strömungen aus Byzanz aufgriffen, während die Serben größtenteils den klassischen Auffassungen des frühen 14. Jahrhunderts verhaftet waren. Sujetmäßig eher konservativ, blieb die Malerei von Ochrid den eigenen Heiligenkulten treu und wies den serbischen eine Randstellung zu — ihre überlieferten Formen aber füllten sich mit neuem Leben. Aufgrund der grenznahen Lage ihres Entstehungsgebiets den aus den großen byzantinischen Zentren kommenden künstlerischen Impulsen in hohem Maße zugänglich, absorbierte sie viel fortschrittliches Ideengut und brachte einen neuen Begriff von den ästhetischen Kriterien des Bildes hervor, wodurch sie in schöpferischer Hinsicht eine führende Stellung innerhalb des Kunstschaffens im serbischen Staat einnahm. Solchermaßen war die „Griechische Kirche" in Serbien auch in ihren künstlerischen Auffassungen — ohne Rücksicht auf die Fähigkeiten ihrer Maler — am stärksten griechisch geprägt. Bald darauf sollten die hier aufgezeigten Erscheinungen auch im Wirkungskreis des serbischen Hofs und des serbischen Patriarchats ihren Niederschlag finden.

DIE ZEIT DES ZAREN UROŠ

Nach dem Ableben Kaiser Dušans (1355) kommt es im Lande zu einer raschen Veränderung der politischen Verhältnisse und des Verwaltungssystems. Die unter Dušan erstarkten Adeligen werden zu fast selbständigen Herren ihrer Provinzen. Die kaiserliche Macht wird zusehends schwächer, die Reichstage, die die Einheit des Landes verkörperten, werden nicht mehr abgehalten, und die weit auseinanderliegenden Reichsgebiete verlieren die Verbindung untereinander. Auf der politischen Karte der sechziger Jahre erscheint der serbische Staat als ein Gebilde aus lose zusammenhängenden Ländern, die die Oberhoheit der Krone nur mehr dem Namen nach anerkennen. Noch führt Zar Uroš von Makedonien aus die Herrschaft: zunächst zusammen mit seiner kaiserlichen Mutter, Jelena, danach für kurze Zeit allein, und ab 1365 dann im Verein mit dem gewandten und mächtigen Mitregenten Vukašin, der für sich den Königstitel, wie es scheint, erzwungen hat. Doch im Süden des Reichs, in Thessalien, festigt gar bald Dušans Halbbruder Simeon seine Macht, nachdem seine vorhergehenden

Versuche, sich des Throns zu bemächtigen, gescheitert sind. Er läßt sich in Kastoria zum Kaiser ausrufen und macht Trikkala zu seiner Hauptstadt. Seinem Schwiegersohn, dem Despoten Toma Preljubović, einem Sohn von Dušans berühmten Heerführer Preljub, vermacht er Ioannina und Teile von Epiros. Serrhes als Gebiet im weiteren Sinne einschließlich des Athos wird nach und nach selbständig und nimmt den Charakter eines eigenen Staatswesens an, das zunächst von Zarin Jelena und dem Cäsaren Vojihna und danach von einem angesehenen Adeligen, dem Despoten Jovan Uglješa, König Vukašins Bruder, regiert wird. Und gegen Ende der Herrschaftszeit Uroŝs erstarken schließlich auch die kriegerischen Feudalherren im Norden des Landes: Nikola Altomanović im Zentralteil der Raška, Fürst Lazar im Bezirk von Novo Brdo und im Morava-Gebiet, das Geschlecht der Branković in Kosovo und Metochien und das der Balšić in der Zeta.

Die Serbische Kirche verliert zusehends an Macht. Das nach ihrem (nach der Auffassung Konstantinopels) eigenmächtigen Schritt, mit dem sie sich zum Patriarchat erklärte, über sie verhängte Anathema hat nach der Schwächung des Kaiserreichs immer schwerere Folgen. Unter dem Druck der politischen Verhältnisse um das Jahr 1370 herum, da die Gefahr einer türkischen Invasion drohend aufsteht, unterstellen einige Landesteile im Süden ihre kirchliche Organisation dem Patriarchat von Konstantinopel.

Der Zusammenbruch erfolgt ganz plötzlich im Jahre 1371. König Vukašin und der Despot Uglješa, die zum Kampf gegen die Türken ausgezogen sind, werden an der Marica bei Černomen gestellt und vernichtend geschlagen. Beide kommen in der Schlacht um. Bald darauf stirbt auch Zar Uroš. Der Staat von Serrhes verschwindet, die Vardargebiete erkennen die türkische Oberhoheit an; auch über den Restgebieten des Reichs ballt sich die Gefahr zusammen gleich einem Gewitter.

Im Rahmen dieser Gegebenheiten wird das Erscheinungsbild der Kunst endgültig von den regionalen Unterschieden geprägt. Die schon zu Dušans Zeit deutlich sichtbaren Keime des Zerfalls sind nun emporgeschossen. Im Durchschnitt steigt der Wertgehalt des Geschaffenen trotzdem allmählich an, doch entstehen nur wenige außergewöhnliche, wahrhaft große Werke. Die Kunst eines jeden eigenständigen Gebiets trägt nun eine besondere Note und bringt spezifische Probleme zur Geltung. Makedonien aber nimmt als Landeszentrum auch weiterhin die führende Rolle innerhalb des künstlerischen Geschehens ein.

Der Hof und das Patriarchat

Die wirren Verhältnisse und die Schwäche der zentralen Machtorgane in Staat und Kirche ließen die Inangriffnahme größerer künstlerischer Unterfangen weder durch den Hof noch durch das Patriarchat zu. Zar Uroš führte lediglich die Vollendung einer großen Kirche durch, deren Bau sein Vater begonnen hatte, und die Nachfolger des Patriarchen Joanikije fügten dem Bestehenden kaum etwas hinzu und beschränkten ihre Tätigkeit in der Hauptsache auf Restaurationsarbeiten.

Mateič, 1356–60

Kaiser Dušan war vor seinem Tode nicht mehr dazugekommen, sämtliche Arbeiten an der großen der Gottesmutter geweihten Fünfkuppelkirche im Kloster Mateič in dem als Skopska Crna Gora bezeichneten Bergland nördlich von Skopje fertigzustellen. Der im 17. Jahrhundert lebende Patriarch Pajsije, zugleich serbischer Schriftsteller, läßt verlauten, die „fromme Kaiserin" habe, „Hand in Hand mit ihrem Sohn, dann die nach dem Tode des frommen allerhöchsten Kaisers Stefan in unfertigem Zustande verbliebene Kirche vollendet". Da Pajsije des öfteren nach Mateič kam, ist anzunehmen, daß er diese seine Ausführungen einer ihm dort zur Verfügung stehenden Schriftquelle oder einer — nunmehr verschwundenen — Inschrift entnommen hat. Heute kann lediglich die Tatsache, daß Zarin Jelena und der junge Uroš sich als Stifter betrachteten, als klar erwiesen angesehen werden, und zwar aufgrund des an der Südwand des Kirchenschiffs befindlichen Stifterporträts, das sie neben Dušan stehend mit dem Kirchenmodell zeigt, das sie zwischen sich halten. Der Umstand, daß die Kaiserin unter der Krone einen weißen Schleier — ein Zeichen der Trauer — trägt, läßt die Mutmaßung zu, daß die Ausmalung der Kirche etwa in den Jahren 1356/57 erfolgte, jedenfalls aber bis 1360 fertig war. Daß dabei der Patriarch, der in Gebetshaltung, der Gottesmutter in der Lünette des Diakonikons zugewandt, dargestellt ist, und der neben dem Zugang zur Prothesis porträtierte Igumen des Klosters, Makarije, eine gewisse Rolle gespielt haben, ist anzunehmen.

Fünfzehn Zyklen und zahlreiche integrale Darstellungen und Einzelgestalten schmücken die Wände von Mateič, der zweitgrößten Kirche im mittelalterlichen Serbien. Allerdings sind die oberen Zonen beschädigt, so daß von den Propheten in der Hauptkuppel, den halbfigurig dargestellten vierzig heiligen Märtyrern im Rund des Tambours (Anordnung wie in Lesnovo), den Evangelisten in den Pendentifs und den Kirchenfestbildern im Gewölbe nur mehr wenige Reste erkennbar sind. Etwas besser erhalten sind die Passions- und die Pentekostarionszenen. In gutem Zustand befinden sich der Zyklus von den Wundern und Gleichnissen Christi im Naos sowie die liturgischen Szenen — mit der Anbetung des Opfers und die Apostelkommunion — im Altarraum. An ziemlich bedeutender Stelle stehen die Zyklen, in denen die Kirchenpatronin verherrlicht wird. In der Prothesis sind das Marienleben und der Weihnachtshymnos wiedergegeben; unter den Teilnehmern des letzteren figurieren die Gestalten eines Kaisers und eines Patriarchen. Ob es sich dabei um die entsprechenden serbischen Würdenträger handelt, wie sie in früheren Darstellungen dieses Themas auftreten, ist wegen des schlechten Zustands der Figuren nicht auszumachen. In einer Zone an der Südseite des Naos zieht sich über die ganze Breite der Wand der Akathistoshymnos hin. Er unterscheidet sich erheblich von anderweitigen Zyklen dieses Namens; eine so recht identische Art der Wiedergabe ist eigentlich nirgendwo zu finden. Schließlich ist in diesem Zusammenhang noch eine der Kirchenfestszenen zu erwähnen, nämlich die Koimesis, die die von dem thessalonikischen Schriftsteller und Erzbischof Johannes verfaßte „Mär vom Entschlafen der Gottesmutter" zur Vorlage hat und dieser entsprechend in mehreren Begebenheiten dargelegt ist, so, wie einst in der Ochrider Muttergottes Periblebtos, in der Königskirche, in Nagoričino, Gračanica, Ljuboten, Dečani und später dann im Marko-Kloster.

An sehr repräsentativer Stelle, nämlich an der Nordwand des Naos erscheint die Apostelgeschichte, neben der von Dečani in Serbien die einzige Wiedergabe dieses Sujets. In Form gesonderter Zyklen werden einzelne Heilige gefeiert; im einzelnen sind dies Johannes der Täufer, Antonios der Große, der hl. Demetrios, der Prophet Elias und der Erzengel Michael; auch die Legende vom Kaiser Augaros und dem Acheiropoieton findet sich in drei Szenen veranschaulicht.

Im Narthex sind die Ökumenischen Konzilien wiedergegeben, unter denen auch eine serbische Synode, nämlich die „des Königs Stefan", auftaucht, und außerdem, als Pendants einander gegenübergestellt, die Wurzel Jesse und der Nemanjidenstammbaum. In besonderen Bildern wird die Heilige Dreifaltigkeit gezeigt. Im Diakonikon erscheint sie einmal in Form ihres üblichen Symbols, die Philoxenie, daneben aber auch noch in einer ganz einzigartigen Wiedergabe, in der Gottvater, personifiziert als der Alte der Tage, Gottsohn als Immanuel und der Heilige Geist in Gestalt einer Taube nebeneinander auf je einem Thron sitzend dargestellt sind. Diese ikonographische Formel sollte in der Folge im Abendland wiederholt werden. Ein ganz besonderes Dreifaltigkeitssujet findet sich am Nordostpfeiler: es zeigt einen Jüngling mit drei Köpfen, auf einem Thron sitzend, bewacht von sechsflügeligen Seraphim und umgeben von mehrringigen, vieläugigen Engeln — Thronoi. Einzig und allein in der Kirche zur Muttergottes Peribleptos in Ochrid wurde — sechzig Jahre früher — in einer Szene im Narthex die Dreifaltigkeit in dieser Art dargestellt.

Die politischen und kirchlichen Konzeptionen des serbischen Hofs sind nicht nur in der zwischen den Ökumenischen Konzilien auftauchenden Synode des Königs Stefan dargelegt, die die Fürsorge der Dynastie um die Reinerhaltung des Glaubens aufzeigen soll, sondern auch und insbesondere in dem schon erwähnten Nemanjidenstammbaum. Zum Unterschied von den Stammbäumen der serbischen Herrscher in Gračanica, Peć und Dečani erscheinen bei dem von Mateič, der oben mit der kaiserlichen Familie Dušans abschließt, zwischen den Ahnen des Hauses Nemanja Angehörige der Komnenendynastie und, wie es scheint, solche des bulgarischen Herrschergeschlechts der Asen. Motiviert war eine derartige genealogische Auffüllung des „heiligen Geschlechts der Nemanjiden" durch die Idee von einem Kaiserreich der Serben, Griechen und Bulgaren mit einem Serbenkaiser an der Spitze. Die reibungslose Funktion der Kirche im serbischen Staate ist im Nebeneinander serbischer (Sava, Simeon Nemanja) und Ochrider Heiliger (Kliment) verkörpert.

Die — ganz anders als in Dečani — typisch konstantinopolitanische Fassung des Zyklus der Apostelgeschichte deutet auf das mögliche Bestehen eines unmittelbaren Kontakts der hier schaffenden Künstler mit der byzantinischen Metropole hin. Der zu Beginn des 13. Jahrhunderts von dem Schriftsteller Nikolaos Mesarites gegebenen Beschreibung der Mosaiken in der Konstantinopler Apostelkirche zufolge figurierten dort als Sujets ausschießlich die Predigten der Apostel, die auch einen wesentlichen Bestandteil der Malerei von Mateič bilden, nur, daß darin noch Begebenheiten ihres

Martyriums hinzutreten, so daß zwei frühere Zyklen, nämlich der in der Apostelkirche von Konstantinopel und der in der Kapelle über dem Diakonikon in der Ochrider Sophienkathedrale, hier ineinander aufgehen. Eine ähnliche Lösung wurde schon früher einmal, zu Beginn des 13. Jahrhunderts, erbracht, und zwar von den Schöpfern der Mosaiken im Mittelschiff von San Marco in Venedig. Die Zyklen vom Wirken der Apostel im Rahmen der byzantinischen Mosaiken Siziliens sowie der Fresken Roms stehen sichtlich im Zeichen der letzterenorts vollzogenen Themenauswahl: lediglich im Zusammenhang mit Petrus und Paulus stehende Fresken treten in Erscheinung. Von dieser, der römischen Fassung unterscheidet sich eine weitere, die in den aus der Mitte des 14. Jahrhunderts stammenden Mosaiken im Baptisterium von San Marco in Venedig auftaucht und die sich auf das Thema der Taufe der ersten Heiden beschränkt.

Deutlicher tritt die Verbindung mit den Brennpunkten der neuen, wahrhaft schöpferischen Impulse in der Kunst im Stil der begabtesten Meister von Mateič zutage. Von dem höfischen Schaffen der vorhergehenden Periode, wie es in den Fresken von Dečani verkörpert ist, hebt sich die Malerei dieser Künstler allein schon durch ihre Gesamtwirkung ab: ein lichtes, transparentes Kolorit, in dem sich kühle Farben (Hellblau, Hellgrün, blasser Ocker und Hellgrau) zu einem harmonischen Ganzen fügen, in das kalkig-weiße, bisweilen auch wärmer getönte, etwa rosafarbene, Akzente hineingesetzt sind. Nirgendwo auffallende Hell-Dunkel-Kontraste, nirgends ein ausgeprägtes Volumen, an keiner Stelle grelle Farben oder Mißtöne. Das sanft gewölbte, weich modellierte Relief der Figuren tritt nur durch die diskrete Zeichnung hervor. Weiche Gelöstheit und poetischer Stimmungsgehalt des Gesamtbilds sind als neuer Wesenszug in der Malerei aufgekommen und bilden das Kriterium, durch welches die Fresken von Mateič an das Werk eines Johannes Theorianos erinnern. Abb. 70

Ein weiteres Novum, das sich in Mateič hervortut, ist die Einbeziehung des Fluidums ferner Länder in das religiöse Bild. In manchen Szenen der Apostelgeschichte, die mit Absicht auf die am stärksten ins Blickfeld tretenden Wandflächen placiert sind, ist die Atmosphäre Roms oder des Orients eingefangen: durch die malerischen Trachten, die die Mode des 14. Jahrhunderts ungewöhnlich originalgetreu wiedergeben, sowie durch die Bildarchitektur, die eine annähernde Vorstellung von den betreffenden fernen Städten und ihren Baulichkeiten vermittelt. Die Szenen vom *Predigertum der Apostel Petrus und Paulus* beispielsweise erwecken den Eindruck, als hätten sich die Einwohner Roms auf irgendeinem bekannten Platz ihrer Stadt versammelt. Sogar eine Säule mit der Statue eines römischen Imperators ragt im Hintergrund auf. In einem der Bilder des Akathistoshymnos wiederum, in dem zwei Begebenheiten — die Heimkehr der Weisen aus dem Morgenland und die *Flucht nach Ägypten* — zusammengefaßt wurden, ist das Leben einer orientalischen Stadt geradezu greifbar echt dargestellt. Unterhalb der ziemlich niedrigen Stadtmauer, hinter der Gebäude mit Türmen, Pfeilern und Säulenhallen zu sehen sind, bewegt sich ein aus Reitern und Fußgängern gebildeter Zug dahin, der vor den Stadtbewohnern an zwei Toren erwartet wird. Die Würdenträger und die drei Weisen tragen niedrige Mützen; die Kopfbedeckungen der Menschenmenge, die, um möglichst viel von dem Geschehen mitzubekommen, auf den Mauerwällen zusammengeströmt ist, bilden orientalische Kopftücher und Turbane. Die Straßengespräche, die neugierige Teilnahme der Passanten an dem, was da vor sich geht, das Gedränge auf den Plätzen und an den Eingängen der Stadt — all dies ist als eine Art Beweisführung für die Authenzität der Begebenheiten aus dem Leben der Heiligen dargelegt. Die Gestaltung des religiösen Bildes rückte von der abstrakten Aussage ab und wandte sich einer dokumentarischen Art der Wiedergabe zu. Diese nun regte die Phantasie der Gläubigen an, löste in ihnen Vorstellungen von Pilgerfahrten aus und vermittelte ihnen einen Eindruck vom Zauber der Stätten, an denen Christus und seine Jünger geweilt hatten. Daß sich derartige Schilderungen, deren Urheber Theorianos und die Künstler von Mateič waren, in der serbischen Malerei beharrlich aufrechterhielten, bezeugt ihre Begehrtheit und Beliebtheit. Abb. 71 Abb. 69

Die Maler von Mateič waren nicht alle gleichermaßen begabt: so finden sich weniger talentierte etwa unter den Schöpfern des Passionszyklus und der Wunder- und Gleichnisszenen, in denen durch die Überladung des Bildes mit zahllosen Einzelheiten oft Aufbau und ästhetische Wirkung beeinträchtigt sind und eine verwirrende Unklarheit herrscht. Ungeachtet dessen aber fehlen hier alle Stilgegensätze in der Art von Dečani. Die stilistische Geschlossenheit dieses Werks in seiner Ganzheit zeigt, daß sich am serbischen Hof ein neues gestalterisches Gepräge durchgesetzt hat, dem die Zukunft gehörren sollte: ein Vorgang, der — nicht nur nach serbischem Maßstab, sondern auch in gesamtbyzantinischem Rahmen gesehen — einen Markstein in der künstlerischen Entwicklung darstellt. So kündigt Mateič, wie dies bei großen Denkmälern nun einmal zu sein pflegt, das Auftauchen neuer Konzeptionen in der Malerei an.[83] Die neue Malweise mittels heller, zarter Farben und sanft modellierter Formen erfaßte — ebenso wie das Streben nach anschaulicher Schilderung — gar bald auch das Schaffen des Serbischen Patriarchats. Unter diesen Vorzeichen steht die in der Apostelkirche von Peć befindliche Komposition

Peć, nach 1355

Das Begräbnis des Patriarchen Joanikije, die nach dessen Tod 1355 über sein Grab gesetzt wurde. Das am Leichnam des Verstorbenen abgehaltene Totenoffizium ist so recht eine wörtliche Illustration — wohl die wörtlichste unter allen in Serbien vorhandenen Darstellungen dieses Sujets. Vollzieher der heiligen Handlung unmittelbar an der Totenbahre sind mehrere Bischöfe, mitwirkende Diakone, Sänger und Vorleser; umringt wird dieses zentrale Geschehen von einer Unzahl von Priestern, Mönchen und Adeligen mit authentischen Zügen. Ein mit einem Sticharion bekleideter Knabe ist ins Freie hinausgetreten, wo der Komplex der Patriarchenkirchen von Peć wirklichkeitsgetreu gezeigt ist, und facht dort die Glut in einem Weihrauchfaß an, indem er dieses hin- und herschwenkt. Lediglich die Darstellung Christi , der — Mahnmal der Zweiten Wiederkunft und der Auferstehung des Fleisches — als Weltenrichter über der Szene schwebt, erinnert an den tieferen religiösen Sinn des Bildes.

Wenige Jahre später, doch unter den gleichen künstlerischen Gesichtspunkten entstanden ist auch das über dem marmornen Patriarchenthron im Narthex von Peć, dem Schauplatz der serbischen Kirchensynoden und Reichstage, befindliche Porträt des „Patriarchen" Sava: eben des hl. Sava, der hier — entsprechend seiner nachträglichen Rangerhöhung durch die serbischen Patriarchen, die angesichts seiner Stellung als deren größter Vorgänger wohl zum Zeichen der Ablehnung der vom Ökumenischen Patriarchat vertretenen Auffassungen erfolgte — in einem Prachtornat mit prunkvoll gestalteter Kalyptra als Kopfbedeckung erscheint, wie es, unter dem Einfluß weltlicher Kleidung entstanden, von den Konstantinopler Patriarchen getragen wurde. Die ganze Art der Darstellung deutet auf einen Künstler hin, der dem Schöpfer des Begräbnisses des Patriarchen Joanikije sehr nahe steht.[84]

Von etwas anderer Art sind die aus dem dritten Viertel des 14. Jahrhunderts stammenden Fresken in den Chören der Apostelkirche. Ihr Schöpfer hatte offensichtlich für den vornehmen, kühlen Wohlklang der zeitgenössischen Bilder nicht viel übrig und zog eine Zusammenstellung vor, bei der sich warme und kalte Farben die Waage hielten — Rot, Orange, Kastanienbraun und Ocker gegenüber Blau, Violett und Grün. In den unteren Zonen des südlichen Chors erscheinen Soldatenheilige und der hl. Sava, in denen des nördlichen Simeon Nemanja und heilige Mönche; darüber sind noch drei erhaltengebliebene Szenen aus dem Kirchenfestzyklus vorhanden: Geburt, Taufe und Darstellung Jesu im Tempel. Die schlanken, gelängten Gestalten der Soldatenheiligen, die schwebende Anmut der Bewegungen, die originelle Zeichnung bei den reichverzierten Gewändern und die frische, heitere, unsentimentale Farbgebung zeigen einen anderen Aspekt der neuen Auffassungen in der Malerei. Theorianos war auch dieser bekannt, wie die Tatsache zeigt, daß er ihn in seine Ochrider Werke teilweise einbezog; überwiegend bestimmte er das Schaffen der Künstler, die zu gleicher Zeit in Mistra auf der Peloponnes tätig waren.[85]

Das Erzbistum Ochrid

In Ochrid war eine ähnliche Malweise bereits um die Jahrhundertmitte aufgekommen. Die Künstler der heimischen erzbischöflichen Prälaten und der hohen serbischen Adeligen, die auf Theorianos und seine Mitarbeiter folgten, hielten auch weiterhin an der von diesen eingeführten hellen Farbgebung und der Schaffung schwebender, schwereloser, häufig gelängter Figuren fest. Im siebenten Jahrzehnt tauchten bei der Gestaltung der Heiligen zwei bis dahin nicht vorhanden gewesene Besonderheiten auf: eine leichte Verzerrung der Gesichtszüge zwecks Kennzeichnung charakterlicher Eigenheiten und eine Verflechtung von Haupt- und Barthaar zur Hebung der malerischen Wirkung. Dies waren die zwei prägnantesten Nova im Zuge des Strebens nach Expressivität, das sich — auch in Form anderer Erscheinungen — immer stärker geltendmachte.

Die markanteste Gestalt im Ochrider Kunstschaffen der sechziger Jahre war der Erstbischof der neuen Diözese von Devolli, Gregorios, der zwar in den benachbarten albanischen Gebieten residierte, aber häufig in Ochrid weilte. Als bedeutende Persönlichkeit war er bereits um 1345 in Erscheinung getreten, als ihn König Dušan bei seinem Besuch Ochrids, den er der Stadt im Zusammenhang mit der Erteilung der Besitztumsurkunde an die Kirche zur Muttergottes Peribleptos abstattete, dazu ermächtigte, neben der Königin in die Tätigkeit der Leute einzugreifen, die die kirchlichen Güter bewirtschafteten. In der Folge brachte er in Zusammenarbeit mit hohen serbischen Adeligen die Errichtung, Erneuerung oder Ausmalung mehrerer Gotteshäuser in und um Ochrid zuwege, unter denen die wichtigsten das Kloster zur Muttergottes von Zachumien (Zaum) und die Kirche zur Muttergottes Peribleptos waren.

Zaum, 1361

Zaum, am Ostufer des Ochrider Sees gelegen, ist die Stiftung des Cäsars Grgur Golubić, eines angesehenen Edelmanns, der sogar seine eigene Münze prägte. Wie so viele andere in der kaiserlich-serbischen Epoche in Makedonien residierende Adelige auch wahrscheinlich aus der Herzegowina stammend, verpflanzte er den Kult einer Gottesmutterikone aus Zachumien hierher, weshalb die Kirche ihren für Makedonien so ungewöhnlichen Namen erhielt. Ausgemalt wurde sie 1361 auf Geheiß „seiner Eminenz des erstinthronisierten Herrn Gregorios, Bischofs von Devolli, unter der kaiserlichen Herrschaft Stefan Urošs". Das von der Malerei Gebliebene — in der Kuppel die Propheten, an den Pendentifs die Evangelisten, in der Apsismuschel die Gottesmutter „Acheiropoieta" in der typischen Orantenhaltung, im Gewölbe und in den oberen Zonen des Schiffs der Kirchenfest- und der Passionszyklus, im Mittelstreifen das *Marienleben*, und in den unteren Zonen Einzelfiguren — zeigt Gregorios als Verehrer der heimischen Kulte, der eine gewisse Extravaganz bei der Heiligenikonographie schätzte, und als Kenner der älteren Malerei wie auch der talentierten unter den Künstlern, die die neuen Auffassungen vertraten. Unter den Einzelfiguren der unteren Zone treten neben den üblicherweise dargestellten, wie den Ochrider Heiligen Kliment und Naum und den heiligen Anargyren, auch seltenere in Erscheinung: die hl. Anna, gezeigt, wie sie die künftige Gottesmutter stillt, Johannes der Täufer, mit Flügeln abgebildet, sowie — an der Süd- beziehungsweise Nordwand jeweils neben dem Ikonostas befindlich — der thronende Christus als Weltenrichter und die ebenfalls auf einem Thron sitzende Gottesmutter mit dem Jesuskind auf dem Schoß. In dem beschädigten Narthex sind über dem Eingang zum Naos noch die Reste einer Wiedergabe der Deesis zu sehen, in der Christus und die Gottesmutter in kaiserlichen Gewändern erscheinen. In Bezug dazu stehen die in der unteren Zone befindlichen Gestalten der Apostel Petrus und Paulus sowie der Soldatenheiligen Georg und Demetrios, die Aristokratenkleidung mit den dazugehörigen hohen Kopfbedeckungen und Stäben tragen. Es ist dies eine originelle Fortsetzung der in Treskavac entstandenen Illustration zu Psalm 45 (44), die in dieser neuen Form etwas später noch des öfteren erscheinen wird. Bei der Schaffung des Marienlebens dürfte Gregorios seinem Maler den aus dem Ausgang des 13. Jahrhunderts stammenden Zyklus in der Ochrider Kirche zur Muttergottes Peribleptos zu diesem Thema als Richtschnur gesetzt haben, da die Auswahl und die Gestaltung der Szenen hierbei weitgehend unter offensichtlicher Zugrundelegung dieses älteren Vorbilds erfolgten.

Abb. 77

Was die Malerei von Zaum mit der nunmehr vorherrschenden Gestaltungsweise, verkörpert in den Werken des Hofs und des Patriarchats, gemeinsam hat, ist das lichte Kolorit und der dünne Farbauftrag, was sie davon trennt, sind die warmen Farben. Ein warmgetönter Ocker bildet die Gesichtsfarbe, die sich in den Schattenpartien über eine Grauzone allmählich zu Kastanienbraun, durchsetzt mit Olivgrün, verdunkelt. Rot ist in reichlichen Abstufungen vorhanden, insbesondere an den Gewändern, wo es zu hellen Blau- und Grautönen hinzutritt, wodurch eine wohlausgewogene Farbkombination erzielt wird. Vollendeter Wölbung und hellenistischer Schönheit bei den Köpfen der jungen Heiligen steht eine in erster Linie ausdrucksbetonte Gestaltung bei denen der älteren gegenüber, die durch große Nasen, starke Kieferpartien und verfilzte Bärte merklich von der Idealisierung bei der Wiedergabe abrückt. Die gemessene Verfahrensweise und der feine Geschmack des Schöpfers der Fresken von Zaum zeigen, daß er seine Ausbildung in einer großen byzantinischen Stadt genossen haben muß. Zugunsten der Annahme, daß es sich dabei um Thessalonike handelte, spricht die Ähnlichkeit zwischen einem von ihm stammenden Werk der Tafelmalerei, einer (heute im Belgrader Nationalmuseum befindlichen) Ochrider Prozessionsikone, die auf der Vorderseite die Gottesmutter Hodegetria, auf der Rückseite die Verkündigung zeigt, und zwei im 14. Jahrhundert in der Stadt an der Ägäis entstandenen Ikonen (Gottesmutter Nr. 100 im Byzantinischen Museum von Athen und Gottesmutter mit Christus im thessalonikischen Vlatadon-Kloster). Wie dem auch sei: der Meister von Zaum ist jedenfalls einer der letzten Künstler, die von auswärts nach Ochrid kamen, um hier für einen einheimischen kirchlichen Würdenträger tätig zu werden.[86]

Mögen die in der Malerei von Zaum vertretenen Auffassungen im engeren Bereich Ochrids auch eine Einzelerscheinung bilden — auf dem weit über das Einzugsgebiet der Stadt hinausreichenden Territorium des Erzbistums ist dem nicht ganz so. Mit ihrem stark einschlägigen Stilgepräge zählen auch die Fresken an den Fassaden des Klosters Treskavac und der Wandschmuck der St. Petruskirche auf der Insel Veliki Grad im Prespa-See zu dieser Sondergruppe. Stifter und genauer Entstehungszeitpunkt der Malerei sind in beiden Fällen unbekannt, denn es sind weder historische Inschriften noch Porträts erhalten. Da solch letztere im Rahmen des Freskenschmucks hier wie dort auch gar nicht vorgesehen waren, kann es gut so gewesen sein, daß der Auftrag zu seiner Schaffung von der jeweiligen Klosterverwaltung erteilt wurde und das erzbischöfliche Ordinariat in Ochrid dieser die Maler für die Durchführung ihres Vorhabens verschaffte.

Treskavac, um 1360

Die Fresken an den zwei Fassaden unterhalb der Säulenhalle der Kirche von Treskavac — an der westlichen, die das große Bild eines Reiterheiligen (des hl. Demetrios oder des hl. Georg) sowie die Darstellungen der thronenden Gottesmutter mit dem Jesuskind auf dem Schoß und, in der Lünette des Portales befindlich, der Gottesmutter Eleusa schmücken, und an der südlichen, an der der thronende Christus und, sich ihm nähernd, *Johannes der Täufer und Johannes Chrysostomos* sowie zwei halbfigurige Engel erscheinen — sind zwar im Ton ebenso hell wie die von Zaum, lassen aber in ihrem vorwiegend in einer Kombination aus Grün und Ocker bestehenden Kolorit das dortige Feingefühl für die Farbe vermissen. Doch immerhin: die zwischen beiden Schöpfungen vorhandene Ähnlichkeit in der Gesamtwirkung spricht mit Nachdruck für die Annahme, daß die Schaffung des Fassadenbilderschmucks von Treskavac annähernd zum selben Zeitpunkt erfolgte wie die Freskenausstattung der Stiftung des Grgur Golubić.[87]

Abb. 78

Prespa Veliki Grad, um 1360

Aus dem gleichen Zeitraum stammt zweifellos auch die Malerei in der einschiffigen St. Petruskirche auf der Insel Veliki Grad, die vormals der Gottesmutter geweiht gewesen sein muß, da unter den Fresken zwei umfangreiche Bildgruppen auftauchen, die sie verherrlichen: im Schiff ein Zyklus des Marienlebens von dem heute nur mehr einzelne Szenenreste vorhanden sind, und an der Südfassade der Zyklus des Akathistoshymnos. Am besten erhalten sind die großen Einzelgestalten, darstellend Mönche und Eremiten, in der unteren Zone des Schiffs. Mit ihrer Verbindung von heller Farbgebung mit ausführlicher Ikonographie greift die Malerei von St. Petrus auf die Gestaltungsweise von Mateič zurück; unmittelbarere Bezüge zu den Fresken von Zaum treten in Handschrift und Gesamtwirkung zutage. An Begabung übertraf der hier wirkende Meister die ihm wesensverwandten Künstler seiner Zeit offenbar in so mancher Hinsicht; unter Beweis stellte er sein Talent vor allem in der Malerei des Schiffs, bei der er eine vollendete Zeichnung mit farblichem Wohlklang — Hellgrün und Ziegelrot auf hellblauem Grund — verband und überdies besondere Effekte durch flächenweise Gegenüberstellung von dünnem Farbauftrag und energischer, pastoser Pinselführung erzielte. Was den lyrischen Stimmungsgehalt des Bilds anbelangt, so ist dieser Maler unter allen seinen Zeitgenossen am weitesten gegangen; in dieser Hinsicht verköpert er einen Vorläufer der Kunst der Morava-Schule.

Abb. 76

Etwas anders beschaffen ist der erwähnte Akathistoshymnos an der Südfassade des Gotteshauses: seine Farbgebung beruht auf einer wohlabgestimmten Kombination aus Ziegelrot, Gelb und Ocker, die Figuren sind etwas kurz, die Landschaft ist eingehend ausgearbeitet. Gleich eingangs fällt eine ikonographische Besonderheit in Gestalt der ersten Szene auf, die sechsmal so groß wie die übrigen ist und die Belagerung Konstantinopels zeigt: zu Wasser und zu Lande ist die Stadt umzingelt, Kriegsschiffe, Fußvolk und Reiterei rüsten sich zu ihrer Eroberung, in ihrem Weichbild, vor der Blachernenkirche, hat sich eine große Menschenmenge versammelt, Schützen liegen im Anschlag auf der Stadtmauer, an einer Stelle der letzteren erscheint darübergebeugt der Patriarch, der das Maphorion der Gottesmutter, das die Stadt retten sollte, ins Meer taucht. Diese Kriegsszene im Rahmen des Akathistoshymnos taucht hier zum ersten Mal auf. Später sollte sie häufiger in der Malerei der Moldau anzutreffen sein. Die wunderbare Errettung Konstantinopels im 7. Jahrhundert mußte den Menschen des späten 14. Jahrhunderts, einer Zeit, da die Türken vor den Toren standen, als Trost, ja, als Wunschtraum erscheinen; in der Möglichkeit einer Wiederholung der Geschichte mochte man die Aussicht auf die eigene Rettung erblicken.[88]

Ochrid Muttergottes Peribleptos, 1364/65

Als Bischof Gregorios von Devolli 1364/65 unter Mitwirkung der Ochrider Prälaten und mit der Unterstützung serbischer Adeliger ein umfangreiches Freskenprogramm in der Kirche zur Muttergottes Peribleptos in Angriff nahm, war der Meister von Zaum nicht mehr zur Stelle, so daß an seiner Statt heimische Künstler die Durchführung des Vorhabens übernahmen. Einer von ihnen schuf die Malerei in der an der Nordseite des Gotteshauses an die Prothesis angebauten Bischofskapelle. Mit seinem Werk — bestehend aus einer Wiedergabe der Dreifaltigkeit, bei der Gottvater, Gottsohn und der Heilige Geist jeweils in einem eigenen Medaillon erscheinen (eine Fassung, die, obwohl ganz aus dem üblichen ikonographischen Rahmen fallend, in Ochrid auch später wieder aufgegriffen werden sollte) in der Mitte und einem Kirchenfestzyklus an den Seiten des Gewölbes sowie ganzfigurigen Einzelgestalten in der unteren Zone und Heiligenmedaillons darüber — wies er sich als Anhänger einer hellgetönten, warme Farben bevorzugenden Malweise aus. Wie seine Ochrider Zeitgenossen neigte auch er zu einer leichten Verzerrung der Gesichter; eine besondere Vorliebe hegte er für betont große Augen und markante Nasen. Allerdings mangelte es ihm an künstlerischer Empfindungskraft, und so war er nicht imstande, seine Bilder durch farbliche Kontraste oder plastische Reliefierung prägnant zu gestalten. Dementsprechend kommen seine Heiligen kaum zur Geltung, lösen sich fast in der Bildfläche auf; was ihnen Bestand verleiht, sind eine gewisse Buntheit und die verdickte Linie der Umrißzeichnung. Abb. 79

Weitgehend in die Schaffensrichtung dieses Künstlers fällt die Malerei unterhalb der einst vorhandenen offenen Säulenhalle an der Nordfassade des Schiffs der Kirche und der westlichen Außenfront der daran angebauten Kapelle. Durch die gegenüber dem vorhergehenden Werk noch vagere Farbgebung wirken ihre Formen trotz der ziemlich starken Akzentuierung der Zeichnung mittels entsprechender Verzerrungen noch inhaltsleerer als die dortigen. Sujets sind ein Akathistoshymnos, der durch einige ungewöhnliche ikonographische Lösungen ins Gewicht fällt, sowie Porträts von hohen Ochrider Würdenträgern. Nach der bereits besprochenen, noch zu Zeiten Erzbischof Nikolas aufgekommenen und inzwischen fest eingebürgerten Sitte sind letztere so verteilt, daß auf der einen Seite des Kapelleneingangs Zar Uroš und die Söhne des Stadtverwesers Branko Mladenović, Grgur und Vuk, alle drei dem halbfigurig wiedergegebenen Patron der Kapelle, dem hl. Gregor, zugewandt, und auf der anderen der Erzbischof von Ochrid, Gregorios II. sowie der Stifter der Kapelle Bischof Gregorios von Devolli (diese Darstellung ist jezt beschädigt) und der Archimandrit des großen Klosters des hl. Kliment, Johannes, erscheinen. Ein Werk des Schöpfers dieser Fresken ist auch die Wiedergabe des Tempelgangs Mariä auf der Rückseite der Hauptikone der Peribleptoskirche, die bereits zu Beginn des 14. Jahrhunderts geschaffen wurde.

Ein weiterer Maler, der sich von den soeben genannten Künstlern nur geringfügig unterscheidet, schmückte die Südfassade des Gotteshauses mit der Darstellung des Jüngsten Gerichts. Dieses Werk ist stark beschädigt, läßt aber immerhin einen Hinweis auf seinen Stifter erkennen, der irgendein Adeliger, möglicherweise Branko Mladenović selbst, gewesen sein muß. An seinem verblaßten Bildnis am Ostende der Mauerfront, das ihn in halbfiguriger Wiedergabe zeigt, wie er von der Gottesmutter zu Christus hingeführt wird, fehlt jegliche Inschrift. Den Wandschmuck der westlichen Kirchenfassade schließlich, dessen Zustandekommen wiederum Bischof Gregorios zu verdanken sein dürfte, bildet die Darstellung der Deesis in der in Zaum aufgekommenen Art: Christus und die Gottesmutter in kaiserlichen Gewändern und analog dazu Soldatenheilige in Adeligenkleidung. Allerdings ist die Malerei hier größtenteils von einer neueren Freskenschicht überdeckt.

Gerade zu diesem Zeitpunkt tauchten im Rahmen ebendieser Gruppe Künstler auf, die eine andere, expressivere Art der Wiedergabe der Heiligengestalten vertraten, welche nur wenige Jahre später in dem außergewöhnlichen Freskenschmuck des Marko-Klosters ihren Niederschlag finden sollte. Von der Schaffensweise der Meister von Bischof Gregorios, die sich nach einer gewissen Zeit schließlich in vagen, flauen Farben und einem völligen Nachlassen der künstlerischen Empfindungskraft auflöste, unterschied sich diese neue Malerei insofern, als ihre Schöpfer wieder zu einem reichhaltigeren Kolorit voll harmonisch-intensiver Farbklänge übergingen, wodurch sie in einen bewußt wirkenden Gegensatz zu ihren Zeitgenossen traten. Zu der neuen Richtung zählten die zwei Maler, die mit der Schaffung des Freskenschmucks der damals an das Diakonikon der Peribleptoskirche angebauten, dem hl. Nikolaus geweihten Südkapelle betraut wurden. In der Begabung verschieden, hatten sie beide das gleiche zündende Temperament. Ihre Gestalten weisen einen überschlanken, gelängten Körper und einen verhältnismäßig kleinen Kopf sowie leichte, ausdrucksvolle Bewegungen auf. Da die kleine Kapelle wenig Fläche bot, beschränkte sich das Dekorationswerk auf eine Auswahl der Kirchenfeste und die meistverehrten Heiligen, die, wie üblich, in die untere Zone gesetzt, zu Gruppen zusammengeballt, ja, in einigen Fällen sogar hintereinandergestellt sind. Für diese ganzfigurigen Einzelgestalten zeichnet größtenteils — mit Ausnahme einiger weniger im Altarraum — der Schwächere der beiden Künstler verantwortlich, dessen Schaffen Trübheit des Kolorits und Ungeschick in der Formgebung anhaftet, und der sich nicht mit dem anderen messen kann, dessen Werke, einige Heilige im Altarraum, eine gewandte Pinselführung auszeichnet, die zuweilen auch den Stil eines Johannes Theorianos aufgreift. Durch ihre ganze Gestaltungsweise aber und die ihren Heiligen eigenen Züge geben sich beide als die künftigen Meister des Marko-Klosters zu erkennen. Schon hier hatten sie eine völlig fertige Konzeption vom Aufbau des Bildes, nach der sie in Anpassung an den neuen, größeren Maßstab in der Folge auch bei ihren dortigen Schöpfungen verfuhren, wobei sie nur gelegentlich ein kleines Novum einfügten.[89]

Ochrid Muttergottes Heil der Kranken, um 1370

Der Bessere und Begabtere der beiden dürfte anschließend die Fresken in dem kleinen Ochrider Gotteshaus Muttergottes Heil der Kranken geschaffen haben; deren starke Affinität zu seinem eben besprochenen Werk rechtfertigt diese Annahme jedenfalls voll und ganz. Hieraus ergibt sich übrigens auch der einzige Anhaltspunkt für die — ansonsten nirgendwo belegte — Entstehungszeit des Kirchleins und seiner Malerei, die solchermaßen im Hinblick auf die in der Südkapelle der Peribleptos vorhandene Datierung wenigstens annähernd, nämlich innerhalb des siebenten Jahrzehnts des 14. Jahrhunderts, anzusetzen ist. Unbekannt ist auch der Stifter; die Mutmaßung, es könne sich hierbei um den Igumen des Kliment-Klosters, Jakob, handeln, stützt sich lediglich auf eine entsprechende Erwähnung in einer Aufzeichnung aus dem Jahre 1368. Daß der Schöpfer des Wandschmucks dieses Gotteshauses und der Größte unter den künftigen Meistern des Marko-Klosters ein und dieselbe Person waren, dafür sprechen, wie schon gesagt, die Merkmale der hiesigen Malerei selbst: da ist — besonders stark bei mehreren gut erhaltenen Medaillons mit halbfigurig gezeigten *Märtyrern* und einigen wenigen Soldatenheiligen an der Nordwand hervortretend — sowohl der auf koloristischen Verfahrensprinzipien beruhende hohe plastische Gehalt als auch — vor allem bei den Heiligengestalten in den an der Ostwand befindlichen, allerdings nicht mehr vollständig vorhandenen Kompositionen der Anbetung des Opfers, der Verkündigung und der Himmelfahrt Christi zur Geltung kommend — die lebendige, klangvolle und frische Farbgebung, wie sie auch in der Hauptstiftung der Dynastie Mrnjavčević wieder vorzufinden sein werden. Da ist in der Himmelfahrt sogar das geschlossene Halbrund des die Apostelgruppe umfangenden roten Hintergrunds, das — eigentlich eine erstmals in Lesnovo zu verzeichnende Lösung — im Aufbausystem der Malerei dieses Künstlers im Marko-Kloster eine überragende Stellung einnehmen wird.[90]

Abb. 80

Ochrid Sophienkirche, um 1370

Die hohe Achtung, die die künftigen Meister des Marko-Klosters bereits während ihres Wirkens in Ochrid genossen, wird durch die Tatsache verdeutlicht, daß sie in der erzbischöflichen Hauptkirche der Stadt, in der Sophienkathedrale, tätig wurden. Einer von ihnen, eben jener besonders talentierte, dessen hervorragende Schaffensmerkmale soeben anhand seines Werks in Muttergottes Heil der Kranken dargetan wurden, vollzog die Restaurierung der alten, aus dem 11. Jahrhundert stammenden Malerei um den Nordeingang herum in der Weise, daß er die beschädigten Fresken mit seinen eigenen Heiligen übermalte. Von den insgesamt fünf ganzfigurigen Gestalten haben sich zwei einigermaßen gut erhalten. Mit ihrer stolzen Haltung, den markanten, ausgesprochen plastisch wirkenden Köpfen, der rosigen Gesichtsfarbe und den flüchtig gemalten Körpern, bei denen jegliche Lichtwerte in Form von Hell-Dunkel-Kontrasten fehlen, weisen sie in Zeichnung, Farbgebung und Modellierung alle Merkmale auf, die in der Folgezeit im Marko-Kloster zur Geltung kommen werden.[91]

Bei allem eigenständigen Schöpfertum waren die Maler der letztgenannten Ochrider Gruppe doch auch getreue Weiterverfolger der von Johannes Theorianos eingeschlagenen Richtung, wenn nicht geradezu seine Schüler — dies ist daran ersichtlich, daß zahlreiche charakteristische Schaffensmerkmale dieses Meisters, angefangen vom Typus der Heiligenköpfe über verschiedene ikonographische Lösungen bis zu werkstattmäßigen Kleindetails, als da sind Kronenformen, Placierung der Figuren in helle Halbkreisfelder, ein besonderer Entwurf der Aureole Christi und anderes mehr, auch bei ihnen auftauchen. Was die Nachfolger von ihrem Vorgänger unterscheidet, ist der ihren Werken eigen hohe Gehalt an ausgeprägter Expressivität, Dramatik und Farb- und Schattierungskontrasten.

Peštani, um 1370

Daß die später in so starkem Maße akzeptierten Ideen, wie sie in der Malerei des Marko-Klosters verkörpert werden sollten, im Ochrid der sechziger Jahre wuchsen und reiften, zeigt das gerade in diesen Zeitraum fallende Schaffen zweier Künstler, von denen der eine das der Gottesmutter geweihte Höhlenkirchlein in einem Felsen unmittelbar am Ufer des Ochrider Sees bei dem Dorf Peštani, der andere die kleine, innerhalb Ochrids selbst gelegene Kirche Muttergottes Hodegetria ausmalte. Mit seinen Sujets — *Kirchenfesten,* heimischen Heiligen und ausgewählten Soldatenheiligen und Mönchen — bewegt sich der Schöpfer der Fresken von Peštani ganz auf der Ebene seiner Zeitgenossen. Interessant aber ist sein Stil, der genau im Schnittpunkt der Schaffenslinien der für Bischof Gregorios

Abb. 81

tätigen Meister — vertreten etwa im Wandschmuck der Gregorkapelle und der Fassaden der Peribleptoskirche — und der künftigen Maler des Marko-Klosters liegt. Die Figuren sind in warmen, hellgetönten, aber blaß wirkenden Farben gehalten und in der äußeren Erscheinung jenen verwandt, wie sie überwiegend in den Bildern der Gregoriosschen Meister in der Peribleptoskirche auftreten (wobei die zu den Szenenschöpfungen gehörenden hier noch mehr entstofflicht und bisweilen geradezu unnatürlich schlank gestaltet sind); bar jeglichen Volumens, gewinnen sie lediglich durch die dünne, ziegelrote Zeichnung Bestand. Ausdruck verlieh ihnen ihr Schöpfer nicht nur durch das übliche Verfahren mittels einer leichten Verzerrung des Gesichts, sondern auch und vor allem durch eine Vertiefung der Schatten um die Augen und dareingesetzte weiße Glanzlichter, wodurch sie etwas Ekstatisches an sich haben. Der Maler hier figurierte zwar nicht als Mitglied jener Gruppe von Meistern, die in der Folge das Marko-Kloster ausmalten, zeigte aber durchaus eine Neigung zu der künstlerischen Verfahrensweise jener unter seinen Zeitgenossen, die sich dann unter König Marko besonders hervortun sollten.[92]

Ochrid
Muttergottes „Čelnica"
um 1370

Als in seiner ganzen Art Theorianos außerordentlich nahestehend erweist sich der Meister, der in der Kirche Muttergottes „Čelnica" tätig war. Seine Fresken (erhalten sind ein Heiliger an der nördlichen und Bruchstücke eines Zyklus der Wunder Christi an der südlichen Wand) erwecken den Eindruck, als seien sie das Werk eines unmittelbar von Theorianos ausgebildeten Künstlers. Lediglich die trockenere Stoffdarbietung und die fehlende Transparenz und Leichtigkeit der Farbgebung unterscheiden ihn von seinem Lehrer. In Zeichnung und Inkarnat der Heiligengestalten hinwiederum nähert er sich den künftigen Schöpfern des Wandschmucks im Marko-Kloster.[93]

Die übrige Malerei im Ochrider Raum, im wesentlichen das Werk heimischer Meister, hielt sich während der Herrschaftszeit Zar Urošs zunächst noch völlig an die vorgezeichneten alten Schablonen. Erst etwas später, nachdem eine günstigere materielle Ausgangsbasis entstanden war, wurde auch sie für neue Ideen empfänglich und vermochte sich von ihrem rein lokalen Niveau zu lösen und zu einem hochanspruchsvollen künstlerischen Gepräge emporzuschwingen, mit dem sie sich einen festen Platz in der byzantinischen Kunstgeschichte ihrer Zeit sicherte.

Der Adel im Vardargebiet

In der Epoche unter Kaiser Uroš wuchs entsprechend der raschen Zunahme der Macht des Hochadels und der häufig Staatlichkeitscharakter tragenden Verselbständigung seiner Herrschaftsgebiete auch die Bedeutung und der Wertgehalt der unter dem Patronat der Edelleute entstandenen Kunstwerke. Waren sie auch nicht imstande, es in bezug auf die Größe der von ihnen errichteten Kirchen mit dem Kaiser aufzunehmen, so brachten sie es doch fertig, diese ihre Gotteshäuser — im wesentlichen Einraum-Kuppelkirchen oder eingeschriebene Kreuzkuppelkirchen von mittlerer Größe, mit gleichlangen oder einem kürzeren Balken des dem Grundriß eingeschriebenen Kreuzes — mit einer Malerei auszuschmücken, die mit ihrem Schaffenswert an die im Auftrag des Kaisers, des Patriarchen oder des Erzbischofs zustandegekommene durchaus heranreichte. Der räumlichen Beschränktheit wegen wurde der Themengehalt auf die wichtigsten Zyklen — Kirchenfeste, Passion und Vita des jeweiligen Kirchenpatrons — und eine möglichst enge Auswahl an Heiligen reduziert; üblicherweise gelangten in die Kuppel der Pantokrator und die Propheten, an die Pendentifs die Evangelisten, in die Apsismuschel die Gottesmutter, in den Altarraum eucharistische Bilder, Bischöfe und Diakone, und in die untere Zone von Schiff und Narthex Soldatenheilige, Apostel, Mönche und Märtyrer. Herrscher- und Stifterporträts erscheinen mit ganz wenigen Ausnahmen stets im Westjoch oder im Narthex. War die Kirche kleiner als üblich, so griff man zu Raffungen: die zwei Christus gewidmeten Zyklen wurden mittels Ausschaltung einiger Szenen zu einem zusammengefaßt und die Heiligen auf eine besonders kleine Gruppe beschränkt, die sich dann allerdings aus den Meistverehrten zusammensetzte. Mit der Zeit brachten die serbischen Despoten, Sebastokratoren, Cäsaren, Fürsten und Herzöge eine völlige Vereinheitlichung des Themenkreises und eine weitestgehende Wertangleichung des Freskenschmucks ihrer Stiftungen zustande. War der Adel unter Dušan auf dem Kunstsektor erheblich zurückgeblieben, so pflegte er nun — außer im Norden des Landes, wo das künstlerische Schaffen gänzlich erloschen war — unter Auswahl entsprechend befähigter Meister eine Malerei, die an die unter herrscherlichem Patronat entstandene äußerst nahe herankam.

Psača, 1365–71 Eines der besten Werke der Aristokratie befindet sich in der Nikolauskirche in dem Dorf Psača bei Kriva Palanka. Das Gotteshaus wurde während der Kaiserherrschaft Dušans von dem hohen Adeligen Vlatko errichtet und nach seiner um 1354 erfolgten Fertigstellung auf Wunsch des Stifters durch den Kaiser dem Chilandar-Kloster als Schenkung vermacht. Nach den an der Narthexnordwand befindlichen Porträts der Mitherrscher Uroš und König Vukašin zu urteilen, wurde die Malerei erst zwischen 1365 und 1371 geschaffen.

Von den üblichen Zyklen in den oberen Bereichen des Schiffs blieb nur hie und da eine Szene zurück, dafür aber sind die ganzfigurigen Einzelgestalten der Heiligen in den unteren Zonen und die halbfigurig abgebildeten darüber sowie die Nikolausvita im Narthex gut erhalten. Einige etwas seltenere ikonographische Details, wie die Gottesmutter, die lebenspendende Quelle in der Apsis, Christus der Hohepriester und, sich in Anbetung vor ihm verneigend, der hl. Basilius, eine Gebetsrolle eucharistischen Inhalts in den Händen haltend, oben in der Prothesis, Szenen aus der Lehrtätigkeit der vier großen Kirchenväter in den Pendentifs der Narthexkuppel sowie das Nebeneinander heimischer und serbischer Heiliger (Kliment von Ochrid und Joakim von Sarandapor neben Sava und Simeon) lassen erkennen, daß die Maler hier in Kenntnis des tieferen Sinngehalts der Bildwerke auf das Schaffen mancher Vorgänger, insbesondere derjenigen von Lesnovo, zurückgriffen.

Wie bei allen Freskenschöpfungen in Adelsstiftungen ist auch in Psača die Szenographie so gut wie aufgehoben. Dafür aber ergibt sich eine Art origineller künstlerischer Programmgestaltung durch die Darstellungsweise der Figuren, von denen einige im Vordergrund mit dem Rücken zum Betrachter, und viele andere, meist in Profilhaltung, in ungewöhnlichen Bewegungen begriffen gezeigt sind. Die Szenen sind ungeachtet ihres kleinen Formats von Leben erfüllt. Die frische, kernige Farbgebung mit ihrem dunkelgetönten, vornehmen Wohlklang schafft einen Bezug zwischen den Fresken hier und einer in Ochrid entstandenen (heute in der Kunstgalerie von Skopje befindlichen) Ikone mit dem Bildnis und der Vita des hl. Nikolaus. Möglicherweise gehörte einer — und zwar der bessere — der beiden hier wirkenden Maler ebenso wie mancher unter den Meistern des Marko-Klosters einer Ochrider Werkstatt an, obschon in der Stadt selbst kein Werk der Wandmalerei von ihm erhalten ist. In Psača hatte er das Schaffensprimat inne: sämtliche Fresken im Schiff stammen von ihm, nur einige wenige im Altarraum (die hl. Spyridon, Dionysios und Achilles, Papst Leo, der hl. Kliment u.a.) stammen von seinem Kollegen. Der Unterschied zwischen beiden ist unverkennbar: während der führende Künstler die Heiligengesichter mit Vorliebe in warmem Ocker malte und mittels leuchtendgrüner Schattenpartien modellierte, das Ganze mit Glanzlichtern in Form weißer Strichelchen und hellroter Tupfen krönend, wählte der mitwirkende als Grundfarbe für die schwarz silhouettierten Köpfe seiner Gestalten einschließlich der behaarten Partien Gelb, schattete die Gesichter graugrün und setzte weiße Glanzlichter auf Haupt- und Barthaar.

Sein Bestes in bezug auf den Ausdrucksgehalt leistete der tonangebende Meister bei der Schaffung der Einzelfiguren in der unteren Zone, die Heiligendarstellungen und Porträts umfassen. Porträthafte Züge tragen die Heiligen eigentlich ebenso wie die lebenden Personen. Obschon das Hauptanliegen des Künstlers die Herausarbeitung der charakterlichen Wesensmerkmale war, legte er in seiner Malweise doch eine geradezu ikonenhafte Sorgfalt an den Tag, ja, er ging — etwa bei der großen halbfigurigen Darstellung des hl. Nikolaus — dabei so weit, den Grund in einer Weise zu glätten, daß er wie eine Ikonentafel wirkt. Besonders großartig gelangen ihm die Porträts. Herausgegriffen seien nur die
Abb. 73 nebeneinanderstehenden Regenten *Zar Uroš und König Vukašin:* der eine ein hochgewachsener Jüngling, dessen schöne Züge eine gewisse innere Leere verraten, der andere ein kleiner alter Mann mit spitzem Fuchsgesicht und gescheiten, durchdringenden Augen. Im Rahmen seines Porträtschaffens erbrachte dieser Maler überdies eine ungewöhnliche Lösung in Form eines Gruppenbilds, wie es sich in
Abb. 74 Byzanz kaum wieder findet. Die gesamte Narthexsüdwand ist den *Stiftern* vorbehalten. Wie bei einem Familienfest ist die siebenköpfige Stifterfamilie hier um eine an der Wand hängende Ikone des hl. Nikolaus versammelt. Vater und Sohn, der greise Fürst Paskač und der in der Blüte seiner Manneskraft stehende Sebastokrator Vlatko, halten zwischen sich das Kirchenmodell. Dem Fürsten zur Seite erscheint seine ebenfalls hochbetagte Gemahlin Ozra, die den kleinen Enkel Uroš sanft über den Kopf streichelt. Auch Vlatko hat seine Frau neben sich, die Sebastokratorin Vladislava, die ihrerseits die Hand auf dem Kopf des jüngsten Sohns liegen hat; neben ihr steht der dritte, bereits erwachsene Sohn Stefan. Alle Dargestellten sind, von den Kindern abgesehen, von hoher, kühner Gestalt. Ihre Gewandung ist denkbar repräsentativ, mit Stickwerk und Perlen geschmückt und durch prächtige Gürtel zusammengehalten.

Realistisch und ungeschminkt wiedergegeben, stellen sie so recht das Bild einer reichen Adelsfamilie dar, unter deren Mitgliedern manche in der äußeren Erscheinung fast wild wirken. Beispielgebend für eine zutiefst psychologisch konzipierte Art der Wiedergabe ist die mächtige Gestalt des Sebastokrators selbst mit dem riesigen, unregelmäßigen, aber sehr ausdrucksvollen Kopf und den kleinen, engstehenden Augen mit mongolischem Einschlag, der langen, schmalen Nase und dem üppigen, gescheitelten Bart. Mit ihrer solchermaßen lebensechten, urwüchsigen und dabei ästhetischen und zugleich kühnen Gestaltungsweise bildet die Malerei des führenden Meisters von Psača einen Höhepunkt des Schaffens in der kaiserlichen Epoche unter Uroš.[94]

Mit dieser Malerei in hohem Maße verwandt, jedoch weniger gelungen sind die allem Anschein nach gegen Ende der sechziger Jahre entstandenen Fresken in der dem hl. Georg geweihten Dorfkirche von Rečani bei Prizren, der Stifung eines unbekannten Herzogs, der 1370 in dem Gotteshaus auch *Rečani, um 1370* begraben wurde. Der Wandschmuck umfaßt einen kleinen Zyklus aus dem Erdenleben Christi und eine ungewöhnliche, in den ersten drei Szenen durch serbische Übersetzungen einschlägiger Heiligenlegenden inspirierte Georgsvita in den höhergelegenen Zonen sowie ganzfigurige, vom Typus her und in den Bewegungen an Psača gemahnende Einzelgestalten im unteren Bereich. Ebenfalls in der Art von Psača gehalten ist die Schaffensverteilung der beiden Künstler: der führende malte das gesamte Schiff und die Abb. 72 oberen Wandflächen des Altarraums aus, der ihm zur Hand gehende dagegen war nur in letzterem unten tätig. Obwohl die Fresken bei einem Brand schwer gelitten und dadurch nun fast alle Terrakottafärbung angenommen haben, ist doch unverkennbar, daß dem führenden Meister eine plastische Gestaltungsweise mittels farblicher Kontraste gelang, die er mit Vorliebe und Geschick anwandte, während sein weit unkundigerer Kollege, der seine Figuren mit einer groben Umrißlinie versah, durch die trübe Tönung seines Kolorits keine klare Formgebung zustandebrachte. Was bei dem besseren Maler noch bemerkenswert ist, sind zwei Züge, die er mit seinem Widerpart in Psača gemein hat, nämlich die Schaffung szenischer Wirkung durch die Art der Figurenwiedergabe (Abwendung vom Betrachter, kühne Gestik) und das Bestreben, den dargestellten Gestalten authentisches Gepräge zu verleihen. Die mögliche Zugehörigkeit der Meister hier zu einer Werkstatt in Prizren darf aufgrund der Tatsache angenommen werden, daß in der Stadt selbst eine Ikone mit dem Bild der Gottesmutter Hodegetria erhalten ist, die eine starke Ähnlichkeit mit manchen weiblichen Heiligengestalten des Besseren der beiden aufweist und sein Werk sein könnte.[95]

Eine ähnliche Malerei findet sich an der Westfassade der südlichen Kirchenkapelle des Klosters *Treskavac,* Treskavac. Der *Stifter,* ein unbekannter Tepezia, veranlaßte ihre Schaffung gegen Ende der sechziger *vor 1360* Jahre. Er ist zusammen mit seiner Gattin porträtiert; das Bild zeigt ihn mit dem Kapellenmodell in den Abb. 75 Händen zu dem halbfigurigen Christus über dem Eingang hingewandt. Die Kapelle wurde später abgerissen; das wenige, was von den Fresken an der Fassade erhalten blieb, weist eine feste Modellierung, allerdings auch eine ziemlich grobe Farbgebung auf und ist nur als Beitrag für einen Einblick in das Durchschnittsschaffen des Adels in der Epoche Urošs von Belang.[96]

Zeitgemäßer konzipiert sind die Freskenschöpfungen in der Stephanskirche von Konče bei *Konče,* Radovište, einer Stiftung des Großherzogs Nikola Stanjević, die 1366 als Schenkung dem Chilandar- *1366–71* Kloster vermacht wurde. Die Ausmalung des Gotteshauses muß nach letzterem Zeitpunkt in Angriff genommen — und jedenfalls spätestens 1371 beendet — worden sein, denn nur durch den Einfluß des Athos-Klosters läßt sich das Erscheinen der großen Gottesmutter mit dem Jesuskind in der Art der „Strastnaja" (Passionsmuttergottes) neben dem Ikonostas erklären, die das Epitheton „von Chilandar" trägt. Offensichtlich handelt es sich dabei um die Nachbildung irgendeiner berühmten, inzwischen verlorengegangenen Chilandar-Ikone. Im übrigen sind diese Gottesmutter an der einen und das Christusbild an der anderen Säule neben dem Ikonostas sowie die Apostelkommunion und die Anbetung des Opfers in der Apsis alles, was von der Malerei von Konče erhalten blieb. Die charakteristischen Merkmale dieser Malerei sind die großzügige Pinselführung bei der Herausarbeitung der robusten Gestalten, der pastose Farbauftrag und die — zum Unterschied von den größeren Freskenwerken des Adels — sehr hellen Farbklänge. Außerdem hatte ihr Schöpfer eine Neigung zu ornamentaler Stilisierung der Haare und formte aus den gelockten Flechten der Bärte und des Haupthaars stellenweise wahre baukünstlerische Gebilde. Sinn für das Dekorative und Gefühl für die Helligkeit der Farbgebung sind die positiven Eigenschaften dieses ansonsten recht mittelmäßigen Meisters, dem die Schaffung seiner trübsinnig wirkenden Gestalten ziemlich mühevoll von der Hand gegangen sein muß. Die Ornamente, mit denen er die Zierbänder des Apsistriforiums schmückte, gleichen ganz denen, die sich in den Miniaturen des Evangeliars des Großherzogs Nikola Stanjević in Chilandar finden, so daß sich die Mutmaßung ergibt, der Buchmaler vom Athos und der Schöpfer der Fresken von Konče könnten ein und dieselbe Person sein.[97]

Das Gebiet von Serrhes und Thessalien

Im Rahmen der durch Dušans Eroberungen neugewonnenen weiten Gebiete bis hin zu den Küsten der Ägäis und des Ionischen Meers gerieten neben bekannten Städten auch zwei blühende Hochburgen byzantinischen Mönchtums, nämlich der Athos und die Meteorenklöster, an den serbischen Staat. Der Heilige Berg gehörte ebenso wie die angrenzenden Gebiete zum Verwaltungsbezirk von Serrhes. Die weltliche Administration dieser Provinz lag in den Händen eines Nemanjiden, des Cäsars Vojihna, und auf dem Metropolitenstuhl saß Jakob, der vormalige Igumen des Erzengelklosters, der bereits erwähnten Stiftung Dušans. Letzterer beschenkte die Athosklöster reichlich und erhielt nach langem Hin und Her die Einwilligung der Mönche, in der Liturgie nach dem byzantinischen Basileus an zweiter Stelle genannt zu werden. Nach Dušans Tod übersiedelte Zarin Jelena nach Serrhes und regierte das Gebiet von dort aus zusammen mit Vojihna und später mit dessen Schwiegersohn, dem Despoten Jovan Uglješa. Dieser war in der Folge, zwischen 1365 und 1371, fast uneingeschränkter Alleinherrscher. Er stand auf freundschaftlichem Fuß mit den Athosmönchen und schritt kurz vor dem Ende seiner Regierung eigenmächtig zur Aussöhnung mit dem Konstantinopler Patriarchat. Von gelehrten Männern umgeben, mit Vojihnas dichterisch veranlagter Tochter Jelena vermählt und selbst literarisch begabt, verstand Uglješa es, sich für seine Betätigung auf dem Gebiet der religiösen Kunst die besten thessalonikischen Maler dienstbar zu machen. Heute muß ein Einblick in das künstlerische Schaffen seiner Epoche auf äußerst dürftige Zeugnisse beschränkt bleiben. Viele damals entstandene Kirchenmalereien, wie z.B. Teile des Wandschmucks im Kloster Johannes Prodromos auf dem Berg Menoikeion bei Serrhes oder die Fresken im Kloster Pantokratoros auf dem Athos, beides aus der Zeit um 1363 stammende Werke, sind heute entweder übermalt oder nicht genügend bekannt.

Einigermaßen sicher können mit dem Namen dieses Herrschers nur einige Freskenreste in den Athosklöstern Chilandar und Vatopedi in Zusammenhang gebracht werden. Im Katholikon von Chilandar befinden sich zwei mit Wandschmuck versehene Grabkammern, deren Malerei alle Schaffensmerkmale der sechziger Jahre aufweist. Nun ließ Uglješa gerade in diesem Zeitraum seinen Schwiegervater, Cäsar Vojihna, und seinen einzigen Sohn Uglješa Despotović in Chilandar zur letzten Ruhe beisetzen; im Frühjahr 1371 besuchte er beide Gräber und beschenkte dabei auch das Kloster.

Eines dieser Gräber befindet sich in der Nordwestecke des Naos gegenüber der alten Gruft des hl. Simeon Nemanja. Ungeachtet des Fehlens jeglicher Inschrift deutet allein die Lage des Grabs an einem solchen Ehrenplatz darauf hin, daß der darin Bestattete ein hochstehendes Mitglied des Hauses Nemanja gewesen sein muß. Seit dem Stammvater des Geschlechts aber war in Chilandar kein bedeutenderer Nemanjide mehr begraben worden, als eben Vojihna. Zudem weist sich die das Grab schmückende Wandmalerei, eine Darstellung der Gottesmutter mit dem Jesuskind vom Typ der Pelagonitissa, ein mit ikonenhafter Sorgfalt gemaltes Werk, durch ihre Wesensmerkmale und die ganze Art der Gestaltung als Schöpfung aus eben jenem Zeitraum aus, in den das Ableben des Cäsaren fiel. Sehr ähnlich beschaffen ist die zwischen den hll. Sava und Simeon erscheinende Gottesmutter Pelagonitissa über der zweiten, an die Narthexsüdwand placierten, der beiden hier zur Sprache stehenden Grabkammern. Auch diese zweite läßt jedwede Inschrift vermissen, und so ergibt sich als Anhaltspunkt für die Annahme, es könne sich dabei um das über dem Leichnam von Uglješas einzigem Sohn errichtete Arkosolium handeln, lediglich der Stil und der hohe Wertgehalt ihres Freskenschmucks. In bezug auf den Hell-Dunkel-Kontrast um einige Grade intensiver wirkend, vornehmer und feiner in der Malweise und vollendeter in der mittels Glanzlichtverfahren erzielten Formgebung, weist sich diese Malerei als Werk eines besseren und etwas jüngeren Künstlers aus.[98]

Vatopedi (Griechenland) Hagioi Anargyroi, 1371

Chilandar war nur eines unter den Zielen der Rundreise, die der Despot Uglješa in besagtem Frühjahr zu dem Heiligen Berg unternahm, um Geschenke zu verteilen und um für einen glücklichen Ausgang seines Kriegsvorhabens gegen die Türken zu beten. Nach Vatopedi dürfte er dabei gerade zur rechten Zeit gekommen sein, um der Vollendung seines den hl. Anargyren geweihten Kirchleins im Klosterhof beizuwohnen. Möglicherweise wurde er damals auch — neben den Bildern der hll. Sava und Simeon — porträtiert. Die in seinem Auftrag geschaffenen Fresken wurden allerdings im 19. Jahrhundert größtenteils übermalt, so daß ihre Figuren und Szenen nur stellenweise noch im Umriß erscheinen. Nach dem Widerhall zu schließen, den diese Malerei später im Schaffen des Morava-Bereichs in Serbien fand, dürfte sie das Werk guter thessalonikischer Künstler von der Art sein, wie es jene waren, die zur gleichen Zeit in zwei Gotteshäusern ihrer Heimatstadt und Zweitmetropole des byzantinischen Reichs, nämlich der Apostel- und der Demetrioskirche, und in Nea Moni tätig waren. Die einzigen zwei nicht übermalten Schöpfungen — die *Gottesmutter Hodegetria und Christus* neben dem Ikonostas — weisen Bezüge zu thessalonikischen Ikonen jenes Typs auf, wie ihn die Gottesmutter Hodegetria in Hagios Nikolaos Orphanos verkörpert. Die Malweise dieser erhaltenen Fresken basiert auf breitflächigen Hell-Dunkel-Kontrasten und markiger Formgebung mittels Glanzlichtverfahren bei kompaktem Farbauftrag.[99] Abb. 84

Das Schicksal des Staats von Dušans Bruder Simeon Uroš, genannt Siniša, wurde besiegelt durch dessen 1356 in Kastoria vollzogene eigenmächtige Krönung zum Kaiser. Durch solch einen gewagten Schritt endgültig vom Mutterland losgelöst, war dieser Staat nicht nur auf das Wohlwollen des abtrünnigen serbischen Hochadels angewiesen, sondern auch gezwungen, sich des Rückhalts der autochthonen griechischen Bevölkerung und der heimischen Klöster zu versichern. Nun war Siniša ja mütterlicherseits griechischer Abkunft und in bezug auf Sitten, Sprache und Kultur vollkommen gräzisiert, und dies war ganz dazu angetan, ihm bei der Einwohnerschaft seiner südwestmakedonischen, südalbanischen, epirotischen und thessalischen Herrschaftsgebiete Ansehen einzutragen. In den Hauptzentren seines Staats, in Trikkala, Kalambaka und Ioannina, wurden seinerzeit wohl Kirchen errichtet oder restauriert, doch ist dort kein Wandschmuck mehr erhalten. Nur zwei Gotteshäuser — das eine auf den Meteoren, das andere in Kastoria gelegen — weisen noch Fresken aus Sinišas Epoche auf, die aber, da die Ausmalung in beiden Fällen dank dem Zutun der heimischen Mönche erfolgte, nichts über das Gepräge der an seinem kaiserlichen Hof gepflegten Kunst aussagen, sondern lediglich erkennen läßt, daß das künstlerische Schaffen während seiner Ära an lokale griechische Werkstätten gebunden war. Mit den Freskenschöpfungen der übrigen Provinzen des serbischen Staats hat diese Malerei keinerlei Berührungspunkte: unter den in ihr verherrlichten Heiligen fehlen die slawischen, die Sprache der Beschriftung ist anders, ja, nicht einmal der Stil birgt Gemeinsamkeiten.

Kastoria (Griechenland) Hagioi Taxiarchoi, 1359/60

Stark provinzielle Züge kennzeichnen den Wandschmuck der Kirche Hagioi Taxiarchoi in Kastoria, der, wie aus einer Inschrift hervorgeht, während der Regentschaft des Simeon Uroš und seines Sohns Jovan Uroš 1359/60 unter dem Patronat eines gewissen Megaloschimos namens Daniel entstand. Im Mittelschiff dieser dreischiffigen Basilika erscheinen die Kirchenfeste und die Passion, zu einem einzigen Zyklus vereinigt, sowie ganzfigurige und etwa ein Dutzend halbfiguriger, in der Art von Ikonen wiedergegebener Einzelgestalten. Der Maler, der beim Aufbau seiner Bilder größtenteils auf die am Jahrhundertbeginn erbrachten Lösungen zurückgriff und bei den Heiligentypen gar bei der Komnenenkunst Anleihen machte, vergaß über der Fülle all dessen, was er aussagen wollte, ganz, auf Dinge wie Behutsamkeit der Zeichnung, Anmut der Proportionen, Ausgewogenheit des Gesamteindrucks und glaubhafte Gestaltung des Volumens zu achten. Seine Szenen wirken überladen und wie durch Zufall zusammengefügt und sind voll mit Figuren, die in ihren Bewegungen etwas Nervöses und in ihrem stark ausgeprägten Mienenspiel etwas Verkrampftes haben. Die Dissonanzen der warmgetönten Farbgebung und die mißlungenen Ansätze zu Ornamentaleffekten verstärken nur noch den Eindruck, daß hier ein äußerst schwacher Künstler zu Werk gegangen ist, vielleicht der schwächste von allen, die damals auf dem Gebiet des serbischen Staatengebildes tätig waren.[100] In vieler Hinsicht ähnelt die Malerei dieser Kirche in Kastoria den Fresken in dem bulgarischen Kloster Zemen, die dort zu gleicher Zeit, als das Kloster höchstwahrscheinlich unter serbischem Patronat stand, während der Herrschaft des Despoten Dejan geschaffen wurden.[101]

Meteoren (Griechenland) Hypapanti, 1366/67

Ein weit besserer Meister war der Schöpfer des Wandschmucks in dem Höhlenkirchlein des Klosters Hypapanti auf den Meteoren, einer Stiftung des angesehenen Megaloschimos Neilos, Dikaios der Meteoren-Skiti der Stagoi, der unter der serbischen Herrschaft viel für die Entwicklung des Klosterlebens auf den Meteoren getan hat. Auch die Malerei entstand 1366/67 zu einem Teil auf seine und zum andern auf Kosten des „hochwohlgeborenen und hochberühmten Herrn Konstantin", der, bevor er Mönch wurde und den Namen Kyprianos annahm, möglicherweise ein angesehener serbischer Magnat war.

Abb. 93 Die oberen Wandbereiche füllen die Kirchenfeste mit einer Zusatzszene, dem Verrat des Judas, dafür aber ohne Pfingsten, während in den unteren ganzfigurige Einzelgestalten und Medaillons erscheinen. Die Nische an der Südwand enthält eine Stifterkomposition, die den Priestermönch Neilos voll Herzenseinfalt vor dem Thron der Gottesmutter kniend zeigt. Unter den Teilnehmern der Anbetung des Opfers figurieren nach einmal feststehendem Brauch auch heimische Bischöfe: Achilles von Larissa und Ikumenios, der Bischof der Stagoi, letzterer sogar eine Schriftrolle mit dem Gebet „Gedenke, Herr, der Stadt, in der wir wohnen" haltend. Der Tradition des frühen 14. Jahrhunderts folgend, fügte der Maler in seine Szenen auch interessante Details aus dem Leben ein: so erscheint in der Geburt Jesu ein Hirte, der ein Schaf melkt, und in der Taufe Jesu ein Knabe, der am Ufer sitzt und fischt.

Szenen wie Einzelfiguren stehen völlig im Zeichen einer zähen Gestaltungsweise und einer nichtssagenden Stilisierung, was sich sowohl bei den Heiligen selbst als auch bei den Landschafts- und Architekturkulissen in einer Verarmung des Volumens geltendmacht. Die inhaltslose Monumentalität, die erzwungene Gelassenheit in der Haltung der Figuren und die vorgetäuschte Ruhe in der Gesamtstimmung dieser Bilder resultieren aus dem Mangel an Temperament bei ihrem Schöpfer, der seinen Werken mit seiner unindividuellen, schwerfälligen Malweise ein mattes, flaues Gepräge verleiht. Die geometrischen, ockerfarbenen Gebilde der Menschen und Dinge gewinnen Bestand durch eine betonte Zeichnung und flächige weiße Glanzlichter. Auf diese Weise wurde eine dekorative Wirkung erzielt, die an Tapisserienkunst gemahnt.[102]

Für das unter serbischem Patronat betriebene künstlerische Schaffen in Thessalien und Epiros rückte mit dem letzten dort regierenden Nemanjiden, Zar Jovan Uroš (Johannes Dukas Palaiologos), die Stunde des endgültigen Erlöschens heran. Nach seiner um 1370 erfolgten Thronbesteigung ging dieser Herrscher an die Errichtung der kleinen Metamorphosis-Kirche auf den Meteoren, in die er sich in der Folge als Mönch Joasaph zurückzog und in der er dann auch seine Tage beschloß. Eine kleine Weile noch setzten seine Schwester Maria und deren Gemahl, der Despot Toma Preljubović, die Kunstpflege fort. Sie und Joasaph hinterließen einige Ikonen und Gegenstände der angewandten Kunst, die zum Besten zählen, was an byzantinischen Arbeiten aus jener Zeit überhaupt noch erhalten ist, und folglich von Konstantinopler Meistern für sie angefertigt worden sein dürften, freilich aber nur kleine Auszüge aus dem Schaffen der Künstler am Hof des Basileus für die gräzisierten Vertreter des serbischen Hochadels in Epiros und Thessalien darstellen. Doch mit der Eroberung ihrer Gebiete durch die Türken im Jahre 1393 oder 1394 fand auch diese Tätigkeit alsbald ihr Ende.

Um die Mitte des 14. Jahrhunderts ist die Wandmalerei im serbischen Staat in ein neues Entwicklungsstadium getreten. Im Lauf der Zeit sind die vordem bestimmenden Wesenszüge verschwunden und neue aufgekommen, die nunmehr ihrerseits ausschlaggebend werden. Das klassische Gepräge, das noch in der ersten Jahrhunderthälfte dominierte, ist merklich zurückgegangen, der Bildaufbau, der an der Schwelle des Jahrhunderts einer strengen Logik unterworfen und von den aus der Antike ererbten Prinzipien inspiriert war, nun von Gefühlkomponenten immer stärker durchdrungen, im Einsturz begriffen. Gewiß: noch werden vielfach ausnehmend kühne Kompositionsthesen und besonders eigenwillige Stellungen der Figuren aus der Malerei vom Jahrhundertbeginn übernommen und die Heiligentypen kaum verändert beibehalten, wie dies etwa in Mateič, Psača, Rečani, Peć und Zaum wahrzunehmen ist. Doch in immer größerer Anzahl erscheinen Bilder, in denen weder ein geometrisches Gerüst noch eine Vertikale, um die sich die Teile zum Ganzen fügen, zu entdecken sind. Die Figuren büßen größtenteils die alten klassischen Proportionen ein, werden kindhaft klein oder stark gelängt und wirken dann bisweilen unnatürlich schlank. Aus den Gesichtern verschwinden die Merkmale des antiken Typus allmählich unter der Einwirkung der Zeichnung, mittels derer die Physiognomie leicht verzerrt und eine ornamentale Stilisierung der Haare geschaffen wird. Alles in allem: die Formen werden immer mehr ausgeschmückt, und das Wandgemälde erscheint als dekoratives Gebilde, das sich ohne nennenswerte Tiefenwirkung an der Oberfläche ausbreitet.

Nach ihrem in der ersten Hälfte des 14. Jahrhunderts unternommenen Vorstoß in die Tiefe kehren die Maler nun zur Oberfläche zurück. In Anbetracht der ihnen durch die byzantinische Bildauffassung auferlegten Schranken außerstande, zur dritten Dimension zu gelangen, treten sie nach Ausschöpfung sämtlicher durch ihre Kenntnisse in bezug auf Projektionssysteme gebotenen Möglichkeiten erneut der Ebene gegenüber, diesmal gewillt, sie möglichst dekorativ auszugestalten. Diesem Bestreben wird auch die Bildarchitektur untergeordnet: mit Ausnahme von Mateič ist ihre einstige Rolle als raumdeutende Komponente weitgehend auf die des schmückenden Beiwerks reduziert. So fehlen die früher erscheinenden kunstreich konstruierten architektonischen Gebilde nun vollkommen; die Kulissen sind — soweit vorhanden — denkbar einfach in ihren Formen, ohne Phantasie, ohne Verwertung auch nur eines der alten Projektionsgrundsätze gestaltet und zudem fast allen plastischen Gehalts beraubt. Nur die kühnsten Maler im letzten Jahrhundert des Bestehens der byzantinischen Kunst verstehen es, sich die Erfahrungen ihrer Vorgänger beim Kulissenaufbau zunutze zu machen, doch bringen sie sie im Rahmen ihrer eigenen, weitgehend anders begriffenen Raumgebilde zum Einsatz.

In der byzantinischen Malerei der Mitte des 14. Jahrhunderts tritt — und das gilt auch für ihre auf dem Boden des heutigen Jugoslawien entstandenen Schöpfungen — ein Nebeneinander mehrerer ziemlich unterschiedlicher künstlerischer Auffassungen zutage. Auf dem Gebiet des serbischen Staats lassen sich vier sehr ausgeprägte und damit auch klar voneinander abgegrenzte Richtungen beobachten. Mittelmäßig, oft sogar naiv sind die Schöpfungen des Mönchtums im Süden des Landes — in Kastoria und auf den Meteoren — und teilweise auch die des Ochrider Erzbischofs, Gregorios. Ihre Kennzeichen sind Klangarmut der Farbgebung und Kargheit der Figurengestaltung, gemildert lediglich durch die Ausdrucksbetontheit der verzerrten Gesichter, die deutlich auf das Anliegen der Stifter hinweist, das sich nicht auf ein schönes Äußeres oder eine künstlerisch anspruchsvolle Wiedergabe, sondern auf das Einfangen des Innenlebens der dargestellten Heiligen richtete. Ambitionslos ist auch das Durchschnittsschaffen des Adels — so etwa die Malereien in Mali Grad, Treskavac, Chilandar. Es begnügt sich mit einem gewissenhaften Nachvollziehen von in der ersten Jahrhunderthälfte erbrachten Lösungen, steht also im Zeichen des Akademismus, und zwar auf einer recht niedrigen Stufe. Hauptmerkmal dieser Malerei ist die Vernachlässigung der Farbgebung zugunsten der Form und der Zeichnung. Sie bleibt innerhalb der Grenzen des bereits erschlossenen Geländes.

Die wichtigste Auseinandersetzung vollzieht sich in den Reihen der führenden Künstler, die in zwei Gruppen zerfallen. Die Anhänger der einen, zu der die Meister der Kirchen von Psača, von Rečani und Muttergottes Heil der Kranken gehören, lavieren die Malerei in eine „barocke" Etappe hinein. Sie ergehen sich in kräftigen Hell-Dunkel-Kontrasten, mit denen sie eine breitgewölbte, massive Modellierung erzielen, einem dunkelgetönten, wohlklingenden Kolorit, durch das sie eine ernste Stimmung schaffen, und einem pastosen Farbauftrag, in dem sich ihr ungestümes Temperament äußert. Ihre Werke atmen das starke Empfindungsvermögen ihrer Schöpfer: sie wirken intensiv, kraftvoll, zuweilen — wie in Psača — ausgesprochen leidenschaftlich. Neben dieser Malerei nun setzt sich beharrlich eine andere, neuartige, durch, die — in ihren Ansätzen bis zu Theorianos zurückreichend und sich in Mateič, Peć, Zaum und Veliki Grad herauskristallisierend — in vollkommenem Gegensatz zu der ersteren steht: lyrisch gestimmt, überfeinert, verkörpert sie sozusagen eine „Rokoko"-Richtung im Bildschaffen. Ihre Farbgebung ist dezent, sacht-melodisch und vorwiegend in hellen, kühlen Tönen gehalten. Bei den Figuren tritt nirgendwo eine massive Wölbung durch starke Hell-Dunkel-Kontraste zutage. Die neuen künstlerischen Schaffensmittel in Form feiner Gestaltungsweise, unaufdringlicher Stoffdarbietung und eines transparenten, lässig anmutenden Farbauftrags bewirken eine Gefühlsaussage von fast femininem Charakter. Der Einfallsreichtum, mit dem diese Künstler die fernen Welten von Orient und Okzident in ihre Bilder einfingen, erweckt den Eindurck, als hätten sie sich vor dem rauhen Alltag in das Reich ihrer Phantasie flüchten wollen. Dieser Kunst sind in der Hauptsache die Angehörigen des Hofs und die hohen kirchlichen Würdenträger verfallen, obschon sie auch beim Adel ihre Angänger findet.

Diese fundamentale Polarisation wird nun bis zum Untergang des serbischen Staates in seiner Malerei bestehen bleiben. Im letzten Viertel des 14. Jahrhunderts findet das männliche, „barocke" Gepräge lebhafte Aufnahme in den makedonischen Herrschaftsgebieten König Markos, während der weiblich-lyrische Charakter im Morava-Gebiet im Norden den Ausschlag gibt. Freilich: diese Malerei wird nur mehr ein Nachhall des aus dem bereits ausgelaugten byzantinischen Kaiserreich heranströmenden Ideenguts sein, immerhin aber ein Nachhall mit veränderten Vorzeichen.

Nach dem Jahr 1371

Mit der Schlacht an der Marica löste sich der Staat von Serrhes auf, und das Gebiet, über das König Vukašin geherrscht hatte, erkannte die türkische Oberhoheit an, so, wie auch der byzantinische Kaiser, der Bulgarenzar und eine Reihe von Edelleuten alsbald in Vasallenverhältnis zu den Türken traten. Zwei bis drei Monate nach dem Gefecht, Ende 1371, starb auch Zar Uroš. Herrscher des Staats, der sich noch immer von Ochrid bis zu Donau und Save und von der Adria und Drina bis zum Timok erstreckte, war damit, rechtlich gesehen — da als einziger der verbliebenen serbischen Würdenträger den hohen Titel eines Königs führend —, Marko, Vukašins Sohn. Doch der nun vollkommen selbständig gewordene Hochadel außerhalb des eigentlichen Regierungsbezirks des obersten Landesherrn war allem Anschein nach nicht geneigt, sich dessen Gewalt zu beugen. Der Ban von Bosnien, Tvrtko I., ging dabei so weit, sich 1377 im Kloster Mileševa am Grab des hl. Sava zum serbischen König krönen zu lassen. So hörte der serbische Einheitsstaat auch formal, nach den mittelalterlichen Auffassungen von der Herrscherhierarchie, zu bestehen auf. Abgelöst wurde er durch eine Reihe von Kleinstaaten, die bisweilen nicht einmal auf freundschaftlichem Fuß miteinander standen.

Bis zum Ende des 15. Jahrhunderts, als auch das letzte serbische Staatsgebilde den Türken anheimfiel, formten sich auf dem Gebiet der Kunst geschlossene Schaffensbereiche, von denen ein jeder seine besonderen Merkmale trug. Marko war, auch als türkischer Lehensmann in bezug auf die inneren Angelegenheiten seines Landes selbständig geblieben und dazu noch begütert, in der Lage, fast ein Vierteljahrhundert lang zu bauen und zu malen und die schöpferische Betätigung einer ganzen Gruppe von Künstlern zu gewährleisten, die in Anlehnung an die ältere bodenständige Tradition Werke von hohem Wertgehalt und vielfach eigenständiger Prägung schufen. Seine östlichen Nachbarn, die Brüder Dejanović, lieferten, erheblich mittelloser als er, dementsprechend bescheidene Beweise ihres Mäzenatentums, die zudem eine maßgebliche Schaffensbeeinflussung durch die dazumal tonangebenden Künstler vom Athos, mit dem ohnehin feste Kontakte bestanden, und die Meister von Thessalonike und Konstantinopel, zu denen solche Bande durch die Heirat von Konstantins Tochter mit dem byzantinischen Kaiser geknüpft wurden, erkennen lassen.

Die Gebiete, die voreinst den Bestand des alten rascischen Staats ausgemacht hatten, fanden sich dank ihrem einheitlichen ethnischen Gefüge und dem tief in ihnen verwurzelten Staatsbewußtsein rasch zurecht. Auf den 1374 und 1375 abgehaltenen Landtagen von Peć wurde im Beisein von Fürst Lazar, Đurađ Balšić und Patriarch Jefrem ein Plan zur Regelung der kirchlichen Fragen erbracht, der die Aussöhnung mit dem Ökumenischen Patriarchat sowie einen Beschluß über die Ansiedlung von Mönchen in diesen kirchenorganisatorisch bis dahin nicht so recht erfaßten Provinzen zum Ergebnis hatte. Als Folge dieses Beschlusses waren in der Raška, der Zeta und Kosovo ein starker Zustrom von angesehenen Mönchen vom Heiligen Berg und aus anderen berühmten byzantinischen Klostersiedlungen, die Errichtung von Kirchen nach dem Trikonchos-Schema des Athos und ein Aufschwung der religiösen Kunst in Gegenden, in denen diese vordem so gut wie nicht vorhanden gewesen war, zu verzeichnen. Auf die solchermaßen gegebenen Anregungen reagierte jede der drei Territorialeinheiten im Geiste ihrer künstlerischen Traditionen: das Morava-Gebiet brachte eine besondere Bauschule hervor, die bei ihrer Schaffensweise sichtlich auf die ansehnlichsten alten Denkmäler des Landes zurückgriff, Kosovo und das Skopje der Branković prägten ihr neues Kirchenschema unter Zugrundelegung des bereits bestehenden, von den Baumeistern Makedoniens und des Prizrener Raums ererbten Gestaltungssystems, und die Zeta der Balšićschen Ära baute Kirchlein mit Kleeblattgrundriß, deren Stil eine Symbiose aus Romanik und Gotik des Abendlandes darstellte. Als um das Jahr 1420 herum ein neuer Zusammenschluß der serbischen Länder unter dem Despoten Stefan Lazarević erfolgte, hatten alle drei Provinzen auf kulturellem und künstlerischem Gebiet fest Stellung bezogen und dabei eine von den jeweiligen Gesichtspunkten ausgehende, vielfach spezifische Schaffensstruktur geformt.

Die Notlage des serbischen Despotats um die Mitte des 15. Jahrhunderts und sein Fall 1459, der es den Türken anheimgab, brachten in der Zeta das Geschlecht der Crnojević hoch, das sich nicht mehr an die künstlerische Überlieferung der Balšić und des Nordens kehrte. Bis zum Ende des 15. Jahrhunderts als Stifter von baulichen Schöpfungen und Illuminationen der in der ersten serbischen Druckerei erscheinenden Bücher tätig, erbrachte es in diesen seinen Werken eine besondere Mischung aus byzantinischen und Renaissanceformen. Seine Nachbarn im Westen, die zum bosnischen Hochadel gehörenden Gebieter der Herzegowina — Sandalj Hranić, Herzog Stefan Vukčić und dessen Söhne — nahmen sich für ihre Bauvorhaben die Gestaltungsweise der am weitesten nach Westen vorgeschobenen und damit zumeist in ihrem Herrschaftsbereich gelegenen Denkmäler der rascischen Schule, als da sind Mileševa, Davidovica, Morača, zum Vorbild. Das rascische Gotteshaus erhielt damals das Gepräge der zeitgenössischen abendländischen Gotik, allerdings in leicht adaptierter Form.

1463 wurde Bosnien, 1482 die Herzegowina, und 1499 Montenegro von den Türken unterworfen. Damit kam die mittelalterliche Kunst in diesem Teil Europas zum Erliegen. Wiewohl nach den ersten Wirrsalen unter den Türken wieder auflebend, sollte sie nie wieder die Kraft haben, wirklich großartige Werke von allgemeingültiger Bedeutung hervorzubringen.

Die nach 1371 entstandenen Einzelregionen der serbischen Kunst waren nicht nur durch ihre jeweilige baulichen Schöpfungen gekennzeichnet. Im Gefolge eines jeden Kirchenbaus erschienen Werke der Malerei, Schatzgüter, illuminierte liturgische Bücher. Fresken aber haben sich nur im Regierungsbezirk König Markos und im Morava-Gebiet bis heute erhalten. Außerhalb dieses Bereichs ist die Wandmalerei fast spurlos verschwunden, und nie mehr wird das reiche Spektrum des bildkünstlerischen Schaffens bei den Serben zu rekonstruieren, nie mehr die Gesamtheit der Verzweigungen des darin wirkenden Stroms an Erkenntnissen festzustellen sein, dessen Zuflußquellen auch außerhalb der heute auszumachenden Grenzen liegen mochten. Die einzige besondere Beachtung verdienende Ausnahme stellen die Fresken des an der Adriaküste in der Nähe von Herceg-Novi gelegenen Klosters Savina dar, die um die Mitte des 15. Jahrhunderts entstanden, als jene Gegend zum Teilstaat der Kosača gehörte, und ein Werk des bekannten Malers Lovro Dobričević aus Kotor sind. Ihre Ikonographie ist zwar byzantinisch, ihr Stil aber eine venezianisch geprägte Mischung aus Gotik und Renaissance, und daher werden sie auch nicht in die Geschichte der byzantinischen Kunstformen einbezogen.[103]

Savina, Mitte 15. Jh.

DER STAAT VON KÖNIG MARKO

Vornehmlich auf das reiche kulturelle Erbe und die städtische Zivilisation Makedoniens gestützt, nahmen die Länder König Markos nach der Niederlage an der Marica die Tätigkeit auf künstlerischem Gebiet unter veränderten politischen Vorzeichen alsbald wieder auf. Der Kirche sicherte die innere Selbständigkeit dieses Staatsgefüges ein Wirkungsfeld, das den Bau und die Ausmalung von Gotteshäusern, die Schaffung von Ikonen, das Schmieden von Gerätschaften und das Kopieren von Büchern umfaßte. Der König, darauf bedacht, den alten Stiftungsbrauch weiterzuführen, scharte gemeinsam mit seinen Brüdern Andrejaš und Dmitar fähige Kopisten und geschickte Maler um den Hof. Es bahnte sich eine friedliche Entwicklungsperiode an, die nur durch die Angst um ihren Bestand und die Furcht vor dem Ungewissen gestört wurde: immerhin war der König den Türken tributpflichtig und mußte im Einberufungsfalle an ihrer Seite in den Krieg ziehen. Die lokalen adeligen und kirchlichen Würdenträger verloren zusehends an Wohlhabenheit und Ansehen, und so wurden weder große noch prunkvolle Denkmäler gebaut. Dafür wandten sich Mönchtum und niedere Geistlichkeit, von den politischen Alltagssorgen nicht so sehr bedrängt, stärker als der Adel wieder der Kirche zu und wurden als Stifter und Schöpfer neben dem Hof die Haupttriebfeder des künstlerischen Schaffens.

Doch wie so oft im Mittelalter folgte auf diese Blütezeit ein jäher Zusammenbruch. 1395 wurde der König mitsamt dem serbischen Adel zur Teilnahme an dem türkischen Kriegszug gegen Rumänien einberufen. In der Schlacht zu Rovine irgendwo in der Walachei kam er ums Leben, ebenso wie sein Nachbar, Konstantin Dejanović, der Schwiegervater des byzantinischen Kaisers. In der Lebensbeschreibung des Despoten Stefan Lazarević, der ebenfalls mit in Rovine war, bezeugt der Schriftsteller Konstantin der Philosoph — wahrscheinlich nach den eigenen Angaben des Despoten —, daß die serbischen Herren nur notgedrungen mit den Türken zogen. Als sie sich bereits zu dem Gefecht sammelten, habe König Marko folgende Worte an Konstantin Dejanović gerichtet: „Ich künde es dem Herrn und bitte ihn, sich den Christen als Helfer zu erweisen, ich aber möge der erste unter den Toten dieses Krieges sein". Dies traf denn auch ein.

Prilep Erzengelkirche, um 1372

Seiner Thronbesteigung und der Trauer um seinen gefallenen Vater Vukašin ließ König Marko in Form eines Bildes beiderseits des Haupteingangs seiner Hofkirche, der Erzengelkirche in Prilep, gedenken: auf einer Seite erscheint König Vukašin, auf der anderen er selbst; beide halten Szepter und Stifterurkunde überkreuzt in den Händen, und Marko wird — Symbol für die Einsetzung in sein königliches Amt — von einer göttlichen Hand eine Krone aufs Haupt gesetzt, während der weiße Sakkos, den er trägt, seine Trauer versinnbildlicht. Der Schöpfer des Freskos war ein fähiger Maler und fand für sein Werk eine passende Formel byzantinischer Ideographie: der rote Hintergrund und die grünen Schatten auf den Gesichtern sind Gestaltungsmittel, wie sie bei der Darstellung von Heiligen angewandt wurden. Es war dies Markos Obolus an das Andenken seines Vaters, aber auch ein Zeichen seiner festen Entschlossenheit, von seinem legal erworbenen Recht auf den serbischen Thron Gebrauch zu machen. Das Entstehen des Freskos dürfte mit dem ersten Regierungsjahr des neuen Königs anzusetzen sein, als er noch Trauerkleidung trug.[104]

Marko-Kloster, 1376–81

Bereits damals ging Marko zielstrebig an die Vollendung der Stiftung seines Geschlechts, der Mrnjavčević, nämlich des Demetriosklosters bei Skopje, dessen Bau sein Vater begonnen hatte, und seine Stifterverdienste trugen dem Bauwerk im Volke den Namen „Marko-Kloster" ein, der ihm bleiben und unter dem es allgemein bekannt werden sollte. Eine über dem südlichen Kirchentor angebrachte, nunmehr beschädigte Fresko-Inschrift besagte, daß der Bau des Gotteshauses 1346/47, in der Ära Kaiser Dušans, begonnen und zwischen 1376/77 und 1380/81 unter König Marko vollendet wurde. Das Stiftertum der Mrnjavčević ist in Form von Bildnissen Markos und anderer Mitglieder dieses Geschlechts festgehalten. Am Südeingang des Klosters befindet sich eine Darstellung, in der die am Haupttor der Erzengelkirche von Prilep ausgesagte Idee breite, festumrissene Gestalt angenommen hat: wiedergegeben sind Marko und sein Vater, beide Schriftrollen mit passend ausgewählten Texten aus der klösterlichen Stiftungsurkunde in den Händen, Marko aber überdies das große beschlagene Horn der alttestamentarischen Könige in der Rechten haltend — ein Attribut, das deutlich den Gedanken vom „zweiten David" zur Geltung bringt, demzufolge Marko als neuer gesalbter König beim Krönungsakt das Charisma des Heiligen Geistes empfing. Bei der Gestaltung dieses Bildes von Marko, in dem er dessen Züge nach Vorbildern der byzantinischen David-Ikonographie prägte, ließ sich der Maler offensichtlich durch die Verse von Psalm 89 (88) inspirieren, in denen von der Hilfe Jahwes für den neuen Herrscher bei dessen Kampf gegen seine Feinde und von der Erhaltung seines Geschlechts und seines Throns die Rede ist. Diese ikonographischen Besonderheiten des Porträts und die eindringliche Kraft, die die Persönlichkeit des abgebildeten Herrschers ausstrahlt, mochten in schweren Tagen Hoffnung erwecken oder doch wenigstens Trost spenden.

Auch die — stark beschädigten — Porträts an der Nordwand des Narthex verherrlichen die Dynastie der Mrnjavčević. Zusammen mit seiner Gemahlin, Königin Jelena, ist hier König Vukašin gezeigt wie er das Kirchenmodell dem hl. Demetrios darreicht, der — der Szene vom Tod der Gottesmutter, in der ein Gleiches den Aposteln widerfährt, entlehntes und in die Ikonographie der Darstellung des toten Stifterkönigs ausgenommenes Detail — von einem Engel in einer Wolke herangeführt wird. Neben Vukašin steht Marko, und beide segnet aus einem Stück Himmel heraus, in dem er halbfigurig wiedergegeben ist, Christus-Immanuel.

Die königlichen Porträts figurieren im Rahmen der Darstellung des Himmlischen Hofstaats, dessen in byzantinische und serbische Herrscher- und Adeligengewänder gekleidete Mitglieder die untere Zone des Schiffs und des Narthex einnehmen. Das Motiv ist im Grunde genommen dasselbe, von den Versen der Psalmen 45 (44) und 93 (92) inspirierte, das bereits in Treskavac, der Ochrider Peribleptos-Kirche und Zaum seine besondere Prägung erhalten hat, nur, daß es hier in erweiterter Form und einer ungewöhnlichen Zusammensetzung erscheint: neben Christus als Kaiser und der Gottesmutter als Kaiserin stehen Johannes der Täufer, König David, eine lange Reihe von mehr als zwanzig Heiligen in Adelskleidung sowie die Angehörigen des königlichen Geschlechts der Mrnjavčević nebst Kaiser Konstantin und Kaiserin Helena. Die hier gegenüber der vordem zu verzeichnenden Darstellungsweise dieses Themas vorhandenen Änderungen und Ergänzungen dürften ihr Entstehen unter anderem jenem Hymnus zu verdanken haben, der anstelle des üblichen Cherubshymnus am Karsamstag gesungen und in dem der König der Könige und der Herr der Herren gepriesen wird. Im Zuge dieser Idee erfolgte dann wohl auch die Einbeziehung der königlichen Porträts in diese Suite aufgrund einer Anregung durch den Wortlaut des Gebets, das bei der Krönung der byzantinischen Kaiser und der serbischen Könige während der Salbung gelesen wurde und das die an den Könige der Könige und den Herrn der Herren gerichtete Bitte enthält, er, der Samuel zur Salbung Davids auserkor, möge durch die Mittlerschaft der Gottesmutter, Konstantins und Helenas und anderer Heiliger die Feinde des neuen Souveräns vernichten und seine Herrschaft friedich und gerecht werden lassen.

Die Malerei des Marko-Klosters fußt überhaupt sehr stark auf Kirchengesängen und literarischen Werken von tiefer Gelehrsamkeit; dies gilt insbesondere für die den Gläubigen so nah vor Augen stehenden Fresken der unteren Zonen der Kirchenwände. So wurde die Himmlische Liturgie aus der Kuppel, in der nur der Pantokrator mit Engeln und Propheten zurückblieb, in den Altarraum verlegt, wo sie anstelle der Anbetung des Opfers erscheint: von Christus, im Bischofsgewand, gerade während des Großen Einzugs zelebriert, an dem Engel und heilige Liturgen teilnehmen. Mit diesem Thema unlösbar verbunden ist die in der Nische der Prothesis wiedergegebene Bereitung der Opfergaben oder Proskomidie. Inspiriert ist die Darstellung von den Worten des bei jeder gewöhnlichen Liturgie gesungenen Cherubshymnus, und die Ergänzung dazu findet sich in dem zu diesem Hymnus gehörenden Gebet, demzufolge Christus Opfernder und Geopferter zugleich ist. Teilweise sichtbar werden die theologischen Gedankengänge, die zu der Art der Wiedergabe dieses Themas hier im Marko-Kloster führten, in Schöpfungen wie der Christusliturgie in Lesnovo, dem Großen Einzug in der Prothesis der Peribleptoskirche in Mistra und der Bereitung der Opfergaben in Ljuboten, Dečani und Mateič.

Von kirchlicher Poesie inspiriert ist auch das Fresko in der Blendkalotte des Narthex, das eine Einzelerscheinung in der byzantinischen Malerei darstellt: auf einem Regenbogen sitzt, von einer von Engeln gehaltenen Mandorla umgeben, Christus, der präexistente Logos, und segnet die von betenden Heiligenchören umringte Abendmahlstafel. Seinen Ursprung hat dieses Motiv in einem liturgischen Gesang, der am Gründonnerstag an die Stelle des Axions tritt, nämlich dem Hirmos der neunten Ode des Festkanons zum Gründonnerstag, eines Werks des Kosmas von Jerusalem, in dem die Gläubigen aufgerufen werden, „von des Herren Gastmahl und seiner unsterblichen Tafel . . . mit dem höchsten Sinne des Gotteshauses zu kosten, erkennend aus Seinem Worte das Wort, das mit hinaufstieg . . .“. Zwischen den Engeln ist König Salomon abgebildet, der eine Schriftrolle mit dem Text von der göttlichen Weisheit trägt, welcher teilweise den Kosmasschen Kanon beeinflußt hat.

Auch für Darstellung der Gottesmutter, die ihren toten Sohn beweint, diente der Bestandteil einer geistlichen Dichtung, nämlich die Klage der Gottesmutter aus dem Offizium nach der karfreitäglichen Vesper, als Textvorlage. Der Maler teilte — ebenso wie dies der Meister von Gradac im 13. und der Schöpfer der Diptychonikone im Metamorphosiskloster auf den Meteoren im ausgehenden 14. Jahrhundert taten — das Bild in zwei Teile, indem er die Gottesmutter an den einen und den toten Christus an den anderen der beiden Westpfeiler im Kuppelraum setzte.

Viele Szenen des — in den oberen Wandzonen des Gotteshauses zur Darstellung gelangten —
Abb. 88 Kirchenfestzyklus (so die *Geburt Jesu,* die Epiphanie, die Koimesis, die Kreuzigung u.a.) enthalten Details, die den in der jeweiligen Festliturgie vorkommenden Gesängen entnommen sind. Besonders reizvoll ist das Bild des Kirchenpatrons über dem Haupteingang, eine gleichfalls in der liturgischen Hymnodie wurzelnde, in ihrer Art einmalige Darstellung. Sie zeigt den hl. Demetrios, in ein festliches Kriegsgewand gekleidet, auf einem geschmückten, sich bäumenden Schimmel reitend, eine Keule in der Hand. Christus-Immanuel segnet ihn, und Engel fliegen gegen ihn hernieder und bringen ihm Helm und Schwert, Harnisch und Beinschienen, Panzerhandschuhe, Schild und Armbrust, und die Märtyrerkrone. Auch der oberhalb der ganzfigurigen Gestalten im Kirchenschiff erscheinende Bildzyklus des Aka-

thistoshymnos fußt auf dem Dichterwort, und Zusammenhänge mit letzterem weisen noch viele weitere Einzelheiten des Gesamtmalerwerks hier auf. Überhaupt dürfte es kaum eine zweite Schöpfung der byzantinischen Wandmalerei geben, in der die liturgische Hymnographie in so hohem Maße Eingang gefunden hat, wie bei den Fresken des Marko-Klosters. Die Liturgie bot den Künstlern eine sichere Grundlage, auf der sie eine Bilderwelt von hoher Eigenart aufbauten.

Hatte schon in der bis dahin ungekannten Ikonographie der großen Klöstern und Kirchen der Epoche des Kaiserreichs — Dečani, Mateič, Lesnovo und Hagia Sophia in Ochrid — eine raumgreifende Entwicklung der Gelehrsamkeit stattgefunden, so vollzog sich im Marko-Kloster eine erneute Erweiterung der Grenzen der durch das Bild vermittelten theologischen Erkenntnisse. Begreiflicherweise sind neben ungewöhnlichen oder selten erscheinenden Darstellungen — zu denen neben den bereits aufgeführten Zyklen und Einzelbildern auch eine besondere, an die Geburt Jesu anschließende Szenenfolge gehört, die den *Kindermord von Bethlehem* zum Thema hat — auch durchaus bekannte, wie die Zyklen der Passion, der Wunder und Gleichnisse Christi und der nachösterlichen Szenen oder die Viten der beliebten Heiligen Nikolaus und Demetrios, vorhanden. Bei alledem aber macht sich unverkennbar ein starkes Bestreben geltend, durch eine erhöhte Anzahl einschlägiger Szenen und Zyklen das Leiden Christi, den Sinn seines Opfers und des Opfers seiner Nachfolger, der kindlich unbefangenen wie der bewußt handelnden, deutlich herauszustellen. Daher waren es die Kirchengesänge der Karwoche, die den Malern den meisten Stoff lieferten. Abb. 86, 87

Der Gedanke vom Dulderlohn bildet den Aussagegehalt eines der byzantinischen Welt sonst unbekannten Kirchenkalenderthemas im Naos des Gotteshauses: oberhalb des Passionszyklus zieht sich da ein Blumenkranz hin, in dessen Blütenkelchen, entsprechend dem Ablauf des liturgischen Jahrs der byzantinischen Kirche nebeneinandergereiht, halbfigurig wiedergegebene Märtyrer erscheinen. Als Zeichen der Belohnung für die Blutzeugen des Glaubens geflochten, mochte dieser Kranz auch die Antwort des Christentums auf die Frage nach dem Sinn der schweren Prüfungen der Jetztzeit beinhalten.

In der Kirche versammelt, erwarteten die Gläubigen im Gebet, den Blick zum Himmel gerichtet, die Erlösung. Offensichtlich in Befolgung des weisen Rats jemandes in der Theologie wohlbewanderten boten ihnen die Maler die Hoffnung, daß ihre Gebete mit Hilfe der Engel in den Himmel hinaufgetragen würden. An den Kapitellen im Schiff ließen sie in Aufgreifung eines Motivs aus einem apokryphen, Gregor von Nazianz zugeschriebenen Textes, in dem die Liturgie eine mystische Deutung erfährt, Engel erscheinen, die das Kirchendach zu Beginn des Offiziums in die Höhe heben, woran sie nicht einmal durch die in Affengestalt auftretenden Teufel seitlich des Altarraums gehindert werden können. Damit schließt sich der Gedankenkreis: der reumütige Gläubige kann die Eucharistie empfangen.

Das Drama des Leidens und des Opfers verstanden die Maler in adäquater Weise einzufangen: in Gestalt dramatisierter Formen und zugespitzter Lichteffekte, in den erregten, abrupten Bewegungen und der pathetischen Gestik der Figuren, in den von mit Furcht gemischter Ekstase erfüllten Blicken der Heiligen. Das solchermaßen zustandegekommene Bildgepräge mag auch einen Widerhall der damaligen Zeit mit ihren schweren Unbilden enthalten. In der Malerei des Marko-Klosters nämlich hat — was in der religiösen Bildkunst selten vorkommt — die menschliche Tragödie und der Glaube des Menschen keine optimistische Lösung erfahren; eine solche findet sich lediglich, und nur für den, der dies herauszulesen versteht, in der liturgischen Textvorlage des Bilds. Daraus nun ergibt sich auch der diese ganze Schöpfung durchziehende Mystizismus. Die Prädestination des Menschen der Epoche Markos und Lazars für das Himmelreich, welches die gelehrten Verfasser der serbischen Heiligenliturgien und später auch die Sänger der Volksepen den Herrschern und Adeligen zusichern, wird hier in Bildform dargetan.

Den Anfang bei der Schaffung des Wandschmucks im Marko-Kloster machten — wahrscheinlich unter Hinzuziehung von Gehilfen — jene beiden Meister, die seinerzeit in mehreren Ochrider Kirchen (Muttergottes Heil der Kranken, Sophienkathedrale, St. Nikolauskapelle der Peribleptoskirche) tätig waren. Die Verschiedenheit in bezug auf die Handschrift und die ungleiche Begabung der beiden sind trotz ihres Bemühens um eine farbliche Annäherung auch hier erkennbar. Von dem besseren Künstler stammen die meisten Festtagsszenen; eine Ausnahme hiervon bilden nur diejenigen in der nördlichen Kreuzarmhälfte der Kirche. Beispiele für das Schaffen des schwächeren Meisters sind u.a. die Apostelkommunion in der Apsis und die ganzfigurig wiedergegebenen Gestalten unterhalb der Pfingstszene im Altarraum. Die Zuweisung fällt bei fast allen Fresken ziemlich leicht.

Der führende Maler gehört zur Künstlerelite der byzantinischen Welt der siebziger Jahre, unter deren Mitgliedern beispielsweise der Schöpfer der Fresken in der Höhlenkirche von Ivanovo in Bulgarien

oder Theophanes der Grieche (Feofan Grek) aus Nowgorod in Rußland figurieren. Mit dem Meister von Ivanovo gemein hat er die lebhaften, stets ungewöhnlichen und ausgesuchten Bewegungen der schlanken, gelängten Gestalten, die zwecks Manifestation der starken Empfindungen in ihrem Innern oft in überraschenden Posen und kühnen Perspektiven gezeigt sind. Dabei nun geht der Künstler hier noch
Ab. 87 weiter, indem er in manchen seiner Szenen eine Figur herausgreift und sie als Verkörperung eines bestimmten Begriffs über das gesamte Geschehen setzt. So wirkt Rachel, die, vor dem Rahmen eines halbkreisförmigen Hintergrunds hoch über die um sie herum liegenden hingemordeten Kinder von Bethlehem aufragend, den Kopf seitwärts geneigt, auf diese herabblickt und sie mit erhobenen Händen laut jammernd beweint, als Symbol ewigen Schmerzes. Der als krönender Szenenabschluß hoch oben in der Geburt Jesu erscheinende berittene Engel, der mit ausgebreiteten Flügeln und gespreizten Beinen auf seinem mitten im Galopp angehaltenen Roß sitzend, rückwärts von einem flatternden Umhang umweht, in einer der byzantinischen Malerei völlig fremden Frontalperspektive dargestellt ist, wird zum Emblem des Siegesboten schlechthin. Die Wahnsinnige in einem der Wunder Christi nimmt, wie sie da so mit bogenförmig gekrümmtem Körper und emporgeworfenen Armen tanzt, die Bedeutung eines Sinnbilds der Torheit an.

Ganz dem Menschen und seinem Drama zugewandt, bekundet dieser Maler denn auch kein sonderliches Interesse für architektonische Gebilde im Hintergrund. Für gewöhnlich beläßt er es bei einer hinter der Szene entlangziehenden Mauer, die durch rhythmisch angeordnete dreischiffige Bauten und viereckige Türme unterbrochen wird. Die Figuren placiert er sowohl vor als auch hinter die Kulissen, oder auch in die Fensteröffnungen der Gebäude hinein, wobei er sie im Vordergrund durch Bestandteile der Raumgestaltung, einen Einrichtungsgegenstand etwa oder eine Felsklippe, voneinander zu trennen pflegt, oder er umfaßt sie in der Art des Meisters von Lesnovo bzw. nach der von ihm selbst in der Ochrider Kirche Muttergottes Heil der Kranken praktizierten Verfahrensweise allesamt mit einem einfarbigen Kreissegment. Vollkommen freizügig, weitab von der Wirklichkeit vorgehend, erstellt er eine Szenerie ganz eigener Art für seine überall Leben atmende Bildschöpfung. Die Felsen, die sich — vollwertige Teilnehmer an dem dramatischen Geschehensablauf — krümmen, als hätten sie ihre Festigkeit verloren, nehmen die Aufmerksamkeit des Künstlers ebensosehr in Anspruch wie die Figuren.

Ein Zug der Verwandtschaft mit Theophanes dem Griechen im Schaffen des führenden Malers des Marko-Klosters ist sein Streben nach knapper, markanter Wiedergabe der Charaktere der Heiligen. Mit kurzen Pinselstrichen akzentuiert er den Ausdruck der Gesichter und steigert deren Plastizität bis zum Äußersten. Die starken Hell-Dunkel-Kontraste fügen sich nicht in die Art der Wiedergabe der Draperien ein, die bei einem hohen Maß an zeichnerischer Vollendung flächenbezogen wirken, so, als habe der Maler vor einem Mehr an Volumen zurückgescheut, um durch dessen Schwere nicht die schwunghafte Leichtigkeit der Bewegungen zu beeinträchtigen. Ebenso wie Theophanes taucht er seine Bilder in ein mystisches Licht, doch ist dessen Wirkungsbereich bei ihm anders gelagert als bei dem Künstler in Rußland: es ergießt sich in jähem Strahl über die Figuren, erhellt blitzartig die Felsen der Szenerie oder bricht an den Rändern der halbkreisförmigen Flächen im Hintergrund hervor. Dadurch erfährt der dramatische Stimmungsgehalt des Bildes — offensichtlich das Hauptanliegen seines Schöpfers — eine weitere Steigerung. Ein Ergebnis dieses Strebens nach Dramatik ist auch der eigenartige, verinnerlichte, ekstatische Blick der Gestalten, deren Augen als von glühenden Gefühlen genährte weiße Flammen aus den umschatteten Höhlungen herausleuchten.

Der dunkel-wohltönende Grundzweiklang aus Rot und Blau, durchwoben von Kastanienbraun, Ocker und Olivgrün, der intensive Widerstreit von Licht und Dunkel, die unruhige Bewegtheit und der ekstatische Gesichtsausdruck der Gestalten — all das birgt nicht nur die dramatische Atmosphäre in sich, von der das Leben Christi und seiner Heiligen erfüllt war, sondern fängt darüberhinaus auch die Gefühlsstimmung der Menschen jener Zeit unmittelbar vor dem Untergang des Landes ein.

Mit der Rolle eines Begleiters des führenden Meisters begnügte sich dessen Kollege; er trachtete nur danach, den ihm Überlegenen nach Kräften nachzuahmen. Ungeachtet dessen aber lassen seine Figuren eine unvollkommenere Zeichnung, eine nichtssagendere Formgebung und auch eine nicht ganz sauber durchgeführte farbliche Gestaltung erkennen, wenngleich das breitflächig verteilte Kolorit ihres Formenbestands ähnlich aufeinander abgestimmt ist wie in den Bildern des tonangebenden Künstlers. Immerhin hat das Anpassungsvermögen des zweiten Malers zur Folge gehabt, daß die Fresken in den oberen Wandpartien der Kirche eine einheitlich-harmonische Gesamtwirkung auf den tief unter ihnen befindlichen Betrachter ausüben.

Als diese beiden Meister die Ausmalung des Narthex vom Gewölbe herab bis zur Höhe des Zwischengesimses und die des Naos um noch eine Zone weiter nach unten vollendet hatten, gesellten sich zwei weitere Maler zu ihnen, die völlig andere künstlerische Auffassungen vertraten. Der bisherige Mitarbeiter des führenden Künstlers verließ seine hiesige Wirkungstätte entweder ganz oder aber er verlegte sich auf die Ikonenmalerei, denn in den unteren Zonen ist kein Zeugnis seiner Tätigkeit vorhanden. Sein großer Kollege hingegen ging weiterhin mit zu Werk und schuf sämtliche ganzfigurig wiedergegebenen Einzelgestalten in Schiff und Narthex, den größeren Teil der Nikolausvita, die Heiligen an den Säulenkapitellen des Narthex sowie die Darstellungen des hl. Demetrios über dem West- und dem Südportal. Der Wandschmuck der unteren Zonen erhielt sein ausschlaggebendes Gepräge durch die zwei neu hinzugekommenen Künstler. Ihren Wirkungsbereich teilten diese im wesentlichen so untereinander auf, daß dem einen die südliche, dem anderen die nördliche Seite der Kirche zufiel. Während sie in bezug auf die Farbgebung als solche einiggehen — bei beiden dominiert der Zweiklang Ocker-Blau —, macht sich bei der Modellierung der Figuren, der Erfassung ihres Volumengehalts, ein beträchtlicher Unterschied zwischen ihnen geltend: die Gestalten des auf der Südseite tätigen Malers haben denen seines Kollegen im Norden eine intensivere farbliche Herausarbeitung, ein stärkeres Relief und eine größere Tiefenwirkung voraus. Gleich sind bei beiden wiederum die spezifischen äußerlichen Wesensmerkmale der Heiligen — insbesondere trifft dies auf die älteren zu: stämmige Gestalten mit Abb. 89
großem, übergangslos auf dem Rumpf aufsitzendem Kopf, kleinen Augen, riesiger Nase, die gewöhnlich aus zwei deutlich getrennten fleischigen Segmenten zusammengesetzt ist, wirrem, sich um die starken Kiefer ringelndem Bart und zerzaustem, strähnigem Haupthaar. Mit ihrem entschiedenen Hang zu einem von klassischen Vorbildern weit entfernten Typus, der um der Überzeugungskraft willen gegebenenfalls bis zur Karikatur geht, haben die jüngeren Maler des Marko-Klosters die geistige Nachfolgerschaft der künstlerischen Ausgestalter des Schiffs der Kirche von Lesnovo und das unmittelbare Erbe eines spezifischen Teils des Schaffensguts von Zaum und Zrze angetreten. Was ihre düsteren Greise mit dem konzentrierten, energischen Gesichtsausdruck gegenüber den Figuren ihrer Vorgänger dekorativer erscheinen läßt, ist die malerische Wirkung des kunstfertiger gestalteten Haupt- und Barthaars und der reichfarbigeren Kleidung.

Hinsichtlich des Bildaufbaus haben diese Künstler nichts Großartiges zu bieten: ihre diesbezüglichen Lösungen fußen auf symmetrischer Stoffanordnung und jenem hierarchischen Verhältnis der Figuren, bei dem der Protagonist einer Szene größere Ausmaße besitzt als die übrigen Teilnehmer. Eingehender befaßten sie sich mit dem Ausdrucksgehalt der Gesichter und der dekorativen Gestaltung der Gewänder. Die vielen nach der Sitte der damaligen Zeit gekleideten Heiligen verleihen ihren Werken eine ganz eigene Note, wie sie nur selten im religiösen Bild anzutreffen ist. Zu keiner Zeit fanden Menschen der Gegenwart in so hoher Zahl und derart realistischer Wiedergabe Eingang in das kirchliche Wandbild wie hier, wo unverkennbar dem 14. Jahrhundert entlehnte Gestalten — Kaiser, Hofaristokraten verschiedener Rangstufen, Patriarchen, Angehörige des Priesterstands, Rhetoren, Schreiber, Sänger, Vorleser, Mönche und Kinder — beherrschend auf den Plan treten. Die Szene vom Begräbnis des hl. Nikolaus beispielsweise ist ein regelrechtes Genrebild: das Requiem am Grab vermittelt eine wirklichkeitsgemäße Vorstellung von einem Totenoffizium der Zeit König Markos; sogar das Klappern mit dem Läutebrett, das Herbeitragen der Kerzen und die Zubereitung des Rauchfasses wurden in die Darstellung aufgenommen. Die Prozessionen mit den mitgetragenen Marienikonen im Akathistoshymnos geben getreu Zeremonien wieder, die Bestandteil des in Konstantinopel geübten Hodegetriakults waren. Mateič und die Sophienkirche von Ochrid lassen in ihren Fresken eine Fabelwelt ferner Länder und Städte, überseeischer und orientalischer Landschaften erstehen — das Marko-Kloster hält in der Aussage seiner Bilder die Menschen der eigenen, vertrauten Welt fest. Zum Unterschied von dem tiefergehenden Versuch dieser Art, der in der Folge in Resava unternommen werden sollte, beschränkte sich die Malerei des Marko-Klosters auf eine konsequent illustrative Wiedergabe der zeitgenössischen kirchlichen Riten. Immerhin aber gab sie den Auftakt zu dem seltenen Wagnis von Resava, bei dem eine Änderung im Bedeutungsgehalt des religiösen Bildes in Angriff genommen wurde. Stellten die älteren Maler des Marko-Klosters vornehmlich das Innenleben ihrer Helden zur Schau, so gingen die jüngeren bei den ihrigen speziell auf das Äußere ein. Jede der beiden Gruppen brachte das Fluidum ihrer Zeit in optimaler Weise zur Geltung.

Bei der Beschriftung der Fresken ließ König Marko — solchermaßen seine Auffassung vom Staat und seiner eigenen Rolle als Herrscher verdeutlichend — die griechische und die slawische Schreibweise, letztere in serbischer und Jus Fassung des Kirchenslawischen verwenden. Für die älteren, des Slawischen unkundigen Maler besorgte die Inschriftengestaltung Maniša, ein bedeutender Kopist des klösterlichen Skriptoriums, der an einer Stelle auch signiert hat.

Gingen die älteren Maler des Marko-Klosters, deren Schaffensweise in ihren Ochrider Werken präliminiert ist, vor allem mit dem künstlerischen Geschehen in Konstantinopel und Thessalonike mit — und eine solche Annahme drängt sich jedenfalls angesichts ihrer sichtlichen Vertrautheit mit den dort damals aufkommenden Erscheinungen auf, die bis nach Bulgarien und Rußland hineinwirkten —, so leiteten die jüngeren ihr Künstlertum aus der mönchischen Schule Makedoniens her: indem sie das Gepräge von Lesnovo, Zaum und Zrze übernahmen und weiterverarbeiteten, wurden sie zu Vertretern einer um sich greifenden lokalen Ausrichtung in der Malerei, die ihre Spuren auch in den nicht datierten Freskenschöpfungen von Lipljan, St. Nikolaus von Šiševo und Pološko hinterließ.[105]

St. Nikolaus von Šiševo, um 1380

Zur Errichtung und Ausmalung der Klosterkirche St. Nikolaus in Nira an der Treska bei Skopje (St. Nikolaus von Šiševo) dürfte König Marko fördernd beigetragen haben. In einer später angefertigten Abschrift des klösterlichen Diptychons steht sein Name an erster Stelle. Im 17. Jahrhundert verschwand die ursprüngliche Malerei der Kirche unter einer neuen Freskenschicht, und bisher sind nur Teile davon wieder freigelegt — so u.a. die Gestalten der vier Kirchenväter an der Nord- und Südwand des Altarraums, bei denen der Umstand, daß sie keine Schriftrollen mit Gebetstexten in den Händen halten, darauf hinweist, daß sie nicht zu einer Darstellung der Anbetung des Opfers gehören. Vielleicht figurierte hier als Thema die Himmlische Liturgie, so, wie dies im Marko-Kloster der Fall ist. Im Naos erschien jedenfalls dasselbe Thema wie dort, nämlich der Himmlische Hofstaat, in der Art des irdischen wiedergegeben, wie die freigelegten Darstellungen zweier Soldatenheiliger (Georg und Demetrios) zeigen, die die damals übliche Adelskleidung mit den dazugehörigen hohen Mützen tragen.

Nach den bisher erfaßten Fresken zu urteilen, waren an der Schaffung dieses Malerwerks zwei Meister beteiligt. Der auf der Nordseite des Altarraums tätige verlieh, indem er breite, tiefdunkle Schatten in Kastanienbraun in die Gesichter hineinsetzte und deren beleuchtete Teile auf schmale ockerfarbene Flächen reduzierte, die er mit kalkweißen Tupfen und Strichelchen akzentuierte, den Köpfen seiner Heiligen ein massives Volumen, dessen Flächenbestand er durch Zerrlinien bei der Abgrenzung der einzelnen Gesichtspartien in sich verschob. Der zweite, dessen Wirkungsbereich im Süden lag, benahm den Gesichtern allen nennenswerten Reliefgehalt; die solchermaßen bloßliegenden, inhaltsleeren Flächen markierte er mit schrofflinigen Zügen und umgab sie mit einem ebenso spröden, dekorativ angeordneten Linienwerk aus fast durchwegs gleichstarken Strichen: seine Art der Wiedergabe von Haupt- und Barthaar. Beiden ging es darum, ihre prägnanten Köpfe mit den durchdringend blickenden Augen möglichst ausdrucksstark zu gestalten. Zur Erzielung dieses Ausdrucksgehalts gingen sie so weit, die Gesichter bis zur Verunstaltung zu verzerren. Mit den jüngeren Meistern des Marko-Klosters, denen sie im übrigen an Begabung allerdings nachstehen, haben die Künstler von St. Nikolaus von Šiševo das ihre Werke durchziehende komplizierte Liniengeflecht gemein, dessen ornamentale Wirkung hier wie dort die gleiche ist.[106]

Abb. 91, 92

Lipljan, um 1380

Die Malerei in der vor 1331 errichteten und als Schenkung der zum Chilandarkloster gehörenden Mönchssiedlung Ho Pyrgos tou Soteros vermachten, Mariä Tempelgang geweihten Kirche in dem Dorfe Lipljan auf dem Amselfeld entstand, nach ihren Stilmerkmalen zu urteilen, in den siebziger bis achtziger Jahren des 14. Jahrhunderts. Ein weiterer Anhaltspunkt für die Datierung dieser Fresken ist ihre griechische Beschriftung, die darauf hindeutet, daß ihre Schaffung nach der Aussöhnung der Serbischen Kirche mit dem Konstantinopler Patriarchat, d.h. nach 1375, erfolgte — und daß sie vor der Schlacht auf dem Amselfeld (1389) vollendet wurden, ist doch wohl anzunehmen. Stifter des Wandschmucks der Kirche von Lipljan, das seinerzeit zum Herrschaftsgebiet von Vuk Branković gehörte, war ein unbekannter Adeliger, dessen ganzfigurige Abbildung vor der Darstellung des hl. Nikolaus an der Nordwand des Gotteshauses erscheint. In den Heiligentypen und teilweise auch der Figurenzeichnung weist diese Malerei — von der im wesentlichen nur einige Teilnehmer der Anbetung des Opfers im Altarraum sowie spärliche Szenenreste aus dem Kirchenfest- und dem Passionszyklus erhaltengeblieben sind, die zudem durch einen Brand ihre ursprünglichen Farbwerte eingebüßt haben, — Bezüge zu den jüngeren Fresken des Marko-Klosters und analogen Denkmälern auf. Ihr Schöpfer geht darauf aus, eine Welt kraftvoller, zugleich aber völlig verinnerlichter, ganz im Glauben aufgehender Gestalten erstehen zu lassen; die Mittel, die er für dieses Ziel einsetzt, sind markige Staturen, Köpfe von ausgeprägter Eigenart und intensivem Ausdrucksgehalt sowie extreme Akzentuierung durch entsprechende Verzerrungen.

Seine Heiligen strahlen jenen starken Willen aus, der seinen Träger durch besondere Übungen dazu befähigte, in einen Zustand der Entrücktheit zu geraten, in dem er das ungeschaffene Licht Gottes, das Taborlicht, zu schauen vermochte — eine Art der Vision, deren Teilhaftigwerdung den Kernpunkt der sich im 14. Jahrhundert durchsetzenden Lehre des Hesychasmus und das Ziel seiner Anhänger unter dem Mönchtum bildete.[107] Abb. 90

Sind Lipljan und St. Nikolaus von Šiševo Beispiele für den fertigen Schaffensstil der jüngeren unter den Ausgestaltern des Marko-Klosters und Zeugnisse für seine Beliebtheit bei den gleichzeitig und in der unmittelbaren Folgezeit wirkenden Künstlern, so verkörpern Pološko und Zrze eine Vorstufe dieses Stils. Die Malerei der St. Georgskirche in Pološko dürfte in den ausgehenden sechziger Jahren des 14. Jahrhunderts entstanden sein. Das Gotteshaus wurde bereits 1340 von König Dušan — mit dem Vermerk, daß darin sein „Bruder" Dragušin bestattet sei — dem Chilandarkloster als Schenkung vermacht, seine Ausmalung jedoch erfolgte, wie dies bei allen Chilandar geschenkten Kirchen der Fall war, erst viel später. Daß dabei den Mönchen des großen Athosklosters entsprechende Verdienste zukamen, davon zeugt die groß dimensionierte und an repräsentativer Stelle, nämlich an der Südwand des Kuppelraums, erscheinende Szene vom Tempelgang Mariä, dem Festgeheimnis, unter dessen Schutz die Klosterkirche von Chilandar gestellt ist. Diese Darstellung ihres Kirchenfestes dürfte — ebenso wie die der Muttergottes von Chilandar in Konče — zu einem umfassenden Aktionsprogramm der Chilandarmönche gehören, in dessen Rahmen diese bestrebt waren, auch in ihren Besitzungen außerhalb des Heiligen Berges das eine oder andere ihrer Kultbilder zur Wiedergabe gelangen zu lassen, um auf diese Weise ihrem Mutterkloster einen sich ständig erweiternden Kreis der Verehrung zu sichern. Ein Beispiel dafür, daß sie sich um Pološko kümmerten, bieten vier nachträglich eingefügte Blätter mit den Bildern der Evangelisten in einem griechischen Evangeliar aus dem 11. Jahrhundert (Chicago Ms. 131, Greg. — Dob. 2394), die aus ebender Zeit stammen, in der der Wandschmuck der hiesigen Kirche entstand. Aus einer entsprechenden Aufzeichnung ist dazu im einzelnen zu entnehmen, daß diese Einfügung bei einem Besuch des Megaloschimos von Chilandar, Kosma, in Pološko erfolgte, der die Abschrift einiger dringend notwendiger liturgischer Bücher unbedingt hier vorgenommen haben wollte. Die Illumination dieser Bücher besorgte ein Zograph namens Mihail, der möglicherweise auch bei der Schaffung der Fresken mitgewirkt hat.

Pološko, um 1370

Einige Bilder der vorhandenen Zyklen — es handelt sich um die Kirchenfeste und *die Passion* — weisen ikonographische Gemeinsamkeiten mit dem Schaffen der älteren Meister des Marko-Klosters auf, während der Szenenaufbau vielfach an Lösungen erinnert, wie sie in den noch zu besprechenden Wandgemälden des als Stiftung des Cäsaren Novak in seiner heutigen Form erstandenen Kirchleins auf der Insel Mali Grad im Prespa-See erbracht wurden; eine für die dortige Gestaltungsweise typische Erscheinung ist auch der unmittelbar auf den Gläubigen gerichtete Blick mancher Szenenteilnehmer. Abb. 94

Wegen der späteren Übermalung der Fresken von Pološko ist es nicht möglich, die Zahl ihrer Schöpfer zu ermitteln. Einstweilen kommen zwei in Betracht, denn im Rahmen der nicht übermalten Werke sind zwei verschiedene Verfahren bei der Formgebung der Heiligengestalten auszumachen. Der bessere Maler, als dessen Werk entsprechend dem bisherigen Stand lediglich die vom Schiff aus über den alten Ikonostas hinweg sichtbaren Kompositionen in den oberen Zonen der Ost- und Nordwand des Altarraums festzustellen sind, scheint sich in weit bescheidenerem Umfang betätigt zu haben als sein Kollege, von dem an allen übrigen Wandflächen Bilder auftauchen. Im Vergleich zu letzterem eher klassizistisch eingestellt, hielt er die Tradition hoch, doch waren ihm auch die neuesten Ansätze zu einer aufgehellten, zartgetönten Farbenskala bekannt. Das Volumen erfaßte er durch farbliche Kontraste — so setzte er in die Gesichter seiner Heiligen etwa grüne Schatten und rote Akzente —, und nicht durch Schattierung, das Gestaltungsmittel, zu dem sein mit einer sichtlichen Vorliebe für eine starke plastische Wirkung begabter Mitarbeiter griff, dessen Heiligengesichter eine ockerfarbene Tönung, kastanienbraune Schattenpartien und kalkig-weiße Lichtreflexe aufweisen. Mit der ihm darüberhinaus eigenen verhältnismäßig starken Neigung zur Verzerrung der Gestalten, wie sie namentlich in der Anbetung des Opfers zu beobachten ist, wurde dieser zweite Maler zu einem Bahnbrecher für die Schaffung jener Art von Heiligen, deren endgültige Prägung dann im Marko-Kloster, in Lipljan und in St. Nikolaus von Šiševo erfolgte. Ein eigentümliches Schaffensattribut dieses Künstlers bilden die in den Passionsszenen erscheinenden jungen Männer von orientalischem Typus, mit langem, dünnem Schnurrbart und einem rohen Gesichtsausdruck. Danach zu urteilen, könnte er seine Ausbildung in einer der Malerwerkstätten von Kastoria genossen haben, deren Mitglieder — angefangen bei dem dortigen Kloster der Muttergottes der Mavriotissa über St. Nikolaus in Prilep bis hin zu den Denkmälern der zweiten Hälfte des 15. Jahrhunderts — die Feinde Christi in ihren Bildern hohnvoll zu entstellen pflegten. In die Atmosphäre von Pološko trug dieser Meister eine düstere, rauhe Note hinein.

Eine Erscheinung, die Pološko mit Dečani und Mateič sowie auch einigen Gotteshäusern, deren Ausmalung in etwa mit dem Entstehen seiner Fresken zusammenfällt, gemeinsam hat, ist die Zelebration des Opfers in der Apostelkommunion durch Christus den Hohepriester.

Wie so viele andere monastische Kunstdenkmäler Makedoniens kennzeichenet auch Pološko eine recht gründliche Kenntnis der Ikonographie — auch der aus dem Rahmen fallenden. An den Pendentifs erscheinen sechsflügelige Seraphim in der Art der Mosaiken mancher — weit älterer — Konstantinopler Kirchen oder auch der zur gleichen Zeit entstandenen Fresken von Mistra, während die Evangelisten nach unten rückten und an die Kuppelraumbögen gerieten. In dieser Anordnung ist so etwas wie eine Vorwegnahme der im Marko-Kloster auftauchenden Darstellung der Engel an den Kapitellen enthalten, die hier ihren Ausgang genommen haben mag: so, wie dort die Engel, figurieren die Seraphim hier an Stellen, an denen es der mystischen Auslegung der Liturgie zufolge leicht fiel, das Kirchendach emporzuheben, um so das Gebet der Gläubigen in den Himmel aufsteigen zu lassen.

Gelehrte Symbolik ist auch in der ungewöhnlichen Kreuzigungsszene anzutreffen: das Kreuz, an dem Christus hängt, ist in den Leib des Höllenfürsten gerammt, und eine unter den Szenenteilnehmern figurierende Frau, die am Fuße des Kreuzes sitzt und das Blut des Heilands in einem Gefäß auffängt, verkörpert Eva. Die ganze Darstellung beruht auf einer Predigt von Johannes Chrysostomos, die vom Kreuz als dem Zeichen des Sieges handelt.

Ein einzigartiges Detail ist in der Koimesis enthalten: hinter dem Totenbett der Gottesmutter neigt sich Christus aus seiner senkrecht hinter ihm aufragenden Mandorla heraus zu seiner Mutter hernieder, um sie auf die Wange zu küssen. Dadurch erhält diese Szene anstelle der üblichen feierlichen Stimmung eine innige Note. Bei näherer Betrachtung will es scheinen, als habe der Künstler hier eine formgetreue Wiedergabe jenes Teils des Totenoffiziums beabsichtigt, der als „Scheidensgruß an den Verstorbenen" bezeichnet werden könnte.[108]

So ließe sich also das Phänomen der ungewöhnlichen, großartigen Freskenschöpfung des Marko-Klosters aus der kurz vor ihr oder gleichzeitig mit ihr entstandenen Malerei Makedoniens heraus erklären. In der damaligen künstlerischen Atmosphäre des Vardargebiets, die einerseits durch das aus Konstantinopel und Thessalonike einströmende neue Ideengut gespeist wurde, andererseits aber in ihrem Wesensbestand zutiefst dem bodenständigen Schöpfertum verhaftet war, entstanden außerordentlich gehaltvolle, kraftgeladene Malerwerke, die aus der Geschichte der byzantinischen Kunst nicht wegzudenken sind. Es war dies eine besondere Schaffensrichtung, die sich da im Staate König Vukašins und seines Sohnes Marko herausgebildet hatte.

Eine zweite, ebenso bedeutende Richtung war die, welche eine Gruppe etwas jüngerer Maler einschlug, in deren Mittelpunkt der Metropolit Jovan und sein Bruder, der Megaloschimos Makarije — beide zugleich auch Zographen —, standen, die sich mit Gehilfen und Schülern in dem Kloster Zrze in der Nähe von Markos Hauptstadt Prilep niedergelassen hatten. Beider Lebensgeschichte ist, was bei byzantinischen Künstlern selten vorkommt, weitgehend bekannt. Einer ganz am Anfang des 15. Jahrhunderts über dem Südtor von Zrze angebrachten Inschrift ist zu entnehmen, daß das Kloster während der Kaiserherrschaft Dušans von dem Mönch German, dem Großvater der beiden Zographen, gegründet wurde. Aus den monastischen Malern wurden dann unter König Marko zwei angesehene Männer der Kirche: Jovan erlangte den Metropolitenrang und hatte wahrscheinlich den Bischofsstuhl von Prilep inne, und Makarije wurde zum Megaloschimos geweiht. Zrze betrachteten sie als ihr angestammtes Domizil. Nach dem Untergang König Markos starb Jovan, und Makarije war nicht mehr imstande, das herabkommende Kloster zu halten. Daher beschloß er, es seinem Lehensbauer Konstantin Đurđić und dessen zahlreichen Familienangehörigen zu übergeben, die es daraufhin sogleich wieder hochbrachten. Er selbst begab sich ins Morava-Gebiet, wo es dem Despoten Stefan gelungen war, sich der türkischen Oberherrschaft zu entledigen. Dort wurde er in seiner Eigenschaft als Zograph wahrscheinlich unter Mitwirkung von Malerkollegen im Kloster Ljubostinja tätig, wie der darin erhaltengebliebene Wandschmuck verrät, während einige andere Mitglieder der Malerwerkstatt von Zrze in der Folge im Kloster Koporin wirkten. Kurz vor seinem Lebensende kehrte er nach Zrze zurück und schuf dort 1421/22 für die Chorwand der Kirche eine Ikone der Gottesmutter Pelagonitissa sowie — zusammen mit einem Gehilfen — die fünfzehn Gestalten umfassende Bilderreihe des Tschin mit dem Zentralmotiv der Deesis. Von dem seinerzeit gewiss recht umfangreichen Malerwerk Jovans blieben lediglich die Fresken in dem 1388/89 als Stiftung des Prinzen Andrejaš errichteten Andreaskloster an der Treska bei Skopje, bei deren Schaffung ihm ein zusammen mit ihm signierter Mönch namens Grigorije assistierte, sowie eine 1393/94 für die Chorwand von Zrze angefertigte Ikone, Christus, den Erlöser und Lebensspender darstellend, erhalten.

Der Malerwerkstatt des Metropoliten Jovan gehörte, neben dem Mönch Grigorije, dem unbekannt gebliebenen Mitarbeiter Makarijes bei dessen Schaffen in Zrze und ihren im Kloster Koporin tätigen Anhängern, möglicherweise auch jener Meister namens Aleksije an, dessen Signatur unter den Fresken an der Fassade des Höhlenkirchleins zur hl. Maria bei der Ortschaft Globoko an der albanischen Küste des Prespa-Sees den Hinweis enthält, er sei ein Schüler des Zographen Jovan.

Zrze, 1368/69

Die Klosterkirche von Zrze, dem Wohnsitz Jovans und Makarijes sowie ihres künstlerischen Anhangs, erfuhr in den späten sechziger Jahren des 14. Jahrhunderts durch den Anbau eines Joches an die Westseite des alten, von German errichteten einschiffigen Gotteshauses eine gewisse Veränderung, die mit der Ausmalung des neugeschaffenen Raums 1369 ihren Abschluß fand. Eine Inschrift über dem Haupteingang besagt, daß das Malerwerk mit 30 Perperae bezahlt und von „Hajkos Söhnen Pribil und Prijezda und ihrer Mutter“ in Auftrag gegeben ward. Besagter Hajko sei dazumal bereits in diesem Teil der Kirche bestattet gewesen. Er habe vor seinem Tod das Mönchsgelübde auf sich genommen und den neuen Namen Chariton erhalten. Da nun das Kloster bis zum Ende des 14. Jahrhunderts im Besitz der Familie des Mönches German war, will es scheinen, als stecke hinter diesem Hajko (Chariton) dessen Sohn; Pribil und Prijezda aber könnten dann die Namen der künftigen Zographen Jovan und Makarije vor deren Eintritt in den Ordensstand gewesen sein, durch den in der Folge dem einen das Metropolitenamt und dem anderen die Würde des Priestermönchs zuteil wurde. Wenn diese Annahme zuträfe — und mit dem Stifterrecht von Byzanz und dem der übrigen Länder der Orthodoxie ist sie jedenfalls durchaus zu vereinbaren —, so brächten die urserbischen Namen Pribil und Prijezda, die typisch rascisch und ganz und gar nicht makedonisch sind, Licht in die Frage nach dem Ursprung dieses bedeutenden Geschlechts. Dieses könnte dann nämlich eines der vielen großen und kleinen Adelsgeschlechter sein, deren Angehörige nach den Eroberungen Dušans nach Makedonien einwanderten, wo staatliche und kirchliche Aufgaben ihrer harrten.

Daß der Name des Schöpfers der Fresken im Westjoch von Zrze Dimitrije war, kann, da seine Signatur in der untersten Zone der Nordwand teilweise beschädigt ist, nur als wahrscheinlich angenommen werden. Nicht nachweisbar ist die Vermutung, er könne mit dem Zographen gleichen Namens identisch sein, der 1356, unmittelbar nach dem Ableben Kaiser Dušans, in der Dorfkirche von Drenovo bei Kavadar tätig war, da von dessen Malerwerk wiederum nur die Beschriftung erhalten blieb. Der Künstler, der 1369 das Westjoch von Zrze ausmalte hat diesen Raum der Kirche förmlich zu einer eigenen Gebetskapelle umgestaltet, indem er ihn mit einem Wandschmuck ausstattete, der sichtlich aus dem dafür üblichen Rahmen fällt. Wider alle Gewohnheit brachte er an der Westwand oben die Philoxenie und darunter die Apostelkommunion zur Darstellung: zwei Szenen, die mit ihrem eucharistischen Symbolgehalt üblicherweise im Altarraum wiedergegeben werden. An Nord- und Südwand erscheinen Passionsbilder, die ursprünglich den Anhang zu einem dieses Thema behandelnden Zyklus bildeten, der zu dem heute nicht mehr vorhandenen Wandschmuck im älteren Teil des Gotteshauses gehörte. Ungewöhnlich mutet in diesem Zusammenhang das sonst nie darein einbezogene Thema des Nicht-schlummernden Auges an. Unter den Gestalten der unteren Zone, über denen sich eine Reihe von Medaillons hinzieht, treten große Asketenmönche in Erscheinung, aber auch die Liturgiker unter den Kirchenvätern, in die Maphorien von Megaloschimoi gekleidet.

Gestaltungstechnisch ist dieser in seiner Themenwahl so eigenwillige Maler ein Vertreter jener in Makedonien heimischen künstlerischen Auffassungen, die den Stil der jüngeren Meister des Marko-Klosters gebaren. So schuf er durch übermäßige Akzentuierung der Gesichtszüge — stark reliefierte hohe Stirn, betont massig geformte Nase, energische, deutlich vorspringende Kieferpartie — höchst charakterfest wirkende Gestalten, aus deren konzentriertem Blick eine geistige Kraft spricht, die ihren Träger zu aktivem Einsatz für den Glauben befähigte. Die Köpfe sind gewöhnlich von einer dichten Haarfülle umrahmt, deren Ungestüm nur durch einen gewissen geometrischen Zwang bei der Anordnung der Flechten etwas gebändigt wird. Von den solchermaßen ernst und düster anmutenden

f) St. Andreas an der Treska, Fresken der Südwand, 1388/89

Fresken der unteren Zonen unterscheiden sich die höhergelegenen Medaillons und Szenenbilder durch eine hellere Farbgebung, eine weniger markante charakterliche Prägung der dargestellten Personen und eine fast lässig gehaltene Malweise.

Dieses — wie schon gesagt 1368/69 entstandene — Malerwerk nun hatten Jovan und Makarije ihr ganzes Leben lang vor Augen. Und obschon sie seinen Stil niemals nachahmten, so fanden sie bei ihrer eigenen Konfrontation mit dem Problem, eine adäquate Vorstellung vom Innenleben, von der geistigen Wesenheit der darzustellenden Heiligen zu vermitteln, und, soweit die gestalterischen Belange hierbei zusammentrafen, auch für die rein äußerliche, körperliche Wiedergabe der Personen doch so manche Anregung im Schaffen ihres Vorgängers aus Zrze.[109]

Jovan könnte — nach den Fresken des Klosters St. Andreas an der Treska zu urteilen — seine theologische und künstlerische Ausbildung in Konstantinopel selbst genossen haben. Er vertrat nämlich eine Richtung, die sich damals in vielen räumlich weit auseinanderliegenden Kunstwerken des orthodoxen Lebensraums geltendmachte, und solch ein umfassender Durchbruch gleichgearteter Auffassungen war nur durch die inspiratorische Ausstrahlung einer Kunstmetropole vom Rang der alten byzantinischen Reichshauptstadt möglich. So kommt es, daß eine ganze Reihe von Zeugnissen der Bildkunst jener Zeit in bezug auf Malweise und ästhetischen Ideengehalt an sein Schaffen gemahnt: ganz in der Art seiner Fresken gehalten ist der Wandschmuck des grusinischen Klosters Zalendschiha, ein Werk des Konstantinopler Malers kyr Manuel Evgenikos; starke typusmäßige Ähnlichkeiten mit seiner Ikone in Zrze beinhalten Schöpfungen der Tafel- und Buchmalerei — die Ikonen des Tschin an der Chorwand der Kirche von Chilandar sowie die Miniaturen in dem Evangeliar des Igumens dieses Klosters, Dorotheos, und dem eines weiteren Athosklosters, nämlich Vatopedis (Nr. 937) —, die 1360 ein anonymer, nichtsdestoweniger aber bedeutender Meister auf dem Heiligen Berg zustandebrachte; ein seiner Schaffensweise entsprechendes Gepräge tragen Tafelbilder auf Zypern, Fresken in Bulgarien (St. Georgskirche in Sofia) und noch so manches andernorts befindliche Bildwerk. Wie dem nun auch sei — gewiß ist, daß Jovan nicht nur als Theologe, sondern auch als Maler auf einem hohen Niveau stand. Im Besitz eines fertigen Stils, der in Aufgreifung der heimischen, mönchisch geprägten Maltraditionen sowie der von Konstantinopel ausgehenden neuen, richtungsweisenden Impulse ausgearbeitet worden war, ausgestattet mit einer reichen persönlichen Begabung, hatte er vollauf das Rüstzeug zur Inangriffnahme bildkünstlerischer Schöpfungen von hohem Belang.

St. Andreas an der Treska, 1388/89
Abb. 95, 96

Die Kirche des hl. Andreas ist ein kleiner, von einem kleeblattförmigen Grundriß ausgehender Bau, der kein umfangreiches Malerwerk zu fassen vermochte; daher beschränkt sich die dabei getroffene Auswahl denn auch auf zwei Zyklen — die Kirchenfeste und die Passion — sowie eine engbegrenzte Anzahl einzelfiguriger Darstellungen. Im Tambour erscheinen die Propheten, an den Pendentifs die Evangelisten, im Altarraum die Anbetung des Opfers (wohingegen schon die Apostelkommunion wiederum fehlt), in den Chören die Gottesmutter, die zwei Apostelfürsten, die vier Evangelisten und der Kirchenpatron, und im Westjoch schließlich die zwei hl. Theodoroi, zwei Erzengel (neben dem Eingang) sowie die hll. Georg und Demetrios. Eine besondere Auszeichnung in Form großer, gelbfarbener Namensinschriften wurde nur den Heiligengestalten in den Chören zuteil; bei allen übrigen ist die Beschriftung wesentlich kleineren Formats und in Weiß ausgeführt.

Abb. 97

Zeichnung f

Die Beschriftung macht übrigens einen Grundzug im Wesen und Wollen der orthodoxen Kirche im Staat König Markos offenbar: alle Inschriften von historischem Belang sind in serbischer, die zu den Heiligen gehörenden (deren Namensangaben durchwegs; einige Ausnahmen kommen bei den Texten der in ihren Händen befindlichen Schriftrollen vor) hingegen in griechischer Sprache gehalten. Die Zweisprachigkeit der Beschriftung widerspiegelt ganz offensichtlich auch den Gebrauch zweier Sprachen in der Liturgie. Diese Erscheinung nun entsprang einer Geisteshaltung, die dem kulturellen Leben dieser Region einen breiten Stempel aufdrückte. Zu den von ihr gezeitigten Ergebnissen gehört auch die Einbeziehung verschiedener Heiliger der angrenzenden Gebiete in das heimische Kultregister. Auf diese Weise gelangten hier ganz allgemein neben den in der gesamten christlichen Welt populären Heiligen auch solche zur Wiedergabe, deren Verehrung speziell an Thessaloniki, den Athos, Ochrid oder Serbien gebunden ist, und dies gilt im besonderen auch für die Andreaskirche, deren Wandschmuck eine spezifische Auswahl von Heiligen bringt, die jeweils für ein bestimmtes Gebiet charakteristisch sind. So erscheinen in der Reihe der halbfigurigen Einzeldarstellungen oberhalb der Zone mit den ganzfigurigen unter den lokalen Heiligen des Balkan die Bilder Savas von Serbien und Simeon Nemanjas.

Vor der noch durchzuführenden Reinigung der Fresken von St. Andreas fällt es schwer, eine klare Abgrenzung der Rollenverteilung unter den beiden hier tätigen Maler vozunehmen. Zwar ist bei der Gestaltung der Heiligengesichter ein Unterschied in der Form wahrzunehmen, daß die auf den Wangen erscheinenden Glanzlichter bei den jüngeren die Gestalt strahlig auseinanderlaufender dünner Strichelchen haben, während sie bei den älteren lediglich durch zwei bis drei dickere, kürzere, waagrecht verlaufende Striche angedeutet sind, doch genügt dieser Anhaltspunkt nicht, um im einzelnen auseinanderzuhalten, was von wem stammt. Freilich aber hat es bis jetzt ganz den Anschein, als sei der Metropolit Jovan wesentlich eifriger zu Werk gegangen als sein Kollege, da fast alle Fresken die gleiche Handschrift aufweisen, wie sie in seiner späteren Ikone für Zrze zu finden ist.

Trotz seiner Vertrautheit mit den Strömungen der zeitgenössischen künstlerischen Tendenzen ließ Jovan einen gewissen „Historismus“ in seinen Stil einfließen. Was die Ikonographie anbelangt, so hielt er sich dabei an Schaffensbeispiele der vollausgereiften „Palaiologenrenaissance“ und brachte somit in dieser Hinsicht nichts Neues. Aber auch auf dem Gebiet des Stils als solchen findet sich in seiner

Malweise ein Zug, der der Bildkunst der Vergangenheit entlehnt ist. Beim Anblick der Köpfe seiner Heiligen denkt man unwillkürlich an Typen, wie sie die zweite Hälfte des 13. Jahrhunderts hervorbrachte. Trotz ihrer bedächtigen, minuziösen, ikonenhaften Gestaltung monumental wirkend, gemahnen sie in der Formgebung, mit ihren kurzen, breiten Nasen und dem sinnlichen Ausdruck an die Figuren der in den vergangenen siebziger Jahren entstandenen Fresken in der Erzengelkirche von Prilep sowie an die Werke der im selben Zeitraum unter der Leitung des Ochrider Diakons und Referendars Johannes tätigen Meister, die dadurch, daß sie die Verzerrung der Gesichtszüge, die in der Malerei in Markos Staat eine häufige Erscheinung bildete, aus ihrem Schaffen verbannt, diesem einen denkbaren Gehalt an Sarkasmus nach Möglichkeit benommen hatten. Insoweit also zum klassizistischen Typus zurückkehrend, blieb Metropolit Jovan immerhin der ornamentalen Gestaltungsweise des Haars treu.

Aus Jovans Zurückgreifen auf Vorbilder der Kunst des 13. Jahrhunderts resultierte auch der monumentale Aufbau der Bildmassen und der Licht- und Schattenpartien in seinen Schöpfungen sowie das darin ebenfalls zur Geltung kommende „barocke“ Empfinden für Volumen und raumgreifenden Schwung der Gestaltung. Eben dieses Empfinden bringt Leben und Bewegung in die wuchtigen Figuren und die umfangreichen Draperien. Jovans Gestalten wirken mit ihrem athletischen Körperbau — damals einem Novum in der Wiedergabe des Äußeren — und ihrem satten, markanten Kolorit kraft- und energiegeladen, doch verlieren sie niemals die Würde der Haltung oder lassen Erregung erkennen, wie dies bei den Heiligen der älteren Maler des Marko-Klosters der Fall ist, sondern strömen — im Gegensatz zu der sich dort äußernden mystischen Furcht und Unsicherheit von einer klaren Erkenntnis erfüllt — in ihrer ganzen Erscheinung die innere Ruhe starker, zielbewußter Menschen aus. Es war ein eigenartiger Optimismus, der sich hier geltendmachte, eine heroische Stimmung inmitten jener so außerordentlich schweren, von der Last erlittener Niederlagen überschatteten Zeiten.

Seine Beherrschung der zeitgenössischen Malweise machte Jovan durch den Formenreichtum der Bildarchitektur und deren vergleichsweise recht natürliches Verhältnis zu den Personen sowie die Kühnheit der perspektivischen, anordnungs- und stellungsmäßigen Wiedergabe der Geschehensteilnehmer in den Szenenbildern deutlich; unter den Gestalten im Vordergrund beispielsweise erscheinen manche mit dem Rücken zum Betrachter gewandt, wie dies in Psača, Rečani und bei älteren Denkmälern der Fall war. Niemals aber ließ sich dieser Maler zu Effekthascherei oder theologischer Spekulation im Rahmen seines Bildschaffens hinreißen. Klarheit des Themas und Logik der Struktur brachten seine Werke dem schlichten Gläubigen nahe. Die Kraft und der Ernst seiner Heiligen und die dunkelgetönte, edle Harmonie der von ihm gewählten Farben bestärkten die Menschen in ihrem Glauben.

Das Obengesagte gilt, da Jovan keinen Unterschied zwischen Wand- und Tafelmalerei machte, in vollem Umfang auch für seine große Christusikone im Kloster Zrze. Mit ihrer markigen Formgebung, ihrem straffen, glänzend getroffenen Volumen und den satten, kräftigen Farben verkörpert die monumentale Figur dieses Christus ganz und gar die Vorstellung vom himmlischen Herrscher, einem Herrscher, der zwar den Frieden bringt, aber durchaus nicht sanftmütig und stets bereit ist, die Sünder zu strafen. Diese Ikone schuf Jovan wenige Jahre vor seinem Tod.[110]

Prilep Demetrioskirche, um 1380

Jovans Werkstatt ist auch die Schaffung des umfangreichen Freskenwerks in der Demetrioskirche in Prilep zuzuschreiben, das im Rahmen einer ansehnlichen Restauration dieses Gotteshauses entstand, welches sich, ursprünglich 1290 ausgemalt, zu jenem Zeitpunkt in ziemlich schlechtem Zustand befunden haben muß. Im Verein mit Mitarbeitern ging Jovan an die bildkünstlerische Neuausschmückung seines Inneren, wobei er sich vor allem die höhergelegenen Bereiche — Kuppel (Pantokrator, Medaillons mit halbfigurigen Engeln, Propheten), Pendentifs (Evangelisten), Gewölbe und obere Zonen der Seitenwände (*Koimesis*, Himmelfahrt Christi) — und nur hin und wieder auch die unteren (Ausschnitt aus der Anbetung des Opfers im Altarraum, Stifterporträt eines unbekannten Adeligen an der Westfassade) angelegen sein ließ. Hierbei erbrachte er zwei wenig alltägliche Lösungen in der Form, daß er der Himmelfahrts- und der Koimesisszene jeweils den gesamten Oberbereich einer Jocheinheit einräumte: erstere bedeckt das Altarraumgewölbe und die oberen Zonen der Ostwand, letztere das Gewölbe des Westjoches und die oberen Zonen der Westwand. Zu dieser Anordnung kam es wahrscheinlich im Zuge der konsequenten Einhaltung der Konzeption der alten, aus dem 13. Jahrhundert stammenden Fresken; und darin dürfte auch der Grund für die Größe der Figuren liegen, deren Ausmaße die in der Wandmalerei des späten 14. Jahrhunderts üblichen weit übersteigen. Von Jovan selbst müssen einige ausgezeichnete Werke — wie beispielsweise einzelne Partien der Himmelfahrtskomposition an der Ostwand oder die Evangelisten — stammen, die in ihrer ganzen Art

Abb. 98

mit seinen Schöpfungen in St. Andreas an der Treska identisch sind und in bezug auf den ästhetischen Gehalt den dortigen, für Prinz Andrejaš gemalten Fresken kaum nachstehen. Dem hier in der Demetrioskirche neben ihm als dem tonangebenden tätige zweite Meister — und die Annahme der Mitwirkung eines solchen ist angesichts eines augenfälligen Wertunterschieds innerhalb des hiesigen Gesamtwerks zwingend begründet — ging vor allem die Fähigkeit zu jener markanten Farbgebung ab, mit der Jovan die Gesichter seiner Heiligen adelte, wie sehr er sich auch sonst — in bezug auf die Zeichnung etwa oder die gekonnte Erzielung monumentaler Effekte — an das Vorbild seines großen Kollegen halten mochte. Das teils von Jovan selbst gezeitigte, teils aus seiner Schule hervorgegangene Schaffensresultat in der Demetrioskirche liefert einen Beweis dafür, daß er Werke des monumentalen Stils des 13. Jahrhunderts — mochten diese auch von der provinziellen Art der hier in Prilep vorhandenen sein — persönlich zu Gesicht bekommen hat, und legt eine der Quellen bloß, aus denen er die Inspiration für einen wesentlichen Bestandteil seines Gestaltertums schöpfte, nämlich dessen monumentales, episches Gepräge. Die Tatsache, daß Jovans Fresken in Prilep nicht ganz so vollendet sind wie die in St. Andreas, mag einen festen Anhaltspunkt für die Bestimmung der Entstehenszeit dieses Werks seiner eigenen Hände und seiner Schule bieten, das demnach in die Anfänge seines Schaffens, etwa in die Zeit um 1380 herum, zu datieren wäre.[111]

Alle aus Jovans Werkstatt hervorgegangenen Maler, die nach seinem Tod wirkten, insbesondere jedoch sein Bruder Makarije, blieben in ihrer Schaffensweise weiterhin im Bannkreis seiner künstlerischen Ideen, ohne jemals so viel Kraft und Kenntnisreichtum aufzubringen, um in bezug auf den Gehalt ihrer Werke an ihn heranzukommen.

Zrze, Ikonen, 1421/22

Makarijes Werke sind, soweit erhaltengeblieben, allesamt nach Jovans Tod entstanden. Aus dem Morava-Gebiet, wo er, wie anzunehmen ist, als Freskenmaler im Kloster Ljubostinja wirkte, nach Zrze zurückgekehrt, schuf er hier im Auftrag seines Lehensbauers die Ikone der Gottesmutter Pelagonitissa, die er auch signierte, sowie — zusammen mit einem weiteren Meister — die Bilder des Tschin mit dem Deesismotiv. Alle von ihm stammenden Ikonen lassen in Verfahrensweise, Heiligentypen und Farbgebung sein Festhalten am Stil Jovans erkennen, weisen aber einen sichtlichen Mangel in bezug auf die Ausmalung gewisser Partien auf, obschon er ebenso wie Jovan Wert darauf legte, seine Gestalten so recht plastisch hervortreten zu lassen, ja, geradezu von dem Wunsch beseelt gewesen zu sein scheint, mit den Mitteln der Malerei eine skulpturale Wirkung zu erzielen. In Augenblicken der Inspiration gelang es ihm denn auch, seinen Heiligen wenigstens annähernd das Gepräge der ihm als Vorbild vorschwebenden Figuren Jovans zu verleihen; dort aber, wo ihn die Eingebung verließ, mißrieten sie ihm dermaßen, daß sie mit unfertigem — man ist versucht zu sagen: geistig unreifem — Erscheinungsbild sehr nahe an die Karikatur herankommen. Eine andere Gestaltungsweise eignet seinem anonymen Mitarbeiter, der die Apostel Simon, Markus und Andreas für den Tschin schuf. Seine Heiligengesichter wirken eindringlich; ihre Merkmale sind eine lange, schmale Nase und stark hochgezogene Brauen über den verhältnismäßig kleinen Augen. Das helle Kolorit seiner Werke, die Sprödheit der Farbklänge, die verworrene Zeichnung und eine Vielzahl weißer Strichelchen an Wangen und Stirn — dies alles weist ihn als einen Künstler aus, der sich, wiewohl offensichtlich zur Werkstatt von Zrze gehörend, nicht an den darin vorherrschenden Stil hielt.[112]

Prilep Nikolauskirche, Ende 14. Jh.

Zur Gesamtheit der aus Jovans Schule hervorgegangenen Werke gesellt sich auch die große, halbfigurige Darstellung des hl. Nikolaus über dem Westportal der Nikolauskirche in Prilep. Ihr Schöpfer war ein anonymer Anhänger der künstlerischen Gestaltungsprinzipien des Metropoliten Jovan, ihr Stifter ein gewisser Dmitar, bei dem es sich möglicherweise sogar um König Markos Bruder dieses Namens handelt. Die Wucht ihrer Bildmassen verleiht diesem Fresko eine monumentale Wirkung, die den Eindruck erweckt, als sei es im 13. Jahrhundert entstanden; was ihm jedoch abgeht, sind ästhetischer Gehalt und feine Abstufung der Farbgebung. Von Belang ist es eher als Zeugnis für das Aufgreifen von Vorbildern der Kunst des 13. Jahrhunderts durch die Meister der Epoche König Markos, denn als schöpferische Leistung.[113]

Prespa Hl. Maria zu Globoko, Ende 14. Jh.

Weit besser ist das Schaffen des Mönchs Aleksije, „Schülers des Zographen Jovan", wie er in seiner Signatur selbst von sich sagt, der zur Zeit des Megaloschimos und Igumens Pajsije für den Mönch Partenije in dem Höhlenkirchlein zur Hl. Maria zu Globoko am Prespa-See tätig war. Einen Beweis für die Annahme, daß der als Jovan bezeichnete Lehrer dieses Meisters niemand anderer war als der Metropolit von Prilep, liefern entsprechende Schaffensbezüge bei der Wiedergabe verschiedener Heiliger in der unteren Zone des Kircheninnern (beispielsweise mancher Teilnehmer der Anbetung des Opfers im

Altarraum oder der Soldatenheiligen im Schiff) sowie der Gottesmutter Glykophilousa in der Lünette des Südportals. Ihre Gestaltungsweise läßt durchblicken, daß der Künstler, der hier zu Werk ging, nicht nur für ein wohlabgerundetes, greifbar deutliches Relief bei Köpfen und Händen der Heiligen — und dieses tritt bei ihm denn auch trotz der dunkelgetönten Herausformung durch effektvoll gesetzte, spiegelnde Glanzlichter ausgesprochen plastisch in Erscheinung —, sondern auch für die dekorative Note bei Haupt- und Barthaar durch ein entsprechend kunstvolles Liniengeflecht eintrat. Pars pro toto: der vorhandene Teilbestand an Parallelen macht jedenfalls ganz den Eindruck, als habe Aleksije aus der Schaffensweise des Metropoliten Jovan für sein eigenes Werk wahlweise bestimmte Komponenten übernommen, und zwar nur jene Lösungen, die seinem — weniger temperamentvollen, eher bedachtsamen — Wesen entsprachen. Bei der Ausmalung dieser Höhlenkirche wirkte ein zweiter, anonymer Meister mit, der die Fresken der oberen Zone (den Kirchenfestzyklus darstellend) schuf. Dieser Mitarbeiter Aleksijes nun ist angesichts der ungeschickten, mißhelligen, zu stark hervortretenden Zeichnung seiner plumpen, zu kurz geratenen Figuren mit ihren mißgestalteten Gesichtszügen und der spröden Farbgebung fast primitiv zu nennen. Ihm waren das Können und die Erfahrung der Schule Jovans ebenso fremd wie der Gedanke an die Suche nach Vorbildern in den Werken des 13. Jahrhunderts.[114]

Die Meister der mönchischen Zographenwerkstatt des Metropoliten Jovan übernahmen aus der Gesamtheit der künstlerischen Regungen im Staat König Markos in erster Linie die darin aufgekommenen klassizistischen Wert- und Gehaltskriterien in Gestalt eines ausgewogenen Bildaufbaus, strenger Proportionierungsregeln und einschlägiger Heiligentypen. „Barocker" Formenreichtum und systematische Hell-Dunkel-Konfrontation wachsen sich bei ihnen nie zu übertriebener Stilisierung oder sarkastischer Verzerrung aus. Leidenschaftliche Gefühle oder mystische Ekstase sind nicht Sache ihrer Helden, deren kraftvoller Persönlichkeitscharakter stets die Grenzen der Würde, des Selbstvertrauens und der Erhabenheit wahrt. Die Freskenschöpfungen des Metropoliten Jovan und seiner Schule wiesen solchermaßen eine epische Wesensprägung auf, die das Gegengewicht zu der Ausdrucksbetontheit der Malerei des Marko-Klosters und der dazu gehörenden Gruppe einschlägiger Denkmäler bildete.

Hatte der Staat der Mrnjavčević die großen Meister des Marko-Klosters Ochrid und die Werkstatt des Metropoliten und Zographen Jovan Prilep zu verdanken, so scheint das Verdienst um das Aufkommen einer weiteren Malerschule, die in jener Epoche der politischen Zersplitterung in Ausführung der Aufträge von Stiftern verschiedener Herkunft zwanzig Jahre lang eine fruchtbare Tätigkeit entfaltete, Kastoria zuzufallen. Das älteste Werk der aus dieser Schule hervorgegangenen Meister sind die 1368/69 im Auftrag des Cäsaren Novak und seiner Angehörigen entstandenen Fresken der zweiten Schicht in dem der Gottesmutter geweihten Höhlenkirchlein auf dem Inselchen Mali Grad im Prespa-See. Cäsar Novak hatte sich vorgenommen, dieses Gotteshaus zu seiner Familiengrabkirche zu machen, und ließ im Zuge der Verwirklichung dieses seines Vorhabens den bereits vorhandenen, kleinen und niedrigen Sakralbau, der die Stiftung eines gewissen Bojko sowie seiner Frau und Söhne war und einen 1345 vollendeten Wandschmuck besaß, während der Herrschaftszeit König Vukašins erneuern, d.h. höher bauen und neu ausmalen, wobei er von dem ursprünglichen Freskenwerk nur einige Fragmente beließ, die in den Rahmen der neuen Gesamtdekoration paßten. Deren Programm nun — eine halbfigurige Wiedergabe der Deesis in der obersten Partie der Ostwand sowie ein Christuszyklus und je eine Reihe Medaillons und ganzfiguriger Einzelgestalten an den Wänden des Schiffs — entspicht durchaus dem, was in den städtischen Kleinkirchen jener Zeit üblich war; eine für damalige Verhältnisse äußerst seltene Erscheinung allerdings ist die Deesis im Altarraum — ein wesentliches Merkmal des grabkirchlichen Charakters des Gotteshauses. Schöpfer der neuen Fresken sind wohl zwei Meister, die, beide kultivierte Künstler, beide ein elementares Anliegen gemein haben, nämlich die Erzielung größtmöglicher Festigkeit des Volumens. Dieses Ziel erreichen beide ungeachtet der Unterschiede des Verfahrens: der eine bei einer ziemlich ruhigen Gestaltungsweise und verhältnismäßig schwachen Gegensätzen zwischen Hell und Dunkel, der andere, fähigere, leidenschaftlichere, bei gesteigerten Schattierungs- und Farbkontrasten und lebhaft huschenden Glanzlichtern auf Gesichtern und Draperien — Schaffensmitteln, mit denen er der Szene ein sinnenfälliges Pathos zu verleihen trachtete. Der erste Maler war vornehmlich im Schiff, der zweite an der Westfassade tätig. Ihre nachdrückliche Art der Formgebung tat der farblichen Wirkung ihrer Werke keinen Abbruch: die besten davon stehen denen der Maler von Psača in nichts nach.

Prespa Mali Grad, 1368/69

Die lebhafte Bewegtheit der auftretenden Gestalten und die stets aus ihrem Gesichtsausdruck sprechende intensive Anteilnahme an den Umweltvorgängen lassen die feierliche Stimmung des Bilds verfliegen. Als Verletzung der bis dahin geltenden akademischen Grundsätze ist eine ungewöhnliche Art der „Kontaktaufnahme" der dargestellten Heiligen zu den Gläubigen im Gotteshaus zu werten: fast in jeder Szene erscheinen ohne Rücksicht auf den Geschehensinhalt mehrere Teilnehmer, die neugierig aus dem Bild heraus den Betrachter anblicken. Dieser unbefangen-offenherzige Zug könnte ein Zeichen dafür sein, daß die Maler aus einfachen Verhältnissen kamen.

Das repräsentativste Werk des größeren der beiden Künstler erscheint an hervorragender Stelle in der oberen Partie der Westfassade: es zeigt *Cäsar Novak*, seine Gattin Kali, seinen Sohn Amiralis und seine Tochter Maria um die zentrale Figur der Gottesmutter mit dem Jesusknaben herum gruppiert und gleichzeitig den Segen des darüber befindlichen Christus Evergetes empfangend. Durch seine realistisch konzipierte Verfahrensweise brachte der Maler authentisch wirkende Porträts zuwege; die dargestellten Personen strahlen Charakterfestigkeit, Ernst und Würde aus.[115] Abb. 82

Kastoria (Griechenland) Hagios Athanasios, 1384/85

Fünfzehn Jahre nach der Ausmalung der Kirche auf Mali Grad waren Meister derselben Werkstatt im Athanasioskirchlein von Kastoria (Griechenland) tätig. Die politische Lage in dieser Stadt stand damals bereits unter veränderten Vorzeichen, da dort inzwischen das albanische Adelsgeschlecht derer von Muzaki zur Herrschaft gelangt war. Im Auftrag zweier Mitglieder desselben, nämlich der Brüder Stoja und Theodor Muzaki, sowie des Megaloschimos Dionysios schufen die Künstler 1384/85 in besagtem Gotteshaus einen Wandschmuck, der im Szenenbildteil eine bis ins Detail gehende Wiederholung des Dekorationsprogramms von Mali Grad bringt. Die ganz sporadisch auftretenden Abweichungen sind ohne Belang; nennenswert ist allenfalls noch die vergleichsweise eingehendere thematische Ausgestaltung der Koimesisszene von Kastoria. Ein wesentlicherer Unterschied macht sich in der unteren Zone geltend: die darin in Mali Grad in gewöhnlicher Bekleidung nebeneinandergestellten Heiligengestalten sind in Kastoria, in zeitgenössischen Herrscher- und Adelsgewändern, zum Motiv des Himmlischen Hofstaats mit Christus als Kaiser, der Gottesmutter als Kaiserin und den Soldatenheiligen als Hofadelige zusammengefaßt. Es ist dies das letzte mittelalterliche Beispiel dieses in Treskavac aufgekommenen und im Marko-Kloster zu voller Ausprägung gelangten Themas. Die Zugehörigkeit Kastorias zur Kirche von Ochrid wird in einer Inschrift erwähnt, darüberhinaus aber auch durch die Darstellung des hl. Kliment von Ochrid im Rahmen der Anbetung des Opfers im Altarraum unterstrichen.

Im Vergleich zu den Fresken von Mali Grad ist die Malerei in Kastoria im Gesamtbild etwas dunkler, weniger lebhaft in der Farbgebung, ruhiger in der Zeichnung und stärker durch Anlehnung an den Klassizismus des frühen 14. Jahrhunderts in bezug auf Heiligentypen und Proportionierung gekennzeichnet. Die dieser Werkstatt angehörenden Meister griffen, wie es scheint, absichtlich zu den Vorbildern der ausgereiften Palaiologenrenaissance: dieses in Mali Grad noch nicht so sehr zur Geltung kommende Streben tritt in den Fresken von Kastoria so augenfällig in Erscheinung, daß sich die Behauptung, ihren Schöpfern sei das Werk eines Georgios Kaliergis in der Erlöserkirche in Berrhoia nicht unbekannt geblieben, geradezu aufdrängt. Das Wiederaufleben bereits der Geschichte angehörender Ären byzantinischer Kunst in der Epoche König Markos verkörpert eine allgemeine Haltung im damaligen künstlerischen Schaffen: Jovan, der Maler mit dem Metropolitenrang, läßt sich vom monumentalen Gepräge der Fresken des 13. Jahrhunderts inspirieren, die Meister von Mali Grad und Hagios Athanasios huldigen den Auffassungen des frühen 14. Jahrhunderts — eine grundsätzliche Vorliebe für die Vergangenheit also, bei der nur die Wahl der Vorbilder verschieden ist. Doch wird in der Tradition lediglich die schöpferische Anregung gesucht; jegliches Epigonentum bleibt ausgeschlossen. Es mochte eine gewisse Absicht liegen in dieser Betonung der weit zurückreichenden, historisch begründeten Zugehörigkeit zu einer Kunst, die durch die Unbilden der Geschichte in Gefahr geraten war, ausgelöscht zu werden — eine Gefahr, die ebensosehr der Gesellschaftsschicht drohte, welche ihre Existenz ermöglichte.[116]

Mborja 1389/90

Das letzte erhaltene Werk, das aus dieser Werkstatt hervorging, sind die Fresken des Erlöserkirchleins in dem Dorf Mborja bei Korca in Albanien, die 1389/90 entstanden. Gestiftet wurden sie von dem Bischof Niphon, der wahrscheinlich im nahegelegenen Devolli residierte und zur Kirche von Ochrid gehörte. Regiert wurden diese Landstriche dazumal von einem Sebastokrator und einem Despoten, von denen die Geschichte außer ihren Namen, die Johannes bzw. Theodor lauteten, nichts Näheres zu berichten weiß. Von dem Wandschmuck der Kirche von Mborja wurde ein großer Teil —

Christus und die Propheten in der Kuppel, die Evangelisten an den Pendentifs, ein Zyklus aus dem Leben Christi, die ganzfigurigen Gestalten der unteren Zone sowie ein Stifterporträt — viel später weitgehend neu übermalt und ist somit, da auch nicht gereinigt, ungeeignet als Forschungsobjekt. Nur die Darstellungen der Koimesis an der westlichen, der Kreuzigung und der Frauen am Grabe an der nördlichen und der Geburt Jesu, des Einzugs in Jerusalem und des Verrats des Judas an der südlichen Wand sowie der Anbetung des Opfers im Altarraum haben voll und ganz ihr ursprüngliches Gepräge bewahrt und lassen erkennen, daß ihr Schöpfer sowohl mit dem Maler des Athanasioskirchleins von Kastoria (sämtliche Zeichenvorlagen für dessen dortige Gemälde sind hierher übernommen) als auch mit dem einen der beiden auf Mali Grad tätigen Meister identisch ist (zu einigen Szenenbildern von Mborja ist das Gegenstück in Kastoria nicht mehr vorhanden, dafür findet sich ein solches aber noch in dem Kirchlein auf der Insel im Prespa-See). In Mborja, am Ende seines Schaffenswegs angelangt, flachte dieser Maler das Relief seiner Gestalten etwas ab und ließ die dekorative Wirkung des Details an Bedeutung gewinnen.[117]

Von allen im Staat der Mrnjavčević ausgebildeten Richtungen hatte die Kunst dieser Werkstatt die wenigsten Berührungspunkte mit dem Hof; ihre Förderer waren Adel und Klerus. Als ihre eigentliche Heimat kann mit größter Wahrscheinlichkeit Kastoria gelten, da sich unter den Fresken dieser Stadt weitere Werke — wie etwa der teilweise erhaltene Wandschmuck in den Kleinkirchen Hagios Nikolaos tou Kiritzi und Hagios Andreas — finden, die, wiewohl in der Farbgebung etwas heller, mehr dem dekorativen Element hingegeben und weniger ausgeprägt im Stil, einschlägige Merkmale in bezug auf bestimmte typologische Züge der Heiligen und so manche Lösungen des Aufbaus aufweisen. Unter dem Blickwinkel seiner Zugehörigkeit zum Schaffenskreis von Kastoria betrachtet, erscheint die Malerei dieser Werkstatt als deren hervorragendste Leistung unmittelbar vor dem Fall der Stadt, der diese den Türken anheimgab. Im Rahmen der byzantinischen Malerei als Ganzes gesehen, stellt es eine der letzten durch die großartige Bildkunst vom Beginn des 14. Jahrhunderts angeregten Schöpfungen dar, in der diese noch einmal besonders tief nachempfunden auflebte.

Nicht alle Maler im Staat König Markos folgten dem überragenden Beispiel der Kunst des Marko-Klosters oder der Kirche St. Andreas an der Treska. An das besprochene Schaffenspolyptychon schließt sich ein Sonderflügel, ein eigenständiger Schaffenszweig in Gestalt der Malerei des Erzbistums Ochrid an, der vor allem in den Kirchen der Stadt selbst vertreten ist. Letztere hat nun im Vergleich zu früher freilich an Bedeutung und Gewicht verloren. Waren seinerzeit die Ochrider Erzbischöfe in der Lage, führende Künstler ihrer Zeit in ihre Dienste zu berufen, so sind es nun nach dem Untergang des Kaiserreichs die heimischen Werkstätten, welche die Nachfrage befriedigen, und diese wiederum ist nicht sehr umfangreich, denn es werden keine großen Kirchen mehr gebaut noch Restaurationswerke von Belang in Angriff genommen. Erzbischöfe und Bischöfe scheinen an der Kunstpflege keinen Anteil mehr zu nehmen. Weniger reich und gebildet als sie, die Schaffensmäzene von einst, treten nun als Stifter von Gotteshäusern und Malerwerken vornehmlich Männer aus den Reihen der niederen Geistlichkeit auf den Plan, ja, die Betreuung des künstlerischen Lebens in Ochrid der Herrschaftszeit König Markos liegt fast ausschließlich in den Händen der Vertreter dieser einfachen Priesterschaft. Baumeister und Maler der in ihrem Auftrag in diesen Jahren in der Stadt erstehenden kleinen, einschiffigen Kirchen lassen sich — die einen in bezug auf architektonische Formen, die anderen hinsichtlich der Programmfolge des Wandschmucks — von den Vorbildern der älteren Ochrider Kleinkirchen leiten.

Ochrid Alte St. Klimentkirche, 1378

Das älteste dieser Kirchlein, der Alte St. Kliment, eine Stiftung des Priesters Stefan, wurde 1378 ausgemalt, als Ochrid von dem Gaufürsten Andreja Gropa regiert wurde. In Einhaltung der bei Kleinkirchen eingeführten Tradition placierten die dabei zu Werke gehenden beiden Maler an Gewölbe und Westwand die Kirchenfeste, ließen darunter eine Reihe Medaillons mit halbfigurigen Märtyrerdarstellungen folgen und füllten die unterste Zone mit ganzfigurig wiedergegebenen Gestalten: neben den Kirchenfürsten im Altarraum, die sich zum Motiv der Anbetung des Opfers verbinden, erscheinen die Stadtpatrone, Soldatenheilige und Anargyren in entsprechender Auswahl, der hl. Nikolaus sowie Konstantin und Helena. Von der Malerei der Nordwand ist so gut wie nichts mehr vorhanden. Was den übrigen, erhaltengebliebenen Wandschmuck anbelangt, so stammen die Fresken der Westwand
Abb. 83 sowie die ganzfigurigen Darstellungen in der unteren Zone der Südwand von dem besseren der beiden Maler. Die Merkmale seiner Gestalten sind hoher Volumengehalt durch plastisch gewölbte Formen,

reichlicher, satter Farbauftrag in allen Partien und strahlende Glanzlichter, die an Wangen und Draperien als Vielzahl von Strichen auftauchen. Die Farbklänge wirken etwas gedämpft, aber nicht leblos. Mit ihrem markanten, festen und kraftvollen Gepräge zählen diese Fresken zu den schönsten Werken im Ochrid der Zeit von König Marko. Ihrem Schöpfer ist möglicherweise auch eine in St. Nikolaus Heil der Kranken befindliche große Ikone des hl. Naum zuzuschreiben, die diesen auf blauem Grund zeigt. Falls wirklich nicht unter seinen — augenblicklich schaffensmüde gewordenen — Händen entstanden, ist sie jedenfalls das Werk eines ihm in der Verfahrensweise sehr nahestehenden unter seinen Mitarbeitern.

Der minderbegabte Maler in der Alten St. Klimentkirche schuf die Fresken der Ostwand sowie die Festszenen an der Südwand. Seine Figuren wiesen meist stark hervortretende, mitunter blasse, in jedem Fall aber breit gezeichnete Konturen auf; die solchermaßen umrahmten Flächen sind farblich völlig undifferenziert: keine Spur einer Schattierung oder koloristischer Akzente. Bescheiden talentiert, wie er war, kam er über das Stadium der Naivität nicht hinaus.[118]

Ochrid
Demetrioskirchlein,
3. Viertel 14. Jh.

Fast dieselben Themen wie in der Alten St. Klimentkirche erscheinen an den Wänden des Demetrioskirchleins, dessen Malerei sich jedenfalls ins vorletzte Viertel des 14. Jahrhunderts datieren läßt. Ihre Schöpfer sind wiederum zwei Künstler von unterschiedlichem Gestaltungsvermögen, die jedoch übereinstimmende Kriterien in der Verfahrensweise aufweisen: beide hegen eine Vorliebe für eine bunte Farbenvielfalt anstelle fein aufeinander abgestimmter Akkorde, und beide längen ihre Figuren, um die Schwerkraft des Volumens tunlichst aufzuheben. Danach zu urteilen, scheinen ihre Schaffensvorbilder der Wandschmuck des der Gottesmutter geweihten Höhlenkirchleins bei Peštani und die von Bischof Gregorios in Auftrag gegebenen Fresken in der Ochrider Peribleptoskirche gewesen zu sein. Daß es nicht Verfolgung irgendeiner besonderen künstlerischen Absicht, sondern ganz einfach Mangel an Begabung war, was diese Maler zu ihrer Zurückhaltung bei der Herausarbeitung ihrer Gestalten veranlaßte, wird an deren Reglosigkeit im Rahmen der Szenenbilder deutlich. Die einzige Ausnahme hierbei bildet die Darstellung des hl. Demetrios, des Kirchenpatrons, mit der dem besseren Maler ein inniges freimütiges Schaffensbekenntnis gelang.[119]

Kalište,
um 1375

Etwa in denselben Zeitraum fällt auch das Entstehen des Wandschmucks in dem Felsenkirchlein St. Athanasios in Kalište. Der Meister hier war zeichnerisch nicht unbegabt und sehr wohl einer festen Modellierung fähig, doch seine Farbgebung ist allzu kräftig und wirkt roh. Seine Fresken sind überdies stark beschädigt und teilweise übertüncht.[120]

Ochrid
Gottesmutter Peribleptos,
1379
Abb. 85

Auch die nur mehr in Resten erhaltene Malerei in dem Höhlenkirchlein St. Stefan nahe bei Ochrid ragt nicht über den hierorts herrschenden niedrigen Schaffensdurchschnitt hinaus, und ebensowenig stellt das *Porträt Ostoja Rajakovićs*, dieses mit König Marko selbst verwandten Schwiegersohns des Gaufürsten Gropa, das 1379 an dem für ihn errichteten Arkosolium im Narthex der Peribleptoskirche angebracht wurde, ein Werk von sonderlichem Belang dar. Provinziell und routiniert, war die Malerei Ochrids im Begriffe, sich einerseits in einem bunten Farbengemisch aufzulösen und andererseits in steifem Akademismus zu verkümmern.[121]

Ochrid
Hll. Konstantin und Helena,
Ende 14. Jh.

Erst am Beispiel des kurz vor dem Ende von Markos Herrschaft, möglicherweise geradezu im letzten Dezennium des 14. Jahrhunderts entstandenen Freskenwerks in der Kirche der hll. Konstantin und Helena wird deutlich, daß in der Stadt auch begabtere Künstler vorhanden waren. Stifter dieses Gotteshauses und seiner Malerei war eine bedeutende Persönlichkeit des geistlichen Lebens von Ochrid, nämlich der Megaloschimos Partenije. Zusammen mit seiner Mutter Maria und seinem Sohn Mihailo ist er neben dem Seiteneingang an der Südwand dargestellt. Daß die Kirche einen größeren Raumumfang und eine reichhaltigere Malerei (zwei Zyklen — die Zwölf Kirchenfeste und die Passion —, mehr Einzelfiguren) besitzt als die übrigen vergleichbaren Gotteshäuser von damals, ist ein Zeichen dafür, daß der Stifter begütert war. Zudem über den Durchschnitt seiner Zeit hinaus gebildet, verlangte er von den Malern auch einige ikonographisch ziemlich anspruchsvolle Bilder. So ließ er ganz oben im Quergewölbe eine in drei Medaillons gefaßte halbfigurige Darstellung der Dreifaltigkeit anbringen, wie sie einige Zeit vorher der Maler der Fresken in Gregorios' Bischofskapelle an der Peribleptoskirche geschaffen hatte. Eine Kapelle erhielt in der Folge auch dieses Gotteshaus: es ist dies die an seine Südwand angebaute Kapelle der hl. Petka — ein der Heiligen gewidmeter geschlossener Freskenzyklus schmückt die Kapellenfassade —, deren Ausmalung wiederum die schon in der Kirche tätigen Maler übernahmen.

Zwei Künstler waren es, die das gesamte Freskenwerk hier schufen. Der eine von ihnen gefiel sich in hellen Farbklängen und zarter Modellierung mittels fließender Übergänge zwischen Licht und

Schatten, der andere, aktivere, hatte eine Vorliebe für „barocke" Effekte in Gestalt betonter Hell-Dunkel-Kontraste und eines tiefdunklen, dabei jedoch klar abgestuften Formenreliefs. War der eine Lyriker, so lag dem anderen eher die Dramatik. So vereinigte die Kirche der hll. Konstantin und Helena unter ihrem Dach zwei Antipoden, die in ihrem ganzen Wesen den nun bereits ein halbes Jahrhundert alten grundlegenden Gegensatz in der Wandmalerei des serbischen Staates verkörperten. Beide Meister betätigten sich auch als Tafelbildschöpfer: von ersterem stammt eine große St. Georgs-Ikone mit Vita in der gleichnamigen Kirche in Struga; Werke des zweiten sind die Malerei der Königlichen Pforte des Ikonostas und eine ebenfalls an diesem befindliche Ikone, darstellend den Tempelgang Mariä, hier in dem Gotteshaus, das die Stätte des Freskenschaffens beider bildete.[122]

Prilep
St. Petrus,
Ende 14. Jh.

Wie es scheint, wurden die städtischen Malerwerkstätten Ochrids auch außerhalb der nächsten Umgebung der Stadt aktiv. So ist der Wandschmuck zweier Kleinkirchen im Stadtbereich von Prilep — Maria Immaculata und St. Petrus — in bezug auf den künstlerischen Auffassungs- und Wertgehalt annähernd identisch mit vergleichbaren Fresken in Ochrid, mit denen er zu gleicher Zeit entstand. In St. Petrus sind dieselben Themen — die Zwölf Kirchenfeste und die Passion — zur Darstellung gelangt wie in den etwas größeren Ochrider Kirchen, doch ist die Malerei dieses Gotteshauses stark beschädigt. Ungeachtet dessen wird in vorhandenen Merkmalen wie den gelängten Gestalten der Szenenteilnehmer und in der kühlen, lichten Farbgebung noch ein Hauch jenes Geistes spürbar, der seinen Anfang in der nun schon geraume Zeit zurückliegenden Kunst eines Johannes Theorianos nahm. In dem einzigen erhaltenen Werk der Kirche zu Allerreinsten Gottesmutter, der Anbetung des Opfers, die, recht besehen, eine getreue, nur um zwei Figuren gekürzte Wiederholung der in St. Petrus vorhandenen Wiedergabe dieses Motivs darstellt, macht sich ein merklicher Schaffenseinfluß jenes der beiden Ochrider Meister aus der Konstantin und Helena geweihten Kirche geltend, der sich durch sein stark plastisches Gestaltungsverfahren auszeichnete. Die Maler aber, die hier in Prilep zu Werk gingen, waren typische Provinzmaler ohne sonderliche Begabung: davon zeugen die extreme Vereinfachung und geradezu schematische Normierung der Formen und die harte Zeichnung.[123]

Prilep
Allerreinste Gottesmutter
Ende 14. Jh.

Trotz seinem anspruchslosen Schaffensniveau und dem Fehlen sonderlich großer Schöpfer war das Künstlertum Ochrids kraft der Reputation seines Heimatsorts als kirchlichen Zentrums und der darin nun einmal eingebürgerten bedeutenden Malertradition in den letzten Jahren seiner Wirkungsfreiheit allem Anschein nach imstande, weniger bemittelten Stiftern und künstlerisch zurückgebliebenen Kreisen gute Dienste zu leisten.

Die Malerei im Staat König Markos trat, so, wie dessen Herrscher der einzige rechtmäßige Thronfolger war, als einzige echte Erbin der Überlieferung der Vergangenheit auf den Plan. Ohne es zu einer sonderlich wahrnehmbaren Stagnation kommen zu lassen, setzten der König und seine Brüder, gestützt auf die ihnen treu gebliebenen Maler, nach Maßgabe des Vorbilds, das sie an ihren Ahnen hatten, die Kunstpflege fort. Und gerade das unter ihrem Patronat entfaltete Schaffen zeitigte die gelungensten Werke; ihre größten Meister zählen ebenso wie die ihrer Vorgänger zu den bedeutendsten Künstlern des orthodoxen Lebensraums. Sie halten — mochten sie nun zur Expressivität neigen oder eher klassizistisch beeinflußt sein — in ihrer durchwegs von grüblerischer Schwermut überschatteten Gedanken- und Empfindungswelt stets eine Antwort auf die rauhen Unbilden ihrer Zeit bereit, die je nachdem von angstvoll-mystischem Ahnen oder ernster Beherztheit getragen ist. Nur die Maler von Ochrid mit ihrer gewerbemäßig anmutenden, auf Wiederholung des einmal Erlernten beschränkten Schaffensweise scheinen nichts von der Gefahr gespürt zu haben, die über ihnen aufzog.

Als der König nicht mehr war und das Land von den Türken überschwemmt wurde, gingen viele von ihnen nach Norden, ins Morava-Gebiet, in die sicheren Gefilde der Freiheit. Ihre düstere Stimmung allerdings nahmen sie mit und konnten sich auch dort nur schwer davon lösen.

DIE MORAVA-SCHULE

Die Kunst der Morava-Schule — der letzte große Stil im mittelalterlichen Serbien — wird zeitlich fest umrissen durch zwei historische Ereignisse von schicksalhafter Tragweite: liegen ihre Anfänge im Schatten der verhängnisvollen Schlacht an der Marica und des darauffolgenden Todes des Zaren Uroš im

Jahre 1371, so trifft ihr Erlöschen mit dem Fall Smederevos in der Mitte des Jahres 1459 zusammen, mit dem die Stadt unter türkische Herrschaft geriet. Ihr Aufkeimen erfolgte also auf den Trümmern des serbischen Kaiserreichs, und mit dem Geschick eines der letzten unabhängigen serbischen Staatsgebilde des Mittelalters ward auch das ihrige besiegelt. Der Lebensraum dieser Kunst erstreckte sich innerhalb der Grenzen des Fürstentums von Lazar Hrebeljanović und des Despotats seiner Erben: seines Sohns Stefan Lazarević und des Verwandten beider, Đurađ Branković, sowie der kurzlebigen Nachfolger des letzteren. Ihren Namen erhielt sie nach dem Einzugsbereich der drei Moravaflüsse, an deren Ufern und Nebenarmen ihre wichtigsten Denkmäler verteilt sind, wenngleich das Verbreitungsgebiet ihrer Werke den ganzen weiten Raum von den Ebenen von Kosovo und Metochien im Süden bis zum Gestade der Donau im Norden umfaßt. Ihre stilistische Eigenart kommt im wesentlichen in ihren baulichen Schöpfungen zur Geltung, doch sind gewisse spezifische Merkmale auch in ihrer Malerei auszumachen. Ihrem geistigen Nährboden — dem Hof und dem höfischen Adel — verdankt sie ihr aristokratisches Gepräge, ihrem materiellen — den reichen Bergwerken, deretwegen Serbien als Gold- und Silberland galt, und jenen erfahrenen Kaufleuten, die Städte mit weltoffener Atmosphäre entstehen ließen — die Pracht und den blendenden Glanz ihres äußeren Erscheinungsbildes.

In jener bangen Zeit, da die Balkanstaaten einer nach dem anderen zu bestehen aufhörten und ihre markantesten Persönlichkeiten mählich dahingingen, hatte auch das Serbenland in seinem nunmehrigen, das Morava-Gebiet und Kosovo/Metochien umfassenden Bestand schwere Stunden durchzustehen. In der berühmten Schlacht auf dem Amselfeld im Jahre 1389 wurde sein regierender Fürst niedergemetzelt und eine große Zahl seiner Vornehmen hingemordet, und danach geriet es für eine Weile in Vasallenverhältnis zum Osmanischen Reich. Nachdem es sich dieser Botmäßigkeit wieder entledigt hatte, ließ es seine Truppen häufig auf dem Schlachtfeld gegen die Türken antreten. In einem Augenblick äußerster Erschöpfung verlor es für einige Zeit (1439—1444) seine Freiheit aufs neue, um sich schließlich nach einem nochmaligen Behauptungsversuch, militärisch weitgehend aufgerieben und materiell dem Zusammenbruch nahe, ohne sonderlichen Widerstand dem übermächtigen Eroberer zu ergeben. Ungeachtet dessen aber war das Serbien der Morava-Ära jahrzehntelang eine Schaffensoase der Kunst byzantinischer Prägung; denn Byzanz selbst war damals bereits so ausgeblutet, daß es sowohl die Schaffung von Bildwerken als auch die Errichtung großer Kirchen und Paläste fast völlig eingestellt hatte, Bulgarien hatte 1396 zu bestehen aufgehört, der thessalische Staat der Seitenlinie der Nemanjiden war schon im neunten Jahrzehnt des 14. Jahrhunderts ausgelöscht worden, und auch die Vasallenländer der Dejanović und Mrnjavčević hatten sich mit dem Ende Konstantin Dejanovićs und König Markos auf dem Schlachtfeld von Rovine im Jahre 1395 in Nichts aufgelöst. So wurde das Morava-Gebiet als serbischer Reststaat zu einem Zufluchtsort für die Flüchtlinge und einer Stätte des Trostes für die zu Schaden Gekommenen und damit nicht nur zu einem neuen staatlichen Mittelpunkt der orthodoxen Welt des Balkans, sondern auch zu einem neuen Schaffenszentrum von internationaler Bedeutung.

Vordem, insbesondere in der Epoche Nemanjas und seiner mächtigen Nachfolger, da die in Staatspolitik Serbien auf Gebietserweiterungen in Richtung Byzanz abzielte und in der Folge auch die Ablösung des Basileus am Bosporus durch einen serbischen Kaiser anstrebte, hatte das Morava-Gebiet innerhalb des Landes nicht nur geographisch, sondern darüberhinaus ganz allgemein, also auch in künstlerischer Hinsicht, im wesentlichen eine Randstellung eingenommen — nun gewann es mit seinen Hauptstädten Kruševac, Belgrad und Smederevo überragende Bedeutung, und alles, was innerhalb seiner Grenzen geschaffen und gebaut wurde, trug den Stempel des Neuen, Ungekannten, noch nicht Dagewesenen. Bis dahin hatte es in diesen Gegenden weder heimische Künstlerwerkstätten noch bodenständige Traditionen gegeben, nun entstand hier nicht nur ein neues Staatswesen, sondern mit ihm auch ein Novum an Kultur und Kunst. Ein großer (wenn nicht der überwiegende) Teil der damit auf den Plan tretenden Kulturträger und Kunstschaffenden rekrutierte sich aus Flüchtlingen, die unter dem Zwang der Verhältnisse hierhergeraten, oder Zugewanderten, die auf Geheiß der Mitglieder des Herrscherhauses ins Land gekommen waren. So war ein Patriarch Bulgare, ebenfalls aus Bulgarien stammten zwei der angesehensten Schriftsteller und Geschichtsschreiber, nämlich Grigorij Camblak und Konstantin der Philosoph (letzterer gleichzeitig Reformator der serbischen Rechtschreibung, der die sog. Resava-Rezension einführte), zwei bedeutende Dichter, die den Ruhm Serbiens und seiner großen Männer besangen, Antonios Raphael Epaktites und Demetrios Kantakuzenos, waren Byzantiner, und vom Athos schließlich kamen zahlreiche Übersetzer und Kopisten, aber auch hochangesehene Mönche, die inmitten der komplizierten Lage, die der Serbischen Kirche infolge ihrer Exkommunikation durch den vom Ökumenischen Patriarchat über sie verhängten Bannfluch erwachsen war, die kirchenpolitischen Angelegenheiten des Landes besorgten, wie etwa der Starez Isaije oder Nikodim Grčić (welcher zweifelsohne zum Teil griechischer Abkunft war). In diesem neuen Serbien der Morava-Ära erschienen aus der einen oder anderen der großen byzantinischen Mönchssiedlungen hervorgegangene, tiefgelehrte und dabei bescheidene Sinaiten und Hesychasten — meist griechischer oder bulgarischer Herkunft (zu ihnen gehörten Männer von der Art eines hl. Romil oder Grigorije von Gornjak) —, die einen ungeheueren geistigen Einfluß besaßen, und hier kam auch so mancher Angehörige des serbischen Hochadels zur Ruhe, der seine Besitzungen im Süden verloren hatte. Unter letzteren war beispielsweise die Despotin Jelena, die Gemahlin des im Kampf gefallenen Despoten Jovan Uglješa, die als Nonne unter dem Namen Jefimija einen bedeutenden Ruf als Dichterin erlangte; ihre Schöpfungen sind übrigens — eine für die damalige Zeit sehr charakteristische Erscheinung — ausschließlich in Material von erlesener Kostbarkeit festgehalten: sie erscheinen in Form von Gold- und Silberstickereien auf Vorhängen für die Königliche Pforte bzw. auf Velen oder als Prägearbeit auf silbernen resp. vergoldeten Diptychen. Schicksale wie das eines Grigorij Camblak, der aus Trnovo über Athos, Konstantinopel und die Moldau nach Serbien kam, hier Igumen von Dečani wurde und eine Lebensbeschreibung des serbischen Herrschers Stefan von Dečani verfaßte, um danach nach Rußland zu gehen und dort seinen Lebensweg als Metropolit von Kiew zu beschließen, oder das eines hl. Romil, der, ebenfalls aus Bulgarien kommend, über Byzanz und Albanien nach Serbien gelangte, wo er sich durch seine fromme Askese im Kloster Ravanica hervortat, in welchem er auch verschied, sind keine Seltenheit bei jenen großen Wanderern, die in der Verbannung wirkten. Daher bezeichneten sich manche unter ihnen geradezu als „Serboalbanitobulgarorumäne" — mit einem Namen also, der nicht nur ihre Irrfahrten andeutete, sondern darüberhinaus ihre Zugehörigkeit zu der gerade in der Wendezeit vom 14. zum 15. Jahrhundert so glücklosen Kultur des Balkans manifestierte.

Was sie alle miteinander verband, war neben der Ähnlichkeit des Geschicks das einmütig gehegte Anliegen, die eigene Existenz schöpferisch zu bekunden. Sie waren sich des Provisoriums, in dem sie lebten, und des Unheils der Zukunft wohl bewußt, jene einsichtsvollsten Geister ihrer Zeit; dies wird an nicht wenigen Texten von damals deutlich in denen sich gleichsam ein letzter Hilferuf offenbart. Herausgegriffen sei hier nur das unmittelbar vor dem Fall Serbiens niedergeschriebene Bittgebet eines unbekannten Verfassers aus Smederevo, in dem es heißt: „Tu jetzt, o Herrin, so wie einstens Deine Wunder kund, auf daß die Feinde in Deinem Angesicht, im Angesicht unserer streitbaren Hoffnung, zurückweichen und sich zerstreuen und zuschanden werden. Zerbrich ihre Bögen, laß ihre Pfeile auf sie zurückfallen, sende uns den großen Gabriel zu Hilfe und mach ihn zu unserem Heerführer . . ., auf daß er die ungetüm vermessene Macht selbiger mit Ungestüm zerschmettere . . .". War Despot Jovan Uglješa wenige Monate vor der Schlacht an der Marica, da er sich zum entscheidenden Gefecht rüstete, trotz bewußter Erkenntnis der Gefahr noch vom Sieg der Gerechtigkeit — und damit von seinem eigenen Sieg — überzeugt, stellte sich noch Fürst Lazar, wie Danilo der Jüngere bekundet, mit den Worten „Wir wollen lieber den Heldentod erleiden, denn ein Leben in Schande führen; wir wollen lieber im Kampf durch das Schwert umkommen, denn den Nacken unter Feindesjoch beugen" mit Nachdruck auf den Standpunkt der Kriegerehre, so war dem Unbekannten aus Smederevo nur mehr die Möglichkeit geblieben, demutsvoll die Gottesmutter um Rettung anzuflehen.

Eines der letzten freien Länder des orthodoxen Kulturkreises auf dem Balkan, dessen natürlicher Reichtum seiner Oberschicht eine durchaus prunkvolle Lebensweise gestattete, wurde zur rettenden Arche, in der die besten byzantinischen, bulgarischen und serbischen Traditionen zusammenkamen. Bei ihrem Streben, die Gebiete, die unversehens zu ihrem Machtbereich und Lebensraum geworden waren, nun ihrerseits mit künstlerischen Schöpfungen zu bereichern, ließen sich die neuen serbischen Herrscher in Festhaltung an den Schönheitsidealen ihrer Vorgänger von allem begeistern, was die Vergangenheit an meisterhaft Vollendetem hervorgebracht hatte. Im Rahmen der in diesem Zusammenhang erfolgenden Stellungnahme zu älteren und mitunter auch zeitgenössischen Kunstwerken ergab sich ein sehr umfassendes Repertoire ästhetischer Kriterien. Ein zu Beginn des 15. Jahrhunderts lebender Belgrader verstand es, in einer Würdigung des in der jüngsten Vergangenheit Geschaffenen genau jene Werte herauszustellen, welche seine Zeit besonders schätzte. Stefan von Dečani, so schrieb er, habe „am Bistrica-Flusse eine gar prächtige Kirche erbaut", deren „treffliche Beschaffenheit jedwede Vorstellung übersteigt"; das Baumaterial aber sei „Marmor von solch reicher Auswahl hinsichtlich seiner Art und Größe und so kunstvoll gestaltet, daß ein Jahr des Erzählens nicht ausreichte, um alles zu beschreiben;

durch seinen blendenden Marmorglanz jedoch ermüdet der Anblick dieses Gotteshauses gar bald das Augenlicht des Schauenden, gleichwie der hellstrahlende Morgenstern am Frühhimmel". Zar Dušan habe dann „auch eine überaus berühmte Kirche an der Bistrica oberhalb Prizrens geschaffen, der, wie ich vermeine, nichts unter der Sonne gleichkommt ... In baulicher Gediegenheit und künstlerischem Reichtum übertrifft sie diejenige von Dečani, bis auf den Marmor; auch ist jene letztere von stattlicherer Größe". Daher, so vermerkt er weiter, „sagen die Bewohner selbiger Gegend denn auch, daß es einen Fußboden wie den der Kirche von Prizren, eine Kirche wie die von Dečani, einen Narthex wie in Peć dazu das Gold von Banjska und die Malerei von Resava kein zweites Mal mehr gebe". Fügen wir dem hier Gesagten die zu Beginn des 15. Jahrhunderts von Grigorij Camblak gelieferte Beschreibung Dečanis hinzu, in der von einem „hochansehnlichen und dem Herrn würdigen Tempel" die Rede ist, dessen „Inneres gar stattlich in der Länge und Breite" und „so hoch ist, daß die Augen des Schauens müde werden", das „gekrönt ist von verschiedenerlei reichgeschmückten Gewölben, die auf aus Marmor gemeißelten Säulen ruhen", während er „außen gar wundersam aus geglättetem Marmor — rot und weiß in einem — gefügt ist: da greift ein jeder Stein in staunenswerter, höchste Kunstfertigkeit verratender Weise in den anderen, so daß die ganze äußere Gestalt des Gotteshauses aus einem Stück gehauen erscheint — ein überaus wunderbares, fugenlos verwachsenes Ganzes ... von solch unsagbarer Schönheit, daß eine hohe Glückseligkeit überkömmt, die da schauen ..., und stets sind es die trefflich-gefällige Art des Steins und die Erhabenheit des Gesamtbilds, die einem Gotteshause am meisten zur Zierde gereichen ..." —, so haben wir die bedeutsamsten Anschauungsbegriffe jener Zeit in bezug auf die bildende Kunst vollzählig beisammen. Diesen Vorstellungen schließt sich auch der anonyme Verfasser eines am Ausgang des 14. Jahrhunderts geschriebenen Textes aus Ravanica an, wenn er von der Kirche dieses Namens sagt, sie sei „gar wunderbar hoch und schön gebaut ... und ganz einfach in jeder Hinsicht makellos ... gleichwie eine nie welkende Blume". Den im Serbien der Wendezeit vom 14. zum 15. Jahrhundert lebenden Menschen hatten es in der Kunst insbesondere die dekorative Gestaltung, die geschickt erzielte Illusion sowie Kostbarkeit des Materials und große Dimensionen angetan; an diesen Dingen hingen sie mit außerordentlicher Hingabe und Begeisterung. Ansprüche in diesem Sinne machten auch jene kultivierten Männer geltend, die sich mit der Würdigung literatischer Werke befaßten. So vermerkte ein unbekannter Chronist in seiner Wertung der von Konstantin dem Philosophen verfaßten literarischen Biographie des Despoten Stefan nachdrücklich, daß dem Autor ein hervorragendes Werk gelungen sei, „indem er es mit reichverschlungenen rhetorischen Figuren ausschmückte, gleichwie nur immer einer der Philosophen der Antike, also daß es dem Lesenden gar viel Ergötzen bereitet und sein Gemüt tief anrührt".

Was die Baukunst anbelangt, so war der Wunsch nach großen architektonischen Schöpfungen nur für die ganz Reichen durchführbar; erlesenes und kostbares Baumaterial gar vermochten nur die Herrscher selbst und die ihnen am nächsten Stehenden zu beschaffen. Diejenigen, die sich weder teueres Material noch großen Prachtaufwand leisten konnten, behalfen sich mit einer wohlfeileren Technik, mittels derer sowohl das eine wie das andere auf rentablere Weise vorzutäuschen war; denn die Tendenz zum Pittoresken, Reichverzierten, Dekorativen war eine ganz allgemeine. Daher bilden die Gotteshäuser des Morava-Gebiets mit ihrer kühnen Konstruktion, ihren anmutigen Formen und ihrer stimmungsvollen Ausgestaltung, den malerischen Fassaden und dem reichen Wandschmuck des Innern einen Schaffensgipfel in der serbischen Kunst des Mittelalters. Mögen auch ihr Grundriß und ihre bauliche Gliederung von bereits früher auf dem Heiligen Berg und im Serbien von einst entstandenen Vorbildern übernommen sein — ihr endgültiges äußeres Erscheinungsbild war eine Frucht bodenständigen Gestaltertums und trat bereits in den ersten Baudenkmälern Fürst Lazars voll zutage; in der Folge erfuhr es nur mehr eine weitere Bereicherung und eingehendere Entfaltung.

Ravanica, um 1387

Gewissermaßen die Stammutter des Kunststils der Morava-Schule ist die Klosterkirche von Ravanica, eine Stiftung Fürst Lazars. Der 1375 im Anschluß an einen der Landtage von Peć in Angriff genommene Kirchenbau wurde 1377 vollendet; rund weitere zehn Jahre dauerte es, bis auch die Freskenausstattung ihren Abschluß fand. Sowohl architektonisch als auch in bezug auf die Malerei wurde dieses Gotteshaus zum Prototyp aller Kirchenbauten der Morava-Schule. Sein Wandschmuck, in dessen Themenauswahl und Anordnungssystem die Grundideen und das geistige Klima der Zeit eingefangen sind, legte von vornherein das Erscheinungsbild aller späteren Kirchenmalereiwerke in Morava-Serbien fest, indem er bei Künstlern wie Bilderbestellern dieses Landes gleichermaßen theologische Begriffsvorstellungen und geistige Ausrichtung in programmatischer Weise prägte.

Die Ausmalung der Kirche von Ravanica scheint in drei Etappen erfolgt zu sein, denn drei Partien im Rahmen der Gesamtschöpfung sind es, die in bezug auf Stil und Maltechnik erheblich voneinander abweichen. Das älteste — und zugleich unbestreitbar schwächste — Malerwerk ist das der Mittelkuppel, deren Wölbung ein halbfiguriger Pantokrator einnimmt, während am Tambour die Himmlische Liturgie sowie sechzehn über zwei Zonen verteilte, ganzfigurig dargestellte Propheten erscheinen. Mit der harten, mitunter auch ungeschickten Zeichnung, der irgendwie metallisch, kalt wirkenden Modellierung und der spröden Farbgebung ihrer Gestalten bilden diese Fresken einen so augenfälligen Fremdkörper innerhalb des Wandschmucks von Ravanica, daß sich unwillkürlich die Frage aufdrängt, ob sie nicht im Zuge einer späteren Übermalung entstanden sind, oder ob ihr Schöpfer nach ihrer Vollendung von der Bildfläche verschwand — sei es nun, weil die Innenausgestaltung der Kirche unterbrochen wurde, oder weil der Stifter mit ihm nicht zufrieden war. Wie dem auch sei — als nächste kamen jedenfalls zwei sehr fähige Maler, deren einer, und zwar der im Altarraum tätige, sogar zu den größten der damals in Serbien wirkenden Künstler zählte. Diese beiden nun schmückten die Gewölbe mit den den Zwölf Kirchenfesten entnommenen Szenen, setzten an die Wände mehrere Darstellungen aus den Zyklen des Erdenlebens Christi und der Passion und füllten die gesamte mittlere Zone des Kirchenraums mit einer gewaltigen
Abb. 106 Bildfolge aus dem Zyklus der *Wunder* und Gleichnisse. In der Altarapsis ließen sie eine von Engeln flankierte Gottesmutter mit dem Jesusknaben erscheinen, darunter eine ikonographisch ungewöhnliche Apostelkommunion, sodann eine Reihe Medaillons mit halbfigurigen Bildnissen von Kirchenfürsten, und ganz unten die Anbetung des Opfers. In den Wölbungen der vier Nebenkuppeln gelangten halbfigurig dargestellte Erzengel zur Wiedergabe, an den Tambouren Engel und an den Unterbauten die Vorväter; die Pendentifs der Hauptkuppel schließlich blieben den Evangelisten vorbehalten, und die Oberzonen ihrer Stützpfeiler schmücken Medaillons. Überlange Gesichter, fleischige Nasen und ein blasses Inkarnat mit hellgrünen Schatten und rasch hingeworfenen Glanzlichtern in Form senkrechter weißer und roter Striche auf den Wangen kennzeichnen die Heiligengestalten in den belebten Szenen, die in einen weiten, unwirklichen Raum hineinprojiziert sind, der von einer komplizierten Bildarchitektur abgeschlossen wird. Wie eine in Form und Farbe gebannte Deklaration der Anschauungen dieser beiden Künstler
Abb. 111, Zeichnung g mutet das den *Einzug Christi in Jerusalem* darstellende Gemälde an. Eine vielköpfige Gruppe von Männern und Frauen ist da auf das freie Feld vor einer imaginären Stadt herausgeströmt; auch auf den Stadtmauern und in den Fensterhöhlen der Gebäude dahinter sind zahlreiche Schaulustige zu sehen. Sie alle erwarten den Zug der Apostel mit dem auf einem Eselsfüllen reitenden Christus in der Mitte, der sich, von den Anhöhen der ferneren Umgebung herkommend, den Stadttoren nähert. Jesus entgegen eilen Knaben, die durch das erregende Geschehen in einen sichtlichen Freudentaumel geraten sind. Die Kühnheit in Gestik und Pose mancher Szenenteilnehmer, von denen einige (dies trifft übrigens auch auf Darstellungen wie die der Wunderbaren Brotvermehrung oder des Letzten Abendmahls zu) von rückwärts gezeigt sind, dazu die im Verhältnis zu Architektur und Landschaft vergleichsweise recht natürlich wirkenden Körperdimensionen — dies alles könnte gut und gern der Malerei der Antike entlehnt sein. Auch früher hatte es vereinzelte Versuche gegeben, von der einen oder anderen solcher bei den Künstlern des Mittelalters durchaus ungewohnten Freiheiten Gebrauch zu machen, doch noch nie war ein so umfassender Durchbruch derselben im Rahmen eines einzigen Bildganzen zustandegekommen. In seiner Gesamtheit stellt dieses Werk zudem eine Synthese verschiedener Anliegen im Schaffen der Maler jener Epoche dar: da erscheint eine Art Genrebild aus dem Stadtleben, eingefügt in ein breites Panorama, das neben der bewußten Stadt, einer großen befestigten Siedlungsanlage mit einer Vielzahl von Erwachsenen und Kindern darin und davor, mannigfaltige Tiere und Gewächse sowie eine Landschaft zeigt, die mit ihrer herben Felseneintönigkeit eine Naturkulisse von seltener Eigenart bildet.

Unter den Fresken der besagten beiden Künstler, insbesondere unter den Medaillons im Altarraum,
Abb. 109 sind des weiteren Porträtschöpfungen von so außergewöhnlichem Gehalt und so unwiederholbarer Prägung zu finden, wie sie vordem nur selten erreicht wurden. Von hoher Individualität, kühn in der Modellierung der dicht aufgetragenen, hellen Farben, dabei in Zeichnung und Akzentuierung von einer Sorgfalt, die unverkennbar die — etwas zittrige — Hand eines älteren Malers verrät, sind diese Bildnisse das Schönste, was die Malerei von Ravanica hervorgebracht hat. Nach der Schreibweise der Namen mehrerer der in der nordöstlichen Nebenkuppel abgebildeten Kirchenväter zu urteilen, muß einer der beiden Meister Grieche gewesen sein; denn im Gegensatz zu der hierzulande vollkommen üblichen und (insbesondere in Anbetracht der diesbezüglichen Forderung seitens der Kirche) auch ganz natürlichen

XXXVI Dečani.
Bekehrung des Paulus, 1345 – 48

XXXVIII Kalenić.
Hochzeit zu Kana, Detail, um 1413 ►

XXXVII Dečani.
Der Apostel Philippus und der Eunuch der Kandake, 1345 – 48

◄ XXXIX Resava.
Märtyrer und Soldatenheilige, vor 1418

g) Ravanica, Fresken des Südchors, 1385–87

Sitte, Bildwerke serbisch zu beschriften, sind diese Namen durchwegs in griechischer Fassung gehalten, was nur aus dem Bestreben des Schöpfers der betreffenden Bilder zu erklären ist, zumindest an weniger auffälliger Stelle seine Muttersprache vertreten zu wissen.

Ohne daß der Grund hierfür bekannt geworden wäre, mußten allem Anschein nach auch diese beiden Künstler ihre Tätigkeit abbrechen — für eine gewisse Zeit jedenfalls trat in der Freskenausgestaltung der Kirche wieder eine Pause ein. Danach kamen neue Meister, die die Ausmalung der unteren Zonen besorgten. Im einzelnen ließen sie dabei zu Seiten des Ikonostas je eine Darstellung des Letzten Abb. 107, 108 Abendmahls und der Fußwaschung, in den Chören *Soldatenheilige*, an den Säulen Märtyrer, an der westlichen Wandpartie Eremiten und über dem künftigen Grab Fürst Lazars ein Gruppenporträt der fürstlichen Familie erscheinen. Ihr Werk ist auch die lange Reihe von Medaillons mit halbfigurigen Heiligenbildern (davon ausgenommen sind natürlich die bereits erwähnten im Altarraum), die sich oberhalb der Zone mit den ganzfigurigen Einzelgestalten an sämtlichen Wänden des Kircheninneren entlangzieht. Die Annahme, daß die Ausmalung des unteren Wandbereichs zu einem späteren Zeitpunkt und durch andere Meister erfolgte, als die des oberen, ist zwingend begründet angesichts der gestaltungstechnischen Unvollkommenheit und des daraus resultierenden sichtlichen Hervortretens der dazwischenliegenden Mörtelfuge, der vollkommen veränderten Zeichnung der üppigen Ornamentdekoration an den freianliegenden Ziersäulchen um die vier Stützpfeiler der Hauptkuppel herum sowie des erheblichen stilistischen Unterschieds zwischen den Fresken der bodennahen und denen der höhergelegenen Wandflächen. Die eine geschlossene Reihe bildenden, finster wirkenden ganzfigurigen Einzelgestalten der untersten Zone etwa lassen ungeachtet einer gewissen Ähnlichkeit der Züge mit den in den Bildern der mittleren Wandbereiche erscheinenden Heiligen eine durchaus andersartige Verfahrens- und Darstellungsweise erkennen, als sie den Vorgängern ihres Schöpfers zueigen gewesen war. Ihre Gesichtsfarbe ist ein breite Flächen bedeckendes dunkles Ocker, die Schattenpartien sind durch Kastanienbraun und Olivgrün gekennzeichnet, die weißen Glanzlichter sind nicht senkrecht, sondern waagrecht aufgesetzt; die Augen in diesen Gesichtern sind schmal, fast mongolisch geschnitten — ganz anders als die Augen der vordem von den weiter oben tätigen Meistern geschaffenen Heiligengestalten. Das, was seinerzeit inmitten der Verzierungen am Gewand eines der Soldatenheiligen im Nordchor geschrieben stand, ist heute zwar stark verwischt, dürfte jedoch mit hoher Wahrscheinlichkeit die Signatur des Künstlers sein, die da lautet: „Dies malte Konstantin". Nach dem im Rahmen des Stiftergemäldes erscheinenden Bildnis des 1377 geborenen Fürstensohns Stefan zu urteilen, das diesen als etwa acht- bis zehnjährigen Knaben zeigt, fand das Schaffen dieses Meisters, eines Serben, und damit das ganze große Freskenwerk von Ravanica, das sich offensichtlich so lange hinzog, erst 1385-87 seinen Abschluß.

Der epochale Charakter des Wandschmucks von Ravanica machte sich sogleich nach seiner Vollendung geltend; besondere Intensität jedoch erreichte der Einfluß, den dieses Werk auf das damalige Schaffen ausübte, im Anschluß an die nach der Schlacht auf dem Amselfeld erfolgte Überführung der sterblichen Überreste Fürst Lazars an die diesem hier bereitete letzte Ruhestätte, als das Kloster zu einer Kultstätte wurde, deren Ruhm die darin ansässigen Mönche verbreiteten, die ohne Säumen an die Verfassung von Preisliedern auf den gefallenen Fürsten und einer Liturgie für ihn gingen. Die in Ravanica getroffene Auswahl an Einzelthemen und Zyklen wurde zur gültigen Norm für alle in der Folgezeit entstehenden Kirchen der Morava-Schule, in denen das hier erstellte Programm weitgehend wieder aufgegriffen wurde; kaum eine gibt es darunter, deren Wandschmuck nicht zumindest die Dreizyklenfolge der Zwölf Kirchenfeste, der Passion und der Wunder und Gleichnisse des Herrn brächte. Nach dem theologischen Enzyklopädismus und dem Zyklenreichtum der voraufgegangenen Epoche — namentlich um die Mitte und im vorletzten Viertel des 14. Jahrhunderts kam es vor, daß die Zahl der in einem einzigen Gotteshaus vorhandenen Zyklen zwanzig und mehr betrug — mochte diese Auswahl Ausdruck einer ganz bestimmten Glaubenshaltung sein, obwohl auch früher schon, zu Beginn des 14. Jahrhunderts, in einigen Kirchen (Thessalonike, Makedonien), die in bezug auf die Größenordnung in etwa mit Ravanica gleichzusetzen sind, eine Sujetzusammenstellung erfolgt war, die annähernd dasselbe Gesamtbild ergab, wie es in späteren Denkmälern der Morava-Schule erscheint. Neu in Ravanica war jedenfalls die systematische Geltendmachung des dekorativen Elements; in diesem Zusammenhang sind es besonders die Medaillons, die durch ihre Placierung und ihre rein äußerliche Gestaltung auffallen: zwischen der Zone der ganzfigurigen Einzelgestalten und der der Szenenbilder sowie auch auf den hohen, schmalen Flächen der Pfeiler erscheinend, von regenbogenfarbenen Rahmen umfangen und durch diese gleichzeitig miteinander verbunden, haben sie ihre Vorbilder in gewissen Werken der Komnenenkunst der zweiten Hälfte des 12. Jahrhunderts. Durch Aneinanderfügen der Rahmen nach Art von Achtern entstandene Medaillonketten sind unter den Mosaiken der Kathedrale von Monreale auf Sizilien zu finden; dieselbe Lage wie in Ravanica nehmen die (allerdings unverbundenen) Medaillons unter den Fresken der St. Georgskirche in Staraja Ladoga in Rußland ein, und von dorther gelangten sie denn auch über uns heute nicht mehr bekannte Schöpfungen aus dem 13. und 14. Jahrhundert (lediglich in Banjska, der Verklärungskirche in dem Dorfe Meskla auf Kreta und der Metropolis von Mistra sind Fragmente ähnlicher Medaillonfriese erhalten) als charakteristischer Dekorationsbestandteil nach Morava-Serbien, wo sie einen gewichtigeren und wesentlich umfangreicheren Platz zugewiesen erhielten. Nach Ravanica sollten sie — fast völlig gleich in der Zeichnung — in Sisojevac und Resava sowie — an repräsentativer Stelle — auch in Ramaća, Veluće und Kalenić wiederzufinden sein. Was in hohem Maße zu der dekorativen Gesamtwirkung des Wandschmucks von Ravanica beitrug, war die vorherrschende Harmonie in Gold und Blau, die insbesondere in den prachtvollen, aus Blattgold und Azurfarbe gebildeten Bandornamenten an den Ziersäulen, aber auch — in breitschwingenden Tönen — in den Fresken selbst aufklingt, in denen blauer Hintergrund und goldene Heiligenscheine, blaue und goldverzierte Partien der Gewänder in großzügig-effektvoller Weise gegeneinandergesetzt wurden. Trotz der anzunehmenden Tätigkeitsunterbrechungen und Malerwechsel gelang es hier, eine einmal erstellte Grundkonzeption ungewöhnlich konsequent und treffsicher im Rahmen des gesamten Dekorationswerks durchzuhalten. Seine besondere Note erhielt dieses von den Malern der mittleren Wandbereiche, die deshalb zu Recht seine eigentlichen Schöpfer genannt werden dürfen. Eine bedeutende Rolle bei seiner Gestaltung kam zweifellos dem gelehrten Ratgeber des fürstlichen Stifters zu. Lazar wollte Ravanica — um mit dem hier ansässigen, anonym gebliebenen Mönch zu sprechen, der unmittelbar nach der Schlacht auf dem Amselfeld eine Liturgie und ein Preislied zum rühmenden Gedenken des Fürsten verfaßte — „im Glanze seiner Fresken erstrahlen lassen" und „mit Gold und mannigfachen Farben schmücken", „mit den Bildzügen des fleischgewordenen Gottessohnes und seiner allerreinsten Mutter und seiner Heiligen, wie auch der Darstellung seiner zahllosen Wunder und der Qualen, die er durch uns erduldete, um uns in unser göttliches Erbe einzusetzen". Die Erkenntnis von dem tiefen Sinngehalt der Wandbilder und ihrer Bedeutung für das Schöne, die in diesem höchst erbaulichen Text zutagetritt, war bezeichnend für die gelehrten Männer im Serbien der Morava-Ära. Nachdem sie in bezug auf die wesentlichsten Punkte der Sprache der gestaltenden Kunst sowie der Ausrichtung der gesamten Geisteskultur ihres Lebensraums gleich zu Beginn des Bestehens der Morava-Schule eine endgültige Entscheidung getroffen hatten, führten sie das einmal Erbrachte in der Folge nur mehr zu stetig höherer Vollendung.[124]

Gornjak, um 1380

Etwa in der nämlichen Zeit wurde auch der Wandschmuck des Klosters Ždrelo (Gornjak) in der Klamm des Mlava-Flusses in Braničevo geschaffen. Fürst Lazar ließ dieses Kloster 1379 als Wohnstätte für den Starez Gregorios Sinaites, einen überzeugten Hesychasten, und seine Mönche errichten. In der Hauptkirche wurde die ursprüngliche Malerei durch Brände vernichtet, doch blieb etwas davon im St. Nikolauskirchlein der Höhleneinsiedelei in der über dem Kloster aufragenden Felswand erhalten. Das Vorhandene — ein Teil des Kirchenfestzyklus an der Süd- und Westwand sowie hier und da eine ganzfigurige Einzelgestalt — weist seinen Schöpfer als Künstler von nicht sonderlich hoher Begabung aus, als einen Meister, dem Exaktheit der Proportion, zeichnerische Präzision und minuziöse Formenausarbeitung eher gegeben waren, als das Gefühl für eine reizvolle farbliche Gestaltungsweise und Veredlung der Ausmalung. Die kleinformatigen Szenenbilder zeigen jeweils die wichtigsten Geschehensteilnehmer; jede Szene weist Figuren von ganz unterschiedlicher Größe auf, deren kleinste — und davon gibt es nicht wenige — nicht größer sind als auf den Blättern eines kleinen Buchs dargestellte. Die Farbgebung wird nie zur harmonischen Klangfülle, sondern ergibt stets ein bunt zusammengewürfeltes Gesamtbild. Die Heiligengesichter erinnern im Typus an die in den Werken eines rund zwanzig Jahre älteren, namentlich in den städtischen Malerwerkstätten des zentralen Balkan beheimateten Kunstschaffens erscheinenden Gestalten.[125]

Chilandar (Griechenland) Hagioi Taxiarchoi, um 1380

Noch zu Lebzeiten Fürst Lazars dürfte es gewesen sein, als die Ausmalung des Taxiarchenkirchleins im Klosterhof von Chilandar erfolgte. Ganz abgesehen von der Fürsorge, die der serbische Fürst diesem Kloster in Form diverser Schenkungen sowie des Anbaus eines Exonarthex an die Hauptkirche durch eigens hierfür aus dem Morava-Gebiet entsandte Baumeister zuteil werden ließ, einem Umstand, der bei der Datierung dieser Fresken durchaus berücksichtigt werden muß, ist es allein ihr Stil, der sie mehr als deutlich in die Lazarsche Epoche verweist. Nach Lazars Tod wurde in Chilandar lange Zeit weder gebaut noch gemalt, und das vor seiner Thronbesteigung hier Geschaffene hat mit den Fresken des Taxiarchenkirchleins nichts gemein. Erhalten blieben diese übrigens lediglich im Südgang. An Abb. 118 Szenenbildern sind nur mehr zwei vorhanden, nämlich die *Philoxenie* und das Gleichnis vom Scherflein der armen Witwe; unter den ganz- und halbfigurigen Einzelgestalten überwiegen Darstellungen der Abb. 117 *Propheten.* Neben ihnen erscheinen drei Apostel sowie ein Soldatenheiliger. Mit ihren hellen (allerdings dünn aufgetragenen) Farben und den gemäßigten Zerrlinien stehen diese Gestalten in bezug auf Stilauffassung auf einer Stufe mit denjenigen der Malerei in dem makedonischen Kloster Konče, das ja eine Besitzung Chilandars war, nur mit dem Unterschied, daß hier im Hauptkloster ein bedeutend besserer Maler zu Werk ging. Die Affinität dieser Fresken zum Bildschaffen Makedoniens um das Jahr 1370 ist jedenfalls sehr stark. Angesichts der durchwegs in serbischer Fassung gehaltenen Inschriften darf füglich angenommen werden, daß der Künstler von irgendwo aus dem Norden auf den Heiligen Berg gelangte. Von ihm ist auch eine kleine Ikone von seltener Schönheit, den einen der beiden hl. Theodore darstellend, erhalten, die heute in der klösterlichen Schatzkammer aufbewahrt wird.[126]

Veluće, Ende 14. Jh.

Noch vor der Ausmalung von Ravanica ließ eine Adelsfamilie, deren Name noch unbekannt ist, unweit der Hauptstadt Kruševac die Klosterkirche von Veluće errichten und mit Fresken ausstatten. In architektonischer Hinsicht, insbesondere aber in bezug auf den Skulpturenschmuck, ist dieses Gotteshaus ein weitgehend getreues Abbild der fürstlichen Hofkirche Lazars in Kruševac, der als „Lazarica" bekannten Stephanskirche. Die Zwölf Kirchenfeste, die Passion, zwei Begebenheiten aus dem Marienleben sowie eucharistische Szenen bilden nebst Einzeldarstellungen verschiedener Heiliger die Sujets der Malerei im Naos; die Wände des Narthex nimmt der Zyklus des Jüngsten Gerichts ein. Halbfigurige Heiligenbilder in untereinander verbundenen Medaillons erscheinen lediglich an den dem Kuppelraum zugewandten Schmalseiten der Wandpfeiler. Mit ihrer ungefügen, naiven Zeichnung und dem bunten (übrigens hellgetönten) Kolorit voll spröder Farbklänge — das breitflächig angelegte Gesamtbild wird beherrscht von dem trüben Blau des Hintergrunds und dem dazu in Bezug gesetzten Gelb und Ocker der Gesichter und Hände, Heiligenscheine und Gewänder sowie dem miteinander kontrastierenden Ziegelrot und Grün der Draperien — macht diese Malerei deutlich, daß in der damaligen Zeit in Serbien selbst ein so angesehener Edelmann, wie es der Stifter von Veluće zweifellos war, nur an mäßig begabte Meister herankommen konnte. Die hier in Veluće wirkenden gehörten zum nämlichen Schlag von Malern lokaler Prägung und Bedeutung wie, beispielsweise, die Schöpfer einiger etwas älterer Freskenwerke in Makedonien sowie derjenigen in der Taxiarchenkirche von Kastoria und im bulgarischen Zemen. Der an den Gewändern der Engel und Diakone im Altarraum erscheinende griechische Wortzierat mag einen Hinweis auf ihre Herkunft geben, ein Rückschluß auf ihre Ausbildungsstätte läßt sich daraus nicht ziehen, denn ihr Schaffen entfernt sich stellenweise ziemlich weit vom byzantinischen Stilgepräge; dies gilt namentlich für die Porträts. Und gerade im Rahmen der letzteren — in dem Gruppenbildnis der Stifterfamilie an der Nordwand — zeigen sich diese Meister in ihrer ganzen unverfälschten Eigenart, ihrem ganzen unverbrauchten Künstlertum; die anschaulichsten Beispiele hierfür sind die Porträts der erwachsenen Söhne des adeligen Stifters, deren Namen mit Konstantin, Bratan, Dejan und Oliver angegeben sind an der Nordwand des Narthex. Die runden volumenlosen Köpfe der jungen Edelmänner, die — ein ganz ungewöhnliches Attribut — von Heiligenscheinen umgeben sind, und die bunten, mit mannigfaltigem Zierwerk versehenen, ebenfalls jeglicher Tiefenwirkung entbehrenden Gewänder, in die sie gekleidet sind, erwecken den Eindruck, als seien ihre Bilder aus buntem Pappkarton ausgeschnitten und dann an die Wand geklebt worden. Mit ihrer flächenbezogenen Herausarbeitung, die die Körper völlig gewichtlos erscheinen läßt, dem dekorativen Gepräge der Zeichnung und der reichlichen Ornamentik und nicht zuletzt auch im Typ gemahnen diese Gestalten sehr stark an die der Miniaturen der serbischen Alexandreis vom Ende des 14. Jahrhunderts, die in den südlichen Küstengebieten entstanden und bis 1941 in der Belgrader Nationalbibliothek aufbewahrt wurden.[127]

Nova Pavlica, vor 1389

Wohl noch vor der Schlacht auf dem Amselfeld, spätestens aber unmittelbar danach entstanden ist die Malerei in der Mariä Darstellung im Tempel geweihten Kirche in Nova Pavlica am Ibar, einer Stiftung der Brüder Stefan und Lazar Musić, der Söhne des Präfekten Muso und Draganas, der Schwester des Fürsten Lazar. In der für die Morava-Schule klassischen Art reihen sich die Bilder des Kirchenfest- und des Passionszyklus (die Wunder- und Gleichnisszenen allerdings fehlen) aneinander: Zone um Zone abwärts verlaufend, bis zur untersten, die den Einzelfiguren — bestehend aus Soldatenheiligen (in den Chören), Bischöfen (im Altarraum), großen Eremiten (im Westteil des

Kirchenraums) und den Stifterporträts (an der Westwand) — vorbehalten blieb. Die sich oberhalb der stehenden Figuren hinziehenden halbfigurigen Einzeldarstellungen erscheinen nicht in Form einer Medaillonreihe, sondern bilden einen langen Fries. Bestimmend für das Gesamtgepräge der Dekoration sind die von zwei guten Meistern geschaffenen Fresken in den Chören und im Westjoch; die von den Gläubigen weiter entfernte Malerei in Kuppel und Altarraum, das Werk zweier anderer Künstler, fällt dagegen erheblich ab. Schaffensmerkmale der beiden ersteren sind die lebhaften Bewegungen der zu Gruppen zusammengefaßten Szenenteilnehmer sowie deren Placierung in einen entweder durch schematisierte Baulichkeiten gekennzeichneten oder aus einer Landschaft mit grünem, welligem Grund gebildeten Raum. Porträtwerte kommen vor allem bei den fest modellierten, außerordentlich charakterbetonten Gestalten der unteren Zone zur Geltung: in den wohlgerundeten, fleischigen Jünglingsgesichtern ebenso wie in den ausgemergelten Greisenköpfen der Eremiten mit dem in einem inneren Feuer glühenden, aber auch energiegeladenen Blick. Wie eingehend sich der Maler hier übrigens gerade mit den — bei byzantinischen Künstlern ohnehin stets im Mittelpunkt der Aufmerksamkeit stehenden — Gesichtern und Händen befaßte, wird daran deutlich, daß er sich bei ihrer Gestaltung eines selten angewandten technischen Verfahrens bediente, welches darin bestand, daß er aus den Gesichts- und Handpartien der bereits fertiggemalten Figuren den Mörtel wieder herauslöste, die entstandenen Löcher unverzüglich mit neuem, feinerem Mörtel füllte und daraufhin mit geradezu ikonenmalerhafter Sorgfalt an die Ausmalung der leeren Flächen ging. Solchermaßen in reiner Fresko-Technik herausgearbeitet, die sich ja im wesentlichen durch Farbauftrag auf den noch frischen Mörtel auszeichnet, wie er auch hier erfolgte, sind es denn namentlich auch Gesichter und Hände, die heute, so lange Zeit nach dem Entstehen dieser Fresken, deren besterhaltene Teile bilden. Die außerordentlich hohe Gabe der Wahrnehmung individueller Züge war es auch, die den besten der hier wirkenden Meister sein trefflichstes Werk gerade in Gestalt der *Stifterporträts* zustandebringen ließ; die Abb. 104 darin figurierenden zwei jungen Männer sind — beide gleichermaßen farbenprächtig gekleidet, von gleichem kräftigem Körperbau und derselben aufrechten und stolzen Haltung — als zwei völlig verschiedene Charaktere dargestellt: macht Stefan Musić den Eindruck eines maßlosen, unerbittlichen Tat- und Willensmenschen, so wirkt sein Bruder Lazar sanft und ausgesprochen edelmütig.

Die Werke der beiden im Altarraum tätigen Meister lassen sich ziemlich leicht auseinanderhalten, da sie sich in der Verfahrensweise stark voneinander unterscheiden. Der eine Maler, der die Anbetung des Opfers in der Apsis sowie die südliche Partie der Apostelkommunion schuf, verwandte blasse, kühle Farben und deutete das Volumen seiner Figuren mittels sanfter Farbkontraste nur leicht an. Ein weiteres Merkmal seines zaghaften Schaffens ist auch die Fehlproportionierung der Heiligengestalten, die gewöhnlich einen zu kurz geratenen Körper und einen übermäßig großen Kopf aufweisen. Sein Kollege malte — solchermaßen innerhalb dieser Darstellung mit ihm zusammentreffend — die nördliche Hälfte sowie beide Christusfiguren der Apostelkommunion, sodann die Fresken der Prothesis, der Diakonikons und allem Anschein nach auch die der Kuppel. Die Proportionen seiner Gestalten muten natürlich an; dagegen wirkt seine warmgetönte Farbgebung wie versengt. Starke, durch schroffe farbtonmäßige Abstufung erzielte Hell-Dunkel-Kontraste an Gewändern und Gesichtern der Heiligen (breite braune Schattenpartien mit temperamentvoll dazwischengesetzten schmalen Lichtstreifen) heben den Volumengehalt. Macht der erste dieser beiden Meister den Eindruck eines blassen Nachfolgers der Schöpfer einiger seinerzeit unter Adelspatronat entstandener Dekorationswerke Makedoniens (etwa des Fassadenschmucks von Treskavac), so klingt in den Fresken des zweiten gleichsam ein matter Nachhall jener Prinzipien auf, die die älteren Künstler des Marko-Klosters in ihrem Schaffen vertraten, und etwas von einem verblaßten Abglanz des letzteren haben sie denn auch an sich.

Dessenungeachtet aber, und trotz gewisser verwandtschaftlicher Züge, die sich im Rahmen der Szenenbilder in den Miniaturen des vom Ausgang des 14. Jahrhunderts datierenden Serbischen Psalters von München und bei einem Vergleich der Einzelfiguren in so manchen Fällen in den etwas später entstandenen Fresken des Klosters Rudenica finden ließen, steht die Malerei im Naos von Nova Pavlica völlig isoliert da; jedenfalls ist in Serbien kein weiteres Werk ihrer Schöpfer erhaltengeblieben.

Als im Februar des Jahres 1392 der Leichnam des Fürsten Lazar, den ein Geleitzug vom Amselfeld an seine letzte Ruhestätte nach Ravanica brachte, in Pavlica „Rast hielt", waren in der Kirche, wie berichtet wird, die Stifter und ihre Mutter bereits zum ewigen Schlaf gebettet — eine Angabe, aus der sich der Rückschluß ergibt, daß die Brüder Musić in der Schlacht auf dem Amselfeld ums Leben kamen.

In seiner Schilderung der Überführung vermerkt der Schriftsteller Danilo der Jüngere nebenbei, die Kirche in Nova Pavlica sei „herrlich".[128]

Rudenica, 1402–05

Die Malerei des in der Umgebung von Kruševac gelegenen Klosters Rudenica, die auf Geheiß eines Adeligen namens Vukašin und dessen Gemahlin Vukosava — beide sind neben den Porträts des Despoten Stefan und seines Bruders Vuk abgebildet — zwischen 1402 und 1405 entstand, ist in gewisser Hinsicht als Fortsetzung derjenigen von Pavlica anzusprechen: von dorther hat sie einige Heiligentypen (Apostel Paulus, einzelne Märtyrer u.a.) übernommen, ebenso wie dort fehlen bei den über der Zone der stehenden Figuren befindlichen halbfigurigen Darstellungen die Medailloneinfassungen. Hier wie dort erscheinen nur zwei Zyklen, nämlich die Kirchenfeste und die Passion, und in der einen wie in der anderen Kirche schließlich ist der tote Christus wiedergegeben. An dieser Stelle nun hat der Maler in Rudenica allerdings auch signiert: als „sündiger Knecht Theodor der Zograph". Zur Identifizierung dieses Theodor mit Theodor Savina, einem Maler aus Kotor, der im neunten Jahrzehnt des 14. Jahrhunderts in Dubrovnik bei einem griechischen Künstler namens Georgios in die Lehre ging, führten einige in den Passionsszenen vorhandene ikonographische Einzelheiten, die als aus dem Abendland stammend angesehen werden. Doch gibt es immer mehr Beweise dafür, daß die bewußten Details ihren Ursprung innerhalb des byzantinischen Lebensraums genommen haben, und die Ansicht, daß die Malerei von Rudenica stilmäßig neben derjenigen von Pavlica einzuordnen sei, wird immer gründlicher erhärtet, obzwar ihre bedeutendsten Einzelwerke — die Märtyrer und *Soldatenheiligen* in den Chören — zeigen, daß ihr Schöpfer, besagter Maler Theodor, von seinen Vorgängern wohl gewisse Verfahrenspraktiken und Typenmuster übernommen hatte, zum Unterschied von den Meistern von Pavlica jedoch zu Zierlichkeit der Form, Lyrismus und ikonenhafter Feinheit der Gestaltung neigte.[129]

Abb. 103

Palež, 14./15. Jh.

Ganz am Ausgang des 14. oder an der Schwelle des 15. Jahrhunderts dürfte auch der heute schwer beschädigte Wandschmuck des Kirchleins von Palež in der Gegend von Studenica entstanden sein, der bei einem Brand in Mitleidenschaft gezogen wurde und weitgehend seine ursprünglichen Farbwerte einbüßte. Immerhin aber ist zu erkennen, daß die beiden daran tätigen Maler es geschickt verstanden, manchen ihren kräftig hervortretenden Figuren Form und Ausdruck zu verleihen (hl. Nikolaus, Teile der Koimesis u.a.). Daß sie überdies mit einem feinen Empfinden für farblichen Wohlklang begabt waren und viel für Sauberkeit bei der Formgebung und der schmückenden Ausgestaltung ihrer Figuren übrighatten, das beweisen einige wenige noch vorhandene Stellen, an denen die Farben nicht gelitten haben (Konstantin und Helena).[130]

Nach dem Fall der Länder König Markos, mit dem diese endgültig unter türkische Herrschaft gerieten, nach dem Untergang Bulgariens und der ersten Eroberung Thessalonikes kamen aus all den unterworfenen Territorien neue Gruppen von Malern ins Morava-Gebiet, die hier Schutz und Erwerb suchten. Mit ihrem Schaffen, bei dem sie einerseits die mitgebrachten neuen Kenntnisse sowie auch die künstlerischen Überlieferungen ihrer Herkunftsländer verwerteten, andererseits aber auch die im Serbien Fürst Lazars bereits gezeitigten Ergebnisse aufgriffen, trugen sie wesentlich zum Gepräge der Malerei der Morava-Schule bei, indem sie diese in stilistischer Hinsicht, in der sie bisher an Ausgeglichenheit zu wünschen übriggelassen hatte, in festere, bestimmtere Bahnen lenkten. Die Kunde von der 1402 in der großen Schlacht bei Angora (Ankara), in der der Sultan den Tod fand, erfolgten Niederlage der Türken sowie davon, daß der junge Fürst Stefan, nachdem er sich des Vasallenverhältnisses entledigt hatte, im gleichen Jahr vom byzantinischen Kaiser den Despotentitel erhielt, hob die Zuversicht und ließ unverhohlene Hoffnungen aufkommen. Daher wird in den ersten beiden Jahrzehnten des 15. Jahrhunderts in Serbien sehr viel gebaut, und die Maler haben alle Hände voll zu tun. Und unter den letzteren sind es namentlich Mönchsmaler aus Makedonien, Zographen aus Bulgarien und — wahrscheinlich aus einer weltlichen Werkstatt hervorgegangene — Bildkünstler aus Thessalonike mit ihren, möglicherweise einheimischen, Mitarbeitern, die den größten Teil der anfallenden Arbeiten besorgen und die repräsentativsten Stiftungen ausschmücken.

Irgendwann um die Wende vom 14. zum 15. Jahrhundert erschien im Morava-Gebiet eine Gruppe von Malern, die vordem der Hofwerkstatt der Dynasten aus dem Hause Mrnjavčević angehört und dabei in Verbindung zu dem Kloster Zrze in der Nähe von Prilep gestanden hatten. Unter ihnen war auch Makarije, der Maler, Bruder des Metropoliten Jovan, der wahrscheinlich zusammen mit seinen Mitarbeitern um 1400 herum in den neuen serbischen Staat kam und hier sogleich Aufträge erhielt. Auf

Geheiß der Fürstin Milica, die dazumal bereits den Schleier genommen hatte und Jevgenija hieß, setzte er zwischen 1402 und 1405 den Wandschmuck der Klosterkirche von Ljubostinja beziehungsweise genau genommen dessen Vollendung ins Werk, da mit seiner Schaffung bereits früher, möglicherweise noch vor der Schlacht auf dem Amselfeld, begonnen worden war. Von der älteren Malerei blieben lediglich die Darstellungen der Propheten am Tambour erhalten. Mit ihrer transparenten, reizvollen Farbgebung, den lebhaften Bewegungen der wiedergegebenen Gestalten und deren schwärmerisch-verzücktem Blick, der durch schwarze Punkte an den weitaufgerissenen Augen eine besondere Intensität gewinnt, haben diese Fresken keine Ähnlichkeit mit irgendeinem anderen der damals in Serbien gezeitigten Werke. *Ljubostinja, 1402–05*

Das wenige, was von dem Schaffen aus der Zeit um 1405 erhaltengeblieben ist — zwei Szenen aus dem Zyklus der Wunder Christi im Südchor, angesehene Eremiten und Mönche, darunter Simeon Nemanja und der hl. Sava, an den Pfeilern sowie Teilstücke der *Ökumenischen Konzilien,* einige Einzelfiguren und das Gruppenporträt der Stifterfamilie im Narthex —, zeugt vom Talent Meister Makarijes, der übrigens im Rahmen des Freskos über dem Eingang vom Narthex in dem Naos auch mit einer Signatur vertreten ist. Mit ikonenmalerhafter Behutsamkeit arbeitete er seine Gestalten heraus, stets darauf bedacht, es in der Verfahrensweise seinem weit begabteren Bruder gleichzutun. So war er bemüht, jenes huschende Licht- und Schattenspiel in den Gesichtern festzuhalten, welches Jovan im Andreaskloster dazu benutzt hatte, um die prallen Formen seiner Figuren in all ihrer straffen, glänzenden Gespanntheit zur Geltung zu bringen. Manche der Gestalten hier scheinen in Zeichnung und Typ geradewegs der Malerei von St. Andreas entnommen zu sein. Die nur noch in Resten erhaltenen, sich in einer Reihe oberhalb der Szenenbilder im Südchor hinziehenden Medaillons weisen, ein jedes für sich stehend und zierrahmenlos, eine Form auf, die, im Makedonien der Zeit ihres Schöpfers gang und gäbe, von diesem offensichtlich von dorther nach Serbien verpflanzt wurde. Eine ausgeprägte Fähigkeit zum Porträtmaler bewies Makarije am Beispiel von Fürstin Milicas Familienbildnis, und ein wahres Meisterwerk anderer Art gelang ihm in der Szene der *Heilung des Gelähmten.* In bezug auf Szenerie ist dieses Bild mit seiner trefflich wiedergegebenen, reichgestalteten Bäderarchitektur mit ihren mannigfaltigen, edlen Formen den besten Werken der Epoche ebenbürtig, und sogar der geheilte Gelähmte strahlt, wie er da — personifizierte Verwirrung eines Menschen, der wieder gehen kann — in einer kühn getroffenen Bewegung begriffen, sein Bett auf dem Rücken, von Christus und den Aposteln von der Seite her betrachtet, im Raum steht, eine hohe Symbolkraft aus.[131] (Abb. 100; Abb. 99)

Andere Maler derselben Gruppe, deren Namen unbekannt blieben, schufen nach 1402 die Fresken in der St. Stefanskirche im Kloster Koporin bei Smederevska Palanka. Koporin scheint eine monastische Stiftung zu sein, die unter dem Despoten Stefan errichtet wurde, dessen Porträt sich an der Westwand des Kirchenraums befindet. Sujets des vorhandenen Wandschmucks sind die Kirchenfeste, die Passion und Einzeldarstellungen verschiedener Heiliger. Die die Szenen bevölkernden Gestalten weisen eine lebendige, helle Farbgebung sowie eine eckige Zeichnung auf; sie sind gelängt und stets in den Bildvordergrund gerückt, und ihre Bewegungen wirken etwas unbeholfen und steif. Sämtliche erhaltenen Passionsszenen lassen in bezug auf Anordnung, Haltung und Gestik der Figuren eine umfassende Nachvollziehung der entsprechenden Bilder im Kloster St. Andreas an der Treska erkennen. Diese Übereinstimmung zwischen einem Großteil der Fresken der beiden so weit auseinanderliegenden Klöster nun spricht im Verein mit der Tatsache, daß der Wandschmuck von St. Andreas älter ist und einen erheblich höheren künstlerischen Wertgehalt besitzt als der von Koporin, durchaus für die seinerzeitige Zugehörigkeit der hier tätigen Maler zur Werkstatt des Metropoliten und Zographen Jovan und seines Bruders, des Megaloschimos Makarije.[132] *Koporin, nach 1402*

Aus den Mönchsmalerwerkstätten Makedoniens hervorgegangen sind auch jene beiden unbekannten Bildkünstler, die, wie anzunehmen ist, in der Zeit um 1395 die St. Nikolauskirche in dem Dorf Ramaća am Fuß des Rudnik-Gebirges ausmalten. Stifter des Freskenschmucks waren ein Geistlicher und dessen dem Adelsstand angehörender Bruder, von denen zwar die an der Kuppelraumsüdwand befindlichen Porträts, leider aber nicht auch die seinerzeit dabeistehenden Namen erhaltengeblieben sind. Ihre Kirche gehörte zum Herrschaftsbereich eines angesehenen Edelmanns, möglicherweise Nikola Zojićs, der — natürlich ohne Aureole — an der Westwand des Kirchenraums abgebildet ist, zusammen mit seiner Gemahlin, deren Haupt eine ausnehmend schöne, wirkungsvolle Krone schmückt. Auf der anderen Seite des Kircheneingangs kam ein Herrscherporträt zustande, von dem heute, da es größtenteils zerstört ist, nur mehr — dies allerdings mit ziemlicher Sicherheit — angenommen werden kann, daß es den jungen Fürsten Stefan Lazarević darstellte. Ansonsten sind die Fresken in diesem Gotteshaus *Ramaća, um 1395*

vorzüglich erhalten, insbesondere die Szenenbilder, die die weitgespannte, die Zwölf Kirchenfeste und das Leiden des Herrn in sich vereinigende Thematik des Erdenlebens Christi sowie einen ausführlichen
Abb. 102 *Zyklus des hl. Nikolaus,* des Kirchenpatrons, umfassen. Unterhalb davon erscheinen im Altarraum große halbfigurige Darstellungen heiliger Kirchenfürsten, im Naos hingegen dekorative Medaillons mit — ebenfalls halbfigurig gezeigten — Märtyrern, Eremiten, Mönchsheiligen und heiligen Frauen; die unterste Zone schließlich blieb den ganzfigurigen Gestalten vorbehalten. Was diese Malerei auszeichnet, sind schlichter Wohlklang der Farbgebung, die im wesentlichen aus Dunkelblau, Kastanienbraun, Gelb und Weiß besteht, Expressivität durch suggestiven Gesichtsausdruck (Starrheit des Blicks, gewisse Verzerrungen der Züge) sowie Reliefwirkung bei den Heiligengestalten und geschickte Herausarbeitung der Szenenteilnehmer — mögen letztere auch etwas zu kurz geraten und großköpfig ausgefallen sein. Ihr lebhaftes Gebärdenspiel läßt im Verein mit den anspruchslosen Kulissen an ein Puppentheater denken — eine Assoziation, die sich besonders beim Anblick der Bildererzählung vom hl. Nikolaus aufdrängt.

Erhebliche ikonographische Besonderheiten (eine Reihe Szenen des Nikolauszyklus beispielsweise oder die Darstellung des hl. Athanasios vom Athos als Bischof mit dem Omophorion) sowie altertümliche Gestaltungselemente verleihen den Fresken von Ramaća einen besonderen Reiz. Manche Sujets verdanken ihr Zustandekommen unverkennbar der Inspiration der Maler durch ältere, zwischen dem 12. und 14. Jahrhundert entstandene Denkmäler Makedoniens und Serbiens. So wurde die innerhalb des Schaffens der Morava-Schule einmalige Darstellung der sechs sich neigenden Engel an dem Fries über der Anbetung des Opfers in der Apsis aus Freskenwerken von der Art übernommen, wie sie in der Malerei der Apsis von Lesnovo vertreten ist. Die vorhandenen Medaillons, halbfigurige Darstellungen beinhaltend, stehen in Anbetracht ihres Gestaltungssystems — Aneinanderreihung ohne Zusammenfügung, dekorative Rahmen ohne die bei verwandten Denkmälern der Morava-Schule üblichen regenbogenfarbenen Verzierungen, Zierwerk aus stilisierten Weinranken, blättertragenden Zweigen und Blumen als Hintergrund — einschlägigen Schöpfungen der byzantinischen Kunst des 12. beziehungsweise des ausgehenden 13. Jahrhunderts, wie etwa den in Staraja Ladoga oder der Metropolis von Mistra entstandenen, näher als den zeitgenössischen Gegenstücken. Die im Altarraum befindlichen
Abb. 101 großen Brustbilder (Athanasios vom Athos, *Petrus von Alexandrien,* hl. Stephan) oberhalb der ganzfigurigen Gestalten sowie der bei einigen Heiligen in Diakonikon und Prothesis auftauchende gelbe Hintergrund — beides in der Kunst des 14. und 15. Jahrhunderts unbekannte Lösungen — weisen den dafür verantwortlichen Meister als Kenner der serbischen Monumentalmalerei des 13. Jahrhunderts aus; der emporgehobene Kopf und der aufwärtsgerichtete Blick manch eines Kirchenfürsten in der Anbetung des Opfers verraten, daß ihm auch die Werke der der Milutinschen Hofschule angehörenden Maler oder auch der thessalonikischen Künstler des beginnenden 14. Jahrhunderts, in denen derlei Erscheinungen am häufigsten vorkommen, nicht unvertraut waren. Die Inspirationsquelle des traditionsgebundenen Schaffens von Ramaća dürfte somit aller Wahrscheinlichkeit nach in Makedonien zu suchen sein; von dorther kam auch die darin angewandte Stilisierung der Heiligengesichter, die diesen Ausdruckskraft und Eindringlichkeit verleiht.[133]

Von anderer Art, wenngleich ebenfalls das Werk aus Makedonien, eventuell Bulgarien, ins Morava-Gebiet eingewanderter Zographen — die slawische Fassung der Inschriften ihrer Fresken war in Bulgarien, zum Teil aber auch in Makedonien in Gebrauch —, ist der Wandschmuck der kleinen

Jošanica, um 1400

Nikolauskirche in Jošanica bei Svetozarevo. Die Sonderstellung dieser Malerei liegt nicht nur in ihrer Beschriftung, sondern auch in einigen Szenen und Zyklen begründet. Neben den üblichen (teilweise beschädigten) Zyklen der Zwölf Kirchenfeste und der Passion im Naos, ist beispielsweise im Narthex
Abb. 105 eine *Szenenfolge aus dem Leben eines Eremiten* zu finden. In der Hauptkuppel erscheint Christus in halbfiguriger Wiedergabe (heute beschädigt), in der Narthexkuppel das Bild der Gottesmutter mit dem Christusknaben, eingefaßt in ein Medaillon mit regenbogenfarbenem Rahmen, darunter folgen in beiden Kuppeln, ganzfigurig dargestellt, die Propheten — in der Narthexkuppel Texte in den Händen haltend, mit denen sie die Allheilige vorher verkündet haben —, die unterste Zone füllen in der Hauptkuppel wiederum die Propheten, nur diesmal in Form halbfiguriger Bilder, die in einem Kranz aus Laubzweigen aneinandergereiht sind, in der Nebenkuppel hingegen Apostel und Heilige. An den Pendentifs figurieren einmal die Evangelisten, zum andern byzantinische Dichter beim Verfassen von Preisliedern an die Gottesmutter — diese wie jene aber in einem Augenblick der Inspiration durch die Göttliche Weisheit festgehalten, die denn auch hier wie dort in verschiedener Personifizierung erscheint. Auch der Freskenschmuck der unteren Zonen, wie üblich aus ganzfigurigen Einzelgestalten bestehend, wurde

bereichert, und zwar um Werke der Porträtkunst: es handelt sich dabei um im Narthex befindliche Bildnisse der Mitglieder einer ziemlich großen Adelsfamilie, die heute zu einem Gutteil zerstört sind.

Diese im Wertgehalt mittelmäßige Malerei, deren Entstehen sehr wahrscheinlich genau mit dem Zeitpunkt der Wende vom 14. zum 15. Jahrhundert zusammenfällt, weist keinerlei unmittelbare Verwandtschaft mit auch nur irgendeinem anderen Freskenwerk der Morava-Schule auf; ebensowenig aber sind bei ihr Direktbezüge zu den erhaltenen Denkmälern der älteren Bildkunst Bulgariens und Makedoniens zu finden. Zwar erinnern vereinzelte unter ihren Heiligen an Gestalten in der Gregorioskapelle der Ochrider Peribleptoskirche, andere, gleichfalls ganz wenige, an solche im Kirchlein von Berende in Bulgarien, doch handelt es sich auch hierbei nur um recht weitläufige Ähnlichkeiten. Die Sonderstellung des Meisters von Jošanica rührt offensichtlich daher, daß er seine Malweise, die ihr ursprüngliches Gepräge durch seine Ausbildung in irgendeiner lokalen Werkstatt des Südens erhalten hatte, nach seiner Niederlassung im Morava-Gebiet änderte: mit den Mitteln der Farbgebung brachte er Abwechslung in die Typologie seiner Heiligen und benahm deren plastischem Erscheinungsbild die Schärfe, und gleichzeitig damit ließ er eine lyrische Stimmung in sein Werk einfließen, durch die er sich den allgemeinen Auffassungen anzunähern suchte, die bei den damals in Morava-Serbien wirkenden Künstlern herrschten.[134]

Die im Morava-Gebiet zustandegekommenen Werke von Zographen aus Makedonien, beziehungsweise Bulgarien, von denen alle übrigen in der Morava-Schule vertretenen Richtungen erheblich abweichen — in erster Linie durch ihren Gehalt an Dramatik und die dunklen Farben, Dinge, von denen diese Meister nun einmal nur schwer loskommen, wie sehr sie sie auch zu vermeiden trachten — bleibt eine Tatsache; fest steht aber auch, daß in diesem unter so ganz anderen Wirkungsfaktoren und Umweltbedingungen ersprossenen und weitergeführten Schaffen unverkennbare Ansätze vorhanden sind, sich den neuen Gegebenheiten anzupassen und den gewandelten ästhetischen Begriffen gerecht zu werden; denn die der Morava-Schule fremde Düsterkeit der Stimmung wird gemildert durch stilisierendes Linienwerk, Aufhellungen im Kolorit und dekorative Gesamtwirkung, neben dem merklich vertretenen Pflanzenornament.

Die eigentlichen Nachfolger der Malerei von Ravanica aber, die von dieser sowohl das stilistische Gepräge als auch den Wesensgehalt übernahmen, kamen aus Thessalonike — waren entweder unmittelbar von dort nach Serbien eingewandert oder doch zumindest von dortigen Meistern ausgebildet worden. Das älteste Denkmal, das sie hinterlassen haben, ist der Wandschmuck des unweit von Ravanica gelegenen Klosters Sisojevac, eine Stiftung des Ordenspriesters Sisoje, der möglicherweise zu den Athossinaiten zählte, vielleicht auch Igumen des Klosters Chilandar war. Der Landbesitz dieses angesehenen Mönchs, der viel später einmal seliggesprochen werden sollte, findet Erwähnung in einer Schenkungsurkunde der Fürstin Milica aus dem Jahre 1398. Die Abbildung des Despoten Stefan (an der Westwand — das Porträt ist heute zerstört) argumentiert recht einleuchtend für die Annahme, daß die Fresken hier nach 1402 entstanden sind. Tatsache ist, daß die Klosterkirche von Sisojevac lange Zeit hindurch lediglich — und nur im Altarraum — eine provisorische, rein ornamentale Malerei besaß, die jetzt an den Stellen, an denen der figurale Bildschmuck beschädigt ist, wieder zum Vorschein kommt. Da die Gewölbe des Gotteshauses schon lange eingestürzt sind, fehlen die Werke der oberen Zonen. Doch steht immerhin soviel fest, daß im Altarraum neben den üblichen Szenen auch zwei Begebenheiten aus dem Alten Testament zur Darstellung gelangten, nämlich das Opfer Abrahams und die Drei Jünglinge im Feuerofen. Teilweise erhaltengeblieben, wenn auch stark vom Regen ausgewaschen, ist die Malerei der den Zyklus der Wunder und Gleichnisse Christi beinhaltenden Zone: solchermaßen noch immer ein bezeichnendes Beispiel für die restlose Nachvollziehung des Aufbaus mancher Bilder sowie die weitgehende Übernahme der Szenenanordnung von Ravanica durch die hier wirkenden Künstler. Eine mögliche Erklärung für diese zwischen den beiden Klostern bestehende Übereinstimmung gewisser Kompositionsschemata wäre die, daß sich die Maler von Sisojevac entweder das Werk der in Fürst Lazars Grabkirche tätigen Meister zum Vorbild genommen oder aber bei diesen geradezu ihre Ausbildung genossen haben. Eher zugunsten der ersteren Annahme sprechen die Fresken der unteren Zonen, insbesondere die in den Seitenchören vorhandene, intakte Reihe miteinander verbundener Medaillons und die darunter befindlichen Soldatenheiligen, die eine ungewöhnlich lebhafte Gestik aufweisen. Diese Bilder nämlich lassen jegliches Aufgreifen der Malerei von Ravanica vermissen; Schüler der dortigen Meister aber hätten deren Schöpfung doch sehr wahrscheinlich in vollem Umfang nachvollzogen. Nicht so die Künstler von Sisojevac, die für die Ausmalung der unteren Chorzone völlig

Sisojevac, nach 1402

andere Vorlagen benutzten. Eine bis in Einzelheiten gehende Wiederholung der Fresken dieser Zone von Sisojevac sollte später in dem hervorragenden Bildschmuck der Klosterkirche von Resava (Manasija) erstehen, was dafür spricht, daß bei der Ausmalung dieses Gotteshauses möglicherweise einige Meister oder Schüler der Werkstatt mitwirkten, deren Mitglieder in Sisojevac tätig waren. Thessalonike, die zweite unter den Städten des Byzantinischen Reichs, ist die Künstlerheimat dieser Maler, und die anschaulichsten Stilanalogien zu ihrem Schaffen in Serbien sind unter den ab der Mitte des 14. Jahrhunderts entstandenen Werken in den Kirchen dieser Stadt zu finden, insbesondere in den Fresken der Apostelkirche, dem Bildschmuck des Narthex von Nea Moni (hl. Elias) und den Resten der entstehungszeitmäßig einschlägigen Malerei in dem meistverehrten Heiligtum der Stadt, nämlich der Demetrios-Kirche.

Als aufschlußreich für die Klärung der Frage nach dem künstlerischen Ursprung der Maler von Sisojevac und Resava erweist sich eine Betrachtung der Fresken des um 1371 durch das Verdienst des serbischen Despoten Jovan Uglješa erbauten und ausgemalten Anargyrenkapellchens im Athoskloster Vatopedi. Thessalonikische Künstler waren die Schöpfer dieser Malerei, die — heute wohl erneuert, doch erneuert unter sorgfältiger Einhaltung aller ursprünglichen ikonographischen Werte (übrigens etwas bei den Athos-Restauratoren des 19. Jahrhunderts durchaus Übliches) — in ihrem größeren Teil, unter den Darstellungen der Soldatenheiligen, nicht wenige Gestalten aufweist, die sich in bezug auf Haltung und Bewegung in keiner Weise von den später zustandegekommenen Soldatenheiligen von Sisojevac und Resava unterscheiden. Und thessalonikische Künstlerwerkstätten waren es, aus denen — nach den stilistischen und ikonographischen Besonderheiten der beiden Denkmäler zu urteilen — die Schöpfer des Wandschmucks von Sisojevac und Resava hervorgingen. Nach Serbien gekommen, übernahmen sie das in den Kirchen der Morava-Schule übliche Dekorationssystem, machten sich die bodenständige Tradition zueigen und gingen an die Weiterentwicklung der wertvollsten Anregungen unter dem in Ravanica vertretenen künstlerischen Ideengut.

Sie ist kein Werk großer Meister: die lichte, anmutige Malerei von Sisojevac mit ihren volltönenden Farbklängen aus Azurblau, Weiß, Grau, Rosa und Hellgrün. Neben einem verhältnismäßig umfangreichen Bestand an reiner Zierfläche und zahlreichen Figuren mit mangelhaft ausgeprägtem Volumen weist sie stellenweise auch Ungeschick der Zeichnung und Naivität bei der Wiedergabe graziöser Bewegungen der dargestellten Heiligen auf. Und doch haftet ihr bereits jene Poetik des Rittertums, jenes vornehme, von verhaltener Lyrik durchzogene Gepräge an, welches am vollkommensten in Resava zur Geltung kommen sollte.[135]

Resava, vor 1418

Das Kloster Resava, die Stiftung und Grabkirche des Despoten Stefan Lazarević, steht sowohl größenordnungsmäßig als auch in bezug auf Reichhaltigkeit des architektonischen Gefüges und der Wandmalerei unter den Denkmälern der Morava-Schule an erster Stelle. Bau und Ausmalung dieses Gotteshauses, ersterer laut Konstantin dem Philosophen 1406 begonnen, nahmen sehr viel Zeit in Anspruch, so daß seine Fertigstellung und die Einweihung nach Aussage einiger Chronisten erst 1418 erfolgten. Sein Stifter wollte alle bisherigen Werke im Morava-Gebiet übertreffen und nahm daher die Mühe auf sich, die — um wiederum Konstantin den Philosophen zu zitieren — „kunstfertigsten Arbeiter und erfahrensten Maler, samt und sonders hochachtbare Männer“ in allen Gegenden des Landes ausfindig zu machen, ja, er ließ einige „sogar von den Inseln herbeiholen“. Was die Maler anbelangt, so fand er diese in Wirklichkeit unter den Meistern, die in Thessalonike und auf der schöpferischen Basis thessalonikischer Werke von der Art der bereits erwähnten, in der Apostelkirche, Nea Moni und Hagios Demetrios befindlichen, heranreiften. Sein Wunsch machte es ihnen zur Pflicht, viele der in Serbien erbrachten Schaffenserfahrungen zu respektieren, und zur Aufgabe, nach Vornahme einer diesbezüglichen optimalen Auswahl ein Werk hervorzubringen, welches zum Sinnbild allen bildkünstlerischen Strebens der Zeit und zu einem Wahrzeichen Serbiens an der Morava werden sollte. So hat diese Malerei aus Ravanica — ein durchaus folgerichtiger Umstand, wenn man bedenkt, daß das Gotteshaus ja an und für sich eine erweiterte, vergrößerte Ausgabe der Stiftung Fürst Lazars darstellt — das allgemeine, den Gesamteindruck bestimmende Gepräge übernommen: von dort stammt der beherrschende Farbzweiklang, der mit seiner kühlen Pracht das Kircheninnere in Glanz erstrahlen läßt — ein Zweiklang aus Gold (Blattgoldbelag an Aureolen und Gewändern der Heiligen) und juwelengleich schimmerndem Azurblau, welches dem Gold, seiner Komplementärfarbe, im Wert keineswegs nachsteht. Von ihr stammt die lagemäßige Anordnung der dekorativen Medaillons, dieser so ganz besonders kennzeichnenden Wandschmuckkomponente, und schließlich auch die in der Konzeption geradezu an Goldschmiedekunst gemahnende, sorgsam ausgearbeitete, verschwenderische Ornamentaldekoration des gesamten nicht mit Figuren ausgefüllten Raums, deren prachtvollstes Beispiel sich in dem reichen Flechtwerk findet, das die freianliegenden Ziersäulen rund um jeden der vier großen Stützpfeiler der Kuppel schmückt. Sisojevac, dessen Wandschmuck kein Gold aufweist, regte die Maler von Resava zur Wiedergabe zweier alttestamentarischer Begebenheiten, nämlich des Opfers Abrahams und der Drei Jünglinge im Feuerofen, im Altarraum an und lieferte sämtliche Vorlagen für die Darstellung der Soldatenheiligen in der unteren Zone der Seitenchöre sowie das Schema für ihre Anordnung, die denn auch in beiden Kirchen vollkommen übereinstimmt. Zieht man zudem die Tatsache in Betracht, daß einige spezifische Stilmerkmale und das vornehme Gepräge der Malerei von Sisojevac in Resava in weiterentwickelter Form wiederzufinden sind, so ist auch die Möglichkeit der Mitwirkung eines der Schöpfer des ersteren bei der Schaffung des letzteren Freskenwerks, an dem ja eine ganze große Malergemeinschaft arbeitete, nicht von der Hand zu weisen. Unter den etwas früher zustandegekommenen Fresken des Klosters Kalenić fanden die Maler von Resava Vorbilder im Rahmen der Darstellung der Propheten: bei einigen Gestalten in der Hauptkuppel ist die Zeichnung unverkennbar von dortigen übernommen, mögen die betreffenden hier auch einen anderen Namen erhalten und eine andere Ausarbeitung erfahren haben. Überraschenderweise taucht in Resava auch eine sehr markante Parallele zu Dečani auf, und zwar im Gleichnis vom Pharisäer und vom Zöllner, das hier wie dort wiedergegeben ist. Bei einem Vergleich der beiden Darstellungen ist die starke Ähnlichkeit der Figurenanordnung ebensowenig zu übersehen wie eine ungewöhnliche Analogie beim Aufzeigen des Bildraums — ungewöhnlich vor allem deshalb, weil dabei ein nur selten vorkommendes Motiv erscheint: eine Kirchentreppe, die in die Tiefe des Bildes hineinführt. Nun ist kaum anzunehmen, daß die Maler von Resava das Werk ihrer Kollegen in Dečani gekannt haben; wahrscheinlicher ist, daß die einen wie die anderen für die Ikonographie dieser Szene eine gemeinsame Vorlage in Gestalt einer früher zustandegekommenen Freskenschöpfung benutzten. Vermutlich handelt es sich dabei um eines der Denkmäler vom Anfang des 14. Jahrhunderts, denn einschlägige Lösungen finden sich auch in einigen Stiftungen Milutins.

Ungeachtet all der so offenkundigen Anleihen, die die Maler von Resava bei anderen Meistern gemacht haben — Anleihen, die zweifellos von Bedeutung sind für die Ermittlung der Herkunft dieser Künstler und ihres Stils —, steht eindeutig fest, daß das von ihnen geschaffene Werk nicht nur das trefflichste und kostbarste unter den Schöpfungen der Morava-Schule ist, sondern auch ein in vieler Hinsicht eigenständiges, neuartiges Gepräge besitzt. Gestützt auf die Tradition, wuchsen seine Schöpfer über diese hinaus und erweiterten und bereicherten sie in einem bis dahin ungekannten Ausmaß. Aus älteren, von schwächeren Meistern vor ihnen zustandegebrachten ikonographischen Schablonen formten sie Meisterwerke und erreichten so im Rahmen dieser Vorlagen ein ungeahnt hohes Niveau; gleichzeitig damit aber verliehen sie auch neuen Ideen Gestalt, und das in Form von Werken, die bereits zu ihrer Zeit Lob ernteten.

Die Größe der Kirche von Resava bildete die Voraussetzung dafür, daß in ihr eine Malerei entstehen konnte, die in bezug auf den Themenreichtum alle anderen Schöpfungen der Morava-Schule übertrifft: über die jetzt noch intakten Partien hinaus umfaßte sie seinerzeit groß angelegte — heute im wesentlichen zerstörte — Festtagsbilder, bedeutend kleiner wiedergegebene — teilweise noch vorhandene — Begebenheiten aus dem Zyklus des Erdenlebens Christi und der Passion, Szenen aus einem der Gottesmutter gewidmeten Zyklus, von denen nur mehr einige wenige, und Darstellungen der Wunder und Gleichnisse des Herrn, die zu einem beträchtlichen Teil noch an den Altarraum- und Chorwänden erhaltengeblieben sind. Neben eucharistischen Szenenbildern in der Hauptapsis, Einzelfiguren in der unteren Zone, den vierundzwanzig Propheten in der Hauptkuppel, Cherubim und Seraphim in den Nebenkuppeln, den monumentalen Gestalten der Evangelisten an den Pendentifs und der Darstellung des Nicht-schlummernden Auges über dem Eingang zum Naos ist in Resava ein wirklich großartiges Porträt zustandegekommen: das Bildnis des *Despoten Stefan.* In ein rotes, golddurchwirktes Abb. 113
Festgewand gekleidet, steht der Herrscher auf einem bestickten, goldverzierten Kissen und reicht das sehr realistisch wiedergegebene Kirchenmodell der in Gestalt dreier Engel verkörperten Dreifaltigkeit dar. In einer Hand hält er eine Schenkungsurkunde, deren ausführlicher, poetischer Wortlaut eine Teilentlehnung aus dem verlorengegangenen Originalchrysobull für das Kloster Resava sein dürfte. In dem Porträt ist gleichzeitig eine Handlung eingefangen, die, recht besehen, die göttliche Einsetzung des Despoten in sein Amt versinnbildlicht: Christus setzt ihm eine goldene Krone aufs Haupt, und Engel

händigen ihm Schwert und Lanze ein. Um es noch einmal festzuhalten: in puncto Themengehalt stellt die Malerei von Resava das repräsentativste Denkmal der Morava-Schule dar. Alles, was früher im Rahmen des festgelegten Programms wohl erschienen, infolge Raummangels jedoch nicht selten auf das Wesentlichste beschränkt worden war, nahm in Resava ausführliche, erweiterte, vergrößerte Gestalt an.

In dem imaginären Raum der Szenenbilder von Resava — die imaginäre Wirkung wird erzielt durch die beim Aufbau der architektonischen Kulissen: prunkvoller Bauwerke mit einer Fülle dekorativ geformter Elemente, wie phantasievoll gestalteter Fenster, Treppen, Balkone, angewandte „umgekehrte Perspektive" — bewegen sich festlich gekleidete, in golddurchwirkte Gewänder gehüllte Gestalten in zwangloser Anordnung, hinter der nichtsdestoweniger eine geometrisch durchdachte Ordnung steht, innerhalb derer alle Einzelheiten genau aufeinander abgestimmt sind. Jede Bewegung der Szenenteilnehmer ist mit Bedacht so gewählt, daß sie zu dem angestrebten hoheitsvollen Bild der menschlichen Erscheinung beiträgt. Die Szenerie wird in der Regel ergänzt durch reichlich vorhandenes, kostbares Mobiliar: schöngeformte Tische, feingearbeitete Stühle, buntgemusterte Gewebe — und all dies vergoldet,

Taf. XXXIX

verziert, von erlesener Pracht. Die *Soldatenheiligen* in den Chören erscheinen nicht mehr als die in Reih und Glied angetretenen, finsteren, kampfbereiten Krieger von früher, sondern als zur Parade gewandete und gerüstete Ritter, die sich, mit dem Geschick und der Fertigkeit des Turnierkämpfers ihre Waffen handhabend, in Erwartung der gebührenden Bewunderung den Zuschauern stellen. Überhaupt kommt in den Fresken von Resava die ganze ritterlich-vornehme Sinnes- und Lebensart zur Geltung, die für die Zeit des Despoten Stefan so bezeichnend war — eine Atmosphäre, die Konstantin der Philosoph in einer Schilderung der Sitten am damaligen serbischen Hof einfing, als er schrieb: „Selbst wenn man weit in die Vergangenheit zurückgeht, wird man vergeblich suchen nach . . . solch einem Herrscher, einem von so hoher Gesinnung . . . Unter den Gepflogenheiten hatte er all jene ausgewählt, die sich durch besondere Trefflichkeit auszeichnen, bis hin zur Unterscheidung der Leute, alles dem Range gemäß, durch das zum Nutzen und Schmuck dienende Gewand, durch Waffen und Reiten, und die Sitzordnung an der Tafel . . . Geschrei, Trampeln, Gelächter oder unschickliche Kleidung durften nicht einmal erwähnt werden; und alles trug lichte Gewänder, die er höchstpersönlich verteilte. Die herrscherlichen Paläste aber waren mit allem Prunke ausgestattet, der einer kaiserlichen Verfassung würdig ist." In solch einem Milieu, in dem formvollendetes Schrifttum und feinsinnige Dichtung gediehen, in dem sich sogar der Herrscher selbst einen Namen als Dichter machte, war eine andere Art der Malerei, als es die oben gekennzeichnete ist, ganz undenkbar. Entsprechend ihrer Pflegestätte, einem Hof, dessen Kreise eine These aufstellten wie „Dem Unkundigen bleibt es verwehrt, auf hoher See zu fahren", trägt sie den Stempel der Gelehrsamkeit; sich an die Überlieferung anlehnend, ist sie gleichzeitig auch schöpferisch. Die äußeren Merkmale von Vornehmheit und Würde dieser sich in Selbstbetrachtung ergehenden Aristokratengesellschaft — Prachtentfaltung, malerisch-eindrucksvolles Auftreten und glänzender Effekt — sind auch die ihrigen.

Der für ein Werk der byzantinischen Malerei ungewöhnlichste Zug der Fresken von Resava und zugleich ein besonders wertvoller Beitrag zur Kunstgeschichte ist der Versuch ihrer Schöpfer, in den ihre Kultgemälde bevölkernden Gestalten das Erscheinungsbild der Menschen ihrer Zeit einzufangen. In

Abb. 115, Zeichnung h

manchen Szenen — so in den Darstellungen der Gleichnisse *das königliche Hochzeitsmahl* und der reiche Prasser und der arme Lazarus, der Hochzeit zu Kana in Galiläa und weiterer Begebenheiten aus dem Erdenleben Christi — eben dort, wo auch in der als Inspirationsquelle dienenden Textvorlage die Rede ist von der Bedeutung der Kleidung und der Rolle, die ihr im menschlichen Dasein zukommt, oder aber, wo Kleidungsunterschiede Symbolwert haben, wählen die Künstler zeitgenössische Tracht als Gewand und die hohen, gewirkten Kolpaks der Angehörigen des Hochadels und der Prinzen ihrer Epoche als Kopfbedeckung für die auftretenden Personen. Eine reale Vorstellung von der seinerzeitigen Gesellschaft vermitteln daneben auch die im Bild gezeigten Einrichtungsgegenstände, die das Aussehen der in den vornehmen Häusern von damals vorhandenen erhalten haben, sowie die aufgetragenen Speisen. Diese Neuerung nun ist in der Tat revolutionär: sind früher, vor Resava, als Interpreten der Evangelientexte im Rahmen der kultgebundenen Malerei an den Kirchenwänden in der Regel Heilige und andere Gestalten aufgetreten, die in Gewänder der fernen, fremden Welt der Antike gekleidet waren, so erscheinen jetzt — zumindest in einer Reihe von Schöpfungen innerhalb des Gesamtwerks —, ihre Rolle übernehmend, Menschen der Gegenwart an ihrer Stelle. Auf diese Weise wird das Bild zum festlichen Zeitgemälde, und dadurch wiederum ändert sich sein philosophischer Bedeutungsgehalt, und das in ihm enthaltene Glaubensmotiv gewinnt eine ganz andere Wesensprägung: die Belehrung ist konkreter geworden, gezielt in der Warnung, und nicht mehr vage, auf irgendwelche fernstehenden Menschen beziehbar. Diese Aktualisierung der Lehren Christi in der Form, daß man in ihre Bildwiedergabe Menschen und Sitten der damaligen Gesellschaft miteinbezog, ist gewissermaßen eine Renaissanceerscheinung eigener Art und birgt einen tiefen humanistischen Sinn. Nun ist die „Renaissance" von Resava völlig verschieden von der in den Ländern des westlichen Europa einsetzenden, eigentlichen Renaissance, die bei der methodischen Einbeziehung des städtischen Milieus Italiens oder Flanderns in Bilder aus dem Leben der Heiligen bis zum Äußersten geht, indem sie den letzteren in geradezu porträthafter Weise die Gesichtszüge von Zeitgenossen verleiht und die Handlung auf die Straßen konkreter Städte oder in bekannte Gemächer von Angehörigen der damaligen Gesellschaftselite verlegt. Die Gesichter der Heiligen von Resava bleiben in Typus und Stilisierung innerhalb der von der byzantinischen Kunst vorgezeichneten Grenzen, und die im Bild erscheinenden Architekturlandschaften entstammen der Phantasie des Künstlers. Dessenungeachtet aber mußte der Blick eines jeden, der damals die Kirche betrat, an Gestalten haften bleiben, die Assoziationen mit Menschen hervorriefen, denen er im Leben begegnete. Den Reichen eine Mahnung, der Gemeinde zur Erbauung, für die Kirche aber eine neue Stütze und bis dahin ungekannte Zierde, stellte das

h) Resava, Fresken des Nordchors, vor 1418

„Genre-Bild" von Resava eine in ihrer Art einmalige Schaffensleistung des byzantinischen Stils dar. Einschlägige Parallelen auf dem Gebiet der Malerei sind — soweit vorhanden — unvollständig und im Sinngehalt verschieden. Eher hingegen lassen sich Züge echter Wesensverwandtschaft in der zeitlich analogen serbischen Literatur finden. Gerade in die Schaffensperiode von Resava nämlich fällt der Bruch mit der alten Tradition, Lebensbeschreibungen der serbischen Herrscher und Erzbischöfe in hagiographischem Geist zu verfassen, und die Biographie gewinnt nunmehr — erstmals im Werk Konstantins des Philosophen über den Despoten Stefan zu verzeichnende — zahlreiche neue Aspekte, die sie zu einer Schrift von echtem historischem Wert werden lassen. In diesen Literatur und Malerei gemeinsamen Erscheinungen liegt etwas von der weltlich angehauchten Grundstimmung des späten Mittelalters, die nun freilich nur in vermindertem Umfang zur Geltung zu kommen vermochte.

Gewiß: es hat im Laufe des 14. Jahrhunderts bereits einzelne Ansätze in der Richtung von Resava gegeben, Ansätze in Form zeitgemäßer Kostümierung der im Rahmen dieser oder jener Darstellung figurierenden Gestalten, insbesondere der Himmlischen Hierarchie, — in Treskavac etwa, im Marko-Kloster, in Nikolaus von Šiševo, im kastorianischen Hagios Athanasios und in einigen weiteren Kirchen, in denen die Maler bei der Gestaltung gewisser Sujets auf Textvorlagen aus Werken der Dichtkunst zurückgreifen. Dabei jedoch handelt es sich durchwegs um die Wiedergabe der Soldatenheiligen als zeitgenössische Adelige, geschart um ihren Kaiser-Christus in der Deesis, oder — wie im Marko-Kloster — um Illustrationen damaliger Offizien-Riten. Nicht zu übersehen ist in diesem Zusammenhang auch jene etwas abweichende Variante dieser Gestaltungsweise, wie sie die Maler von Mateič in ihrer Bilddarbietung der Apostelgeschichte, die der Ochrider Sophienkathedrale in dem

i) Kalenić, Fresken der Westwand des Naos, um 1413

dortigen Josephszyklus oder die der Peribleptos- und der Pantanassakirche von Mistra nur in der jeweiligen Darstellung des Einzugs in Jerusalem erbringen, indem sie die Teilnehmer der bewußten Szenen in orientalischen oder italienischen Gewändern auftreten lassen, die Kleidung dazu benutzend, das entsprechende Milieu im Bild einzufangen — ein Gestaltungsmittel, mit dem sie der betreffenden Begebenheit dokumentarisches Gepräge zu verleihen trachten. Zu keiner Zeit aber und in keinem Werk ist eine Umwandlung ganzer Szenen vollzogen, eine so restlose Neufassung der im Bild vermittelten Glaubensidee vorgenommen worden, wie dies in Resava der Fall ist. Unter diesem Aspekt wird Resava zu einer bildersprachlichen Auslese byzantinischen Kunstschaffens. Bedingt wird diese Erlesenheit auch durch das hohe Niveau mehrerer der hier tätigen Maler, unter denen einer — der Schöpfer der Gestalten des Gedeon, des Habakuk und des *Ezechiel* in der Kuppel, einiger Szenen in der Apsis und zweier Engel Abb. 114
der Koimesis — nur mit Maßstäben zu messen ist, wie sie für die größten Künstler des 15. Jahrhunderts, etwa einen Andrej Rubljow in Rußland oder einen Masaccio in Italien, zutreffen.[136]

Nicht lange vor Resava, um das Jahr 1413 herum, wurde noch ein großes Werk der Morava-Schule vollendet, nämlich die Fresken der Klosterkirche von Kalenić. Es handelt sich hier um eine Stiftung *Kalenić, um 1413*
des Edelmanns Bogdan, Protovestiarios des Despoten Stefan, neben dem er denn auch im Narthex

j) Kalenić, Hochzeit zu Kana, Südchor, um 1413 und Flucht nach Ägypten, Narthex, um 1413

des Gotteshauses zusammen mit seiner Gemahlin Milica und seinem Bruder Petar abgebildet ist. Was die Thematik anbelangt, so hat die Malerei von Kalenić in dieser Hinsicht keine besonderen Überraschungen zu bieten. Lediglich unter den vorhandenen Zyklen ist neben den für die Morava-Schule typischen — den Zwölf Kirchenfesten sowie Ausschnitten aus dem Erdenleben Christi und seiner Wunder — eine Ausnahmeerscheinung anzutreffen; es ist dies die im Narthex befindliche ausführliche Wiedergabe eines apokryphen Marienlebens, dessen Zustandekommen zweifellos auf dem Umstand beruht, daß die Kirche der Gottesmutter geweiht ist. Dem Dekorationsprogramm der meisten Kirchen jener Zeit entsprechen die Darstellungen der Kirchenfürsten im Altarraum und die der Soldatenheiligen in den Chören sowie auch die Mönchgestalten im Westteil des Naos und im Narthex. Eine Analogie zu Pavlica und Rudenica bildet die Wiedergabe des toten Christus mit der Dornenkrone auf dem Haupt in der Prothesis. Forschungen im Zusammenhang mit dem umfangreichen Zyklus des Marienlebens in der besagten, auf apokryphe Texte zurückgehenden Fassung haben ergeben, daß die Maler von Kalenić einschlägige Vorbilder in der Malerei direkt oder indirekt sehr gut gekannt haben müssen. So decken sich nicht wenige der darin enthaltenen Szenen, was die Ikonographie, konkret gesprochen, die Anordnung, Gestik und Positur ihrer Teilnehmer, anbelangt, weitgehend mit den entsprechenden Bildern zweier früherer Gottesmutterzyklen, deren einer Bestandteil der vom Beginn des 14. Jahrhunderts stammenden Mosaiken in dem Konstantinopler Kloster Chora ist, während der andere zu den in der zweiten Hälfte des 14. Jahrhunderts von griechischen oder serbischen Meistern geschaffenen Fresken der Episkopalkirche zu Curtea de Arges in Rumänien gehört. Natürlich ließ das hervorragende schöpferische Talent der Maler von Kalenić nicht zu, daß sie die alten Vorlagen einfach kopierten: sie benutzten sie nur als Leitfaden, erbrachten dabei aber sowohl im Detail als auch im Gesamtbild eine Neugestaltung.

Der künstlerische Wert Kalenićs liegt woanders, nämlich in der besonderen Note des Stimmungsgehalts und der angewandten Gestaltungstechnik. Die zwei oder drei hier wirkenden, ungewöhnlich begabten Maler, die bei der Angleichung ihrer Handschrift und der Annäherung ihrer Verfahrensweise bis zur letztmöglichen Grenze gingen, brachten ein sehr harmonisches Gesamtwerk zustande, dessen Substanz durchdrungen ist von Feinheit des Empfindens und Wehmut, solchermaßen den Grundzug des lyrischen Wesens seiner Schöpfer widerspiegelnd, während sein äußeres Erscheinungsbild bestimmt wird durch die Gestaltungsmittel der letzteren: Weichheit der Bewegung, Verträumtheit im Ausdruck,
Abb. 110 samtig-warme Farben, gedämpfte Beleuchtung. Die gelblich gefärbten, hellgrün geschatteten Heiligengesichter mit den kleinen, blinzelnden Augen, der langen, schmalen Nase und dem kleinen Mund muten im
Zeichnung i Ausdruck sentimental, mitunter geradezu rührselig an — eine Wirkung, die verstärkt wird durch dementsprechende, förmlich leidvolle Bewegungen der Figuren. Individuelle Typenmerkmale in Gestalt verformter Nasen, unnatürlich hoher, greifbar reliefierter Stirnbeine und ungleichförmiger Augen gehen in der alles durchdringenden Atmosphäre von Sanftheit und Gelöstheit auf. Die nicht in die Tiefe des Bildraums hineinprojizierten, vielmehr wie auf antiken Reliefs im Vordergrund nebeneinander auftretenden Teilnehmer der wenig straff durchkomponierten Szenen bewegen sich fließend, sacht, schemenhaft leicht, gleichsam schwerelos im Raum schwebend. Eine Art traumhaften Sehnens geht durch diese Bilder, und diese Stimmung wird in besonderem Maße durch das diffuse Licht heraufbeschworen, das die ganze Szene erfüllt und sich über alle Gestalten ergießt. Diese sind ihrerseits zwar im Volumen eindeutig festgelegt, doch entzieht sich ihre Formenzeichnung stärker dem Blick, als dies in anderen Schöpfungen der Fall ist, und die Hell-Dunkel-Übergänge in ihnen vollziehen sich fast unmerklich, mit einem Höchstmaß an Wohlausgewogenheit. Solchermaßen ist die Festigkeit der Form geschwunden; dafür machen sich pastellartiger Schmelz und schillernde Zartheit der Farbgebung geltend. Das bewußte verhaltene Licht schafft im Verein mit der samtigen Weichheit der Bildmaterie eine Art Flor, der sich um die Gestalten legt und über die Szenerie hinbreitet, ein ganz spezifisches „Sfumato", ein duftiges, an die Bereiftheit von Steinobst gemahnendes Etwas, und läßt so die hingehauchte Welt der Bilder von Kalenić gewissermaßen über die irdische Realität hinweg in die Sphären himmlischer Unerreichbarkeit aufsteigen.

Wie eingehend sich die Maler von Kalenić mit diesem wunderbaren Licht befaßten, welches, da transzendent, jenseitig, im Raum anwesend ist, ohne Schatten zu werfen, zeigt sich in gewissen Ansätzen, die daruf hinauslaufen, die — übrigens recht unkomplizierte und schlichtgeformte — Architektur im Bildhintergrund eindringlicher darzutun, als dies bis dahin der Fall gewesen war. So benahmen sie den Kulissen in einigen Szenen der Wunder Christi und des Marienlebens die in der Malerei byzantinischen Stils stets vorhandene Buntheit und reduzierten die Farbenskala dergestalt, daß die beleuchteten Partien der Baulichkeiten als gelblich-ockerfarbene Gebilde hervortreten und die im Schatten liegenden in kühle
Abb. 112 Grün-, Braun- und Grautöne getaucht sind. Bei manchen Bildern, wie etwa der *Anbetung des Kindes durch die drei Weisen,* hat man den Eindruck, als werde alles Geschehen und die gesamte Szenerie durch eine einzige Lichtquelle erhellt. Im Zuge dieses Vorgehens erfuhr das Problem einer realeren Gestaltung der Beleuchtungseffekte an der Bildarchitektur, das den Malern der italienischen Frührenaissance so offensichtliche Schwierigkeiten bereitete, eine Lösung, die an die Grenzen eines eigenen Stilgepräges hinführte. Dies nun war kein Zufallsergebnis, denn die Anfangsgründe für ein Herangehen an dieses Problem waren im byzantinischen Kunstschaffen, namentlich dem von Konstantinopel selbst, bereits zu einem etwas früheren Zeitpunkt gelegt worden. Schon die Schöpfer der Mosaiken von Chora hatten in ihren Werken beleuchtete Kulissenflächen in Weiß oder Gelb gehalten, Farben, die das Vorhandensein von Licht naturgemäß einbegreifen, und auch den Malern von Dečani waren derlei Möglichkeiten nicht verborgen geblieben. Doch in keinem früheren Werk wurde eine derart überzeugende Wirkung der Beleuchtungskomponente erreicht wie in Kalenić, denn keiner der vordem tätigen Künstler brachte jene spezifische Weichheit der Modellierung und jene besondere Trübung der Atmosphäre zustande, mittels derer die Meister von Kalenić das Licht gleichsam zu einer wahrnehmbaren Substanz werden lassen. Nun macht besagter Gestaltungsfaktor bei diesen Meistern dadurch, daß ihnen die Tendenz zu dokumentarischer Wiedergabe abgeht, zwar durchaus den Eindruck des Ungewollten, Nichteinberechneten — ganz im Gegensatz zur Malerei der Renaissance: denn während das Licht dort als bewußt zweckgebundenes Mittel zur Erzielung einer greifbar deutlichen Konkretisierung von Dingen und Erscheinungen dient, fügt es sich in Byzanz im allgemeinen und Kalenić im besonderen integrierend in ein fiktives Ganzes ein — doch waren Männer mit höherer Bildung bereits damals, in der Zeit des Despoten Stefan, vollauf

imstande, anhand eigener, am lebendigen Beispiel der Natur gemachter Wahrnehmungen die ganze Tragweite des in Kalenić getanen Schritts zu ermessen. So formulierte der wissenskundige Konstantin mit dem Beinamen des Philosophen in einer Beschreibung Belgrads und der Größe seiner Bauwerke, in der er die Stadt mit Jerusalem vergleicht, den bezeichnenden Satz: „Von den Gebäuden ward ein Schatten im ganzen Umkreis". Eben dies aber: das Spiel von Licht und Schatten der Natur abzulauschen und in das Kunstwerk einzubeziehen, war das Anliegen der Meister von Kalenić, und sein Gelingen ist ein Phänomen, das in der Geschichte der byzantinischen Malerei besonders vermerkt zu werden verdient.

Im Vergleich zu der prunkvoll aufgemachten, festlich gestimmten, dekorativen Freskenschöpfung von Resava mit ihren kristallklar, vornehm gezeichneten Heiligengestalten von unnahbarer, aristokratischer Schönheit, ihrem erlesenen Grundzweiklang aus Gold und Blau, in dem grüne, graue und rosa Nebentöne mitschwingen, und dem breitausladenden, reichgeformten Mauerwerk der in Grau gehaltenen Bildarchitektur wirkt die Malerei von Kalenić, ein harmonisches Gebilde aus Ocker und Gelb, durchwoben von Rosa, Hellgrün, Grau und Weiß, fließend sanft in den Übergängen, hervortretend vor dem durch die fast schwarze Untermalung tiefdunklen Blau des Hintergrunds, innig, schlicht-verhalten, von sonniger Wärme erfüllt. Die beiden Kunstwerke verhalten sich zueinander gleichsam wie Fanfarenklänge zu einer stillen, elegischen Melodie.

Taf. XXXVIII, Zeichnung j

Daß die Meister von Kalenić beziehungsweise Schüler von ihnen das künstleriche Schaffen in Serbien auch unter dessen nächstem Herrscher, dem Despoten Đurađ Branković, fortsetzen, bezeugen einige Buchmalereien, in denen das Erscheinungsbild der Heiligengestalten dieser Freskenschöpfung in all ihren Merkmalen wieder auflebt: etwa die Wiedergabe des Johannes Chrysostomos in der Chilandar-Handschrift Nr. 400, ebenso wie eine dortselbst zu findende Stillebenvignette, ein Werk des Miniaturmalers Teodor, dessen Schulung in Kalenić angesichts des Vorhandenseins einschlägiger Schaffensparallelen als gegeben erachtet werden darf, oder die Gestalten der Evangelisten, die die Deckblätter des aus dem Jahre 1429 stammenden Serbischen Evangeliars von Leningrad schmücken, und deren Schöpfer namens Radoslav als führender Künstler der Malergruppe von Kalenić anzusehen ist.

Nun kann letztere Annahme dadurch, daß in Kalenić keine Aufzeichnung erhaltengeblieben ist, die einen Hinweis auf die Identität seiner Schöpfer enthielte, nur auf einen einzigen Anhaltspunkt gestützt werden, nämlich die zwischen den anonymen Fresken einerseits und den von Radoslav signierten Miniaturen andererseits bestehende Übereinstimmung in bezug auf Stilmerkmale und Pinselführung. Doch das Ergebnis eines entsprechenden Vergleichs ist eindeutig und weist Radoslav als den größten unter den Künstlern Kalenićs aus. Nur ganz wenig weiß man von diesem Radoslav. Fest steht, daß das Kloster Blagoveštenje in der Nähe der befestigten Burg Ždrelo an der Mlava jene seiner Wirkensstätten war, an der er — auf Veranlassung des Geistlichen Visarion — die Miniaturen für die obenerwähnte Handschrift schuf. Sein Mitarbeiter bei der Gestaltung letzterer war ein erstrangiger Kopist, ein namentlich unbekannt gebliebener Chilandarmönch, der in Fachkreisen der „Mönch aus Dalša" genannt wird. Aus umfassenden Aufzeichnungen in dem Buch geht hervor, daß er, von dem Despoten Stefan berufen, nach Serbien kam, hier zahlreiche Schriften anfertigte, nach Stefans Tod eine stürmische Periode durchlebte, von den Türken geplündert, vor diesen nach Norden floh, um, nachdem er dort allerlei Unbill durch die Ungarn erduldet hatte, endlich, nach vielen Jahren, wie es scheint, erneut eine Zufluchtsstätte auf dem Heiligen Berg zu finden. Radoslavs Lebensweg mag ähnlich verlaufen sein — eine Zeit lang jedenfalls teilte er das wechselhafte Geschick des begabten Mönchs aus Dalša.

Im großen und ganzen gesehen, liegen die Wesensanfänge der Kunst von Kalenić im Byzanz der Mitte des 14. Jahrhunderts. Zu diesem Betrachtungsergebnis führt eine — wenn auch nur in schwachen Ansätzen — von diesem Zeitpunkt ab erkennbare Spur in Gestalt einiger Werke, die ahnen lassen, daß bereits ältere Maler um jenes Gepräge gerungen haben, das in Kalenić den Ausschlag gab. Allerdings: die im Rahmen dieser Abhandlung bereits zur Sprache gekommene Prozessionsikone der hll. Kliment und Naum von Johannes Theorianos, hie und da eine unter den thessalonikischen Fresken aus dem letzten Viertel des 14. und eine aus Konstantinopel stammende Miniatur (Paris, Bibliothèque nationale, gr. 12) vom Beginn des 15. Jahrhunderts — das ist sozusagen auch schon alles, was an solchen einschlägigen Schaffensbeispielen vorhanden ist. Die Kargheit dieser Ansätze mag auf den Umstand zurückzuführen sein, daß die Kunstauffassungen, welche in Kalenić so spontan Ausdruck gefunden haben, vordem nur zögernd Gestalt annahmen; ihr geographisches Verbreitungsgebiet ist als denkbarer Hinweis darauf zu werten, daß die Maler von Kalenić irgendwoher in das Land an der Morava gekommen sind und ihre Ausbildung in einem der großen Zentren der byzantinischen Kunst genossen haben. Erprobt und ausgereift, zeitigte diese Schaffensauffassung in dem am Rande des Untergangs stehenden Serbien ihr vollendetstes Resultat.[137]

Die Thronbesteigung des Despoten Đurađ (1427) fiel in eine schwere Zeit. Die Türken standen bereits in der alten Hauptstadt Kruševac und vielen anderen befestigten Städten, die Ungarn hatten Belgrad eingenommen. Innerhalb kürzester Frist ließ der Despot am Ufer der Donau die große neue Residenz Smederevo errichten, mit Festungsmauern umgürten und mit Kirchen und Palästen schmücken. Von der reichen Bibliothek, die er zusammentrug, sind Reste noch heute in den klösterlichen Schatzkammern und Bücherarchiven der ganzen Welt zu finden. Doch die politische und militärische Lage blieb weiterhin kritisch. Niederlage auf Niederlage folgte, viele flohen außer Landes. Dieses Los traf schließlich auch den Herrscher selbst: mit mehreren Mitgliedern seiner Familie mußte er in Begleitung Adeliger — seine beiden Söhne waren von den Türken geblendet worden — nach Norden flüchten, um dann hilfesuchend in Europa umherzuirren. Für die Freiheit war endgültig die Zeit der Agonie angebrochen. Während der folgenden, letzten Gnadenfrist ergab sich kaum mehr Gelegenheit zum Bauen und Malen. Und das wenige, was wirklich noch zustandekam, geriet alsbald in Verfall oder Verwahrlosung. Der definitive Zusammenbruch setzte gleich nach Đurađs Tod (1456) ein, als seine Söhne Lazar und Stefan sowie der bosnische König Stefan Tomašević einander in unmittelbarer Folge an der Spitze Serbiens ablösten. Nach den Wirren im Frühjahr 1459 zogen die Türken, ohne auf nennenswerten Widerstand zu stoßen, in Smederevo ein — eines der letzten serbischen Staatsgebilde hatte zu bestehen aufgehört.

Die Mißgunst der Verhältnisse wirkte sich entsprechend nachteilig auf das künstlerische Schaffen aus. Das heutige Bild der Architektur und Malerei Serbiens in den letzten Jahrzehnten seiner Selbständigkeit ist sehr lückenhaft, da die Stiftungen des Despoten Đurađ und seiner Nachfolger entweder das Los ihrer Stifter teilten oder aber durch unselige Schicksalsfügungen in der Folgezeit untergingen. Die Kirchen in Smederevo sind zerstört, andere, außerhalb der Stadt gelegene, ohne Wandschmuck geblieben. Eine davon, die ausgemalt wurde, die 1452 erbaute, dem Tempelgang Mariä geweihte Kirche zu Pećani in Metochien, ist heute eine Ruine, und eine weitere, eine der größten Stiftungen des Despoten, die St. Georgskirche im Athoskloster Hagiou Pavlou, ist zu Beginn des 19. Jahrhunderts ausgebrannt und dann einem neuen, an ihrer Stelle errichteten Gotteshaus gewichen. Viele Schaffenszeugnisse von damals sind somit verlorengegangen. Freilich ist anhand mehrerer Werke der Miniaturmalerei, wie sie im Evangeliar des Priesters Visarion, in der Schenkungsurkunde Đurađs für das Kloster Esphigmenou oder in den von Stefan Domestikos in Smederevo und Vladislav Grammatikos im Süden des Landes niedergeschriebenen Büchern zu finden sind, der Beweis erhaltengeblieben, daß die großen Maltraditionen der voraufgegangenen Epoche auch in den letzten Jahrzehnten eigenstaatlichen Daseins aufrechterhalten wurden, doch von den an den Kirchenwänden vorhandengewesenen Schöpfungen der Bildkunst ist, namentlich was die der besten Meister anbelangt, der größte Teil unwiderruflich dahin.

Abb. 116 *Gračanica, 1428*

Đurađ kam nach seiner Thronbesteigung, von Kosovo kommend, mit einem guten Maler in Berührung. Davon zeugt das *Porträt* seines 1428 gestorbenen Sohns Todor über dessen Grab im Kloster Gračanica, das einen anmutigen Knaben mit bittend ausgestreckten Händen zeigt, gekleidet in eine rote Festtunika mit dem Loros über der Brust. Von diesem — unbekannt gebliebenen — Meister stammt möglicherweise auch das Bild der Familie Đurađs auf der 1429 in Žiča geschriebenen und illuminierten Schenkungsurkunde für das Kloster Esphigmenou auf dem Heiligen Berg. Der zwischen beiden Bildern vorhandene Bezug ergibt sich nicht nur durch die Affinität des Gestaltungsverfahrens, sondern auch durch solche gemeinsamen Merkmale, wie sie das festtägliche Aussehen der dargestellten Personen sowie deren reiche, farbenfrohe Kleidung, die malerische Gesamtwirkung und die Subtilität der Malweise bilden. Beide gehören sie jedenfalls zu den besten unter den aus der Zeit des Despoten Đurađ erhaltengebliebenen Werken.[138]

Athos Hagiou Pavlou, 1447

Von den Fresken der seinerzeitigen, durch eine Feuersbrunst zerstörten Hauptkirche des Athosklosters Hagiou Pavlou, die — ebenso wie das Gotteshaus selbst — 1447 durch Đurađs Verdienst geschaffen wurden und, wie aus noch vor dem Brand entstandenen Aufzeichnungen hervorgeht, serbisch beschriftet waren, blieb lediglich der Kopf des hl. Athanasios vom Athos durch Zufall vor der Vernichtung bewahrt. Nach diesem Heiligenkopf zu urteilen, brachten die hier tätigen Künstler die in erster Linie das dekorative Element betonenden Gestaltungsprinzipien in geradezu schematischer Weise zur Anwendung. Das Gesicht überzieht ein dichtes Gespinst aus harten, dünnen Linien, die Verstofflichung des Sujets ist unbeseelt geblieben: ein Formengebilde ohne inneren Gehalt. In bezug auf den Typus hat der Maler Heiligengestalten des frühen 14. Jahrhunderts von der Art der in der Protatonkirche und dem Lavrakloster auf dem Berge Athos erscheinenden als Vorlage benutzt, doch bescheiden talentiert, wie er war, brachte er trotz der korrekten Zeichnung seines Werks nur einen matten Abglanz seiner Vorbilder zuwege. Neben diesem Freskenfragment hat er zwei — ebenfalls in Hagiou Pavlou befindliche — Ikonen hinterlassen, von denen die eine den hl. Georg, den Patron des Katholikons dieses Klosters, in halbfiguriger Wiedergabe, und die andere, eine Prozessionsikone, auf der Vorderseite die Gottesmutter Hodegetria und auf der Rückseite die Kreuzigung zeigt; beide Tafelbilder tragen dieselben Merkmale wie seine Wandbilder.[139]

Chilandar, Katholikon, 1431
Abb. 119

Unter extremer Reduktion des Formengehalts und Verarmung der farblichen Gestaltung ging auch die bildkünstlerische Tätigkeit im Kloster Chilandar ihrem Ende zu. Die Fresken, die das *Grab Repošs*, des 1431 verstorbenen „dux illyricus", schmücken — dargestellt sind Christus, zwei Engel und die Gottesmutter mit dem Kinde zwischen dem hl. Georg, dem hl. Sava und dem hl. Simeon —, wirken, bar aller plastischen Werte und ohne Spur eines ästhetischen Farbempfindens, matt und erstarrt. Die Linie hat die Modellierung weitgehend verdrängt, die Engherzigkeit des Gefühls die ungebundene Schaffensfreude und den schöpferischen Schwung erstickt. Von den ihm ja stetig vor Augen stehenden Fresken der Nachbargräber hat der Maler bestimmte Heiligengesichter übernommen, ohne jedoch bei diesem Zurückgreifen auf Vorbilder in Gestalt älterer Werke deren ästhetischen Gehalt in seiner eigenen Schöpfung einfangen zu können, ebensowenig wie dies dem zuvor erwähnten Künstler von Hagiou Pavlou gelungen war.[140]

Gornja Kamenica, 1457/58

Der letzte Maler des freien serbischen Despotats, dessen Fresken sich bis in unsere Tage herein erhalten haben, war auf Geheiß des Despoten Lazar, Đurađs kurzlebigem Nachfolger, in der kleinen Dreifaltigkeitskirche in Gornja Kamenica am Timok tätig. Eine Inschrift des Gotteshauses, die uns, da im 19. Jahrhundert neugemalt, überliefert ist, besagt, daß dieses im Jahre 1457 errichtet wurde. Da diese Inschrift seinerzeit auf den Mörtel aufgetragen wurde, liegt das Entstehen der Malerei im selben oder darauffolgenden Jahr auf der Hand. In dieser Stiftung des Despoten Lazar leben die alten Formen aus der Zeit seines fürstlichen Namensvetters sowie des Despoten Stefan wieder auf, allerdings nur in Form einer bescheidenen Nachbildung. Beschädigt und angesengt, wie die Fresken heute sind, lassen sie ihr ursprüngliches Aussehen nur zum Teil noch erahnen. Erhaltengeblieben sind sie in der Kuppel (Pantokrator, Himmlische Liturgie, acht Propheten), im Nordchor (Gestaltenfragment Johannes des Täufers aus der einst vorhandenen Deesis) und im Narthex (Ausschnitt aus dem Jüngsten Gericht). Der hoch oben in der Kuppel erscheinende Christus ist in ein Medaillon gefaßt, dessen Rahmen, aus regenbogenfarbenen Bändern bestehend, an die reiche Rahmengestaltung bei den Medaillons von Ravanica und Resava erinnert. Die Figuren sind tadellos gezeichnet, doch lösen sich ihre Formen unter dem Ansturm der Linie auf. Der Maler strebte nicht nach Beseelung seines Stoffs, da dies seine Kräfte überstiegen haben dürfte. Er begnügte sich damit, seinem Werk ein dekoratives Aussehen zu verleihen.[141]

Vorbei war nun die Zeit der großen Künstler. Konstantinopel war gefallen, und damit erlosch allmählich das Schöpfertum in jenen Gebieten, deren Maler in der byzantinischen Hauptstadt über ein Jahrtausend die Quelle der Inspiration für ihr Schaffen gefunden hatten.

DIE BILDER

1 Stobi, Episkopalkirche.
Kopf aus einer Komposition.
Anfang 6. Jahrhundert

◄
2 Vodoča.
Diakon Isaurios, Mitte 11. Jahrhundert

3 Vodoča.
Hl. Panteleimon, Detail, Mitte 11. Jahrhundert

4 Veljusa.
Hl. Panteleimon, Detail, nach 1080

5 Ochrid, Sophienkathedrale.
Opfer Abrahams, Mitte 11. Jahrhundert

6 Ochrid, Sophienkathedrale.
Basiliusliturgie, Mitte 11. Jahrhundert

7 Nerezi.
Kreuzabnahme, 1164

8 Kurbinovo. ►
Himmelfahrt Christi, Detail, 1191

9 Prilep, Nikolauskirche.
Erzengel Michael, um 1200

10 Prilep, Nikolauskirche.
Gottesmutter, Detail, um 1200

11 Manastir.
Erzengel Michael, 1271

12 Manastir.
Hl. Nikephoros, 1271

13 Prilep, Erzengelkirche.
Megaloschimos, um 1280

14 Ochrid, St. Johannes Kaneo.
Hl. Kliment von Ochrid, um 1290

15 Prilep, Demetrioskirche.
Hl. Demetrios, um 1290

16 Prilep, Nikolauskirche.
Verrat des Judas, Detail, 1298

17 Brač, Donji Humac.
Deesis, um 1270

18 Radožda.
Wunder zu Chonae,
Detail, Ende
13. Jahrhundert

19 Zadar, St. Chrysogon.
Geburt Jesu, Detail,
Anfang 13. Jahrhundert

20 Zadar, Kathedrale.
Hl. Petrus, um 1324

21 Zadar, Kathedrale.
Unbekannter Heiliger, um 1285

22 Đurđevi Stupovi.
Auferweckung des Lazarus, Detail, nach 1175

23 St. Petrus bei Novi Pazar.
Apostel Petrus, Detail, Ende 12. Jahrhundert

24 Studenica, Radoslav-Kapelle.
Überführung der Reliquien des hl. Simeon Nemanja, Detail, 1235

25 Kotor, St. Lukas.
Drei Heilige, nach 1195

26 Bijela, Riza Bogorodice.
Hl. Kyrillos von Alexandrien, Detail,
Ende 12. oder Anfang 13. Jahrhundert

27 Koriša.
Deesis, Detail, um 1220

28 Prizren, Gottesmutter von Ljeviša.
Heilung des Blinden, Detail,
drittes Jahrzehnt des 13. Jahrhundert

29 Prizren, Gottesmutter von Ljeviša. Gottesmutter Eleousa mit Christus „Ernährer“, Detail, drittes Jahrzehnt des 13. Jahrhundert

30 Studenica, St. Nikolaus. Einzug Christi in Jerusalem, Detail, um 1240

31 Chilandar, Ho Pyrgos tou hagiou Georgiou. Kanon zum Hinscheiden der Seele, Mitte 13. Jahrhundert

▶

32 Chilandar, Hagia Triada. Maria, Detail, Mitte 13. Jahrhundert

33 Morača.
Geburt des hl. Elias, 1251/52

34 Morača.
Der hl. Elias in der Wüste, 1251/52

35 Peć, Apostelkirche.
Apostelkommunion, Detail, um 1260

36 Gradac.
Prophet Gideon, um 1275

37 Gradac.
Geburt Jesu, Detail, um 1275

38 St. Petrus bei Novi Pazar.
Hl. Christophorus, letztes Viertel 13. Jahrhundert

39 Davidovica.
Heiliger Melode, nach 1281

◀
40 Arilje.
Geburt Mariä, 1296

41 Arilje.
Stifterbilder, 1296

42 Sušica.
„Die Gottesmutter trinkt das Wasser der Enthüllung“ (Bitterwasserprobe), Ende 13. Jahrhundert

43 Peć, Apostelkirche.
Kreuztragung, Detail, um 1300

44 Žiča.
Koimesis, 1309 – 16

47 Bijelo Polje, St. Petrus.
Himmelfahrt Christi, Detail, um 1320

45 Prizren, Gottesmutter von Ljeviša.
Engel als Personifikation des Neuen Bundes, 1310 – 13

46 Prizren, Gottesmutter von Ljeviša.
Das Letzte Abendmahl, Detail, 1310 – 13

48 Hagios Niketas.
Hochzeit zu Kana, um 1316

49 Gračanica.
Porträt König Milutins mit dem Kirchenmodell, um 1320

►

50 Gračanica.
Jüngstes Gericht, Detail, um 1320

51 Mušutište.
Heiliger Bischof, um 1320

52 Chilandar, Muttergotteskirche.
König Milutin, Detail, 1318–20

53 Chilandar, Muttergotteskirche.
Hl. Sava und König Milutin,
1318–20

54 Peć, Demetrioskirche.
Hl. Demetrios vor dem Kaiser Maximilian Galerios, um 1345

55 Peć, Gottesmutter Hodegetria.
Stifterporträt
des Erzbischofs Danilo, vor 1337

56 Treskavac.
Himmlischer Hofstaat, Detail, um 1340

57 Dečani, Narthex.
Nemanjidenstammbaum, 1350

58 Peć, Narthex.
Nemanjidenstammbaum, um 1330

IC
XC

59 Kučevište, Erlöserkirche (Muttergotteskirche).
Beweinung Christi, um 1330

60 Weisse Kirche von Karan.
Stifterfamilie, 1340 – 42

61 Dobrun.
Protovestiarios Stan, 1343

► 64 Lesnovo.
Psalm 149, 1349

62 Lesnovo.
Despot Oliveros, 1347/48

63 Lesnovo.
Kaiserin Jelena, 1347/48

65 Lesnovo.
Erzengel Michael bei der Verteidigung von Konstantinopel, 1347/48

66 Prizren, Erlöserkirche.
Gottesmutter Paraklisis, um 1348

67 Ochrid, Sophienkathedrale.
Reue Davids, Detail, 1346 – 50

68 Ochrid, Anargyrenkirchlein.
Theodoros Tiron und Theodoros Stratelates,
Mitte 14. Jahrhundert

69 Mateič.
Flucht nach Ägypten, 1356 – 60

70 Mateič.
Hl. Arsenios, 1356 – 60

71 Mateič.
Die Apostel Petrus und Paulus in Rom, 1356 – 60

72 Rečani.
Hl. Prokopios und hl. Demetrios, siebtes Jahrzehnt 14. Jahrhundert

73 Psača.
Zar Uroš und König Vukašin, 1365–71

74 Psača.
Stifterfamilie, 1365–71

75 Treskavac.
Unbekannter Stifter, vor 1360

76 Veliki Grad im Prespa-See.
Hl. Euthymios, um 1360

77 Zaum.
Geburt Mariä, Detail, 1361

78 Treskavac.
Johannes der Täufer und Johannes Chrysostomos, vor 1360

79 Ochrid, Gottesmutter Peribleptos, Gregorioskapelle.
Hl. Antonios, 1364/65

80 Ochrid, Muttergottes Heil der Kranken.
Heiliger Märtyrer, siebtes Jahrzehnt 14. Jahrhundert

81 Muttergottes von Peštani.
Einzug in Jerusalem, Detail, um 1370

82 Mali Grad im Prespa-See.
Cäsar Novak, 1368/69

83 Ochrid, Alte Klimentkirche.
Hl. Athanasios von Alexandrien, 1378

84 Vatopedi, Anargyrenkapelle.
Maria Hodegetria und Christus, um 1371

85 Ochrid, Gottesmuter Peribleptos.
Grab des Adeligen Ostoja Rajaković, 1379

► 88 Marko-Kloster.
Geburt Jesu, um 1376

86 Marko-Kloster.
Kindermord von Bethlehem, um 1376

87 Marko-Kloster.
Kindermord von Bethlehem, um 1376

89 Marko-Kloster.
Hl. Blasius, um 1376

90 Lipljan.
Hl. Blasius,
zw. 1375 u. 1389 ►

91 Nikolaus von Šiševo.
Hl. Gregor der Wundertäter
und hl. Blasius, um 1380

92 Nikolaus von Šiševo.
Hl. Nikolaus, um 1380

93 Meteoren, Hypapanti.
Einzug in Jerusalem, 1366/67

94 Pološko.
Christus vor Kaiphas und Petri Verleugnung, um 1370

95 St. Andreas an der Treska. Fresken der Altarraumsüdwand, Letztes Abendmahl, 1388/89

96 St. Andreas an der Treska.
Fußwaschung, 1388/89

97 St. Andreas an der Treska.
Evangelist Johannes, 1388/89

98 Prilep, Demetrioskirche.
Koimesis, Detail, um 1380

99 Ljubostinja.
Heilung des Gelähmten, um 1405

100 Ljubostinja.
Fünftes Ökumenisches Konzil, um 1405

101 Ramaća.
Hl. Petrus von Alexandrien,
Ende 14. Jahrhundert

СТЫ ІѠ
ЛѢСТВИЧНИК
СТЫ
МАКАРІЕ ЕГИПЕСКИ

◀
102 Ramaća.
Szenen aus dem
Nikolauszyklus
und Heiligenmedaillons,
Ende 14. Jahrhundert

103 Rudenica.
Soldatenheiliger, 1402 – 05

104 Nova Pavlica.
Brüder Musić, vor 1389

105 Jošanica.
Szene aus dem Leben
eines heiligen Eremiten,
um 1400

106 Ravanica.
Heilung des Gelähmten und Heilung eines Blinden,
Fresken der Oberzone des Südchors, 1385 – 87

107 Ravanica.
Fresken des Südchors, 1385 – 87

108 Ravanica.
Soldatenheilige,
Fresken der Unterzone des Südchors, 1385 – 87

109 Ravanica.
Hl. Johannes Kolobos, 1385–87

110 Kalenić.
Hl. Georg, um 1413

111 Ravanica.
Einzug in Jerusalem, 1385–87

112 Kalenić.
Anbetung des Kindes durch die Drei Weisen, um 1413

◄
113 Resava.
Despot Stefan, vor 1418

114 Resava.
Prophet Ezechiel, vor 1418

115 Resava.
Gleichnis vom königlichen Hochzeitsmahl,
Detail, vor 1418

116 Gračanica.
Porträt Todors, des Sohns des Herrn
Đurađ Branković und der Irina, 1428

117 Chilandar, Hagioi Taxiarchoi.
Prophet Micha, Detail, um 1380

▷
118 Chilandar, Hagioi Taxiarchoi.
Philoxenie, Detail, um 1380

119 Chilandar, Katholikon.
Reposs Grab, 1431

ZU DEN ANMERKUNGEN

In den nachstehenden Anmerkungen kommen die wissenschaftlichen Fragen zur Sprache, die im Rahmen des Einführungstextes nicht erörtert werden konnten. In ihnen soll der Stand der mit der Erforschung der zum byzantinischen Kulturkreis zählenden Kunstdenkmäler Jugoslawiens verknüpften Probleme aufgezeigt und so dem eingehend interessierten Leser wie auch dem Fachmann ein direkter Zugang zu Quellen und Literatur ermöglicht werden. Maßgebend für den Inhalt dieser erläuternden Darlegungen war das nachdrückliche Bestreben, alles zu erfassen, was erwähnenswert schien und als Ausgangspunkt für weitere Forschungen in Betracht kommt. Daher wurde lediglich auf Autoren — im wesentlichen betrifft dies diejenigen des 19. Jahrhunderts — verzichtet, die zwar als Entdecker von Altertümern von Interesse sind, jedoch zu wenig Fachbildung und Kenntnisse besaßen, als daß sie der Wissenschaft späterer Zeiten förderlich sein können.

Die in diesen Anmerkungen enthaltene Literatur verzeichnet grundsätzlich nur Untersuchungen zur Malerei; nur ausnahmsweise — wenn sie für die Kenntnis der Fresken wichtig sind — werden Werke zitiert, die Geschichte oder Architektur von Kirchen und Klöstern behandeln. Berücksichtigt sind Veröffentlichungen bis einschließlich 1972; die 1973 herausgekommenen einschlägigen Studien wurden nur zu einem gewissen Teil und nur, soweit vor Fertigstellung dieses Anhangs erschienen, erfaßt. Möglicherweise vorhandene Lücken bittet der Autor als unbeabsichtigt zu entschuldigen.

LITERATUR

L. S. Alëšina — N. V. Javorskaja	L. S. Alëšina — N. V. Javorskaja, *Iskusstvo Jugoslavii*, Moskva 1966
Š. Ja. Amiranašvili, *Živopis'*	Š. Ja. Amiranašvili, *Istorija gruzinskoj monumental'noj živopisi*, I, Sachelgami 1957
Š. Ja. Amiranašvili, *Iskusstvo*	Š. Ja. Amiranašvili, *Istorija gruzinskogo iskusstva*, Moskva 1963
A. M. Ammann	A. M. Ammann, La pittura sacra bizantina, Roma 1957
Antonin'	Archimandrit' Antonin', *Pojezdka v Rumeliju*, Sanktpeterburg 1872
B. Babić, *Natpisi*	B. Babić, *Tri grčka fresko natpisa na zidovima crkava srednjovekovnog Prilepa iz druge polovine XIII veka*, ZLU 5 (1969)
B. Babić, *Pregled*	B. Babić, *Kratok pregled na spomenici na kulturata na Prilep i prilepskiot kraj*, Prilep, o. D.
G. Babić, *Chapelles*	G. Babić, *Les chapelles annexes des églises byzantines, Fonction liturgique et programmes iconographiques*, Paris 1969
G. Babić, *Društveni položaj*	G. Babić, *Društveni položaj ktitora u Despotovini*, Moravska škola i njeno doba (= L'école de la Morava et son temps), Beograd 1972
G. Babić, *Raspre*	G. Babić, *Hristološke raspre u XII veku i pojava novih scena u apsidalnom dekoru vizantijskih crkava*, ZLU 2 (1966)
H. G. Beck	H. G. Beck, *Kirche und theologische Literatur im Byzantinischen Reich*, München 1959
J. Beckwith, *Art*	J. Beckwith, *Early Christian and Byzantine Art*, London 1970
J. Beckwith, *Constantinople*	J. Beckwith, *The Art of Constantinople*, London 1961
G. de Bersa, *Guida*	G. de Bersa, *Guida storico-artistica di Zara e catalogo del R°. Museo archeologico*, Zara 1932
C. F. Bianchi, *Zara*	C. F. Bianchi, *Zara cristiana*, I, Zara 1877
Đ. Bošković, *Graditelji i slikari*	Đ. Bošković, *O nekim našim graditeljima i slikarima iz prvih decenija XIV veka*, Starinar, n. s. IX—X, Beograd 1959
Đ. Bošković, *Natpisi*	Đ. Bošković, *Nekoliko natpisa sa zidova srpskih srednjevekovnih crkava*, Spomenik SKA, LXXXVII, Beograd 1938
Đ. Bošković, *Nouvelles*	Đ. Bošković, *Nouvelles byzantines de Yougoslavie*, Atti del VIII Congresso internazionale di studi bizantini, II, Palermo 1951 (Roma 1953)
BZ	Byzantinische Zeitschrift, München
CA	Cahiers archéologique, Paris
The Cambridge History	*The Cambridge Medieval History, IV, The Byzantine Empire, II, Government, Church and Civilization*, Cambridge 1967 (Byzantine Architecture and Art by A. Grabar)
M. Chatzidakis, *Aspects*	M. Chatzidakis, *Aspects de la peinture du XIIIe siècle en Grèce*, L'art byzantin du XIIIe siècle, Symposium de Sopoćani, Beograd 1967
M. Chatzidakis — A. Grabar	M. Chatzidakis — A. Grabar, *La peinture byzantine et du Haut Moyen âge*, Paris 1965
M. Ćorović-Ljubinković *XIII vek*	M. Ćorović-Ljubinković, *Srpsko zidno slikarstvo XIII veka*, Beograd 1965
M. Ćorović-Ljubinković, *Odraz*	M. Ćorović-Ljubinković, *Odraz kulta sv. Stefana u srpskoj srednjevekovnoj umetnosti*, Starinar, n. s. XII, Beograd 1961
M. Ćorović-Ljubinković, *Živopis*	M. Ćorović-Ljubinković, *Živopis crkve sv. Petra kod Novog Pazara* Starinar, s. s. XX (1969), Zbornik Đurđa Boškovića, Beograd 1970
M. Ćorović-Ljubinković, *Uz problem*	M. Ćorović-Ljubinković, *Uz problem ikonografije srpskih svetitelja Simeona i Save*, Starinar, n. s. VII—VIII (1958)
Ch. Delvoye	Ch. Delvoye, *L'art byzantin*, Paris 1967
O. Demus, *Die Entstehung*	O. Demus, *Die Entstehung des Paläologenstils in der Malerei*, Berichte zum XI. Internationalen Byzantinisten-Kongress, München 1958
O. Demus, *Sicily*	O. Demus, *The Mosaics of Norman Sicily*, London 1949
Ch. Diehl, *Manuel*, I, II	Ch. Diehl, *Manuel d'art byzantin*, I—II, Paris 1925, 1926
Ch. Diehl, *Peinture* DOP	Ch. Diehl, *La peinture byzantine*, Paris 1963, Dumbarton Oaks Papers, Washington
S. Dufrenne, *Programme*	S. Dufrenne, *L'enrichissement du programme iconographique dans les églises byzantines du XIIIe siècle*, L'art byzantin du XIIIe siècle, Symposium de Sopoćani 1965, Beograd 1967
V. J. Đurić, *Besrebrnici*	V. J. Đurić, *Freske crkvice sv. Besrebrnika despota Jovana Uglješe u Vatopedu i njihov značaj za ispitivanje solunskog porekla resavskog živopisa*, ZRVI 7 (1961)
V. J. Đurić, *Chilandar*	V. J. Đurić, *Fresques médiévales à Chilandar*, Actes du XIIe Congrès international d'études byzantines, III, Beograd 1964
V. J. Đurić, *Crkva sv. Sofije (= L'église de Sainte Sophie)*	V. J. Đurić, *Crkva sv. Sofije u Ohridu*, Beograd 1963 (= *L'église de Sainte Sophie à Ohrid*, Beograd 1963)
V. J. Đurić, *Icônes*	V. J. Đurić, *Icônes de Yougoslavie*, Beograd 1961 (= V. J. Đurić, Ikone iz Jugoslavije, Beograd 1961)
V. J. Đurić, *Ist. kompozicije*, I, II, III	V. J. Đurić, *Istorijske kompozicije u srpskom slikarstvu srednjega veka i njihove književne paralele*, I, ZRVI VIII_2, Mélanges G. Ostrogorsky II (1964); II, ZRVI X (1967); III, ZRVI XI (1968)
V. J. Đurić, *Koriša*	V. J. Đurić, *Najstariji živopis isposnice pustinožitelja Petra Koriškog*, ZRVI V (1958)
V. J. Đurić, *Markov manastir — Ohrid*	V. J. Đurić, *Markov manastir — Ohrid*, ZLU 8 (1972)
V. J. Đurić, *Mitropolit Jovan*	V. J. Đurić, *Radionica mitropolita Jovana zografa*, Zograf 3 (Beograd 1969)

V. J. Đurić, *Morava*	V. J. Đurić, *La peinture murale de l'Ecole de la Morava (= Zidno slikarstvo Moravske škole)*, Moravsko slikarstvo, Beograd 1968
V. J. Đurić, *La peinture*	V. J. Đurić, *La peinture murale serbe du XIIIe siècle*, L'art byzantin du XIIIe siècle, Beograd 1967
V. J. Đurić, *La peinture murale de Resava*	V. J. Đurić, *La peinture murale de Resava. Ses origines et sa place dans la peinture byzantine*, L'école de la Morava et son temps, Symposium de Resava 1968, Beograd 1972
V. J. Đurić, *Presto*	V. J. Đurić, „*Presto svetoga Save*", Spomenica u čast novoizabranih članova Srpske akademije nauka i umetnosti, knj. 55, Beograd 1972
V. J. Đurić, *Radionica XIII v.*	V. J. Đurić, *Jedna slikarska radionica u Srbiji XIII veka*, Starinar, n. s. XII (Beograd 1961)
V. J. Đurić, *Solunsko poreklo*	V. J. Đurić, *Solunsko poreklo resavskog živopisa*, ZRVI 6 (1960)
V. J. Đurić, *Sopoćani*	V. J. Đurić, *Sopoćani*, Leipzig 1967 (= V. J. Đurić, *Sopoćani*, Beograd 1963)
V. J. Đurić, *Tri događaja*	V. J. Đurić, *Tri događaja u srpskoj državi XIV veka i njihov odjek u slikarstvu*, ZLU 4 (1968)
V. J. Đurić, *XIII vek*	V. J. Đurić, *Srpsko zidno slikarstvo XIII veka*, izd. Prosvjeta, Zagreb
EJ	Enciklopedija Jugoslavije, 1—7, Zagreb 1955—1968
EC	S. Stanojević, *Narodna enciklopedija srpsko-hrvatsko-slovenačka*, 1—4, Zagreb 1928—1929
C. Fisković, *Freske*	C. Fisković, *Dalmatinske freske*, Zagreb 1965
C. Fisković, *Majstori*	C. Fisković, *Zadarski sredovječni majstori*, Split 1959
A. Frolow, *L'argent*	A. Frolow, *L'argent de parure dans des fresques serbes du Moyen âge*, Revue des études byzantines, XXIV, Mélanges Venance Grumel, Paris 1966
H. Gelzer	H. Gelzer, *Das Patriarchat von Achrida*, Leipzig 1902
A. Grabar, *L'art*	A. Grabar, *L'art de la fin de l'Antiquité et du Moyen Age*, I—II, Paris 1968
A. Grabar, *Bulgarie*	A. Grabar, *La peinture religieuse en Bulgarie*, I—II, Paris 1928
A. Grabar, *Byzance*	A. Grabar, *Byzance, L'art byzantin du Moyen Age*, Paris 1963 (= A. Grabar, *Vizantija, Vizantijska umetnost srednjeg veka*, Novi Sad 1969)
A. Grabar, *Europe orientale*	A. Grabar, *L'art du Moyen Age en Europe orientale*, Paris 1968 (= A. Grabar, *Srednjovekovna umetnost istočne Evrope*, Novi Sad 1969)
A. Grabar, *La peinture*	A. Grabar, *La peinture byzantine*, Genève 1953
A. Grabar, *Sources*	A. Grabar, *Sur les sources des peintres byzantins des XIIIe et XIV siècles*, CA XII (1962)
C. Grozdanov, *Kliment Ohridski*	C. Grozdanov, *Portretite na Kliment Ohridski vo srednovekovnata umetnost*, Slovenska pismenost, Ohrid 1966
C. Grozdanov, *Ohridske beleške*	C. Grozdanov, *Ohridske beleške*, Zograf 3 (Beograd 1969)
C. Grozdanov, *O portretima*	C. Grozdanov, *O portretima Klimenta Ohridskog u ohridskom slikarstvu XIV veka*, ZLU 4 (1968)
C. Grozdanov, *Pojava*	C. Grozdanov, *Pojava i prodor portreta Klimenta Ohridskog u srednjovekovnoj umetnosti*, ZLU 3 (1967)
C. Grozdanov, *Prilozi*	C. Grozdanov, *Prilozi poznavanju srednjovekovne umetnosti Ohrida*, ZLU 2 (1966)
R. M. Grujić, *Mitropolija*	R. M. Grujić, *Skopska mitropolija*, Skoplje 1935
GSND	Glasnik Skopskog naučnog društva, Skoplje
L. Hadermann-Misguich, *Tendances*	L. Hadermann-Misguich, *Tendances expressives et recherches ornementales dans la peinture byzantine de la seconde moitié du XIIe siècle*, Byzantion XXXV (Bruxelles 1965)
H. Hallensleben, *Die Malerschule*	H. Hallensleben, *Die Malerschule des Königs Milutin*, Giessen 1963
R. Hamann-Mac Lean, *Malerinschriften*	R. Hamann-Mac Lean, *Zu den Malerinschriften der „Milutin-Schule"*, BZ 53 (1960)
R. Hamann-Mac Lean und H. Hallensleben	R. Hamann-Mac Lean und H. Hallensleben, *Die Monumentalmalerei in Serbien und Makedonien vom 11. bis zum frühen 14. Jahrhundert*, Giessen 1963
Icônes	K. Weitzmann, M. Chatzidakis, K. Miatev, S. Radojčić, *Icônes (Sinai, Grèce, Bulgarie, Yougoslavie)*, Paris 1967 (= *Ikone sa Balkana*, Beograd 1970)
Istorija	*Istorija russkogo iskusstva*, I—III, Moskva 1953—1955
J. Ivanov	J. Ivanov, *B'lgarski starini iz Makedonija*, Sofia 1931
JÖBG	Jahrbuch der Österreichischen byzantinischen Gesellschaft, Graz—Köln
Z. Kajmaković, *Slikarstvo*	Z. Kajmaković, *Zidno slikarstvo u Bosni i Hercegovini*, Sarajevo 1971
Lj. Karaman, *Pregled*	Lj. Karaman, *Pregled umjetnosti u Dalmaciji*, Zagreb 1952
M. Kašanin, *L'art*	M. Kašanin, *L'art yougoslave*, Beograd 1939
KN	Kulturno nasledstvo, Skopje
N. P. Kondakov, *Makedonija*	N. P. Kondakov, *Makedonija, Archeologičeskoje putěšestvije*, Sanktpeterburg 1909
Kosovo	*Kosovo nekada i danas*, Beograd 1973 (tekst o srednjovekovnim spomenicima M. Ivanović)
J. Kovačević, *Nošnja*	J. Kovačević, *Srednjevekovna nošnja balkanskih Slovena*, Beograd 1953
Kraljevo	*Kraljevo i okolina*, Beograd 1966 (tekst o spomenicima D. Tasić)
K. Krumbacher	K. Krumbacher, *Geschichte der byzantinischen Litteratur*, München 1897
M. Lađević, *Rezultati*	M. Lađević, *Rezultati ispitivačkih radova na freskama crkve sv. Petra i Pavla kraj Novog Pazara*, Saopštenja IV (1961)
J. Lafontaine-Dosogne, *Enfance*	J. Lafontaine-Dosogne, *Iconographie de l'Enfance de la Vierge dans l'Empire Byzantin et en Occident*, I, Bruxelles 1964

V. N. Lazarev, *Kovalёvskaja*	V. N. Lazarev, *Kovalёvskaja rospis' i problёma južnoslavjanskich svjazёj v russkoj živopisi XIV vёka*, Ёžegodnik Instituta istorii iskusstv AN SSSR 1957, Moskva 1958
V. Lazarev, *Old Russian*	V. Lazarev, *Old Russian Murals and Mosaics*, London 1966
V. Lazarev, *Storia*	V. Lazarev, *Storia della pittura bizantina*, Torino 1967 (= V. N. Lazarev, *Istorija vizantijskoj živopisi*, I—II, Moskva 1947—1948)
V. N. Lazarev, *Živopis'*	V. N. Lazarev, *Živopis' XI—XII vёkov v Makedonii*, Actes du XIIe Congrès international d'études byzantines, I, Beograd 1963 (= in *Vizantijskaja živopis'*, Moskva 1971, 170—201)
LE	Enciklopedija likovnih umjetnosti, 1—4, Zagreb 1959—1966
R. Ljubinković, *Apostoli*	R. Ljubinković, *Crkva sv. Apostola u Pećkoj Patrijaršiji*, ed. „Jugoslavija", Beograd 1964 (= *L'église des Saint-Apôtres de la Patriarchie à Peć*, Beograd 1972)
R. Ljubinković, *Influence*	R. Ljubinković, *Les influences de la vie politique contemporaine sur la décoration des églises d'Ohrid*, Actes du XIIe Congrès international d'études byzantines, III, Beograd 1964
R. Ljubinković, *Majstori*	R. Ljubinković, *Majstori starog srpskog slikarstva*, Naše starine IV (Sarajevo 1957)
R. Ljubinković, *Ohrid*	R. Ljubinković — M. Ćorović-Ljubinković, *La peinture médiévale à Ohrid*, Musée national à Ohrid, Recueil de travaux, Ohrid 1961 (= *Srednovekovnoto slikarstvo vo Ohrid*, Zbornik na trudovi, Naroden Muzej vo Ohrid 1961)
R. Ljubinković, *La peinture*	R. Ljubinković, *La peinture murale en Serbie et en Macédoine aux XIe et XIIe siècle*, IX Corso di cultura sull'arte ravennate e bizantina, Ravenna 1962
R. Ljubinković, *Rapports*	R. Ljubinković, *Quelques observations sur le problème des rapports artistiques entre Byzance, l'Italie méridionale et la Serbie avant XIIIe siècle*, X Corso di cultura sull'arte ravennate e bizantina, Ravenna 1963
S. Mandić, *Studenica*	S. Mandić, *L'église de la Vierge à Studenica*, éd. „Jugoslavija", Beograd 1966 (= *Bogorodičina crkva u Studenici*, Beograd 1966)
Đ. Mano-Zisi, *Sv. Sofija*	Đ. Mano-Zisi, *Sv. Sofija u Ohridu*, Starinar, III ser., IV (Beograd 1931)
N. Mavrodinov, *Izkustvo*	N. Mavrodinov, *Starob'lgarskoto izkustvo*, Sofia 1959
N. Mavrodinov, *Živopis*	N. Mavrodinov, *Starob'lgarskata živopis*, Sofia 1946
N. Mavrodinov, *XI—XIII v.*	N. Mavrodinov, *Starob'lgarskoto izkustvo XI—XIII v.*, Sofia 1966
F. Mesesnel, *Ohrid*	F. Mesesnel, *Ohrid*, Skoplje 1934
F. Mesesnel, *Srp. spomenici*	F. Mesesnel, *Srpski spomenici*, Spomenica dvadesetpetogodišnjice oslobođenja Južne Srbije, Skoplje 1937
F. Mesesnel, *Viz. spomenici*	F. Mesesnel, *Vizantijski spomenici*, Spomenica dvadesetpetogodišnjice oslobođenja Južne Srbije, Skoplje 1937
A. Michel	A. Michel, *Histoire de l'art, III/2, Paris 1908 (L'art chrétien d'Orient du milieu du XIIe au milieu du XVe siècle*, texte par G. Millet)
P. Mijović, *Carska ikonografija*	P. Mijović, *Carska ikonografija u srpskoj srednjovekovnoj umetnosti*, Starinar, n. s. XVIII (Beograd 1968)
P. Mijović, *Patrijaršija*	P. Mijović, *Pećka patrijaršija*, izd. Turistički savez i „Turistička štampa", Beograd 1960
G. Millet, *Balkans*	G. Millet, *L'art des Balkans et l'Italie au XIIIe siècle*, Atti del V Congresso internazionale di studi bizantini, II, Roma 1940
G. Millet, *Iconographie*	G. Millet, *Recherches sur l'iconographie de l'Evangile*, Paris 1960
G. Millet, *La peinture*	G. Millet, *La peinture du Moyen âge en Yougoslavie*, I—III, Paris 1954, 1957, 1962 (présenté par A. Frolow); IV, Paris 1969 (présentation par T. Velmans)
G. Millet, *Rascie*	G. Millet, *Etudes sur les églises de Rascie*, L'art byzantin chez les Slaves, I, Paris 1930
P. Miljković-Pepek, *Contribution*	P. Miljković-Pepek, *Contribution aux recherches sur l'évolution de la peinture en Macédoine au XIIIe siècle*, L'art byzantin du XIIIe siècle, Beograd 1967
P. Miljkoviḱ-Pepek, *Deloto*	P. Miljkoviḱ-Pepek, *Deloto na zografite Mihailo i Eutihij*, Skopje 1967
P. Miljković-Pepek, *Icône*	P. Miljković-Pepek, *L'icône de Saint Georges de Struga*, CA XIX (1969)
P. Miljkoviḱ-Pepek, *Kaneo*	P. Miljkoviḱ-Pepek, *Crkvata Sv. Jovan Kaneo vo Ohrid*, KN III (1967), Skopje 1971
P. Miljkoviḱ-Pepek, *Motivi*	P. Miljkoviḱ-Pepek, *Umilitelnite motivi vo vizantijskata umetnost na Balkanot i problemot na Bogorodica Pelagonitisa*, Izdanija na Arheološkiot muzej, Zbornik II (Skopje 1958)
P. Miljković-Pepek, *O slikarima*	P. Miljković-Pepek, *O slikarima mitropolitu Jovanu i jeromonahu Makariju*, L'école de la Morava et son temps, Beograd 1972 (= Bagdala, br. 118, Kruševac 1969)
P. Miljkoviḱ-Pepek, *Podatoci*	P. Miljkoviḱ-Pepek *Pišuvanite podatoci za zografite Mihail Astrapa i Eutihij i za nekoi nivni sorabotnici*, Glasnik na Institutot za nacionalna istorija, god. IV, br. 1—2 (Skopje 1960)
P. Miljkoviḱ-Pepek, *Proučuvanjata*	P. Miljkoviḱ-Pepek, *Proučuvanjata na nekolku novootkrieni ikoni koi značitelno ja zbogatuvaat makedonskata kolekcija*, KN IV (1971)
P. Miljkoviḱ-Pepek, *Spomenici*	P. Miljkoviḱ-Pepek, *Novootkrieni arhitekturni i slikarski spomenici vo Makedonija od XI do XIV vek*, KN V (1973)
P. Miljković-Pepek, *Un courant*	P. Miljković-Pepek, *Un courant stylistique dans la peinture du XIIIe siècle en Macédoine*, KN IV (1971)
D. Milošević, *Gericht*	D. Milošević, *Das Jüngste Gericht*, Recklingshausen 1963
D. Milošević, *Moravska Srbija*	D. Milošević, *Moravska Srbija — ljudi i dela*, Kruševac 1971
D. Milošević, *Srbi svetitelji*	D. Milošević, *Srbi svetitelji u starom slikarstvu*, O Srbljaku, Beograd 1970

P. N. Miljukov, *Drěvnosti*	P. N. Miljukov, *Christianskija drěvnosti Zapadnoj Makedonii*, Izvestija Russkago archeologičeskago instituta v Konstantinopolě, IV (Sofia 1899)
L. Mirković, *Die Ikonen*	L. Mirković, *Die Ikonen der griechischen Maler in Jugoslawien und in den serbischen Kirchen ausserhalb Jugoslawiens*, Πεπραγμένα τοῦ Θ' Διεθνοῦς βυζαντινολογικοῦ συνεδρίου, I, Athen 1955
V. Molè	V. Molè, *Umetnost Južnih Slovanov*, Ljubljana 1965 (= *Sztuka Slowian Południowych*, Wrocław-Warszawa-Kraków 1962)
P. Muratoff	P. Muratoff, *La peinture byzantine*, Paris 1928
J. Myslivec, *Akathist*	J. Myslivec, *Ikonografie Akathistu Panny Marie*, SK V (1932)
J. Myslivec, *Dvě studie*	J. Myslivec, *Dvě studie z dějin byzantského umění*, Praha 1948
R. Naumann und H. Belting	R. Naumann und H. Belting, *Die Euphemia-Kirche am Hippodrom zu Istanbul und ihre Fresken*, Berlin 1966
S. Nenadović, *Problemi*	S. Nenadović, *Studenički problemi*, Beograd 1957
R. Nikolić, *Petrova crkva*	R. Nikolić, *Petrova crkva i Đurđevi Stupovi*, izd. Turističkog saveza i „Turističke štampe", Beograd 1961
Nikolovski — Ḱornakov — Balabanov	A. Nikolovski — D. Ḱornakov — K. Balabanov, *Spomenici na kulturata vo NR Makedonija*, Skopje 1961
Novi Pazar	*Novi Pazar i okolina*, Beograd 1969 (pisac teksta o srednjovekovnim spomenicima D. Tasić)
N. Okuněv', *Monumenta*	N. L. Okuněv', *Monumenta artis serbicae*, I—IV, Prague 1928—1932
N. Okuněv', *Portrety*	N. L. Okuněv', *Portrety korolěj ktitorov' v' serbskoj cerkovnoj živopisi*, Byzantinoslavica II (Prague 1930)
N. Okuněv', *Sostav'*	N. L. Okuněv', *Sostav' rospisi chrama v Sopočanach*, Byzantinoslavica I (Prague 1929)
N. L. Okuněv', *Stěnopisi*	N. L. Okuněv', *Serbskija srěděněvěkovyja stěnopisi*, Praga 1923
N. Okunjev, *Živopis*	N. Okunjev, *Stari srpski živopis i njegovi spomenici u bližoj okolini Skoplja*, Crkva i život, god. II, br. 1 i 2, Skoplje 1923
O. Pächt	O. Pächt, *Byzantine Illumination*, Oxford 1952
K. Papaioannou	K. Papaioannou, *La peinture byzantine et russe*, Lausanne 1965
S. Pelekanidis	S. Pelekanidis *Καστορία* I, Thessalonike 1953
S. Pelekanidis *'Ο ζωγράφος*	S. Pelekanidis, *'Ο ζωγράφος Μιχαὴλ 'Αστραπᾶς*, Μακεδονικὰ 4 (Tessalonique 1958)
S. Pelekanidis, *Più antichi*	S. Pelekanidis, *Più antichi affreschi di Kastoria*, XI Corso di cultura sull'arte ravennate e bizantina, Ravenna 1964
V. R. Petković, *La peinture*	V. R. Petković, *La peinture serbe du Moyen âge*, I—II, Beograd 1930, 1934
V. R. Petković, *Pregled*	V. R. Petković, *Pregled crkvenih spomenika kroz povesnicu srpskog naroda*, Beograd 1950
V. R. Petković, *Premudrost*	V. R. Petković, *Freske s predstavom Premudrosti*, Zbornik u čast Bogdana Popovića, Beograd 1929
V. R. Petković, *Studenica*	V. R. Petković, *Manastir Studenica*, Beograd 1924
V. Petković — P. Popović	V. Petković — P. Popović, *Staro Nagoričino — Psača — Kalenić*, Beograd 1933 (tekst o slikarstvu V. Petković)
I. Petricioli, *Romanika*	I. Petricioli, *Romanika u Zadru*, Zadar, zbornik, Zagreb 1964
I. Petricioli, *Zadar*	I. Petricioli, *Zadar*, turistički vodič, Zadar 1962
PKJIF	Prilozi za književnost, jezik, istoriju i folklor, Beograd
Prilep	*Prilep i prilepsko niz istorijata*, I, Prilep 1971 (tekst o srednjovekovnim spomenicima P. Miljković-Pepek)
A. Procopiou	A. Procopiou, *La question macédonienne dans la peinture byzantine*, Athènes 1962
M. Purković	M. Purković, *Srpski episkopi i mitropoliti srednjeg veka*, Hrišćansko delo III/4—6, Skoplje 1937
S. Radojčić, *Čin*	S. Radojčić, *„Čin bivajemi na razlučenije duši od tela" u monumentalnom slikarstvu XIV veka*, ZRVI 7 (1961)
S. Radojčić, *Die Entstehung*	S. Radojčić, *Die Entstehung der Malerei der Paläologischen Renaissance*, JÖBG VII (1958)
S. Radojčić, *Geschichte*	S. Radojčić, *Geschichte der serbischen Kunst, Von den Anfängen bis zum Ende des Mittelalters*, Berlin 1969
S. Radojčić, *Hilandar*	S. Radojčić, *Umetnički spomenici manastira Hilandara*, ZRVI 3 (1955)
S. Radojčić, *Icônes*	S. Radojčić, *Icônes de Serbie et de Macédoine*, Beograd s. d. (= S. Radojčić, *Ikone Srbije i Makedonije*, Beograd b. d.)
S. Radojčić, *Majstori*	S. Radojčić, *Majstori starog srpskog slikarstva*, Beograd 1955
S. Radojčić, *Die Meister*	S. Radojčić, *Die Meister der altserbischen Malerei vom Ende des XII. bis zur Mitte des XV. Jahrhunderts*, Πεπραγμένα τοῦ Θ' Διεθνοῦς αυζαντινολογικοῦ συνεδρίου, I, Athènes 1955
S. Radojčić, *Pilatov sud*	S. Radojčić, *Pilatov sud u vizantijskom slikarstvu ranog XIV veka*, ZRVI XIII (1971)
S. Radojčić, *La pittura*	S. Radojčić, *La pittura in Serbia e in Macedonia dall'inizio del secolo XII fino, alla metà del secolo XV*, X Corso di cultura sull'arte ravennate e bizantina, Ravenna 1963 (= *Slikarstvo u Srbiji od početka XIII do sredine XV veka*, Srpska pravoslavna crkva 1219—1969, Spomenici o 750-godišnjici autokefalnosti, Beograd 1969, 92—110)
S. Radojčić, *Portreti*	S. Radojčić, *Portreti srpskih vladara u srednjem veku*, Skoplje 1934
S. Radojčić, *Die serbische Ikonenmalerei*	S. Radojčić, *Die serbische Ikonenmalerei vom 12. Jahrhundert bis zum Jahre 1459*, JÖBG V (1956) (= *Srpke ikone od XII veka do 1459 godine*, Beograd 1960)
S. Radojčić, *Slikarstvo*	S. Radojčić, *Staro srpsko slikarstvo*, Beograd 1966

Saopštenja	Saopštenja Republičkog zavoda za zaštitu spomenika kulture, Beograd
SK	Seminarium Kondakovianum, Prague
SKM	Starine Kosova i Metohije, Priština
I. SNĚGAROV'	I. SNĚGAROV, *Istorija na Ohridskata arhiepiskopija*, I, Sofia 1924
SOTIROU, *Icones*	G. ET M. SOTIROU, *Icones du Mont Sinaï*, I—II, Athènes 1956, 1958
G. A. SOTIROU	G. A. SOTIRIOU *'Η ζωγραφική τῆς σχολῆς τῆς Κωνσταντινουπόλεως*, Δελτίον τῆς Χριστιανικῆς ἀρχαιολογικῆς ἑταιρείας, περ. Δ'. τόμ. Α' (Athènes 1959)
Spomenici kulture	*Spomenici kulture*, urednik M. PANIĆ-SUREP, Beograd 1951
Srbija	*Srbija, znamenitosti i lepote*, Beograd 1965 (tekst o slikarstvu D. TASIĆ)
H. STERN	H. STERN, *L'art byzantin*, Paris 1965
C. STEWART	C. STEWART, *Serbian Legacy*, London 1959
A. AND J. STILIANOU	A. AND J. STILIANOU, *The Painted Churches of Cyprus*, Cyprus 1964
A. STOJAKOVIĆ, *Arhitektonski prostor*	A. STOJAKOVIĆ, *Arhitektonski prostor u slikarstvu srednjovekovne Srbije*, Novi Sad 1970
LJ. STOJANOVIĆ, *ZN*	LJ. STOJANOVIĆ, *Stari srpski zapisi i natpisi*, I—IV, Beograd —Sremski Karlovci 1902—1926
A. STRANSKY, *Remarques*	A. STRANSKY, *Remarques sur la peinture du Moyen-Age en Bulgarie, en Grèce et en Albanie*, Actes du IVe Congrès international des études byzantines, Sofia 1936
Đ. STRIČEVIĆ, *Hronologija*	Đ. STRIČEVIĆ, *Hronologija ranih spomenika Moravske škole*, Starinar, n. s. V—VI (1956)
Studenica	M. KAŠANIN — V. KORAĆ — D. TASIĆ — M. ŠAKOTA, *Studenica*, Beograd 1968
J. D. ŞTEFĂNESCU	J. D. ŞTEFĂNESCU, *L'illustration des liturgies dans l'art de Byzance et de l'Orient*, I, Annuaire de l'Institut de philologie et d'histoire orientales, 1932—1933, (Bruxelles 1932); II, ibid. (1935)
CH. SCHUG-WILLE	CH. SCHUG-WILLE, *Art of the Byzantine World*, New York 1969
PH. SCHWEINFURTH, *Form*	PH. SCHWEINFURTH, *Die byzantinische Form*, Mainz 1954
PH. SCHWEINFURTH, *Wandmalerei*	PH. SCHWEINFURTH, *Byzantinische monumentale Wandmalerei*, Mainz 1947
D. TALBOT RICE, *Art*	D. TALBOT RICE, *Art of the Byzantine Era*, London 1963 (= *Umetnost vizantijskog doba*, Beograd 1968)
D. TALBOT RICE, *Arte*	D. TALBOT RICE, *Arte bizantina*, Rocca San Casciano 1958
D. TALBOT RICE, *The Beginnings*	D. TALBOT RICE, *The Beginnings of Christian Art*, London 1957
D. TALBOT RICE, *Byzantine Art*	D. TALBOT RICE, *Byzantine Art*, London 1953
D. TALBOT RICE, *Painting*	D. TALBOT RICE, *Byzantine Painting: The Last Phase*, London 1968
D. TALBOT RICE, *The Twelfth Century*	D. TALBOT RICE, *The Twelfth Century Renaissance in Byzantine Art*, Hull 1965
D. TALBOT RICE, *The Appreciation*	D. TALBOT RICE, *The Appreciation of Byzantine Art*, London 1972
D. TALBOT RICE — S. RADOJČIĆ	D. TALBOT RICE — S. RADOJČIĆ, *Yougoslavie, Fresques médiévales*, éd. UNESCO, Paris 1955 (= *Jugoslavija, srednjevekovne freske*, Paris 1955)
A. VASILIEV, *Obraz't*	A. VASILIEV, *Obraz't na Kliment Ohridski v b'lgarskoto izkustvo*, Kliment Ohridski, Sbornik ot statii po slučaj 1050 godini od sm'rtta mu, Sofia 1966
T. VELMANS, *Le portrait*	T. VELMANS, *Le portrait dans l'art des Paléologues*, Art et société à Byzance sous les Paléologues, Venise 1971
T. VELMANS, *Le rôle*	T. VELMANS, *Le rôle du décor architectural et la représentation de l'espace dans la peinture des Paléologues*, CA XIV (1964)
T. VELMANS, *Les valeurs*	T. VELMANS, *Les valeurs affectives dans la peinture murale byzantine au XIIIe siècle et la manière de les représenter*, L'art byzantin du XIIIe siècle, Symposium de Sopoćani 1965, Beograd 1967
W. F. VOLBACH UND J. LAFONTAINE-DOSOGNE	W. F. VOLBACH UND J. LAFONTAINE-DOSOGNE, *Byzans und der christliche Osten*, Propyläen. Kunstgeschichte, Bd. 3, Berlin 1968
Vsěobščaja	*Vsěobščaja istorija iskusstv*, II, pod obščej redakcijej B. V. Vejmarna i Ju. D. Kolpinskogo, Moskva 1960 (tekst: *Iskusstvo južnych Slavjan* A. V. BANK)
VV	Vizantijskij vremennik, Moskva
CH. WALTER, *Conciles*	CH. WALTER. *L'iconographie des conciles dans la tradition byzantine*, Paris 1970
D. WINFIELD	D. WINFIELD, *Four Historical Compositions from the Medieval Kingdom of Serbia*, Byzantinoslavica XIX (Prague 1958)
L. WRATISLAV-MITROVIC ET N. OKUNEV	L. WRATISLAV-MITROVIC ET N. OKUNĚV', *La Dormition de la Sainte Vièrge dans la peinture médiévale orthodoxe*, Byzantinoslavica III (Prague 1931)
A. XYNGOPOULOS, *Thessalonique*	A. XYNGOPOULOS, *Thessalonique et la peinture macédonienne*, Athènes 1955
ZAF	Zbornik Arhitektonskog fakulteta, Beograd
ZFF	Zbornik Filozofskog fakulteta, Beograd
ZLU	Zbornik za likovne umetnosti, Matica srpska, Novi Sad
ZNM	Zbornik Narodnog muzeja, Beograd
ZRVI	Zbornik radova Vizantološkog instituta, Beograd
ZZSK	Zbornik zaštite spomenika kulture, Beograd
B. ŽIVKOVIĆ — R. NIKOLIĆ	B. ŽIVKOVIĆ — R. NIKOLIĆ, *Tri moravska manastira — Three Morava Monasteries (Manasija — Ravanica — Kalenić)*, Beograd 1966

1.
Die bildergeschmückte Grabkammer von Niš gehört zu einer größeren altchristlichen Nekropole, in der noch einige solche Kammern vom gleichen architektonischen Typus, aber ohne Malerei, vorhanden sind. Entdeckt wurden sie allesamt durch Zufall im Jahre 1953. Angaben über die Freskengruft in Niš veröffentlichte erstmals F. Gerke in *Die Wandmalereien der Petrus-Paulus-Katakombe in Pécs (Südungarn)*, Neue Beiträge zur Kunstgeschichte des I. Jahrtausends, zweiter Halbband, Frühmittelalterliche Kunst, Baden-Baden 1954, 148, 169—182. In diesem Beitrag wird auch der ikonographische Aspekt dieses Wandschmucks beleuchtet. Die umfassendste und die zuverlässigsten Ergebnisse enthaltende Studie zu diesem Thema jedoch erbrachte L. Mirković mit seiner Abhandlung *Starohrišćanska grobnica u Nišu*, Starinar, n. s. V—VI (1954—1955), Beograd 1956, 53—71 (= *La nécropole paléochrétienne de Niš*, Archaelogia iugoslavica, Beograd 1956, 85—100); id., *Ograda na slikama raja u katakombama Rima i ranohrišćanskim grobnicama u Pečuju i Nišu*, Starinar, n. s. IX—X (1958—1959) Beograd 1959, 215. Đ. Bošković versuchte in *Eščё něskol'ko slov o rannĕchristianskoj stĕnnoj živopisi v nišskom sklĕpĕ*, VV, XV (1959) 144—147, zu beweisen, daß die vier Figuren an den Wänden der Grabkammer keine Apostel, sondern die Porträts von Bestatteten darstellen. Entschieden widersetzte sich dieser Annahme L. Mirković mit *Da li na freskama u niškoj grobnici (kraj IV veka) imamo portrete sahranjenih u njoj*? ZNM, V, 1967, 217—235, einer Erörterung, mit der er gleichzeitig zum Kennenlernen der Ikonographie dieser Malerei beitrug. Vgl. auch S. Nenadović — M. Panić-Surep, *Zaštita ranohrišćanske grobnice sa freskama u Nišu*, Saopštenja, I, 1956, 143—146 (eine Veröffentlichung zu Bauweise und Art der Konservierung der Grabkammer) sowie P. du Bourguet, s. j., *La peinture paléochrétienne*, Paris 1965, éd. Pont Royal, 20, pl. 141 (Behandlung der Fresken der Grabkammer von Niš im Rahmen einer Anthologie der altchristlichen Malerei).
Zwecks thematischer und stilistischer Parallelen zur Malerei der Grabkammer von Niš vgl. außerdem: F. Gerke, *Wandmalereien der neugefundenen Grabkammer in Pécs (Fünfkirchen)*, Neue Beiträge zur Kunstgeschichte des I. Jahrtausends, erster Halbband, Spätantike und Byzanz, Baden-Baden 1952, 115—138 (behandelnd eine Pécser Grabkammer vom Ende des 4. Jahrhunderts), K. Mijatev', *Dekorativnata živopis' na sofijskija nekropol'*, Sofia 1925 (unter den darin behandelten bemalten Sofioter Grabkammern weisen insbesondere die Nr. 7 und 9 Ähnlichkeit mit der Grabkammer von Niš auf) sowie S. Pelekanidis, *Korreferat zum Referat Kollwitz, Die Malerei der Konstantinischen Zeit*, VII. Internationaler Kongreß für Christliche Archäologie, Trier 1965, 90—92 (bemalte Grabkammern von Thessalonike). Vgl. auch F. Gerke, *Spätantike und frühes Christentum*, Baden-Baden 1967, **97.**

2.
Die Reste dieser Fresken wurden während der in Stobi vorgenommenen Ausgrabungen in mehreren Etappen kurz vor und unmittelbar nach 1930 gefunden. Vgl. B. Sarija, *Novi nalasci u episkopskoj crkvi u Stobima*, GSND, XII, 1933, 16—17, 27—28 (= *Neue Funde in der Bischofskirche von Stobi*, Jahreshefte des Österreichischen archäologischen Instituts in Wien, XXVIII, 2. 1933, 119) und M. Đurić, *O skidanju zidnih slikarija u Stobi*, Starinar, III ser., VII, Beograd 1932, 86—87. Eine eingehende Behandlung erfuhren die Fresken von Stobi bei: Đ. Mano-Zisi, *Freske u Stobima*, Starinar, III ser., VIII—IX, Beograd 1933—1934, 244—248, E. Kitzinger, *A Survey of Early Christian Town of Stobi*, DOP 3, 1946, 108—110, und J. Maksimović, *Contribution à l'étude des fresques de Stobi*, CA, X, 1959, 207—216. Es muß gesagt werden, daß die Fresken heute in beträchtlichem Umfang restauriert sind, da sie beim Transport und während des Krieges ziemlich stark in Mitleidenschaft gezogen wurden. In letzter Zeit wurden auch im Baptisterium der Basilika Fresken gefunden, die demselben Zeitraum angehören: Đ. Mano-Zisi, *Stratigraphic Problems and the Urban Development of Stobi*, Studies in the Antiquities of Stobi, I, Beograd 1973, 218, 220.

3.
Zwar gibt es, abgesehen von dem schmalen Bändchen *Crkva Sv. Sofije (= L'église de Sainte Sophie)* von V. J. Đurić, Beograd 1963, keine eingehende Monographie über die Sophienkathedrale, doch wurde immerhin eine ganze Reihe höchst bedeutsamer Studien über sie verfaßt. Noch vor der in den fünfziger Jahren unseres Jahrhunderts erfolgten völligen Freilegung und Reinigung der erhaltenen Fresken wurden die bis dahin an der Wand sichtbaren Freskenteile veröffentlicht und genau datiert: N. Okunev, *Fragments des peintures de l'église Sainte-Sophie d'Ochride*, Mélanges Charles Diehl, II, Paris 1930, 117—131; Đ. Mano-Zisi, *Sv. Sofija*, 123—132; F. Mesesnel, *Ohrid*, 33—34; id., *Viz. spomenici*, 352—353; V. Petković, *Pregled*, 233.
Nach der Reinigung und Konservierung der Fresken (vgl. R. Lj., *Konzervatorska ispitivanja i radovi na crkvi Svete Sofije u Ohridu*, ZZSK II/I, 1952, 201 uff.; M. Medić, *Radovi na konzervaciji arhitekture i živopisa crkve Sv. Sofije u Ohridu u leto 1954*, ZZSK, VI—VII, 1956, 252; *Konzervatorski radovi na crkvi Sv. Sofije u Ohridu*, Beograd 1955, 29—39; C. Stewart, 56—57) wurden alle in Altarraum, Schiff und Narthex freigelegten von P. Miljković-Pepek in den Studien *Materijali za makedonskata srednovekovna umetnost, Freskite vo svetilišteto na crkvata Sv. Sofija vo Ohrid*, Zbornik na Arheološkiot muzej, I. Skopje 1956, 37—67, und *Materijali za istorija na srednovekovnoto slikarstvo vo Makedonija, III, Freskite vo naosot i narteksot na crkvata Sv. Sofija vo Ohrid*, KN, III, 1971, 1—25, einer eingehenden Beschreibung unterzogen. Besondere Aufmerksamkeit widmete ebendiesen Fresken auch R. Ljubinković in den Studien *Sv. Sofija u Ohridu*, Konzervatorski radovi na crkvi Sv. Sofije u Ohridu, Beograd 1955, 15—18, *Ohrid*, 101—106, *La peinture*, 410—422, und *Influences*, 222—224. Er löste die Mehrzahl der ikonographischen Fragen und zeigte als erster stilistische Parallelen auf, wie er sie den Miniaturen der Handschrift des byzantinischen Kaisers Basileios II. sowie teilweise in den Fresken der Sophienkirche in Thessalonike und in den Miniaturen einer aus Konstantinopel stammenden Jerusalemer liturgischen Schriftrolle aus dem 11. Jahrhundert entdeckt hatte. Wie es scheint, neigte er dazu, die Fresken des Schiffs und des Narthexerdgeschoßes entstehungszeitmäßig von denen des Allerheiligsten zu trennen: er hielt sie für etwas jünger als den unter Erzbischof Leon entstandenen Wandschmuck — eine Annahme, die unbedingt als unrichtig anzusehen ist. V. N. Lazarev stellte in *Živopis'*, 114—121, eine interessante, aber kaum beweisbare Hypothese von slawischen Zügen in der Malerei der Ochrider Sophienkathedrale auf. Ebenso wie S. Pelekanidis in *Νέαι ἔρευναι εἰς 'Αγίαν Σοφίαν Θεσσαλονίκης καὶ ἡ ἀποκατάστσις τῆς ἀρχαίας αὐτῆς μορφῆς*, Πεπραγμένα τοῦ Θ' Διεθνοῦς βυζαντινολογικοῦ συνεδρίου, I, 'Αθῆναι 1955, 406—407, sieht er die treffendsten Parallelen zu der Malerei von Ochrid in derjenigen von Thessalonike, nimmt aber auch die Besonderheiten wahr, durch die sich erstere von letzterer unterscheidet. Lazarev nimmt — ebenso wie einige andere Autoren — sogar an, die zwei Fresken neben dem Ikonostas seien jüngeren Datums, was sich auch nicht beweisen läßt, da sie zweifellos das Werk eines der Maler sind, die den Wandschmuck im Allerheiligsten geschaffen haben. Lazarevs Unterstellung slawischer Züge in der Malerei der Sophienkirche

wurde auf dem XII. Internationalen Byzantinistenkongreß in Ochrid 1961 erörtert und erfuhr dabei eine gewisse Kritik: O. Demus in *Actes du XIIe Congrès international d'études byzantines*, I, Beograd 1963, 342—346; S. Pelekanidis, ibid., 355; S. Radojčić, ibid., 357—360 (letzterer lieferte als erster eine genaue Schilderung des Themenkreises der Fresken der Sophienkirche). Für eine scharfe chronologische Unterteilung, derzufolge die Fresken des Allerheiligsten der Zeit des Zaren Samuel, die im Westteil des Schiffs hingegen der Zeit des Erzbischofs Leon angehören sollen, war N. Mavrodinov: *Živopis*, 40—49, und *Izkustvo*, I, 283—290. Dies nun ist eine These, die keiner näheren Betrachtung standzuhalten vermag; denn es läßt sich beispielsweise mit absoluter Sicherheit feststellen, daß die Engel unterhalb der Koimesis an der Westwand von demselben Künstler geschaffen wurden wie die Gottesmutter mit dem Jesuskind in der Apsiskonche u. dgl. m.

Die zwei wichtigsten Studien zu Ikonographie und Thematik der ältesten Ochrider Fresken in der Sophienkathedrale lieferten S. Radojčić: *Prilozi za istoriju najstarijeg ohridskog slikarstva*, ZRVI, 8/2, Mélanges Georges Ostrogorsky, II, 1964, 355—381 (ausführliche Beschreibung und Erläuterung dieser ältesten Malerei Ochrids, Hinweise auf stilistische Bezüge zwischen ihr und Konstantinopler Fresken mit Begründung dieser Bezugsetzung, Aufzeigen der laut Autor treffendsten Parallelen, zu finden in den Miniaturen einer Handschrift des Britischen Museums aus dem Jahre 1066 sowie der Handschrift Nr. 2027 des Klosters Esphigmenou), und A. Grabar: *Les peintures murales dans le choeur de Sainte-Sophie d'Ochrid*, CA, XV, 1965, 257—265 (einwandfreie Klärung einiger thematisch rätselhafter Darstellungen aus dem Leben des hl. Basilius des Großen, ikonographische Analyse der komplizierten Ideen, von denen sich der Auftraggeber bei der Szenenauswahl für das Allerheiligste leiten ließ). Zur Thematik und teilweise auch zur Ikonographie des den Vierzig heiligen Märtyrern geweihten Zyklus sowie der Vita Johannes des Täufers siehe G. Babić, *Chapelles*, 117—121. Zu der ungewöhnlichen und interessanten Ikonographie einiger Einzelgestalten in der unteren Zone des Gotteshauses vgl. noch P. Miljković-Pepek, *Edna značajna novootkriena freska vo Sv. Sofija vo Ohrid*, Vesnik na Muzejsko-konzervatorskoto društvo na NR Makedonija, god. III, br. 2, Skopje 1955, 48—51, id., *La fresque de la Vierge avec le Christ du pilier situé au nord de l'iconostase de Ste. Sophie à Ohrid*, Akten des XI. Intern. Byzant. Kongresses 1958 (München 1960) 388 uff., id., *Motivi*, 15—18, A. Grabar, *Deux témoignages archéologiques sur l'autocéphalie d'une église: Prespa et Ohrid*, ZRVI, 8/2, Mélanges Georges Ostrogorsky, II, 1964, 166—168, sowie C. Grozdanov, *Kliment Ohridski*, 101—102, und id., *Pojava*, 53—57 (letzterer Autor fand in der Sophienkirche das Porträt des Kliment von Ochrid neben demjenigen des einen der beiden Slawenapostel, Kyrill; die Darstellung des anderen (Method) neben letzterem dürfte vorhanden gewesen und nur von einer etwas jüngeren Freskenschicht überdeckt sein). Zu dem bei einigen dieser Fresken angewandten seltenen künstlerischen Verfahren in Form der Umrahmung der Figuren mittels einer weißen Linie vgl. P. Miljković-Pepek, *Poreklo jednog stilskog elementa na freskama Sv. Sofije u Ohridu*, ZRVI, 5, Beograd 1958, 125—128.

Die Fresken der Sophienkathedrale fanden Erwähnung in allgemeinen Übersichten byzantinischer bzw. südslawischer Kunst. Vgl. D. Talbot Rice, *Byzantine Art*, 116, id., *The Beginnings*, 158—159, id., *Art*, 98—99, A. Grabar, *La peinture*, 139—141, id., *Byzance*, 116, id., *Europe orientale*, 49, M. Chatzidakis — A. Grabar, 25—26, D. Talbot Rice — S. Radojčić, 9—10, 16, A. M. Ammann, 100—101, A. Procopiou, 22—24, passim, V. Molè, 136—141, H. Stern, 73, L. A. Alešina — N. V. Javorskaja, 18, Ch. Delvoye, 239—241, J. Beckwith, *Art*, 112—113, K. Papaioannou, 192, passim, W. F. Volbach und J. Lafontaine-Dosogne, 100—101, 105, 258, 270.

Das umfassendste Photomaterial zu den ältesten Fresken bringen G. Millet, *La peinture*, I, pl. 1—10, und V. J. Đurić, *Crkva Sv. Sofije*, pl. 1—40, sowie R. Hamann-Mac Lean und H. Hallensleben, 15—17, Plan 1—5, Taf. 1—28 (in letzterem Werk findet sich auch ein Gesamtschema dieser Fresken).

Zu den in den dogmatisch-liturgischen Abhandlungen Erzbischof Leons enthaltenen Auffassungen des letzteren, die die Ikonographie der Fresken im Allerheiligsten beeinflußten, vgl. seine Briefe, die in *Analecta sacra et classica*, ed. Joannes Baptista Cardinalis Pitra, Romae 1891, 745—762, veröffentlicht sind, sowie Migne, *Patrologia graeca*, t. 120, 836—844. Zu Erzbischof Leon als Schriftsteller vgl. K. Krumbacher, 81—82, H. Gelzer, 8—10, B. Prokić, *Postanak Ohridskog Patrijarhata*, Glas SKA, knj. 90, Beograd 1912, 195—198, 238—241, A. Michel, *Humbert und Kerullarios*, II, Paderborn, 1930, 282—291, I. Sněgarov', 227—267, und H. G. Beck, 534—535.

Neben den unmittelbaren stilistischen Bezügen zu den Fresken im Narthex der Sophienkirche von Thessalonike, auf die S. Pelekanidis und einige andere der angeführten Autoren hingewiesen haben, und der Ähnlichkeit in bezug auf gewisse künstlerische Verfahren — insbesondere die Gestaltungsweise der Heiligengewänder (vgl. D. E. Evangelidis, *'Η Παναγία τῶν Χαλκέων*, Thessaloniki 1954, πίν. 14—16, sowie K. Papadopoulos, *Die Wandmalereien des XI. Jahrhunderts in der Kirche Παναγία τῶν Χαλκέων in Thessaloniki*, Graz—Köln 1966, 119—120, Abb. 6, 7, 9, 20, 23, 25) — weist die Malerei der Ochrider Sophienkirche auch mit anderen, zeitlich analogen Kunstwerken verwandtschaftliche Züge auf. In bezug auf die ästhetische Vollendung der Malweise, die Art der Draperienmodellierung und die Heiligentypen stehen den Ochrider Fresken am nächsten die in Konstantinopel geschaffenen Miniaturwiedergaben der vier Evangelisten in dem noch nicht vollständig veröffentlichten Ms. Anct. T. inf. 2.7 (S. C. 29238) aus dem 11. Jahrhundert in der Bodleian Library in Oxford (vgl. O. Pächt, Pl. 9 — d, e; *Greek Manuscripts, Catalogue of an Exhibition held at the Bodleian Library*, Oxford 1966, 40). Erhebliche einschlägige Affinitäten bei einigen Heiligentypen, der Gestaltung der Landschaft mit den typischen Felshügeln und der Auffassung von der Draperie lassen die ältesten aus der ersten Hälfte des 11. Jahrhunderts stammenden Werke der Wandmalerei in der Kirche Hagios Nikolaos tis Stegis auf Zypern erkennen; diesbezügliche Wahrnehmungen finden sich etwa bei M. Sotiriou, *Αἱ ἀρχικαὶ τοιχογραφίαι τοῦ ναοῦ τοῦ 'Αγ. Νικολάου τῆς Στέγης Κύπρου*, Χαριστήριον εἰς 'Αναστάσιον Κ. 'Ορλάνδον, τόμ. 3, Athènes 1965, 134—141, πίν. XLVII, XLIX, L, sowie A. and J. Stilianou, 34. Auch in Konstantinopel wurden in dem archäologischen Restkomplex zwischen der Hagia Sophia und der Hagia Eirène Fresken entdeckt, die sowohl der Malerei in der thessalonikischen Panhagia ton Chalkeon als auch derjenigen in der Ochrider Sophienkathedrale ziemlich nahestehen; ihre Datierung ins 9. Jahrhundert dürfte zu früh gegriffen sein. Vgl. M. Ramazanoğlu, *Neue Forschungen zur Architektur-Geschichte der Irenen-Kirche und des Komplexes der Sophienkirche*, Atti dello VIII Congresso di studi bizantini, II, Roma 1953, 233—234, tav. LXVII, fig. 6. Behandelt sind die Deesis und drei weitere Heiligengestalten. Vor kurzem erschien auch eine Veröffentlichung über die Ochrider Ikone des hl. Basilius und des hl. Nikolaus (P. Miljković-Pepek, *Proučuvanjata*, 5—6, sl. 1—2), die möglicherweise ein Werk der Freskenmaler in der Sophienkathedrale ist.

4.

Die ältesten Fresken von Vodoča, die in der ursprünglichen kreuzförmigen Kirche entdeckt wurden, an deren Ostseite in der Folge ein größeres Gotteshaus angebaut wurde, finden sich erstmals veröffentlicht bei M. Jovanović, *O Vodoči i Veljusi posle konzervatorskih radova*, Zbornik na Štipskiot naroden muzej, I, Štip 1959, 127—129, sl. 6—8. Diese Fresken wurden 1958 unter den späteren Maueranbauten gefunden, von der Wand gelöst und ins Volksmuseum von Štip gebracht. Zu ihnen siehe auch: Nikolovski — Ćornakov — Balabanov, 108—109, sowie V. N. Lazarev, *Živopis'*, 127, und id., *Storia*, 208, 259 (letzterer vertritt die Annahme, die Schöpfer dieser Fresken seien aus Ochrid berufen worden).

Zu der hohen Ähnlichkeit dieser Fresken mit denjenigen des besten Malers in der Ochrider Sophienkathedrale vgl. V. J. Đurić, *Crkva Sv. Sofije*, ilustr. 2 und 38, zu ihrer Verwandtschaft mit den Fresken von Hosios Lukas in der Phokis M. Chatzidakis, *Monuments byzantins en Attique et Béotie*, Athènes 1956, pl. 15, und zu den diversen lösungsmäßigen Parallelen zwischen ihnen und den Mosaiken von Nea Moni auf Chios V. N. Lazarev, *Istorija*, II, tabl. 104, und E. Diez and O. Demus, *Byzantine Mosaics in Greece*, Cambridge Mass. 1931, Pl. 117.

5.
Die Fresken in dem Erlöserkapellchen wurden niemals übertüncht oder mit Mörtel überdeckt. Sie wurden nur teilweise veröffentlicht bei N. Okunjev, *Krstoobrazne crkve u Južnoj Srbiji*, Narodna starina, II, Zagreb 1925, 293—294, und F. Mesesnel, *Viz. spomenici*, 358—359. Beide Autoren nehmen als Entstehungszeitraum der Malerei das 12. Jahrhundert an. Nach der 1958 erfolgten Reinigung der Fresken erschienen zwei Studien über sie, nämlich M. Jovanović, op. cit., 131—135, und V. J. Đurić, *Fresques du monastère de Veljusa*, Akten des XI. Intern. Byzant. Kongresses 1958, München 1960, die beide eine vollständige Beschreibung des Werks bringen, ikonographische und stilistische Parallelen ziehen und die Auffasung vertreten, der Entstehungszeitpunkt sei mit 1080 anzusetzen, dem Jahr, in welchem Inschriften zufolge die Kirche errichtet wurde. Vgl. Nikolovski — Ćornakov — Balabanov, 110—111. Zu dem Stifter der Malerei, Bischof Manuel von Strumica, und dem Kloster als solchem vgl. L. Petit, *Le monastère de Notre-Dame de Pitié en Macédoine*, Izvěstija Russ. Archeol. Inst. v' Konstantinopolě, VI, Sofija 1900, 1—153, und V. Laurent, *Recherches sur l'histoire et le cartulaire de Notre-Dame de Pitié à Stroumitza*, Echos d'Orient, 33, 1934, 5—27. S. a. M. Chatzidakis, *Βυζαντινές τοιχογραφίες στὸν 'Ωρωπό*, Δελτίον τῆς Χριστιανικῆς 'Αρχαιολογικῆς ἑταιρείας, ser. IV, t. I, Athènes 1960, 96 (Zweifel an der Richtigkeit einer Datierung dieser Fresken in die Zeit um 1080), V. N. Lazarev, *Živopis'*, 133 (in Anbetracht der Ikonographie der Anbetung des Opfers sowie des Stils Ansetzung des Schaffenszeitraums mit der zweiten Hälfte des 12. Jahrhunderts), R. Ljubinković, *La peinture*, 428—430 (Datierung an den Beginn des 12. Jahrhunderts, Herausstellung eines Zusammenhangs zwischen dem Entstehen der Fresken und dem 1106 erfolgten Besuch des Klosters durch Kaiser Alexios I. Komnenos, der dieses Kloster übrigens mit Schenkungen bedachte), V. Lazarev, *Storia*, 209 (Anlehnung an Đurić, doch auch Erwägung der Möglichkeit eines Entstehungszeitpunkts zu Anfang des 12. Jahrhunderts), sowie G. Babić, *Raspre*, 25—26 (unter Hinweis auf eine mögliche Auswirkung der seinerzeitigen Diskussionen über die Opferdarbringung auf die Ikonographie der Anbetung der Hetoimasia durch die Bischöfe in der Apsis Annahme des Entstehungszeitpunkts innerhalb der ersten Hälfte des 12. Jahrhunderts), und id., *Chapelles*, 94—105 (Beibehaltung der besagten Datierung; Beschreibung des Themenkreises in der Erlöserkapelle und sinngemäß Erklärung des in der Apsis erscheinenden Christus mit Engeln als Vision des Theophanes vom glorreichen Christus). Die Möglichkeit, daß diese Fresken nach 1080 entstanden sind, ist nicht von der Hand zu weisen, als sicher aber darf angenommen werden, daß sie noch zu Lebzeiten des Stifters geschaffen wurden. Hierzu ist zu sagen, daß Bischof Manuel das Kloster reich mit Gütern, Kostbarkeiten, Büchern und Ikonen beschenkte und nicht nur für die Errichtung seiner Kirche, sondern auch für deren Ausstattung mit Marmor und einem Mosaikfußboden beträchtliche Mittel aufwandte, so daß die Annahme, er habe bei alledem ihre Wände schmucklos und kahl belassen, widersinnig erscheint. Im übrigen sind die christologischen Streitigkeiten über Christus als Opfer und die Einheit aller drei göttlichen Naturen, wiewohl um die Mitte des 12. Jahrhunderts besonders lebhaft ausgetragen, auch für die Zeit davor kennzeichnend, und es ist durchaus denkbar, daß sie in gewisser Weise auch in die Malerei von Veljusa hineinreflektierten. Zu den diesbezüglichen Auseinandersetzungen vor besagtem Kulminationspunkt vgl. V. Grumel, *Les Regestes des actes du Patriarcat de Constantinople*, fasc. III, Socii Assumptionistae Chalcedonenses, 1947, Nos. 907, 945, 992. Zeigt doch auch die um die Mitte des 11. Jahrhunderts in der Ochrider Sophienkirche entstandene Darstellung der Basilius-Liturgie mit ihrer Hervorhebung des Augenblicks der Lesung des Gebets der Proskomidie, welches sich zuweilen auch auf den Schriftrollen findet, die die Erzbischöfe in der Anbetung des Opfers zu halten pflegen, daß die Idee dieses Themas, der Anbetung der Hetoimasia und des Opferlamms durch die Bischöfe, bereits vor dem 12. Jahrhundert auf den Plan zu treten begann und damals nur noch nicht die spätere Symbolkraft erlangt hatte. Die Verehrung der Opfergaben durch den hl. Basilius in der Sophienkathedrale ist dieselbe wie die bei den Bischöfen im Altarraum der Kirche von Bojana in Bulgarien feststellbare, deren Fresken in A. Grabar, *Bulgarie*, 90—92, fig. 17, behandelt und ins 11./12. Jahrhundert datiert werden.

Zur Entwicklung der erstmals in Veljusa erscheinenden bischöflichen Variante der Anbetung des Opfers in den Altarräumen byzantinischer Kirchen vgl. im übrigen V. J. Đurić. *Koriša*, 176—179, M. Chatzidakis, *Βυζαντινές τοιχογραφίες στὸν 'Ωρωπό*, Δελτίον τῆν Χριστιανικῆς ἀρχαιολογικῆς ἑταιρείας, περ. Δ', 'Αθῆναι 1960, 96—99, sowie S. Dufrenne, *Programme*, 36—38.
Eine ganz ähnliche Art der Wiedergabe der Anbetung des Opfers wie die in Veljusa findet sich in zwei aus dem letzten Drittel des 12. Jahrhunderts stammenden Fresken in Rußland. Im Rahmen des 1189 geschaffenen Wandschmucks der Kirche zu Mariä Himmelfahrt in dem Dorf Arkaži bei Novgorod erscheinen die Kirchenfürsten in der Apsis, dargestellt in der Weise, daß auf beiden Seiten die dem Mittelpunkt zunächst stehenden drei sich verneigen und in den Händen Schriftrollen mit Texten haben, die auf das eucharistische Opfer Bezug nehmen, während die an den beiden Enden der Reihe befindlichen zwei in frontaler Haltung dastehen und geschlossene Evangelienbücher halten. Bei den Kirchenfürsten der 1170 entstandenen Fresken im Kiever Kyrillos-Kloster ist das Verhältnis umgekehrt: hier sind die zwei jeweils zuinnerst stehenden Gestalten frontal, die den jeweiligen Abschluß nach außen bildenden drei hingegen sich seitlich verneigend wiedergegeben; alle aber halten sie Schriftrollen mit Gebets- und Anrufungstexten in den Händen. In Rußland behauptete sich offensichtlich bis zum Ende des 12. Jahrhunderts die ältere Lösung, ein Umstand, dem in der Fachliteratur über die russische Malerei nicht genügend Beachtung geschenkt wird. Möglicherweise spielt hier ein makedonischer Einfluß mit; denn unter den im Kyrillos-Kloster dargestellten Heiligen, beispielsweise, figurieren erwiesenermaßen eine ganze Reihe solcher, die gerade in Makedonien und Thessalonike hohe Verehrung genießen und besonders gern wiedergegeben werden, nämlich Kyrill, Metod, Kliment von Ochrid, Johannes von Makedonien, Joseph von Thessalonike (vgl. *Istorija*, I, 218, V. Lazarev, *Old Russian*, 70).
Die neuen Konservierungsarbeiten, die zwischen 1966 und 1970 an Architektur und Malerei dieser Kirche vorgenommen wurden, ergaben neben anderen Resultaten das Vorhandensein einer Kuppelmalerei, die durch ihre besondere Ikonographie das Problem der Berücksichtigung eines eigenen Dekorationsschemas bei der Kuppel aufwarf: vgl. P. Miljković-Pepek, *Za nekoi novi podatoci od proučavanjata na crkvata sv. Bogorodica v s. Veljusa*, KN, III, 1969, 152—158, id., *Najnovi proučavanja na crkvata Sv. Bogorodica Eleusa*, Kulturen život 5—6 (Skopje 1970), 24—25, id. *Spomenici*, 5—7. Diese ungewöhnliche ikonographische Fassung — eine typische Übergangslösung —, bei der die halbfigurige Darstellung des Pantokrators den Kuppelscheitel einnimmt, während am Tambour die Gottesmutter und zwei Erzengel in einer sonst nur in der Himmelfahrt Christi vorkommenden Art der Wiedergabe und daneben Johannes der Täufer sowie vier Propheten erscheinen, wirkte sich — ebenso wie die in der Apsis von Veljusa gebrachte Fassung der Anbetung des Opfers, bei der die Kirchenväter als Teilnehmer figurieren, — auf die russische Wandmalerei des 12. Jahrhunderts aus: vgl. hierzu V. N. Lazarev, *Živopis' Pskova*, *Istorija russkogo iskusstva*, II, Moskva 1954, 341 (enthaltend

ältere Literatur), wo im einzelnen die aus der Zeit um 1156 stammende Malerei des Pskover Miroš-Klosters behandelt wird, die in der Kalotte der Kuppel den Christus der Himmelfahrt und im Tambour neben den diesem Thema zugehörigen Gestalten — der Gottesmutter, Engeln und Aposteln — auch Johannes den Täufer erscheinen läßt, welcher zusammen mit der Gottesmutter und Christus stets in der Deesis figuriert. Damit wird auf die Wiederkunft Christi angespielt.

Was den Stil anbelangt, weisen die Fresken von Veljusa noch große Ähnlichkeit mit den in der Konstantinopler Odalar-Moschee, der ehemaligen Marienkirche, gefundenen auf: vgl. P. Schatzmann, *Des fresques byzantines récemment découvertes par l'auteur dans des fouilles à Odalar Çami*, Istanbul, Atti del V Congresso internazionale di studi bizantini, II, Roma 1940, tavv. CXII, CXXIII (Wiedergabe des hl. Merkurios, der hier dem hl. Panteleimon in Veljusa ähnelt).

6.

Behandelt werden diese Fresken in: R. Ljubinković, *Ohrid*, 110, id., *La peinture*, 431—432 (Datierung in die erste Hälfte des 12. Jahrhunderts; Erwägung der Möglichkeit eines Stiftertums des Ochrider Erzbischofs und Mitglieds der kaiserlichen Familie Johannes Komnenos) sowie P. Miljković-Pepek, *Materijali za istorijata na srednovekovnoto slikarstvo vo Makedonija*, II, *Ciklusot stradanija apostolski od Sv. Sofija vo Ohrid*, Izdanija na Arheološkiot muzej vo Skopje, Zbornik, III, 1961, 99—105 (Anführung des in etwa gleichen Entstehungszeitraums: 12. Jahrhundert). Vgl. auch G. Babić, *Chapelles*, 111—117. All diese Autoren beschreiben lediglich den Zyklus des Martyriums der Apostel, während sie die übrigen Bilder übergehen. Eine genauere Abgrenzung bei der Datierung dieser Fresken ist wegen des Fehlens entsprechender geschichtlicher Quellen nicht möglich. Ihren stilistischen Merkmalen nach könnten sie auch aus der zweiten Hälfte des 11. Jahrhunderts stammen. Die besten Reproduktionen finden sich bei G. Millet, *La peinture*, I, Pl. 11, 12/1.

7.

Diese, die jüngste — heute schwer beschädigte — Freskenschicht der Leontioskirche in Vodoča wurde 1958 von der Wand abgelöst und ins Volksmuseum von Štip gebracht. Zu Beginn des 20. Jahrhunderts waren diese Fresken noch so gut erhalten, daß eine Rekonstruktion der gesamten Kirchendekoration vorgenommen werden konnte: K. Mijatev', *C'rkvata pri s. Vodoča*, Makedonski pregled', kn. 2, Sofija 1926, 52—59 (Beschreibung der noch vorhandenen Fresken; Datierung ins 11./12. Jahrhundert). Auf ein einziges, nunmehr zerstörtes Fresko, von dem eine Kopie im Sofioter Archäologischen Museum aufbewahrt wird, beschränkt sich derselbe Verfasser bei seinen ikonographischen Erörterungen in *Fragment' ot' freskata sv. Četirideset m'čenici v' c'rkvata pri s. Vodoča do Strumica*, Makedonski pregled', kn. 4, Sofija, 1929, 46—62 (= *Les „Quarante martyrs", fragment de fresques à Vodoča (Macédoine)*, L'art byzantin chez les Slaves, I, Paris 1930, 102, 109); diesmal scheint er übrigens eher einer Datierung ins 13. Jahrhundert zugetan zu sein. In N. Okunev, *Fragments de peintures de l'église Sainte-Sophie d'Ochride*, 126—129, wird die Datierung dieser Fresken ins 11. Jahrhundert verlegt und eine vor allem in bezug auf bestimmte ikonographische Details im Altarraum bestehende Ähnlichkeit zwischen ihnen und dem Wandschmuck in der Ochrider Sophienkirche festgestellt. Sieht man die Affinität der dortigen Engelssuite zu der seinerzeit im Altarraum von Vodoča vorhandenen im Zusammenhang mit der Tatsache, daß die Verehrung der Engel hier nur der Thronenden Gottesmutter mit dem Christusknaben in der Apsis gelten konnte, welch letztere in Vodoča niemals eine Darstellung der Eucharistie mit den Aposteln als Teilnehmern oder der Apostelkommunion schmückte, so ergibt sich der Beweis, daß die bewußte Suite zu besagtem Gottesmuttersujet gehört, und nicht, wie in letzter Zeit angenommen wird, zu dem erwähnten eucharistischen Thema (vgl. A. Grabar, *Les peintures murales dans le choeur de Sainte-Sophie d'Ochrid*, 264—265). Die Verehrung der Gottesmutter mit dem Jesusknaben in der Apsis durch vier Engel bildet ein Thema des im 12./13. Jahrhundert entstandenen Freskenschmucks der Kirche Riza Bogorodica in Bijela in der Bucht von Kotor. F. Mesesnel nimmt in *Viz. spomenici*, 356—357, das Vorhandensein zweier alter Freskenschichten an, deren ältere er ins 11.—12. Jahrhundert datiert; ganz früh — 10. Jahrhundert — setzt sie N. Mavrodinov an, der zugleich ihre Beschreibung liefert: *Živopis*, 49—53, und *Izkustvo*, 290—293. V. Lazarev datiert sie in *Storia*, 292, 340, und *Živopis'*, 127—128, nach einigem Zögern ins frühe 12. Jahrhundert, wohingegen er die zu ebendieser Schicht gehörende Darstellung der Vierzig Märtyrer als aus dem letzten Drittel des 13. Jahrhunderts stammendes Werk definiert. Den heutigen Zustand des Wandschmucks und die Art seiner Konservierung schildert M. Jovanović, op. cit., 126—129, der als Entstehungszeitraum auch wieder das 12. Jahrhundert angibt. R. Ljubinković vertritt in *La peinture*, 422—425, die Ansicht, diese Malerei stamme aus dem 11. Jahrhundert, der Zeit, in der auch die Fresken der Sophienkathedrale in Ochrid entstanden, was nach der Entdeckung der älteren Freskenschicht im Westteil des Gotteshauses gleichfalls vollkommen unannehmbar ist. Vgl. Nikolovski — Ćornakov — Balabanov, 108—109 (Datierung ins 12./13. Jahrhundert).

Wiedergegeben sind die Fresken dieser Schicht am besten bei G. Millet, *La peinture*, I, Pl. 14. Allerdings unterlief hier auf S. VIII eine Begriffsverwechslung bei der Benennung der Denkmäler: die Kirche in Vodoča wurde nämlich als der Gottesmutter Eleousa geweiht bezeichnet. Ein Gotteshaus dieses Namens existiert zwar auch heute noch in dem nahegelegenen Dorf Veljusa, die Kirche von Vodoča aber ist dem hl. Leontios geweiht. Im übrigen war sie seinerzeit bischöfliche Residenz des Bistums Strumica, welches in den einschlägigen Quellen gelegentlich auch als Bistum von Vodoča auftaucht — vgl. Đ. Sp. Radojičić, *Prilog istoriji velbuške i strumičke episkopije*, GSND, III, 1928, 284—286.

8.

Es war N. Okuněv, der im dritten Jahrzehnt unseres Jahrhunderts in der Kirche von Nerezi unter der späteren Übermalung den älteren Wandschmuck entdeckte — zunächst nur im Altarraum (vgl. N. Okunjev, *Živopis*, 38—39), und dann, nachdem er die entsprechende Freilegungsarbeit durchgeführt hatte, die Gesamtdekoration, über die denn auch die ersten Veröffentlichungen von ihm stammen: N. Okunneff, *La découverte des anciennes fresques du monastère de Nérèz*, Slavia, VI, 2—3, Prague 1927, 603—609, id., *Manastir u selu Nerezi*, Južni pregled, god. II, br. 2, Skoplje 1927, 50—52, id., *Altarnaja pregrada XII věka v' Nerezě*, SK, III, 1929, 5—21, und id., *Les peintures de l'église de Nérézi et leur date*, Actes du IIIe congrès international d'études byzantines, Athènes 1932, 247—248. Die Entdeckung war eine Sensation, denn den damaligen Vorurteilen über die byzantinische Kunst zufolge wurde die Wiedergabe des Innenlebens der Heiligen als ein ausschließlich der Malerei des Abendlands eigener Zug betrachtet. Daher begann man nun stark in der anderen Richtung zu übertreiben und den Ursprung der Renaissance in Byzanz zu suchen. Die umfassendste unter den in der ersten Zeit erschienenen Studien ist die von F. Mesesnel: *Najstariji sloj fresaka u Nerezima, stilska studija*, GSND, VII—VIII, 1929—1930, 119—132. Die Herkunft des rätselhaften Stifters wurde von G. A. Ostrogorsky gleich zu Beginn der Forschungen zu Nerezi geklärt und später noch behandelt: G. A. Ostrogorskij, *Vozvyšenije roda Angelov'*, Jubilejnyj sbornik' Russkago archeologičeskago obščestva v' Korolěvstvě Jugoslavii, Beograd 1936, 111—129, und id., *Anđeli*, EJ, I, 1955, 112—113.

Seines repräsentativen Charakters wegen wurde das Freskenwerk von Nerezi alsbald zum künstlerischen Gemeingut und als solches in die einschlägigen Gesamtübersichten und populären Studien der ganzen Welt einbezogen: Ch. Diehl, *Peinture*, 27, 81; id., *Manuel*, II, 825; P. Muratoff, 121—124, 128, 129; F. Mesesnel, *Viz. spomenici*, 348—350; R. M. Grujić, *Mitropolija*, 85—86; M. Fauchon, *Les peintures du monastère St. Panteleïmon de Nerez*,

L'art sacré, Paris 1938, 213—217; PH. SCHWEINFURTH, *Wandmalerei;* id., *Form*, 69; V. LAZAREV, *Storia*, 200—201 (= *Istorija* I, 122—123); A. GRABAR, *La peinture*, 141—143; id., *Byzance*, 119—120; id., *Europe orientale*, 50—52; N. MAVRODINOV, *Živopis*, 68—78; id., *XI—XIII v.*, 48—54; V. PETKOVIĆ, *Pregled*, 210—211; D. TALBOT RICE — S. RADOJČIĆ, 16—17; D. TALBOT RICE, *The Beginnings*, 163; id., *Byzantine Art*, 117; id., *Arte*, 153; id., *The Twelfth Century*, 9—10, passim; id., *Art*, 127—128; id., *Painting*, 30—31; id., *The Appreciation*, 140—143; J. BECKWITH, *Contantinople*, 123; id., *Art*, 128—129; A. XYNGOPOULOS, *Thessalonique*, 15—18; A. M. AMMANN, 100, 101—102; O. DEMUS, *Die Entstehung*, 21—22; *Vsěobščaja*, 112—113; *The Cambridge History*, 350; NIKOLOVSKI — ĆORNAKOV — BALABANOV, 15—20; G. A. SOTIROU, *'Η ζωγραφική τῆν σχολῆς τῆν Κωνσταντινουπόλεως*, Δελτίον τῆς Χριστιανικῆς ἀρχαιολογικῆς ἑταιρείας. Δ', τόμ. Α', Athènes 1959, 21; A. PROCOPIOU, 23, 42—43, passim; R. VALLAND, *Aquilée et les origines byzantines de la Renaissance*, Paris 1963, 36, 41, passim; D. DALLA BARBA BRUSIN — G. LORENZONI, *L'arte del Patriarcato di Aquileia dal secolo IX al secolo XIII*, Padova 1968, 61—66; V. MOLÈ, 141; M. CHATZIDAKIS — A. GRABAR, 27—28; L. S. ALËŠINA — N. V. JAVORSKAJA, 18—22; CH. DELVOYE, 241—242; K. PAPAIOANNOU, 69, 177; W. F. VOLBACH UND J. LAFONTAINE-DOSOGNE, 120, 258, 270—271.

In letzter Zeit wurde sehr viel für die Reinigung und Konservierung der Malerei von Nerezi, aber auch für eine wissenschaftlich gründliche Lösung der mit ihr verknüpften Probleme getan. Gereinigt und konserviert wurden die Fresken zwischen 1955 und 1960, doch wurden auch in jüngster Zeit noch manche Arbeiten geleistet: S. SPIROVSKI, *Konzervatorskite raboti na živopisot na crkvata Sveti Pantelejmon, selo Nerezi — Skopsko*, KN, II, 1961, 107—113. Auch zum Stil der Fresken von Nerezi wurden einige Studien verfaßt. Darunter sind von höchster Bedeutung: M. RAJKOVIĆ, *Iz likovne problematike nereskog živopisa*, ZRVI, 3, 1955, 195—205, und V. N. LAZAREV, *Živopis'*, 122—126 (Anführung der treffendsten stilistischen Parallelen). Vgl. auch das Korreferat von O. Demus zu dieser Studie Lazarevs in Actes du XIIe Congrès international d'études byzantines, I, Beograd, 346—347. Vgl. weiter R. LJUBINKOVIĆ, *La peinture*, 435—437, L. HADERMANN-MISGUICH, *Tendances*, 433, et suiv., passim, T. VELMANS, *Les valeurs*, 47—49, sowie P. MILJKOVIĆ-PEPEK, *Nerezi*, Beograd 1966. Veröffentlichungen mit fast vollständiger photographischer Wiedergabe des Gesamtwerks erschienen erst vor kurzem: G. MILLET, *La peinture*, I, Pl. 15—21, P. MILJKOVIĆ-PEPEK, *Nerezi*, il. 1—48, sowie R. HAMANN-MAC LEAN UND H. HALLENSLEBEN, 17—18, Plan 6, 7, Taf. 29—45 (mit Freskenlageplan).

Auch bei diesen Fresken tauchten bezüglich ihrer Datierung auf das Jahr 1164 Zweifel auf. Vgl. G. GSODAM, *Die Fresken von Nerezi, Ein Beitrag zum Problem ihrer Datierung*, Festschrift W. Sas-Zaloziecky, Graz 1956, 86—88, eine Abhandlung, die auf die ernsthafte Kritik V. N. Lazarevs stieß. An eine Datierung ans Ende des 12. oder an den Anfang des 13. Jahrhunderts dachte zunächst F. MESESNEL: *Kako da se sačuva i obnovi crkva Sv. Pantelejmona iz 12. veka kod sela Nerezi*, GSND, V, 1928, 300. Nun wird in der auf dem steinernen Türsturz erscheinenden Inschrift die Formulierung ἐκαλλιεργήθη ὁ ναός gebraucht, die das Jahr 1164 ebensogut als Jahr der Fertigstellung des Baus wie als Datum der Ausmalung der Panteleimon-Kirche gelten läßt (vgl. J. IVANOV, 116—117). Daß der Abschluß beider Tätigkeiten aber nicht in ein und dasselbe Jahr fällt, darf aufgrund der Tatsache angenommen werden, daß die dreiteiligen Fenster an der Nord- und Südseite des Gotteshauses vor der Anbringung des Mörtelbelags für die Fresken zugemauert wurden (vgl. F. MESESNEL, *Najstariji sloj fresaka u Nerezima*, 121—122) — ein Umstand, der wohl kaum eingetreten wäre, wenn zwischen dem Erbauer, einerseits, und dem Maler bzw. dem Auftraggeber der Malerei, der die Zumauerung besagter Fenster verlangte, andererseits, eine entsprechende Tätigkeitskoordination bestanden hätte. Daraus ergibt sich die Schlußfolgerung, daß 1164 entweder der Bau oder die Ausmalung und folglich entweder letztere später oder ersterer etwas früher vollendet wurde.

Einige Verfasser (darunter vor allem Gsodam) vertreten die Auffassung, die Inschrift von Nerezi könne sich, da in den steinernen Türsturz über dem Eingang eingemeißelt, nur auf den Bau des Gotteshauses beziehen. Eine in den gleichen steinernen Querpfosten eingemeißelte, die Jahreszahl 1251/52 aufweisende Inschrift ist jedoch auch im Kloster Morača vorhanden, und diese nimmt sowohl auf den Bau als auch auf die Ausmalung der dortigen Kirche Bezug (vgl. LJ. STOJANOVIĆ, ZN, I, br. 17). Darüber hinaus findet sich das in der Inschrift von Nerezi gebrauchte Verb auch in der Beschriftung des die Stifter darstellenden Gruppenbilds in der Georgskirche von Kirk Ham altí killise in Kappadokien, und dort bezieht es sich ausschließlich auf die Vollendung der Malerei (vgl. N. ET M. THIERRY, *Nouvelles églises rupestres de Cappadoce*, Paris 1963, 202—203, und J. LAFONTAINE-DOSOGNE, *Nouvelles notes cappadociennes*, Byzantion, XXXIII, Bruxelles 1963, 28—30).

Schließlich werden gewisse ikonographische Probleme der Malerei von Nerezi noch in folgenden Abhandlungen gestreift: D. V. AJNALOV, *Novyj ikonografičeskij obraz' Christa*, SK, II, 1929, 23 (Erörterungen zum Typ des Hohepriesters), G. MILLET, *Balkans*, 273, 276, 294, passim (ikonographische Analyse der Komposition der Kreuzabnahme), I. AKRABOVA, *Za „okačenite portreti" v živopista na edna c'rkva ot XII vek*, Razkopki i proučvanija, IV, BAN, Naroden archeologičeski muzej, Sofija 1950, 5—16 (Ausführungen zu der in Nerezi zu beobachtenden Ikonenmalerei in Fresko-Technik; bei der Angabe von Parallelfällen jedoch Beschränkung auf Bačkovo, Žiča und ein kappadokisches Denkmal, Verzicht auf die Nennung weiterer, im byzantinischen Kulturkreis zahlreich vorhandener Beispiele, als da sind die Sophienkirche von Ochrid, Đurđevi Stupovi, das Kyrillos-Kloster in Kiew, die Metropolitankirche von Kastoria u.a.m.), G. BABIĆ, *Raspre*, 18—25, passim (Untersuchung zur Ikonographie der im Rahmen des Hetoimasia-Sujets in der Apsis erscheinenden Darstellung der Kirchenväter bei der Vollziehung der Liturgie vor der Hetoimasia) sowie id., *Chapelles*, 166 (Betrachtung zu Thematik und Funktion der Seitenkapellen).

Die ästhetischen Ideen des 12. Jahrhunderts, die möglicherweise einen Einfluß auf die Maler von Nerezi ausübten, beleuchtete eingehend G. MATHEW in *Byzantine Aesthetics*, London 1963, 143—152.

9.

Die Veröffentlichung der bereits früher registrierten, aber eben nur registrierten (und dabei fälschlicherweise ins 16. Jahrhundert datierten) Fresken von Kurbinovo, ihre altersmäßige Bestimmung und eingehende Behandlung erfolgte durch R. Ljubinković (R. LJUBINKOVIĆ, *Stara crkva sela Kurbinova*, Starinar, III ser., knj. XV (1940), Beograd 1942, 101—123), der die ausgeprägtesten ikonographischen und stilistischen Analogien in den Fresken der Anargyrenkirche von Kastoria fand. Zu dem Schluß, daß der größte unter den Malern von Kurbinovo auch in diesem Gotteshaus tätig war, gelangte M. RAJKOVIĆ in *Tragom jednog vizantijskog slikara*, ZRVI, 3, 1955, 207—212.

Die Schaffung eines Teils der Freskendekoration von Hagioi Anargyroi in Kastoria — es handelt sich dabei um den größeren Teil des Wandschmucks im Altarraum, einige Szenenbilder und sämtliche ganzfigurige Einzelgestalten im Schiff, die Fresken im Altarraum der Südkapelle u.a.m. — durch zwei oder auch nur einen der Künstler von Kurbinovo ist im Rahmen der zwischen beiden Orten bestehenden Malereiparallelen ausdrücklich festzuhalten. Der übrige in dieser kastorianischen Kirche vorhandene Wandschmuck — die meisten der Szenen aus dem Erdenleben Christi, ein Teil der Figuren im Altarraum sowie der überwiegende Teil der Fresken in den Nebenräumen des Gotteshauses — stammt von anderen Künstlern, unter denen einer ist, bei dem die Differenz zu den Malern von Kurbinovo in bezug auf stilistische Auffassungen als ganz besonders umfassend auffällt. Vgl. S. PELEKANIDIS, Taf. 1,

8—13, 17—19, 21—27, 31 (Reproduktionen von für die in Kurbinovo tätig gewesenen Maler typischen Werken) und Taf. 2—4, 7, 14, 16, 20, 39 (Werke der Maler, die nicht in Kurbinovo wirkten). Pelekanidis setzt den Entstehungszeitraum der Malerei der Anargyrenkirche von Kastoria um das ausgehende 11. oder anhebende 12. Jahrhundert an: S. PELEKANIDIS, *Più antichi*, 355—358 (Unterscheidung zwischen den Werken zweier verschiedener Meister) und 360—361 (Ablehnung der festgestellten Ähnlichkeiten mit Kurbinovo, Beibehaltung der bereits vordem vom Autor vertretenen Datierung). In Anlehnung an Pelekanidis datierte P. Miljković-Pepek die Fresken von Kurbinovo zunächst ebenfalls ins 11./12. Jahrhundert: P. MILJKOVIĆ-PEPEK, *Freskite vo Kurbinovo i Nerezi*, Razgledi, Skopje, 18. 6. 1953.

Doch nach der 1958/1959 vorgenommenen Reinigung und Konservierung der Malerei von Kurbinovo (vgl. A. NIKOLOVSKI, *Konzervatorski raboti na crkvata Sv. Đorđi vo selo Kurbinovo*, KN, V, 1959, 37—44) und der Entdeckung der Fresko-Inschrift auf dem Abendmahlstisch im Altarraum, die besagt, daß die Ausmalung der Kirche im April 1191 in Angriff genommen wurde (vgl. A. NIKOLOVSKI — Z. BLAŽIĆ, *Konzervatorski i istraživački raboti na srednevekovniot spomenik sv. Đorđi vo selo Kurbinovo*, Razgledi, Skopje 1. 12. 1958, 468—477, A. NIKOLOVSKI, *Die Fresken von Kurbinovo*, Beograd 1961, 1—2 (= *Freske u Kurbinovu*, Beograd 1961), sowie NIKOLOVSKI — ĆORNAKOV — BALABANOV, 227—230) steht es außer Zweifel, daß sowohl diese als auch die Fresken der Anargyrenkirche von Kastoria im letzten Jahrzehnt des 12. Jahrhunderts entstanden.

Eine besonders aufmerksame Behandlung erfuhr die Wandmalerei von Kurbinovo außerdem in V. N. LAZAREV, *Živopis'*, 129, 131, id., *Storia*, 210—211 (Herausstellung der Ähnlichkeit zwischen Kurbinovo und der Anargyrenkirche in Kastoria, Differenzierung der einzelnen Maler von Kurbinovo, dabei aber Betonnung der Ansicht, es handle sich hier um provinzielle Werke), R. LJUBINKOVIĆ, *La peinture*, 438—440 (neben einem Abriß des Themenkreises Kritik an der Auffassung vom rustiken, provinziellen Charakter dieser Schöpfung), D. TALBOT RICE, *Art*, 194—195 (Definition der Fresken von Kurbinovo als Fortsetzung derer von Nerezi, Bejahung des Vorhandenseins der besagten Verwandtschaft mit denen von Kastoria), id., *The Twelfth Century*, 11—13, passim, id., *Painting*, 31—32, 35, id., *The Appreciation*, 143, A. GRABAR, *Byzance*, 118, 120—121, id., *Europe orientale*, 52 [die Ansicht, in diesen Fresken habe eine um 1200 herum entstandene provinzialisierte Abart des Komnenenstils ihren Niederschlag gefunden; Herausstellung der treffendsten Parallelen zu Kurbinovo und Hagioi Anargyroi in der Wandmalerei in der Kirche zur Gottesmutter von Arakou auf Zypern — eine Beobachtung, die auch vordem bereits auftaucht: A. H. S. MEGAW, *Twelfth Century Frescoes in Cyprus*, Actes du XIIe Congrès international d'études byzantines, III, Beograd 1964, 257—258, 263, 265; A. AND J. STILIANOU, 86; L. HADERMANN-MISGUICH, *Tendances*, 437—448; S. PELEKANIDIS UND S. RADOJČIĆ in Actes du XIIe Congrès international d'études byzantines, I, Beograd 1963, 352—355, 360, 361; K. WEITZMANN, *Eine spätkomnenische Verkündigungsikone des Sinaï und die zweite byzantinische Welle des 12. Jahrhunderts*, Festschrift von Einem, 303—309 (Veröffentlichung einer stilistisch einschlägigen Ikone vom Sinai vom Ende des 12. Jahrhunderts, die ein weiteres Mal behandelt wird in *Icônes*, XI, pl. 30)], J. BECKWITH, *Art*, 129, 131 (Feststellung einer Ähnlichkeit zwischen Kurbinovo und Laguderi sowie der besagten Ikone auf dem Sinai), K. PAPAIOANNOU, 169—170 (Erwähnung der Tätigkeit der Meister von Kurbinovo in Kastoria), S. RADOJČIĆ, *La pittura*, 297—298 (Hinweis auf Gestaltungsparallelen zwischen den Fresken von Kurbinovo und bestimmten Mosaiken im venezianischen San Marco), CH. DELVOYE, 242 (Feststellung verwandtschaftlicher Züge zwischen den Fresken von Kurbinovo und Mosaiken in Monreale und San Marco; Zurückführung dieser Fresken auf makedonische Provinzwerkstätten), V. J. ĐURIĆ, *Kurbinovo*, LE, III, 265 (kurzer Abriß zu Themenkreis und Still des Wandschmucks von Kurbinovo und Entwurf zu einer Einteilung nach den einzelnen Schöpfern), W. F. VOLBACH UND J. LAFONTAINE-DOSOGNE, 120—121, 258, 271, und CH. SCHUG-WILLE, 215.

Die umfassendsten Bildunterlagen zu den Fresken von Kurbinovo finden sich bei G. MILLET, *La peinture*, I, Pl. 84, 85/1, A. NIKOLOVSKI, *Die Fresken von Kurbinovo*, Taf. 1—60, und R. HAMANN-MAC LEAN UND H. HALLENSLEBEN, 18, Plan 6a und 6b, Taf. 46 und 47 (letzteres Werk bietet auch ein vollständiges Anordnungsschema). Abhandlungen zu gewissen allgemeinen ikonographischen Einzelproblemen, die zu diesen auch Beispiele in Kurbinovo bringen, sind: S. RADOJČIĆ, *Die serbische Ikonenmalerei*, 68—69 (über die interessante Ikonographie der Thronenden Gottesmutter mit dem spielenden Jesusknaben im Schoß, in der Apsis), P. MILJKOVIĆ-PEPEK, *Motivi*, 1, 2, 5 (über den Typ der hl. Anna als Galaktrophousa; dabei übrigens Festhalten an der vordem bereits vorgenommenen Datierung der Fresken von Kurbinovo ans Ende des 11. Jahrhunderts), id., *Spomenici*, 11 (über die Reste der Georgsvita an der Südfassade), G. BABIĆ, *Raspre*, 29 (über die Darstellung der Anbetung des Gotteslamms durch die Bischöfe im Altarraum), und L. HADERMANN-MISGUICH, *Contribution à l'étude iconographique de Marina assommant le démon*, Annuaire de l'Institut de philologie et d'histoire orientales et slaves, XX, Bruxelles 1973, 267—271 (über die Ikonographie der Darstellungen der hl. Marina in Kurbinovo und Hagioi Anargyroi in Kastoria, der ältesten unter den erhaltengebliebenen, die diese Heilige zeigen, wie sie mit dem Hammer auf den Teufel einschlägt).

Auch eine ikonographisch einmalige Wiedergabe der Himmelfahrt Christi befindet sich in Kurbinovo: auf einem Regenbogen schwebt sitzend Christus, umgeben von einer Mandorla, deren Fläche ein wogendes Meer darstellt, in dem Fische schwimmen, neben denen stilisierte Menschenköpfe im Profil angedeutet sind, und aus dem ein aufrecht dastehender Löwe auftaucht, dessen Schwanz die Gestalt einer Schlange angenommen hat; darunter erscheinen die Apostel, zwei Engel und die Gottesmutter (die beste Reproduktion dieses Bildes findet sich bei A. NIKOLOVSKI, *Die Fresken von Kurbinovo*, Taf. 10 und 12). Die Anspielung auf die Wiederkunft Christi und die Auferstehung der Menschen nach den Worten der Apostelgeschichte 1, 11: „Dieser Jesus, der von euch weg hinaufgenommen worden ist, wird ebenso kommen, wie ihr ihn habt zum Himmel auffahren sehen" ist unverkennbar. Die Anregung für die in der Mandorla enthaltenen Sinnbilder ergab sich möglicherweise auch aus Psalm 104, 3, einer Textstelle, die der obengenannten in der Apostelgeschichte entspricht; es heißt dort: „Deine Wohnung hast du errichtet über den Wassern. Die Wolken machtest du dir zum Wagen, auf Sturmesfittichen fährst du dahin." In diesem Fall wären die Menschenkopfmasken in Mandorla Windsymbole, wie sie in ähnlicher Darstellungsweise in der antiken Kunst zu finden sind. Zu dem dem Christusbild in der Himmelfahrtsszene innewohnenden Sinngehalt einer Vision von der Parusie vgl. A. GRABAR, *L'iconoclasme byzantin*, Paris 1957, 43, 256—257; die Darstellung von Tieren in der Mandorla allerdings, die wie am Tage des Jüngsten Gerichts die von ihnen verschlungenen Menschen ausspeien, ist in ihrer Art einzig und allein in Kurbinovo anzutreffen. In der obersten Partie der Westwand erscheint vis-à-vis von diesem Himmelfahrtsbild eine Wiedergabe der Epiphanie nach den Aussprüchen der Propheten und der Apokalypse: auf einem Thron sitzend, der Alte der Tage, und, sich vor ihm verneigend, zwei Engel. Zur Wiedergabe von Gottesvisionen in den Nartices byzantinischer Kirchen zwischen dem 12. und 14. Jahrhundert vgl. A. GRABAR, *Sources*, 372—380 (wo Kurbinovo allerdings nicht erwähnt ist). Besondere Aufmerksamkeit wird den Darstellungen von Gotteserscheinungen in Kurbinovo in L. HADERMANN-MISGUICH, *Les eaux vives de l'Ascension dans le contexte visionnaire des théophanies de Kurbinovo*, Byzantion XXXVIII (1968), Bruxelles 1969, 374—385, zuteil. Der Verfasser erörtert hier gründlich die besagte Vision von Christus als dem Alten der Tage, vermerkt die ungewöhnliche Größe der Christusmandorlen in der Koimesis sowie der Höllenfahrt und Himmelfahrt Christi und setzt sich ganz besonders eingehend mit der Bedeutung der Mandorla in der letztgenannten

Szene auseinander (S. 380—384), die ihm zufolge das "himmlische Meer" darstellt, von dem die Propheten sprechen, und in ihrer Gestaltungsweise insbesondere auf einen unter letzteren, nämlich Zacharias, zurückgeht, auf seine Worte von den lebendigen Wassern und Jahwe dem König (14, 4a, 8—11) in jenem Text von ihm, der während der großen Vesper am Himmelfahrtstag gelesen wird. Meine diesbezügliche Auslegung, derzufolge in dieser Mandorla Erde und Meer am Tag des Jüngsten Gerichts angedeutet sind, wie sie die Leiber der Menschen herausgeben, geht auf Textstellen der Apostelgeschichte zurück, in denen die Himmelfahrt Christi als Ankündigung seiner dereinstigen Wiederkunft gedeutet wird, und scheint den wirklichen Absichten der Maler von Kurbinovo näher zu kommen, insbesondere, wenn man in diesem Zusammenhang eine Tatsache wie die berücksichtigt, daß (in den Himmelfahrtsbildern von Veljusa und dem Pskower Miroš-Kloster) manche Gestalten aus dieser Szene durch solche aus der des Jüngsten Gerichts ersetzt sind (vgl. die Schlußpassage unserer Anmerkung Nr. 5). Kurbinovo würde zutreffendenfalls nur die Bestrebungen der byzantinischen Maler des 11. und 12. Jahrhunderts weiterverfolgen, die auf eine betonte Herausstellung des Doppelsinns des Bildes von der Himmelfahrt Christi hinausliefen.

10.
Veröffentlicht wurden diese Fresken durch F. Mesesnel, *Crkva sv. Nikole u Markovoj Varoši kod Prilepa*, GSND, XIX, 1938, 47—48, der allerdings den aufgrund einer Inschrift eindeutig mit 1298 festgelegten Entstehungszeitpunkt der Malerei des gesamten übrigen Gotteshauses auch auf die der Apsis bezieht. In R. Ljubinković, *Stara crkva sela Kurbinova*, 121, hinwederum ist wohl die Affinität dieses Werks zu den Fresken von Kurbinovo vermerkt, in bezug auf seine Altersbestimmung jedoch enthält sich der Autor jeglichen Kommentars. Diesbezügliche Aussagen finden sich erst bei M. Rajković, *Tragom jednog vizantijskog slikara*, 211, wo von den Fresken in der Apsis der Nikolauskirche von Prilep, als von Werken des 12. Jahrhunderts die Rede ist, V. N. Lazarev, *Živopis'*, 132, wo das 13. Jahrhundert, und B. Babić, *Pregled*, 10—11, wo die zweite Hälfte des 12. Jahrhunderts als ihr Entstehungszeitraum angenommen wird, J. Beckwith, *Art*, 129, wo ihre Einordnung unter die Werke vom Ende des 12. Jahrhunderts erfolgt, und P. Miljković-Pepek, *Un courant*, 23, wo sie wiederum der ersten Hälfte des 13. Jahrhunderts zugerechnet werden (vgl. a. *Prilep*, 98—99).

11.
Die Fresken von Grnčari wurden in P. Miljković-Pepek, *L'église de Saint-Élie près du village de Grnčari*, Byzantion, XXXVIII (1968), Bruxelles 1969, 422—432, veröffentlicht, wo ihr Entstehungszeitraum ziemlich breit mit der ersten Hälfte des 13. Jahrhunderts angesetzt ist. Zur Ähnlichkeit der im Kirchlein des hl. Johannes des Evangelisten in Berrhoia erscheinenden Lösungen mit denen von Kurbinovo vgl. M. Chatzidakis, *Aspects*, 63.
In Makedonien nimmt die Zahl der Entdeckungen, die die Kenntnis von der Kunst der Übergangszeit vom 12. zum 13. Jahrhundert bereichern werden, stetig zu. So wurde erst kürzlich wieder in der Nische des Diakonikons der Ochrider Nikolauskirche (Sv. Nikola kod Čelnice) eine halbfigurige Darstellung des Diakons Euplos ans Licht gebracht, deren monochrome Gestaltungsweise die Hand eines schwächeren Meisters der Jahre um die Wende vom 12. zum 13. Jahrhundert erkennen läßt.

12.
Die beiden Hauptwerke zu diesen Fresken, die nach deren Entdekkung im Jahre 1954 verfaßt wurden, sind D. Koco et P. Miljković-Pepek, *La basilique de St. Nikolas en village Manastir dans la région de Moriovo*, Actes de Xe Congrès international d'Études byzantines, Istanbul 1958, 138—140, und id., *Manastir*, Skopje 1958. Bis vor kurzem noch wurden bezüglich der Datierung dieser Fresken auf 1271 Zweifel geäußert: D. Talbot Rice — S. Radojčić, 16; V. J. Đurić, *Fresques du monastère de Veljusa*, 119; R. Ljubinković, *La peinture*, 430—431. Man war der Ansicht, zumindest ein Teil der Gesamtdekoration müsse im Jahr der Fertigstellung des Kirchenbaus geschaffen worden sein. Nun hat aber F. Barišić, *Dva grčka natpisa iz Manastira i Struge*, ZRVI, 8/2, 1964, 13—27 — die lange griechische Inschrift im Naos von Manastir und damit die Entstehungsgeschichte dieses Gotteshauses klargestellt und zudem auch die griechische Inschrift auf der Rückseite der Georgsikone von Struga enträtselt und den Ochrider Referendar und Diakon Johannes identifiziert, so daß das Jahr 1271 als Entstehungsjahr dieser stark archaischen Malerei eindeutig feststeht. Vgl. Nikolovski — Ćornakov — Balabanov, 174—176. Nachträglich wurden an der südlichen Kirchenfassade noch Fresken entdeckt: Stifterporträts und ein Bildnis des byzantinischen Kaisers Andronikos II. Palaiologos; auch das Chrysobull des letzteren, das neben dem Südeingang aufgezeichnet ist. Diese — übrigens stark beschädigten — Fresken dürften der Zeit des ausgehenden 13. Jahrhunderts zuzurechnen sein: P. Miljković-Pepek, *Spomenici*, 11—14.

Die Ikone von Struga ist veröffentlicht bei V. J. Đurić, *Icônes*, 18—19, 84, wo auf ihre stilistische Verwandtschaft mit der Malerei von Manastir hingewiesen wird. Ebenda findet sich auch die Wahrnehmung von der Prägung einer ganzen Gruppe balkanischer Malereien durch archaische, aus der vorhergehenden Epoche überkommene Auffassungen. P. Miljković-Pepek, *Icône*, 213—221, beschrieb den nunmehrigen Zustand der Ikone nach ihrer Reinigung, erwähnte eine ganze Gruppe einschlägig bezugnehmender Werke, wiederholte dabei aber viele bereits vor ihm erbrachte Schlußfolgerungen. Zur Ähnlichkeit der Fresken von Manastir mit der Malerei anderer makedonischer Denkmäler derselben Zeit vgl. auch P. Miljković-Pepek, *Contribution*, 190—191, 193—196, und *Prilep*, 99—101. Zur stilistischen Traditionsgebundenheit einer Gruppe von Werken in Zusammenschau mit einschlägigen Erscheinungen in der Miniaturmalerei vgl. auch O. Demus, Studien zur byzantinischen Buchmalerei des 13. Jahrhunderts, JÖBG, IX, 1960 84—89. R. Ljubinković kommt in *Ohrid*, 113, zu dem Fehlschluß, der Diakon Johannes habe sich auch als Maler betätigt.

Im Zusammenhang mit der Annahme von der Identität des in den bewußten Inschriften von Struga bzw. Manastir aus den Jahren 1266/67 bzw. 1271 genannten Diakons Johannes, Referendars des Erzbistums Ochrid, mit Johannes Pediasimos dem, ebenfalls die Diakonswürde innehabenden Chartophylax ebendieses Erzbistums ist zu beachten, daß letzterer unter Anführung besagten Titels erstmals in einem Brief des konstantinopolitanischen Patriarchen Gregorios auftaucht, der dieses Amt zwischen 1283 und 1289 bekleidete. Die beiden Männer konnten also durchaus ein und dieselbe Person sein; in diesem Falle hätte eben der Referendar zwischen 1271 und 1283/89 den nächsthöheren hierarchischen Rang, eben den des Chartophylax, erworben. Zu Pediasimos vgl. K. Krumbacher, 477, 486, 556—557, H. G. Beck, 700, 710, I. Snegarov', 284—285, und Đ. Sp. Radojičić, *Stari srpski književnici*, Beograd 1942, 84.
Die Untersuchungen in bezug auf die interessante und ungewöhnliche Note in Szenen wie Einzeldarstellungen der Fresken von Manastir haben erst begonnen. So wies A. Grabar, *Sources*, 358—363, auf die einzigartige Wiedergabe des gerechten Abraham hin, bei der dieser in den Händen Medaillons hält, in denen gleichwie in Spiegeln die Scharen seiner Nachkommen, angeführt von seinen Söhnen Isak und Ismael, erscheinen, und kam dabei zu dem Ergebnis, daß diese Art der Darstellung im 9.—10. Jahrhundert im Raum von Konstantinopel entstanden sein dürfte.
Bald nach ihrer Veröffentlichung erschienen die Fresken von Manastir im Rahmen mehrerer Gesamtübersichten über die byzantinische Kunst: V. Lazarev, *Storia*, 291; D. Talbot Rice, *Painting*, 47—48; Ch. Delvoye, 347. Kurz vermerkt sind sie bei B. Babić, 19—20.

Zu den Fresken der Nikolauskirche in Melnik, die, was bisher der Aufmerksamkeit entgangen ist, von denselben Meistern geschaffen wurden wie die von Manastir, s. A. Stránský, *Remarques*, 38—40, id., *Bulharské malířství*, Praha 1940, 11—12, id., *Les ruines de l'église St. Nikola à Melnik*, Atti del V Congresso internazionale di studi bizantini, II (1936), Roma 1940, 422—427 (ausführliche Beschreibung der Fresken und Datierung derselben ins frühe 13. Jahrhundert), A. Xyngopoulos, *Παρατηρήσεις εἰς τὰς τοιχογραφίας τοῦ ʽΑγ. Νικολάου Μελενίκου*, ʼΕπιστημονικὴ ἐπντηρὶς Φιλοσ. σχολῆς Πανεπιστημίου Θεσσαλονίκης, VI, 1950, 115—128 (Erläuterung der im Altarraum, u. zwar neben der Reihe der sich zur Mitte hin verneigenden Erzbischöfe in der Apsis gezeigten ungewöhnlichen Szene, bei der der hl. Petrus den hl. Jakobus vor Christus hinführt, der letzteren durch Handauflegung zum Bischof von Jerusalem weiht), V. Lazarev, *Storia*, 291 (augenscheinliches Einverständnis mit der Datierung ins frühe 13. Jahrhundert), und Th. N. Vlachos, *Die Geschichte der byzantinischen Stadt Melenikon*, Thessaloniki 1969, 60—69 (Anführung der gesamten älteren, für die Kunstgeschichte mitunter weniger wichtigen, Literatur). Vlachos nimmt die Richtigstellung der Datierung vor: er nennt die Zeit der byzantinischen Herrschaft, d. h. die Zeit nach 1246. Heute sind die Fresken dieser Kirche alle zerstört: vgl. S. Dufrenne, *Une icône byzantine à Melnik en Bulgarie*, Byzantion, XXXVIII (1968), 18. Zum Wandschmuck der Südfassade der Panhagia Mavriotissa bei Kastoria vgl. S. Pelekanidis, pl. 85, 86 (Wiedergabe eines Herrscherpaars, des hl. Georg, des hl. Demetrios und der Wurzel Jesse — seitens des Autors Datierung all dieser Fresken ins 11. Jahrhundert), id., *Più antichi*, 361—366 (Begründung besagter früher Datierung), und N. Moutsopoulos, *Καστοριά, Παναγία ἡ Μαυριώτισσα*, Athènes 1965, 33—38, 53—55, pl. 35—37 (Identifizierung der Herrschergestalten als Michael VIII. Palaiologos und dessen Bruder Johannes Palaiologos; Datierung der Fresken in den Zeitraum zwischen 1259 und 1265 — die einzig richtige Zeitangabe, wenn man sich die stilistischen Besonderheiten dieser Malerei und die Analogien zwischen ihr und den Fresken von Manastir vor Augen hält). Zu dieser Schicht gehört wahrscheinlich auch die Darstellung der Taufe Christi an der Narthexostwand ((Pelekanidis, pl. 84), die, auf eine neue Mörtelschicht aufgetragen, zwischen die ganzfigurigen Gestalten der unteren Freskenzone eingefügt ist. Stilistisch ist dieses Bild von der Komnenenkunst geprägt; in bezug auf die Gestaltungsweise aber besitzt es Merkmale, die mit denen der Werke der Maler von Manastir übereinstimmen.

Die Entdeckung der Fresken in Altarraum und Westteil der Erzengelkirche in Prilep erfolgte 1964/65; ihre Konservierung ist noch nicht abgeschlossen. Eine kurze Beschreibung lieferte D. Ćornakov: *Konzervatorsko-istraživački radovi na arhitekturi i živopisu crkve sv. Arhanđela kod Prilepa*, ZZSK, XVIII, 1967, 94—97. Noch vor der Freilegung der gesamten vorhandenen Malerei, als lediglich einige Szenenfragmente zu sehen waren, wurde die Meinung geäußert, diese Fresken seien in der zweiten Hälfte des 14. Jahrhunderts entstanden: Nikolovski — Ćornakov — Balabanov, 166; P. Miljković-Pepek, *Ukažuvanja za eden ciklus od sceni posveteni na sv. Arhangel vo crkvata „sv. Arhangel“ vo s. Varoš, Prilepsk*, Glasnik na Institutot za nacionalna istorija, god. II, br. 1, Skopje 1958, 239—245. In bezug auf den größeren Teil des Werks hält sich auch D. Ćornakov an diese Auffassung.

Die Stifterinschrift zu den Fresken der Erzengelkirche wurde von B. Babić, *Natpisi*, 26—27, veröffentlicht, der für eine Datierung der Malerei ins siebente oder achte Jahrzehnt des 13. Jahrhunderts eintritt. Hierbei ist zu betonen, daß der Titel „großer abendländischer Chartularios“ weltlicher Natur sein dürfte, wiewohl der Rang eines Chartularios auch in der kirchlichen Hierarchie erscheint — und auch in der der Kirche von Ochrid (I. Snĕgarov', 299). Notizen zu diesen Fresken finden sich außerdem in P. Miljković-Pepek, *Contribution*, 191—192, passim, id., *Kaneo*, 92—93 (Annahme der Urheberschaft jenes Malers Johannes, der die Georgsikone von Struga signierte), und id., *Icône*, 220 (Identifizierung des Stifters, Chartularios Johannes, mit dem gleichnamigen Diakon und Referendar von Ochrid). Die Richtigkeit der Behauptung, der Maler der Fresken der Erzengelkirche sei Johannes aus Struga gewesen, muß einstweilen dahingestellt bleiben; denn was bisher davon freigelegt ist, hat in bezug auf die Handschrift keine Ähnlichkeit mit der von ihm signierten Ikone, sondern trägt nur ganz allgemein die Merkmale jener stilistischen Auffassungen, die den Kreis um ihn kennzeichnen. Die Identifizierung des Ochrider Diakons Johannes mit dem großen Chartularios gleichen Namens wurde begründeterweise zurückgewiesen: B. Babić, *Natpisi*, 28.

P. Miljković-Pepek stellt in *Icône*, 216, und einigen anderen Beiträgen den Fresken von Manastir folgende Werke an die Seite: die Fresken in der Erzengelkirche von Prilep, zwei Heiligengestalten im Diakonikon der Sophienkathedrale in Ochrid, den Wandschmuck der ebendort befindlichen Johanneskirche „Sv. Jovan Kaneo“, die Georgsikone von Struga, die beschädigten Fresken in Svećani und Dabnište (vgl. id., *Crkvata sv. Konstantin od selo Svećani*, Simpozium 1100-godišnina od smrtta na Kiril Solunski, I, Skopje 1970, 149—161), die Mehrzahl der Fresken in der Nikolauskirche von Prilep und die Georgsikone im Lawra-Kloster auf dem Heiligen Berg Athos. Mit Ausnahme der Fresken in der Nikolauskirche von Prilep liegen diese Werke wirklich allesamt auf der Linie der bewußten rückläufigen Bewegung in der Malerei, die das Schaffen der fraglichen Periode im Erzbistum Ochrid kennzeichnet.

13.

Die Bilder der zwei Heiligen an der Diakonikonsüdwand der Ochrider Sophienkirche sind nirgendwo gesondert behandelt. Anmerkungen zu ihnen einschließlich einer präzisen Datierung finden sich in C. Grozdanov, *Pojava*, 53, und bei P. Miljković-Pepek in Zbornik na Arheološkiot muzej, 1, Skopje 1956, 56 (hier Beschreibung ohne Datierung).

Die Fresken in der Ochrider Johanneskirche („Sv. Jovan Kaneo“) wurden bereits vor einigen Jahren gereinigt und vor kurzem veröffentlicht: P. Miljković-Pepek, *Kaneo*, 77—93. Erhalten blieb lediglich die Malerei in der Kuppel (Propheten), im Altarraum (Apostelkommunion, Anbetung des Opfers, halb- und ganzfigurige Bischofsgestalten) und an den Säulen neben dem Ikonostas (Christus und Johannes der Evangelist). Bis zum Erscheinen der obengenannten Monographie von Miljković-Pepek konzentrierte sich die Aufmerksamkeit bei der Forschung auf die Gestalt des Ochrider Erzbischofs Kabasilas, der im Rahmen des Themas der Anbetung des Opfers — letzteres verkörpert durch Christus — an der Altarraumsüdwand als letztes Glied des Zugs der Geschehensteilnehmer figuriert. In der Inschrift ist sein Name mit dem Epitheton „heilig“ versehen, was bedeutet, daß dieses Bild von ihm nach seinem Tod (er wird letztmals im siebten Jahrzehnt des 13. Jahrhunderts erwähnt) entstanden sein muß. In der Reihe der halbfigurigen Gestalten erscheinen auch andere, hohe Verehrung genießende Ochrider Heilige, wie der hl. Kliment, der Stadtpatron, oder der selten zur Darstellung gelangende hl. Erasmus, der Überlieferung zufolge der erste Verkünder der christlichen Lehre im Ochrid des ausgehenden 3. Jahrhunderts. Eine kurze Ausführung zur Malerei von Sv. Jovan Kaneo mit genauer Datierung findet sich bei R. Ljubinković, *Ohrid*, 127—128 (wo das Entstehen des Gotteshauses mit dem im Ochrid des 13. Jahrhunderts erwähnten Geschlecht der Theologites in Verbindung gebracht wird). Zu dem Porträt Konstantin Kabasilas' äußerte sich R. Ljubinković ein weiteres Mal in *Influences*, 224—225. Weiter vgl. dazu C. Grozdanov, *Prilozi*, 203; mit der Ikonographie der Bildnisse der hll. Kliment und Erasmus in dieser Kirche befaßt sich dieser Autor in *Pojava*, 56—61. Zur Frage des Zeitpunkts der Ausmalung der Kirche vgl. C. Grozdanov, *Kliment Ohridski*, 103 (wo dieser Zeitpunkt in die siebziger — achtziger Jahre des 13. Jahrhunderts datiert wird), und Nikolovski — Ḱornakov — Balabanov, 251—252 (wo sich die Autoren diesbezüglich für das 14. Jahrhundert entscheiden).

Im übrigen läßt sich in der Kirche „Sv. Jovan Kaneo“ ohne große Mühe das Wirken zweier Maler ausmachen: eines schwächeren, der den Wandschmuck des gesamten Altarraums und die Hälfte der Propheten in der Kuppel, und eines besseren, der deren andere Hälfte sowie die Gestalten Christi und Johannes des Evangelisten neben der Altarschranke schuf.

Die Einbeziehung lokaler kirchlicher Würdenträger — wie hier im Falle von „Sv. Jovan Kaneo" des Erzbischofs Konstantin Kabasilas — in die Darstellung der Anbetung des Opfers, u. zwar in der Regel in der Weise, daß sie den Abschluß des aus großen Liturgikern und Kirchenvätern zusammengesetzten Zugs bilden, ist keine so ungewöhnliche ikonographische Erscheinung, wie es auf den ersten Blick scheinen mag: sie wurde zwischen dem 12. und 14. Jahrhundert in mehreren repräsentablen byzantinischen Kirchenzentren praktiziert. Die ältesten erhaltenen Beispiele finden sich auf dem Territorium der Diözesen Zypern und Athen, wo gegen Ende des 12. und in der ersten Hälfte des 13. Jahrhunderts die kypriotischen Bischöfe Epiphanios, Tychon, Tychikos und Lazarus bzw. der Athener Metropolit Michael Choniates im Rahmen dieser Darstellung als Geschehensteilnehmer auftauchen. Die Serbische Kirche brachte während des 13. und 14. Jahrhunderts bei der Wiedergabe dieses Themas meist den Begründer der serbischen Autokephalie, den hl. Sava, zur Geltung (das früheste Beispiel hierfür stammt aus der Mitte des 13. Jahrhunderts und befindet sich in der Apostelkirche zu Peć; weitere Beispiele folgen: in Sopoćani, der Muttergotteskirche von Peć usw.), wenngleich hie und da auch andere angesehene serbische Erzbischöfe und Metropoliten in Erscheinung traten, wie etwa Erzbischof Arsenije in Peć und Sopoćani, Erzbischof Sava II. in Sopoćani, Johannes, der Metropolit von Skopje, im Kloster Chilandar (auf einem aus der Mitte des 14. Jahrhunderts stammenden Epitaphion, auf dem in Stickarbeit ebenfalls die bewußte Szene dargestellt ist) u. a. m. Das Erzbistum Ochrid ließ in der gleichen Szene neben Konstantin Kabasilas (Sv. Jovan Kaneo und Kosmas- und Damiankirche in Ochrid) auch den hl. Kliment (Hagios Athanasios in Kastoria u. a.) auftreten — eine Tradition, die dann auch von den Serben übernommen wurde, nachdem diese das Territorium des Erzbistums im Zuge der seinerzeitigen Gebietserweiterungen ihrem Staat eingegliedert hatten (Beispiel: Staro Nagoričino, wo Kliment und Konstantin Kabasilas zugleich erscheinen). Zu dieser Frage vgl. V. J. Đurić, *Sopoćani*, 243—244 (serbische Ausgabe S. 103—104), id., *La peinture*, 166 (Behandlung der Problematik unter Zugrundelegung der einschlägigen Unterlagen).

14.

Es war B. Babić, der in seiner Veröffentlichung der bewußten Inschrift — B. Babić, *Natpisi*, 28—29 — die Träger der darin genannten Namen mit dem byzantinischen Kaiser Andronikos II. und seiner Gemahlin Eirene identifizierte, was ihn weiterhin zu dem folgerichtigen Rückschluß kommen ließ, diese Fresken seien nach 1284, dem Jahr der Eheschließung dieses Herrscherpaars, entstanden. Ausführungen zu der Darstellung der Anbetung des Opfers im Altarraum sind bei G. Babić, *Raspre*, 26, zu finden. B. Babić kommt ein weiteres Mal auf dieses Denkmal zurück — B. Babić, *Pregled*, 10, — und vertritt dabei die Ansicht, die älteste darin vorhandene Malerei gliedere sich in zwei ganzheitliche Schöpfungen: die Fresken der Apsis, für die er als Entstehungszeitraum das 12. Jahrhundert annimmt, und die des Schiffs, die er ans Ende des 13. Jahrhunderts datiert. Dies ist allerdings nicht ganz glaubwürdig: eher will es scheinen, als stammten beide Teile aus derselben Zeit. P. Miljković-Pepek veröffentlichte in *Un courant*, 23, die ersten Ergebnisse seiner Untersuchungen zu diesen Fresken, die er dabei, ohne sonderlich triftige Beweise anzuführen, in die erste Hälfte des 13. Jahrhunderts datiert — eine Zeitangabe, die er in *Spomenici*, 7—11, wiederholt und als nur für die ältere Schicht geltend präzisiert, die ihm zufolge aus dem Wandschmuck der Apsis und den Heiligengestalten neben dem Ikonostas besteht, während alles übrige, wie er annimmt, später geschaffen wurde.

15.

Auf die Fresken dieses Gotteshauses und ihre zwei Schichten — eine aus dem 13. und eine zweite aus dem 14./15. Jahrhundert — wird bei Nikolovski — Ćornakov — Balabanov, 239—240, hingewiesen. Eine eingehende Behandlung einschließlich Klarlegung der Thematik und Herausstellung stilistischer Parallelen, insbesondere in bezug auf die älteste Malerei, erfuhren sie bei G. Subotić, *Pećinska crkva arhandela Mihaila kod Struge*, ZFF, VIII, Spomenica Mihaila Dinića, 1, 1964, 305—320.

Analogien zu dem ungewöhnlichen eiförmigen Mal, welches der Maler auf die Stirn des Erzengels Michael gesetzt hat, finden sich in aus der zweiten Hälfte des 13. Jahrhunderts stammenden guten Arbeiten konstantinopolitanischer Provenienz von der Art der Pantokrator-Ikone im Chilandar-Kloster, in denen solche — freilich weit natürlicher denn in Radožda gestaltete — Zeichen die gedankliche Konzentration des dargestellten Heiligen zum Ausdruck bringen sollten. Vgl. z. B. S. Radojčić, *Icônes*, pl. 3 (Christusbild von Chilandar) oder Sotirou, *Icônes*, I, pl. 188 (eine Sinai-Ikone aus dem 13. Jahrhundert, die das betreffende Gestaltungsmerkmal in noch gröberer Fassung zeigt). Auch einige Heiligengestalten in Mileševa und Sopoćani weisen diese Besonderheit auf: s. S. Radojčić, *Mileševa*, Beograd 1963, t. XXIV, XXX, XXXII; V. J. Đurić, *Sopoćani*, t. LVIII.

16.

Die Wandmalerei der Peribleptoskirche wurde zwischen 1950 und 1960 gereinigt — hierzu: Z. Blažić, *Čišćenje i konzervacija fresaka u crkvi sv. Klimenta u Ohridu*, ZZSK I, 1951, 60—66; D. Ќornakov, *Po konzervatorskite raboti vo crkvata sv. Bogorodica Perivleptos (Sv. Kliment) vo Ohrid*, KN, II, 1961, 73—74. Vordem waren die Fresken — ganz abgesehen von ihrer stellenweisen Übermalung — derart verrußt, daß man in ihnen kaum etwas erkennen konnte. Daher wurden sie auch nur teilweise veröffentlicht. Die Veröffentlichung der Inschrift über den Kirchenstifter und den Bau des Gotteshauses, die, da im Rahmen eines Freskos erscheinend, aus der Zeit der Ausmalung des letzteren stammen muß, erfolgte in P. N. Miljukov', *Drěvnosti*, 90, H. Gelzer, 13, I. Sněgarov', 160, und J. Ivanov', 38—39. Gelegentlich der damaligen anfänglichen Beschreibung dieses Werks, die angesichts der zahlreichen unklaren Stellen darin unvollständig bleiben mußte, unterliefen mitunter Irrtümer in bezug auf die Datierung: Đ. Mano-Zisi, *Mali prilozi o živopisu 14 veka ohridskih crkava*, Starinar, III ser., knj. VI, Beograd 1931, 132—135; F. Mesesnel, *Ohrid*, 42; N. Mavrodinov, *Živopis*, 135—140; V. Petković, *La peinture*, I, pl. 24, II, pl. CXXI—CXXIII; id., *Premudrost*, 318—319 (beschreibt lediglich die Szene „Die Weisheit erbaut sich einen Tempel" im Narthex des Gotteshauses); id., *Pregled*, 234—235.

Erst nach der Reinigung der Fresken machte sich ein lebhaftes Interesse an der Malerei der Gottesmutter Peribleptos geltend. Ungeachtet dessen gibt es noch keine voll und ganz zufriedenstellende Monographie zu diesem Kunstdenkmal. Nach der Reinigung der Fresken ging unverzüglich an deren Erforschung D. Ќornakov (der eine Zeitlang die Reinigungs- und Konservierungsarbeiten leitete). Vgl. D. Ќornakov, *Po konzervatorskite raboti vo crkvata sv. Bogorodica Perivleptos (Sv. Kliment) vo Ohrid*, KN, II, 73—89 (enthaltend die vollständigste Beschreibung der gebotenen Thematik), id., *Hl. Klemens in Ohrid*, ed. Jugoslavija, Beograd 1967 (= *Sv. Kliment*, ed. Jugoslavija, Beograd 1961) (sehr gute Bildreproduktionen), id., *Kliment (sv. Bogorodica Perivleptos)*, Skopje 1961 (sechzehn große Farb- und Schwarz-Weiß-Tafeln nebst einem leicht faßlich gehaltenen Einführungstext), und Nikolovski — Ćornakov — Balabanov, 232—236 (knapper Abriß des geschichtlichen Werdegangs der Kirche und kurzgefaßte Freskenbeschreibung). Anordnungsschemen des Dekorationswerks (mit geringfügigen Auslassungen) sowie eine stattliche Anzahl an Reproduktionen bringt R. Hamann-Mac Lean und H. Hallensleben, 28—29, Plan 20—22, Taf. 160—181. Die besten Bildwiedergaben der Fresken finden sich in G. Millet, *La peinture*, III, pp. X, XII—XIII, XV, pl. 1—18. Eine zuverlässigere Abhandlung, enthaltend einen vollständigen Abriß der Thematik, eine ikonographische Analyse und eine sichere Definition der stilistischen Merkmale, wurde erst vor kurzem erbracht: P. Miljković-Pepek, *Deloto*, 18—22, 43—51, 183—188, passim — das einstweilige Standardwerk zu dieser Malerei.

Was in der allerersten Zeit nach der Reinigung der Fresken die Aufmerksamkeit am stärksten auf sich zog, waren die Signaturen der Maler, von denen gleich zu Beginn der Arbeiten mehrere an verschiedenen Stellen der unteren Zone, an Gewändern und Waffen der dort dargestellten Heiligen, entdeckt wurden. Hinweise auf sie finden sich in Z. Blažić, *Novootkrivene freske u crkvi sv. Klimenta u Ohridu*, Zeitschrift Jugoslavija, Makedonija 1952, Beograd 1952, 46, Đ. Bošković, *Nouvelles*, 92—94, und P. Miljković-Pepek, *Našite srednovekovni zografi*, Razgledi, br. 11, Skopje 9. 4. 1953, 41; alle drei Autoren bestätigen, die Namen Michael und Eutychios ausgemacht zu haben. Wissenschaftliche Abhandlungen dazu erscheinen in L. Mirković, *Die Ikonen*, 311—315, sowie S. Radojčić, *Die Meister*, 435—437, und id., *Majstori*, 19—36, wobei der letztere Verfasser das Vorhandensein der Namen dreier Künstler konstatieren zu können glaubt, nämlich Astrapas', Michaels und Eutychios', und im Zuge dieser Feststellung gleichzeitig eine Übersicht über deren Werke vermittelt und stilistische Parallelen zieht. Diese Auffassung Radojčićs aber stieß — hauptsächlich wegen Mangels an Schlüssigkeit der Darlegung — mehrfach auf Kritik: A. Xyngopoulos, *Thessalonique*, 34—44; R. Ljubinković, *Majstori*, 190—191; A. Procopiou, 18—19; K. Kalokyris, *Entstehung und Gestaltung der byzantinischen Denkmäler in Mazedonien, Alt-Serbien und Bulgarien*, Thessaloniki 1970, 26—27. Der Verfasser des letztgenannten Werks befaßt sich daneben auch mit der Wahrnehmung vom Vorhandensein einer Reihe von Ähnlichkeiten zwischen den Kirchen Thessalonikis und des Athos einerseits und denen von Ochrid und Serbien andererseits. Von der Annahme, es seien nur zwei Künstler gewesen, die hier wirkten, gingen, die Texte der griechischen Signaturen in diesem Sinne interpretierend, die Autoren folgender weiterer Beiträge aus, in denen dieser Frage Beachtung geschenkt wird: P. Miljković-Pepek, *Mihail Astrapa — glavniot zograf na freskite vo crkvata Bogorodica Perivleptos vo Ohrid*, Nova Makedonija, Skopje 1. 9. 1957, 5, S. Pelekanidis, *'Ο ζωγράφος Μιχαὴλ 'Αστραπᾶς, Μακεδονικά*, 4, Thessalonique 1958, 545—547 (vgl. auch die Besprechung von F. Dölger in BZ 52, 217), Đ. Bošković, *Graditelji i slikari*, 126—127 (wo die Annahme geäußert wird, die Maler seien zugleich auch die Baumeister gewesen), O. Demus, *Die Entstehung*, 30, 47, 56, und R. Hamann-Mac Lean, *Zu den Malerinschriften der „Milutin-Schule"*, BZ, 53, 1960, 112—117. Eine Zusammenfassung aller diesbezüglich vertretenen Ansichten und neue Interpretationen schließlich bieten P. Miljković-Pepek, *Podatoci*, 139—169 (der Verfasser entdeckte gleichzeitig eine ganze Reihe bis dahin noch nicht bekannter, ja, nicht einmal registrierter Künstlersignaturen in dieser Kirche, bei denen es sich im wesentlichen um die bewußten Meister handelt, unter denen aber auch ein Mitarbeiter von Michael und Eutychios auftaucht, dessen Name mit der Initiale N beginnt), und H. Hallensleben, *Die Malerschule*, 22—25. Zum Schluß sei als interessantes Detail noch vermerkt, daß Michael und Eutychios auch eine Anspielung auf ihr gemeinsames Wirken hier in Form eines Bildes hinterlassen haben, nämlich der an der Altarraumnordwand befindlichen Darstellung zweier halbfigurig wiedergegebener heiliger Namensvettern von ihnen: des hl. Michaels des Bekenners und des hl. Eutychios, die beide im bischöflichen Ornat erscheinen. Die damit beabsichtigte Allusion tritt noch deutlicher zutage, wenn man sich vor Augen hält, daß der erstere dieser beiden Heiligen in der byzantinischen Malerei ansonsten überhaupt nicht, und der letztere nur ganz selten zur Darstellung gelangt. S.a. C. Grozdanov, *Ohridske beleške*, 11—12.

Das ernsthafte Interesse der Fachwelt wandte sich nach der Reinigung der Fresken auch deren thematischem und ikonographischem Reichtum zu. Bezüglich der ungewöhnlichen, später nur noch in den im zweiten Jahrzehnt des 14. Jahrhunderts entstandenen Freskenwerken von Žiča und Gračanica auftauchenden Darstellung des Apostels Petrus, die diesen mit einer Kirche auf den Schultern zeigt, stellt F. Grivec in *Na semь Petrê*, Slovo 4—5, Zagreb 1955, 37—45, die Behauptung auf, sie habe ihren Ursprung in der in den ersten Evangelienübersetzungen aus dem Griechischen ins Slawische bei der Matthäusstelle 16, 18 — σὺ εἶ Πέτρος καὶ ἐπὶ ταύτῃ τῇ πέτρᾳ — erscheinenden ausgefallenen Wendung „na tom Petru" (= „auf diesem Petrus"), die sich in der Folge in gewissen, in Ochrid in Gebrauch befindlichen Handschriften erhalten hat. Vgl. dazu die Kritik von D. Gerhardt in Byzantion, 24, 1957, 533—544, in der die Richtigkeit solch einer ikonographischen Erklärung im Hinblick auf den in diesem Falle griechischen Bildtext füglich angezweifelt wird, sowie die Antwort des kritisierten Verfassers — F. Grivec, *Ohridska slika na semь Petrê*, Slovo, 9—10, 1960, 177—181 —, in der dieser auch weiterhin zugunsten seiner ikonographischen Analyse argumentiert. S. Radojčić befaßt sich in *Epizoda o Bogorodici Gori u Teodosijevom „Životu sv. Save" i njena veza sa slikarstvom XIII i XIV veka*, PKJIF, XXIII, 1957, 214—215, mit der Gottesmutter-Berg in der Darstellung des Traumes Nebukadnezars im Narthex; eine Abhandlung zum Thema des Prozesses vor Pilatus bringt derselbe Verfasser in *Pilatov sud*, 302 uff., wo er auf die Ähnlichkeit der hiesigen Wiedergabe mit derjenigen in der Protatonkirche hinweist. J. Meyendorff, *L'iconographie de la Sagesse divine dans la tradition byzantine*, CA, X, 1959, 259—262, 270—274, erörtert die Illustration Salomonscher Sprüche (IX, 5) vom ikonographischen Gesichtspunkt her. Die Zurückführung der Darstellung Christi in Gestalt des Engels der Heptade auf eine entsprechende Textvorlage in einer Predigt von Gregor von Nazianz findet sich bei Der Nersessian, *Notes sur quelques images se rattachant au thème du Christ-ange*, CA, XIII, 1962, 209—216. In diesem Zusammenhang s.a. A. Grabar, *L'art de la fin de l'Antiquité et du Moyen âge*, II, Paris 1968, 878. Id., *Le lit de Salomon*, ZRVI, 8/1, 1963, 77—82, und A. Xyngopoulos, *Au sujet d'une fresque de l'église Saint-Clément à Ochrid*, ZRVI, 8/1, 1963, 301—306, haben die im Narthex erscheinende Illustration des in ersterem Titel genannten Themen zum Gegenstand. J. Lafontaine-Dosogne, *Enfance*, 44—45, 64, 65, 73, 74, 75, 80, 85, 87, 105, 106—107, 108—109, 111, 112, 122, 126, 131, 132, 154, 174—175 und 194, unternimmt eine ikonographische Analyse der Szenen des Marienlebens. G. Babić befaßt sich in *Chapelles*, 134—136, mit der Thematik (teilweise auch mit der Ikonographie) der Fresken in Prothesis und Diakonikon und untersucht in *L'image symbolique de la „Porte fermée" à Saint-Clément d'Ohrid*, Synthronon, Paris 1968, 145—151, die Ikonographie dieses Bilds im Narthex der Peribleptoskirche unter dem Aspekt analoger Darstellungen in der Malerei desselben Zeitraums. Weiter s. C. Grozdanov, *Kliment Ohridski*, 102—103, id., *Pojava*, 62—64 (ikonographische Analyse der Gestalt des hl. Kliment von Ochrid), und id., *Prilozi*, 199—207 (dasselbe in bezug auf den Ochrider Erzbischof Konstantin Kabasilas).

Solchermaßen erforscht, konnten die Fresken der Gottesmutter Peribleptos zum Bestandteil mehr oder weniger allgemeiner Übersichten über die Kunst Ochrids, Makedoniens und auch des byzantinischen Gesamtraums werden, wie es die nachstehend aufgeführten sind: A. M. Ammann, 176, 177, 178; D. Talbot Rice, *The Beginnings*, 185, 196; id., *Painting*, 110; id., *The Appreciation*, 156; D. Talbot Rice — S. Radojčić, 22—23; R. Ljubinković, *Ohrid*, 114—120, 122—125; S. Radojčić, *La pittura*, 306, passim; V. J. Đurić, *Icônes*, 19—22; H. Hallensleben, *Die Malerschule*, 51—54, 128—133 (vgl. auch die Besprechung von D. Talbot Rice in Speculum, XLI, Cambridge, Mass. 1966, 334—336); D. Talbot Rice, *Art*, 205—207; M. Chatzidakis — A. Grabar, 34; V. S. Alešina — N. V. Javorskaja, 36; A. Grabar, *Byzance*, 164, 168, 170, 172; id., *Europe orientale*, 62—66; V. Lazarev, *Storia*, 302; J. Beckwith, *Art*, 143—144; Ch. Delvoye, 346—347 (unbegründete Feststellung eines stilistischen Bezugs zwischen diesen Fresken und denen von Hagios Nikolaos Orphanos in Thessalonike); K. Papaioannou, 74, 75, 184; W. F. Volbach und J. Lafontaine-Dosogne, 143, 261, 272—273; Ch. Schug-Wille, 216—217.

Besonderer Erwähnung bedürfen darüberhinaus noch wenig alltägliche künstlerische Lösungen, die bisher der Aufmerksamkeit entgangen sind. Da ist zunächst das als Flachrelief, ursprünglich auch in Farbe gestaltete Porträt Progon Sgurs, das diesen in knien-der Stellung flehend der halbfigurig wiedergegebenen Gottesmutter Peribleptos zugewandt zeigt. Die heute im Ochrider Volksmuseum verwahrte Steinplatte mit diesem Porträt dürfte sich seinerzeit über dem Kircheneingang befunden haben. Diese Lösung bildet eine besondere Variante zu den in Mosaik- oder Freskotechnik ausgeführten Stifterporträts über den Eingängen einiger anderer Gotteshäuser: in der Hagia Sophia in Konstantinopel ist dies das Bildnis Leons IV. (9. Jhdt.), im Sosandra-Kloster bei Magnesia das Johannes III. Vatatzes (13. Jhdt. — heute zerstört), im Chora-Kloster in Konstantinopel das des Theodor Metochites (Anf. d. 14. Jhdts.), in der Apostelkirche von Thessalonike das des Hegumenos Pavlos (um 1340), in Dečani das der Könige Stefan Dečanski und Dušan (1350), in Curtea de Argeş das des dortigen Stifters (nach d. Mitte d. 14. Jhdts.) usw.

Die zweite Besonderheit ist im Weihnachtszyklus über dem Eingang vom Narthex zum Naos enthalten, in dem an der Spitze des Priesterzugs an der linken Seite neben Konstantin Kabasilas auch der seinerzeitige Ochrider Erzbischof Makarios wiedergegeben ist. Die Sitte, im Rahmen dieser Komposition bestimmte Persönlichkeiten noch zu Lebzeiten abzubilden, war damals in der ganzen byzantinischen Welt verbreitet. So erscheinen innerhalb dieser Darstellung in analoger Weise festgehalten in Žiča (um 1310) König Milutin und sein Erzbischof und in der Apostelkirche von Thessalonike (um 1340) der dortige Hegumenos mit seinen Mönchen: vgl. V. I. Džurič, *Portrety v izobraženijach rožděstvěnskich stichir*, Vizantija, Južnyje Slavjanē i drevnjaja Rus', Sbornik statěj v čest' V. N. Lazarěva, Moskva 1973, 244—253.

17.

Aufgeführt sind die Fresken bereits bei Antonin', 345—346, der auch die in der bewußten Inschrift enthaltene Jahresangabe bezüglich der Ausmalung des Gotteshauses vermerkt. Eine einschlägige wissenschaftliche Veröffentlichung vor der Reinigung des Wandschmucks aber brachte erst F. Mesesnel, *Crkva Sv. Nikole u Markovoj Varoši kod Prilepa*, GSND, XIX (1938), 37—52, der allerdings die in der Inschrift angegebene Jahreszahl fälschlicherweise als 1299 las. Im Sinne dieses Verfassers äußerte sich auch N. Mavrodinov, *Živopis*, 125—128, der bei dieser Malerei besonders den Übergangscharakter ihres Stils und das konservative Gepräge ihrer Ikonographie hervorhob, zugleich aber auch dazu tendierte, sie als Werk der „Schule von Prilep" zu erklären. G. Millet befürwortet in *Balkans*, 293, passim, die Zuordnung einzelner Partien der Kreuzigungsszene, darunter auch der ohnmächtigen Gottesmutter, zu einem Kreis von Denkmälern mit besonderer Ikonographie. V. Petković bringt in *Pregled*, 265—266, eine Beschreibung der Thematik des Gesamtwerks, liest dessen Entstehungsjahr jedoch völlig falsch als 1351. Ganz kurz gestreift wird die Thematik auch bei Nikolovski — Ćornakov — Balabanov, 161—166; als Schaffensjahr ist auch hier wieder 1299 angegeben. Während der 1959 in Angriff genommenen Reinigung der Fresken erbrachte B. Babić, der Direktor des Volksmuseums in Prilep, der nunmehr auch eine Monographie über dieses Gotteshaus vorbereitet, eine genaue Klarlegung des Textes der historischen Inschrift zur Ausmalung des Gotteshauses: *Natpisi*, 29—30. Vgl. *Prilep*, 101—102, B. Babić, *Pregled*, 11 (einschlägige Kurzbetrachtung), und G. Millet, *La peinture*, III, XV—XVI (enthaltend die besten Reproduktionen dieser Fresken: pl. 20—30). Anordnungsskizzen: R. Hamann-Mac Lean und H. Hallensleben, 28, Plan 19a, 19b.

18.

Das bedeutende Mosaik in der Apsis von St. Chrysogon lenkte, obschon zerstört, die Aufmerksamkeit der mit der Erforschung der alten Kunst Zadars befaßten Fachleute auf sich. Vgl. dazu C. F. Bianchi, *Zara christiana*, 301—303 (enthaltend die ausführlichsten diesbezüglichen Angaben), V. Brunelli, *Storia della città di Zara*, I, Venezia 1913, 350—351 (Äußerung der auf einer nicht stichfesten Angabe — vgl. Anm. 92 S. 358 — beruhenden Mutmaßung, das Mosaik könne aus dem Jahre 1219 stammen), Ć. Iveković, *Crkva i samostan sv. Krševana u Zadru*, Zagreb 1931, 21, und G. De Bersa, *Guida*, 45 (Datierung in die Zeit der Kirchenweihe). Zur Anordnung der Figuren in der Apsis einschließlich der frontal dargestellten Heiligengestalten der unteren Zone vgl. unsere Anmerkung Nr. 26.

Die Fresken im nördlichen Kirchenschiff werden in der älteren Literatur nur erwähnt: Ć. Iveković, op. cit., 20—21, 33; P. Toesca, *Storia dell'arte italiana*, II, Torino 1927, 955; Lj. Karaman, *Notes sur l'art byzantin et les Slaves catholiques de Dalmatie*, L'art byzantin chez les Slaves, II_2, Paris 1932, 352; V. Brunelli, op. cit., 353—354; G. de Bersa, *Guida*, 45. Nach der Reinigung und Konservierung dieser Fresken im Sommer 1957 erfolgte ihre spezielle Behandlung durch A. Deanović: *Romaničke freske u Sv. Krševanu, Zadar*, Peristil, II, Zagreb 1957, 113—123; die Autorin des Beitrags datiert das Entstehen der älteren Schicht an den Ausgang des 12. oder den Beginn des 13. und das der jüngeren in die Mitte des 13. Jahrhunderts. Im Rahmen letzterer blieb von einer ansonsten zerstörten Inschrift ein Fragment zurück, in dem ein Bischof erwähnt wird, von dessen ebenfalls schon beschädigtem Namen allerdings nur mehr das Bruchstück . . . ONOR . . . zu lesen ist. Es könnte sich dabei um den späteren Papst Honorius III. (1216—1227) handeln; zutreffendenfalls wäre eine etwas genauere zeitliche Einordnung der oberen Freskenschicht möglich. Zu diesen Fresken vgl. I. Petricioli, *Zadar*, 44—45, id., *Romanika u Zadru*, Zadar, Zbornik, Zagreb 1964, 556, und C. Fisković, *Freske*, 14, repr. 33—47 (enthaltend die besten Farbreproduktionen). Was den früheren Autoren entging, ist die Tatsache, daß die beiden besterhaltenen Figuren in der Apsis die hll. Kosmas und Damian darstellen. Man nahm nämlich an, es handle sich dabei um irgendwelche Heilige des Benediktinerordens. Nun ist aber deutlich erkennbar, daß die beiden die Requisiten der Arztheiligen in den Händen halten (in der Rechten des links Stehenden befindet sich zudem ein kleines Messer) und auf ihrem Gewand das Abzeichen der Arztwürde tragen, nämlich ein hinter dem Hals hervorkommendes und vorne bis zum Rand des unteren Kleidungsstücks hinab verlaufendes Band. Außerdem ist die Darstellung dieser beiden Heiligen auch in der Südapsidiole der Kathedrale von Zadar vorhanden, und dort erscheinen um die Köpfe herum auch die entsprechenden Inschriften. Ihr Kult war im mittelalterlichen Dalmatien sehr verbreitet.

Die Malerei der unteren Schicht von St. Chrysogon weist keine eigentlichen Stilbezüge zu anderen Denkmälern auf. Bei der zweiten Schicht zeigen die Köpfe einiger älterer Heiliger Anklänge an das Gepräge der 1199 geschaffenen Fresken von Neredica. Vgl. V. Lazarev, *Old Russian*, 101 (Kopf Josephs in der Darstellung im Tempel), 104 (Kopf des Reichen in der Hölle), und C. Fisković, *Freske*, repr. 33, 36, 42 (Köpfe der älteren Heiligen und Josephs in der Geburt Jesu).

Eine ikonographische Ausnahmeerscheinung in der Malerei des Mittelalters bildet — zumindest, soweit bisher festzustellen ist — die Darstellung des Erzengels Michael, bei der dieser einen Diskus mit zwei Figürchen hält, neben denen der Teil einer Inschrift erhaltenblieb, welcher lautet: . . . ET NUNC ANIMARUM. Die Inschrift könnte, wie angenommen wird, auf die Arztheiligen Kosmas und Damian bezogen und demnach das erhaltene Bruchstück ein Teil ihres Titels „curatores aliquando corporum et nunc animarum" sein (A. Deanović, op. cit., 120). Falls dies zuträfe, bliebe jedoch unklar, welche Absicht den Maler dazu bewegte, eine Inschrift, die zu diesen beiden in der Apsis dargestellten Heiligen gehörte, außerhalb letzterer bei dem daneben befindlichen Bild des Erzengels anzubringen. Eher mag es doch sein, daß sich die bewußte Inschrift eben auf diesen Erzengel und sein Amt als Seelenwäger beim Jüngsten Gericht bezog.

Was hingegen die Gleichsetzung des Schaffenszeitpunkts der älteren Freskenschicht mit dem des Mosaiks in der Mittelapsis (1175) anbelangt, so sei hierzu nachdrücklich auf die in Byzanz eingeführte Gepflogenheit hingewiesen, Gotteshäuser gegebenenfalls zu gleicher Zeit mit Mosaik- und mit Freskenschmuck auszustatten, wie dies an ganz verschiedenen Orten zu beobachten ist — anzuführen wären hier Hosios Lukas in der Phokis (Mosaiken in Schiff und Narthex, Fresken in den Seitenkapellen und der Krypta — vgl. M. CHATZIDAKIS, *Monuments byzantins en Attique et Béotie*, Athènes 1956, 16—17), die Kiewer Sophienkirche (Mosaiken in den oberen Zonen des Schiffs, Fresken in den tiefergelegenen sowie in den Nebenräumen — vgl. V. N. LAZAREV, *Mozaiki Sofii Kijevskoj*, Moskva 1960, 72—73, passim), sowie Gelati und einige andere Gotteshäuser in Georgien (in Gelati: Mosaiken lediglich in der Apsis, an den übrigen Wänden Fresken — vgl. Š. JA. AMIRANAŠVILI, *Iskusstvo*, 165, 217). Dieselbe Erscheinung ist auch in Denkmälern aus der ersten Hälfte des 14. Jahrhunderts anzutreffen: so in der Kirche des Konstantinopler Klosters Chora und der Apostelkirche in Thessalonike.

19.

Die Fresken beider Kirchen wurden vor einigen Jahren gereinigt und konserviert. Lediglich erwähnt sind sie in I. PETRICIOLI, *Zadar*, 47—48, und id., *Romanika u Zadru*, 556; der Autor nimmt für den Wandschmuck von St. Andreas das 11. und für den der Alten St. Peterskirche das 12. Jahrhundert als Entstehungszeitraum an. Derselbe Verfasser lieferte später in der Studie *Crkve Sv. Andrija i Sv. Petar Stari u Zadru*, Diadora, 5 (Zadar 1970) 196—200, die umfassendste Beschreibung beider Werke und datierte sie dabei schließlich beide ins späte 12. Jahrhundert. Die anfängliche Zeitangabe, derzufolge die Fresken von St. Andreas im 11. und die der Alten St. Peterskirche im 12. Jahrhundert geschaffen wurden, findet sich wieder bei C. FISKOVIĆ, *Freske*, 13. Wie aus geschichtlichen Quellen hervorgeht, lebten in der Zeit um den Ausgang des 12. und den Anfang des 13. Jahrhunderts in Zadar zwei angesehene, aus Apulien stammende Maler, die auch als kunstfertige Goldschmiede bekannt waren: die Brüder Matthäus und Aristodius, Söhne eines gewissen Zorobabel. Sie verbrachten in der Stadt ihre Kindheit und wuchsen in ihr auf. Als Anhänger der Patarenerbewegung gingen sie in der Folge nach Bosnien, wo sie neben der Ausübung ihrer Kunst als Buchkopisten tätig waren. Matthäus war seinerzeit ein angesehener, begüterter Bürger Zadars, der ein befestigtes Haus besaß. Diese „pictores optimi", wie sie ihr etwas jüngerer Zeitgenosse aus Split, Erzdiakon Thomas, nennt, gehörten möglicherweise zu jenen Malern, die in der Zeit des ausgehenden 12. und anhebenden 13. Jahrhunderts die Kirchen von Zadar mit Freskenschmuck versahen. Näheres über sie s. bei Đ. STRIČEVIĆ, *Majstori minijatura Miroslavljevog jevanđelja*, ZRVI, 1, Beograd 1952, 186 uff., sowie C. FISKOVIĆ, *Majstori*, 91—92 (auch Aufführung der älteren Literatur).

20.

Die Fresken der Südapsis von St. Anastasia wurden erst vor kurzem entdeckt und sind noch nicht veröffentlicht. Erwähnung finden sie bei I. PETRICIOLI, *Zadar*, 34—35, id., *Romanika u Zadru*, 556—557 (Fehlidentifizierung der Gestalt neben Christus als hl. Chionia: dargestellt ist Johannes der Täufer; im übrigen kurzer einschlägiger Abriß), und C. FISKOVIĆ, *Freske*, 15 (auch dieser Autor bringt eine Beschreibung; allerdings ist ihm ein Versehen unterlaufen: er setzte vor den Namen Johannes des Täufers anstelle der tatsächlich vorhandenen griechischen Abkürzung des Epithetons „heilig", nämlich O A(ΓΙΟC), die lateinische, also S(anctus). Die Fresken in der Nordapsis und an der Westwand sind seit langem, bereits seit 1905, dem Jahr ihrer Entdeckung, bekannt, wurden bisher aber noch keiner befriedigenden Untersuchung unterzogen. Die Schaffung der ersteren wurde mit der zweiten Hälfte des 12. Jahrhunderts angesetzt und mit dem Besuch Papst Alexanders III. in Zadar in Verbindung gebracht, welcher den in der Malerei der Apsiskonche dargestellten Thomas Beckett kanonisierte: vgl. G. DE BERSA, *L'arca e la capella di S. Anastasia nel Duomo di Zara*, Bulletino di archeologia e storia dalmata, XXXI, Spalato 1908, 13—16, wo der erste Abriß dieser Fresken erscheint. Später wurde ihre Datierung in den Zeitraum zwischen den Ausgang des 12. und des 13. Jahrhunderts verlegt: V. BRUNELLI, op. cit,. 194; G. DE BERSA, *Guida*, 56, 61; I. PETRICIOLI, *Zadar*, 33; id., *Romanika u Zadru*, 556.

Im übrigen wurde die Wiedergabe Thomas Becketts gegen Ende des 12. Jahrhunderts auch in Süditalien eingeführt. In der ersten Hälfte des folgenden Jahrhunderts breitete sich der Kult dieses Bischofs auch über Mittelitalien aus. So ist er in den zwischen 1180 und 1190 entstandenen Apsismosaiken der Kirche von Monreale dargestellt, in der ersten Hälfte des 13. Jahrhunderts wird ihm eine Kapelle der Kathedrale von Anagni geweiht, und zu gleicher Zeit erscheint sein Bild im Rahmen der Fresken in den Kirchen San Giovanni e Paolo in Spoleto und San Martino ai Monti in Rom sowie auf einem emailleverzierten Buchdeckel vom Ende des 12. Jahrhunderts, dessen Schaffung auf einen Auftrag des Erzbischofs Alfano von Capua zurückgeführt wird. Daß dieser Kult seinen Ausgang in Sizilien nahm, wird mit der Vermählung der Tochter des englischen Königs Heinrich II. mit dem Stifter der Kirche von Monreale, Wilhelm II., in Zusammenhang gebracht (vgl. D. DEMUS, *Sicily*, 115, 129—130, 452—453, und E. KITZINGER, *I mosaici di Monreale*, Palermo 1960, 19, t. 96).

Die zwei an der Westwand befindlichen, Petrus und Paulus darstellenden Medaillons lenkten bereits die Aufmerksamkeit C. Cechellis auf sich und wurden von ihm ins 13. Jahrhundert datiert: C. CECHELLI, *Catalogo delle cose d'arte e di antichità d'Italia*, *Zara*, Roma 1932, 24. C. FISKOVIĆ vermerkte in *Freske*, 15, sehr richtig die in diesem Werk vorhandenen gotischen Stileinflüsse. Zu den Gemeinsamkeiten zwischen ihm und der Malerei an dem Totenschrein der seligen Juliane vgl. R. PALLUCHINI, *La pittura veneziana del Trecento*, Venezia — Roma 1964, 11, fig. 8.

Zu der Ikone der „Muttergottes der Benediktinerinnen", mit der sich Ähnlichkeiten beim Wandschmuck der Südapsis ergeben, vgl. V. J. ĐURIĆ, *Icônes*, 49—50, 109—110; I. PETRICIOLI, *Umjetnička baština samostana sv. Marije u Zadru*, Radovi Instituta Jugoslavenske akademije znanosti i umjetnosti u Zadru, 13—14 (Zadar 1968), 89—90; G. GAMULIN, *Bogorodica s djetetom u staroj umjetnosti Hrvatske*, Zagreb 1971, 10, 18—19, 130. Bezüglich des griechischen Malers Johannes Klerikopoulos vgl. C. F. BIANCHI, *Zara*, I, 438, und A. DUDAN, *La Dalmazia nell'arte italiana*, I, Milano 1921, 371. Freilich: in dem zur Frage stehenden Zeitraum verfügte Zadar auch über eine ganze Gruppe einheimischer Maler, die in historischen Quellen erwähnt werden: vgl. C. FISKOVIĆ, *Majstori*, 92.

21.

Lj. Karaman war es, der auf diese Fresken aufmerksam machte: LJ. KARAMAN, *Novi nalazi na otoku Braču*, Jugoslovenski istoriski časopis, III, Beograd 1937, 617; id., *Pregled*, 45; id. *O putovima bizantskih crta u umjetnosti istočnog Jadrana*, Starohrvatska prosvjeta, III ser., sv. 6, Zagreb 1958, 66. Eingehend behandelt und genau datiert werden sie bei D. DOMANČIĆ, *Sredovječna freska u Donjem Humcu na Braču*, Prilozi povijesti umjetnosti u Dalmaciji, 10, Split 1956, 84—94, und id., *Kulturni spomenici otoka Brača, srednji vijek*, Bračk̆i zbornik, 4, Zagreb 1960, 149. Farbreproduktionen von ihnen finden sich bei C. FISKOVIĆ, *Freske*, 24—25, repr. 30—32. Alle drei Verfasser aber überschätzen die Bedeutung eines möglichen Einflusses der apulischen Kunst der Basilianermönche auf diese Fresken.

Augenfälliger nämlich ist ihre stilistische Zugehörigkeit zu Venedig. Entsprechende Affinitäten in bezug auf die Draperiengestaltung etwa erscheinen in dem venezianischen Triptychon des ungarischen Königs Andreas III., das sich in Bern befindet (P. TOESCA, *Un capolavoro dell'oreficeria veneziana della fine del Dugento*, Arte Veneta, V, Venezia 1951, 15—20), sowie dem im Chilandar-Kloster verwahrten venezianischen Diptychon (S. RADOJČIĆ, *Hilandarski diptih*, *Studije o umetnosti XIII veka*, Glas SAN, CCXXXIV, Beograd 1959, Bildtafeln), in dem auch stark verwandte Heiligentypen sowie eine sehr ähnliche Art der Gestaltung der Gesichter mittels weißer Glanzlichter in Form waagrechter Strichelchen auf den Wangen zu finden sind. Das Antlitz Christi in Donji Humac hat gewisse Ähnlichkeit mit dem des Miniatur-Christuskopfs, welcher eine in der Kathedrale von Trogir aufbewahrte bischöfliche Mitra venezianischen Ursprungs schmückt (V. J. ĐURIĆ, *Vizantijske i italo-vizantijske starine u Dalmaciji*, I, Prilozi povijesti umjetnosti u Dalmaciji, 12, Split 1960, sl. 22). Der Maler von Donji Humac scheint diese venezianische Miniaturen förmlich vor Augen gehabt zu haben: an dieselben Stellen, die die venezianischen Miniaturmaler mit Perlen schmückten — die mit einem Doppelkreis eingefaßten Heiligenscheine, die Sterne am Maphorion der Gottesmutter und das Schmuckwerk an ihren Schultern sowie den Thron und das Kissen, auf denen Christus sitzt —, tupfte er weiße Glanzlichter hin: offenbar der Versuch einer Nachahmung des in den kristallüberzogenen venezianischen Miniaturen angewandten Verfahrens mittels Fresko-Technik. Zu der Gruppe dalmatinischer Denkmäler eines speziellen byzantinischen Stils mit westlichem, romanischem bzw. gotischem Einschlag gehört neben den aufgezählten noch ein wahrscheinlich aus dem 11. Jahrhundert stammendes, stark beschädigtes Fresko in der St. Eliaskirche auf der Insel Lopud bei Dubrovnik, bei dem der Einfluß der Benediktinerkunst stark zur Geltung kommt (vgl. C. FISKOVIĆ, *Freske*, 11—12, repr. 25). Einige grundsätzliche Stilaffinitäten zu diesen Fresken beinhalten manche Köpfe in den Medaillons einer Exultet-Rolle aus Bari, die in die Zeit um 1000 datiert wird (vgl. M. AVERY, *The Exultet Rolls of South Italy*, II, Princenton 1936, P. IV—XI), sowie die Miniaturen des besten unter den Illuminatoren des am Ausgang des 11. Jahrhunderts in Zadar entstandenen, heute in der Bodleian Library in Oxford aufbewahrten Vekenega-Evangeliars (vgl. V. NOVAK — B. TELEBAKOVIĆ-PECARSKI, *Većenegin evanđelistar*, Starine JAZU, 51, Zagreb 1962, t. 3 Farbreproduktionen und t. 20 Schwarz-Weiß-Reproduktionen). Wiewohl in besagter Studie zur Illumination dieses Evangeliars ans Ende des 12. Jahrhunderts datiert — vgl. S. 53—57 —, stammen die Miniaturen des bewußten Meisters ebenfalls vom Ende des 11. Jahrhunderts.

In den kroatischen Ländern außerhalb Dalmatiens sind keine Wandbilder vorhanden, bei denen byzantinische Stilisierung gegenüber den Stilmerkmalen der abendländischen Kunst überwöge. In der mittelalterlichen Malerei Istriens beispielsweise macht sich der byzantinische Einfluß wohl auf ikonographischem Gebiet, nicht aber in bezug auf den Stil geltend (vgl. B. FUČIĆ, *Istarske freske*, Zagreb 1963). Lediglich in der Sakristei der Zagreber Kathedrale blieben aus der zweiten Hälfte des 13. Jahrhunderts stammende Fresken erhalten, die gewisse byzantinische Stilmerkmale besitzen; diese aber verlieren sich vor dem ausschlaggebenden westlich geprägten Gesamtbild (vgl. LJ. KARAMAN, *O umjetnosti srednjeg vijeka u Hrvatskoj i Slavoniji*, Historijski zbornik, III, Zagreb 1950, 154—156, t. V/I).

22.
Diese Malerei wurde 1956 entdeckt und gereinigt. Ihre Beschreibung findet sich bei M. LAĐEVIĆ, *Rezultati*, 149—154. R. NIKOLIĆ, *Petrova crkva*, 5, datiert die älteste Freskenschicht ins 8.—9. Jahrhundert und unterstellt Bezüge zur abendländischen Kunst. R. LJUBINKOVIĆ, *La peinture*, 408—409, ist der Auffassung, die eingekerbten Ornamente seien unter dem Einfluß Konstantinopels, die Fresken hingegen unter dem der karolingischen und protoromanischen Kunst zustandegekommen; er datiert sie ins 10. Jahrhundert. S. RADOJČIĆ, *Slikarstvo*, 17, datiert die Fresken in den Zeitraum zwischen dem 8. und dem 10. Jahrhundert und betrachtet sie als Werk byzantinischer Provinzmaler. D. TASIĆ *(Novi Pazar*, 123) placiert den Schaffenszeitpunkt ins 9. Jahrhundert. Die nach der Lađevićschen ausführlichste Studie zu diesen Fresken erbrachte M. ĆOROVIĆ-LJUBINKOVIĆ in *Živopis*, 35—41. Vergleiche mit italienischen Denkmälern, in deren Malerei eine Verquickung byzantinischer und abendländischer Stilelemente stattgefunden hat, lassen die Autorin zu der schlußfolgernden Feststellung kommen, daß bei der ersten Freskenschicht von St. Petrus zu Ras der Einfluß der Malerei der unter päpstlicher Jurisdiktion stehenden Kirchen merklich in Erscheinung tritt. Keiner der Autoren, die sich mit den Fresken der Petruskirche befaßten, berücksichtigte die augenscheinlichen Parallelen in der byzantinischen Provinz.
Von außerordentlicher Bedeutung für die Datierung des Kirchenbaus ins 9. oder 10. Jahrhundert ist auch die vorhandene, heute an sekundärer Stelle stehende Flachreliefplastik mit Flechtornamentikmotiven protoromanischen Ursprungs, die vom 9. bis zum 11. Jahrhundert im Küstenland und im Innern der Balkanhalbinsel auftaucht. Von Interesse ist in diesem Zusammenhang auch eine Legende über die Entstehung dieser Kirche, die ein lediglich als „Pfarrer Dukljanin" bekannter Autor aus Bar um die Mitte des 12. Jahrhunderts in seiner „Chronik" verzeichnet hat. Er berichtet darin, nach der Rückkehr König Belos (Pavlimirs) aus Rom, wo seine Familie in der Verbannung lebte, sei ein Kampf zwischen ihm und dem rascischen Župan Ljutomir entbrannt, und in der Entscheidungsschlacht habe Belo gesiegt, Ljutomir sei getötet worden, und seine Anhänger habe Belo bis an den Ibar verfolgt. „Auf den Sieg hin ließen die auf Seiten des Königs mit ins Feld gezogenen Römer in Rascien eine Kirche zu Ehren des hl. Petrus errichten... Er ordnete aber an, daß selbiges Gotteshaus eine Bischofskirche werde, und setzte sodann einen Bischof ein und errichtete ein Bistum (, die) bis auf den heutigen Tag (bestehen)".
Vgl. *Ljetopis popa Dukljanina*, ed. V. MOŠIN, Zagreb 1950, 71 (Aufführung der gesamten älteren Literatur), sodann J. KOVAČEVIĆ, *O uvodu Barskog rodoslova*, Zbornik Matice srpske, serija društvenih nauka, 13—14, Novi Sad 1956, 67, und N. BANAŠEVIĆ, *Letopis popa Dukljanina i narodna predanja*, Beograd 1971, 63, 94, 115, 122 (in beiden Fällen Anzweiflung der historischen Realität der bewußten Sage), sowie R. LJUBINKOVIĆ, *Rapports*, 191—195 (Versuch, ebendiese Sage historisch zu belegen).

23.
Die Fresken von St. Michael zu Ston werden hier nur gestreift, da ihr künstlerisches Gepräge nicht eigentlich byzantinisch ist. Die ersten davon wurden im dritten Jahrzehnt unseres Jahrhunderts von der sie bedeckenden Mörtel- und Kalkschicht befreit und damals zum ersten Mal in die Fachliteratur aufgenommen: LJ. KARAMAN, *Crkvica sv. Mihaila kod Stona*, Vjesnik Hrvatskog arheološkog društva, n. s. XV, Zagreb 1928, 81—116 (präzise Beschreibung und Datierung), id. *Deux portraits des souverains yougoslaves sur les monuments dalmates du Haut Moyen âge*, Byzantion, IV, Paris-Liège 1929, 321—336, id., *Iz kolijevke hrvatske prošlosti*, Zagreb 1930, 138, id., *Pregled*, 26—27, id., *O vremenu gradnje Svetog Mihovila u Stonu*, Vjesti muzealaca i konzervatora Hrvatske, IX, 3, Zagreb 1960, 81, M. ABRAMIĆ, *Jedan doprinos k pitanju oblika hrvatske krune*, Šišićev zbornik, Zagreb 1929, 2—12, N. BJELOVUČIĆ, *Crvena Hrvatska i Dubrovnik*, Zagreb 1929, 56—59 (ohne wissenschaftlichen Wert), S. RADOJČIĆ, *Portreti*, 11—12, und id., *Geschichte*, 10. Nach einer 1960 erfolgten neuen sorgfältigen Reinigung wurden die Fragmente bisher unbekannter Fresken entdeckt und letztere zusammen mit der bereits bekannten Malerei in folgenden Beiträgen publiziert: C. FISKOVIĆ, *Ranoromaničke freske u Stonu*, Prilozi povijesti umjetnosti u Dalmaciji, 12, Split 1960, 33—49 (Erwähnung einer historischen Inschrift, Aufführung der älteren einschlägigen Literatur), R. LJUBINKOVIĆ, *Rapports*, 195—204 (Schaffung von Bezügen zwischen dieser Malerei und den süditalienischen Exultet-Rollen; Datierung an den Beginn des 12. Jahrhunderts), id., *Predstava Prvog greha u apsidijalnoj konhi u crkvi svetog Mihajla kod Stona*, Zbornik Narodnog muzeja, IV, Beograd 1964, 223—229 (wo der Autor unter Beibehaltung seiner bereits geäußerten Ansicht die in der Apsis befindliche Wiedergabe des Themas der Erbsünde mit der Erscheinung des Bogumilentums erklärt und so dem Bild ohne Anführung sonderlich triftiger Gründe einen glaubenspolemischen Gehalt unterstellt), und P. MIJOVIĆ, *Romansko zidno slikarstvo*, Istorija Crne Gore, 2/1, Titograd 1970, 224—227 (der Autor befaßt sich in der Hauptsache mit der Ikonographie der Darstellung der Erbsünde in der Apsis und entdeckt dabei ebenfalls Ideenbezüge zwischen der Malerei von Ston und den Exultet-Rollen); — kurze Ausführungen zur Thematik dieser Fresken finden sich zudem

in *Istorija Crne Gore*, 1, Titograd 1967, 438—439, C. Fisković, *Freske*, 9—10, t. 1—18 (mit Farbreproduktionen des Großteils der Fresken), und S. Radojčić, *Slikarstvo*, 19—21.

24.

Die Fresken von Kuti sind nur teilweise veröffentlicht, u. zwar in dem archäologischen Bericht über die Ausgrabung dieser Kirche: J. Kovačević — I. Pušić, *Iskopavanja na ruševinama crkve sv. Tome u Kutima — Boka Kotorska*, Arheološki pregled, 1, Beograd 1959, 157 (Datierung der Malerei ins 12. Jahrhundert). Die Fragmente von Panik entdeckte und veröffentlichte M. Popović, *Novootkrivene freske sa crkvice u Paniku*, Zograf 3 (1969) 56—57. Vgl. auch Z. Kajmaković, *Slikarstvo*, 96—98 (Annahme von Vorhandensein eines Zentrums derartiger Malerei im benachbarten Dubrovnik).

25.

Die wesentlichste Studie zu Đurđevi Stupovi schrieb N. Okuněv': Stolpy svjatago Georgija, SK, I, 1927, 234—245. Er konnte noch zahlreiche Fresken erfassen, die heute nicht mehr vorhanden sind. Bei der Abnahme einiger Freskenfragmente zwecks Überführung ins Belgrader Nationalmuseum wurde auf der untersten Mörtelschicht eine interessante kleine Skizze des hl. Georg hoch zu Roß gefunden; sie befindet sich nunmehr ebenfalls im Nationalmuseum in Belgrad. Zu dieser Skizze erschien auch ein spezieller Beitrag (M. P. S., *Otkrivena skica za fresku iz XII veka*, Književne novine 24. II 1948), und außerdem findet sich eine Farbreproduktion von ihr auf der Titelseite von „Jugoslavija", IX, Beograd 1954. S. Radojčić setzt in *Majstori*, 6—7, und *Slikarstvo*, 28—30, Bezüge zwischen den Fresken von Đurđevi Stupovi und dem Fragment der Darstellung der Apostel Petrus und Paulus in der Bibliothek des Athosklosters Vatopedi und äußert die Ansicht, es könne sich dabei um Werke derselben Werkstatt, ja, möglicherweise sogar desselben Malers handeln. Das Fragment von Vatopedi sei — so Radojčić — von der Wand des klösterlichen Refektoriums abgelöst worden, das Stefan Nemanja, der hier einen Teil seines Aufenthalts auf dem Heiligen Berg als Mönch Simeon verbrachte, gegen Ende des 12. Jahrhunderts erneuern und ausmalen ließ. Nun läßt sich nicht abstreiten, daß die Heiligengesichter beider Werke eine hohe Ähnlichkeit der Formgebung aufweisen — ebenso augenfällig aber ist der Unterschied bezüglich der Farbgebung; sind die Gesichter von Vatopedi mit ihrer Hell-Dunkel-Gestaltung in Ocker und Weiß gegenüber Kastanienbraun Beispiele für das Schattierungsverfahren, so sind diejenigen von Đurđevi Stupovi ausgesprochen koloristisch konzipiert: grüne Schatten zwischen den ockerfarbenen, rosig überhauchten Flächen der beleuchteten Partien, auf die weiße Glanzlichter aufgesetzt sind. Abgesehen davon läßt sich das Entstehen des Fragments von Vatopedi kaum auf das dortige Wirken Nemanjas zurückführen, da es der Klosterüberlieferung zufolge von der Wand der Peter- und Paulskapelle abgenommen wurde, was angesichts des Themas auch sehr einleuchtend erscheint. In Anlehnung an die von Radojčić gemachten Wahrnehmungen führt A. Xyngopoulos in *Thessalonique*, 21—22, als weitere Parallelen zu den Fresken von Đurđevi Stupovi das Haupt des hl. Nikolaus in der Koumbelidiki-Kirche in Kastoria sowie die Reste des Wandschmucks in der in der Nähe der Athoshauptstadt Karyes gelegenen Kelli Ravdouchou an und äußert die Ansicht, es handle sich bei all diesen Werken um Schöpfungen ein und derselben Werkstatt, die seinerzeit in Thessalonike bestanden haben soll. Doch die besagten Fresken — die kastorianischen ebensowenig wie die vom Athos — weisen auch nicht im entferntesten unmittelbare Berührungspunkte mit der Malerei von Đurđevi Stupovi auf.

Kürzere Ausführungen zu diesen Fresken finden sich noch bei V. Petković, *La peinture*, II, 9—10, fig. 4, id., *Pregled*, 115, F. Mesesnel, *Srp. spomenici*, 361, S. Radojčić, *Uloga Antike u starom srpskom slikarstvu*, Glasnik Državnog muzeja u Sarajevu, n. s. I, 1946, 41 (Erörterung des antiken Ursprungs der gemalten Rahmen zu den einzelnen Darstellungen), *Spomenici kulture*, 210—213, S. Radojčić, *Đurđevi Stupovi*, EJ, 3, 1958, 208—209, id., *Geschichte*, 20, V. N. Lazarev, *Freski Staroj Ladogi*, Moskva 1960, 89—90, id., *Storia*, 224, M. Kašanin, *Đurđevi Stupovi*, LE, 2, 1962, 164, R. Nikolić, *Petrova crkva*, 9—13, R. Ljubinković, *La peinture*, 437—438, O. Demus, *Die Entstehung*, 29 (Fehldatierung der in der Kirchenkuppel wiedergegebenen Propheten: in die Zeit um 1275), R. Hamann-Mac Lean und H. Hallensleben, Plan 8a, b (Anordnungsschema des Dekorationsprogramms), *Srbija*, 202—203, D. Talbot Rice, *Painting*, 35, J. Beckwith, *Art*, 129, und *Novi Pazar*, 129—133. Die besten Reproduktionen bringt G. Millet, *La peinture*, I, 1954, IX, pl. 22—30, 89—90.

Von Belang für die richtige chronologische Einordnung der Errichtung der Ausmalung von Đurđevi Stupovi ist die Entdeckung der in das Westportal eingemeißelten Inschrift, in der als Baujahr der Kirche 1170/71 vermerkt ist. Eine eigene Publikation dazu bereitet Arch. Jovan Nešković vor.

26.

Die zweite Freskenschicht von St. Petrus zu Ras endeckte und veröffentlichte M. Lađević: *Rezultati*, 154—156. Bei R. Nikolić, *Petrova crkva*, 5—6, wird diese Malerei ins 11.—12. Jahrhundert, also verfrüht, datiert; R. Ljubinković, *Rapports*, 188—195, legt sich diesbezüglich im Rahmen einer Abhandlung zur Ikonographie der Apsisdekoration, bei der er Bezüge zur postikonoklastischen Kunst Konstantinopels konstatiert, auf die Wendezeit dieser beiden Jahrhunderte fest; in *Srbija*, 219, wird die Datierung bis ins frühe 13. Jahrhundert vorgerückt; wiederum ziemlich breit, mit dem 12. Jahrhundert, ist sie bei S. Radojčić, *Slikarstvo*, 18—19, angesetzt (dementsprechend wird der Entstehenszeitpunkt der nächsten Schicht hier ins 13. Jahrhundert verlegt). D. Tasić (*Novi Pazar*, 123—125) erstellt einen präzisen umfassenden Abriß dieser zweiten Freskenschicht, datiert sie aber fälschlicherweise ins frühe 10. Jahrhundert — die Folge eines Versehens bei der chronologischen Einordnung der späteren, dieses zweite Dekorationswerk bedeckenden Schichten: die nachträglich in die Apsis gesetzte Gestalt des Erzengels Michael stammt nämlich nicht, wie Tasić annimmt, aus dem 12., sondern aus dem ausgehenden 13. Jahrhundert. M. Ćorović-Ljubinković, *Živopis*, 40—42, greift diese Schicht exakt aus der Gesamtdekoration des Gotteshauses heraus, setzt allerdings die Datierung — Ende des 11. oder Anbruch des 12. Jahrhunderts — etwas zu früh an; den Gestalten der Evangelisten in der Apsis unterstellt sie ikonographischen Gehalt westlicher Prägung.

Italienische Gegenstücke zu der ungewöhnlichen Placierung der Apostel in die mittlere Apsiszone sind in folgenden Werken zu finden: S. Bettini, *Mosaici antichi di San Marco a Venezia*, Bergamo 1944, tav. I, id., *Pittura delle origini cristiane*, Novara 1942, tav. 114—116; V. N. Lazarev, *Istorija vizantijskoj živopisi*, II. Moskva 1948, tabl. 230, 237, 239, und O. Demus, *Sicily*, Pl. 1, 4, 59, 64. Bezüglich der im 10. bzw. 11. Jahrhundert entstandenen georgischen Fresken mit demselben Motiv in Atena, Chachula und Oška s. Š. Ja. Amiranašvili, *Živopis'*, 79—80, 107, tabl. 55, 56, 91, 95, 96, und id., *Iskusstvo*, 160, 166. In denjenigen Kirchen, in denen die Apostel in der Apsis erscheinen, fehlt gewöhnlich die in byzantinischen Gotteshäusern fast durchwegs an dieser Stelle dargestellte Apostelkommunion. Im Michailowkloster in Kiew, dessen Mosaiken vom Beginn des 12. Jahrhunderts stammen, kam es zu einer ungewöhnlichen Verquickung beider Motive: beiderseits der Apostelkommunion erscheinen im Altarraum acht frontal wiedergegebene Apostel mit Schriftrollen in den Händen. Dazu s. V. N. Lazarev, *Michailovskije mozaiki*, Moskva 1966, 67—69. Auch in Zadar, in der St. Chrysogon-Kirche, zeigten die Mosaiken in der Apsis die Deesis in der Kalotte und die zwölf Apostel darunter. Die Auftraggeberin dort war Stana, die Tochter des Zadarer Fürsten Petran, und die Auftragserteilung erfolgte um die Mitte des 12. Jahrhunderts. Die Mosaiken von St. Chrysogon wurden im ausgehenden 18. Jahrhundert zerstört; erhalten aber blieben eine Beschreibung von ihnen sowie der Untergrund, auf dem sie ausgeführt waren, — dazu: Ć. Iveković, *Crkva i samostan sv. Krševana u Zadru*, Zagreb 1931, 21.

27.

Die Reinigung und Konservierung des Fresko erfolgte 1971/1972. Einschlägige Publikationen: A. SKOVRAN, *Novootkrivene freske u crkvi sv. Luke u Kotoru*, Zograf 4 (Beograd 1972) 76—77 (Fehlidentifizierung der Heiligen; Behauptung vom Vorhandensein eines süditalienischen Einflusses), und V. J. ĐURIĆ, *Otkriće u crkvi svetog Luke u Kotoru*, Pobjeda, Titograd 12. IV 1973, 9. Der beste Beitrag zu der Inschrift, die sich mit den Stiftern und der Errichtung des Gotteshauses befaßt, ist Đ. STRATIMIROVIĆ, *O prošlosti i neimarstvu Boke Kotorske*, Spomenik SKA XXVIII (Beograd 1895) 11—13. Vgl. a. R. NOVAKOVIĆ, *Oko natpisa na crkvi sv. Luke u Kotoru*, ZLU 5 (1969) 15—21.

28.

Entdeckt wurden die Fresken von P. Šerović, der sie auch veröffentlichte: P. ŠEROVIĆ, *Crkva „Riza Bogorodice" u Bijeloj u Boki Kotorskoj*, Glasnik Zemaljskog muzeja u Bosni i Hercegovini, XXXII, Sarajevo 1920, 273—294. Er datierte sie ins 14. Jahrhundert und identifizierte den im Bild wiedergegebenen Bischof Danilo mit dem gleichnamigen Bischof von Chum, der später als serbischer Erzbischof und Schriftsteller bekannt wurde. L. MIRKOVIĆ brachte im Anzeiger des Serbisch-orthodoxen Patriarchats — Glasnik Srpske pravoslavne patrijaršije, III, Beograd 1922, 132—133, 153 — eine klärende Untersuchung zu den auf den Schriftrollen der Erzbischöfe in der Anbetung des Opfers erscheinenden Gebetstexte. Ebenda — Glasnik Srpske pravoslavne patrijaršije, VI, 1925, 372—374 — plädierte P. ŠEROVIĆ für eine Datierung des Wandschmucks in die Zeit der byzantinischen Herrschaft über diese Gebiete mit dem 11. Jahrhundert als unterster Grenze, da das Porträt des Bischofs Danilo in Bijela, wie er festgestellt habe, keine Ähnlichkeit mit den in Peć vorhandenen Bildnissen des späteren serbischen Erzbischofs Danilo II. aufweise. LJ. KARAMAN hinwiederum blieb in der Studie *Quelques notices sur l'art byzantin et les Slaves catholiques de Dalmatie*, L'art byzantin chez les Slaves, II, Paris 1930, 354 uff., bei der alten Datierung der Fresken, d. h. ihrer Zuordnung zum 14. Jahrhundert, und brachte die Ansicht vor, sie seien ein Werk „griechischer" Maler, die sich damals bereits in den Städten des Küstenlands aufgehalten hätten. Diese seine Behauptung wiederholte er auch in seinem Werk *Pregled*, 45. S. RADOJČIĆ, *O slikarstvu u Boki Kotorskoj*, Spomenik SAN, CIII, Beograd 1953, 55—56, setzte den Entstehungszeitraum dieser Malerei mit der zweiten Hälfte des 13. Jahrhunderts an und vermerkte eine gewisse Ähnlichkeit mit Sopoćani. P. ŠEROVIĆ spricht sich in der Abschlußphase seiner Untersuchungen zur Malerei Bijelas in dem Artikel *O liku arhiepiskopa Danila u parohiskoj crkvi Bijeloj u Boki Kotorskoj*, Istoriski zapisi, IX, Cetinje 1953, 297—299, für eine Identifizierung des hier porträtierten Bischofs Danilo mit einem gleichnamigen Bischof aus, der geschichtlichen Quellen zufolge in der zweiten Hälfte des 12. Jahrhunderts lebte, durch den Dubrovniker Erzbischof in sein Hirtenamt eingesetzt wurde und in der Folge auf die Seite der bosnischen Kirche trat. Vgl. auch V. J. ĐURIĆ, *Bijela*, LE, I, 1959, 376, wo die Fresken ans Ende des 12. bzw. ganz an den Anfang des 13. Jahrhunderts datiert werden, sowie P. MIJOVIĆ, *Riza Bogorodice u Bijeloj*, Istorija Crne Gore, 2/1, Titograd 1970, 243—245.

Die bis auf den einen Parallelfall bei den Mosaiken von Torcello einmalig dastehende Placierung des Bildnisses Bischof Danilos über den Bischofsthron in der Apsis birgt gleichsam eine Andeutung dessen, daß der Dargestellte nicht nur das Gotteshaus erbauen und es mit Fresken ausschmücken ließ, sondern auch das erste Oberhaupt der hiesigen Diözese war, die höchstens bis 1219 bestanden haben kann, bis zu dem Jahr nämlich, als Erzbischof Sava I. ganz in der Nähe ein serbisches Bistum errichtete. Über dem Bischofsthron von Torcello ist der hl. Heliodorus dargestellt (vgl. *Mosaïques byzantines en Italie*, col. „Iris", Paris 1952, t. I (Farbreproduktion), der, nachdem er vor Attila aus Altinum geflohen war, zusammen mit dem hl. Liberalis die Bevölkerung von Torcello zum Christentum bekehrte und hier das erste Bistum errichtete. Doch erst um das Jahr 638 herum verlegten die Bischöfe von Altinum ihren Sitz endgültig nach Torcello (P. MOLMENTI, *La storia di Venezia nella vita privata*, I, Bergamo 1910, 11).

Weitere Beispiele für die Placierung von Porträts über der Anokathedra sind in Byzanz nicht erhalten, wenngleich nicht auszuschließen ist, daß sie sogar üblich war. Daß es sie zumindest gegeben haben muß, mag ein Beispiel aus dem Serbien der Zeit um 1380 bezeugen. Im Narthex des Patriarchatskirchenkomplexes von Peć, in dem, wie an den auch heute noch vorhandenen, sich überall an den Wänden entlangziehenden Steinbänken ersichtlich, die Landes- und Reichssynoden abgehalten wurden, erscheint über dem ebenfalls erhaltengebliebenen, neben dem Eingang zur Apostelkirche befindlichen steinernen Thron des serbischen Patriarchen das ganzfigurige Bildnis des Begründers des autokephalen serbischen Erzbistums, Sava I., der in der zugehörigen Inschrift der erste serbische Patriarch genannt wird. Ein ähnliches, allerdings aus dem weltlichen Machtbereich stammendes Beispiel ist in Dečani zu finden: über dem in diesem Gotteshaus vorhandenen Thron des serbischen Kaisers wurde um die Mitte des 14. Jahrhunderts neben einem Bild der Gottesmutter mit dem Christusknaben ein Porträt des Gründers der serbischen Dynastie, des hl. Simeon Nemanja, gemalt; vgl. V. J. ĐURIĆ, *Presto*, 93—104.

Zu den Inschriften mit den Namen der Bischöfe über deren Hochsitzen in Byzanz und zur Bedeutung dieser Inschriften vgl. A. GRABAR, *Deux témoignages archéologiques sur l'autocéphalie d'une église: Prespa et Ochrid*, ZRVI, VIII_2, Mélanges Georges Ostrogorsky, II, 1964, 163—166, 168. Zu den darin gebotenen Beispielen gesellt sich als weiterer einschlägiger Fall die Festhaltung der Namen der Suffragane des Patriarchats Aquileia über den Sitzen in der Apsis der Kathedrale von Torcello. Die Anbringung dieser Namen erfolgte zum nämlichen Zeitpunkt wie die Schaffung des Apsiswandschmucks — im Jahre 1031. Vgl. G. BRUSIN, *Aquileia e Grado*, Padova 1956, 54 (Aufführung der gesamten älteren Literatur auf S. 204).

29.

Die erste Beschreibung der Fresken der Muttergotteskirche von Studenica erfolgte in der von V. Petković verfaßten Monographie zu diesem Kloster — V. PETKOVIĆ, *Manastir Studenica*, Beograd 1924, 33—59 —, die heute veraltet ist. Der Verfasser war damals nicht fähig, die ursprüngliche Malerei und die des 16. Jahrhunderts auseinanderzuhalten (vgl. S. 78—80) — ein Mangel, mit dem auch seine übrigen Werke — *La peinture*, I, pl. 1—4, II, 7—9, pl. I—V, sowie *Pregled*, 312—318 — behaftet sind. Erst seit der in den letzten Jahren unternommenen und noch im Gange befindlichen Reinigung und Konservierung von Malerei und Architektur des Klosters tauchte eine Reihe wissenschaftlicher Probleme auf, die die früheren Forscher außer Acht gelassen haben. Eine genaue Festlegung des Alters der einzelnen Freskenschichten der Muttergotteskirche erfolgte bereits in dem Bildband G. MILLET, *La peinture*, I, o. IX, pl. 31—35, 37_3, $38—42_1$. Dies war möglich geworden durch die Veröffentlichung der langen Inschrift im Tambour der Kirchenkuppel: S. MANDIĆ, *Na nedavno otkrivenim freskama u Studenici pronađeno je ime slikara Save iz XIII veka*, Politika 21 Juni 1951. In diesem Beitrag unterlief allerdings ein Versehen bei der Interpretation des Textes. Einwandfreie Publikationen zu besagter Inschrift sowie der Malersignatur erschienen erst in der Folgezeit: S. RADOJČIĆ, *Majstori*, 7—8, und S. MANDIĆ, *Otkrivanje i konzervacija fresaka u Studenici*, Saopštenja, 1, 1956, 38—40. Vgl. auch Đ. TRIFUNOVIĆ, *Glagol rabotati u studeničkom natpisu iz 1209. godine*, Zograf 2 (1967) 6—7. Mandić nahm gleichzeitig die erste Differenzierung der Fresken in 1208/09 und im 16. Jahrhundert entstandene vor. L. MIRKOVIĆ, *Die Ikonen*, 304—307, deutete den Namen des Malers, wie er in dem Inschriftszusatz erscheint, als Nikolaos, obschon eine solche Feststellung angesichts des stark beschädigten Zustands der betreffenden Stelle kaum möglich ist. S. RADOJČIĆ, *Majstori*, 8, entdeckte die ausgeprägtesten Affinitäten zum Stil dieses Malers im Rahmen der Fresken Süditaliens, während A. XYNGOPOULOS, *Thessalonique*, 23—25, versuchte, ihn anhand angeblicher Stilparallelen zwischen seinen Werken und bestimmten Fresken in Servia und Kalambaka (in Wirklichkeit weisen lediglich die Draperien einer einzigen von ihnen, die sich in Servia befindet und aus dem ausgehenden 12. Jahrhundert stammt, eine gewisse Stilverwandtschaft mit Studenica auf) nach Thessalonike einzuordnen.

Kürzere Ausführungen zu dieser Malerei bringen auch A. MICHEL, 951, eine Autorengruppe in dem Sammelwerk *Spomenici kulture*, 170—172, O. DEMUS, *Die Entstehung*, 26, A. M. AMMANN, 142—143, S. MANDIĆ, *Otac srpskog slikarstva*, Politika 22. III 1959, 15, D. TALBOT RICE, *Art* 195—197 (die hier angegebene Datierung in die Zeit um 1220 dürfte ein Versehen sein), id., *Painting*, 46—47, id., *The Appreciation*, 152, V. LAZAREV, *Storia*, 295—296, R. HAMANN-MAC LEAN UND H. HALLENSLEBEN, 19—22, Plan 9, 10, Taf. 60—74 (Anordnungsschemen; jedoch keinerlei Ansatz zu einer Abgrenzung zwischen älterer und jüngerer Malerei), A. VASILIĆ, *Studenica*, izd. Turistički savez Srbije i „Turistička štampa", Beograd 1960, 14—18, S. RADOJČIĆ, *La pittura*, 300, 304, id., *Geschichte*, 32—33, *Srbija*, 233—235, *Kraljevo*, 125—133, H. STERN, 145—146, V. J. ĐURIĆ, *Studenica*, LE, 4, 1966, 339, id., *La peinture*, 148, 151, 155, 161—162, CH. DELVOYE, 332, A. GRABAR, *Europe orientale*, 55—56, K. PAPAIOANNOU, 198—199, W. F. VOLBACH UND J. LAFONTAINE-DOSOGNE, 135, 259—260, 271, J. BECKWITH, *Art*, 135—136, und V. J. ĐURIĆ, *XIII vek*, 5—11.

Streiflichtartig aufgezeigt ist das Verhältnis zwischen der Malerei aus dem frühen 13. Jahrhundert und der 1568 entstandenen in der Studie G. BABIĆ, *O kompoziciji Uspenja Bogorodičinog u Studenici*, Starinar, n. s. XIII—XIV, Beograd 1965, 261—265; die Verfasserin veranschaulicht anhand eines einzelnen Szenenbilds das enge Festhalten der Maler des 16. Jahrhunderts an den ikonographischen Lösungen, die in den älteren Fresken aus dem 13. Jahrhundert erbracht worden sind. S. PETKOVIĆ, *Zidno slikarstvo na području Pećke patrijaršije 1557—1614*, Novi Sad 1965, 122—125, 167—169, vollzog eine exakte Trennung der 1568 geschaffenen Malerei von der Gesamtdekoration von Studenica.

Einer von S. RADOJČIĆ (*Majstori*, 8, *La pittura*, 300, 304, *Slikarstvo*, 30—36) und M. ĆOROVIĆ-LJUBINKOVIĆ (*XIII vek*, 13—14) verfochtenen These zufolge soll die älteste Malerei der Muttergotteskirche nicht in einem Stück entstanden, sondern der auf gelbem Grund gemalte Teil davon älter als der mit blauem Grund versehene, vor 1208/09 geschaffen worden sein; die zweite Ausmalung wird dabei dem Großfürsten Vukan zugeschrieben, dessen Verdienste um dieses Werk entsprechend stark herausgestrichen werden. Heute, nach der 1965/66 erfolgten Reinigung der Fresken, läßt sich mühelos feststellen, daß dem nicht so ist: die älteste Malerei ist vielmehr in ihrem gesamten Umfang zu ein- und demselben Zeitpunkt, nämlich 1208/09, entfanden und überdies die Schöpfung ein- und desselben Künstlers, der nur von Gehilfen umgeben gewesen sein dürfte, die, wie dies sowohl an den Fresken mit blauen wie mit gelben Hintergrund deutlich wird, zu gleichen Teilen Hand anlegten. Und besagter Künstler war nicht nur auf Vukans, sondern auf Geheiß aller drei Söhne Nemanjas tätig: dies erhellt aus der bewußten historischen Inschrift, in der seinerzeit auch der Name des Großžupan Stefan stand, u. zwar, da ja sein Träger Herrscher der Raška war, vor dem Vukans, nur daß an der betreffenden Stelle heute eine Lücke ist. Davon, daß die Malerei eine Gemeinschaftsstiftung aller Nemanja-Söhne ist, zeugen auch die im Rahmen des Stifterbilds am Haupttor des Klosters erhaltengebliebenen Köpfe Stefans und Vukans, die die Hand des führenden Meisters der Muttergotteskirche verraten. Dieses am Klostereingang erscheinende Stifterbild als solches ist übrigens in ikonographischer Hinsicht besonders interessant, da hier eine Übernahme des Dekorationsschemas erfolgte, wie es während der Antike und der frühchristlichen Epoche im Mittelmeerraum für die Haupttore großer Städte üblich war: V. J. ĐURIĆ, *Portreti na kapiji Studenice*, Zbornik S. Radojčića, Beograd 1969, 105—111. Vgl. auch M. ŠAKOTA, *Novootkriveni natpis iz Studenice*, Saopštenja, VIII (1969) 87—91.

Nicht genügend Beachtung fand bisher die interessante Ikonographie einzelner Szenen in Studenica. So weist die Eucharistie in der Apsis Lösungen auf, die mit denen der Miniaturen einer konstantinopolitanischen (heute in Jerusalem aufbewahrten) liturgischen Schriftrolle aus dem 11. Jahrhundert und teilweise auch mit denen des gleichnamigen Freskos in der Ochrider Sophienkirche verwandt sind (vgl. A. GRABAR, *Un rouleau liturgique constantinopolitain et ses peintures*, DOP, VIII, 1954, 174, 177—178, passim, fig. 10; id., *Les peintures nurales dans le choeur de Sainte-Sophie d'Ochrid*, CA, XV, 1965, 259—260; S. RADOJČIĆ, *Prilozi za istoriju najstarijeg ohridskog slikarstva*, ZRVI VIII/2, 1964, 359—360). Der Unterschied zwischen der Darstellung von Studenica und ihren Gegenstücken besteht darin, daß in ersterer Christus Brot und Wein auf der Abendmahlstafel mit beiden Händen segnet, in letzteren hingegen nur mit der Rechten. Der Sinn bleibt dessen ungeachtet der gleiche. Es scheint, daß eine adäquate Wiedergabe Christi im Rahmen der Apostelkommunion auch in den Apsismosaiken der Apostelkirche von Konstantinopel vorhanden war: Nikolaos Mesarites nämlich führt in seiner einschlägigen Beschreibung an, Christus habe dort „die Hände über Fleisch und Blut des Herrn gehalten" (vgl. N. MESARITES, *Description of the Church of the Holy Apostles at Constantinople*, ed. G. DOWNEY, Transactions of the American Philosophical Society, N. S., Vol. 47, Philadelphia 1957, 871).

Die Inspiration der Kreuzigungsszene durch die Dichtung des Andreas von Kreta nahm bereits V. Petković wahr: V. PETKOVIĆ, *Manastir Studenica*, 44. Einige Beispiele dieses Kreuzigungstyps mit symbolischer Darstellung von Synagoge und Kirche sind bei A. ORLANDOS, *Δύο βυζαντινὰ μνημεῖα τῆς Δυτικῆς Κρήτης*, 'Αρχεῖον τῶν βυζαντινῶν μνημείων τῆς 'Ελλάδος, VIII, Atina 1955/56, 154—160, und id., *'Η ἐν Πάτμῳ μννὴ 'Αγ. 'Ιωάννου τοῦ Θεολόγου*, Byzantine Art — An European Art, Lectures, Athens 1966, 83—84, zusammengestellt, wo der Symbolgehalt dieses Motivs ebenfalls auf Verstexte des Andreas von Kreta zurückgeführt wird. Mit seinem Ursprung befaßten sich A. S. UVAROV' in *Cerkov' větchozavětnaja i novozavětnaja*, Drěvnosti, Trudy Imp. moskovskago archeologičeskago obščestva, 21, Moskva 1907, 1—6, sowie B. BRENK in *Tradition und Neuerung in der christlichen Kunst des ersten Jahrhunderts*, Wien 1966, 243—247. Dem mittelalterlichen Bildbegriff sowie den geometrisch konzipierten Raumverhältnissen der Kreuzigungsszene und teilweise auch der Ikonographie derselben gewidmet ist folgender Beitrag: V. TOMIĆ DE MURO, *Srednjovekovno shvatanje slike i kompozicija Raspeća u Bogorodičinoj crkvi u Studenici*, ZZSK XIX (1968) 15—30.

Der in der Verkündigungsszene von Studenica in der Mitte des Triumphbogens zwischen der Gottesmutter und dem Erzengel Gabriel erscheinende Garten — drei Bäume, die von einer Einfassung aus durch Querstreben miteinander verbundenen Ziersäulen umgeben sind — hat seinen Ursprung in Textvorlagen im Rahmen der liturgischen Gesänge zum Gedächtnis der Gottesmutter, in denen neben zahlreichen anderen auch die Metaphern vom „blühenden Garten Eden" und vom „Paradiesesgarten, in dessen Mitte der Baum des Lebens steht" vorkommen (N. POKROVSKIJ, *Evangelije v' pamjatnikach ikonografii*, SPB. 1892, 40; J. NASRALLAH, *Marie dans la Sainte et Divine Liturgie Byzantine*, Paris 1955, 71, 92, 93). Die Wiedergabe des Paradieses als Garten mit Bäumen ist in der christlichen Kunst überhaupt gar nicht so selten. Auch in Kurbinovo beispielsweise ist in der Verkündigungsszene neben der Gottesmutter über den Baulichkeiten im Hintergrund eine Gitterbalustrade gezeigt, hinter der drei Bäume zu sehen sind — der dortige Maler verfolgte offensichtlich dieselbe Idee wie der Künstler von Studenica.

Zur Ikonographie der Wiedergabe des hl. Stephan als des Beschützers des serbischen Staats neben dem Ikonostas s. M. ĆOROVIĆ-LJUBINKOVIĆ, *Odraz*, 49—50.

Das im Serbien des 13. Jahrhunderts fest verankerte System der Verteilung des Materials für den Bildhintergrund nach Wertstufen

— Gold, Azur, gewöhnliche, billige Farbe — in Abhängigkeit von der Bedeutung des Raums, in dem die betreffenden Fresken erscheinen sollten, wurde im Prinzip aus der früheren byzantinischen Kirchendekoration übernommen, die oft eine Differenzierung in der Weise aufwies, daß die augenfälligsten Stellen des Gotteshauses mit Mosaiken geschmückt waren, während man sich bei der Vervollständigung des Dekorationswerks an den weniger auffälligen Partien sowie in den Nebenräumen mit Freskenschmuck begnügte. Zu diesem Fragenkomplex vgl. V. J. Đurić, *La peinture*, 151—153 (Aufführung des einschlägigen Schriftennachweismaterials).

Erhebliche stilistische Gemeinsamkeiten verbinden die Malerei von Studenica mit zwei Ikonen in der Höhlenkirche des Neophytosklosters auf Zypern, die ganz ans Ende des 12. Jahrhunderts datiert werden. Namentlich die auf der einen von ihnen wiedergegebene Gottesmutter ähnelt stark der Gottesmutter in der Kreuzigungsszene von Studenica (vgl. C. Mango and E. J. W. Hawkins, *The Hermitage of St. Neophytos and its Wall Painting*, DOP, 12, 1966, 160—162, Fig. 50, 54, 56; *Trésors de Chypre*, catalogue, Paris 1967, 79, fig. 71; A. Papageorgiou, *Icônes de Chypre*, Paris-Genève-Munich 1969, 19, 44). Ähnlichkeit der Modellierung, vor allem bewirkt durch den hier wie dort praktizierten Verzicht auf Betonung des graphischen Elements, weisen die Gestalten in einer Grabnische in der Euphemia-Kirche in Konstantinopel auf, die in die Entstehungszeit der ältesten Fresken von Studenica datiert werden, mit deren Heiligen diejenigen dieses Konstantinopler Gotteshauses so manchen physiognomischen Zug gemeinsam haben (R. Naumann and H. Belting, 178—187, Taf. 36—37). Besondere Beachtung verdienen im Rahmen der Analogien zu Studenica zwei weitere Denkmäler mit ausgeprägten einschlägigen Ähnlichkeitsmerkmalen: es sind dies einmal eine erst vor kurzem in Ochrid entdeckte Ikone der Gottesmutter mit dem Jesusknaben (P. Miljković-Pepek, *Proučuvanjata*, 6, 10—11; eingehender Hinweis auf die Affinität zu Studenica) und zum andern die Apsisfresken sowie die Templon-Ikonen in der St. Jakobskapelle des Katharinenklosters am Sinai, die aus dem frühen 13. Jahrhundert stammen (M. Chatzidakis, *Τοιχογραφίες στὴ μονὴ τῆς ἁγίας Αἰκατερίνας στὸ Σινᾶ*, Δελτίον τῆς Χριστιανικῆς 'Αρχαιολογικῆς 'Εταιρείας, περ. Δ', τόμ. ΣΤ', Athènes 1972, 206—216, 224—227; der Autor glaubt bei Fresken wie Ikonen eine annähernde Ähnlichkeit mit dem Wandschmuck von Mileševa feststellen zu können — eine Beobachtung, die keinesfalls stichhaltig ist). Zu der Gruppe von Sinai-Ikonen, die in stilistischer Hinsicht mit der Malerei von Studenica, insbesondere mit den Bildern gewisser Kirchenfürsten in der unteren Apsiszone, übereinstimmen, gehört auch die des Hl. Eutymios im Gebet (*Icônes*, pag. XIII, fig. 24), ein ans Ende des 12. Jahrhunderts datiertes Werk. All diese Vergleichsbeispiele aus dem weiten Bereich des byzantinischen Lebensraums der Zeit vom ausgehenden 12. bis in das beginnende 13. Jahrhundert führen zu dem Schluß, daß der Stil der Fresken von Studenica seinen Ausgang im Kunstzentrum des Reichs, in Konstantinopel, nahm, wodurch eine Suche nach dem Ursprung des künstlerischen Gepräges dieser Malerei im Abendland oder in Thessalonike hinfällig wird. Zugunsten einer solchen Schlußfolgerung spricht auch die Analyse eines realistischen Elements in der Kreuzigungsszene, nämlich der Wiedergabe von Körperhaaren an den entsprechenden Stellen (Achselhöhlen, Brust, Bauch; auch die Augenlider sind mit Wimpern versehen) bei der Gestalt Christi: die sich bei einer oberflächlichen Betrachtung dieser Erscheinung ergebende Annahme von deren westlichem Ursprung wird haltlos, sobald man sich vergegenwärtigt, daß derartiges auch in Nerezi zu finden ist, einem Denkmal, das als exzellentes Beispiel byzantinischer Hofkunst gelten kann [P. Miljković-Pepek, *Jedna realistička osobenost na freskama Nereza i Studenice*, Zograf 2 (1967) 4—5].

Eine neue Monographie über die Muttergotteskirche von Studenica ist nach den dort gemachten Neuentdeckungen unbedingt fällig. Das, was in dieser Richtung bisher erschien — der schmale Band *Studenica* von S. Mandić, der übrigens die besten Freskenwiedergaben enthält, und ein umfangreiches, ebenfalls *Studenica* betiteltes Werk, das (S. 75—86) wohl auch die älteste Malerei behandelt, dabei jedoch viele wichtige Fragen überücksichtigt läßt —, genügt den heutigen Anforderungen nicht mehr.

30.
Die beiden grundlegenden Studien zu Architektur und Malerei Žičas schrieb V. Petković; es sind dies *Manastir Žiča, historija*, Beograd 1911, und *Spasova crkva u Žiči, arhitektura i živopis*, Beograd 1912. (In letzterem Werk werden Ikonographie und Stil der ursprünglichen Maler auf S. 20, 25, 37—38, 44—50, 86—92 und 100 behandelt.) Beiträge aus jüngster Zeit: M. Kašanin — Đ. Bošković — P. Mijović, *Žiča*, Beograd 1969 (Ausführungen zur ursprünglichen Malerei auf S. 105—123), und V. Petković, *Pregled*, 121, 123 (wo der Verfasser noch einmal zu diesem Werk zurückkehrt und eine Aufzählung der Themen der ältesten Schicht bringt). Zur Ikonographie der Kreuzigungsszene von Žiča vgl. G. Millet, *Iconographie*, 407, 408, 409, 411, und id., *Balkans*, 285—286, passim.
Gehaltvolle Kurzabhandlungen zur Malerei von Žiča finden sich in folgenden vor nicht allzulanger Zeit herausgekommenen Schriften: G. Subotić, *Žiča*, izd. Turistički savez Srbije i „Turistička štampa", Beograd 1960, 6—8; id., *Žiča*, LE, 4, 1966, 656—657; M. Ćorović-Ljubinković, *XIII vek*, 8—9, 12; *Srbija*, 204—205; *Kraljevo*, 146—151; S. Radojčić, *Slikarstvo*, 38—39; id., *Geschichte*, 32; G. Babić, *Chapelles*, 146—149.
Lichtbildaufnahmen von der alten Malerei der Kirche bringen V. Petković, *La peinture*, I, pl. 5b, d, II, 10—11, pl. XLI, G. Millet, *La peinture*, I, p. IX, pl. 53, 55, 57_3, $62_{2,4}$, und R. Hamann-Mac Lean und H. Hallensleben, 31, Taf. 50—52, Plan 26a, 26b (enthaltend auch einen Plan des Gotteshauses mit Freskenanordnungsschema).

Zu den alten Autoren, die sich zu Žiča und seinen Künstlern äußern, vgl. V. J. Đurić, *La peinture*, 154—155, 162—163, sowie id., *XIII* vek, 11—14, wo in beschränktem Umfang auch Angaben zur Ikonographie der alten Fresken vorhanden sind.
Die endgültige Reinigung und Konservierung der Fresken von Žiča erfolgte zwischen 1964 und 1967. Zur früheren Konservierungstätigkeit s. S. Nenadović, *Restauratorski radovi na Žiči za poslednjih sto godina*, Saopštenja, I, 1956, 28—37.

31.
Bis in die neuere Zeit gab es nur zwei Beschreibungen von der Malerei der Einsiedelei des Petar von Koriša, nämlich M. Jovanović, *Povodom pitanja naših starina*, Hrišćansko delo, IV, Skoplje 1938, 217—221, und M. N. Bojčević, *Sv. Petar Koriški i njegov manastir*, Skoplje 1940, die beide keinen sonderlichen wissenschaftlichen Wert besitzen. Eine einschlägige fachliche Behandlung erfolgte schließlich in folgenden Beiträgen: R. Ljubinković, *Isposnica Petra Koriškog, istorija i živopis*, Starinar, n. s. VII—VIII, Beograd 1958, 93—110, sowie V. J. Đurić, *Najstariji živopis isposnice pustinožitelja Petra Koriškog*, ZRVI, 5, 1958, 173—200, und id., *Koriša*, LE, 2, 1962, 222—223. Dabei allerdings ergaben sich denn auch sogleich Unstimmigkeiten bezüglich der Datierung: ersterer Autor legte sich auf die zweite Hälfte des 12., letzterer hingegen auf die zwanziger Jahre des 13. Jahrhunderts fest. In *La peinture*, 432—435, befaßte sich R. Ljubinković ein weiteres Mal mit dem ältesten Teil des Dekorationswerks und setzte dabei seinen Entstehungszeitpunkt noch weit früher an: nämlich innerhalb der Periode des ausgehenden 11. bzw. beginnenden 12. Jahrhunderts. S. Radojčić, *Slikarstvo*, 19, nennt in diesem Zusammenhang das Ende des 12. Jahrhunderts — eine Auffasung, der sich auch der Verfasser des Kulturdenkmälerbeitrags im Rahmen des Werks *Kosovo*, 391—392, anschließt. O. Marković neigt, wie in *Ostaci manastira Petra Koriškog*, SKM, IV—V, 1968—1971, 409—420, ersichtlich, aufgrund der Ergebnisse der an der Architektur vorgenommenen archäologischen Untersuchungen und Konservierungsarbeiten zu einer Datierung der ersten Bauphase ins 13. Jahrhundert. Ungeachtet der archaischen Stilprägung der Fresken von Koriša geht eine so frühe Datierung derselben, wie es die

ins 11. oder auch 12. Jahrhundert ist, kaum an, u. zwar aus historischen Gründen. Die serbische Eroberung des vordem zu Byzanz gehörenden Prizren erfolgte erst im zweiten Jahrzehnt des 13. Jahrhunderts; für die in der Klause nun einmal vorhandene serbische Freskenbeschriftung aber ließe sich vor der serbischen Herrschaft in dieser Gegend wohl schwerlich eine Erklärung finden. Zudem muß in diesem Zusammenhang auch eine Äußerung des bekannten Schriftstellers Teodosije berücksichtigt werden, die dieser in seiner im Laufe der ersten Jahrzehnte des 14. Jahrhunderts verfaßten Lebensbeschreibung des Petar von Koriša macht: er versichert darin nämlich, die Sachangaben zu seiner Schrift „von jenen Mönchen" bezogen zu haben, „die se. Hochwürden (Petar) begruben", Mönchen also, die zum Zeitpunkt der Niederschrift besagter Vita noch am Leben waren.

32.

Die Veröffentlichung dieser Fresken besorgte B. Vulović in *Konzervacija ruševina sv. Nikole u Kuršumliji*, Saopštenja, I, 1956, 65—66, und *Crkva svetog Nikole kod Kuršumlije*, ZAF, III, 1957, 19—20. Vgl. auch V. J. Đurić, *XIII vek*, 15.

33.

Seinerzeit gab lediglich S. M. Nenadović in *Problemi*, 91, 92, einen flüchtigen Hinweis auf diese Fresken; eine Datierung blieb aus. Es wurde sogar die Ansicht geäußert, der Turm stamme überhaupt nicht aus dem Mittelalter. Vgl. S. Radojčić, *Slikarstvo*, 38 (exakte Datierung der Malerei), und *Kraljevo*, 135. Eine einschlägige Publikation erschien vor nicht allzulanger Zeit: D. Tasić, *Freske iz XIII veka u kapeli studeničke zvonare*, Zograf, 2, 1967, 8—10. Vgl. dazu des weiteren V. J. Đurić, *La peinture*, 160; id., *XIII vek*, 15—16; R. Jovanović, *Likovne predstave kule u Studenici i njeno datovanje*, Saopštenja, VIII, 1969, 81—82; *Studenica*, 88—96.

34.

Đ. Bošković und S. Smirnov waren es, die die Fresken in der südlichen Seitenkapelle entdeckten. Ihre Beschreibung brachten sie in der Studie *Neobjavljene freske XIII veka u riznici manastira Studenice*, Starinar, III ser., VIII—IX, 1933—34, 335—347. S. Radojčić, *Portreti*, 15—17, datierte sie aufgrund der vorhandenen Bildnisse geschichtlicher Persönlichkeiten in die Jahre 1233/34. Đ. Bošković befaßte sich in GSND, XV-XVI, 1936, 393—395, ein weiteres Mal eingehend mit der Thematik dieser Malerei. V. Petković, *Pregled*, 316, bringt lediglich eine Aufzählung der historischen Themen im Rahmen der Fresken dieser Kapelle. Die Ikonographie des Simeon Nemanja gewidmeten Zyklus behandelten D. Winfield, 251—274, und V. J. Đurić, *Ist. kompozicije*, I, 69—90. Schließlich wies S. Mandić in *Dva priloga o freskama studeničke spoljne priprate*, ZLU, II, 1966, 89—95, auf Grund einer Analyse des Stifterporträts, überzeugend nach, daß die Entstehung diese Fresken in die Zeit zwischen 1234 und 1236 fällt. Thematik und Ikonographie des Wandschmucks der Seitenkapellen überhaupt werden behandelt bei G. Babić, *Chapelles*, 142—144. Die Freskenfragmente des Exonarthex veröffentlichte S. Nenadović in *Problemi*, 79—84; er war es, der während der in dem Gotteshaus vorgenommenen Konservierungsarbeiten im Schutt eine Reihe kleiner Bruchstücke der Malerei dieses Teils der Kirche fand und sie zusammentrug und im Museum von Studenica ausstellte. Die Veröffentlichung des beschädigten Szenenbilds vom Tod eines Mönchs über einem Grab, von dem anzunehmen ist, daß es sich um die letzte Ruhestätte König Radoslavs handelt, unternahm S. Mandić (op. cit., 96—102); eine einschlägige Erörterung erscheint bei V. J. Đurić, *Ist. kompozicije*, III, ZRVI, XI, 1968, 103—104, passim.

Zu den Fresken des Exonarthex und der Kapelle vgl. auch *Spomenici kulture*, 172—173, *Srbija*, 235, M. Ćorović-Ljubinković, *XIII vek*, 14—15, id., *Uz problem*, 77, *Kraljevo*, 133—135, S. Radojčić, *Slikarstvo*, 36—38, S. Mandić, *Bogorodičina crkva u Studenici*, Beograd 1966, VIII—IX (= S. Mandić, *L'église de la Vierge à Studenica*, Beograd 1966), V. J. Đurić, *XIII vek*, 16—17, und *Studenica*, 86—88.

Die besten Reproduktionen dieser Fresken finden sich bei G. Millet, *La peinture*, I, pl. 45—47. Ein Anordnungsschema des Wandschmucks der Südkapelle bringt R. Hamann-Mac Lean und H. Hallensleben, Plan 11a.

35.

Die Malerei von Mileševa lenkte bereits vor ihrer Gesamtveröffentlichung die Aufmerksamkeit auf sich, u. zwar wegen der so zahlreich vorhandenen Porträts historischer Persönlichkeiten. Und sogleich tauchten auch Unstimmigkeiten hinsichtlich der Datierung auf. Vgl. P. Popović, *Freske ktitora u manastiru Mileševi*, PKJIF, VII, 1927, 89—95, V. Petković, *Iz starog srpskog živopisa, Lik sv. Save u Mileševi*, PKJIF. VIII, 1928, 107, G. Millet, *Rascie*, 168—169, N. L. Okunev, *Portrěty*, 76, tabl. II—III, S. Radojčić, *Portreti*, 18—22, id., *Tonzura sv. Save*, Godišnjak Muzeja Južne Srbije, I, 1937, 149—159, Đ. Bošković in GSND, XV—XVI, 1936, 393—394, R. Grujić, *Kada je građen manastir Mileševa*, ibid., 356, und Đ. Bošković, *Natpisi*, 4—8. Die Datierung der Fresken von Mileševa in die Zeit nach 1235 fußte auf der Behauptung des serbischen Schriftstellers Teodosije, das Kloster sei nach dem Tod des hl. Sava vollendet worden — die Ansicht, es sei samt der Malerei vor diesem Zeitpunkt entstanden, auf der äußeren Erscheinung der porträtierten Personen. Es hat den Anschein, als treffe die zweite Version weit eher zu als die erste. Die Ansetzung des Entstehungszeitpunkts dieser Malerei vor dem Jahre 1228, d.h. während der Herrschaft König Stefan des Erstgekrönten, geht von dem Umstand aus, daß besagter Herrscher hier offenbar noch zu Lebzeiten abgebildet wurde, da ihn das Porträt ohne die Mönchskutte zeigt, in der er sonst überall in Serbien dargestellt ist, nachdem er kurz vor seinem Tod ins Kloster ging. Außerdem wird in der neben seinem Kopf stehenden Inschrift von ihm als lebendem Herrscher gesprochen.

Mit der Veröffentlichung von N. L. Okunevs Monographie *Mileševo, pamjatnik sěrbskogo iskusstva XIII v.*, Byzantinoslavica, VII, Prague 1937—1938, 34—35, 41—96, waren alle wesentlichen Fragen zur weiteren Erforschung Mileševas (Entstehungszeit, Identifizierung der Themen und deren irreguläre Verteilung, Einfluss der byzantinischen und romanischen Kunst, Malernamensproblem usw.) gestellt. G. Millet, *Balkans*, 272—281, passim, entdeckte eine Reihe ikonographischer Gemeinsamkeiten zwischen der italienischen und der serbischen Malerei des 13. Jahrhunderts im allgemeinen und der Kreuzabnahme von Mileševa und dieser Szene in einigen italienischen Denkmälern im besonderen. Zur Ikonographie der Koimesis vgl. L. Wratislav-Mitrovic et N. Okunev, 147.

Nach dem zweiten Weltkrieg rückte im Zuge der Nachbildung und Reinigung der Fresken von Mileševa erneut die Frage der Malersignaturen in den Vordergrund, als die gewisse Schriftvermerke neben den Draperien einiger Heiliger in der Kirche ausgelegt werden, von denen bereits N. L. Okuněv einen wahrgenommen hat. Vgl. Đ. Bošković, *Nouvelles*, 91—92, fig. 6, S. Radojčić, *Majstori*, 13—15, D. M., *Slikari manastira Mileševe*, Saopštenja, I, 1956, 167, und O. Demus, *Die Entstehung*, 45—46. Zu dieser Frage in ihrem Gesamtumfang sowie der anderen These, derzufolge die bewußten Vermerke als Anweisungen für die Ausführung der Inschriften neben den Heiligenköpfen gedacht waren, vgl. V. J. Đurić, *La peinture*, 156—159.

Ein gebührender Platz innerhalb der nach der Reinigung der Fresken erfolgenden Forschungen wurde auch der ikonographischen Untersuchung der serbischen Herrscherbilder zuteil. M. Ćorović-Ljubinković, *Uz problem*, 77, passim, führt das Zustandekommen der Darstellung des hl. Simeon und Sava von Serbien, die diese nebeneinander zeigt, auf besondere Beweggründe König Vladislavs zurück, welcher durch das Einvernehmen Erzbischof Savas auf den Thron gelangte (eine Interpretation, die allerdings im Rahmen des üblichen „horizontalen Stammbaums" des Nemanjidengeschlechts keine ikonographische Bestätigung findet: dort sind alle Mitglieder dieses Geschlechts vollzählig vertreten, und Vladislav erscheint nicht, wie die Verfasserin behauptet, vor seinem Vater und Bruder). In *Odrazi*, 51—52, identifiziert diese Autorin den in der unteren Zone wiedergegebenen hl. Stephan; die Größe des Bilds, dessen Dimensionen die aller anderen Figuren in diesem Bereich übertreffen, sowie die Tatsache, daß der Heilige in ein Apostelgewand gekleidet erscheint, erklärt sie mit seiner Verehrung als Schirmherr des serbischen Staates. Zur Ikonographie der Nemanjiden in Mileševa vgl. auch D. Milošević, *Srbi svetitelji*, 152, 162—163, 228—229, und V. J. Đurić, *Tri događaja*, 82—83 (wo gerade die Porträtikonographie als Grundlage für die Datierung der Malerei von Mileševa in den Zeitraum zwischen 1222 und 1228 dient).

A. Xyngopoulos äußerte kürzlich in der Studie *Αἱ τοιχογραφίαι τῶν 'Αγίων Τεσσαράκοντα εἰς τὴν 'Αχειροποίητον τῆς Θεσσαλονίκης*, 'Αρχαιολογικὴ 'Εφημερίς, 1957, Athènes 1960, 6—30, die Ansicht, daß die Fresken der in diesem Beitrag behandelten thessalonikischen Kirche außerordentlich starke Ähnlichkeit mit denen von Mileševa aufweisen. Die betreffenden Werke aber sind nicht nur in bezug auf Form und Farbe anders als die Schöpfung von Mileševa, sondern dürften auch zu einer anderen Zeit entstanden, ja, könnten sogar wesentlich älter sein als letztere.

Zwei neue Studien von S. Radojčić, nämlich *Mileševa*, Beograd 1963, und *Slikarstvo*, 39—43, beinhalten die umfassendste Abhandlung der Fresken von Mileševa. Des weiteren befassen sich mit ihnen folgende Beiträge: V. Lazarev, *Storia*, 297 (= V. N. Lazarěv, *Istorija vizantijskoj živopisi*, I, 174—175); D. Talbot Rice — S. Radojčić, 10, 20; V. Petković, *Pregled*, 189—192; *Spomenici kulture*, 142—146; D. Talbot Rice, *Arte*, 156; id., *The Beginnings*, 181—182; id., *Art*, 197—199; id., *Painting*, 40—41; id., *The Appreciation*, 149; A. Ammann, 143—144; S. Mandić, *Mileševa*, Beograd 1961; A. Grabar, *La peinture*, 143—151; id., *Byzance*, 164, 168; id., *Europe orientale*, 56—58; G. A. Sotirou, *'Η ζωγραφικὴ τῆς σχολῆς τῆς Κωνσταντινουπόλεως*, Δελτίν τῆς Χριστιανικῆς ἀρχαιολογικῆς ἑταιρείας, περ. 4, τόμ., Athènes 1959, 21—22; Vsěobščaja, 113, Ž. Stojković, *Mileševa*, Beograd 1963; V. Molè, 144—152; H. Stern, 146; V. Đurić, *Mileševa*, EJ, 6, 1965, 109; id., *Mileševa*, LE, 3, 1964, 467; M. Ćorović-Ljubinković, *XIII vek*, 15—17; *Srbija*, 213—215; T. Velmans, *Les valeurs*, 52—53; L. S. Alěšina — N. V. Javorskaja, 27—28; Ch. Delvoye, 333; S. Radojčić, Geschichte, 33—34; K. Kapaioannou, 73, 173; J. Beckwith, *Art*, 136; Ch. Schug-Wille, 224; W. F. Volbach und J. Lafontaine-Dosogne, 133, 260, 271.

Reproduktionen der Fresken von Mileševa finden sich außerdem noch bei V. Petković, *La peinture*, I, pl. 8—12, II, 12—13, pl. VI—XXI, G. Millet, *La peinture*, II, pl. 63—83, 93_8, und R. Hamann-Mac Lean und H. Hallensleben, 22—23, Taf. 82—91, Plan 12—13a (Skizzen vom Freskenanordnungsschema).

36.

Eine sorgfältige Abhandlung dieser Fresken bringt S. Radojčić, der sie als erster als Werke des 13. Jahrhunderts erkannte, in den Beiträgen *Mileševske freske Strašnog suda*, *Studije o umetnosti XIII veka*, Glas SAN, CCXXXIV, knj. 7, Beograd 1959, 22—32, t. LVI—LXX, *Mileševa*, Beograd 1963, 33—38, t. XLII—XLVIII, und *Slikarstvo*, 43—49. Zur Ikonographie der Darstellung des Jüngsten Gerichts von Mileševa vgl. auch D. Milošević, *Gericht*, 43—44. Einen kurzen Abriß dieser Fresken lieferte R. Nikolić in *Nepoznato slikarstvo Mileševe*, NIN, 25 XII 1960, 10, wo auch ihre Datierung erfolgt, u. zwar mit voller Berechtigung in die Zeit um 1236. Einschlägige Reproduktionen erscheinen außerdem bei R. Hamann-Mac Lean und H. Hallensleben — Taf. 92—98. Hinweise finden sich bei D. Talbot Rice, *Painting*, 41—42.

37.

Die starken Affinitäten zwischen der Malerei der Nikolauskirche von Studenica und der des Diakonikons von Morača sind festgehalten bei A. Skovran-Vukčević, *Freske XIII veka u manastiru Morači*, ZRVI, 5, 1958, 168, und O. Demus, *Die Entstehung*, 27—28 (wobei letzterer Autor allerdings die — keinesfalls stichhaltige — Auffassung vertritt, Mitglieder der bewußten Malerwerkstatt hätten 1208—1209 auch die Propheten im Rahmen der Kreuzigungsszene der Muttergotteskirche von Studenica geschaffen). Bei V. J. Đurić, *Radionica XIII v.*, 63—75, findet sich die Wahrnehmung, daß zu dieser Gruppe auch die ältesten Fresken in der Kirche zur Gottesmutter von Ljeviša gehören und daß es sich bei den Schöpfern all dieser Werke um Mitglieder ein und derselben Malergruppe handelt. Vgl. auch S. Radojčić, *Slikarstvo*, 44—45, *Srbija*, 235, *Kraljevo*, 135—136, sowie V. J. Đurić, *La peinture*, 159—160, und id., *XIII vek*, 24—26.

Früher wurde allgemein angenommen, die ältesten Fresken in der Kirche der Gottesmutter von Ljeviša, die bei den 1950 dort in Angriff genommenen Konservierungsarbeiten entdeckt wurden, stammten aus der Zeit um 1270 und ständen unter dem Einfluß des italienischen Kunstschaffens: D. Talbot Rice — S. Radojčić, 11; S. Radojčić, *Majstori*, 27; R. Hamann-Mac Lean, *Aus der mittelalterlichen Bildwelt Jugoslawiens, Einzelheiten des Freskenzyklus der Kirche der Gottesmutter von Leviša in Prizren*, Marburg an der Lahn 1955, 9; S. Radojčić, *Die serbische Ikonenmalerei*, 67—69; O. Demus, *Die Entstehung*, 39—40; V. J. Đurić, *Srpska srednjovekovna umetnost i Zapad*, Historijski pregled, 1, Zagreb 1959, 34. Diese Behauptung taucht bisweilen auch in jüngster Zeit noch auf: vgl. *Icônes*, LXIII. Zur Ikonographie des Freskos der Gottesmutter mit Christus dem „Lebensspender" vgl. N. Davidović, *Predstava Bogorodice s Hristom Krmiteljem*, SKM, I, 1961, 85—90. Beschreibungen der ältesten Fresken dieser Kirche finden sich auch bei D. Panić, *Bogorodica Ljeviška*, izd. Turističkog saveza Srbije i „Turističke štampe", Beograd 1960, 6, 11, und S. Nenadović, *Bogorodica Ljeviška, njen postanak i njeno mesto u arhitekturi Milutinovog vremena*, Beograd 1963, 237—240. Vgl. auch *Antica arte serba*, Roma 1970, 39.

Die Fresken des Nikolauskirchleins von Studenica wurden vor den neueren Untersuchungen für gewöhnlich in das ausgehende 12. oder beginnende 13. Jahrhundert datiert: A. Deroko, *Nekoliko crkvica primorskog tipa*, GSND, XIV, 1935, 215; N. L. Okuněv', *Monastyr' Morača v Černogorii*, Byzantinoslavica, VIII, Prague 1939—1946, 136; *Spomenici kulture*, 165—166; G. Millet, *La peinture*, I, IX, pl. 31_{1-2} (Reproduktionen der Fresken); A. Vasilić, *Studenica*, 20—21. Die Beschreibung der seinerzeit bekannten Fresken lieferte V. Petković *in La peinture*, II, 9. fig. 2, 3, und *Pregled*, 320. Freilegung, Reinigung und Konservierung der neuen Fresken erfolgten 1949 und 1950 — dazu s. M. Lađević, *Radovi na freskama u Nikoljači*, Saopštenja, I, 41. Während der Konservierungsarbeiten im Jahre 1968 wurden auch die interessanten Fresken am Sockel des Altarraums entdeckt: D. Tasić, *Freske u crkvi sv. Nikole*, Politika 15. IX 1968, Beograd; M. Radan-Jovin, *Crkva sv. Nikole i stari konak u Studenici*, Saopštenja, VIII, 1969, 75—76. Vgl. auch S. Radojčić, *Naslovna zastava Hilandarskog šestodneva iz 1263. godine*, Hilandarski zbornik, 2, Beograd 1971, 81, wo auf den Einfluß teratologischer Motive (Naturwunder und Mißbildungen) in der Miniaturmalerei auf die Fresken der unteren Zone der „Nikoljača" hingewiesen wird. R. Hamann-Mac Lean und H. Hallensleben äußern sich zur Datierung dieses Werks, die sie mit der ersten Hälfte des 13. Jahrhunderts ansetzen (S. 20—21), und bringen Reproduktionen der erhaltengebliebenen Partien (Taf. 56—58) sowie einen Abriß der Themenanordnung (Plan 8c). Im übrigen vgl. zu dieser Malerei noch M. Ćorović-Ljubinković, *XIII vek*, 15, und *Studenica*, 102—103.

Die Veröffentlichung der ältesten Fresken von Morača vor der Reinigung und Konservierung des dortigen Wandschmucks erfolgte durch V. Petković, *Freske XIII veka u manastiru Morači*, Vjesnik Hrvatskog arheološkog društva, n. s. XV, Zagreb 1928, 31—33; id., *La peinture*, I, pl. 6—8; id., *Pregled*, 195, 197. Eine Monographie widmete Morača: N. L. Okuněv', *Monastyr' Morača v Černogorii*, Byzantinoslavica, VIII. Auf die ältesten Fresken geht der Verfasser darin auf S. 109 und 117—124 ein.

Die Reinigung der Fresken und ihre Konservierung wurden zwischen 1954 und 1958 besorgt: A. SKOVRAN, *Ispitivanje i konzervacija živopisa manastira Morače*, ZZSK, VI—VII, 1956, 261—264; id., *Ispitivanje i konzervacija manastira Morače*, ZZSK, XI, 1960, 197—198, 200—203. Von der selben Verfasserin erschien nach Abschluß der Konservierungsarbeiten die Studie *Freske XIII veka u manastiru Morači*, ZRVI, 5, 1958, 149—170, in der u.a. die Definition sämtlicher Szenen des Eliaszyklus erfolgt: Die Geburt des Elias, Elias läßt die Baalspropheten abschlachten, Die Herabrufung des himmlischen Feuers auf das Brandopfer am Karmel, Die Erscheinung des Engels in der judäischen Wüste, Elias' Gespräch mit Gott (?), Elias salbt Hasael, Jehu und Elischa, Elias und die Witwe von Zarephta, Elias' Speisung durch die Raben, Elias teilt das Wasser des Jordan, Elias und Elischa nach der Durchschreitung des Jordan und Die Entrückung des Propheten Elias. Ein Abriß der vorhandenen Thematik findet sich auch bei G. BABIĆ, *Chapelles*, 129—134.

Zu diesen Fresken vgl. auch V. J. ĐURIĆ, *Radionica XIII v.*, 72—75, A. SKOVRAN, *Morača*, ed. Turistički savez Srbije i „Turistička štampa", Beograd 1962, 6—10, D. TALBOT RICE, *The Beginnings*, 182—183, R. HAMANN-MAC LEAN UND H. HALLENSLEBEN, 22, Taf. 8, 81, Plan 11b, V. MOLÈ, 152, S. PETKOVIĆ, *Morača*, LE, 3, 1964, 491—492, M. ĆOROVIĆ-LJUBINKOVIĆ, *XIII vek*, 18—19, S. RADOJČIĆ, *Slikarstvo*, 52—55, id., *Geschichte*, 34—35, V. LAZAREV, *Storia*, 298, B. Đ. MIHAJLOVIĆ, *Manastir Morača*, Cetinje 1968, 7—12, A. GRABAR, *Europe orientale*, 60, W. F. VOLBACH UND J. LAFONTAINE-DOSOGNE, 135, 260, 271—272, sowie P. MIJOVIĆ, *Morača, Istorija Crne Gore*, 2/1, Titograd 1970, 245—256 (vollständigste Analyse).

Ausnehmend starke Gemeinsamkeiten in bezug auf den Stil besitzen die Fresken von Morača mit den Miniaturen einer in Oxford — New College Ms. 44 — aufbewahrten, ins 13. Jahrhundert datierten byzantinischen Handschrift, die die halbfigurige Wiedergabe der Propheten zum Thema haben: vgl. O. PÄCHT, 8 (N° 10) Pl. 10, H. BUCHTAL, *An Unknown Byzantine Manuscript of the Thirteenth Century*, The Conoisseur, CLV, 1964, 217—224, und *Greek Manuscripts, Catalogue of an Exhibition held at the Bodleian Library*, Oxford 1966, 44.

Zur Ikonographie der Eliasdarstellungen vgl. L. RÉAU, *L'iconographie du prophète Elie*, Elie le prophète selon les écritures et les traditions chrétiennes, I, Les études carmélitaines chez Desclée de Brouwer, 1956, 233—276. Wie einschlägige Textvorlagen erkennen lassen, ist der Grund für die in Morača vorgenommene Placierung des Eliaszyklus ins Diakonikon in dem eucharistischen Symbolgehalt dieses Themas zu suchen. Daß ein solcher gerade in der Wiedergabe von Morača vorhanden ist, wird auch bei J. D. STEFĂNESCU, 474—477, festgestellt. Eine spezielle Abhandlung zur Ikonographie des Wandschmucks im Diakonikon von Morača, die von anderen Gesichtspunkten ausgeht, bringt P. MIJOVIĆ in *Teofanija u slikarstvu Morače*, Zbornik Svetozara Radojčića, Beograd 1969, 179—194.

38.

Die alten Fresken in der Apostelkirche von Peć wurden 1931/32 unter der Malerei vom Ende des 19. Jahrhunderts entdeckt und damals einer ersten Reinigung und Konservierung unterzogen: Đ. BOŠKOVIĆ, *Osiguranje Pećske Patrijaršije*, Srpski književni glasnik, XXXIV, Beograd 1931, 440—441; id., *Arhitektonski izveštaji*, GSND, XI, 1932, 214—215; id., *Osiguranje i restoracija crkve manastira Sv. Patrijaršije u Peći*, Starinar, III ser., knj. VIII—IX, Beograd 1933—1934, 100—104. Eine erneute Reinigung, bei der bis dahin unbekannte Fresken auf weiteren Wandpartien zutage kamen, sowie eine entsprechende Restaurierung erfolgten zwischen 1958 und 1966: vgl. M. IVANOVIĆ, *Konzervatorski radovi na spomenicima kulture Kosova i Metohije u 1961. godini*, SKM, II—III, 1963, 263, sowie *Istraživački i konzervatorski radovi u Pećkoj patrijaršiji*, ZZSK, XV. 1964, 115—157. Themenangaben zu diesem Dekorationswerk vor seiner zweiten Reinigung finden sich bei V. PETKOVIĆ in *La peinture*, II, 10, pl. XII—XXIX, und *Pregled*, 248—250. Die im Rahmen der Fresken im Altarraum erscheinende Inschrift mit dem Namen von Erzbischof Arsenije veröffentlichte LJ. STOJANOVIĆ, ZN, I, 1902, Nr. 15; eine Rekonstruktion sämtlicher Schrifttexte im Altarraum nahm G. Babić vor: G. BABIĆ, *Liturgijski tekstovi ispisani na živopisu apside Svetih Apostola u Peći*, ZZSK, XVIII, 1967, 75—83.

Den rein kunstgeschichtlichen Aspekt dieser Malerei untersuchten P. MIJOVIĆ in *Patrijaršija*, 4—11 (der Verfasser nimmt sehr richtig an, daß der Wandschmuck in die Zeit nach 1253 zu datieren sei, dem Jahr nämlich, in dem Žiča so schwer litt und ab den sich der Schwerpunkt des Erzbistums nach Peć zu verlagern begann), R. LJUBINKOVIĆ in *Apostoli*, III—XII (hier nun allerdings erfolgt eine chronologische Zweiteilung des ursprünglichen Wandschmucks in die Fresken von Kuppel und Kuppelraum, die noch zu Zeiten des hl. Sava, und die des Altarraums, die unter Erzbischof Arsenije entstanden sein sollen), M. ĆOROVIĆ-LJUBINKOVIĆ in *XIII vek*, 17—18 (Wiederaufgreifen der These von zwei Schaffensetappen), S. RADOJČIĆ in *Slikarstvo*, 48—52, und V. J. ĐURIĆ in *XIII vek*, 26—32.

Mit der Ikonographie der in der Prothesis dargestellten Vision des Propheten Daniel (Daniel VII, 9—15) befaßt sich N. DAVIDOVIĆ in *Freska vizije proroka Danila u crkvi sv. Apostola u Pećkoj patrijaršiji*, SKM, II—III, 1963, 117—122 (wobei der Verfasser bezüglich der Datierung allerdings zwischen dem 13. und 14. Jahrhundert schwankt); Ikonographie und Thematik der Gesamtdekoration der Prothesis behandelt G. BABIĆ in *Simbolično značenje živopisa u protezisu Svetih Apostola u Peći*, ZZSK, X, 1964, 173—181, die die Annahme von einem Entstehen besagter Fresken nach 1263 vertritt. Diese Arbeit von G. Babić erfuhr eine ernsthafte Kritik durch J. RADOVANOVIĆ in dem Beitrag *Ikonografija fresaka protezisa crkve svetih Apostola u Peći*, ZLU, 4, 1968, 25—61, in dem der Autor einen vollständigen Abriß des Ideengehalts und der Ikonographie dieser Fresken bringt. Die Auswirkungen der Suche nach Vorbildern in Jerusalemer Gotteshäusern auf die Malerei der Apostelkirche von Peć sowie die byzantinische Sitte der Wiedergabe heimischer Bischöfe in der Anbetung des Opfers behandelte V. J. ĐURIĆ in *La peinture*, 162—163, 166.

Kürzere Ausführungen zu diesen Fresken finden sich außerdem in *Spomenici kulture*, 254—255, D. TALBOT RICE, *The Beginnings*, 182—183, id., *Art*, 199—200, R. HAMANN-MAC LEAN UND H. HALLENSLEBEN, 23, Taf. 100—114, Plan 14, 15, S. PETKOVIĆ, *Peć*, LE, 3, 1964, 643, id., *Peć*, EJ, 6, 1965, 450, CH. DELVOYE, 333—334, S. RADOJČIĆ, *Geschichte*, 37—38, A. GRABAR, *Europe orientale*, 58, K. PAPIOANNOU, 183, W. F. VOLBACH UND J. LAFONTAINE-DOSOGNE, 135, 260, *Kosovo*, 394—395, und V. LAZAREV, *Storia*, 297—298.

Eine nicht eben häufige Erscheinung in den serbischen Kirchen des Mittelalters ist die Placierung der Himmelfahrt Christi in die Kuppel und der Deesis in die Apsiskalotte. Das Himmelfahrtsthema als Kuppeldekoration ist lediglich in Žiča, Mileševa und Peć (Apostel- und Demetrioskirche) zu finden — alle anderen Kirchen Serbiens zeigen in der Kuppelwölbung den Pantokrator und am Tambour die Propheten. Die Wiedergabe der Himmelfahrt in der Kuppel war eine alte byzantinische Sitte, die nach dem 12. Jahrhundert kaum mehr in Erscheinung trat, wohl aber in einer ganzen Reihe von Gotteshäusern in Kappadokien, Italien und Rußland vertreten ist, deren Fresken zwischen dem 10. und dem 12. Jahrhundert entstanden. Vgl. V. N. LAZAREV, *Istorija vizantijskoj živopisi*, I, Moskva 1947, 77—78, id., *Freski Staroj Ladogi*, Moskva 1960, 35—39, G. DE JERPHANION, *Les églises rupestres de Cappadoce*, Planches, I^{e} album, Paris 1925, $29_{1,3}$, 30, $39_{1,2}$, 45_{1}, Planches, IIe album, Paris 1928, 96, 98_{2}, 131, 140, Planches, IIIe album, Paris 1934, 161, 176_{2}, und O. DEMUS, *Byzantine Mosaic Decoration*, London 1953, 17—20. Die Placierung der Deesis in die Altarnische, in Serbien eine auf Peć und die Eremitenklause des Petar von Koriša beschränkte Ausnahmeerscheinung, ist am häufigsten in der Malerei Georgiens, Kappadokiens, der Krim, Bulgariens und — soweit dort byzantinisch — der apulischen Höhlenkirchen aus der Zeit vom 10. bis zum 14. Jahrhundert anzutreffen. Vgl. Š. JA. AMIRANAŠVILI, *Iskusstvo*, 214—215, 223, 278, 280, 285, G. DE JERPHANION, op. cit., Planches, IIe album, 98_1, 114, 126, Planches, IIIe album, 161_3, 164, 166, O. I. DOMBROVSKIJ, *Freski srědněvěkovogo Kryma*, Kijev 1966, 23, 46, 54, 61, 63, 93—96, ris. 4, 25, 30, und A. MEDEA, *Gli affreschi delle cripte eremitiche Pugliesi*, Roma 1939, 36, 37, 38, 39—41, passim, fig. 23, 48, 137, 155. Zur Deesis in der Apsis als einem möglichen Merkmal von Grab- und Höhlenkirchen vgl. V. J. ĐURIĆ, *Koriša*, 180—181 (Aufführung einiger weiterer Beispiele).

Zum Grabkirchengedanken im Falle der Apostelkirche von Konstantinopel als letzter Ruhestätte der dortigen Patriarchen und der Möglichkeit einer einschlägigen Auswirkung auf die Apostelkirche von Peć vgl. JE. GOLUBINSKIJ, *Istorija kanonizaciji svjatych v' russkoj cerkvi*, Moskva 1903, 17, sowie R. JANIN, *La géographie ecclésiastique de l'Empire byzantin*, première partie, tome III, Paris 1953, 54.

Eine auf entsprechendes Belegmaterial gestützte Abhandlung der Idee vom Einfluß Jerusalemer Kirchen auf die Apostelkirche von Peć findet sich bei V. J. ĐURIĆ, *La peinture*, 162—163. Die Malerei von Žiča mit ihrer Zion-Thematik und der Placierung der Himmelfahrt Christi in die Kuppel hat, wiewohl aus dem zweiten Jahrzehnt des 14. Jahrhunderts stammend, das Anordnungsschema der Zeit um 1220 beibehalten. Zur Einbeziehung heimischer kirchlicher Würdenträger in die Komposition der Anbetung des Opfers im Altarraum vgl. Anm. 13 des vorliegenden Buchs. Die seltene Erscheinung maltechnisch wiedergegebener Sterne auf blauem Hintergrund, wie sie in der Himmelfahrt von Peć und der Kreuzigung von Studenica zu finden ist, hat T. VELMANS in *Les fresques de Saint-Nikolas Orphanos à Salonique et les rapports entre la peinture d'icônes et la décoration monumentale au XIVe siècle*, CA, XVI, 1966, 157—158, behandelt. In diesem Zusammenhang sind auch die 1130 entstandenen Fresken von Nakipara in Georgien zu erwähnen, die zum Teil ebenfalls goldene Sterne auf blauem Grund aufweisen: Š. JA. AMIRANAŠVILI, *Živopis'*, t. 150—153.

39.

Vie Veröffentlichung dieser Fresken besorgte V. J. ĐURIĆ in *Chilandar*, 61—65, fig. 2—5. Einschlägige Anmerkungen bei D. TALBOT RICE, *Painting*, 45, und V. J. ĐURIĆ, *XIII vek*, 32—33.

40.

Anfangs wurden diese Fresken nur gestreift — so bei R. USPĚNSKIJ, *Pervoje putěšestvije v' afonskije monastyri i skity*, II, Kijev' 1877, 29—30 (Annahme einer Urheberschaft des Malers Manuel Panselinos; Datierung ins 16. Jahrhundert), und Đ. BOŠKOVIĆ, *Svetogorski pabirci*, Starinar, III ser., knj. XIV, Beograd 1939, 85 (lediglich Feststellung des Vorhandenseins der Malerei als solcher; Ansetzung des Entstehungszeitraums mit dem 15. oder auch 16. Jahrhundert). Beide Autoren weisen lediglich auf die Fresken des Narthex hin. Mit dem an der südlichen Außenfassade befindlichen Zyklus vom Sterben eines Mönchs befaßt sich S. RADOJČIĆ in *Chilandar*, 182, und *Čin*, 39—43, 46—50, und datiert ihn in das dritte Viertel des 14. Jahrhunderts. Vgl. auch S. DUFRENNE, *Programme*, 45—46. Bei V. J. ĐURIĆ, *Chilandar*, 65—71, endlich erscheint eine Gesamtveröffentlichung dieses Dekorationswerks; als annähernder Entstehungszeitraum wird hier die Mitte des 13. Jahrhunderts bestimmt.

Die letztgenannte Datierung, die aufgrund von — für den dabei genannten Zeitraum höchst charakteristischen — Stilmerkmalen vorgenommen wurde, erfuhr in jüngster Zeit eine Bekräftigung durch die Entdeckung eines Freskenzyklus mit Szenen aus dem Leben des hl. Franziskus von Assisi in der Kalenderhane Camii in Konstantinopel, ehemals Kirche des Klosters Akataleptos: C. L. STRIKER AND Y. DOĞAN KUBAN, *Work at Kalenderhane Camii in Istanbul: Second Preliminary Report*, DOP, XXII, 1968, 190—192, 193, fig. 19—29. Als Schaffenszeitraum dieser Fresken bestimmen die Autoren die Jahre um 1250, und die engsten einschlägigen Parallelen konstatieren sie im Rahmen der Werke jenes Malerkreises, dessen Mitglieder um 1250—1254 die Miniaturen der Pariser Arsenal-Bibel schufen (vgl. H. BUCHTAL, *Miniature Painting in the Latin Kingdom of Jerusalem*, Oxford 1957, Pl. 62—81). Im Zusammenhang damit ließen sie sich zu der Schlußfolgerung verleiten, der Schöpfer dieser Malerei mit ihrem katholischen Themengehalt und ihrem Entsteheungszeitpunkt im Konstantinopel der Epoche der Lateinerherrschaft sei ein unter byzantinischem Einfluß stehender Lateiner gewesen. Nun sind diese Fresken aber geradezu identisch mit jenen in der Kapelle des Pyrgos tou Hagiou Georgiou in Chilandar; im Vergleich dazu ist ihre Ähnlichkeit mit den Werken der lateinischen Künstler des 13. Jahrhunderts, die im östlichen Mittelmeerraum tätig waren, weit geringer. Bereits mehrmals — vgl. beispielsweise V. J. ĐURIĆ, *La peinture*, 153—155 — wurde auf die serbischen Quellen jener Zeit hingewiesen, in denen die Tätigkeit kaiserlich-griechischer Maler während der Lateinerherrschaft in Konstantinopel bezeugt wird. Sieht man von der Ikonographie ab, so ist in besagter konstantinopolitanischer Franziskus-Vita keine einzige künstlerische Komponente vorhanden, die einen Rückschluß auf ihre Schaffung durch abendländische Künstler rechtfertigen würde. Zugunsten der Annahme von einer Urheberschaft anderer Art sprechen in äußerst beredter Weise die Analogien in den bewußten Fresken von Chilandar.

41.

Die Fresken von Sopoćani waren der Fachwelt bis zu ihrer Behandlung auf den Seiten 119—150 in der Studie *Sostav'* von N. L. OKUNĚV kaum bekannt; ihre Schönheit blieb bis dahin unbegriffen. Vgl. A. GIL'FERDING, *Bosnija, Gercegovina i Staraja Serbija*, SPb 1879, 100—107 (= A. GILJFERDING, *Putovanje po Hercegovini, Bosni i Staroj Srbiji*, Sarajevo 1972, 134—143), J. CVIJIĆ, *Osnovi geografije i geologije Makedonije i Stare Srbije*, III, Beograd 1906—1911, 1155, sowie A. MICHEL, 951—954. Und selbst dann noch, als besagte Okuněvsche Studie bereits erschienen war, war nur ein einziger Gelehrter — P. MURATOFF, 124—125, 128, 129 — imstande, die ganze Großartigkeit des Malerwerks von Sopoćani zu erfassen und darzutun; die serbischen Fachleute richteten ihr Augenmerk im übrigen ebenso wie Okuněv (*Portrěty*, 81—82) hauptsächlich auf die historischen Szenen und Porträts, die sie denn auch veröffentlichten und erläuterten. Vgl. P. POPOVIĆ, *Smrt majke kralja Uroša I, Freska u manastiru Sopoćanima*, Starinar, III ser., knj. V, 1930, 30—36, V. PETKOVIĆ, *La mort de la reine Anna à Sopoćani*, L'art byzantin chez les Slaves, I_2, Paris 1930, 217—221, und S. RADOJČIĆ, *Portreti*, 22—26, 55. In diesen Artikeln und Büchern sind gleichzeitig auch Fragen der Reihenfolge des Entstehens der Malerei von Sopoćani behandelt. Zu damaliger Zeit erschienen auch die ersten umfassenderen Reproduktionssammlungen zu den Fresken von Sopoćani: vgl. N. L. OKUNEV, *Monumenta*, I, 1928, t. III—VII, II, 1930, t. I, IV, 1932, t. III—IV, und V. PETKOVIĆ, *La peinture*, I, pl. 12—23, II, 14—15. So erlangte Sopoćani in immer stärkerem Maße den Ruf eines Denkmals mit außergewöhnlicher Malerei, die auch in einschlägigen Gesamtwerken höchste Anerkennung fand und unter die hervorragendsten Schöpfungen von Weltgeltung eingereiht wurde. Vgl. E. FAURE, *Histoire de l'art*, Paris 1939, 195—196, und M. KAŠANIN, *L'art*, 21—23.

Bis zum dritten Jahrzehnt des 20. Jahrhunderts war die Kirche von Sopoćani eine Ruine. Sie wurde 1926 erneuert, und damals begannen die Konservierungsarbeiten an Architektur und Malerei, die bis heute andauern. Vgl. A. DEROKO, *Nov prilog za restauraciju Sopoćana*, GSND, 1928, 97—98, V. DAMJANOVIĆ, *Konzervacija Sopoćana*, Muzeji, 3—4, Beograd 1949, 147—156, und S. MANDIĆ — M. PANIĆ-SUREP — B. ŽIVKOVIĆ, *Zaštita Sopoćana*, Saopštenja, I, 1956, 15—27. Das lebhafte Nachkriegsinteresse an der Malerei von Sopoćani löste gleichzeitig auch das Bestreben aus, zu einer möglichst zuverlässigen Datierung dieses Werks zu kommen. M. A. PURKOVIĆ macht in *Two Notes on Medieval Serbian History*, The Slavonic and East European Review, v. XXIX, No 73, London

1951, 545—547 (= *Doba živopisanja Sopoćana*, Glasnik Srpske pravoslavne crkve, XXXIII, Beograd 1952, 29), den Versuch, den Zeitpunkt seines Entstehens innerhalb der ausgehenden fünfziger Jahre des 13. Jahrhunderts anzusetzen. Doch von all seinen diesbezüglichen Argumenten hält nur eines stand, nämlich der Hinweis darauf, daß in der Komposition Der Tod der Königin Ana, das Bild der Gemahlin König Dragutins fehlt und die Fresken demnach vor 1268 entstanden sein müssen. Weit exakter ist da S. Mandić, *Tri portreta u Sopoćanima*, Književne novine, Beograd 30. IX 1954, der feststellte, daß unter den drei im Altarraum dargestellten serbischen Erzbischöfen auch Sava II. figuriert, der 1263 den Stuhl des Erzbischofs von Serbien bestieg, woraus zu entnehmen sei, daß der Wandschmuck in ebendiesem oder einem der darauffolgenden Jahre geschaffen wurde. Dazu vgl. auch S. Radojčić, *Freske iz Sopoćana*, Beograd 1953, 7, V. J. Đurić, *Sopoćani*, 22—27, R. Nikolić in der Belgrader Ausgabe der Borba vom 7. 3. 1965, und V. J. Đurić, *Kada su slikane freske u Sopoćanima*, Borba 28. III 1965, Beograd.

Gerade in zahlreichen in der Nachkriegszeit herausgekommenen Nachschlagewerken und Sachbüchern über byzantinische bzw. serbische Kunst werden die Fresken von Sopoćani nachdrücklich als bedeutendstes Werk der byzantinischen Malerei des 13. Jahrhunderts bezeichnet: V. Lazarev, *Storia*, 298—300 (= V. N. Lazarěv, *Istorija vizantijskoj živopisi*, I, 175—177); A. Grabar, *La peinture*, 148, 151; id., *Byzance*, 168; id., *Europe orientale*, 61—62; S. Radojčić in *Istorija naroda Jugoslavije*, I, Beograd 1953, 482; id., *La pittura*, 301—304; id., *Slikarstvo*, 54—59; id., *Geschichte*, 35—37; S. Radojčić — D. Talbot Rice, 10—11, 18—20, t. XV—XIX; D. Talbot Rice, *Byzantine Art*, 120; id., *The Beginnings*, 181—184; id., *Art*, 200—203; id., *Painting*, 42—45; id., *The Appreciation*, 150—152; V. Petković, *Pregled*, 303—307; Ph. Schweinfurth, *Form*, 102—103, Taf. 102—107; O. Demus, *Die Entstehung*, 28—29, 46—47; A. Ammann, 145—147; Γ. 'Α. Σωτηρίου, *'Η ζωγραφικὴ τῆς σχολῆς τῆς Κωνσταντινουπόλεως*, 22; *Vsěobščaja*, II, 113—114; W. Sas-Zaloziecky, *Die byzantinische Kunst*, Frankfurt/M—Berlin 1963, 143, 145—146; V. Molè, 152—155; M. Ćorović-Ljubinković, *XIII vek*, 19—23; L. S. Alešina — N. V. Javorskaja, 28—35; H. Stern, 146—147; Ch. Delvoye, 334; K. Papaioannou, 74, 197; W. F. Volbach und J. Lafontaine-Dosogne, 135—136, 260—261, 272; J. Beckwith, *Art*, 136—137; Ch. Schug-Wille, 216, 224; V. J. Đurić, *XIII vek*, 34—42; *The Cambridge History*, 350—351. Parallel dazu fanden die Fresken auch Eingang in mehr populär gehaltene Werke, als da sind: F. Mesesnel, *Srpski spomenici*, 362; *Spomenici kulture*, 214—222; S. Ćelić, *Sopoćanska razmišljanja*, NIN, Beograd 6. XII 1953; M. Chatzidakis — A. Grabar, 32; *Srbija*, 227—231; S. Radojčić in *Sedam stotina godina Sopoćana*, Beograd 1965, XXI—XXVI; G. Babić, *Sopoćani*, LE, 4, 1966, 255; *Novi Pazar*, 135—146. In den letzten Jahren wurde eine Reihe von Sopoćani-Monographien geschrieben, die ungeachtet der Unterschiede in Umfang und Ausrichtung alle im Rahmen einer entsprechenden Popularisierung der alten Kulturgüter Serbiens ihren Beitrag zu einer umfassenden Bestandaufnahme der alten sowie zur Gewinnung neuer Ergebnisse in bezug auf dieses Denkmal leisten: S. Radojčić *Freske iz Sopoćana*, ed. „Jugoslavija", Beograd 1953; S. Mandić, *Sopoćani*, izd. Zavoda za zaštitu i naučno proučavanje spomenika kulture NR Srbije, Beograd 1959; M. Rajković, *Sopoćani*, ed. „Jugoslavija", Beograd 1967; V. J. Đurić, *Sopoćani* (bringt neben dem Text 60 Farbreproduktionen und Zeichnungen, in denen der gesamte Freskenanordnungsplan der Kirche enthalten ist); S. Mandić, *Sopoćani*, ed. „Turistička štampa", Beograd 1965; A. Grabar — T. Velmans, *Gli affreschi della chiesa di Sopoćani*, ed. Fratelli Fabri e Skira, Milano—Ginevra 1965. Wiewohl in den genannten Monographien und allgemeinen Übersichten viele Fragen der Chronologie, der Ikonographie und des Stils bereinigt sind, so verdienen gewisse Studien zu ikonographischen und stilistischen Einzelproblemen der Fresken von Sopoćani doch besonders beachtet zu werden.

Es war namentlich der Bilderzyklus vom alttestamentarischen Joseph, der die Forscher anzog. Seine Thematik beschrieb V. Petković in *Priča o „prekrasnom Josifu" u Sopoćanima*, GSND, I, 1925, 32—42; nur teilweise befaßte er sich darin auch mit seiner Ikonographie. R. Ljubinković verficht in *Sur le symbolisme de l'histoire de Joseph du narthex de Sopoćani*, L'art byzantin du XIIIe siècle, Symposium de Sopoćani 1965, Beograd 1967, 207—237, die These, der Josephszyklus von Sopoćani sei vom serbischen Hof her beeinflußt: er enthalte nämlich unmittelbare Anspielungen auf das Leben Stefan Nemanjas und weise eine ungewöhnliche „Fassung" auf, deren Besonderheit daher rühre, daß sie von serbischen Erzbischöfen unter dem Einfluß von Lebensbeschreibungen Stefan Nemanjas, darunter insbesondere der von Domentijan verfaßten, erbracht worden sei. Und noch im 19. Jahrhundert war auch beim einfachen Volk in der Umgebung von Sopoćani der Glaube verbreitet, dieser Zyklus stelle die Vita eines serbischen Herrschers dar — nur wurde damals angenommen, es handle sich dabei um Stefan von Dečani (vgl. A. Giljferding, *Putovanje po Hercegovini, Bosni i Staroj Srbiji*, Sarajevo 1972, 137). A. Grabar, *Les cycles d'images byzantins tirés de l'histoire biblique et leur symbolisme princier*, Starinar, n. s. XX (1969) Zbornik Đurđa Boškovića, Beograd 1970, 133—137, stimmt mit Ljubinkovićs ikonographischer Analyse überein und führt als Beispiele für den weltlichen Gebrauch bestimmte Gegenstände der angewandten Kunst im Raum von Byzanz an, bei denen ebenfalls Szenen aus dem Leben Josephs als Anspielung auf den Lebensweg eines gewissen Herrschers zur Darstellung gelangten. V. J. Đurić, *Sopoćani*, 40—41 (serbischsprachige Ausgabe S. 44—45), argumentiert für eine andere Absicht hinter der Wiedergabe dieses Zyklus: ihmzufolge ist Joseph hier als Vorbild für die Bischöfe und die ganze Bildfolge als illustriertes Beispiel eines unfehlbaren Lehrgrundsatzes gedacht. Diese unterschiedlichen Auffassungen bezüglich der Ikonographie des Josephszyklus von Sopoćani bedürfen noch einer eigenen Abhandlung. Einstweilen mag der nachdrückliche Hinweis darauf genügen, daß die serbischen Schriftsteller des 13. und 14. Jahrhunderts in der Regel Nemanja mit Josephs Vater, Abraham, und Sava, den ersten Erzbischof Serbiens, mit Joseph selbst zu vergleichen pflegen (was durchaus kein Zufall ist), und daß es in der liturgischen Dichtung des mittelalterlichen Serbiens eine ganze Reihe von Metaphern gibt, die unmittelbar auf die bischöfliche Symbolik der Bilder aus dem Leben Josephs hinweisen.

Bei L. Wratislav-Mitrovic et N. Okunev, 147—149, findet sich eine Bildbeschreibung der Koimesis mit ikonographischer Analyse. A. Grabar lenkte in *Něrukotvorěnnyj Spas' Lanskogo sobora*, Praga 1930, 16—17, die Aufmerksamkeit auf die Ähnlichkeit der Gestaltung des Mandylions im Nordchor mit dem Motiv des Schweißtuchs der Veronika und ließ sich dadurch zu der Annahme verleiten, die Ikonographie dieses Christusbilds sei westlichen Ursprungs. Doch das Beispiel von Sopoćani ist älter als seine Gegenstücke im Abendland, weshalb der Gedanke von einem westlichen Einfluß kaum akzeptabel ist. Wie in einigen anderen Fällen dürfte auch hier die Feststellung zutreffen, daß die während des 13. und 14. Jahrhunderts im Abendland ikonographisch so beliebten Themen byzantinischen Ursprungs waren, die spärliche Verbreitung dieser Darstellungen innerhalb des byzantinischen Raums aber daher rührt, daß dort nur wenige Denkmäler erhaltengeblieben sind, in denen sich Wiedergaben von ihnen finden ließen.

M. Ćorović-Ljubinković vertritt in *Odraz*, 52—53, die Ansicht, daß auch die Gestalt des hl. Stephan, wie er die Steine mit einem Ende seines Mantels hält, unter westlichem Einfluß entstanden und außerdem die in der nördlichen Seitenkapelle neben dem Narthex erscheinende Vita dieses Heiligen späteren Datums sei als die Fresken in Narthex und Schiff. Das Vorhandensein westlicher Einflüsse in besagter Darstellung dieses Heiligen glaubt auch P. Mijović ausmachen zu können: P. Mijović, *Freske u pevnici crkve Balše III u Praskvici*, Starinar, n. s. IX—X (1959) 349—352. Derselbe Verfasser erbringt in dem Beitrag *Personifications des sept péchés mortels dans le Jugement dernier à Sopoćani*, L'art byzantin du XIIIᵉ siècle, Symposium de Sopoćani 1965, Beograd 1967, 239—248, eine ikonographische Analyse des besagten Details der Szene des Jüngsten Gerichts und geht seiner antiken Herkunft auf den Grund. R. Nikolić ergänzt in *Sopoćanski medaljoni*, Saopštenja IX (1970) 73—75, die Kenntnis der Malerei Sopoćanis durch die Veröffentlichung der Heiligenmedaillons an den Seiten der Kuppelbögen. B. Živković, *Naknadno uočen detalj na liku sv. apostola Petra u Sopoćanima*, Saopštenja VIII (1969) 117, bringt eine Zeichnung der Gestalt des hl. Petrus im Nordchor, der hier mit einem großen Kreuz in den Händen dargestellt ist. S. Dufrenne, *Programme*, 38, 39—40, 42, 43—45, führt das Erscheinen gewisser Zyklen und Szenen in Sopoćani auf den Einfluß der Liturgie zurück. J. Lafontaine-Dosogne, *Enfance*, I, 56, 118, 126, beleuchtet den Gottesmutterzyklus in der Prothesis, geht dabei aber von der Annahme aus, daß diese Fresken nicht aus dem 13. Jahrhundert stammen. Ch. Walter, *Conciles*, 107, passim, befaßt sich mit der Wiedergabe der Ökumenischen Konzile in Sopoćani. R. Nikolić, *Beleške o sopoćanskom živopisu*, Saopštenja, VIII (1969) 101—103, äußert völlig willkürlich die Ansicht, daß vier von den im ganzen acht an der Narthexostwand erscheinenden Konzilienbilder serbische Synoden darstellen und unter König Dragutin nachträglich eingefügt wurden. Seinen Standpunkt begründet er einmal mit einem technischen Merkmal, mit dem Umstand nämlich, daß die bewußten Bilder angeblich eine neuere, später aufgetragene Mörtelschicht zur Unterlage haben, und zum anderen mit der Tatsache, daß bei der oberhalb des Letzten Abendmahls an der Westwand wiedergegebenen Versammlung ein Herrscherpaar, und nicht ein Kaiser allein, den Vorsitz führt. Doch die Behauptung vom Vorhandensein einer neuen, später geschaffenen Mörtelschicht auf den betreffenden Wandpartien beruht auf einem Irrtum, ausgelöst durch die an den Verbindungsstellen zwischen den einzelnen Flächen entstandenen Risse und Staubschichten, wie sie übrigens auch an den anderen Wänden des Narthex, u. zwar jeweils in derselben Höhe, auftreten, und was das eine Bild anbelangt, auf dem die Versammlung unter dem Vorsitz eines Kaiserpaars steht, so hat Ch. Walter, *Conciles*, 107, passim, darin eine Wiedergabe des II. Konzils von Nikaia erkannt. Auch zu den historischen Kompositionen erschienen neue Studien, ebenso wie zu der Nemanjidenporträtreihe: D. Winfield, 251—278; A. Grabar, *Une pyxide en ivoire à Dumbarton Oaks, Quelques notes sur l'art profane pendant les derniers siècles de l'Empire byzantin*, DOP, XIV, 1960, 131—133 (Erläuterung des „horizontalen Nemanjidenstammbaums"); V. J. Đurić, *Ist. kompozicije*, I, 71—90 (Darlegung zum Entstehen des Simeon Nemanja gewidmeten Zyklus und Herleitung seiner besonderen ikonographischen Prägung aus Textvorlagen im Schriftstellerwerk des hl. Sava von Serbien); id., *Ist. kompozicije*, III, ZRVI, XI, 1968, 104—105, 108—112 (Behandlung der Ikonographie des Tods der Königin Ana). G. Babić erörtert in *Chapelles*, 134, 144—145, Themen und Ikonographie der Seitenkapellen. T. Velmans, *Le portrait*, 95, 110—111, 116, 117—120, passim, erbringt eine umfassende systematische Abhandlung der Ikonographie der im 13. Jahrhundert geschaffenen Porträts in Sopoćani und anderen Denkmälern Serbiens und der byzantinischen Welt überhaupt (vgl. D. Milošević, *Srbi svetitelji*, 155—157, passim).

Zum Auftreten gewisser Stileigenheiten in der Malerei von Sopoćani und dem zugehörigen plastischen Zierwerk vgl. außerdem noch. S. Nenadović, *Dve rekonstrukcije štukoplastike u srpskoj srednjevekovnoj arhitekturi*, ZZSK, IX, 1959, 84—92 (Erörterung zu den Stuckverzierungen der Fresken), R. Nikolić, *Beleške o sopoćanskom živopisu*, Saopštenja, VIII (1969) 103—115 (Deutung der Stuckplastikmotive und der an der Architektur im Hintergrund der Marientodszene wiedergegebenen Reliefs als Zeichen eines Einflusses westlicher, insbesondere der italienischen, Kunst, ungeachtet des konstanten Auftretens der bewußten Elemente im gesamten Bereich der byzantinischen Kunst), S. Radojčić, *Psaltir br. 46 iz Stavronikite i sopoćanske freske*, *Studije o umetnosti XIII veka*, Glas SANU, CCXXXIV, knj. 7, Beograd 1959, 33—39 (Hinweis auf die weitgehende stilistische Verwandtschaft besagter beider Werke), id., *Sopoćani et l'art européen du XIIIᵉ siècle*, L'art byzantin du XIIIᵉ siècle, Symposium de Sopoćani 1965, Beograd 1967, 197—206 (Herausstellung der ästhetischen Ideen, die, in Byzanz wie im Abendland gleichermaßen beheimatet, in der Kunst hier wie dort das Erscheinen klassizistischer Lösungen ermöglichten, deren Wesensverwandtschaft mit den in Sopoćani erbrachten evident ist), A. Stojaković, *La conception de l'espace defini par l'architecture peinte dans la peinture murale serbe du XIIIᵉ siècle*, Beograd 1967, 169—178, und id., *Arhitektonski prostor*, 76—77, 118—120, 123, passim (Betrachtung der Bildarchitektur in den Szenen von Sopoćani und ihrer Rolle bei der Schaffung des Bildraums), T. Velmans, *Le rôle*, 192—193, passim (Behandlung derselben Fragen wie beim vorhergehenden Autor), id., *Les valeurs*, 52—54 (Analyse der Veranschaulichung des Gefühlslebens der auf den Fresken wiedergegebenen Gestalten sowie des Auftretens antiker Einflüsse in der Malrei des 13. Jahrhunderts mit besonderer Berücksichtigung derjenigen von Sopoćani), V. J. Đurić, *La peinture*, 151—153, 159 (Belegmaterial zur Erscheinung der Imitation goldenen Mosaikhintergrunds im Serbien des 13. Jahrhunderts und insbesondere wieder in Sopoćani und nähere Erläuterung der Behauptung bezüglich der dort feststellbaren Tätigkeit byzantinischer Künstler), und G. Subotić, *Aperçus sur certains traits stylistiques de l'oeuvre de Domentijan et de la peinture monumentale du XIIIᵉ siècle*, L'art byzantin du XIIIᵉ siècle, Symposium de Sopoćani 1965, Beograd 1967, 125—130 (Wahrnehmung von stilistischen Gemeinsamkeiten zwischen den Texten des Schriftstellers Domentijan und den Fresken des 13. Jahrhunderts, namentlich denen von Sopoćani).

Die beste Bilddokumentation der Fresken von Sopoćani bringen neben der Sopoćani-Monographie von V. J. Đurić, G. Millet, *La peinture*, II, VII—VIII, pl. 1—48, 97—99 (vgl. die Rezension von S. Radojčić in BZ, 52, 1959, 124—125) und R. Hamann-Mac Lean und H. Hallensleben, 25—26, Plan 16—17b, Taf. 115—142. In etwa um dieselbe Zeit, in der der Wandschmuck von Sopoćani entstand, wurden auch die Fresken in der Kirche zur Muttergottes von Bistrica (Voljavac) am Lim geschaffen. Ihr Stifter war ebenfalls Uroš I. Sein Porträt an der Westwand ist noch vorhanden; erhaltengeblieben sind außerdem an der Westfassade Reste der Geburt Jesu und des Tempelgangs Mariä sowie die Gestalt des Erzengels Michael: J. Ilić, *Crkva Bogorodice u Bistrici — Voljavac*, ZLU, 6, 1970, 208—217. Ikonographisch stehen die Fresken in Bezug zur Malerei von Gradac; ihr Stil entzieht sich infolge ihres stark beschädigten Zustands jeglicher Analyse — dazu P. Mijović, „*Voljavac*" *i Davidovica*, *Istorija Crne Gore*, 2/1, Titograd 1970, 256—257 (auch Aufführung der älteren, weniger wichtigen Literatur).

42.

Der Malerei von Gradac wurde keine so eingehende Behandlung zuteil wie den Fresken so manch anderer serbischer Denkmäler des 13. Jahrhunderts. Bis zum Erscheinen einer einschlägigen Monographie — Đ. Bošković — S. Nenadović, *Gradac*, Beograd 1951 — war sie nur teilweise bekannt: nämlich insoweit, als sie bei V. Petković, *Pregled*, 73—74, und *La peinture*, I, 29a, und II, 15—16, pl. XXXIII, N. L. Okunev', *Portrety*, 82, und S. Radojčić, *Portreti*, 27, erfaßt wurde. Lediglich gewisse ikonographische Sondermerkmale der Szenen des Evangelienzyklus wurden schon früh abgehandelt, u. zwar bei G. Millet, *Iconographie*, 142, 144, 155, 157—158, 163 (vorwiegend die Geburt Jesu), L. Wratislav-Mitrovic et N. Okunev, 149—150 (Marientod), und V. R. Petković, *Neki antički motivi u starom živopisu srpskom*, Strena Buliciana, Zagreb — Split 1924, 471—472 (Erscheinung der Moira in der Geburt der Gottesmutter).

Bezüglich in Tafel- und Miniaturmalerei vorhandener Parallelen zu der so ungewöhnlich konzipierten Geburt Jesu in Gradac vgl. Sotiriou, *Icônes*, I, pl. 43—45, II, 59—62, G. Millet, *Iconographie*, fig. 654, 655, und V. N. Lazarev, *Istorija vizantijskoj živopisi*, II, 253. Eine gleiche Wiedergabe dieser Szene erscheint bei den am Ausgang des 12. Jahrhunderts entstandenen, in der Folge übermalten Fresken des Kiewer Kyrillos-Klosters. Zu dem im Rahmen römischer Bildhauerkunst vorhandenen Vorbild für diese Lösung s. Ch. Picard, *La sculpture antique de Phidias à l'ère byzantine*, Paris 1926, 453—455, sowie E. Nasch, *Dictionary of Ancient Rome*, I, New York 1961, 126—130.

Die interessanten ikonographischen Merkmale der Darstellung des toten Christus in der Kalotte des Diakonikons von Gradac nahm bereits G. Millet wahr, der im Rahmen einer entsprechenden Untersuchung ihre Verankerung in der byzantinischen Kirchendichtung erkannte und einschlägige künstlerische Parallelen in byzantinischen Werken des 12. Jahrhunderts, in der Wandmalerei Serbiens, Rußlands und des Athos aufzeigte: G. Millet, *Iconographie*, 483—488. Was freilich unbemerkt blieb, war der an und für sich recht deutliche Bezug, in dem die Gottesmutter in der Prothesisapsidiole zu diesem toten Christus steht; denn er ist es, nach dem sie so flehend die Hände ausstreckt und den sie beweint. Ihre Haltung ist dabei die gleiche wie in zwei anderen Darstellungen: auf einen der nach 1376 entstandenenFresken im Marko-Kloster und einer von der serbischen Fürstin Maria Preljubović gestifteten, im ausgehenden 14. Jahrhundert geschaffenen Ikone im Metamorphosis-Kloster auf den Meteoren, auf der ein später angebrachter Vermerk erhalten blieb, demzufolge sie am Karsamstag auf das Grab Christi in der Kirche zu stellen war (vgl. A. Xyngopoulos, *Βυζαντιναὶ εἰκόνες ἐν Μετεώροις*, 'Αρχαιολογικὸν δελτίον, 10, 1926, 45). Der Sinngehalt dieser Ikone ist also offenkundig: es ist dies die Klage der Gottesmutter um den toten Christus, wie sie während des Offiziums nach der Karfreitagsvesper besungen wird, aber sich auf Karsamstag bezieht. Ihr Autor war Symeon Logothet. Und diese Aussagedefinition trifft auch für das Fresko von Gradac zu, nur daß bei diesem — und das muß betont werden — noch ein symbolischer Gehalt hinzukommt. Sowohl in der Prothesis nämlich als auch im Diakonikon erscheint unterhalb der Gottesmutter bzw. des toten Christus jeweils ein Erzbischof, festgehalten beim Vollzug des gottesdienstlichen Rituals an der mit liturgischen Geräten bestellten Abendmahlstafel. Daß die auf letzterer befindlichen Gegenstände wegen des schadhaften Zustands der beiden Bilder nicht im einzelnen auszumachen sind, ist nicht von Belang — fest steht jedenfalls, daß Darstellungen dieser Art, zumal, wenn, wie hier, in der Mittelapsis die Anbetung des Opfers in Gestalt Christi durch die Kirchenfürsten wiedergegeben ist, recht selten sind. Das gleiche Motiv findet sich in der Prothesis von Peć — Zelebration der liturgischen Handlung an der Abendmahlstafel durch den hl. Sava von Serbien und den hl. Arsenije von Serbien; über dem Opfertisch das Gotteslamm — sowie in Mateič, im Marko-Kloster und in Ljuboten — jeweils die Kirchenfürsten, die das Opfer, das auf einem Meßteller liegende Gotteslamm, mit „Lanzen“ vorbereiten — (vgl. die einschlägigen Anmerkungen in vorliegendem Buch). Recht besehen, handelt es sich hierbei um die Illustration eines Teils der Proskomidie, dieses Rüstakts zur eigentlichen eucharistischen Feier, bei dem des Opfers von Golgatha gedacht wird, welches in Gradac durch die oberhalb der Zelebranten erscheinenden Gestalten Christi und der Gottesmutter versinnbildlicht wird. Die Entwicklung des Bildtypus „Weine nicht über mich, Mutter“ und seinen Symbolgehalt hat unter Anführung zahlreicher Beispiele zum Teil auch V. N. Lazarev in *Kovalěvskaja*, 250—254, behandelt. J. Myslivec erörterte in *Dvě studie*, 13—52, die Ikonographie der Darstellung des toten Christus im Grab (zu dem Bild von Gradac s. ebenda auf S. 18). Zum Einfluß solcher Darstellungen der Klage der Gottesmutter, oder der Karsamstagslieder selbst auf die serbische Volksepik vgl. Drag. Kostić, *Starost narodnog epskog pesništva našeg*, Južnoslovenski filolog, XII, Beograd 1933, 58 ff. Zu Ikonen und Emailarbeiten mit dem Bild des toten Christus vgl. *L'art byzantin — Art européen*, Athènes 1964, 238, 258—259, 260—261, 404 (Aufführung der gesamten älteren Literatur), sowie Ch. Amiranachvili, *Les émaux de Géorgie*, Paris 1962, 55—56.

Die Behauptung, der tote Christus und die ihn beweinende Gottesmutter von Gradac bildeten die erste derartige Darstellung in der Wandmalerei, trifft nicht ganz zu: es gibt so etwas wie ein Präzedens dazu, u. zwar bei den um etwa ein Jahrzehnt älteren Fresken der Prothesis von Sopoćani. Dort ist — oder richtiger gesagt — war, denn das Bild ist heute größtenteils beschädigt, über dem Zugang zum Chor ebenfalls ein (halbfigurig gestalteter) toter Christus wiedergegeben. Vgl. V. J. Đurić, *Sopoćani*, 134 (Skizze der Prothesis-Fresken). Zur Ikonographie des toten Christus vgl. D. I. Pallas, *Die Passion und Bestattung Christi in Byzanz*, München 1965, 197—231 (Aufführung von Beispielen sowie der älteren Literatur), und S. Dufrenne, *Programme*, 39—40 (Beispiele aus dem 13. Jahrhundert; These über die eucharistische Symbolik dieser Darstellung).

Mit der Ikonographie des Gottesmutterzyklus im Narthex von Gradac befaßte sich J. Lafontaine-Dosogne in *Enfance*, I, 45, 87, 206, passim. Die Verfasserin zählt in ihrem Beitrag allerdings nur die an der West- und Nordwand erscheinenden Szenen — im einzelnen: Verkündigung an Anna, Begegnung Joachims und Annas an der Goldenen Pforte, Mariä Geburt, Liebkosung, Segen des Hohepriesters, Tempelgang — auf, während sie diejenigen der südlichen: Abweisung von Joachims Opfer und östlichen Wand: Rückkehr Mariä aus dem Tempel und vielleicht Mariä Verkündigung, die freilich nur mehr restweise erhalten, doch immerhin noch zu erkennen oder — wie in letzterem Fall — zu erahnen sind, unberücksichtigt läßt. Von diesem Zyklus auf die Fresken des Narthex im allgemeinen übergehend, stellt sie überdies die Behauptung auf, diese müßten aus dem 14. Jahrhundert stammen — eine These, die sie mit dem Hinweis darauf zu rechtfertigen sucht, daß die Gestaltungsweise des Hintergrunds im Narthex von derjenigen im Naos abweiche. Doch selbst wenn dies zuträfe — was nicht der Fall ist, denn es sind lediglich die Fresken an den Seitenwänden des Altarraums sowie die Verkündigungsszene über dem Kircheneingang, die einen blauen Grund aufweisen: bei allen übrigen Bildern im Schiff wie im Narthex ist er gelb —, so ergäbe sich daraus kein Anhaltspunkt für eine Differenzierung bei der Datierung des Wandschmucks von Gradac. War es doch bei den Serben, angefangen mit der Muttergotteskirche von Studenica, das ganze 13. Jahrhundert hindurch üblich, die an den augenfälligsten Wandpartien eines Gotteshauses erscheinenden Bilder mit gelbem, mitunter auch aus Blattgold bestehendem, die an weniger sichtbaren Stellen oder in Nebenräumen (d.h. dort, wo der Gläubige für gewöhnlich selten hinkam, also außerhalb seines Blickfelds) befindlichen hingegen mit blauem Hintergrund zu versehen. Die Serben ihrerseits hatten diese Fresken-„Hierarchie“ von den Byzantinern übernommen, bei denen sich bereits im 11. Jahrhundert die Sitte eingebürgert hatte, Altarraum und Zentralbereich eines Gotteshauses mit Mosaiken und parallel dazu die Nebenräume bzw. die außerhalb der Altarnische gelegenen Wandpartien mit blaugrundigen Fresken zu schmücken. Zu dieser Sitte in Byzanz, Rußland, Georgien und im Abendland vgl. Anmerkung Nr. 17.

Zu der entscheidenden Beeinflussung des Freskenprogramms von Gradac durch jenes von Studenica vgl. V. J. Đurić, *La peinture*, 160—162.

Mit der Ikonographie des dem hl. Simeon Nemanja gewidmeten Zyklus in der an den Narthex anschließenden Südkapelle, von dem heute nur mehr letzte Reste vorhanden sind, befaßt sich V. J. Đurić in *Ist. kompozicije*, I, 72 ff.; ebenda, II, ZRVI, X, 1967, 121—131, ist auch die Ikonographie der Vita des hl. Sava von Serbien behandelt. Vgl. auch M. Ćorović-Ljubinković, *Odraz*, 53 (hypothetische Annahme, derzufolge der im Schiff wiedergegebene Trauerzug die Überführung der sterblichen Überreste Stefan des Erstgekrönten darstellen könnte), G. Babić, *Chapelles*, 145, und D. Milošević, *Srbi svetitelji*, 157, 164—165.

Kurz aufgegriffen wird die Malerei von Gradac auch bei S. Radojčić, *Slikarstvo*, 70—71, und id., *Geschichte*, 39—40; auch dieser Autor unterstellt ein Entstehen dieser Fresken in zwei Etappen in der Weise, daß die im Schiff vor 1276, die im Narthex hingegen in den letzten Jahrzehnten des 13. Jahrhunderts geschaffen wurden. Zu demselben Schluß gelangt auch G. Subotić: *Gradac*, LE, II, 1962, 442. Doch die 1962, 1968 und 1969 vorgenommene

Reinigung des Wandschmucks hat erwiesen, daß es sich dabei durchwegs um Werke ein und derselben Künstler handelt, die alle vor 1276 hier tätig waren: B. Živković, *Konzervatorski radovi na freskama manastira Gradca*, Saopštenja, VIII, 1969, 119—127 (dieser Beitrag enthält übrigens die besten Zeichnungen der verbliebenen Fresken). Am Rande erwähnt wird die Malerei von Gradac außerdem von den Autoren des Sammelbands *Spomenici kulture*, 229—230 (Datierung des gesamten Freskenwerks in die Jahre um die Wende vom 13. zum 14. Jahrhundert), in *Srbija*, 201—202 (wo die Ausmalung von Gradac durch die Schöpfer des Narthexwandschmucks von Sopoćani — auch bei R. Nikolić, *Beleške o sopoćanskom živopisu*, Saopštenja, VIII, 1969, 109, als möglich angedeutet — zur feststehenden Tatsache erhoben wird), sowie bei V. Lazarev, *Storia*, 300—301, und V. J. Đurić, *XIII vek*, 42—45.

Der Streit um die Datierung der Fresken von Gradac resultiert aus der Diskrepanz zwischen den einschlägigen Quellenangaben und den sich aus der Malerei selbst ergebenden diesbezüglichen Rückschlüssen. Dem Bericht des serbischen Schriftstellers Danilo II. zufolge nämlich wurde Gradac von Königin Jelena nach dem Tod ihres Gemahls errichtet (*Životi kraljeva i arhiepiskopa srpskih*, ed. L. Mirković, Beograd 1935, 58) — auf dem Stifterbild hingegen ist der König so dargestellt, als ob er noch lebe. Richtig gelöst wurde dieses Problem bei Đ. Bošković — S. Nenadović, *Gradac*, 1: die Verfasser schenkten dem Maler von Gradac eher Glauben, als dem später lebenden Autor und datierten den Wandschmuck in die Zeit vor 1276.

Die beste Bilddokumentation der Fresken von Gradac findet sich bei G. Millet, *La peinture*, II, 1957, VIII, X, pl. 49—66.

43.

Zu der erst vor kurzem entdeckten dritten Freskenschicht in St. Petrus in Zusammenschau mit der übrigen Malerei der Kirche vgl. M. Lađević, *Rezultati*, 157—162 (grundsätzliche Befürwortung einer Datierung ins 13. Jahrhunderts; dabei allerdings gleichzeitig Einräumung der Möglichkeit eines Entstehens am Ausgang des 12. Jahrhunderts — eine Annahme, die nun keinesfalls zutrifft), R. Nikolić, *Petrova crkva*, 6—7 (Ansetzung des Schaffenszeitraums mit der ersten Hälfte des 13. Jahrhunderts; erstmals zwei Detailwiedergaben aus dem Bestand dieser Fresken), S. Radojčić, *Slikarstvo*, 18—19 (richtige Datierung: ans Ende des 13. Jahrhunderts; allerdings keine klare Abgrenzung zwischen den um die Wendezeit vom 12. zum 13. Jahrhundert und den im ausgehenden 13. Jahrhundert entstandenen Fresken), und *Novi Pazar*, 125 (exakte Aufzählung der Themen dieser Freskenschicht; Datierung an den Ausgang des 13. Jahrhunderts). Die umfassendste Veröffentlichung erfolgte bei M. Ćorović-Ljubinković, *Živopis*, 42—49 (bei gleichzeitiger Verzeichnung der besten Beispiele von Analogien zum Beweis der Richtigkeit der Datierung ans Ende des 13. Jahrhunderts). Vgl. auch V. J. Đurić, *XIII vek*, 45—46. Die hier gebrauchte Bezeichnung dieser Freskenschicht als der „dritten" erfolgt im Zuge der summarischen Dreischichtteilung der Gesamtdekoration, obwohl gewisse Fragmente (im wesentlichen ausgesprochenes Zierwerk) in den Intervallen zwischen den drei Hauptschaffensetappen entstanden sind.

44.

Auf die Fresken im Narthex König Dragutins wies zunächst L. N. Okunev in *Stolpy svjatogo Georgija*, SK, I, 1927, 238, hin, welcher der Meinung war, sie stammten aus dem beginnenden 14. Jahrhundert und seien im 16. Jahrhundert übermalt worden. Des weiteren war es A. Hil'ferding, der ihnen sein Augenmerk zuwandte: A. Giljferding, *Putovanje po Hercegovini, Bosni i Staroj Srbiji*, Sarajevo 1972, 130; in diesem seinem Buch hat der Autor zudem exakt alle Inschriften über den Köpfen der in der Dragutinschen Kapelle porträtierten Nemanjiden festgehalten (S. 129—137). Die Veröffentlichung sämtlicher Inschriften bei besagten Herrscherköpfen bringt sodann S. Radojčić in *Portreti*, 27—28, wo er gleichzeitig eine auf einschlägige Quellenangaben gestützte Datierung der Malerei vornimmt und sie mit 1282 oder 1283 ansetzt. Mit der Geschichte von Đurđevi Stupovi zur Zeit des Königs Dragutin befaßte sich M. Purković in GSND, XIX, 1938, 245. V. Petković, *Pregled*, 113—114, 115—116, erbrachte als erster eine umfassende Themenbeschreibung der Fresken im Narthex und erfaßte dabei teilweise auch diejenigen in der Kapelle; allerdings unterliefen ihm kleinere Fehler. G. Millet, *La peinture*, I, pl. 30, veröffentlicht Bildmaterial zu dem Freskenwerk aus der Zeit Dragutins.

Der Malerei im Gewölbe der Kapelle, die vier bedeutende serbische Landtage zeigt, schenkte keiner der älteren Forscher sonderliche Beachtung. Sie wurde erst in jüngerer Zeit erfaßt, veröffentlicht und ikonographisch untersucht: V. J. Đurić, *Uspomena na Deževski sabor*, Politika, Beograd 6. I 1963; id., *Ist. kompozicije*, II, ZRVI, X, 1967, 131—137. Vgl. auch Ch. Walter, *Conciles*, 109 (wo in bezug auf das Denkmal allerdings versehentlich angegeben wird, es handle sich um Đurđevi Stupovi bei Ivangrad) sowie D. Milošević, *Srbi svetitelji*, 157—158, 194—195.

Zur Frage der Herkunft der Künstler und im Zusammenhang damit zu dem griechischen Einschlag in den von ihnen ausgeführten serbischen Inschriften vgl. V. J. Đurić, *La peinture*, 156.

Zu diesen Fresken vgl. außerdem S. Radojčić, *Đurđevi Stupovi*, EJ, 3, 1958, 208, M. Kašanin, *Đurđevi Stupovi*, LE, 2, 1962, 164, G. Babić, *Chapelles*, 168—169, *Srbija*, 203, *Novi Pazar*, 133—135, und V. J. Đurić, *XIII vek*, 46—48.

In vorliegendem Buch wird auch das große, St. Georg zu Roß darstellende Fresko über dem Eingang vom Narthex ins Schiff in die Epoche Dragutins datiert — entgegen ihrer üblichen Datierung ins 12. Jahrhundert, bei der außer Acht gelassen wird, daß sie auf dieselbe Mörtelschicht aufgetragen ist wie die übrigen Fresken des Narthex und mit der erhaltengebliebenen Malerei aus der Zeit Dragutins in jeder Hinsicht übereinstimmt. Gewiß: die griechische Fassung der Inschrift neben dem Kopf des Heiligen könnte auf eine Zugehörigkeit dieses Bilde zu den im 12. Jahrhundert entstandenen Fresken des Naos hindeuten — doch lassen andererseits auch die serbo-slawischen Inschriften in der Kapelle erkennen, daß sie von einem des Serbischen kundigen Griechen stammen: warum soll dieser nicht auch dieses eine Fresko beschriftet und mit einer Inschrift in seiner Muttersprache versehen haben? Als unter dem Wandschmuck des 12. Jahrhunderts die in unserer Anmerkung 24 erwähnte Zeichnung zum Vorschein kam, glaubte man, die Skizze für das große St. Georgsfresko entdeckt zu haben. Und das graphische Gerüst stimmt denn auch in beiden Fällen weitgehend überein. Damit aber mag es sich so verhalten, daß die bewußte Zeichnung, da ja älter, bereits vordem anderen Malern als Vorlage für ein Fresko oder eine Ikone gedient hat und erst auf dem Wege über das betreffende Werk später, in der Zeit Dragutins, auch dem Wandbild über dem Eingang vom Narthex zum Schiff das graphische Gepräge verlieh.

Bezüglich der stilistischen Affinität dieser Fresken zu den in denselben Zeitraum datierten in der Konstantinopler Hagia Euphemia s. R. Naumann und H. Belting, Taf. 24—33.

45.

Die letzten Reste dieses Freskenwerks wurden erst vor einigen Jahren veröffentlicht: M. Ćorović-Ljubinković, *Ostaci živopisa u Davidovici*, Saopštenja, IV, 1961, 124—135. Die Verfasserin erbrachte eine eingehende Beschreibung der Malerei sowie auch deren exakte Datierung. Einziger Fehlgriff ist die Behauptung, daß die Gestalten an den Pendentifs der Nordkapelle die Evangelisten darstellen — in Wirklichkeit handelt es sich dabei um die Wiedergabe heiliger Mönche: beim Niederschreiben ihrer Dichtungen festgehaltener Meloden, von denen an jedem Pendentif einer erscheint. Das Auftreten eines derartigen Motivs in diesem Gotteshausbereich ist ansonsten nur noch in einigen späteren rumänischen Kirchen festzustellen. Daß es auch in Davidovica zu solch einer Lösung kam, dürfte einer — in ihren ikonographischen Beweggründen einstweilen noch nicht durchschaubaren — Anregung des Erbauers der hiesigen Kirche zu verdanken sein, des Mönchs David Nemanjić (vgl. V. J. ĐURIĆ, *Dubrovački graditelji u Srbiji srednjega veka*, ZLU, III, 1967, 88—93, wo die gesamte ältere Literatur aufgeführt ist). In der betreffenden Kapelle befindet sich übrigens auch ein dem hl. Demetrios, dem Namensvetter des Stifters vor dessen Eintritt in das Kloster, geweihter Zyklus. Vgl. V. J. ĐURIĆ, *XIII vek*, 48—49, und P. MIJOVIĆ, *„Voljavac" i Davidovica*, Istorija Crne Gore, 2/1, Titograd 1970, 257.

Im übrigen ist Davidovica das letzte Denkmal im Serbien des 13. Jahrhunderts, das Malereien auf gelbem Grund aufweist. Unter den Gotteshäusern der Folgezeit ist nur mehr eines bekannt, das Wandschmuck mit Goldgrund besaß: Banjska, die aus dem zweiten Jahrzehnt des 14. Jahrhunderts stammende Grabkirche König Milutins; als weithin berühmt nämlich bezeichnete ein Autor des frühen 15. Jahrhunderts das „Gold von Banjska". Und die heute nur mehr geringen (im Diakonikon und an der Unterseite der Kuppelraumbögen vorhandenen) Freskenreste von Banjska lassen denn auch erkennen, daß ihr Hintergrund in Mosaikimitationstechnik ausgeführt war, denn auf dem gelben Untergrund blieben Abdrücke von einer Würfelzeichnung zurück.

46.

Die Fresken von Arilje waren bis zu ihrer Abhandlung durch N. L. OKUNĚV', *Arilje, pamjatnik' sěrbskogo iskusstva XIII věka*, SK, VIII, 1936, 221—254, nur zu einem gewissen Teil bekannt: so wies G. MILLET in *Iconographie*, 123, 229, 271, fig. 74, auf einige ziemlich seltene ikonographische Erscheinungen bei diesem Werk hin; L. WRATISLAV-MITROVIC ET N. OKUNEV, 149—150, behandelten die Ikonographie der Koimesisszene, V. PETKOVIĆ nahm in *La peinture*, I, pl. 25—28, II, 16—17, pl. XXX—XXXII, eine Themenaufzählung vor und brachte die Reproduktionen einiger charakteristischer Fresken, und bei N. L. OKUNEV, *Portrěty*, 82—85 S. RADOJČIĆ, *Portreti*, 30—34, und M. PURKOVIĆ, 29—31, waren es die Bilder historischer Persönlichkeiten, denen die Aufmerksamkeit galt. Đ. BOŠKOVIĆ entdeckte die von der Ausmalung der Kirche im Jahre 1296 berichtende Inschrift an dem waagrechten Sims unterhalb des Kuppeltambours — also ebenda, wo derartige Inschriften auch in der Muttergotteskirche von Studenica und in Sopoćani erscheinen (die Bekanntgabe des Stifternamens an dieser Stelle scheint im Serbien des 13. Jahrhunderts üblich gewesen zu sein) — und veröffentlichte sie in *Natpisi*, 8—9.

Vor der Reinigung der Fresken widmete Arilje nur noch V. Petković einige Zeilen (V. PETKOVIĆ, *Pregled*, 5—8), in denen er die Themen der Malerei aufzählte und sich zu Geschichte und Architektur des Gotteshauses äußerte. Bei der Reinigung entdeckten die mit den Konservierungsarbeiten betrauten Maler in der Leibung des Nordfensters in dem westlichen Joch die Inschrift ΜΑΡΠΟΥ (M. LAĐEVIĆ, *Radovi na živopisu u Arilju, Veluću i Ježevici*, Saopštenja, I, 1956, 42—43), deren Erklärung S. RADOJČIĆ in *Studije o umetnosti XIII veka*, Glas SAN, CCXXXIV, knj. 7, Beograd 1959, 40—45, und *Die Entstehung*, 110—111, besorgte. Vgl. CH. DELVOYE, 347, und V. J. ĐURIĆ, *La peinture*, 156.

Eine bedeutende Ergänzung erfuhr die wissenschaftliche Dokumentation zu Arilje in jüngster Zeit. G. MILLET befaßte sich mit diesen Fresken in *La peinture*, II, 68—87, 101, 103, und veröffentlichte mehr als die Hälfte davon in Form von Schwarz-Weiß-Reproduktionen. Solche brachten — neben Anordnungsskizzen — auch R. HAMANN-MAC LEAN UND H. HALLENSLEBEN: 26—27, Taf. 143—158, Plan 18—19. Die Wiedergabe der schönsten Fresken im Verein mit einem kürzeren einschlägigen Text findet sich bei S. PETKOVIĆ, *Arilje*, ed. „Jugoslavija", Beograd 1965. B. ŽIVKOVIĆ schließlich erfaßte in *Arilje*, Beograd 1971, in Form von Zeichnungen die gesamte hier befindliche Malerei.

Die Behandlung gewisser stilistischer Probleme erfolgte bei P. MILJKOVIĆ-PEPEK, *Poreklo jednog stilskog elementa na freskama sv. Sofije u Ohridu*, ZRVI, 5, 1958, 1251—28 (Untersuchung der Herkunft der Umrißlinien bei den Figuren), S. RADOJČIĆ, *Geschichte*, 42, id., *Slikarstvo*, 72—73, und V. J. ĐURIĆ, *XIII vek*, 49—53 (Betrachtung des Wandschmucks von Arilje aus der Sicht seiner Verankerung in der byzantinischen und serbischen Wandmalerei). In diesem Zusammenhang s.a. A. STOJAKOVIĆ, *Arhitektonski prostor*, 120, 193, passim, wo die raumschaffende Rolle der Bildarchitektur erläutert wird.

Zur Ikonographie der Nemanja-Synode s. V. J. ĐURIĆ, *Ist. kompozicije*, II, ZRVI, X, 1967, 137—141 (Aufführung der älteren Literatur), zur Ikonographie der Szene vom Tod Bischof Merkurios' ibid., ZRVI, XI, 1968, 107, passim. Vgl. auch T. VELMANS, *Le portrait*, 116, 122, passim, und D. MILOŠEVIĆ, *Srbi svetitelji*, 158—159, 193, 195, passim. Zu den Szenen der Nikolaus-Vita im Diakonikon s. G. BABIĆ, *Chapelles*, 134. Zu den Ökumenischen Konzilen und der Synode Nemanjas: CH. WALTER, *Conciles*, 109—110. Gewisse Besonderheiten in der Ikonographie der Wurzel Jesse vermerkte M. GARIDIS in *L'ange en cheval dans l'art byzantin*, Byzantion, XLII, 1972, 32, 34—35. J. D. STEFĂNESCU, 470, erwähnt den dem Opfer Abrahams gewidmeten Zyklus im Narthex von Arilj und analysiert in Zusammenschau mit einer ganzen Reihe einschlägiger Beispiele (S. 460—471) die eucharistische Symbolik dieser Bilder. In Arilje nun allerdings ging es dem Maler bei der Schaffung dieser Szenenreihe offensichtlich nicht um die Erzielung eines Bedeutungsgehalts dieser Art; denn der hiesige Narthexwandschmuck weist mit seinem Nebeneinander von Ökumenischen Konzilen und Nemanjascher Antihäretiker-Synode sowie Stifterkomposition und Wurzel Jesse eine anders gelagerte Gesamtausrichtung auf: Festigkeit des Glaubens heißt der Grundgedanke, der hier hinter allen Darstellungen steht, und im Falle des bewußten Zyklus ist es eben der unerschütterliche Glaube Abrahams. Im übrigen ist der Ideengehalt ein und derselben alttestamentarischen Kompositionen in Narthex und Altarraum verschieden. Im Narthex von Arilje jedenfalls setzt sich dieser Gehalt — ebenso wie in dem von Sopoćani — im wesentlichen aus den Begriffen von Glaubenskraft und Gehorsam gegenüber der Kirche zusammen.

Eine besondere Auswahl wurde in Arilje bei den Heiligengestalten in der unteren Zone der Chöre getroffen: die Gottesmuter, Johannes der Täufer, der heilige Achilles, der Kirchenpatron, Johannes Chrysostomos, Kosmas und Damian, Petrus und Paulus erscheinen im südlichen, die Soldatenheiligen (soweit an den vorhandenen Resten ersichtlich) im nördlichen Chor. Diese Auswahl geht in unmittelbarer Weise von dem Gebet aus, das beim Zerteilen des Opfers während des Rüstakts der Proskomidie gesprochen wird: alle hier erscheinenden Heiligen werden darin der Reihe nach genannt. Eine fast ebensolche Auswahl traf der Maler einer im Katharinenkloster auf dem Sinai vorhandenen Kreuzigungsikone aus dem 11./12. Jahrhundert bei der Ausfüllung des Bildrands mit halbfigurig wiedergegebenen Heiligengestalten (vgl. *Icônes*, XII, LXXXI, pl. 21 — dort wird die Aneinanderreihung dieser Heiligen allerdings auf das Intercessionsgebet zurückgeführt, wiewohl sie darin nicht alle vorkommen).

Ungeachtet ihrer festen Verankerung in den Stiltraditionen von Sopoćani weist die Malerei von Arilje Merkmale auf, die denen einiger anderer, im selben Zeitraum entstandener Denkmäler des byzantinischen Raums entsprechen. Insbesondere zwei davon, nämlich die Mosaiken in der Panhagia Parighoritissa in Arta und die Fresken der Omorfi Ekklisia in Athen — beide aus dem Endjahrzehnt des 13. Jahrhunderts stammend —, ähneln dem Dekorationswerk von Arilje ganz ungemein; die Übereinstimmungen sind stellenweise so stark, daß sie nur durch einen unmittelbaren Kontakt der Künstler untereinander erklärbar sind. Dies gilt namentlich jeweils für einen der in den bewußten drei Gotteshäusern tätigen Maler: in Arilje ist es der ranghöchste, in der Athener Kirche derjenige, der nur die Fresken im Mitteljoch der Südkapelle schuf, und auch bei den Mosaizisten von Arta kommt einer besonders in Betracht, Vgl. A. ORLANDOS, *'Η Παρηγορήτισσα τῆς Ἄρτης*, 'Αθῆναι 1963, pl. 22, 30; 'Α. Βασιλάκη-Καρακατσάνη, *Οἱ τοιχογραφίες τῆς 'Ωμόρφης 'Εκκλισίας στὴν 'Αθῆνα*, 'Αθῆνα 1971, πίν. 41, 47.

Zu den Fresken von Arilje vgl. auch die mehr populär gehaltenen Betrachtungen in folgenden Büchern: *Spomenici kulture*, 132—133,

Srbija, 191—193, und V. MOLÈ, 155. Einschlägige enzyklopädische Kenntnisse vermitteln S. RADOJČIĆ in EJ, I, 1955, 204, und M. KAŠANIN in LE, I, 1959, 155. Unter den allgemeinen Übersichten über die byzantinische Kunst sind diese Fresken vertreten in: V. LAZAREV, *Storia*, 302—303, A. GRABAR, *Europe orientale*, 62, sowie W. F. VOLBACH UND J. LAFONTAINE-DOSOGNE, 261, 273.

47.

Die Fresken dieses Kirchleins als solche entdeckte P. POPOVIĆ, und das, was er in *Prilog za studiju stare srpske crkvene arhitekture*, Starinar, III ser., I, Beograd 1923, 114, zu ihnen schreibt, ist eben auch nicht mehr, als ein Registrieren ihres Bestehens. Etwas mehr Beachtung schenkte ihnen L. MIRKOVIĆ, *Još nešto iz Markova manastira kod Skoplja*, GSND, I, 1925, 304—307. Auch hier erfolgte allerdings keine umfassende Behandlung dieses Dekorationswerks, sondern es wurden lediglich Teile davon erfaßt; die Datierung wird annähernd mit dem 14. oder 15. Jahrhundert angesetzt. K. BALABANOV, der während der Reinigung und Konservierung des Wandschmucks neben anderen bis dahin ungekannten Malereien auch die Gestalt der Gottesmutter Eleousa in der Eingangslünette entdeckte, wies in *Komu je posvetena crkva na sv. Nikola ili na sv. Bogorodica*, Vesnik na Muzejsko-konzervatorskoto društvo na NR Makedonija, god. III, 1, Skopje 1955, 16, nach, daß das Gotteshaus, wie an dem in seinem Innern vorhandenen Zyklus der Gottesmutter ersichtlich, vorzeiten letzterer geweiht sein mußte. Bei NIKOLOVSKI — ĆORNAKOV — BALABANOV, 31—32, wird die Bedeutung dieser Malerei hervorgehoben und ihre Datierung sehr richtig mit dem ausgehenden 13. bzw. beginnenden 14. Jahrhundert festgelegt, Eine umfassende Abhandlung brachte G. BABIĆ in *Les fresques de Sušica en Macédoine et l'iconographie originale de leurs images de la vie de la Vierge*, CA, XII, 1962, 303—339, wo insbesondere ungewöhnliche ikonographische Lösungen Beachtung fanden und die Thematik des Wandschmucks zur Gänze eingehend beschrieben ist. Mit der Ikonographie des Marienlebens befaßte sich auch J. LAFONTAINE-DOSOGNE in *Enfance*, I, 46, 113, 123, 126, 183, 203. Vgl. dazu des weiteren S. RADOJČIĆ, *Slikarstvo*, 76—77 (Datierung an den unmittelbaren Ausgang des 13. Jahrhunderts).

Nicht genügend hervorgehoben wurde die Tatsache, daß die slawischen Inschriften dieser Kirche die „Jus"-Fassung aufweisen. In Makedonien erscheinen slawische Freskeninschriften erst nach den Milutinschen Eroberungen, doch üblicherweise in serbischer Fassung. Zieht man in Betracht, daß der Dorfpfarrer von Sušica bereits 1299/1300 in einer Schenkungsurkunde König Milutins erwähnt wird (vgl. S. NOVAKOVIĆ, *Zakonski spomenici srpskih država srednjega veka*, Beograd 1912, 615), so erscheint es durchaus denkbar, daß die vorhandene Jus-Schreibweise das Verdienst von Angehörigen der niederen Geistlichkeit ist, die bis dahin eben gerade diese, und nicht die serbische Schreibung kannte. Und die Existenz des Pfarrers von Sušica im Jahre 1299/1300 wiederum setzt voraus, daß um diese Zeit auch die Kirche bereits bestand.

48.

Der erste, der auf diese Fresken hinwies, war V. PETKOVIĆ: *La peinture*, I, 41, pl. LXXXII—LXXXV. Er ordnete sie einer Gruppe von Bildwerken zu, deren Schöpfer er unter der etwas willkürlichen Bezeichnung „Schule von Peć" zusammenfaßte. In *Pregled* (250) umriß er, von kleineren Auslassungen abgesehen, auch die Thematik dieses Dekorationswerks, setzte als maximale für sein Entstehen in Betracht kommende Zeitspanne das 14. Jahrhundert fest und bezog fälschlicherweise auch den wesentlich später entstandenen Wandschmuck in den Chören darein ein. Einen weiteren Fehlgriff beging er bei dem Bildnis Stefans der Erstgekrönten mit der Annahme, dieses stelle Dragutin dar. Besondere Aufmerksamkeit widmete dieser Malerei S. RADOJČIĆ, der sie ans Ende des 13. Jahrhunderts datierte und nicht nur ihre interessante Ikonographie, sondern vornehmlich auch die darin vorhandenen Stilelemente untersuchte, die, wie etwa die breit ausgeführte Darstellung der Hintergrundkulissen, von erheblichem Belang für eine Veränderung des Bildgepräges sind: *Die Entstehung*, 113—114; *La pittura*, 306—310 (Unterstellung der Möglichkeit, daß die Maler von Peć aus Ochrid kamen); *Slikarstvo*, 74—76 (gültigste Aussage zu dieser Wandbildschöpfung). Weiter s. R. LJUBINKOVIĆ, *Apostoli*, XIV—XVI, sl. 38—59 (beste Bildreproduktionen; der Autor vertritt allerdings — ungeachtet der von ihm konstatierten Stilbezüge zu den Fresken der Ochrider Peribleptoskirche — die Ansicht, es handle sich hier um ein im ersten Viertel des 14. Jahrhunderts, ja, möglicherweise auch noch in den darauffolgenden Regierungsjahren von Dečani geschaffenes Werk, bei dem er in bezug auf Entstehungszeit und Stil Zusammenhänge mit einigen anderen Fresken von Peć sieht, doch sind solche Zusammenhänge in Wirklichkeit gar nicht vorhanden; falsch schließlich ist seine Annahme, bei der ersten in der Reihe der Nemanjidengestalten handle es sich um Nemanja — dargestellt ist Uroš I.) sowie R. HAMANN-MAC LEAN UND H. HALLENSLEBEN, 24, Plan 14, 15 (Freskenanordnungsschema; gewisse Fehlschlüsse bei der Themendefinition; Datierung in die Zeit um 1330). Kurze Anmerkungen zu dieser Malerei finden sich bei P. MIJOVIĆ, *Patrijaršija*, 11 (Datierung ins frühe 14. Jahrhundert) und P. MILJKOVIĆ-PEPEK, *Deloto*, 227—228 (Äußerung der Annahme, die hiesigen Meister seien später in Žiča tätig gewesen).

49.

Die Fresken der Kirche zur Muttergottes von Ljeviša wurden erst 1950 unter Kalk und Mörtel entdeckt, und ihre daraufhin in Angriff genommene Reinigung und Konservierung ist noch im Gange. Vgl. S. NENADOVIĆ, *Restauracija crkve Bogorodice Ljeviške u Prizrenu*, ZZSK, III, 1953, 47—50 (u.a. Veröffentlichung der ersten Angaben historischen Inhalts, die an der Architektur und im Rahmen der Malerei ausgemacht wurden, und die von Bedeutung für die Datierung der Fresken und die Identifizierung ihrer Schöpfer sind), V. VULOVIĆ, *Čišćenje krečnog sloja sa fresaka u Bogorodici Ljeviškoj u Prizrenu*, ibid., 252—255, sowie B. ŽIVKOVIĆ, *Konzervacija fresaka Bogorodice Ljeviške u Prizrenu*, ibid., 257—260. Bis zu diesem Zeitpunkt waren von dem ganzen Werk nur drei Nemanjidenporträts bekannt: S. RADOJČIĆ, *Portreti*, 34, und V. PETKOVIĆ, *Pregled*, 264. Die erste kurzgefaßte und begreiflicherweise noch unvollständige Themenbeschreibung zu den neuentdeckten Fresken wurde in dem Buch *Spomenici kulture* (280—282) veröffentlicht.

Der erste, der alle neuen Erkenntnisse über die Meister König Milutins sammelte und eine Zusammenschau mehrerer Denkmäler brachte, in denen sie ihre Tätigkeit entfalteten, war S. RADOJČIĆ: *Majstori*, 19—36.

Nach der in vielen europäischen Städten gezeigten Ausstellung von Kopien der Fresken dieser Kirche, die von dem bei den Konservierungsarbeiten tätigen Malerpaar Branislav und Zdenka Živković angefertigt wurden, schrieb HAMANN-MAC LEAN den schmalen Band *Aus der mittelalterlichen Bildwelt Jugoslawiens*, Marburg an der Lahn, 1955, der eine Beschreibung dieser Fresken und eine kunsthistorische Stellungnahme dazu bringt. Bereits damals begann die Auseinandersetzung um Signatur und Identifizierung der Maler sowie bezüglich der Attribution der einzelnen Werke. Vgl. Anm. Nr. 16, wo an Literatur und Meinungsäußerungen zu dieser Frage das Wesentliche geboten ist. Zu den Motiven für die Anbringung der Inschrift mit den Namen der führenden Künstler dieses Gotteshauses, des Baumeisters Nikola und des Malers Astrapas, vgl. D. PANIĆ, *O natpisu s imenima protomajstora u eksonarteksu Bogorodice Ljeviške*, Zograf, 1, Beograd 1966, 21—23 (ebenda die weitestgehende Entzifferung dieser langen Inschrift).

Mit einzelnen ikonographisch ungewöhnlich interessanten Darstellungen befassen sich nachstehende Beiträge: S. RADOJČIĆ, *Jedna scena iz romana o Varlaamu i Joasafu u crkvi Bogorodice Ljeviške*, Starinar, n. s., III—IV, Beograd 1955, 77—81 (die hier behandelte Szene ist im serbischen Bildschaffen einmalig; eine ganze Anzahl von Gegenstücken dazu jedoch ist in der Malerei von Byzanz und Rumänien vorhanden); D. MEDAKOVIĆ, *Predstave antičkih filozofa i sivila u živopisu Bogorodice Ljeviške*, ZRVI, 6, 1960, 43—55 (Aufzeigen der Tatsache, daß diese Bilder, die zu einem späteren

Zeitpunkt in der Wandmalerei nicht allzu selten sind, in Prizren darin zum ersten Mal auftauchen); J. RADOVANOVIĆ, *Prikazi Bogorodice u crkvi Bogorodice Ljeviške u Prizrenu*, SKM, II—III, 1963, 125—129 (Typenanalyse der zahlreichen Gottesmutterdarstellungen in diesem Gotteshaus); C. GROZDANOV, *Prilozi proučavanju Sv. Sofije ohridske u XIV veku*, ZLU 5 (1969) 42—49 (Ausführungen zur Illustration des Kanons zum Tod der Gottesmutter von Johannes Damaskenos); G. BABIĆ, *Chapelles*, 149 (Darlegung der Wandschmuckthemen in den Kapellen im Obergeschoß des Exonarthex sowie deren Funktion); CH. WALTER, *Conciles*, 110—111 (Betrachtung zu den Ökumenischen Konzilen im Südschiff); I. ĐORĐEVIĆ, *Stari i Novi zavet na ulazu u Bogorodicu Ljevišku*, ZLU 9 (1973) 15—25 (Behandlung der ikonographischen Analogien sowie der literarischen Textvorlagen zu dieser einzigartigen Darstellung); N. DAVIDOVIĆ-RADOVANOVIĆ, *Sibila carica etiopska u živopisu Bogorodice Ljeviške*, ibid., 29—42 (theologische und ikonographische Erklärung zu dieser im Exonarthex erscheinenden Gestalt). Zur Frage der Veranschaulichung des Raums in den Szenenbildern dieses Gotteshauses: A. STOJAKOVIĆ, *Prostor*, 70, 71, 127—128, 140, 194.

Die vollständigste ikonographische und stilistische Analyse dieser Fresken findet sich bei H. HALLENSLEBEN, *Die Malerschule*, 26—29, 43—51, 71—72, 75—77, 80—86, 94—95, 133—148, passim, S. RADOJČIĆ, *Slikarstvo*, 88—96, und P. MILJKOVIĆ-PEPEK, *Deloto*, 228—230; die beste Bilddokumentation, dazu auch Anordnungsschemen (die allerdings doch wiederum nicht alles erfassen), bringt R. HAMANN-MAC LEAN UND H. HALLENSLEBEN, 29—31, Plan 23—25, Taf. 182—212.

Kürzere Anmerkungen zu dieser Malerei erscheinen bei D. TALBOT RICE — S. RADOJČIĆ, 22—23, S. RADOJČIĆ, *Die Entstehung*, 120—121, id., *La pittura*, 313—315, id., *Geschichte*, 60—61, passim, M. KAŠANIN, *Bogorodica Ljeviška*, LE, 1, 1959, 418—419, D. PANIĆ, *Bogorodica Ljeviška*, izd. Turistički savez Srbije i „Turistička štampa", Beograd 1960, O. BIHALJI-MERIN, *Bogorodica Ljeviška* izd. „Jugoslavija", Beograd 1963 (Farbbilder der Fresken), D. TALBOT RICE, *The Beginnings*, 184—185, id., *Art*, 207—208, id., *Painting*, 111—112, V. MOLÈ, 158, passim, L. S. ALEŠINA — N. V. JAVORSKAJA, 36—41, CH. DELVOYE, 347, V. LAZAREV, *Storia*, 388—389, J. BECKWITH, *Art*, 148—149, und in *Kosovo*, 405—407.

Die Fresken der Kirche zur Muttergottes von Ljeviša werden für gewöhnlich in die Jahre 1306/1307 datiert; von damals stammt die an der Außenseite über der Apsis angebrachte Inschrift zum Bau der Kirche, in der neben König Milutin auch Damjan, der Bischof von Prizren, erwähnt wird: auch er habe sich die Errichtung des Gotteshauses angelegen sein lassen. Bei dessen Vollendung allerdings hatte Damjan das Amt des Oberhirten der Eparchie Prizren bereits nicht mehr inne; denn an den Wänden unterhalb der Kuppel sowie denen des Glockenturms befinden sich Ziegelsteine mit dem Namen Bischof Savas, der nach Damjan auf den Bischofsstuhl nach Prizren kam und dort bis 1309 blieb, bis zu dem Jahr seiner Wahl zum serbischen Erzbischof. Offensichtlich wurden die unteren Partien des Gotteshauses bis zur Höhe der Apsidenüberdachungen unter Damjan, die oberen Teile hingegen zwischen 1307 und 1309 unter Sava fertiggebaut. S. NENADOVIĆ schätzt die Rolle des letzteren bei der Errichtung des Gotteshauses in *Bogorodica Ljeviška*, Beograd 1963, 180—185, über Gebühr hoch ein und deutet im Zusammenhang damit an, der Titel „ППЪ", der in der Inschrift auf Damjan bezogen erscheint, müsse womöglich gar nicht besagen, daß dieser das Bischofsamt innehatte. Dies aber ist eine Fehlunterstellung; denn hinter besagter Abkürzung verbirgt sich nichts anderes als das Wort „piskup" — eine dazumal in Serbien häufig gebrauchte Form für „episkop" (= Bischof). So ist auch in Nenadovićs Werk die Frage der zeitlichen Gliederung der einzelnen Schaffensbereiche bei der Erneuerung des Gotteshauses und damit des Zeitraums seiner Innenausgestaltung nicht zufriedenstellend gelöst. Da die Ausmalung nicht vor Abschluß der Bautätigkeit erfolgen konnte, ja, wie dies im Mittelalter denn auch zu sein pflegte, womöglich erst ein-zwei Jahre danach entstand, ist aller Grund zu der Annahme gegeben, daß der Wandschmuck nicht vor 1310 in Angriff genommen wurde. Einen Ausgangspunkt für die Festlegung der äußersten unteren Schaffensgrenze dieser Fresken wiederum erbrachte S. MANDIĆ in *Jedan vladarski lik u Bogorodici Ljeviškoj*, Zograf, 1, Beograd 1966, 24—27, durch die Identifizierung einer bis dahin anonym gebliebenen Gestalt im Rahmen des Nemanjidenfamilienbilds im Endonarthex als Stefan von Dečani, König Milutins Sohn. Im Jahre 1314 nämlich kam es zwischen Vater und Sohn zu einer Entzweiung, woraufhin Milutin Stefan leicht blenden ließ und ihn zu einem Zwangsaufenthalt, der sowohl als Verbannung als auch zu Genesungszwecken gedacht war, nach Konstantinopel schickte. Demzufolge müßten die Fresken spätestens 1314 vollendet gewesen sein, und als Zeitraum der Ausmalung der Kirche zur Muttergottes von Ljeviša kommt mithin nur die Spanne zwischen 1310 und 1313 in Betracht.

J. RADOVANOVIĆ, *Portreti Nemanjića u crkvi Bogorodice Ljeviške u Prizrenu*, SKM, IV—V (1968—1971), 271—279, besorgte die Beschreibung sämtlicher Porträts im Endonarthex sowie die Entziffrerung der Reste aller neben diesen befindlichen Inschriften; dabei äußerte er die Ansicht, das von Mandić als Stefan von Dečani identifizierte Bild stelle König Dragutin dar. Ein triftiges Gegenargument gegen diese Definition Radovanovićs bildet das Äußere der dargestellten Person: sie wirkt jünger als Dragutin auf dem Bildnis in Arilje, welches mindestens an die fünfzehn Jahre früher gemalt wurde. Zu den Porträts vgl. außerdem M. ĆOROVIĆ-LJUBINKOVIĆ, *Uz problem*, 79, 86, wo gewisse Beobachtungen zu den Nemanjidengestalten, insbesondere zu Gesicht und Gewand des hl. Savas von Serbien, unterbreitet werden, sowie D. MILOŠEVIĆ, *Srbi svetitelji*, 167—168, 196—198, wo der ideenmäßige und ikonographische Unterbau ergründet wird.

50.

Am gründlichsten erforscht und am umfassendsten beschrieben ist der aus dem 14. Jahrhundert stammende Teil der Malerei von Žiča in zwei Monographien über dieses Kloster: V. PETKOVIĆ, *Spasova crkva u Žiči, arhitektura i živopis*, Beograd 1911, 18—105 (vollständige Beschreibung mit Abgrenzung der älteren, in der Zeit des hl. Sava geschaffenen, von den jüngeren, in der Epoche König Milutins entstandenen Fresken aufgrund stilistischer Merkmale), und M. KAŠANIN — Đ. BOŠKOVIĆ — P. MIJOVIĆ, *Žiča*, Beograd 1969, 124—199 (Beschreibung und stilistisch-ikonographische Analyse der Milutinischen Malerei durch den letzten Autor, der dabei zu der Feststellung gelangt, sie sei dem älteren Dekorationswerk nachgeahmt und nicht auf einmal entstanden: die Fresken des Naos seien älter als die der Seitenkapellen und des Eingangsraums unter dem Glockenturm, erstere um 1292—1309 geschaffen, letztere hingegen erst 1316 vollendet worden). Für die Datierung dieser Fresken gibt es — wenigstens bis jetzt — nur einen einzigen verläßlichen Anhaltspunkt, nämlich das Erscheinen Savas als Erzbischof im Rahmen des Weihnachtshymnos: die Amtszeit Savas als des serbischen Oberhirten währte von 1309 bis 1316.

Aufschluß über die Milutinische Malerei in Žiča geben auch folgende Werke: V. PETKOVIĆ, *Pregled*, 121—123; *Spomenici kulture*, 161—162 (ebenfalls unbegründete Datierung der Fresken des Naos ans Ende des 13. und der des Raums unter dem Glockenturm an den Anfang des 14. Jahrhunderts); G. SUBOTIĆ, *Žiča*, Beograd 1960, 8—14; H. HALLENSLEBEN, *Die Malerschule*, 160—163; *Kraljevo*, 151—158; *Srbija*, 205—206; S. RADOJČIĆ, *Slikarstvo*, 90, 96—98 (wertvolle Beiträge zur Ikonographie; Unterstellung des Schöpfertums des Malers Astrapas).

Gewisse Fresken in Žiča sind ikonographisch ungewöhnlich interessant und wurden mit eigenen Studien bedacht. Bei L. WRATISLAV-MITROVIC ET N. OKUNEV, 150, ist die Ikonographie der Koimesisszene behandelt. S. RADOJČIĆ befaßt sich in *Portreti*, 34—35, mit dem Weihnachtshymnos und den Porträts König Stefans des Erstgekrönten und König Radoslavs. Auf dieselben Fragen gehen teilweise auch zwei Studien von V. J. ĐURIĆ ein: *Portreti na poveljama vizantijskih i srpskih vladara*, ZFF, VII—1, 1963, 261—262, und *Portrěty v izobraženijach rožděstvěnskich stichir*, Sbornik statěj v čest V. N. Lazarěva, Moskva 1973, 244—253. Vgl. auch D. Milošević, *Srbi svetitelji*, 199. Zum Weihnachtshymnos siehe außerdem: G. Millet, *Iconographie*, 165—169, J. D. Stefănescu, 505, und A. Xyngopoulos, *Thessalonique*, 51—52. M. Ćorović-Ljubinković beschäftigt sich in *Odraz*, 50—51, mit dem Niederschlag des Kults des hl. Stephan in den Fresken der Nordkapelle und dem Bild des Heiligen neben dem Ikonostas. Auf Thematik und Funktion der Seitenkapellen richtete G. Babić ihr Augenmerk: G. Babić, *Chapelles latérales des églises serbes du XIIIe siècle et leur décor peint*, L'art byzantin du XIIIe siècle, Beograd 1967, 181—182, 184, 186; id., *Chapelles*, 145—146. Bei V. J. Đurić, *La peinture*, 162—163, wird auf die zwischen Peć und Žiča bestehende Übereinstimmung bei der Kuppel- und Kuppelraumthematik hingewiesen, die hier wie dort von den in der Jerusalemer Zionskirche geschehenen Ereignissen inspiriert sind. Hier sei nachdrücklich vermerkt, daß in der Kuppel von Žiča seinerzeit die Himmelfahrt Christi dargestellt war, und nicht, wie bei V. Petković und P. Mijović beschrieben, Christus und die Propheten. Heute sind zwar nur mehr die unteren Körperpartien der Figuren am Tambour zu sehen, doch auch die vorhandenen Reste lassen klar erkennen, daß hier die in angstvoll-staunender Gebärde erstarrten Apostel und zwischen ihnen, inmitten zweier Engel, deren Flügel noch gut sichtbar sind, die in demutsvoller Haltung dastehende Gottesmutter wiedergegeben waren (vgl. M. Kašanin — Đ. Bošković — P. Mijović, *Žiča*, Zeichnung auf S. 134—135). Einst befand sich im Kuppelraum von Žiča auch eine Komposition, deren unterer Teil V. Petković, *Spasova crkva u Žiči*, 51—52, an die Szene „Noli me tangere" erinnerte. Aus der diesbezüglichen Beschreibung geht jedoch hervor, daß es sich hierbei eher um die Auferweckung des Lazarus handeln dürfte. Nach der solchermaßen herbeigeführten Klarstellung des Gehalts dieser beiden bisher falsch definierten Kompositionen gemahnt das Dekorationsprogramm von Žiča in seinem Kernstück noch mehr an das der Apostelkirche von Peć. Dies ist ein Beweis mehr für das Wiederaufgreifen des durch den hl. Sava eingeführten Schemas für den Wandschmuck des serbischen Gotteshauses durch die im frühen 14. Jahrhundert in Žiča tätigen Maler einerseits und die bei den Meistern der Apostelkirche in Peć erfolgte programmäßige Anlehnung an Žiča andererseits.

Besondere Aufmerksamkeit verdient auch die Darstellung der Gottesmutter von der Passion, die am südwestlichen Wandpfeiler des Kuppelraums in der untersten Zone erscheint; genaugenommen ist dies nämlich die älteste erhaltene Wiedergabe dieses Gottesmuttertyps im mittelalterlichen Serbien. Es ist allerdings anzunehmen, daß es sich hierbei um eine unter Milutin angefertigte Neuschöpfung nach einem bereits zu Zeiten des hl. Sava geschaffenen Erstbild handelt. Und dieses wiederum dürfte in Nachbildung einer Ikone entstanden sein, die sich in Chilandar befand — ein Umstand, der zweifellos auch die Erklärung für das Erscheinen des hiesigen Freskos beinhaltet; denn dieses Athoskloster war der Ort, von dem der hl. Sava die Gepflogenheiten übernahm. Vom Vorhandensein der bewußten Ikone in Chilandar aber zeugt eine noch spätere Nachbildung im Kloster Konče, auf der die Gottesmutter mit dem Epitheton „von Chilandar" bedacht ist (vgl. L. Mirković, *Die italo-byzantinische Ikonenmalerfamilie Rico*, Actes du IVe Congrès int. des études byzantines, II, Sofia 1936, 132). Das Entstehen des ikonographischen Typs der Gottesmutter von der Passion als solchen behandelte M. Sotiriou in *Παναγία τοῦ Πάθους*, Πανηγυρικὸς τόμος ἐπὶ τῇ 1400-ῃ ἀμφιετηρίδι τῆς ἱερᾶς μονῆς τοῦ Σινᾶ, Ἀθῆναι 1969, 29—40 (ältere Literatur, Beispiele). Das Bild von Žiča unterscheidet sich von den sonstigen Darstellungen dadurch, daß der die Passionswerkzeuge haltende Engel ganzfigurig vor der Gottesmutter stehend wiedergegeben ist, die den verschüchtert wirkenden Jesusknaben auf den Händen hält.

Neben der angeführten neueren Monographie sind es namentlich folgende Werke die die beste Bilddokumentation zur Malerei Žičas bringen: V. R. Petković, *La peinture*, I, pl. 30—33; II, 1934, 20—22, pl. XXXIV—XLI; G. Millet, *La peinture*, I, pl. 48—52, 54, 56—61; R. Hamann-Mac Lean und H. Hallensleben, 213—220, Plan 26a, 26b.

51.
Die erste monographische Studie über die Fresken von Hagios Niketas schrieb F. Mesesnel, *Živopis crkve sv. Nikite u Skopskoj Crnoj Gori*, Godišnjak skopskog Filozofskog fakulteta, I, 1930, 139—152. In den einschlägigen Beiträgen der Folgezeit bis in die jüngstvergangenen Jahre herein wurden dem in dieser Studie gebotenen Material, ganz abgesehen von bloßen Wiederholungen der darin vorgetragenen Ergebnisse, nur einige wenige Einzelerkenntnisse hinzugefügt: so bei V. R. Petković, *La peinture*, I, 33—36, II, 35—37, pl. LVIII—LIX (Aufzählung der Thematik; ziemlich viele Reproduktionen), Đ. Bošković, *Natpisi*, 9 (Veröffentlichung der entdeckten Malersignaturen), und M. Ćorović-Ljubinković, *Uz problem*, 81, 84 (Behandlung der ikonographischen Neuerscheinung in Gestalt der gemeinsamen Wiedergabe des hl. Simeon und des hl. Savas von Serbien).

Nach der Entdeckung der Signaturen von Michael und Eutychios in Ochrid und Prizren lösten die Fresken von Hagios Niketas erneut Interesse aus. Vgl. Anm. 16, Abs. 3 (Aufführung der gesamten Literatur zu dieser Frage).

Neue Monographien erschienen nach der Reinigung der Fresken im Rahmen der Bücher *Die Malerschule* von H. Hallensleben (29—30, 54—56, 121—127, passim), und *Deloto* (22—23, 51—56, 188—190, passim) von P. Miljković-Pepek, welcher die Ansicht vertritt, die Malerei von Hagios Niketas sei allenfalls dem Schaffenskreis um Michael und Eutychios zuzuordnen, sie sei ein Werk der Mitarbeiter der beiden Meister, da sie deren übrigen Werken im Range nachstehe — eine Behauptung, die keinesfalls stichhaltig ist. Ebenda findet sich auch die beste einschlägige graphische und Bilddokumentation, obschon in dieser Hinsicht auch zwei andere Werke Beachtliches bringen, nämlich G. Millet, *La peinture*, III, 1962, XI—XII, XVI, pl. 31—53, und R. Hamann-Mac Lean und H. Hallensleben, 31—32, Plan 26—28, Abb. 221—224.

Zusammen mit anderen Schöpfungen aus der Epoche König Milutins wurden die Fresken von Hagios Niketas auch in mehr generelle Werke zur byzantinischen und serbischen Kunst sowie Bücher für das allgemeine Kunstverständnis einbezogen: G. Millet, *Iconographie*, 392, 482, 633; Nikolovski — Ćornakov — Balabanov, 20—22; S. Radojčić, *Slikarstvo*, 99—102; id., *Geschichte*, 59—60; L. S. Alëšina — N. V. Javorskaja, 36; A. Grabar, *Europe orientale*, 69; J. Beckwith, *Art*, 149; A. Stojaković, *Arhitektonski prostor*, Reg.-S. s. v. Nikita sv.

52.
Die umfassendste Abhandlung zur Malerei der Königskirche erbrachte V. R. Petković in *Studenica*, 59—78, 80. Wertvolle Beobachtungen, vor allem solche in bezug auf den Stil, enthalten auch einschlägige kürzere Texte in anderen Büchern monographischen Charakters, wie etwa *Studenica*, 103—104, A. Vasilić, *Studenica*, Beograd 1960, 29—30, und M. Rajković, *Die Königskirche in Studenica*, Beograd 1964, I—VII (= *Kraljeva crkva u Studenici*, Beograd 1964). Auch im Rahmen zweier speziell das Malerschaffen aus der Epoche König Milutins behandelnder Werke erscheint je eine ausführliche Betrachtung zu diesen Fresken: H. Hallensleben, *Die Malerschule*, 30—31, 56—57, 152—158, passim; P. Miljković-Pepek, *Deloto*, 213—217, passim. Den zweifellos besten Text aber, enthaltend eine glänzende Stilanalyse, schrieb S. Radojčić in *Slikarstvo*, 105—109.

Beiträge zur Ikonographie einzelner Szenen finden sich bei J. D. Stefănescu, 438 (Anbetung des Opfers), 447 (Apostelkommunion), S. Radojčić, *Portreti*, 35—37 (Stifterporträts), J. Lafontaine-Dosogne, *Enfance*, I, 46, 64, 66, 74, 80, 87, 107, 108, 109, 110, 114, 126, 127, 132, 134, 154, 176, 203 (Gottesmutterzyklus), L. Wratislav—Mitrovic et N. Okunev, 152—153 (Koimesis: Beschreibung; Behauptung, die hiesige Darstellung dieser Szene, bei der die

Überführung des sterblichen Leibes der Gottesmutter und deren Begräbnis gezeigt werden, sei die erste ihrer Art innerhalb der byzantinischen Malerei), C. Grozdanov, *Pojava*, 66—67 (Feststellung des Erscheinens Kliments von Ochrid im Rahmen der Wandbilddekoration dieses Gotteshauses), und M. Ćorović-Ljubinković, *Uz problem*, 81, 84 (ikonographische Untersuchung der Darstellung der hll. Simeon und Sava von Serbien und Feststellung, es handle sich dabei um die älteste gemeinsame Wiedergabe der beiden Heiligen; eingehende Betrachtung der besonderen Merkmale im Äußeren des letzteren).

Ihres ausnehmend hohen künstlerischen Gehalts wegen wurden die Fresken der Königskirche in vielen Standardwerken über byzantinische und serbische Kunst, in Kunstlexika und populären Publikationen gebracht: A. Michel, 954; Ch. Diehl, *Manuel*, 819—820, 825—827; id., *Peinture*, 31, 82—83, pl. LIV; M. Kašanin, *L'art*, 27, 72, pl. 38—41; *Spomenici kulture*, 173—175; V. Petković, *Pregled*, 318—320; Ph. Schweinfurth, *Form*, 103; *Srbija*, 235—236; *Kraljevo*, 137—138; V. Molè, 164—166; A. Ammann, 179; Ch. Delvoye, 348; *Vsĕobščaja*, 116—117; K. Papaioannou, 73, 199; Ch. Schug-Wille, 218—219; V. Lazarev, *Storia*, 389; L. S. Alĕšina — N. V. Javorskaja, 41—42; A. Grabar, *Europe orientale*, 66—69; D. Talbot Rice, *Painting*, 112; W. F. Volbach und J. Lafontaine-Dosogne, 144, 273; J. Beckwith, *Art*, 149; S. Radojčić, *Geschichte*, 62—63; A. Stojaković, *Arhitektonski prostor*, Reg.-S. s. v. Studenica — Kraljeva crkva.

Neben den einschlägigen Monographien sind es die nachstehenden Werke, die die beste Dokumentation — Lichtbilder und Zeichnungen — zur Königskirche enthalten: V. R. Petković, *La peinture*, I, 36d—39c; II, 22—23, pl. XLII—XLVI; G. Millet, *La peinture*, III, 1962, pl. 54—70; R. Hamann-Mac Lean und H. Hallensleben, 32—34, Abb. 245—272, Plan 29—30a. Ein Faksimile der Stifterinschrift bringt R. Nikolić, *Natpis s Kraljeve crkve u Studenici*, Saopštenja, IX, 1970, 76—77.

53.

Elementarstudien zur Malerei von Staro Nagoričino finden sich im Rahmen folgender Werke: N. L. Okunjev, *Crkva sv. Đorđa u Starom Nagoričinu*, GSND, V, 1929, 87—120, V. Petković — P. Popović, 3—23, t. VII—XXXIII, H. Hallensleben, *Die Malerschule*, 31—34, 57—60, 110—121, passim, und P. Miljković-Pepek, *Deloto*, 23—24, 56—62, 190—197, passim.

Die wesentlichsten Angaben zur Thematik dieser Fresken, zusammen mit guten Reproduktionen, bringen auch V. Petković, *Pregled*, 204—208, id., *La peinture*, I, pl. 40—43b, II, 23—29, pl. XLVII—LVII, G. Millet, *La peinture*, III, 1962, XI, XII, pl. 71—119, 123—127, sowie R. Hamann-Mac Lean und H. Hallensleben, 34—36, Plan 31—33, Abb. 273—316.

Der ikonographische Reichtum der Wandbilder von Nagoričino wird außerdem in zahlreichen Sonderstudien behandelt: G. Millet, *Iconographie*, 754, s. v. Nagoriča (Texthinweis zur ikonographischen Untersuchung des Festzyklus); id., *Balkans*, 293—294 (zur Ikonographie der Kreuzigungsszene); V. Petković. *Kalendar u starom živopisu srpskom*, Starinar, III ser., 1, 1922, 3—18 (zum Kalenderthema in Staro Nagoričino vgl. auch V. Mošin, *Martovsko datiranje*, Istoriski glasnik, 1—2, Beograd 1951, 47—49, und den von Z. Rasolkoska-Nikolovska verfaßten Überblick *Freski od Kalendarot vo manastirot Treskavec kaj Prilep*, KN, II, 1961, 46—48); J. Myslivec, *Svatý Jiří ve východokřesťanském umění*, Byzantinoslavica, V, Praha 1933—1934, 330—333, passim (zur Ikonographie des St. Georgszyklus); id., *Dvĕ studie*, 55—93, passim (zur Nikolausvita im Diakonikon); J. Lafontaine-Dosogne, *Enfance*, 46, 64, 112, 127, 132, 177, 178, 205 (zur Ikonographie des Marienlebens); G. Babić, *Chapelles*, 136—137 (zur Freskenthematik in Prothesis und Diakonikon); S. Radojčić, *Ruganje Hristu na fresci u Starom Nagoričinu*, Narodna starina, XIV, Zagreb 1939, 3—19 (ausführliche Darlegung zur Szene der Verspottung Christi); id., *Pilatov sud* (ikonographische Abhandlung der Szene vom Prozeß vor Pilatus in der Malerei des 13. und 14. Jahrhunderts im allgemeinen; auf die in Nagoričino vorhandene Wiedergabe dieses Themas wird auf S. 301 ff. eingegangen); id., *Die Reden des Johannes Damaskenos und die Koimesis-Fresken in den Kirchen des Königs Milutin*, Jahrbuch der österreichischen Byzantinistik, 22 (Wien 1973) 305—310 (Zurückführung der komplizierten Ikonographie der Szene vom Tod der Gottesmutter in Nagoričino und der Königskirche auf Textvorlagen in den Reden des berühmten Mönchs); A. Frolow, *L'argent*, 292—307 (der Verfasser läßt sich aufgrund der von ihm gemachten Wahrnehmung, daß das Geld, welches dem Judas in der Szene zum Lohn für seinen Verrat an Jesus ausgezahlt wird, die Form von Griwnen hat — er hat diesen Umstand im Zuge einer numismatischen Untersuchung zum Zahlungsgebrauch dieser Münzen bei den Slaven als ein dem slawischen Alltag entnommenes Detail definiert — zu der Schlußfolgerung verleiten, die hiesigen Maler könnten auch slawischer Herkunft gewesen sein); A. Grabar, *L'art*, II, 861—865 (Unterstellung eines Einflusses der justinianischen Kunst im Rahmen der Darstellung des mit Reliefiguren geschmückten Throns der Gottesmutter in der Apsis); id., *Deux notes sur l'histoire de l'iconostase d'après des monuments de Yougoslavie*, ZRVI, VII, 1961, 17—22 (Erörterung zum Auftauchen von „Pseudoikonen“ im Rahmen des Freskenschmucks der Interkolumnien des Ikonostas als einer Neuerscheinung des frühen 14. Jahrhunderts). Daneben s. noch zur Ikonographie der Gottesmutter Pelagonitissa am Ikonostas von Nagoričino bei N. Bĕljaev, *Obraz' Božjej Materi Pelagonitisy*, Byzantinoslavica, II, 1930, 387—392, und P. Miljković-Pepek, *Motivi*, 20—27.

Spezielle Untersuchungen wurden den in Nagoričino wiedergegebenen Porträts historischer Persönlichkeiten gewidmet: S. Radojčić, *Portreti*, 37—38; V. J. Đurić, *Tri događaja*, 67—76 (zum Ideengehalt der Stifterkomposition); T. Velmans, *Le portrait*, 112—113 (zum selben Thema); D. Milošević, *Srbi svetitelji*, 199—200 (ebendazu); C. Grozdanov, *Pojava*, 68 (Zusammenschau der parallelen Abbildung Kliments von Ochrid, Konstantin Kabasilas und des hl. Sava von Serbien); V. J. Đurić, *L'art des Paléologues et l'Etat serbe*, Art et société à Byzance sous les Paléologues, Venise 1971, 187—188 (zu der an den Fresken von Nagoričino zum Ausdruck kommenden Verquickung religiöser Kulte aus Serbien, Thessalonike, vom Athos und aus Makedonien).

Zu den Malern von Nagoričino vgl. Anm. 16, Abs. 3. Außerdem s. a. G. Millet, *Ecole grecque dans l'architecture byzantine*, Paris 1916, 12—13, fig. 2. In diesem Beitrag stellt der Autor fest, daß neben der Künstlersignatur von Eutychios auch die Jahreszahl 1316/17 erscheint. Im Zusammenhang damit taucht erneut die Frage einer genaueren Bestimmung des Zeitpunkts der letzten Arbeiten an dem Wandschmuck von Nagoričino auf. Eine gesonderte Inschrift in dem Westjoch rückt den Abschluß der Arbeiten in die Jahre 1317/18 (vgl. dazu Lj. Stojanović, *ZN*, I, Nr. 51, und J. Ivanov', 132). Zieht man in Ergänzung dazu die Tatsache in Betracht, daß sich der Heilige, auf dessen Gewand Eutychios signierte, in der unteren Zone des Naos befindet, so ergibt sich als Endphase für die Ausschmückung der unteren Zone von Naos und Westjoch die Spanne zwischen 1316 und 1318, während das Dekorationswerk in den oberen Zonen und im östlichen Teil des Gotteshauses auch früher in Angriff genommen worden sein kann.

Auf die stilistischen und ikonographischen Bezüge zwischen der Malerei von Nagoričino und zu gleicher Zeit entstandenen Fresken in Byzanz richtete neben den Verfassern einschlägiger monographischer Studien auch M. Sotiriou ihr Augenmerk: M. Sotiriou, *'Η μακεδονικὴ σχολὴ καὶ ἡ λεγομένη σχολὴ Μιλουτίν*, Δελτίον τῆς Χριστιανικῆς ἀρχαιογολικῆς ἑταιρείας, περ. Δ', τόμ. Ε', Athènes 1969, 1—25 (geht vorwiegend auf die ikonographischen Parallelen zwischen dem Wandschmuck von Nagoričino und dem der Protaton-Kirche ein).

Mit dem Stil der Fresken von Nagoričino befaßte sich insbesondere S. Radojčić in *Slikarstvo*, 102—105. A. Stojaković, *Arhitektonski prostor*, Reg.-S. s. v. Staro Nagoričino, analysiert die Gestaltungsweise der Bildarchitektur und deren raumschaffende Funktion.

Die Malerei von Nagoričino erhielt auch in allen nur einigermaßen bedeutenden Werken zur byzantinischen Kunstgeschichte einen festen Platz: A. Michel, 952; L. Brehiér, *L'art byzantin*, Paris 1924, 168; Ch. Diehl, *Manuel*, 789, 792, 820—821, passim; id., *Peinture*, 31, 81—82, pl. LII, LIII; Ph. Schweinfurth, *Form*, 103; A. Grabar, *Byzance*, 164, 170; id., *Europe orientale*, 64, 66, 69; P. Muratoff, 149, 151; D. Talbot Rice, *Arte*, 157—158; id., *The Beginnings*, 185; id., *Art*, 204—205; id., *Painting*, 110—112; A. Ammann, 176—178; V. Lazarev, *Storia*, 389; Ch. Delvoye, 347—348; *Vsěobščaja*, 117; *The Cambridge History*, 352; K. Papaioannou, 76, 198; W. F. Volbach und J. Lafontaine-Dosogne, 262, 173; J. Beckwith, *Art*, 149.
Es ist daher nur natürlich, daß sie ebenso in sämtlichen Übersichten über serbische bzw. jugoslawische Kunst sowie auch in der mehr populär ausgerichteten heimischen Literatur erscheint: M. Kašanin, *L'art*, 27; F. Mesesnel, *Srp. spomenici*, 366—368; N. Mavrodinov, *Živopis*, 130—135; V. Molè, 167—168; D. Talbot Rice — S. Radojčić, 22; L. S. Alešina — N. V. Javorskaja, 42; S. Radojčić, *Die Entstehung*, 114—115, passim; id., *Geschichte*, 62; Nikolovski — Ćornakov — Balabanov, 78—80; ES, III, 2—3; EJ, VI, 198; LE, III, 521.

54.
Nachdem die Reinigung der Malerei von Gračanica noch voll im Gange ist, ist diesem Kunstdenkmal eine Monographie bisher versagt geblieben. Die umfassendsten Angaben zur Thematik der Fresken enthalten V. Petković, *La peinture*, II, 29—35, pl. LIX—LXXXI, id., *Pregled*, 74—83, und S. Radojčić, *Gračanica*, Hrišćansko delo, IV/1, Beograd 1938, 24—34. Je ein Abriß des hiesigen Freskenprogramms erscheint auch bei H. Hallensleben, *Die Malerschule*, 34—35, 60—64, 158—160, sowie R. Hamann-Mac Lean und H. Hallensleben, 36—37, Plan 34—36, Abb. 316—345. Die an der Wand des Diakonikons in Freskotechnik festgehaltene Schenkungsurkunde König Milutins publizierte M. Pavlović: *Gračanička povelja*, GSND, III, 1928, 104—141.
Infolge der so lange ausgebliebenen Reinigung der Fresken von Gračanica war deren Zustand für stilistische Untersuchungen denkbar ungeeignet, und so blieb das Augenmerk der Forscher hauptsächlich auf die Ikonographie gerichtet. Unter ikonographischem Aspekt behandelt G. Millet in *Iconographie*, p. 721, s. v. Gračanica, den Evangelienzyklus, bei den ikonographischen Fragen verweilt J. D. Ştefănescu, wenn er auf den Seiten 458, 462, 465, 470—471, 475 und 483 auf Szenen mit liturgischem und allegorischem Gehalt eingeht — insbesondere auf die alttestamentarischen Kompositionen im Altarraum, deren marianische Symbolik er im wesentlichen unberücksichtigt läßt. Ikonographisch ausgerichtet sind auch folgende Beiträge: V. R. Petković, *Premudrost*, 319, 320, wo die Szene „Die Weisheit erbaut sich einen Tempel" beschrieben und als Kommunionssymbol betrachtet, N. Běljaev, *La figuration de „l'Arche d'Alliance" dans la peinture balkanique du XIVe siècle*, L'art byzantin chez les Slaves, I/2, Paris 1930, 315, 323—324, wo neben anderen Darstellungen dieses Themas auch die im Altarraum von Gračanica befindliche behandelt und unter Vernachlässigung ihres eucharistischen Sinngehalts als Präfiguration der Gottesmutter hingestellt, und V. R. Petković, *Jedna slika u Gračanici*, Raška, I, Beograd 1929, 17—19, wo die Szene von der Vision des Petros von Alexandrien besprochen und auf die Freiheit der Wiedergabe des entblößten Körpers eingegangen wird, id. *Iz crkvenog kalendara u živopisu Gračanice*, GSND, XIX, 1938, 79—86, wo sich der Autor hauptsächlich die Definition der Themen des Kalenderzyklus angelegen sein läßt (vgl. auch die einschlägige Abhandlung bei P. Mijović, *Gračanica*, Arheološki pregled, 6, Beograd 1964, 132—133, in der aufgrund erhaltener Spuren gemutmaßt wird, ein Teil dieses Zyklus habe sich in dem ursprünglich vorhandenen und nunmehr zerstörten Exonarthex befunden), L. Wratislav-Mitrovic et N. Okunev, 157—159, passim, wo neben der Form- und Inhaltsdeutung der einzelnen Bilder des dem Tod der Gottesmutter gewidmeten Zyklus die dafür in Betracht zu ziehenden literarischen Quellen zur Sprache kommen — ein Thema dem sich auch S. Radojčić in *Die Reden des Johannes Damaskenos und die Koimesis-Fresken in den Kirchen des Königs Milutin*, Jahrbuch der österreichischen Byzantinistik, 22 (Wien 1973) 310—312, passim, zuwendet, wobei er allerdings zu anderen ikonographischen Lösungen gelangt —, D. Milošević, *Gericht*, 54, passim, wo im Rahmen einer Untersuchung zur Wiedergabe des Jüngsten Gerichts in der byzantinischen Kunst überhaupt die Besonderheiten der Darstellung dieses Motivs in Gračanica ins Blickfeld rücken, P. Mijović, *La personnification de la Mer dans le Jugement dernier à Gračanica*, Χαριστήριον εἰς Ἀναστάσιον Κ. Ὀρλάνδον, IV, Athènes 1967, 208—209, wo die geistigen Ausgangspunkte für diese Darstellung, die den inneren Bezug zwischen dieser und den sie umgebenden Szenen schaffen, in Texten alter serbischer Schriftsteller ermittelt und zugleich antike Parallelen dazu aufgezeigt werden (zu solchen s. a. V. R. Petković, *Neki antički motivi u starom živopisu srpskom*, Strena Buliciana, Zagreb—Split 1924, 474), J. Lafontaine-Dosogne, *Enfance*, 47, 64, 154, 177, 178, 206, 209, wo das Augenmerk auf Szenen des Marienlebens gerichtet ist, und A. Xyngopoulos, *Thessalonique*, 54—57, wo Details in Szenen (Wiedergabe des Alten der Tage in der Taufe Jesu) und Zyklen (Vlies des Gideon) vermerkt werden, zu denen ikonographische Parallelen in Thessalonike vorhanden sind; nicht entgangen ist der Aufmerksamkeit dieses Autors auch die Einmaligkeit der Wiedergabe des thessalonikischen Erzbischofs Eustathios.

Eine Gruppe für sich bilden die Studien zur Herrscherikonographie bzw. zu den Porträts von Zeitgenossen. Die ältesten dieser Beiträge begnügen sich größtenteils mit dem Versuch zu einer Identifizierung oder gar mit einer bloßen Beschreibung der dargestellten Personen — so etwa P. Popović, *Kralj Milutin kao monah na freskama u Gračanici*, Starinar, III ser., IV, 1927, 113—114, und V. Petković, *Lik kralja Milutina kao svetitelja*, PJKIF, VIII, 1928, 107—109 (beide Autoren gehen von der Wiedergabe König Milutins auf dem von ihnen behandelten Fresko aus), id., *Iz živopisa Gračanice*, Istoriski časopis, V, Beograd 1955, 5—6 (nochmaliges Eingehen auf dieselbe Frage), id., *Loza Nemanjića u starom živopisu srpskom*, Narodna starina, V, Zagreb 1926, 100 (bloße Aufzählung der Bildnisse im Rahmen des Nemanjidenstammbaums), und N. L. Okunev, *Portrěty*, 153, 157 (Angaben zu den Porträts; negative Einstellung zu der Annahme, es sei Milutin, der hier als Mönch wiedergegeben ist); hierher zählt auch die Beschreibung der Szene vom Tod des Bischofs Todor bei A. Purković (32—33). Die späteren Arbeiten begreifen in der Regel auch die ikonographische Seite bzw. die gedankliche Aussage der behandelten Porträts mit ein: S. Radojčić unterstellt in seiner Beschreibung der Porträts von Gračanica in *Portreti*, 38—45, bei der er die neben Königin Jelena gezeigte Gestalt in Mönchsgewandung, ungeachtet des sich solchermaßen ergebenden Widerspruchs zu der danebenstehenden Inschrift, als Darstellung Urošs I., und nicht Milutins, definiert, das Vorbild für den Nemanjidenstammbaum sei in der Wurzel Jesse zu suchen; Dj. Bošković, *Deux „couronnes de vie" à Gračanica*, SK, XI, 1940, 63—64, hat sich die Deutung der symbolischen Investitur König Milutins und Königin Simonis' zum Ziel gesetzt, irrt sich dabei allerdings in der Annahme, den beiden würde hier, wie dies im Alten Testament und in der Offenbarung des Johannes von den Gerechten gesagt wird, die „Krone des Lebens" zuteil; M. Ćorović-Ljubinković bringt in *Uz problem*, 79, ergiebige Hinweise zur Ikonographie der Porträts und des Nemanjidenstammbaums; P. Mijović schafft in *Carska ikonografija*, 104—107, einen Bezug zwischen dem Bildnis König Milutins und der Wiedergabe Christi als Weltenrichter beim Jüngsten Gericht; V. J. Đurić, *Ist. kompozicije*, III, ZRVI, XI, 1968, 107—108, passim, geht auf die Ikonographie der Darstellung des Begräbnisses Bischof Todors ein; T. Velmans, *Le portrait*, 107, 111, passim, kommt im Rahmen einer Betrachtung zur Porträttypologie in Byzanz unter der Herrschaft der Palaiologen auch auf die typologischen Merkmale der Porträts von Gračanica zu sprechen; eine Zusammenfassung der zu letzteren vorerst gewonnenen Forschungsergebnisse bringt D. Milošević in *Srbi svetitelji*, 200—204 und rundet sie mit neuem klärendem Textmaterial ab.

Gering ist die Zahl der Autoren, die sich halbwegs eingehend mit dem Stil der Fresken von Gračanica befaßt haben. Besonders gründlich ging in dieser Hinsicht S. Radojčić vor: S. Radojčić, *Freske u Milutinovim zadužbinama*, Umetnički pregled, II, 7, Beograd 1939, 202—207; *Gračanica i Dečani*, ibid., III, 4—5, 1940, 130—133; *Slikarstvo*, 112—120 (das Beste, was über die Fresken von Gračanica geschrieben wurde). G. Subotić verweilt in seiner Darlegung zur stilistischen Einheit von Malerei und Literatur zu Beginn des 14. Jahrhunderts im Rahmen der Studie *Teodosijeva žitija i srpski živopis Milutinovog doba*, Stara srpska književnost, priredio Đ. Trifunović, Beograd 1965, 368—373, besonders ausführlich bei Beispielen aus der Königskirche und Gračanica. Solche bringt auch A. Stojaković in *Arhitektonski prostor*, 132, 138, 140, 146, 157, 190, 194, 197, 199, 200, 203, passim, wenn sie darin die außerordentliche Bedeutung der Bildarchitektur für die Erzielung der Raumillusion aufzeigt.

Ausführungen zur Malerei von Gračanica bringen auch einige Kleinbände über das Kloster als solches — so J. Popović, *Manastir Gračanica*, Beograd 1927, Đ. Bošković, *Gračanica*, Beograd o. D., und D. Milošević, *Gračanica*, izd. Turističkog saveza Srbije i „Turističke štampe", Beograd 1960. Das gleiche gilt für Bücher wie *Spomenici kulture*, 239—241, *Kosovo*, 418—419, und Enzyklo pädien: ES, I, 512; EJ, III, 1958, 524—525; LE, II, 1962, 434—435; *Reallexikon zur byzantinischen Kunst*, II, 893—911.

Gleich den anderen großen Kunstdenkmälern der Epoche König Milutins wird die Wandmalerei von Gračanica in den meisten größeren Handbüchern zur byzantinischen und jugoslawischen Kunst erwähnt A. Michel, 952; N. L. Okuněv', *Stěnopisi*, 6, 11—14, 15—16, 19, 30; Ch. Diehl, *Manuel*, II, 789, 821, 824, 825, 827, 837, 858; id., *Peinture*, 31; P. Muratoff, 149—150, 151; M. Kašanin, *L'art*, 28, 73—74; F. Mesesnel, *Srp. spomenici*, 368—371; N. Mavrodinov, *Živopis*, 140—142; A. Grabar, *La peinture*, 151—152; id., *Byzance*, 164, 174; id., *Europe orientale*, 64, 66, 69; D. Talbot Rice — S. Radojčić, 11, 23—25; D. Talbot Rice, *Arte*, 157; id., *The Beginnings*, 186; id., *Art*, 209—211; id., *Painting*, 112; A. Amann, 176, 179—180; V. Lazarev, *Storia*, 389—390; *Vsěobščaja*, 117; S. Radojčić, *La pittura*, 310—311, 314—315; id., *Geschichte*, 64—65; id., *Slikarstvo u Srbiji*, 104—105; id., *Die Entstehung*, 114, passim; V. Molè, 167—168; H. Stern, 74—75; *The Cambridge History*, 352; Ch. Delvoye, 348; W. F. Volbach und J. Lafontaine-Dosogne, 146; Ch. Schug-Wille, 219—223; J. Beckwith, *Art*, 149.

Die 1963 in Angriff genommenen und bis 1971 im wesentlichen abgeschlossenen Arbeiten im Zuge der baulichen Konservierung und archäologischen Erforschung von Gračanica brachten wertvolle Beiträge zur zeitlichen Einordnung der Malerei, insbesondere der kleineren Schaffenszyklen innerhalb des Dekorationswerks aus Milutins und der unmittelbar auf seinen Tod folgenden Zeit (Teile des Kalenders im Exonarthex, Fresko-Niederschrift der Milutinschen Striftungsurkunde, Nemanjidenstammbaum, monastische Porträts König Milutins und Königin Jelenas usw.): B. Vulović, *Manastir Gračanica*, SKM, IV—V, 1968—1971, 169—170; P. Mijović, *O hronologiji gračaničkih fresaka*, ibid. 179—193 (Abhandlung der einschlägigen Probleme in Zusammenschau mit der gesamten älteren Literatur).

Was schließlich die Maler von Gračanica anbelangt, bei denen die meisten Autoren unterstellen, es handle sich um Michael und Eutychios oder ihnen sehr nahe stehende Meister, so muß mit Nachdruck darauf hingewiesen werden, daß bereits die als erste gereinigten Freskenpartien in Altarraum, Prothesis, Diakonikon, Kuppel und Kuppelraum erkennen lassen, daß hier eine Vielzahl von Künstlern mit recht unterschiedlichen Fähigkeiten zu Werk ging. Fest steht, daß die besten unter ihnen an den repräsentativsten Wandflächen des Gotteshauses tätig waren. Im südlichen Kreuzarm befindliche Kompositionen wie etwa die Auferweckung des Lazarus, die Beweinung Christi und einige weitere dürfen bereits jetzt mit Sicherheit Michael und Eutychios zugeschrieben werden, während beispielsweise die Hochzeit zu Kana, die Koimesis oder die Höllenfahrt von anderen, in ihrer Schaffensweise etwas divergierenden und jedenfalls schwächeren Meistern stammen. Ein endgültiges Urteil über die Rolle der beiden prominentesten unter den Schöpfern dieses Dekorationswerks abzugeben, hieße vor Abschluß der Reinigungsarbeiten vorschnell handeln. Völlig willkürlich ist auch die Lesart einer einstweilen undefinierbaren Zierinschrift auf dem Gewand einer der dargestellten Gestalten als Signatur eines Malers namens Zacharias (vgl. P. Miljković-Pepek, *Podatoci*, 163—164, sl. 5; id., *Deloto*, 234).

55.

Der Wandschmuck von Chilandar ist größtenteils noch durch den Verputz vom Beginn des 19. Jahrhunderts verdeckt. Einschlägige Beschreibungen, die ungeachtet ihrer Unvollständikeit von Belang sind, finden sich bei P. Uspěnskij, *Pěrvoje putěšestvije v' afonskije monastyri i skity*, II, Kijev' 1877, 25—28, sowie V. Petković, *La peinture*, II, 18—19, und id., *Pregled*, 338—340. Lichtbildaufnahmen veröffentlichte G. Millet: *Monuments de l'Athos*, Paris 1927, 61, pl. 59—80. Immerhin waren in gewissem Umfang auch ikonographische Analysen möglich: etwa bei G. Millet, *Iconographie*, 32, 96, 184, 209, 214, 421, 500, 656, 658, 659 (zu den Festtagsbildern), und M. Ćorović-Ljubinković, *Odraz*, 53 (zum Auftreten des hl. Stephan innerhalb der Stifterkomposition als einer Ausnahmeerscheinung im 14. Jahrhundert, der Zeit, da die Bedeutung dieses Heiligen als Schirmherr des serbischen Staates immer hinfälliger wurde; Milutin, dem das Verdienst um diese Darstellung von ihm gebührt, fand noch preisende Worte für ihn und weihte ihm Banjska, seine Grabkirche). Der erste, der auf die nicht übermalten Reste dieser Fresken hinwies, war S. Radojčić: *Chilandar*, 180. Eine eigene Studie widmete ihnen V. J. Đurić, *Chilandar*, 71—83, fig. 17—31, der auch einige neuentdeckte Bilder veröffentlichte und dieses ganze Dekorationswerk, ebenso wie die Malereien von Hagios Nikolaos Orphanos in Thessalonike, Georgios Kalierghis addizierte, dem Schöpfer des Wandschmucks der Erlöserkirche von Berrhoia (ebenda: sonstige ältere Literatur).

Die Unterstellung der Urheberschaft Kalierghis' bei der alten Malerei von Chilandar stieß auf den Widerstand von P. Miljković-Pepek — *Denešnite možnosti za odreduvanje na avtorite na freskite vo glavnata manastirska crkva na Hilandar*, Glasnik na Institutot za nacionalna istorija, X/2—3, Skopje 1966, 203—218; *Deloto*, 230—233 —, der sich auf keine klare Attribution einläßt, jedoch für eine locker begriffene Hinordnung zur Werkstatt von Michael und Eutychios argumentiert. Dagegen aber nun spricht die einwandfrei feststehende Tatsache, daß die Malerei von Chilandar in bezug auf Farbgebung, Künstlerhandschrift und Sujetrealisierung mit der Tätigkeit der beiden Meister selbst überhaupt nichts gemein hat. Die Möglichkeit des Kalierghisschen Wirkens in Chilandar zieht auch S. Radojčić in Betracht: S. Radojčić, *Slikarstvo*, 127—128. M. Sotiriou, *'Η μακεδονικὴ σχολὴ καὶ ἡ λεγομένη σχολὴ Μιλουτίν*' Δελτίον τῆς Χριστιανικῆς ἀρχαιολογικῆς ἑταιρείας, περ. Δ', τόμ. Ε', Athènes 1969, 17—18, 23, stellt einerseits wohl Unterschiede zwischen den Fresken von Chilandar und den aus der Werkstatt König Milutins hervorgegangenen Schöpfungen fest, sieht andererseits aber im Athos das neben Thessalonike wichtigste Impulszentrum für die Malerei Serbiens. Zustimmung findet die Annahme, die Wandbilder von Chilandar und Hagios Nikolaos Orphanos seien Werke Kalierghis' und seiner Werkstatt, bei S. Pelikanidis, *Καλλιέργις*, Athènes 1973, 112—121, der eine ganze Reihe neuer Beweisargumente anführt.

Gegenwärtig wird die Reinigung des Freskenschmucks der Hauptkirche von Chilandar durchgeführt, und so befindet sich die alte Malerei einstweilen noch im Entdeckungsstadium: M. Michaelidis, *Nouveaux documents sur la peinture de deux monuments de la Macédoine*, Athens Annals of Archeology, IV/3, 1971, 341—346 (zu der gereinigten Darstellung Mariä Tempelgang im Südchor).

56.
Das Reinigungswerk an der Malerei hier erfolgte im wesentlichen zwischen 1955 und 1960; in der Folge kamen allerdings noch einige Ergänzungsarbeiten hinzu: vgl. Starine Crne Gore, I, Cetinje 1963, 168. Bis dahin war lediglich das beschädigte Stifterbild bekannt, zu dem einige (in den Zeitangaben voneinander abweichende) Datierungsversuche unternommen wurden: G. MILLET, *Rascie*, 150 (zweite Hälfte des 14. Jahrhunderts); A. SOLOVJEV, *Les emblèmes de Byzance et les Slaves*, SK, VII, 1935, 138 (Anbruch des 13. Jahrhunderts als späteste Grenze); J. KOVAČEVIĆ, *Nošnja*, 28—29 (12./13. Jahrhundert). Zwei grundlegende einschlägige Studien — R. LJUBINKOVIĆ, *Humsko eparhijsko vlastelinstvo i crkva svetoga Petra u Bijelom Polju*, Starinar, n. s. IX—X, 1959, 114—123, und S. RADOJČIĆ, *Slikarstvo*, 110—112 — erschienen nach der Reinigung.
R. Ljubinković zieht eine Trennlinie zwischen der Malerei in Schiff und Narthex: seiner Ansicht nach wurde dieser in der zweiten Hälfte des 13. Jahrhunderts (zwischen 1264 und 1305), jenes aber zu Beginn des 14. Jahrhunderts ausgemalt. Demgegenüber steht fest, daß das Dekorationswerk in einem Zug, u. zwar um 1320 herum, entstanden ist. Die Schwächen der sich auf die Gestaltungsmerkmale bei den Gewändern der im Narthex abgebildeten Kirchenfürsten stützenden Altersbestimmung der dortigen Fresken hat C. GROZDANOV in *Prilozi*, 204—205, aufgedeckt. S. Radojčić konzentrierte seine Forschungen ausschließlich auf den Wandschmuck des Naos (vgl. auch id., *Geschichte*, 63—64). P. MIJOVIĆ, *Poslednji sloj fresaka u Sv. Petru u Bijelom Polju*, Istorija Crne Gore, II/1, Titograd 1970, 260—262, schließt sich in puncto Datierung der Ansicht R. Ljubinkovićs (ebenfalls Ansetzung des Entstehungszeitraums der Fresken im Naos mit der Spanne zwischen 1318 und 1321), hinsichtlich der ikonographischen Analyse hingegen den Ausführungen S. Radojčićs an.

Im Rahmen der diesbezüglichen Darlegungen wandte sich S. Radojčić vornehmlich den Szenenbildern zu, und dabei wiederum galt sein spezielles Augenmerk der Erscheinung des neben den Aposteln in Wolken schwebenden Engels in der Verklärungs- sowie der ungewöhnlich gestalten oberen Partie der Himmelfahrtsszene, in welcher der von einer Mandorla umgebene Christus von Engeln in die Höhe getragen wird, wo der Alte der Tage, auf einem Thron sitzend, neben dem die Hetoimasia wiedergegeben ist, seiner harrt; zwischen Christus und dem Alten der Tage schwebt der Heilige Geist in Gestalt einer Taube, und links und rechts des Kreises, von dem der Alte der Tage und die Hetoimasia umschlossen sind, stehen von Seraphim bewachte offene Tore. Diese bemerkenswerte Wiedergabe des Themas der Himmelfahrt Christi nun erklärte Radojčić mit dem Einfluß der zu diesem Fest verfaßten Predigt eines russischen Schriftstellers religiöser Observanz vom Ende des 12. Jahrhunderts, Kirill von Turovs, derzufolge die Engel Christus nicht erkannten und die Tore erst dann öffneten, als er sich ihnen zu erkennen gab: so sei er von seinem himmlischen Vater selbst empfangen worden. In der Tat: Text und Bild stimmen in vollkommener Weise miteinander überein — doch bleibt die Frage offen, ob die im Serbien des 14. Jahrhunderts lebenden Maler die Predigt eines Kirill von Turov gekannt und das bewußte Motiv nicht vielleicht einer anderen, ihnen eher zugänglichen Quelle entnommen haben. Dieselbe Legende nämlich beinhaltet auch das Streitgespräch des hl. Justinus mit dem Juden Trifun; und die Annahme, daß Kirill von Turov seinerseits ebenfalls das Werk des älteren, angeseheneren byzantinischen Autors als Vorlage benutzt hat, liegt auf der Hand (zum hl. Justinus und seinen Werken vgl. B. ALTANER, *Patrologie, Leben, Schriften und Lehre der Kirchenvater*, Freiburg—Basel—Wien 1963, 96—101). Allerdings dürfte es nicht der Inhalt der bewußten Schrift des hl. Justinus selbst gewesen sein, den die Maler bei ihrem Schaffen vor Augen hatten, sondern wohl eher der symbolische Gehalt gewisser liturgischer Riten, die auf seine, in weiteren Kreisen bekannte Lehren zurückgehen. Kommt doch beispielsweise in der vom Erzpriester vorgenommenen Zeremonie der Kirchenweihe dasselbe Gleichnis vor: nach der Prozession mit dem Kreuz um das Gotteshaus herum wird, sobald die Sänger darin eingetreten sind, die Kirchentür geschlossen, während der Erzpriester und der Diakon außen stehenbleiben, woraufhin sich bei geschlossener Tür ein Zwiegesang entspinnt, in dem in der bei dem hl. Justinus und Kirill von Turov geschilderten Weise auf den bewußten Augenblick der Himmelfahrt Christi angespielt wird (vgl. L. MIRKOVIĆ, *Pravoslavna liturgika*, II, Beograd 1926, 213—214). So hat hier — wie in so vielen anderen Fällen in der Epoche König Milutins — gottesdienstliches Brauchtum entscheidend auf die Bildikonographie eingewirkt.

57.
Die Veröffentlichung dieser Fresken besorgte V. J. ĐURIĆ: *Nepoznati spomenici srednjovekovnog slikarstva u Metohiji*, SKM, II—III, 1963, 61—67. Vgl. auch C. GROZDANOV, *Pojava*, 67 (Interpretation der in Mušutište vorhandenen Darstellung des hl. Klemens als solcher Kliments von Ochrid), sowie S. RADOJČIĆ, *Slikarstvo*, 120 (verfrüht angesetzte Datierung in die Jahre 1314/15, in die der Bau der Kirche fällt).

58.
Die Fresken von Kučevište sind, wiewohl bereits 1956 unter der im 19. Jahrhundert vorgenommenen Übertünchung freigelegt, noch nicht recht eigentlich veröffentlicht worden. Ein Bericht über die ersten Ergebnisse erscheint bei NIKOLOVSKI — ĆORNAKOV — BALABANOV, 24—27; die Autoren begingen allerdings so manchen Fehler, was die geschichtlichen Angaben anbelangt; so entstand die Malerei ihnenzufolge kurz vor 1348, dem Jahr, in dem die Kirche dem kaiserlichen Kloster zu den hl. Erzengeln in Besitz gegeben wurde; einige Zeit danach sei dann durch das Verdienst des Herzogs Vladislav (!) und der Herzogin Vladislava der Narthex erbaut und ausgemalt worden.
Doch die für die Datierung von Errichtung und Innenausgestaltung des Gotteshauses in Frage kommenden Quellen wissen es anders. In der 1348 erteilten Gründungsurkunde des Erzengelklosters (S. NOVAKOVIĆ, *Zakonski spomenici srpskih država srednjega veka*, Beograd 1912, 690) heißt es: „Und dazu spendet mein Reich kraft des Wunsches meines geliebten Reichsfürsten und Gauherrn Radoslav meiner Reichskirche zu den heiligen Erzengeln das Dorf Kučevište mitsamt der Kirche der heiligen Gottesmutter . . . und mit allen Rechten, alldieweil dies in dem Stiftungschrysobull von Kučevište aufgezeichnet ist, welch selbiges der Vater meines Reiches, seine Majestät der König, niedergelegt hat". Demgemäß fand der Bau der Kirche während der Herrschaftszeit Stefans von Dečani (1321—1331) statt; denn zu dieser Zeit wurde ihr die ihre Rechte begründende Urkunde verliehen. Über dem Südportal ist ein Teil der in Fresko-Technik ausgeführten Stifterinschrift folgenden Wortlauts erhaltengeblieben: „(СЪЗД)А СЕ Н ПОПНСА СЕ ХРАМЬ ПРѢБЛАГОС(ЛОВЕ)НОН БЦЕ Н . . . С МУКО(МЬ) Н СТНЦ(АНІѤМЬ КТН) ТОРН СВЕМ АСЕНЕ Н РАДОСЛАВЬ Н ВЛАДНСЛАВ(А) Н СВН. . ." Radoslav also ist es, der hier zusammen mit Asene und Vladislava, möglicherweise einem Bruder und einer Schwester von ihm, erwähnt wird — freilich ohne den Gaufürstentitel, mit dem er in der Urkunde von 1348 erscheint, in der er als alleiniger Inhaber des Stifterrechts aufgeführt ist. Der Zeitraum zwischen der Ausmalung des Gotteshauses und dem Jahr 1348 scheint also für die Stifterfamilie recht ereignisreich verlaufen zu sein: Radoslav ist zum Gaufürsten aufgerückt, Asene und Vladislava hingegen sind nicht mehr oder leben zumindest nicht mehr mit Radoslav in einer Gemeinschaft.
Weitere Auskunft über die Angehörigen des Gaufürsten Radoslav erteilt der Freskenschmuck in den Räumen des an die ursprüngliche Kirche angebauten Westteils. Neben den hier abgebildeten Stiftern stehen folgende Namensinschriften: ВОЕВОДА ДЕАНЬ und ВОЕВОДНЦ(А) ВЛАДНСА(ВА). Der Herzog trägt einen Kranz, die Herzogin eine hohe Krone auf dem Haupt. Nicht erhalten sind die Inschriften zu dem daneben dargestellten Herrscherpaar; bei der Frauengestalt ist außerdem der Kopf beschädigt, während der Herrscher noch gut erkennbar ist: er wirkt jung und trägt einen

ziemlich kurzen Bart. Die Wiedergabe eines Kindes fehlt. Im Hinblick auf den Zeitpunkt des Kirchenbaus kann es sich hier nur um ein Bildnis des jungen Königs Dušan und seiner königlichen Gemahlin Jelena handeln, das vor 1337 zustandekam, d. h. vor dem Geburtsjahr ihres Sohns Uroš, der in der Folge stets mit ihnen zusammen erscheint. Auf die herzogliche Familie bezogen ist auch die im Rahmen der alten Malerei außen über dem Südportal angebrachte Inschrift, die da lautet: ПРНМН ГДН МОЛ(ЕNНѤ) РАБЕ СВО(Ѥ) ВЛАДНС(АВЕ) Н ЧЕДА Е... НОВАNА Н ДМНТРА. БГ ДА НХ ПОМЕNЕ В ЦАРСТВЕ СВОЕМ(Ь). Die Herzogin Vladislava muß sich also, wie ersichtlich, innerhalb des Zeitabschnitts von ihrer Erwähnung in der Stifterinschrift über dem Südportal, in der ihr Name noch ohne Titelzusatz erscheint, bis zu ihrer Abbildung im westlichen Kirchenanbau im Jahre 1337 vermählt und drei Kinder geboren haben. Porträts und Inschriften sind es auch, die im Verein mit den unterschiedlichen Stilmerkmalen das Auseinanderhalten der aus der Zeit Stefans von Dečani stammenden Malerei des Naos und der in der Epoche König Dušans entstandenen im Westgebäude ermöglicht. Über die Familie des Gaufürsten Radoslav und dessen Anverwandte gibt es keine Angaben außer diesen hier.

P. Miljković-Pepek — *Podatoci*, 164—165 — hat, sofern eine derartige Entzifferung der ziemlich unklar ineinanderverschlungenen Lettern der betreffenden Inschrift als unfehlbar gelten kann, neben der seitwärts vom Ikonostas wiedergegebenen Gestalt Christi die Signatur eines Malers namens Gregorios entdeckt. Wie schon die eingangs erwähnten Autoren vertritt auch Miljković-Pepek die Annahme, die Meister von Kučevište seien Mitarbeiter von Michael und Eutychios gewesen, mit denen sie technische, ikonographische und stilistische Merkmale gemein haben.

G. Babić bringt in *Chapelles*, 138, eine Themenaufzählung zur Malerei der Prothesis, die neben den Darstellungen heiliger Bischöfe auch Szenen aus dem Marienleben beinhaltet, sowie des Diakonikons, welches den Einzelgestalten von Heiligen, und darunter insbesondere wieder Bischöfen, vorbehalten ist.

In bezug auf Thematik und Stil ist es S. Radojčić — S. Radojčić, *Slikarstvo*, 128—130 —, der, ohne dabei auf Datierungsfragen einzugehen, die meisten Angaben zu diesen Fresken bringt. Freilich: was den Stil anbelangt, so führt er als ausgeprägteste Parallele die Wandmalereien der kastorianischen Kirche Hagios Nikolaos tou Kiritzi an, die in Wirklichkeit keinerlei Ähnlichkeit mit denen von Kučevište haben: mit aller Wahrscheinlichkeit aus dem siebten Jahrzehnt des 14. Jahrhunderts stammend, besitzen sie allenfalls noch ein annäherndes Gegenstück in dem 1364/65 von Bischof Gregorios von Devolli in der Gregorios-Kapelle der Peribleptos-Kirche von Ochrid geschaffenen Dekorationswerk.

59.

Die ersten Angaben zu dem Porträt König Dušans in Treskavac erschienen bei Antonin', 335—336, P. N. Miljukov', *Drěvnosti*, 111, 113—116 (Veröffentlichung der Inschrift; Annahme, das Bild stelle König Milutin dar; erste, freilich noch unvollständige Beschreibung der Fresken), und J. Ivanov', 67 (ebenfalls Bekanntgabe der Inschrift und ebenfalls Fehlidentifizierung des dargestellten Herrschers als König Milutin). Erst B. Babić brachte mehr Licht in die Frage der Datierung der ältesten Malerei hier. In Erwägung des Umstands, daß Dušan hier mit dem Königstitel erscheint, setzte er den Entstehungszeitraum der Malerei sehr richtig mit der Spanne zwischen 1334 und 1343 an. Zu seinen Untersuchungsergebnissen siehe im einzelnen B. Babić, *Koj je bil i koga ktitor na živopisot na egzonarteksot vo crkvata sv. Uspenie Bogorodičino vo manastirot Treskavec*, Stremež, 4, Prilep 1961, 48—51 (erneute Darlegung der Inschrift. Aufführung der gesamten älteren Literatur und Vornahme der für die Datierung unerläßlichen Analyse), *Živopisot od egzonarteksot na crkvata na manastirot Treskavec*, ibid., 52—60 (Themenbeschreibung zur gesamten Malerei im Narthex), und *Na marginama istorije manastira Treskavca*, ZLU, 1, 1965, 23—24 (weitere Erhärtung der erbrachten Ergebnisse durch archäologische Beweise; Einordnung der neben dem südlichen Kircheneingang wiedergegebenen Gestalten des Ananias, Azarias, Saulus und Michael in die alte Freskengruppe). Des weiteren vgl. Z. Rasolkoska-Nikolovska, *Freski od Kalendarot vo manastirot Treskavec kaj Prilep*, KN, II, 1961, 45—60 (exakte Definition der Kalenderszenen und der zugehörigen Inschriften; Feststellung gewisser ikonographischer Ähnlichkeiten mit dem Kalender von Nagoričino); P. Mijović, *Computation byzantine dans les Ménologues*, Bulletin de l'Académie serbe des sciences et des arts, XXVIII, Section des sciences sociales, 8, Beograd 1961, 21—25 (ebenfalls zum hiesigen Kalenderzyklus); S. Radojčić, *Korreferat zu O. Demus, Die Entstehung des Paläologenstils in der Malerei*, Berichte zum XI. Internationalen Byzantinisten-Kongreß, München 1958, 29 (Darlegung der Tatsache, daß die im Rahmen des hiesigen Kalenders erscheinenden Texte recht besehen Distichen des Dichters Christophoros von Mytilene sind); id., *Slikarstvo*, 153—155 (Zurückführung der Darstellung in der nördlichen Narthexkuppel auf Psalm 45 (44) sowie einen Text des Pseudo-Dionysios Aeropagita über die himmlische Hierarchie); P. Mijović, *Carska ikonografija*, 107—113 — s. dazu id. in Glasnik SANU, XIII/1, 80—81 (Argumentation zugunsten eines über den bewußten konkreten Bezug zum Wortlaut des 9. Verses von Psalm 45 (44) hinausgehenden Abhängigkeitsverhältnisses zwischen dem Narthexfreskenschmuck als Ganzem und dem Gesamttext dieses Psalms; Ausführungen zu der Tatsache, daß auch die um 1320 entstandenen Kalenderillustrationen im thessalonikischen Hagios Nikolaos Orphanos von Versen des Christophoros von Mytilene begleitet werden). Zur Authenzität der Adeligengewänder, welche die sich um das durch Christus und die Gottesmutter verkörperte Kaiserpaar scharenden Märtyrer tragen, sowie zu der im Byzanz des 14. Jahrhunderts wirklich vorhandenen Bedeutung der Stäbe, die sie in ihren Händen halten, als Zeichen für bestimmte höfische Rangstufen laut Pseudo-Kodin, vgl. V. J. Đurić, *La peinture murale de Resava*, 288—289.

Zur Ikonographie der Darstellung Christi und der Gottesmutter als Kaiser und Kaiserin in der byzantinischen Malerei — freilich ohne Anführung des Beispiels von Treskavac — vgl. G. Millet, *Byzance et non l'Orient*, Revue archéologique, XI, 1908, 180—181 (Erklärung dieser Erscheinung mit dem Einfluß eines Traktats von Gregorios Palamas), und V. N. Lazarev, *Kovalěvskaja*, 256—260 (Aufführung anderweitiger Beispiele für diese Darstellungsweise in Makedonien sowie im Münchner Psalter; Erklärung dazu, bei der Prophetentexte, Psalm 45 (44) und die Schlußworte der Proskomidie, in denen es heißt „Die Königin hielt sich zu Deiner Rechten", wo also vom Christkönig und der königlichen Gottesmutter die Rede ist, als Ausgangspunkt dienen). Dazu vgl. auch Anmerkung 105 in *Ispi*diesem Buch.

Die Reinigungs- und Konservierungsarbeiten an der Malerei von Treskavac sind noch nicht endgültig abgeschlossen — noch immer gibt es vermörtelte, zugemauerte und verputzte Stellen, unter denen sich alte Fresken verbergen: D. Ćornakov — S. Spirovski, *Ispituvački raboti vo manastirot Treskavec*, KN, I, 1959, 49—50.

60.

Dečani besitzt eine umfangreiche Monographie: V. R. Petković — Đ. Bošković, *Manastir Dečani*, I—II, Beograd 1941. Der von ersterem Autor verfaßte Text über die Fresken dieser Kirche erscheint — ebenso wie die vollständigste graphische Erfassung des Dekorationsprogramms (pl. LXXIII—CCCI) — im zweiten Band dieses Werks. V. R. Petković befaßte sich viele Jahre lang mit der Erforschung von Dečani und veröffentlichte eine ganze Reihe kleinerer Artikel und Studien, die vorwiegend der Ikonographie einzelner Szenen und Zyklen sowie der Porträtikonographie gewidmet sind: *„Loza Nemanjića" u starom živopisu srpskom*, Narodna starina, 5, Zagreb 1926, 97—98 (umfaßt lediglich eine Aufzählung der dargestellten Personen); *Princesa iz Dečana*, Pravda, 6—8 Januar, Beograd 1926, 17 (zur Gestalt einer unbekannten Prinzessin in der Stifterkomposition im Schiff); *Portre jednog vlastelina u Dečanima*, PJKIF, XIII, 1933, 95—100 (zu einer der Gestalten im

Narthex; Definition derselben — vorgenommen aufgrund einer Zusammenschau zwischen einem Teil der Freskeninschrift und der Namensinschrift auf einem Grab — als Bildnis des 1377 gestorbenen Đorđe Ostouša Pećpal; Annahme von der Zugehörigkeit desselben zu den Stiftern des Wandschmucks von Dečani); *Premudrost*, 319, 320—321 (Darstellung eines aus vier Szenen bestehenden Zyklus, der Themen der Salomonschen Spruchsammlung gewidmet ist; Unterstellung liturgischen Einflusses beim Zustandekommen dieser Bilder); *Ciklus slika iz legende Sv. Đorđa u Dečanima*, Starinar, III ser., V, 1930, 7—11 (lediglich eine Beschreibung der Georgsvita); *Jedan ciklus slika iz Dečana*, GSND, VII—VIII, 1930, 83—88 (Beschreibung des Zyklus zur Apostelgeschichte und Annahme eines bei diesem Werk ungeachtet seiner spezifischen Prägung vorhandenen Schaffenseinflusses aus dem Westen); *Parabola o deset devojaka u staroj srpskoj umetnosti*, Raška, I, Beograd 1929, 23—27 (zur Wiedergabe des Gleichnisses von den zehn Jungfrauen in Dečani und Lesnovo; Unterstellung eines gewissen Seltenheitswerts dieser Bilder und Registrierung von Parallelen in der romanischen und gotischen Kunst); *Die „Genesis" in der Kirche zu Dečani*, Actes du IVe Congrès international des études byzantines, Sofia 1936, 48—56 (Beschreibung und Folgerung vom Vorhandensein westlichen Einflusses). Neue Verzeichnisse der Zyklen und Einzelthemen von Dečani stellte Petković schließlich in *La peinture*, II, 41—47, pl. CXXVIII—CXLIII, und *Pregled*, 92—98, auf. Im Gesamtergebnis liefen seine Untersuchungen auf die Feststellung hinaus, die Fresken von Dečani seien von heimischen Meistern nach byzantinischen Vorbildern in italienischer Spielart geschaffen worden. Von den im Rahmen seiner ikonographischen Analyse zugunsten dieser These erbrachten Beweisen sind durch die Entdeckung seinerzeit noch nicht bekannter Denkmäler der byzantinischen Malerei mit analogen Merkmalen viele hinfällig geworden.

Unterstützung für seine Schlußfolgerungen fand Petković in Entdeckungen und Forschungsergebnissen seiner Fachweltzeitgenossen. Đ. Mano-Zisi, *Jedan zapis kapitela iz Dečana — ispod freskoslike Začeća Kaina*, Starinar, III ser., V, 1930, 185—193, entdeckte die Signatur des Malers Srđo, dem er aufgrund der Namensform küstenländische Herkunft unterstellt. V. Ćorović, *Mali prilozi*, ibid., 39—40, wies auf archivalische Quellen hin, in denen in Kotor tätige griechische Maler und die von diesen durchgeführte, zeitlich mit dem Bau von Dečani zusammentreffende Ausschmückung der dortigen Kathedrale erwähnt sind. L. Mirković, *Presveta Bogorodica Milostiva (Jeleusa) u Dečanima*, ibid., VII, 1932, 3—4, machte in seiner Veröffentlichung der Fresken in der Nische über dem Eingang zum Diakonikon geltend, daß Christus hier barfüßig dargestellt ist — ein Detail, welches zu der Zeit, da Mirković seinen Beitrag schrieb, als westliches Element angesehen wurde, woraus sich die Schlußfolgerung ergab, es handle sich hier um ein unter dem Einfluß der italo-kretischen Kunst entstandenes Werk.

Die These von der gewichtigen Rolle des Westens in bezug auf Ikonographie und Stil der Fresken von Dečani fand eine weitere Bekräftigung in einer beträchtlichen Anzahl von Arbeiten von S. Radojčić: *Portreti*, 51—55, 57—59 (hier gelangt der Autor neben einer ausschließlich auf die Herrscherporträts bezogenen thematisch--ikonographischen Abhandlung auf S. 40—43 zu dem Schluß, daß der Ursprung und das Erscheinungsbild des Nemanjidenstammbaums „zu dem damaligen Kunstschaffen des Abendlands in Bezug gesetzt werden müssen"); *Gračanica—Dečani*, Umetnički pregled, 4—5, Beograd, 1940, 132—133 (Feststellung romanischer und gotischer Züge in der Art der Anordnung der Malerei und ihrer festen Ausrichtung auf die Gegebenheiten der Innenarchitektur); *O slikarstvu u Boki Kotorskoj*, Spomenik SAN, CIII, Beograd 1953, 57—58 (Vergleich zwischen den Propheten in der Kuppel von Dečani und Werken Bologneser Miniaturmaler); *Die Meister*, 437 (Äußerung zu der im Rahmen des Zyklus der Wunder des hl. Demetrios erscheinenden Darstellung Thessalonikes, derzufolge dieses Bild das Gepräge einer abendländischen Mittelmeerstadt aufweist — eine Ansicht, die auch M. Baum in *Prilog proučavanju slikane arhitekture na freskama*, ZZSK, II, 1952, 113—117, übernimmt); *Majstori*, 37—39 (Annahme von der Urheberschaft Meister Srđos bei dem Genesiszyklus und der Demetriosvita; Feststellung eines westlichen Einschlags bei Ikonographie und Ornamentik in ersterer sowie bei der Gestaltung des Stadtbilds von Thessalonike, seiner Bauten samt Dekor, in letzterer Szenenfolge); *Die serbische Ikonenmalerei*, 75—76 (Unterstellung der Schaffung der Templonikonen von Dečani durch küstenländische Freskenmaler); *La pittura*, 316—319 (serbische Übersetzung: *Slikarstvo u Srbiji*, 106—107 (kurze Zusammenfassung der bis dahin aufgestellten Thesen vom Wirken küstenländischer Meister in Dečani und von der in seinen Fresken erbrachten abendländisch geprägten Variante des byzantinischen Stils und der byzantinischen Ikonographie). Von Meistern aus Kotor als den Schöpfern des Wandschmucks von Dečani spricht Radojčić auch in D. Talbot Rice — S. Radojčić (25). In jüngster Zeit allerdings geht er im Zuge der Vervollständigung seiner Untersuchungen von der „Westlerthese" eines rein küstenländischen Ursprungs dieses Dekorationswerks ab: so etwa in *Slikarstvo*, 131—140, wo die Auffassung von der unterschiedlichen Observanz der an dieser Schöpfung mitwirkenden Meister und der in ihr vertretenen Stile am umfassendsten dargelegt und eine nachdrückliche Differenzierung der hier tätigen Malergruppen in solche mit westlichen Zügen und andere, durchaus den konstantinopolitanischen und heimischen künstlerischen Strömungen verhaftete, vorgenommen wird, und *Geschichte*, 77—80.

Mit der Entdeckung immer neuer Denkmäler im byzantinischen Einzugsgebiet und den inzwischen in der Gesamtanschauung von der byzantinischen Malerei eingetretenen Wandlungen kam es in den letzten Jahren zu einer mählichen Revision des Urteils über die Fresken von Dečani. Einserseits wurde das Vorhandensein stilistisch einschlägiger Schöpfungen im Bereich Makedoniens (V. J. Đurić, *Icônes*, 37—39 — Kučevište und Treskavac) und Serbiens (G. Subotić, *L'église Saint-Démetrios à Peć*, éd. Jugoslavija, Beograd 1964, X, XII—XIII — Demetrioskriche in Peć) nachgewiesen, andererseits erfolgte eine Anfechtung der Beweise für die abendländische Herkunft der Künstler (A. Stojaković, *Quelques représentations de Salonique dans la peinture médiévale serbe*, Χαριστήριον εἰς Ἀναστάσιον Κ. Ὀρλάνδον, II, Athènes 1964, 25—48: im Zuge einer ikonographischen Analyse der in Dečani und Peć gleichermaßen wiedergegebenen Szenen der Verteidigung Thessalonikes bzw. der Aufrichtung des eingestürzten Turms der Stadt durch den hl. Demetrios legt die Autorin dar, daß das dabei jeweils erscheinende architektonische Panorama hier wie dort ein zwar schematisches, doch getreues Abbild des mittelalterlichen Thessalonike darstellt und nicht irgendeiner Stadt an der Küste des westlichen Mittelmeers abgeschaut ist; in analoger Weise wird in einem anderen Beitrag derselben Verfasserin, nämlich *Isceljenje uzetoga*, SKM, IV—V (1968—1971), 203—213, mittels ikonographischer Analyse und damit verbundener Untersuchung der Bildarchitekturformen der behandelten Szene von der Heilung des Gelähmten das dieser zugrundeliegende palästinensische Urbild aufgezeigt). P. Mijović, *Kotorski slikari u Dečanima i Peći*, Istorija Crne Gore, II/1, Titograd 1970, 290—302, sondert die adriatischen von den rein byzantinischen Merkmalen, weist darauf hin, daß die früheren ikonographischen Analysen zugunsten der „Westlerthese" überholt sind, läßt aber immerhin einige davon gelten und führt zum Beweis dafür, daß sich die Schaffensbeteiligung küstenländischer Meister auf eine einzige Gruppe beschränkte, neue ikonographische und dekorative Details an (besonders ins Gewicht fallend: die Hervorhebung der Szene von der Hinrichtung des hl. Tryphon, des Schutzpatrons von Kotor, gegenüber der benachbarten Darstellung der Hypapante im Rahmen des Festkalenders; das Vorhandensein gotischer Fenster bei der Bildarchitektur; vgl. auch id. in Glasnik SAN, XI, 1, 71). So wurde die Rolle der küstenländischen Maler bei der Schaffung des Wandschmucks von Dečani mit der Zeit auf ihr richtiges Maß reduziert. Freilich: bis jetzt ist keine eingehende Forschungsstudie zum Stil dieser Fresken vorhanden. Und erst aufgrund eines solchen Beitrags wird ein artgerechtes Erfassen der Malerei der größten serbischen Kirche und eine angemessene

Einschätzung der Rolle ihrer einzelnen Schöpfer unter Berücksichtigung deren unterschiedlicher Herkunft möglich sein.

Keine Stellungnahme zur Frage der Herkunft der Meister von Dečani, wohl aber Hinweise auf ihren Einfluß auf die Ikonographie seines Freskenschmucks beinhalten einige bedeutende ikonographische Studien zu hiesigen Zyklen, Einzelszenen oder auch Porträts: J. Myslivec, *Acathist*, 97—127, passim (Beschreibung von Szenen des Akathistoshymnos; zu der letzten davon, in welcher die Porträts der Mitglieder der kaiserlichen Familie erscheinen, Darlegung, in der ihr Zustandekommen unter dem Einfluß der Sitten am Hof von Konstantinopel aufgezeigt wird); id., *Svatý Jiří ve východokřesťanském umění*, Byzantinoslavica, V, 1933/1934, 333—334, 360, passim (Feststellung von Ähnlichkeiten zwischen der Georgsvita von Nagoričino und der von Dečani; Ermittlung der literarischen Textvorlagen zu den orthodoxen Zyklen über dieses Thema); id., *Dvě studie*, 55—93, 100—101, 147, passim (systematisch fortlaufende Gegenüberstellung von Nikolausviten und Zyklen zur Apostelgeschichte mit Erläuterung der einschlägigen literarischen Quellen; besonders eingehende Behandlung der betreffenden Bildfolgen in Dečani); J. D. Ştefănescu, 418, 448, 465 (Untersuchung der liturgischen Grundlagen der Darstellungen der Anamnese und der Apostelkommunion sowie des Weisheitszyklus in Dečani); L. Wratislav-Mitrovic et N. Okunev, 159—169, passim (zur Ikonographie der auf die Koimesis bezugnehmenden Freskenzyklen); A. Frolow, *L'argent*, 293—307 (vergleichende Erforschung der Szene von der Entlohnung des Judas in Nagoričino und Dečani und Registrierung des Umstands, daß die Auszahlung in Griwnen erfolgt, wie dies bei den Slawen in Gebrauch war); S. Radojčić, *Od Dionisija do liturgijske drame*, Zbornik Muzeja pozorišne umetnosti, I, Beograd 1962, 24—25, 27 (zur Szene Nestor tötet den Lius und der fast wirklichkeitsgetreuen Wiedergabe eines Hippodroms der Antike); J. Lafontaine-Dosogne, *Enfance*, 48, 64, 66, 74, 86, 112, 113, 123, 126, 127, 131—132, 154, 157, 177, 205, 207 (zur Ikonographie des Gottesmutterzyklus als des vollständigsten der damaligen Zeit); Ch. Walter, *Conciles*, 111—113, 161, 240, 241, 248, 272—273 (zur Ikonographie der sechs ökumenischen Konzile im Narthex).

Ausführungen zu der reichhaltigen Porträtgalerie von Dečani finden sich neben den in der Monographie von Petković und dem Radojčićschen Standardtext (*Portreti*, 46—50, 51—55, 57—59) erscheinenden bei N. L. Okuněv, *Portrěty*, 89—90, A. Stránský, *Dečanský rodokmen Nemanjičů*, Zvláštní otisk z Ročenky kruhu pro pěstování dějin umění za r. 1931, V Praze 1932, 3—11 (zum Nemanjidenstammbaum von Dečani — vollständige Beschreibung), M. Kašanin, *Srpski srednjovekovni portret*, Umetnost i umetnici, Beograd 1943, 30, 38, passim, T. Velmans, *Le portrait*, 107, 111, 112, 129, 147, und D. Milošević, *Srbi svetitelji*, 189, 202, 215—217, 231, 233.

Entsprechend kurze Anmerkungen zur Malerei von Dečani beinhalten folgende Kurzmonographien über das Kloster als solches: Đ. Mano-Zisi, *Dečani*, Beograd 1934, 12—16, M. Teodorović-Šakota, *Visoki Dečani*, izd. Turističkog saveza Srbije i „Turističke štampe", Beograd 1960, 14—23, und P. Mijović, *Dečani*, ed. Jugoslavija, Beograd 1966, I—IV. Ähnlich verhält es sich mit den einschlägigen Texten in den nachstehend angeführten Enzyklopädien: EJ, II, 1956, 675—677, LE, II, 1962, 20—22, und Đ. Mano-Zisi, *Dečani*, Reallexikon zur byzantinischen Kunst, I, 1966, 1162—1178.

Gering ist die Anzahl der Beiträge zu Stil und künstlerischen Merkmalen der Malerei von Dečani; neben dem einschlägigen Text bei S. Radojčić, *Slikarstvo*, 136—140, sind hier nur noch M. Kašanin, *Freske u Dečanima*, Umetnost i umetnici, 55—71, sowie A. Stojaković, *Arhitektonski prostor*, 64, 102, 150—152, 157, 191—192, 195—197, 199, 204, 205, Zeichnungen 1—3a, 15—18v, 21, 63, 65, 66, 79, 81, 83, 86—92 (Bildarchitektur und Raumwirkung) zu erwähnen.

In den älteren großen Standardwerken zur byzantinischen Malerei resp. Kunst wurde die Freskenschöpfung von Dečani übergangen; denn G. Millet hatte keine gebührende Kenntnis davon, weshalb sie denn auch anderen, darunter vor allem O. M. Dalton, Brehier und Ch. Diehl (vgl. A. Bank, *Iz istorii izučenija pamjatnikov sěrbskogo iskusstva v Rossii*, ZLU, 4, 1968, 239—245) unbekannt blieb. Erst nach der Veröffentlichung der Monographie von Petković erhielt hier Dečani den ihm zukommenden Platz unter den im 14. Jahrhundert entstandenen repräsentativen Denkmälern des byzantinischen Raums zugewiesen: A. Grabar, *Byzance*, 174; id., *Europe orientale*, 69, 108; D. Talbot Rice, *Arte*, 157; id., *The Beginnings*, 185, 186, 211; id., *Art*, 209—210, 216—218; id., *Painting*, 113; A. Ammann, 180—184 (ziemlich breite Behandlung der Ikonographie); V. Lazarev, *Storia*, 390—391; *Vsěobščaja*, 117—118; H. Stern, 75; *The Cambridge History*, 352; Ch. Delvoye, 354—355; W. F. Volbach und J. Lafontaine-Dosogne, 146—147, 263, 274; J. Beckwith, *Art*, 149—150.

An noch bedeutenderer Stelle erscheint die Malerei von Dečani begreiflicherweise in den großen Handbüchern zur südslawischen und serbischen Kunst: M. Kašanin, *L'art*, 27, 28, 74—75; F. Mesesnel, *Srp. spomenici*, 374—376; V. Molè, 169—170. Dasselbe gilt für mehr populär gehaltene Bücher dieser Richtung: *Spomenici kulture*, 269—271; *Kosovo*, 424—426. Zu diesen Abrissen im Rahmen komplexerer Werke ist zu sagen, daß sie meist im Zeichen der seinerzeitigen Anschauungen V. R. Petkovićs und S. Radojčićs stehen.

61.

Die Freskenfragmente von St. Tryphon in Kotor wurden zu Beginn dieses Jahrhunderts gelegentlich der Renovierung des Gotteshauses entdeckt; ihre Beschreibung erbrachte K. Šegvić: *Un frammento di affresco nell' absida della chiesa Cattedrale di Cattaro*, Bolletino di archeologia e storia Dalmata, XXIII, 1900, 241—244. Die dabei gewonnenen Angaben dienten als Ausgangspunkt für spätere Streiflichter zu dieser Malerei: I. Stjepčević, *Katedrala sv. Tripuna u Kotoru*, Split 1938, 15, 77, t. VII/1; S. Radojčić, *O slikarstvu u Boki Kotorskoj*, Spomenik SAN, CIII, Beograd 1953, 56—57; C. Fisković, *O umjetničkim spomenicima grada Kotora*, ibid., 75—76. 1965 wurden die Fresken gereinigt, und danach erfolgte ihre weitgehend vervollständigte Beschreibung durch M. Milošević in *Freske u kotorskoj katedrali*, Zograf 1 (Beograd 1966) 34, N. Luković in *Freske i slike katedrale sv. Tripuna*, 800 godina katedrale sv. Tripuna u Kotoru, Kotor 1966, 30—32, und P. Mijović in Rahmen von *Istorija Crne Gore*, II/1, Titograd 1970, 289—290.

Was dem allgemeinen Augenmerk entging, ist die Zugehörigkeit dieser Fresken zu der einheitlichen Stilgruppe, deren Bestandteil auch das im dritten oder vierten Jahrzehnt des 14. Jahrhunderts geschaffene Kreuzigungsmosaik an der Ostwand des Baptisteriums im venezianischen San Marco bildet und in deren Richtung auch die Werke der in dem Mittel- und Westjoch dieses Baptisteriums tätigen Mosaikmeister fallen, deren Datierung noch immer umstritten ist. Die Frage der Datierung und der Schöpfer der Mosaiken in besagtem Baptisterium wurde in der letzten Zeit auch von M. Muraro erörtert: M. Muraro, *Maestro Paolo da Venezia*, Ateneo Veneto III (1956) 6; id., *Paolo da Venezia*, Milano 1969, 33—39 (Aufführung der älteren Literatur); id., *Varie fasi di influenza bizantina a Venezia nel Trecento*, Θησαυρίσματα 9 (Venezia 1972), 186—187, 201.

Als wichtigste Literatur über die im Zeitraum vom Ende des 13. bis zum Ende des 14. Jahrhunderts in Kotor und Dubrovnik wirkenden griechischen Maler vgl. V. Ćorović, *Grčki slikari u Kotoru*, Starinar, III ser., sv. 5, Beograd 1930, 39—40, R. Kovijanić i I. Stjepčević, *Kulturni život starog Kotora*, I, Cetinje 1957, 93—101, V. J. Đurić, *Vizantijske i italo-vizantijske starine u Dalmaciji*, Prilozi povijesti umjetnosti u Dalmaciji 12 (Split 1960) 135—144 (Aufführung der älteren Literatur; einige weitere Zuschreibungsversuche zugunsten der griechischen Meister) und P. Mijović in *Istorija Crne Gore*, II/1, Titograd 1970, 281—290 (erneute Zusammenfassung aller einschlägigen Daten).

Zu den Fragmenten der stark beschädigten Malereien byzantinischen Stils in der Franziskanerkirche in Bar vgl. Đ. Bošković,

Stari Bar, Beograd 1962, 111—113 (Ausführungen zu der großen ganzfigurigen Wiedergabe des hl. Nikolaus; exakte Datierung in die erste Hälfte des 14. Jahrhunderts), und P. MIJOVIĆ in *Istorija Crne Gore*, II/1, Titograd 1970, 280 (zu frühe Ansetzung des Entstehungszeitpunkts dieser Fresken: 1280). Die Freskenreste der Franziskanerkirche in Svač sind noch nicht veröffentlicht.

62.

Eine grundlegende Themenbeschreibung zur Malerei der Demetrioskirche erstellte V. R. PETKOVIĆ in *La peinture*, II, 37—39, pl. LXXXVI—XCVI, und *Pregled*, 250—251.

Was die Aufmerksamkeit gleich zu Anfang ganz besonders auf sich zog, war die in griechischen Buchstaben geschriebene Signatur des Malers Johannes, die einen von keinem sonderlich befriedigenden Ergebnis gekrönten Meinungsstreit auslöste — s. dazu V. PETKOVIĆ, *Un peintre serbe du XIVe siècle*, Mélanges Charles Dielh, II, Paris 1930, 133—136, S. RADOJČIĆ, *Majstori*, 35—36, A. XYNGOPOULOS, *Thessalonique*, 64—65, K. KALOKYRI, *Entstehung und Gestaltung der byzantinischen Denkmäler in Mazedonien, Alt-Serbien und Bulgarien*, Thessaloniki 1970, 24, und D. TALBOT RICE, *Painting*, 112—113. Die griechische Schreibweise der Signatur im Verein mit einigen — insbesondere auf den Rotuli in den Händen der Heiligen auftretenden — griechischen Schrifttexten einerseits und die serbische Fassung aller übrigen Inschriften andererseits lassen als annehmbarste Deutung die zu, daß hier als Maler ein Grieche wirkte und entweder seine Mitarbeiter Serben oder aber — wie dies ja auch anderwärts, in Studenica beispielsweise, in Mileševa oder im Marko-Kloster, vorkam — serbische Buchkopisten mit der Anfertigung der Inschriften betraut waren.

Das spezielle Augenmerk der Forscher galt den historischen Kompositionen und Porträts historischer Persönlichkeiten: V. PETKOVIĆ, *Peć*, EC, III, 1928, 363 (Annahme von der Abhaltung der abgebildeten serbischen Synoden durch Nemanja und König Uroš I.); S. RADOJČIĆ, *Portreti*, 46—47 (Beschränkung der Ausführungen auf die Synode Simeon Nemanjas und — wie der Autor annimmt — Stefans von Dečani); M. KAŠANIN, *Umetnost i umetnici*, Beograd 1943, 50—51 (wie auch in einigen anderen Beiträgen, Äußerung der Überzeugung, daß die Porträts an der Südwand den Patriarchen Jefrem, Đurađ Balšić sowie dessen Sohn Konstantin darstellen); V. J. ĐURIĆ, *Ist. kompozicije*, II, ZRVI, X (1967) 141—142 (Beschreibung der beiden serbischen Synoden mit ikonographischen Angaben und Personenidentifikation; im Rahmen letzterer These von der Abbildung König Dušans, Prinz Urošs und Erzbischof Joanikijes an der Südwand, und bezugnehmend darauf Neudatierung der Malerei in die Zeit um 1345); id., *Presto*, 94—95 (Beschreibung des ungewöhnlichen herrscherlichen und erzbischöflichen Ornats). Vgl. auch T. VELMANS, *Le portrait*, 116, und D. MILOŠEVIĆ, *Srbi svetitelji*, 159—160, 171—172.

Nur gestreift werden — bei etwas intensiverer Behandlung der Demetriosvita — Fragen der Szenenikonographie: S. RADOJČIĆ, *Freska Konstantinove pobede u crkvi sv. Nikole Dabarskog*, GSND, XIX (1938), 97 (Behandlung der beiden letzten Szenen des bewußten Zyklus: „Eusenios betet an den Gebeinen des hl. Demetrios" und „Die Verteidigung Thessalonikes"); A. STOJAKOVIĆ, *Quelques représentations de Salonique dans la peinture médiévale serbe*, Χαριστήριον εἰς Ἀναστάσιον Κ. Ὀρλάνδον, II, Athènes 1964, 25—31, passim (zu ebendiesen Szenen); S. RADOJČIĆ, *Tekstovi i freske*, Novi Sad o. D., 26 (Aufzeigen antiker Details an der Gestalt des Erzengels Michael: ein bloßer Fuß, einfarbig gemalter Kopf in dem Brustmedaillon); CH. WALTER, *Conciles*, 115—116 (zu den Ökumenischen Konzilen); M. GARIDIS, *La représentation des „nations" dans la peinture post-byzantine*, Byzantion XXXIX (1970) 87 (zur Pfingstszene).

Ausführungen zum Stil der Fresken der Demetrioskirche finden sich bei P. MIJOVIĆ, *Patrijaršija*, 12—15, id. in *Istorija Crne Gore*, II/1, Titograd 1970, 295—296, passim (Unterstellung der schwer beweisbaren Annahme, der Maler Johannes könne ein „pictor graecus" aus Kotor gewesen sein), S. RADOJČIĆ, *Slikarstvo*, 121—123 (ältere Datierung), und G. SUBOTIĆ, *L'église Saint-Démétrios à Peć*, Beograd 1964 (= *Crkva svetog Dimitrija u Peći*, Beograd 1964); bei letzterem Beitrag handelt es sich, recht besehen, um eine kleine Monographie über dieses Gotteshaus, in der sich der Autor hinsichtlich der Malerei auf den Standpunkt der neuen Datierung in die Zeit Erzbischof Joanikijes stellt und die These vertritt, es seien hier mindestens zwei Meister tätig gewesen, deren Werke er denn auch sicher auseinaderzuhalten weiß und die er in bezug auf den Stil der Malergruppe von Dečani zuordnet. Dazu noch: *Spomenici kulture*, 255—256; V. LAZAREV, *Storia*, 390, 428; *Kosovo*, 395—397. Die in der Demetrioskirche außerdem vorhandenen wesentlich jüngeren, aus dem 17. Jahrhundert stammenden Fresken wurden früher mit den älteren vielfach in einen Topf geworfen, doch mittels zweier speziell auf sie bezogener Studien — S. PETKOVIĆ, *Zograf Georgije Mitrofanović u Pećkoj Patrijaršiji 1619—1620*, Glasnik Muzeja Kosova i Metohije IX (Priština 1965) 237—251, und A. SKOVRAN, *Freske XVII veka iz crkve sv. Dimitrije u Peći i portret patrijarha Jovana*, SKM IV—V (1968—1971) 331—347 — gelang die einwandfreie Trennung beider Schaffenszyklen.

Stilistische sowie im Rahmen von Malweise und Formengestaltung der Hintergrundarchitektur vorhandene Bezüge zu den Fresken der Demetrioskirche weist die Buchmalerei des serbischen Evangeliars im St. Katharinenkloster auf dem Sinai (cod. slav. 1) auf: vgl. V. HAN, *Sinajsko četvorojevanđelje srpske redakcije iz XIV stoljeća*, Danas, god. II, br. 22 (Beograd 1962) 23, und K. WEITZMANN, *Illustrated Manuscripts at St. Catherine's Monastery on Mount Sinai*, Collegville, Minnesota 1973, 29—30, fig. 43 (Veröffentlichung einer Kurzbeschreibung dieser Miniaturen und ihre — allerdings zu spät, mit der zweiten Hälfte des 14. Jahrhunderts angesetzte — Datierung sowie Feststellung von Analogien in den 1346 entstandenen Illuminationen des griechischen Evangeliars Nr. 132 im selben Kloster).

63.

Diese Malerei, die einen eigenen Schaffenszyklus innerhalb der Gesamtdekoration der Apostelkirche in Peć darstellt, blieb vollkommen unbeachtet. Lediglich V. R. PETKOVIĆ bringt in *La peinture*, II, pl. LXXXV/1, eine Reproduktion der Gestalt des Propheten Habakuk, doch ohne jeden Kommentar.

64.

Kurze Themenbeschreibungen zu dem im 14. Jahrhundert entstandenen Wandschmuck im Narthex von Peć liefern V. R. PETKOVIĆ in *La peinture*, II, 41, pl. CIX—CX, und *Pregled*, 252—253, sowie P. MIJOVIĆ in *Patrijaršija*, 23—24. Beide Autoren beziehen in diesen Schaffenszyklus auch die an der Westwand der Apostelkirche befindlichen Teilstücke der Deesis mit ein. Doch die dort erscheinenden Gestalten Christi als des „Alten der Tage" und der zur Deesis gehörenden Gottesmutter sind Bestandteil der Freskenschicht von 1561.

Einige Einzelszenen wurden gesondert behandelt. Eine vollständige Beschreibung des Nemanjidenstammbaums erbrachten V. R. PETKOVIĆ in *„Loza Nemanjića" u starom živopisu srpskom*, Narodna starina, 5 (Zagreb 1923) 98, und S. RADOJČIĆ in *Portreti*, 48—50 (Fehlannahme, derzufolge das Bild in seiner unteren Hälfte im 16. Jahrhundert übermalt wurde; in Wirklichkeit stammt es zur Gänze aus dem 14. Jahrhundert). Eine speziell der Gottesmutter Galaktrophousa gewidmete Studie schrieb L. MIRKOVIĆ, *Bogorodica Mlekopitatelnica*, Bogoslovlje, I (Beograd 1938) 14—32 [= *Die nährende Gottesmutter (Galaktrophusa)*, Atti dell' V Congresso internazionale di studi bizantini, II, Roma 1940, 297—304]. V. R. PETKOVIĆ erstellte in *Živopis crkve Sv. Bogorodice u Patrijaršiji Pećskoj*, Izvestija na B'lgarskija Archeol. Institut', IV (Sofija 1927) 146, eine eigene Beschreibung der im Narthex an der Westfassade der Gottesmutterkirche zwischen dem hl. Nikolaus und dem serbischen Erzbischof Danilo II. dargestellten Gottesmutter. Was dem Augenmerk dieses Verfassers ebenso wie dem aller anderen Autoren entging, ist das dekorative Becken, in dem der Jesusknabe an Ihrer Brust erscheint: ein Detail, das diese Darstellung dem

Themenbereich der lebensspendenden Quellenbilder zuordnet. Infolgedessen wurde sie in allen dem Typus der Gottesmutter von der „Lebensspendenden Quelle“ gewidmeten Studien übergangen, obschon es sich hierbei um eine der ältesten Wiedergaben dieses Motivs handelt (vgl. D. Medaković, *Bogorodica „Živonosni istočnik“ u srpskoj umetnosti*, ZRVI 5 (1958) 203—217, T. Velmans, *L'iconographie de la „Fontaine de vie“ dans la tradition byzantine à la fin du Moyen age*, Synthronon, Paris 1968, 128—134, und D. Pallas, *'Η Θεοτόκος Ζωοδόχος Πηγή*, 'Αρχαιολογικὸν δελτίον, 26 (1972) 201—224.

Zur Datierung des Narthexwandschmucks in die Zeit um 1334 vgl. S. Radojčić, *Portreti*, 48, und V. J. Đurić, *Nastanak graditeljskog stila Moravske škole*, ZLU, 1 (1965) 53—54.

65.

Die Themen der Malerei in der Kirche zur Gottesmutter Hodegetria zählte V. R. Petković in *La peinture*, II, 39—41, pl. XCVII—CVIII, und *Pregled*, 251—252, auf.

Eine Behandlung dieser Fresken unter ikonographisch-stilistischem Aspekt erfolgt in zwei monographischen Studien, nämlich V. R. Petković, *Živopis crkve Sv. Bogorodice u Patrijaršiji Pećskoj*, Izvestija na B'lgarskija Archeol. Institut' IV (1927) 145—170, t. IV—XXVIII, und M. Ivanović, *Crkva Bogorodice Odigitrije u Pećkoj Patrijaršiji*, SKM II—III (1963) 133—134, 138—154, sl. 10—63. Wertvolle Informationsbeiträge über die Ideen und künstlerischen Auffassungen der Maler lieferte S. Radojčić in *Slikarstvo*, 123—127, und *Tekstovi i freske*, Novi Sad o. D., 16—17, 40—41, 51—56 (besonders eingehende ikonographische Behandlung der Evangelisten mit den Gestalten der Musen sowie der Maria von Ägypten).

Mit der Ikonographie des dem serbischen Erzbischof Arsenije I. gewidmeten Zyklus befaßten sich V. R. Petković in *Freske sa scenama iz života Arsenija I, arhiepiskopa srpskoga*, Šišićev zbornik, Zagreb 1929, 65—68 (Aufzählung und kurze Beschreibung der einzelnen Szenen), und V. J. Đurić, *Ist. kompozicije*, III, ZRVI XI (1968) 99—103 (Bezugsetzung zwischen diesen Bildern und den seinerzeitigen literarischen Schöpfungen des Erzbischofs Danilo). Erzbischof Danilo gebührt möglicherweise auch das Verdienst um die Wiedergabe Kliments von Ochrid in Peć: vgl. C. Grozdanov, *Ohridske beleške*, 13—15.

Die Themen in den Seitenkapellen behandelte G. Babić in *Chapelles*, 137—138. Zur Darstellung der Gottesmutter „Aller Bedrängten Freude“ im Rahmen der Komposition in der Nordwestecke des Gotteshauses äußerte sich N. Davidović in *Predstava Bogorodice s Hristom „Krmiteljem“ u Bogorodici Ljeviškoj u Prizrenu*, SKM I (1961) 86—90. Zur Ikonographie des Marienlebens s. J. Lafontaine-Dosogne, *Enfance*, 47, 73, 75, 83, 111, 112, 127, 206.

Ergiebige Ausführungen enthalten auch zwei kleine Monographien: P. Mijović, *Patrijaršija*, 17—21, und M. Ivanović, *The Virgin's Church in the Patriarchate of Peć*, Beograd 1972 (= *Bogorodičina crkva u Pećkoj Patrijaršiji*, Beograd 1972 — beinhaltend zugleich auch das umfassendste Bildmaterial). Ganz kurz dazu: *Spomenici kulture*, 256—257, und *Kosovo*, 397—398.

66.

Eine vollständige Beschreibung dieser Fresken bringt Z. Rasolkoska-Nikolovska, *Crkvata sv. Đorđi vo Goren Kozjak vo svetlinata na novite ispituvanja*, Simpozium 1100-godišnina od smrtta na Kiril Solunski, I, Skopje 1970, 219—226; besonders gründlich befaßt sich die Autorin auf den Seiten 223—226 (wo sich auch die Aufführung der älteren Literatur findet, die das Vorhandensein dieser Fresken nur flüchtig gestreift hat) sowie in Abb. 10—14 mit der Malerei aus dem 14. Jahrhundert.

67.

Die Fresken von Rila wurden erst vor kurzem freigelegt, gereinigt, konserviert und teilweise restauriert. Eine größere Monographie über sie schrieb L. Praškov, *Chreljovata kula*, Sofija 1973 (u. a. auch Aufführung der älteren Literatur, welche vor allem die Berichte über die Entdeckung der Fresken, die sprachliche Fassung der slawischen Inschriften und die historische Inschrift über die Errichtung des Turms aufgreift). Weitere einschlägige Abhandlungen: A. Boschkov, *Die bulgarische Malerei*, Recklingshausen 1969, 77—78, und E. Bakalova, *Sur la peinture bulgare de la seconde moitié du XIVe siècle*, L'école de la Morava et son temps, Symposium de Resava 1968, Beograd 1972, 68—69, 72. Alle drei Autoren unterstellen einen Zusammenhang zwischen den Wandbildern im Hrelja-Turm und der Ikone des hl. Johannes von Rila im dortigen Klostermuseum. Während sich E. Bakalova dabei mit der Feststellung von Ähnlichkeitsmerkmalen begnügt, geht Praškov weiter und schreibt die Ikone mit vollem Recht einem der Freskenmaler zu.

Protosebastos Hrelja, ein serbischer Adeliger aus der Zeit Stefans von Dečani und der Königsherrschaft Dušans, trat in Rila nicht nur als Stifter des Turms und seiner Bilddekoration auf, sondern er ließ auch die Hauptkirche des Klosters errichten, die auch zu seiner Zeit noch ausgemalt wurde. Sie wurde abgerissen, nachdem sie bei einem Brand in der zweiten Hälfte des 19. Jahrhunderts schwere Schäden erlitten hatte. 1336, ein Jahr nach der Errichtung von Kirche und Turm in Rila, ließ Hrelja ein weiteres großes Gotteshaus erbauen, nämlich die Erzengelkirche zu Štip in Makedonien (vgl. V. R. Petković, *Pregled*, 352—353 — Aufführung der älteren Literatur —, und A. Deroko, *Monumentalna i dekorativna arhitektura u srednjevekovnoj Srbiji*, Beograd 1953, 181, 187, sl. 271), die auch heute noch steht, wohl aber ihre ursprüngliche Malerei eingebüßt hat. Hrelja, der höchstwahrscheinlich aus der Herzegowina stammte, verwaltete unter König Dušan ein größeres Gebiet, welches Teile von Ostmakedonien und Westbulgarien umfaßte. Um das Jahr 1341 herum trennte er sich von Dušan und näherte sich den Byzantinern, wandte sich jedoch bereits nach kurzer Zeit wieder dem serbischen König zu. In jüngster Zeit war es M. Dinić, der sich mit Hrelja als historischer Persönlichkeit und legendärem Helden der serbischen Volkspoesie befaßte: M. Dinić, *Relja Ohmućević, istorija i predanje*, ZRVI IX (1966) 95—117 (Aufführung der gesamten älteren Literatur).

Das bulgarische Großkloster Rila geriet nach der Schlacht bei Velbužd (Küstendil) im Jahre 1330 unter serbische Herrschaft. Als berühmte Kultstätte wurde es während seines Bestehens im Gefüge des serbischen Staats erneuert: es erhielt zwei neue Bauten — eine Kirche und einen Turm, und damit auch neue Fresken, von denen die hier behandelten den erhaltengebliebenen Rest darstellen. Der kultischen Überlieferung des Klosters wurde dabei die gebührende Achtung zuteil: dies erhellt schon aus dem Vorhandensein einer Vita des hl. Johannes von Rila im Rahmen des Dekorationswerks in dem erhaltenen Hrelja-Turm.

So wie es im heutigen Bulgarien Denkmäler aus der Zeit der serbischen Herrschaft gibt, so sind im heutigen Jugoslawien freskengeschmückte Kirchen des bulgarischen Adels anzutreffen (als Beispiel sei nur Donja Kamenica bei Knjaževac angeführt). Diese bulgarischen Denkmäler auf jugoslawischem Territorium habe ich in vorliegenden Abriß nicht mit einbezogen. Bei der Entscheidung darüber , ob ein Werk aufzunehmen sei oder nicht, hielt ich mich stets an die von der Geschichte vorgezeichneten Gegebenheiten zur Zeit seines Entstehens.

68.

Das Gotteshaus in Ljuboten besitzt eine kleine Monographie: Ž. Tatić — V. R. Petković, *Arhitektura i živopis hrama sv. Nikole kod sela Ljubotena*, Skoplje 1937 [Abdruck aus GSND, II, 1927, 109—124 (Behandlung der Malerei durch V. R. Petković auf S. 19—32)]. Themenbeschreibungen finden sich bei P. N. Miljukov', *Drěvnosti*, 129—132, N. P. Kondakov', *Makědonija*, 177—180, sowie V. R. Petković, *La peinture*, II, 51, pl. CXLIX, und id., *Pregled*, 178—179. Gute Reproduktionen der Fresken bringt G. Millet in *La peinture*, IV, XII—XIII, pl. 1—5. Zu den spezifischen Merkmalen der Herrscherikonographie äußert sich S. Radojčić in *Portreti*, 56—57; ebenda nimmt der Autor auch eine exakte Datierung vor. Ausführungen zur Ikonographie einzelner Szenen erscheinen bei G. Millet, *Iconographie*, 32 (zu den Festtagsbildern), 38 (zu der nach dem Pentekostarion geordneten Szenenfolge beim Zyklus der Wunder Christi), 438 (zur Kreuzigung), J. D. Ştefănescu, I, 49, II, 437—438, passim (zur Melismosszene in der Prothesis), und N. L. Okuněv, *Stěnopisi*, 9 (ebenfalls zu vorgenanntem Bild).

Streiflichter zur Malerei dieser Kirche: N. Mavrodinov, *Živopis*, 142—143; S. Radojčić, *Slikarstvo*, 143; Nikolovski — Ćornakov — Balabanov, 23.

69.
Die Bezugsetzung zwischen der Wandmalerei in diesen beiden Kirchen von Prizren und der ebenfalls hier beheimateten Ikone der Gottesmutter Hodegetria wird bei V. J. Đurić, *Icônes*, 39—40 (Aufführung der älteren Literatur zur Geschichte dieser Gotteshäuser) vorgenommen. Die Ausarbeitung dieser Idee erfolgt im Rahmen der Beschreibung der Fresken in der Nikolauskirche bei J. Radovanović, *Tutićeva crkva Sv. Nikole u Prizrenu*, Glasnik Srpske pravoslavne crkve XLIII (Beograd 1962) 190—195.

70.
Die Arbeiten an der Konservierung der Kirche und ihrer Malerei wurden zwischen 1957 und 1960 durchgeführt: vgl. SKM, I (1961) 343. Eine Veröffentlichung der Fresken fehlt noch. Ganz kurz erwähnt sind sie bei V. J. Đurić, *Icônes*, 39—40, in *Kosovo*, 408, und bei S. Radojčić, *Vizantijsko slikarstvo od 1400 do 1453*, L'école des la Morava et son temps, Symposium de Resava 1968, Beograd 1972, fig. 1 (zu späte Datierung in die Zeit um 1370). Historische Angaben zu Kirche und Stifter finden sich bei S. Novaković, *Zakonski spomenici srpskih država srednjega veka*, Beograd 1912, 683—684.

71.
Über die Kirche von Karan existieren zwei Monographien: M. Kašanin, *Bela crkva Karanska*, Beograd 1928 (umfassende wissenschaftliche Studie zur Malerei auf S. 13—20, 54—103), und G. Tomić — D. Pavlović, *Bela crkva karanska*, izd. „Turistička štampa", Beograd 1960, 5—8 (für einen breiten Leserkreis gedachte Kurzmonographie).

Eine Themenbeschreibung und Reproduktionen der Wandbilder erscheinen auch bei R. Petković, *La peinture*, I, 81—84, II, 47—48, pl. CXII—CXX, und id., *Pregled*, 19—20.

Einige zunächst unbemerkt gebliebene oder erst nachträglich gereinigte Fresken wurden gesondert aufgegriffen: Z. Simićeva, *Ikonostas Bele crkve u selu Karanu i karanska Bogorodica Trojeručica*, Starinar, III ser., VII (1932) 15—35; S. Radojčić, *Portreti*, 50—51 (zu den Nemanjidenbildnissen); J. Kovačević, *Nošnja*, 42—44 (zur Kleidertracht im Rahmen der weltlichen Porträts); S. Mandić, *Jedna ktitorka Bele crkve Karanske*, Starinar, n. s., IX—X (1959) 323—325 (zu den nach der Freskenreinigung entdeckten Mönchsbildern); M. D. Krstović, *Jedno interesantno otkriće u Beloj crkvi karanskoj*, Vesnik, organ Glavnog saveza Udruženja pravoslavnog sveštenstva SFR Jugoslavije, br. 383, Beograd 1965, 4 (zu dem neuentdeckten Porträt König Urošs innerhalb der Herrscherfamilie); G. Babić, *Lik mladog Uroša u Beloj crkvi karanskoj*, Zograf 2 (1967) 17—19 (exakte Datierung der Malerei aufgrund des Porträts Prinz Urošs).

Die ikonographische Analyse verschiedener Einzelmotive und Zyklen erfolgte bei J. Lafontaine-Dosogne, *Enfance*, 47, 64, 81, 87, 110, 126, 132, 154, 156 (zur Ikonographie des Marienlebens), M. Ćorović-Ljubinković, *Uz problem*, 82, 85 (zur Darstellung König Milutins als Heiligen und zur Gestalt des hl. Savas; zu letzterer Behauptung, sie gleiche dem Porträt von Gregorios Palamas, und unbegründete Erhebung dieses Umstands zu einem gewichtigen Beweis für den Einfluß der serbischen Kunst auf die Malerei Thessalonikes); A. Grabar, *Deux notes sur l'histoire de l'iconostase d'après des monuments de Yougoslavie*, ZRVI VII (1961) 19—22.

Die stilistischen Bezüge zwischen den Fresken von Karan und Dobrun registrierte Z. Kajmaković in *Živopis u Dobrunu*, Starinar, n. s., XIII—XIV (1965) 257—258. Sinnvolle Beobachtungen in bezug auf Beschriftungssprache und Stil machte S. Radojčić in *Slikarstvo*, 142—143; als richtig zu werten ist die Feststellung dieses Autors, der im Altarraum dargestellte Presbyter Georgije Medoš sei nicht, wie seinerzeit angenommen wurde, der Schöpfer dieses Dekorationswerks gewesen — keine Beweise hingegen bestehen für seine Annahme, daß die Maler aus dem Küstenland stammen könnten. Kurze Angaben zu diesen Fresken finden sich schließlich noch in *Spomenici kulture*, 135—136, und *Srbija*, 195—196.

72.
Diese Fresken wurden, noch vor der während des zweiten Weltkriegs erfolgten Zerstörung eines Teils von ihnen, von M. Kašanin im Rahmen einer Monographie — M. Kašanin, *Manastir Dobrun*, Starinar, III ser., IV (1928) 67—80 — erfaßt und behandelt. Ausschließlich den Themen der Malerei wandte sich V. R. Petković in *La peinture*, II, 58—59, pl. CLXXVI—CLXXXI, und *Pregled*, 102—103, zu.

Zu der schweren Beschädigung des Klosters im zweiten Weltkrieg vgl. Đ. Bošković, *Stanje srednjevekovnih spomenika u jugozapadnoj Srbiji, Kosmetu i severoistočnom delu Crne Gore*, Muzeji I (Beograd 1948) 96—97.

Das besondere Interesse im Rahmen der Erforschung der Fresken von Dobrun galt der Identifizierung der Stifter- und Herrscherporträts und im Zusammenhang damit der Datierung der Malerei: S. Radojčić, *Portreti*, 65—66; Đ. Mazalić, *Starine u Dobrunu*, Glasnik Zemaljskog muzeja, Sarajevo 1941, 101—123; id., *Kraći članci i rasprave*, ibid., 1940—1950, 216—218; J. Kovačević, *Nošnja*, 58—59. Die Herrscherporträts lösten bei allen älteren Autoren eine Diskussion darüber aus, ob es sich dabei um Bildnisse der Familienmitglieder des bosnischen Königs Tvrtko I. oder aber Fürst Lazars handle, wurden aber zugleich stets in das Jahr 1383 datiert. Erst Z. Kajmaković, *Živopis u Dobrunu*, Starinar, n. s. XIII—XIV (1965) 251—260, und id., *Zidno slikarstvo u Bosni i Hercegovini*, Sarajevo 1971, 101—110 (u. a. Aufführung der gesamten älteren Literatur) — gelang die exakte Identifizierung der dargestellten Personen, woraufhin er die Datierung der Malerei richtigstellte, indem er sie mit der Mitte des 14. Jahrhunderts ansetzte; nachdem im Zuge der Reinigung der Fresken auch die bis dahin unbekannt gebliebenen Szenen der Ökumenischen Konzile entdeckt worden waren, konnte er außerdem eine vollständige Themenbeschreibung erstellen. Vor ihm war es lediglich Đ. Bošković, der — in Spomenik SKA LXXXVII (Beograd 1938) 16—17 — Zweifel an der Richtigkeit der Lesart des Entstehungsjahrs der Malerei sowie der Entzifferung der Porträtinschriften äußerte. Vgl. die entsprechenden Ausführungen dieses Autors auch in EJ, 3 (1958) 34—35.

Kürzere einschlägige Anmerkungen enthalten LE, 2 (1962) 64—65, und S. Radojčić, *Slikarstvo*, 169—170.

73.
Im wesentlichen war es G. Millet, der das Augenmerk auf diese Fresken lenkte: G. Millet, *Iconographie*, 41, 42, 356 (fig. 378), 357, 360, 635 (Überblick über die Themen des Passionszyklus). Vorher wurden sie nur einmal kurz gestreift, und zwar bei V. R. Petković, *Pregled*, 268, wo lediglich eine Aufzählung der erhaltengebliebenen Bilder erscheint. Eine Beschreibung dieser Malerei findet sich bei T. S. Tanasijević, *Istorija znamenitosti i prošlost grada Prokuplja*, Prokuplje 1961, 41—44; bezüglich der Datierung gelangt der Autor zu dem Schluß, sie sei mit der zweiten Hälfte des 14. Jahrhunderts anzusetzen. D. Tasić schrieb zu diesen Fresken eine eigene Studie — D. Tasić, *Živopis srednjovekovne crkve u Prokuplju*, ZLU III (1967) 109—128 —, in der er ihren Entstehungszeitraum mit der Spanne zwischen 1340 und 1360 festsetzt.

74.
Im Licht der gesamten einschlägigen älteren Literatur, im Spiegel ihres Themenprogramms, mit einer auf entsprechender Beweisgrundlage aufgebauten Datierung versehen, erscheinen diese Fresken von Sopoćani bei V. J. Đurić, *Sopoćani*, 43—45, 85—94, 238—241 (=id., *Sopoćani*, 47—49, 88—96, 138—141). Was die Datierung der Malerei der Seitenkapellen anbelangt, so wird diese hier im Gegensatz zu allen früheren Beiträgen nicht nach der Errichtung der Türkenherrschaft, sondern um das Jahr 1360 angesetzt. Das Buch war bereits erschienen, als M. Ćorović-Ljubinković in *XIII vek*, 20, die Angabe machte, daß in der Nikolauskapelle seinerzeit noch einwandfrei das Porträt einer Frau und in der zugehörigen Inschrift der Königinnentitel zu erkennen gewesen seien, weshalb sie die dortigen Fresken in das ausgehende 13. bzw. beginnende 14. Jahrhundert, jedenfalls aber noch vor 1346 datierte, während sie in bezug auf diejenigen der Georgskapelle nicht sicher war, welchem Zeitraum sie zuzuordnen seien. S. Radojčić, *Slikarstvo*, 120, behauptet, noch 1939 an der Westwand der Nikolauskapelle ein Inschriftfragment mit dem Namen der Königin Jelena gesehen zu haben; auf diesen Umstand stützt er seine Datierung in die ersten Jahre des 14. Jahrhunderts. Offensichtlich bringt er das Entstehen der Malerei in Verbindung mit dem Text von Erzbischof Danilo II., in dem es heißt, Königin Jelena habe es sich nach dem Tod ihres Gemahls, Urošs I., angelegen sein lassen, das von ihm begonnene Werk zu Ende zu führen (vgl. S. Radojčić, *Sopoćani et l'art européen du XIIIe siècle*, L'art byzantin du XIIIe siècle, Symposium de Sopoćani 1965, Beograd 1967, 205—206). Die durch die bewußte Inschrift ausgelöste Verwirrung beseitigte R. Nikolić in *O datovanju živopisa u kapeli sv. Nikole i sv. Đorđa u Sopoćanima*, Saopštenja IX (1970), 71 und Zeichnung 2 auf S. 65, wo das zur Frage stehende noch erkennbare Fragment als . . . ѢPNA erscheint, was nun keinesfalls als Teil des Namens Jelena gedeutet werden kann. Der Autor schlägt als Lösung „Katerina" vor und verknüpft damit die Annahme, das zerstörte Porträt habe Königin Katerina, die Gemahlin König Dragutins, dargestellt. Übrigens datiert er die Fresken in den Kapellen in die zweite Hälfte des 13. Jahrhunderts. Er bringt in diesem seinem Beitrag (S. 63—72) überdies eine Beschreibung sämtlicher Fresken beider Seitenkapellen neben dem Naos; seine paläographischen Analysen allerdings, die Ergebnisse, zu denen er in bezug auf den Stil gelangt, und die These von einem benediktinischen Einfluß aus dem Küstenland auf die Malerei der Raška sind für die Wissenschaft unannehmbar.

In Anbetracht des verhältnismäßig schwer einzuordnenden Stils der Fresken der Seitenkapellen von Sopoćani und des spezifisch lokalen Gepräges ihrer rückständigen Schöpfer sind zunächst noch einschlägige Gutachten fachlich gebildeter Paläographen und Epigraphiker abzuwarten, damit eine genauere Datierung vorgenommen werden kann. Vorstellbar wäre nur noch, daß die der Malertätigkeit voraufgegangenen baulichen Abschlußarbeiten an den Kapellen mit der Fertigstellung des Exonarthex und dessen Ausmalung zusammenfielen.

Zur Errichtung und Freskenausstattung des Exonarthex vgl. V. J. Đurić, *Sopoćani*, 86—91, 238—239 (Aufführung der älteren Literatur). Die Vollendung des Wandschmucks wird ebenda in Erwägung der dargestellten historischen Persönlichkeiten mit der Spanne zwischen 1338 und 1346 angesetzt. Zu dem Bildnis der Herrscherfamilie vgl. S. Radojčić, *Portreti*, 55. Nachdem König Dušan darin als „Großkönig" bezeichnet wird, mit einem Beinamen, den er kurz vor seiner Kaiserkrönung zu führen begann, könnte der Entstehungszeitraum der Malerei auf 1344/45 eingeengt werden. Bei S. Radojčić, *Slikarstvo*, 141, ist im Rahmen eines kurzgefaßten Themenabrisses die — offensichtlich durch ein Versehen zustandengekommene — Angabe zu lesen, das Bauwerk samt den Fresken sei nach 1346 entstanden. Zur Ikonographie der Gottesmutter Aller Bedrängten Freude r. N. Davidović, *Predstava Bogorodice s Hristom „Krmiteljem" u Bogorodici Ljeviškoj u Prizrenu*, SKM I (1961) 86—87.

75.
Die Malerei von Lešak findet — allerdings nur teilweise — Erwähnung bei R. Grujić, *Pološko-tetovska eparhija i manastir Lešak*, GSND XII (1933) 63—64, wo außerdem ein vollständiger Abriß der Geschichte des Klosters in der Zeit der Erhebung Lešaks zum Bistum erscheint.

76.
Die wichtigste Abhandlung zur Malerei von Lesnovo schrieb L. N. Okunev, *Lesnovo*, L'art byzantin chez les Slaves, I recueil, II partie, Paris 1930, 222—263 (u. a. auch Aufführung der älteren Literatur, die allerdings im Zusammenhang mit den Fresken kaum von Bedeutung ist). Sie mag, was historische und chronologische Fragen anbelangt, teilweise veraltet sein und im Rahmen der Stilanalysen Fehlangaben bringen, unter die insbesondere die Vergleiche mit dem Wandschmuck von Mateič fallen — jedenfalls aber enthält sie eine denkbar vollständige Themenbeschreibung des Schaffenszyklus von Lesnovo und eine umfassende, vielseitige ikonographische Analyse dazu. In der vor Okunëvs Beitrag erschienenen Lesnovo-Monographie von S. Simić, *Lesnovski manastir sv. oca Gavrila*, Beograd 1913, liegt der Schwerpunkt auf der Geschichte des Klosters, während die Fresken — vor allem die Porträts historischer Persönlichkeiten — nur sehr spärlich zur Sprache kommen. Eine populär gehaltene kleine Monographie mit guten Illustrationen kam in jüngster Zeit heraus: S. Radojčić, *Lesnovo*, éd. „Jugoslavija", Beograd 1971 (= id., *Lesnovo*, Beograd 1971).

Von Belang für die Datierung des Wandschmucks im Schiff in die Zeit unmittelbar nach 1346 ist die Inschrift neben dem Stifterporträt, die (zusammen mit allen übrigen für die erstzeitliche Geschichte von Lesnovo wichtigen Inschriften) am treffendsten bei J. Ivanov', 158—159, veröffentlicht ist. Je mehr sich die Erkenntnis durchsetzte, daß diese Inschrift nicht, wie infolge des Vorhandenseins übermalter Stellen noch vor kurzem angenommen wurde (vgl. Đ. Bošković, *Natpisi*, 10—11), nacheinander, sondern auf einmal entstanden ist, desto stärker drängte sich die Frage auf, warum der serbische Herrscher Stefan Dušan darin als König bezeichnet wird, während bei dem Stifter Johannes Oliveros neben den sonstigen Rangbezeichnungen auch der Sebastokratoren- und der Despotentitel angegeben sind, Würden also, die er doch erst nach der im Jahre 1346 stattgefundenen Kaiserkrönung Dušans verliehen bekommen haben kann. Bei Đ. Stričević, *Jedna hipoteza o titulaturnom imenu srpskih despota XIV veka*, Starinar, n. s. VII—VIII (1958) 118—120, wird die Lösung des Problems — im Gegensatz zu der von einigen älteren Forschern aufgestellten These, das Erscheinen des Despotentitels bei Johannes Oliveros sei auf das spätere Zustandekommen des betreffenden Teils der Inschrift zurückzuführen — mittels der Unterstellung angegangen, die Despotenwürde sei Oliveros vom byzantinischen Kaiser verliehen worden. Gegen diese Annahme nun aber spricht schon allein der Wortlaut der Inschrift, in der es heißt, Oliveros habe den Titel des Despotes — ebenso wie den des Sebastokrators — vom serbischen Herrscher „für die ihm treulich geleisteten Dienste" erhalten. Daß Oliveros zunächst, und zwar gleich im Anschluß an die Ausrufung Dušans zum Kaiser, die Sebastokratoren- und erst danach, allerdings sehr bald, noch vor Beginn des Jahres 1347, die Despotenwürde verliehen wurde, wies B. Ferjančić in *Despoti u Vizantiji i južnoslovenskim zemljama*, Beograd 1960, 160—165, und *Sevastokratori i kesari u Srpskom carstvu*, ZFF, XI—1 (1970) 257—258, nach. Die Frage, warum Stefan Dušan am Anfang besagter Inschrift als König erwähnt wird, steht solchermaßen freilich noch immer offen — Tatsache aber bleibt, daß die Malerei von Lesnovo nach 1346, aber auch vor 1349 entstand; in letzterem Jahr nämlich wurden, wie aus der Inschrift über dem Portal hervorgeht, Bau und Ausmalung des Narthex vollendet. Zur Errichtung des letzteren ist zu sagen, daß sie im Laufe des Jahres 1346 in Angriff genommen und der Rohbau bis zur Aufsetzung des Kreuzes auf die Kuppel zu Beginn des Folgejahrs fertiggestellt worden sein muß; denn an diesem Metallkreuz ist neben den Initialen von Johannes Oliveros auch dessen Sebastokratorentitel erhaltengeblieben: Đ. BOŠKOVIĆ, *Beleške sa putovanja*, Starinar, III ser., VII (1932) 90—91, sl. 11.

Was die Maler von Lesnovo anbelangt, so wurden früher in der Regel zwei erwähnt, einer, der dadurch, daß die Stelle mit dem Namen in seiner Signatur beschädigt wurde, anonym blieb, und ein weiterer, nämlich der Meister namens Michael, der angeblich auf dem Schwert des Erzengels Michael im Narthex signierte: G. MILLET, *L'art serbe, Les églises*, Paris 1919, 26, fig. 16; S. RADOJČIĆ, *Majstori*, 35; Đ. BOŠKOVIĆ, *Graditelji i slikari*, 128; P. MILJKOVIĆ-PEPEK, *Podatoci*, 165—166; CH. DELVOYE, 355. Zur Unrichtigkeit der Behauptung, die Inschrift auf dem Schwert des Erzengels Michael stelle die Signatur des Malers Michael dar, vgl. V. J. ĐURIĆ, *Ime Merkurije iz Psače*, ZLU 7 (1971) 231—232. Die wirklichen Namen der Maler, die in eigenen Feldern im Schiff der Kirche eingetragen sind, wurden erst durch K. Balabanov anläßlich der zwischen 1958 und 1962 erfolgten Reinigung der Fresken entdeckt: vgl. K. BALABANOV, *Otkrieni se iminjata na zografite od manastirot vo Lesnovo*, Nova Makedonija, Skopje 16. IX 1962, 8, sowie id., *Novootkrieni iminja na zografi od 1341 godina vo crkvata na Lesnovskiot manastir*, Razgledi, VI/4, Skopje 1963, 400—407 (Differenzierung der einzelnen Maler nach den jeweiligen persönlichen Sondermerkmalen).

In Naos und Altarraum weisen die über Szenen und Einzelfiguren angebrachten Inschriften und die Texte der Schriftrollen in den Händen der Heiligen durchwegs altslawische Fassung in serbischer Variante mit gelegentlichen Einstreuungen der Jus-Orthographie auf, während die in die Gewänder verschiedener Gestalten hineingesetzten Anmerkungen sowie die Malersignaturen in Griechisch gehalten sind (vgl. B. KONESKI, *Crkovnoslovenskiot jazik na freskite vo Makedonija*, Simpozium na 1100 godišnina od smrtta na Kiril Solunski, 2, Skopje 1970, 102—103). Angesichts dieses konsequent durchgeführten sprachlichen Unterschieds zwischen den Inschriften der Malerei als solcher und der Signaturen ihrer Schöpfer drängt sich die Schlußfolgerung auf, daß letztere Griechen gewesen sind, dem Stil nach zu urteilen aus Makedonien stammten, die slawischen Freskeninschriften hingegen von slawischen Buchkopisten des bereits 1330 in Tätigkeit tretenden Skriptoriums von Lesnovo ausgeführt worden sein müssen (zu Stanislav dem Grammatiker, der seinerzeit in Lesnovo Buchabschriften in serbischer und Jus-Fassung der kirchenslawischen Sprache anfertigte, sowie seinen Mitarbeitern aus Štip vgl. Z. RASOLKOSKA-NIKOLOVSKA, *Crkvata sv. Đorđi vo Goren Kozjak*, ibid., 222—223). Im Narthex sind im Gegensatz dazu griechische und slawische Inschriften vermischt; denn der dortige Maler beherrschte, wie so viele Gebildete unter den damaligen Einwohnern Makedoniens, zwei Sprachen.

Die Interpretation bzw. Definition der stellenweise rätselhaften Thematik und der komplizierten Ikonographie der Fresken von Lesnovo ließen sich viele Autoren sowohl vor als auch nach der Lesnovo-Studie von Okuněv angelegen sein. Mit dem dem Erzengel Michael gewidmeten Zyklus befaßte sich L. MIRKOVIĆ in *Jedna freska iz ciklusa Čuda sv. arhanđela Mihaila*, PKJIF VI (1928) 265—268, und *Nejasne freske iz ciklusa Čuda sv. arhanđela Mihaila u Lesnovu*, GSND III (1928) 67—70. In diesen seinen Beiträgen gelang dem Verfasser lediglich die Definition der ersten Szene dieser Bilderfolge, darstellend die Errettung Konstantinopels vor den Sarazenen durch den Erzengel Michael, während er für die Bilder von der Heilung der Aussätzigen, der Heilung des Gelähmten und dem von den Dämonen befreiten Mönch keine entsprechende literarische Quelle ausfindig zu machen vermochte.

Ikonographische Abhandlungen zu der an den Narthexpendentifs erscheinenden Bildwiedergabe der Lehrtätigkeit der vier großen christlichen Liturgiker finden sich bei S. RADOJČIĆ, *Die Entstehung*, 116, id., *Tekstovi i freske*, Novi Sad o. D., 14—16, id., *Zografi, O teoriji slike i slikarskog stvaranja u našoj staroj umetnosti*, Zograf 1 (1966) 14 (Veröffentlichung des Textes der in den Händen von Johannes Chrysostomos befindlichen Schriftrolle, in dem die Maler dazu angehalten werden, der Natur ihre künstlerischen Schöpfungen abzulauschen und sie mit dem Wasser der Weisheit zu verdünnen), und T. VELMANS, *L'iconographie de la „Fontaine de Vie" dans la tradition byzantine à la fin du Moyen Age*, Synthronon, Paris 1968, 122—125 (Herausschälung unmittelbarer Bezüge zwischen den Darstellungen der behandelten Sujetgruppe und Texten der am 30. Januar, dem Tag der Drei Hierarchen, gefeierten Liturgien).

Von den im Narthex wiedergegebenen Einzelmotiven wurde fast ein jedes Gegenstand ikonographischer Untersuchungen: so vgl. zum Gleichnis von den zehn Jungfrauen V. R. PETKOVIĆ, *Parabola o deset devojaka u srpskoj umetnosti*, Raška I (Beograd 1929) 26—27, zur Gottesmutter „der lebensspendenden Quelle" D. MEDAKOVIĆ, *Bogorodica „Životonosni istočnik" u srpskoj umetnosti*, ZRVI 5 (1958) 205, T. VELMANS, o. c., 131, und D. PALLAS, *Ἡ Θεοτόκος Ζωοδόχος Πηγή*, Ἀρχαιολογικὸν δελτίον 26 (1972) 203, und zu den Präfigurationen der Gottesmutter N. BĚLJAEV, *La figuration de „l'Arche d'Alliance" dans la peinture balkanique du XIVe siècle*, L'art byzantin chez les Slaves, I/2, Paris 1930, 316, 323—324.

Zu dem ungewöhnlichen Reiterbild des Erzengels Michael s. V. R. PETKOVIĆ, *Arhanđel Mihailo iz Lesnova*, Bratstvo XX (Beograd 1926) 55—57, wo der Verfasser die Ansicht geltendmacht, der Michael hier verliehene Beiname des „Engelfürsten" sei dem Buche Daniel (X, 13, 21; XII, 1) entnommen, während seine Darstellung zu Pferd unter dem Einfluß des persischen Mazdaismus zustandegekommen sei und seine Rolle als guter Geist und Kämpfer wider das Böse aufzeige. Die Behandlung dieser Frage — allerdings ohne Anführung des Beispiels von Lesnovo — findet sich auch bei M. GARIDIS, *L'ange à cheval dans l'art byzantin*, Byzantion XLII (1972) 33—49. Das bei diesem Bild in Erscheinung tretende, von den früheren Forscher außer Acht gelassene Rot-Phänomen, d. h. der Umstand, daß Roß und Reiter ganz in Rot getaucht sind, findet seine Erklärung in Präzedenzien im Rahmen der altchristlichen Kunst, wo die rote Farbe die Engel des Lichts, die guten Geister, kennzeichnet, während ihre Widersacher, die bösen Geister oder Engel der Finsternis, durch Blau symbolisiert sind: E. KIRSCHBAUM, *L'Angelo rosso e l'Angelo turchino*, Rivista di archeologia cristiana XVII (Roma 1940) 209—248; G. BOVINI, *Mosaici di S. Apollinare Nuovo di Ravenna, Il ciclo cristologico*, Firenze 1958, 38—40 (Aufführung der älteren Literatur); P. VERZONE, *Da Bizancio a Carlomagno*, Milano 1968, 117—118; K. WESSEL in *Reallexikon zur byzantinischen Kunst*, II, München 1969, 530, 532 (zahlreiche Beispiele roter und blauer Engel).

Zur Ikonographie der im Narthex von Lesnovo erscheinenden Darstellung des hl. Christophoros mit dem Jesusknaben auf der Schulter, die mit ihrer westlich beeinflußten Prägung die älteste und möglicherweise die einzige ihrer Art innerhalb der ostkirchlichen Kunst des Mittelalters ist, vgl M. CHADZIDAKIS, *Recherches sur le peintre Théophane le Crétois*, DOP, XXIII—XXIV (1969/1970) 333. Ausführungen zu den Illustrationen der letzten Psalmen finden sich bei J. D. ŞTEFĂNESCU, II, 496—497, S. RADOJČIĆ, *Ikona „Hvalite Gospoda" iz Crkvenog muzeja u Skoplju*, GSND XXI (1940) 110—115, und P. MIJOVIĆ, *Carska ikonografija*, 115—117 — was allerdings in keiner dieser Abhandlungen zur Sprache kommt, ist der Umstand, daß die bewußten Psalmen Bestandteil des Totenoffiziums sind und für ihre Wiedergabe im Bild eben deshalb der Narthex ausgewählt wurde, wo dieses Offizium abgehalten zu werden pflegte. Ähnlich liegt der Fall in Rila und Kučevište: auch dort erscheinen die betreffenden Illustrationen im westlichen Bereich des Gotteshauses.

Ein besonderes Kapitel bilden die Beiträge, die den Porträts historischer Persönlichkeiten und deren Ikonographie sowie den mit ihrem Leben in Zusammenhang stehenden Szenen gewidmet sind. Zu den Porträts der kaiserlichen sowie der Stifterfamilie s. neben der Okuněvschen Monographie auch S. RADOJČIĆ, *Portreti*, 55—56, 92, M. KAŠANIN, *Umetnost i umetnici*, Beograd 1943, 41, 45, V. J. ĐURIĆ, *Tri događaja*, 84, und T. VELMANS, *Le portrait*, 95, zu den Bildnissen des hl. Sava von Serbien und des hl. Simeon Nemanja M. ĆOROVIĆ-LJUBINKOVIĆ, *Uz problem*, 85. Die historische Identifizierung der im Narthex wiedergegebenen Porträts der ersten beiden Bischöfe der Diözese von Zletovo nahm M. Purković vor: M. Purković, 40—41. Zur Szene des Entschlafens des hl. Gavrilo von Lesnovo s. V. J. Đurić, *Ist. kompozicije*, III, ZRVI XI (1968) 108—109.

Die umfassendsten Abhandlungen, die nach Okuněv zur Malerei von Lesnovo geschrieben wurden, sind die von V. R. Petković in *Pregled*, 169—173 (Geschichte und Themenbeschreibung), S. Radojčić in *Slikarstvo*, 143—148 (kunstgeschichtliche Studie), und T. Velmans in G. Millet, *La peinture*, IV (1969) XIII—XIV (besonders eingehende Behandlung der Ikonographie). Die beste Bilddokumentation enthalten V. R. Petković, *La peinture*, I, 120—131, II, pl. CLIV—CLXII, und G. Millet, *La peinture*, IV, pl. 6—28. Ergiebige Anmerkungen bringen Ch. Diehl, *Manuel*, II, 789, 821, 824, 827, id., *Peinture*, 31, 82—83, pl. LIV, P. Muratoff, 150, 151, M. Kašanin, *L'art*, 27, 75, N. Mavrodinov, *Živopis*, 145—147, Ph. Schweinfurth, *Form*, 104, A. M. Ammann, 184—186, LE, 3 (1964) 309, A. Grabar, *Europe orientale*, 69—70, S. Radojčić, *Geschichte*, 80—83, und D. Talbot Rice, *Painting*, 114.

Ein einschlägiger Text populärer Ausrichtung findet sich bei Nikolovski — Ćornakov — Balabanov, 116—119.

77.

Teilweise Beschreibungen dieser Fresken lieferten M. Bojčević in *Sveti Petar Koriški i njegov manastir*, Skoplje 1940, und M. Jovanović in *Hrišćansko delo*, IV/3, Skoplje 1938, 217—222. Ihre Erforschung und vollständige Beschreibung besorgte R. Ljubinković, *Isposnica Petra Koriškog, Istorija i živopis*, Starinar, n. s. VII—VIII (1958) 98—101. Entstehungszeitmäßig mit ihnen zusammen einzustufen sind möglicherweise die unbeträchtlichen Freskenreste in zwei weiteren Einsiedeleien Metochiens, nämlich Uljarica in der Miruša-Schlucht und St. Nikolaus im Kañon der Prizrenska Bistrica: *Kosovo*, 401, 408.

78.

Die Gesamtveröffentlichung dieser Fresken erfolgte durch F. Mesesnel, *Srednjevekovni spomenici u Ohridu*, I, *Crkva sv. Nikole Bolničkog i njene portretne freske*, GSND XII (1933) 157—178; id., *Ohrid*, 24—26. Nach ihrer Reinigung brachte K. Balabanov eine neue Beschreibung heraus — K. Balabanov, *Novi podatoci za crkvata sv. Nikola Bolnički vo Ohrid*, KN II (1961) 31—43 —, in der er gewisse durch den vorherigen Zustand der Malerei bewirkte Fehler berichtigte, allerdings auch seinerseits eine Fehlangabe machte, indem er den Entstehungszeitraum des Wandschmucks im Naos mit 1313/14 ansetzte — eine irrige Auffassung, die auch von einigen anderen Autoren übernommen wurde: s. Nikolovski — Ćornakov — Balabanov, 241, und R. Ljubinković, *Ohrid*, 125—126. Die Frage der Freskendatierung auf Inschriftsbasis erörterten G. Subotić in *Vreme nastanka crkve sv. Nikole Bolničkog u Ohridu*, Zograf 3 (1969) 16—17 (Einstufung auf 1345), und P. Miljković-Pepek, *O datiranju fresaka ohridske crkve sv. Nikole Bolničkog*, Zbornik Svetozara Radojčića, Beograd 1969, 197—201 (Festlegung auf 1335/36). In vorliegendem Buch wurde — jedenfalls, was die Malerei des Naos anbelangt — die Altersangabe des letzteren Autors befürwortet, da dieser bei dem Versuch, die teilweise beschädigte Jahreszahl in der Inschrift zu entziffern, mehr Einzelheiten auszumachen vermochte als alle übrigen Forscher. Gleichzeitig entspricht auch der Stil dieser Fresken eher dem vierten als dem fünften Jahrzehnt des 14. Jahrhunderts; von den in Ochrid vorhandenen Denkmälern aus letzterem Zeitraum — und es gibt deren einige — weist übrigens keines eine Ähnlichkeit mit dem Dekorationswerk von St. Nikolaus Heil der Kranken auf.

Zu dem Porträt des hl. Kliment von Ochrid s. C. Grozdanov, *O portretima*, 104—107, sowie A. Vasiliev, *Obraz't*, 352—353 (hier wurde der Wandschmuck allerdings fälschlicherweise in die Zeit der Ausmalung der Peribleptoskirche, d. h. an den Ausgang des 13. Jahrhunderts, datiert).

Die Fresken an der Südfassade, wo die Nemanjidenporträts erscheinen, beschrieb neben Mesesnel und Balabanov auch S. Radojčić, *Portreti*, 57. Etwas später erst erfolgte die Entzifferung der zu den abgebildeten Personen gehörigen Inschriften — Đ. Bošković, *Natpisi*, 11—13 — zu der nach der Reinigung der Fresken und der damit verbundenen Entdeckung der Bildnisse von Simeon Nemanja und Sava von Serbien eine nachträgliche Revision vorgenommen wurde: K. Balabanov in KN II (1961) 33—36. Den politischen Gehalt dieser Freskenschöpfung betonten neben F. Mesesnel auch M. Purković sowie — und dieser ganz besonders — R. Ljubinković: s. M. Purković, 49, und R. Ljubinković, *Influences*, 225. C. Grozdanov erhellte in *Prilozi*, 207—214, die geschichtlichen Begleitumstände bei der Schaffung dieser Fresken. Eine Analyse der ungewöhnlichen Ikonographie dieser Porträts erfolgte bei V. J. Đurić, *Tri događaja*, 76—87, wo die Ansicht geäußert wird, hier sei eine Wiedergabe der Versöhnung zwischen der Ochrider und der Serbischen Kirche in Bildform zustandegekommen. Was die Datierung dieser Fresken angeht, so kann hier das genaue Jahr angegeben werden, nämlich 1345.

Anmerkungen zur Malerei von St. Nikolaus Heil der Kranken finden sich darüberhinaus bei V. R. Petković, *Pregled*, 235, R. Kuzmanovski — D. Šaljić, *Ohrid*, Beograd 1966, 42, und S. Radojčić, *Slikarstvo*, 149.

79.

Das Augenmerk auf diese Fresken lenkte Đ. Mano-Zisi, *Sv. Sofija*, 128—129, 131—132, der sie ins 14. Jahrhundert datierte und Ähnlichkeiten mit der weit später entstandenen Malerei der Morava-Schule wahrnahm. In den gleichen Grenzen bewegen sich die Anmerkungen von F. Mesesnel in *Ohrid*, 36. Die besagte Datierung wurde auch von V. R. Petković akzeptiert: V. R. Petković, *La peinture*, II, 55; id., *Pregled*, 233. G. Millet setzt in *La peinture*, I, p. VIII, pl. 12_3, 13, das Entstehungsdatum des Wandschmucks im Obergeschoß des Endonarthex parallel zum Zeitpunkt der Errichtung des Exonarthex, d. h. mit 1313/14, an. R. Ljubinković hinsichtlich dieser Malerei äussert die Annahme, sie sei während der Amtszeit von Erzbischof Gregorios I., im zweiten Jahrzehnt des 14. Jahrhunderts, in Angriff genommen und unter Erzbischof Nikola um die Mitte desselben Jahrhunderts vollendet worden, während er die Fresken im Obergeschoß des Exonarthex als Schöpfung aus der Epoche Zar Urošs ansieht: R. Ljubinković, *Ohrid*, 129—130, 136—137. Ebenda findet sich auch eine — allerdings unvollständige — Veröffentlichung der Signatur Konstantins, in dem der Autor den Maler vermutet. Daß in der bewußten Inschrift wirklich die Rede von dem Maler und seinem Sohn ist, haben meine später zu dieser Frage angestellten Ermittlungen gezeigt.

Ältere Literatur zu den Porträts der Familie des Despoten Oliveros: Đ. Bošković, *Natpisi*, 13—15; J. Kovačević, *Nošnja*, 52—53.

Zwei gehaltvolle ikonographische Studien widmete dieser Malerei S. Radojčić: *Freska pokajanja Davidovog u ohridskoj Sv. Sofiji*, Starinar, n. s., IX—X (1959), 133—136, und *Čin*, 39—50. Auch Radojčić datiert die Fresken im Obergeschoß des Exonarthex in die Epoche Zar Urošs. Die Zusammenfassung der Malerei beider Narthizes zu einem Schaffenszyklus und dessen Datierung in die Mitte des 14. Jahrhunderts erfolgt bei V. J. Đurić, *Crkva sv. Sofije*, VIII—XI, pl. 43—46; ebenda wird auch die Entdeckung des Malernamens Johannes Theorianos veröffentlicht. Zu Thematik, Stil und Entstehungszeit vgl. weiter id., *Markov manastir — Ohrid*, 151—154.

Von besonders hohem Belang für die Erforschung der aus der Zeit um die Mitte des 14. Jahrhunderts stammenden Malerei der Sophienkirche sind die Abhandlungen von C. Grozdanov: *Prilozi*, 212—214 (Erörterung zu den Porträts von Erzbischof Nikola); *O portretima*, 112—114 (zur Bildaussage der Stifterkomposition und zur Ikonographie der Darstellung des hl. Klemens als Mönch); *Ohridske beleške*, 12—13 (erfolgreiche Definition der Stifterkomposition mit ihrer gemeinsamen Wiedergabe des Erzbischofs Nikola und des serbischen Patriarchen Joanikije); *Prilozi proučavanju Sv. Sofije ohridske u XIV veku*, ZLU 5 (1969) 42—53 (Veröffentlichung und ikonographische Analyse der in der

Narthexobergeschoßkalotte erscheinenden Illustration des Kanons von Johannes Damaskenos zur Koimesis sowie Behandlung der Porträts und Datierung der gesamten Malerei in der Kapelle Johannes des Täufers). Vgl. auch A. VASILIEV, *Obraz't*, 350—352 (Fehlidentifizierung der Gestalt des hl. Klemens und Fehldatierung der Malerei an den Anfang des 14. Jahrhunderts). Zu den Ökumenischen Konzilen s. CH. WALTER, *Conciles*, 114—115 (Versuch einer Aussageergründung).

80.

Das Anargyrenkirchlein machte verhältnismäßig wenig von sich reden. Seine Fresken und der hölzerne Ikonostas aus dem 14. Jahrhundert wurden zunächst bei F. MESESNEL, *Ohrid*, 45—46, registriert. Dann fanden der teilweise hohe künstlerische Gehalt der Malerei und die ikonographische Besonderheit der Darstellung des hl. Kliment und Konstantin Kabasilas' die Beachtung R. Ljubinkovićs' — R. LJUBINKOVIĆ, *Ohrid*, 126—127 —, dem andererseits auch der im einzelnen zwischen den Fresken in Erscheinung tretende Wertunterschied nicht entging, weshalb er auf den Gedanken kam, daß es sich hier um zwei Schaffenszyklen handeln müsse, von denen der eine am Ausgang des 13. und der andere zu Beginn des 14. Jahrhunderts entstand. In *Influences*, 224—225, greift er diese Datierung in der Weise wieder auf, daß er das Entstehen des Dekorationswerks in die Herrschaftszeit Andronikos II. Palaiologos verweist, und begründet diese Zuordnung mit dem Vorhandensein des Porträts Konstantin Kabasilas', indem er sogar annimmt, dieser werde als Palaiologenanhänger in der Ära der serbischen Herrschaft nicht mehr abgebildet — was sich als Fehlschluß erwiesen hat (vgl. V. J. ĐURIĆ, *Sopoćani*, 243—245, und C. GROZDANOV, *Prilozi*, 199—207). Die Darstellung des hl. Kliment mit dem Modell der Stadt Ochrid in den Händen erfuhr eine ausgezeichnete ikonographische Behandlung bei C. GROZDANOV, *O portretima*, 107—112.

Die Veröffentlichung der Templonikone der Gottesmutter Episkepsis besorgte K. BALABANOV in *Novootkrieni ikoni od XIII, XIV i XV vek*, Razgledi, Skopje, April 1959, 993; eine Abhandlung über sie, in der sie einem der Schöpfer des Wandschmucks der Anargyrenkirche zugeschrieben wird, erschien bei V. J. ĐURIĆ, *Icônes*, 32, 99 (vgl. auch K. BALABANOV, *Icones de Macédoine*, Beograd—Skopje 1969, XLIX, wo allerdings die Datierung zu spät angesetzt ist, nämlich mit dem Ende des 14. Jahrhunderts). Besondere Aufmerksamkeit widmete dieser Ikone P. Miljković-Pepek, der eine eigene Studie über sie verfaßte — P. MILJKOVIĆ-PEPEK, *L'icône de la Vierge Episkepsis d'Ohrid*, KN III (1969) 139—144 —, in der er sich mit ihrer Ikonographie befaßt, ohne jedoch die Ähnlichkeit zwischen ihr und den Fresken eines der in der Anargyrenkirche tätigen Meister zu gewahren — ein Versehen, welches die dem Autor unterlaufene Fehldatierung (Ausgang des 13. oder Beginn des 14. Jahrhunderts) mitverschuldet haben mag.

Die Unterstellung eines Schöpfertums Johannes Theorianos' bei diesen Fresken wird bei V. J. ĐURIĆ, *Crkva sv. Sofije*, X, und id., *Markov manastir — Ohrid*, 151—154 (ebenda Aufführung aller einschlägigen Beweise), vorgenommen. Kurz erwähnt sind die Fresken bei NIKOLOVSKI — ĆORNAKOV — BALABANOV, 249.

81.

Die wissenschaftliche Veröffentlichung der Ikone erfolgte bei V. J. ĐURIĆ, *Icônes*, 34, 101—102; ihre Zuordnung zu den Werken Johannes Theorianos' findet sich in id., *Crkva sv. Sofije*, X, id., *Markov manastir — Ohrid*, 152, sowie bei C. GROZDANOV, *O portretima*, 113. Mit ihr befaßte sich auch K. BALABANOV in *Icones de Macédoine*, Beograd—Skopje 1969, LII—LIII, pl. 45 (zu späte Datierung: ins ausgehende 14. bzw. anhebende 15. Jahrhundert). Bereits zuvor war sie in Bulgarien im Rahmen populärwissenschaftlicher Publikationen erfaßt und in Lichtbildform veröffentlicht worden, ohne daß dabei allerdigs eine genauere Markierung ihrer Entstehungszeit erfolgt wäre: vgl. A. VASILIEV, *Obraz't*, 355—358. (Aufführung der älteren Literatur; durch nichts begründete Annahme von der Urheberschaft eines bulgarischen Malers).

82.

Zu den von Erzbischof Nikola bzw. Sebastokrator Isaak Dukas gestifteten Ikonen der Gottesmutter Psychosostria und des Pantokrators vgl. V. J. ĐURIĆ, *Icônes*, 26—27, 93—95 (gesamte ältere Literatur), sowie des weiteren auch K. BALABANOV, *Icones de Macédoine*, Beograd—Skopje 1969, XLVII—XLVIII.

Zu dem Porträt des Sebastos von Prosenik, Johannes, vgl. V. R. PETKOVIĆ, *Starine*, Beograd 1923, 42 (dieser Autor war es, der die Namensinschrift wahrnahm und veröffentlichte), J. KOVAČEVIĆ, *Nošnja*, 51—52 (Beschreibung der Tracht des Burgherrn und Unterstellung, es handle sich um ein posthumes Porträt), Đ. BOŠKOVIĆ, *Ko je bio Jovan sevast Prosenika*, Glasnik na Muzejskokonzerv. društvo na NR Makedonija, 1 (Skopje 1954) 77—81 (Darlegung der schwer nachprüfbaren Hypothese, das Bild zeige den zukünftigen Despoten Johannes Oliveros und stamme aus der ersten Hälfte des 14. Jahrhunderts), und V. J. ĐURIĆ, *Crkva sv. Sofije*, XI, sl. 48.

Bei der Identifizierung von Johannes, dem Sebastos von Prosenik, käme noch am ehesten der in dem Chrysobull des byzantinischen Kaisers Andronikos II. aus dem Jahre 1323 erwähnte Sebastos Johannes Orestos in Betracht, der seinerzeit im Gebiet von Melnik — und die befestigte Burg Prosenik liegt zwischen Melnik und Serrhes — Häuser, Güter und Paroiken besaß und nach der Eroberung von Serrhes durch Dušan im Jahre 1345 zum Oberhaupt der Stadt wurde, deren Befestigungssystem er, im Jahre 1350, durch die Errichtung eines hohen Turms verstärkte, und der in der Folgezeit, unter dem Despoten Jovan Uglješa, einer der beiden ökumenischen Richter in Serrhes war. Vgl. G. OSTROGORSKI, *Serska oblast posle Dušanove smrti*, Beograd 1965, 88—90 (Anführung der älteren Literatur). Sollte das Bild in der Sophienkathedrale ihn darstellen, so müßte es vor 1345 entstanden sein.

83.

Die Malerei von Mateič wurde in Fachkreisen ziemlich unterschätzt. Lediglich ein Hinweis auf sie findet sich bei N. P. KONDAKOV', *Makedonija*, 199—200; wenig weiter ging N. OKUNJEV, *Građa za istoriju srpske umetnosti, 2. Crkva svete Bogorodice — Mateič*, GSND VII—VIII (1930) 89—113 —, der neben einer nicht sonderlich stichhaltigen stilistischen Bezugsetzung zu den Freskenwerken von Lesnovo und des Marko-Klosters eine Themenbeschreibung vornahm, die bei V. R. PETKOVIĆ, *La peinture*, I, pl. 133—142, II, 48—51, pl. CXLIV—CXLVIII, und id., *Pregled*, 185—188, ergänzt und durch Reproduktionen zahlreicher Fresken abgerundet wurde; gute Reproduktionen erscheinen weiter bei G. MILLET, *La peinture*, IV, 1969, XIX—XXIII, pl. 29—56, wo zudem T. VELMANS mehrere Wahrnehmungen zur Ikonographie einzelner Zyklen und wiederum eine Themenaufzählung bringt; der Stil dieses Werks schließlich fand stärkere Beachtung bei S. RADOJČIĆ, *Slikarstvo*, 149—151; der Autor nennt an stilistisch einschlägigen Schöpfungen Dečani — was nun keinesfalls den wahren Verhältnissen entspricht — und einige von orientalischem Einfluß durchsetzte byzantinische Miniaturen; die hiesigen Fresken betrachtet er als mittelmäßig in bezug auf den künstlerischen Gehalt.

Lebhaftere Anteilnahme riefen nur gewisse ikonographische Sonder- oder auch Ausnahmeerscheinungen hervor. Die Behandlung der drei Szenen des Zyklus vom Acheiropoieiton Christi erfolgte bei V. R. PETKOVIĆ, *Avgarova legenda u freskama Matejiča*, PKJIF XII (1932) 11—19, und I. MYSLIVEC', *Skazanije o pěrěpisě Christa s' Avgarom' na russkoj ikoně XVII věka*, SK V (1932) 187—189, wo neben dem Zyklus von Mateič auch ältere, bis ins 11. Jahrhundert zurückreichende Beispiele aus der byzantinischen Miniaturmalerei angeführt sind. Die älteren Illustrationen der Abgar-Legende erörterte S. DER NERESSIAN in *La légende d'Abgar d'après un rouleau illustré de la bibliothèque Pierpont Morgan à New York*, Actes du IVe Congrès international des études byzantines, Sofia 1936, 98—112. Mit der Ikonographie des Akathistos-Hymnos setzte sich J. MYSLIVEC in *Akathist*, 98—127, passim, auseinander. Der der Koimesis gewidmete Zyklus kommt unter Herausstellung des Zusammenhangs zwischen Bild und Inspirationstext bei L. WRATISLAV-MITROVIC ET N. OKUNEV, 160—161, passim, zur Sprache. Mit dem Marienleben befaßte sich J. LAFONTAINE-DOSOGNE in *Enfance*, 48, 64, 123, 154, 177, 205. Zu den Ökumenischen Konzilen äußerte sich CH. WALTER in *Conciles*, 113—114. Die Formenikonographie des Dreifaltigkeitsbilds wird bei R. GRUJIĆ, *Ikonografski motiv sličan induskom Timurtiu u staroj srpskoj likovnoj umetnosti*, Tkalčićev zbornik, I, Zagreb 1955, 99—107, behandelt. Speziell auf die Gestalt des hl. Kliment von Ochrid eingegangen ist C. GROZDANOV in *Pojava*, 69. G. Millet schließlich — G. MILLET, *Iconographie*, Index s. v. Mateiča — war es, der die Untersuchung der meisten Szenen des Festtags- und des Passionszyklus vornahm.

Besonderes Interesse fand die Ikonographie der Apostelgeschichte: J. MYSLIVEC, *Dvě studie*, 101—106, passim (in diesem Werk sind zahlreiche Zyklen der byzantinischen und der abendländischen Malerei zusammengetragen, wobei jeweils der entsprechende Zusammenhang mit der einschlägigen Textvorlage aufgezeigt wird). Dieser Zyklus von Mateič unterscheidet sich von den allermeisten in den Kirchen des Einzugsgebiets der byzantinischen Kunst vorhandenen Bildfolgen zu diesem Thema dadurch, daß seine Szenen fast regelmäßig jeweils zwei Begebenheiten umfassen, von denen die eine dem Prediger- und die andere dem Märtyrertum der Apostel entnommen ist. Während die auf die frühere römische Tradition zurückgreifenden Bildwiedergaben der Apostelgeschichte in den italienischen Denkmälern der Zeit zwischen dem 11. und dem 13. Jahrhundert — der Cappella Palatina in Palermo, in Monreale, San Paolo fuori le mura in Rom usw. — überhaupt auf Begebenheiten aus dem Leben der beiden ersten unter den Aposteln, Petrus und Paulus, reduziert sind — vgl. O. DEMUS, *The Mosaics of Norman Sicily*, London 1949, 294—299, und E. KITZINGER, *I Mosaici di Monreale*, Palermo 1960, 35—50 —, die ältere byzantinische Wandmalerei der Periode vom 10. bis zum 12. Jahrhundert hingegen nur zwei gesonderte Themenkreise kennt: einen, der ausschließlich die Predigten der Apostel zum Gegenstand hat — ein Beispiel dafür dürfte seinerzeit in der Apostelkirche (Apostoleion) in Konstantinopel vorhanden gewesen sein (vgl. N. MESARITES, *Description of the Church of the Holy Apostles at Constantinople*, ed. Glanville Downey, Transactions of the American Philosophical Society, N. S. Vol. 47, Part. 6, Philadelphia 1957, 875—877) —, und einen zweiten, der ihre Leidensgeschichte schildert — stellvertretend hierfür steht das aus dem 11./12. Jahrhundert stammende Freskenwerk in der über dem Diakonikon befindlichen Kapelle in der Ochrider Sophienkathedrale, das nur Szenen vom Märtyrertod der Apostel zeigt (vgl. Anm. 6 in diesem Buch) —, ist in der Version von Mateič, wie sehr sie auch im wesentlichen von dem ikonographischen Vorbild von Konstantinopel ausgeht, ein Zusammenschluß dieser beiden Separatfassungen zu einem einzigen großen Ganzen zustandegekommen. Eine ähnliche Lösung weist nur noch der im Rahmen der um 1200 geschaffenen Mosaiken unterhalb der Westkuppel von S. Marco in Venedig erscheinende Zyklus zu diesem Thema auf — vgl. O. DEMUS, *Die Mosaiken von S. Marco in Venedig*, Baden bei Wien 1935, 33—34, 91—92, und S. BETTINI, *Mosaici antichi di San Marco a Venezia*, Bergamo 1944, fig. XL, XLI —; ganz für sich hingegen steht der einschlägige Zyklus von Dečani.

Auch den Porträts und dem Nemanjidenstammbaum mit seiner ungewöhnlichen dynastischen Struktur wurden — neben den einschlägigen Stellen in dem Standardtext von N. L. Okuněv — etliche Abhandlungen gewidmet: S. RADOJČIĆ, *Portreti*, 59 (kurze Beschreibung); N. MAVRODINOV, *Rodoslovnoto d'rvo na carica Elena v Matejča*, Izvestija na B'lgarskoto istoričesko družestvo XXII—XXIII (Sofija 1948) 203—212 (Rekonstruktion der — ziemlich beschädigten — genealogischen Bildergalerie des Herrscherhauses; viele anzweifelbare Unterstellungen); V. J. ĐURIĆ, *L'art des Paléologues et l'Etat serbe*, Art et société à Byzance sous les Paléologues, Venise 1971, 190; T. VELMANS, *Le portrait*, 111, passim; V. I. DŽURIČ, *Portrěty v izobraženijach rožděstvěnskich stichir*, Sbornik statěj v čest' V. N. Lazarěva, Moskva 1973, 244—253 (zu der wahrscheinlich Zar Dušan darstellenden Gestalt im Rahmen des Weihnachtshymnos).

Kurze Anmerkungen zur Malerei von Mateič finden sich bei CH. DIEHL, *Peinture*, 31, R. GRUJIĆ, *Mitropolija*, 169—171, N. MAVRODINOV, *Živopis*, 144—145 (Unterstellung starker italienischer Einflüsse), NIKOLOVSKI — ĆORNAKOV — BALABANOV, 86, A. GRABAR, *Europe orientale*, 69—70, passim, und G. BABIĆ, *Chapelles*, 136, 138—142.

Zu der im Rahmen dieser Schöpfung zu beobachtenden Wiedergabe der Welt des Orients und des Okzidents schließlich ist noch zu sagen, daß diese in der Malerei des ostchristlichen Lebensraums von damals immer häufiger in Erscheinung trat. Neben Johannes Theorianos in Ochrid und den Meistern von Mateič hat sich auch der Miniaturmaler, der die Illustrationen zu der im Hellenischen Institut von Venedig aufbewahrten Alexandreis schuf, im Einfangen derartiger Milieus versucht: vgl. A. XYNGOPOULOS, *Les miniatures du Roman d'Alexandre le Grand dans le Codex de l'Institut Hellénique de Venise*, Athènes — Venise 1966.

84.

Das Bild vom Begräbnis des Patriarchen Joanikije veröffentlichte, ohne es zu datieren oder zu beschreiben, V. R. PETKOVIĆ in *La peinture*, II, fig. 34, pag. 30. Seine exakte Datierung sowie eine kurze Beschreibung davon erbrachte R. LJUBINKOVIĆ in *Apostoli*, XVII—XVIII, Abb. 60, 61. Eine Erörterung zur Authenzität der Wiedergabe des Patriarchatskirchenkomplexes von Peć im Hintergrund dieses Bilds findet sich bei V. J. ĐURIĆ, *Nastanak graditeljskog stila Moravske škole*, ZLU 1 (1965) 51—52, eine einschlägige ikonographische Abhandlung in id., *Ist. kompozicije*, ZRVI XI (1968) 106—107.

Zu dem „Patriarchen"-Bild Savas vgl. P. MIJOVIĆ, *Patrijaršija*, 24, und S. RADOJČIĆ, *Slikarstvo*, 186—187 (eingehende Beschreibung und Datierung in die Zeit nach 1375). Eine eigene ikonographische Studie erschien im Rahmen von V. J. ĐURIĆ, *Presto*, 93—104.

85.

Bei diesem Freskenzyklus weiß man nicht, wer der Stifter war. Sehr wahrscheinlich handelte es sich dabei um einen der ersten beiden serbischen Patriarchen: Joanikije oder Sava. R. LJUBINKOVIĆ, *Apostoli*, XII, datiert diese Malerei in den Zeitraum der ersten drei Jahrzehnte des 14. Jahrhunderts; S. RADOJČIĆ, *Slikarstvo*, 186—187, ordnet sie in etwa der Spanne zwischen 1375 und 1380 zu. G. Babić, die sich in ihrer speziell auf das Bild des hl. Sava ausgerichteten Studie — G. BABIĆ, *O rekonstrukciji oštećenih epigrama i natpisa na portretu sv. Save u južnoj pevnici sv. Apostola u Peći*, ZZSK XV (1964) 159—164 — unter sorgfältiger Erfassung der Zierbuchstaben auf dem Gewand des Heiligen im wesentlichen mit der Dechiffrierung der neben den Kreuzen erscheinenden Kryptogramme befaßt, läßt sich überhaupt nicht auf eine Altersbestimmung der Fresken ein; ja, sie ist nicht einmal sicher, ob das von ihr beschriebene Bild Sava I. oder Sava III. darstellt — eine Frage, die nun gar keine Schwierigkeiten bereitet: es handelt sich um ein Porträt Savas I. D. Tasić, der diesen Fresken eine monographische Untersuchung gewidmet hat — D. TASIĆ, *Živopis pevničkih prostora crkve sv. Apostola u Peći*, SKM IV—V (1968—1971) 233—267 —, datiert sie in die Zeit zwischen 1346 und 1380.

Besagte frühe Datierung in die ersten drei Jahrzehnte des 14. Jahrhunderts ist nicht nur unvereinbar mit den stilistischen Merkmalen dieser Malerei, sondern steht auch im Widerspruch zu gewissen geschichtlichen Tatsachen im Rahmen des Kirchenbaus von Peć. Die Chöre waren nämlich vor der Schaffung dieses Wandschmucks schon früher einmal ausgemalt worden, und zwar im Zeitraum um das Jahr 1260, aus dem sämtliche übrigen Fresken der Kirche — in Kuppel, Kuppelraum und Altarbereich — stammen. Als die Erzbischöfe Nikodim und Danilo II. im dritten und vierten Jahrzehnt des 14. Jahrhunderts an die Apostelkirche zwei weitere Gotteshäuser, die Demetrioskirche und die Kirche der

Gottesmutter Hodegetria, anbauten, begann sich durch das bei starken Regenfällen von den Dächern dieser neuen Gotteshäuser herabströmende Wasser in den Chorwänden der Apostelkirche Feuchtigkeit anzusetzen, und dies war die Ursache dafür, daß sich die ursprüngliche, im 13. Jahrhundert geschaffene Malerei der Chöre auflöste. Um einer weiteren Zerstörung des Wandschmucks und einem Verfall des Bauwerks selbst vorzubeugen, wurden die Chordächer ganz erheblich höher gesetzt — dazu vgl. M. ČANAK-MEDIĆ, *Prilog izučavanju crkve sv. Apostola u Peći*, ZZSK XV (1964) 169. Nachdem nun anzunehmen ist, daß die Schäden an den ursprünglichen Fresken der Chöre erst gewisse Zeit nach der Fertigstellung der beiden Nebenkirchen eintraten, können Dachumbau und Neuausmalung frühestens in den fünfziger Jahren des 14. Jahrhunderts erfolgt sein.

86.
Die treffendste Veröffentlichung der Freskeninschrift erfolgte bei J. IVANOV', 55, die zuverlässigste Identifizierung des Kirchenstifters, des Cäsars Grgur Golubić, bei Đ. SP. RADOJIČIĆ, *Ko je podigao manastir Zaum*, Istoriski pregled 1 (Beograd 1954) 44—46 (enthaltend auch die Aufführung der älteren Literatur, in der die Errichtung von Zaum fälschlicherweise mit dem Namen des Adeligen Grgur Branković in Verbindung gebracht wurde).

Eine Monographie zu dieser Malerei existiert nicht. Die Beschreibung gewisser Themen erscheint bei P. N. MILJUKOV', *Drĕvnosti*, 83—86, Đ. MANO-ZISI, *Crkve u okolini Ohrida*, Starinar, III ser., knj. VI (1931) 135—136, V. R. PETKOVIĆ, *Pregled*, 126, NIKOLOVSKI —ĆORNAKOV — BALABANOV, 245—248, und R. LJUBINKOVIĆ, *Ohrid*, 134—135. Miljukov, Petković und Ljubinković sind der Meinung, daß die Soldatenheiligen an der Narthexostwand Stifterporträts darstellen — eine Anahme, die sich als falsch erwiesen hat. Zur Ikonographie der Deesis mit dem Christuskönig, der Himmelskönigin in Gestalt der Gottesmutter und den Soldatenheiligen in Adeligengewändern vgl. Anmerkung 59 und 105 in diesem Buch. Die Ikonographie des Gottesmutterzyklus in dieser Kirche wird bei J. LAFONTAINE-DOSOGNE, *Enfance*, 48, 88, 113, 135, 154, behandelt.

Zum Kult der Gottesmutter von Zaum vgl. V. MARKOVIĆ, *Pravoslavno monaštvo i manastiri u srednjevekovnoj Srbiji*, Beograd 1922, 117—118, und ST. STANOJEVIĆ, *Beleške o nekim starim ikonama*, Beograd 1931, 10. Zu der von einem der Schöpfer des Wandschmucks von Zaum gemalten Prozessionsikone, die auf der Vorderseite die Gottesmutter Hodegetria und auf der Rückseite die Verkündigung zeigt, s. V. J. ĐURIĆ, *Icônes*, 27, 98—99 (Aufführung der älteren Literatur). Vgl. auch *Antica arte serba*, *Catalogo*, Roma 1970, 44—45 (zu frühe Ansetzung der Datierung der Ikone: in die erste Hälfte des 14. Jahrhunderts; Feststellung von Parallelen in der Kunst vom Ausgang des 13. Jahrhunderts).

87.
Diese Fresken sind im Rahmen der bisherigen Erforschung von Treskavac dem Augenmerk der Fachwelt entgangen.

88.
Eine fast vollständige Themenbeschreibung zu diesen Fresken findet sich bei P. N. MILJUKOV', *Drĕvnosti*, 43—46; weiter s. Đ. BOŠKOVIĆ, *Rad na proučavanju i konzervaciji srednjevekovnih spomenika*, Godišnjak Srpske kraljevske akademije XLII (Beograd 1934) 310, V. R. PETKOVIĆ, *La peinture*, II, fig. 53, id., *Pregled*, 245, 262, und NIKOLOVSKI — ĆORNAKOV — BALABANOV, 253—254. Von einer ausreichenden Erforschung dieser Malerei jedoch kann, wiewohl sie in all den genannten Abhandlungen zur Sprache kommt, erst mit dem Erscheinen der einschlägigen Studie von B. KNEŽEVIĆ, *Crkva svetog Petra u Prespi*, ZLU 2 (1966) 245—262, die Rede sein; erst diese Studie bringt eine vollständige Themenbeschreibung sowie die unumgängliche Analyse zu Ikonographie und Stil.

Das stärkste Interesse löste das Bild von der Belagerung Konstantinopels im Rahmen des Akathistos-Hymnos aus. Untersuchungen zur Ikonographie dieser Szene in der byzantinischen und rumänischen Malerei erscheinen in folgenden Beiträgen: V. GRECU, *Eine Belagerung Konstantinopels in der rumänischen Kirchenmalerei*, Byzantion I (1924) 273—289, id., *Influenţe sârbeşti in vechea iconografie bisericească a Moldovei*, Codrul Cosminului IX (Cernăuti 1935) 235—245, und C. GROZDANOV, *Ilustracija himni Bogorodičinog akatista u crkvi Bogorodice Perivlepte u Ohridu*, Zbornik Svetozara Radojčića, Beograd 1969, 50—51.

89.
Den aus den Jahren 1364/65 stammenden Fresken in der Kriche zur Gottesmutter Peribleptos wurde bis zu ihrer Reinigung 1959/60 nicht die gebührende Aufmerksamkeit zuteil. Bis zu diesem Zeitpunkt war lediglich die Stifterinschrift bekannt, die am besten bei J. IVANOV', 39, veröffentlicht ist. Im Zuge der Reinigung wurden dann aufschlußreiche Angaben sowohl über die Erneuerung der Kirche und die hauptsächlich daran beteiligten Personen als auch über die dabei entstandene künstlerische Schöpfung gewonnen. Eine nur unvollständige und zudem fehlerhafte Beschreibung der Malerei erscheint bei NIKOLOVSKI — ĆORNAKOV — BALABANOV, 236—238, und D. ĆORNAKOV, *Po konzervatorskite raboti vo crkvata sv. Bogorodica Perivleptos (Kliment) vo Ohrid*, KN II (1961) 89—93; eine kürzere einschlägige Ausführung findet sich bei R. LJUBINKOVIĆ, *Ohrid*, 135—136. Erst C. GROZDANOV brachte in *Prilozi*, 215—222, eine eingehende Erläuterung zu den Porträts und zur Geschichte des Gotteshauses um 1364/65 und in der Studie *Ilustracija himni Bogorodičinog akatista u crkvi Bogorodice Perivlepte u Ohridu*, Zbornik Svetozara Radojčića, Beograd 1969, 39—52, eine Abhandlung zur Ikonographie des bedeutendsten Zyklus innerhalb des Gesamtwerks: des Akathistos-Hymnos. Zu der vom Schöpfer dieses Zyklus stammenden Ikone des Tempelgangs Mariä vgl. V. J. ĐURIĆ, *Icônes*, 30, 87—88 (ältere Literatur, Attribution und Anmerkungen zur Malerei der Peribleptoskirche), und R. LJUBINKOVIĆ, *Ohrid*, 122, 136. Zum Freskenschmuck der Südkapelle und seinen Schöpfern als den künftigen Malern des Marko-Klosters s. V. J. ĐURIĆ, *Markov manastir — Ohrid*, 143—145.

Die von Bischof Gregorios von Devolli berufenen Maler, insbesondere die in der nördlichen Kapelle tätigen, weisen in ihrem Schaffen eine starke Ähnlichkeit mit dem eben auch zu dieser Ochrider Künstlergruppe gehörenden Schöpfer der Fresken in der kastorianischen Kirche Hagios Nikolaos tou Kiritzi auf: dazu vgl. S. PELIKANIDIS, pl. 156—160.

90.
Bis vor kurzem waren diese Fresken kaum ins Blickfeld getreten: V. J. ĐURIĆ, *Icônes*, 32; NIKOLOVSKI — ĆORNAKOV — BALABANOV 244. Mehr Beachtung schenkte ihnen G. SUBOTIĆ, *Sveti Konstantin i Jelena u Ohridu*, Beograd 1971, 36—43, 65—66, der neben einer Anregung zur Datierung des Entstehens dieser Kirche, das er auf das Wirken Jakovs, des seinerzeitigen Igumens des Klosters des hl. Kliment, zurückführt, eben auch eine Erörterung zu Fragen im Zusammenhang mit der jüngeren Malerei des Gotteshauses bringt. Eine Abhandlung zu der älteren Freskenschicht sowie die Unterstellung einer diesbezüglichen Urheberschaft eines der künftigen Maler des Marko-Klosters findet sich bei V. J. ĐURIĆ, *Markov manastir — Ohrid*, 145—148, passim.

91.
Nur am Rande vermerkt sind diese Fresken bei V. J. ĐURIĆ, *Crkva sv. Sofije*, XI, Abb. 47, und id., *Markov manastir — Ohrid*, 150—151, wo die Möglichkeit ihrer Stiftung durch Johannes, den Sebastos von Prosenik, und ihre Ähnlichkeit mit den Werken der Meister des Marko-Klosters aufgezeigt werden. Daß letztere wirklich auch diese Malerei schufen, wurde im Zuge einer nachträglich vorgenommenen Überprüfung dieser Frage festgestellt. Die Heiligengesichter und erst recht die so charakteristischen, flächig gestalteten Draperien stimmen in Farbe und Zeichnung vollauf mit den Arbeiten der ersten Gruppe unter den im Marko-Kloster tätigen Malern überein.

92.

R. Ljubinković, *Ohrid*, 133—134 (lediglich Beschreibung der Ochrider Heiligen; Datierung der Malerei in die Mitte des 14. Jahrhunderts; Unterstellung von Bezügen zu den Fresken im Narthexobergeschoß der Ochrider Sophienkathedrale), und Nikolovski — Ćornakov — Balabanov, 259—260 (Aufzählung bestimmter Kompositionen und ebenfalls — allerdings falsch, mit dem 16. Jahrhundert angesetzte — Datierung des Gesamtwerks).

93.

Hingewiesen wird auf diese Freskenreste bei D. Koco, *Bogorodica Čelnica*, Starinar, n. s. XX, Spomenica Đurđa Boškovića, Beograd 1970, 171—172. Der Verfasser datiert das Gotteshaus und folglich auch die Malerei ans Ende das 14. Jahrhunderts. Der stilistische Bezug zum Schaffen der künftigen Meister des Marko-Klosters wird aufgezeigt bei V. J. Đurić, *Markov manastir — Ohrid*, 150 (kurze Themenaufzählung; Datierung in die Zeit um 1360).

94.

Die Bekanntgabe des Themenkreises dieser Fresken und deren Datierung erfolgte bei P. Popović — V. R. Petković, 51—57, Bildtafeln. Petković ist unter Beibehaltung seiner in diesem Werk festgelegten Gesichtspunkte verschiedentlich auf die Malerei von Psača zurückgekommen: *La peinture*, I, pl. 149b—151b; II, 57, pl. CLXIX—CLXXII; *Pregled*, 269—270.

Die meisten Studien und Sonderbeiträge sind den Porträts gewidmet: P. Popović, *Prilog za studiju stare srpske crkvene arhitekture*, Starinar, III ser. I (1923) 111 (kurze Beschreibung der abgebildeten Personen); V. R. Petković, *Portreti iz Psače*, Narodna starina, XX (Zagreb 1929) 202—203; N. L. Okuněv', *Portrěty*, 91—93 (treffendste Beschreibung); S. Radojčić, *Portreti*, 60—61; R. Grujić, *Mitropolija*, 174, 476; K. Jireček, *Istorija Srba*, II², Beograd 1952, 340; J. Kovačević, *Nošnja*, 53—54.

Die Nikolausvita wird bei J. Myslivec, *Dvě studie*, 55, 66, 67, 90, 91, gestreift.

Eine kurze, aber gehaltvolle kunstgeschichtliche Analyse dieser Malerei erstellte S. Radojčić, *Slikarstvo*, 151—152. Als Herkunftsort der Maler zieht er den Athos in Betracht. T. Velmans vermerkt in G. Millet, *La peinture*, IV, 1969, XXIII—XXV, wo (pl. 57—72) auch gute Freskenreproduktionen erscheinen, Mängel bei der Einpassung des Bilds in den Rahmen der baulichen Gegebenheiten, eine Diskrepanz des Größenverhältnisses zwischen den ganzfigurigen Einzelgestalten und den Szenebildern (erste riesig — letztere im Vergleich dazu klein wirkend), das Auftauchen neuer ikonographischer Momente (Gottesmutter „lebensspendende Quelle" in der Apsis; in der Beweinungsszene um die Bahre herum sitzende Gestalten) und die innerhalb des Gesamtwerks deutlich erkennbare Zweiteilung der stilistischen Ausrichtung.

Was die in Psača wirkenden Maler anbelangt, vgl. auch P. Miljković-Pepek, *Zograf „Merkuri" — jedan od autora fresaka crkve sv. Nikole u Psači*, ZLU 7 (1971) 221—228, wo ein Schriftvermerk auf dem Schwert des hl. Merkurios für die Signatur eines Malers slawischer Herkunft gehalten, und V. J. Đurić, *Ime Merkurije iz Psače*, ibid., 231—234, wo die Unterstellung vom Vorhandensein einer Signatur an der bewußten Stelle als kaum wahrscheinlich zurückgewiesen und der Maler mit ziemlicher Sicherheit als in der slawischen Umwelt heimisch gewordener Grieche angesehen wird. Zu der Ochrider Ikone des hl. Nikolaus mit dessen Vita, die starke Affinitäten zum Wandschmuck von Psača aufweist, vgl. V. J. Đurić, *Icônes*, 32—33, 99—100 (Aufführung der älteren Literatur). Kürzere Ausführungen zur Malerei von Psača bringen außerdem N. Mavrodinov, *Živopis*, 149 (Behauptung von einer Urheberschaft nordbulgarischer Meister), Nikolovski — Ćornakov — Balabanov, 81—85, S. Radojčić, *Geschichte*, 84, J. Beckwith, *Art*, 150, und LE, 4 (1966) 32—33.

95.

Die Fresken von Rečani sind bis vor kurzem unbemerkt geblieben. Erst nach ihrer Reinigung und Konservierung — vgl. S. Vučenović, *Arhitektura crkve sv. Đorđa u Rečanu i konzervatorski radovi na njoj*, Glasnik Muzeja Kosova i Metohije I (Priština 1956) 347—353 — erfolgte auch ihre Veröffentlichung und Abhandlung, und zwar bei V. J. Đurić, *Nepoznati spomenici srpskog srednjevekovnog slikarstva u Metohiji*, SKM II—III (1963) 67—86. Vgl. auch S. Radojčić, *Slikarstvo*, 152—153, id., *Geschichte*, 84, und LE, 4 (1966) 65.

96.

Die Bildnisse des Adeligenpaars in Treskavac sind schon seit langem Gegenstand der Aufmerksamkeit: P. N. Miljukov', *Drěvnosti*, 112—113 (Fehlannahme, derzufolge es sich bei den Abgebildeten um König Milutin und seine Gemahlin handeln soll); V. R. Petković, *Treskavac*, EC, IV (1929) 593—594; id., *Pregled*, 238; J. Kovačević, *Nošnja*, 48—49; B. Babić, *Manastirot Treskavec*, Stremež 5—6 (Prilep 1959) 53; id., *Na marginama istorije manastira Treskavca*, ZLU 1 (1965) 25—26 (Erläuterung der Wechselbeziehung zwischen dem porträtierten Adeligen und der Erneuerung der Kapelle). Die Mehrzahl der Forscher datiert die beiden Bildnisse in die Zeit um die Mitte des 14. Jahrhunderts. G. Subotić teilte mir mit, er habe einen Teil des Tepeziatitels neben der männlichen Gestalt entziffern können.

97.

Die wesentlichsten Angaben zur Malerei von Konče brachte V. R. Petković in *La peinture*, I, pl. 148b, 149a, und *Pregled*, 150—151. L. Mirković ging in *Die italo-byzantinische Ikonenmaler-Familie Rico*, Actes du IVe Congrès international des études byzantines II, Sofia 1936, 129—130, auf die Ikonographie der Gottesmutter von der Passion ein (dazu vgl. auch Anm. 50 in diesem Buch). Die Geschichte des Klosters wird vergleichsweise am besten erhellt bei R. Grujić, *Arheološke i istoriske beleške iz Makedonije, Zadužbina velikog vojvode Nikole Stanjevića u Konči kod Strumice*, Starinar, n. s. III—IV (1955) 205—209. Eine kurze einschlägige Anmerkung erscheint auch bei Nikolovski — Ćornakov — Balabanov, 120.

98.

Eine Veröffentlichung der Fresken im Kloster des hl. Johannes des Täufers auf dem Menoikeion oberhalb Serrhes im Rahmen einer Monographie erschien erst vor kurzem: A. Xyngopoulos, *Αἱ τοιχογραφίαι τοῦ καθολικοῦ μονῆς Προδρόμου παρὰ τὰς Σέρρας*, Thessalonique 1973 (Beschreibung der Fresken aus der Zeit des Zaren Dušan auf S. 9—65, derjenigen aus der Periode des Despoten Jovan Uglješa auf S. 67—71). Zu dem Buch ist noch eine Sonderbesprechung fällig, da die Fresken nicht, wie der Autor annimmt, aus verschiedenen Epochen stammen, sondern in ihrer Mehrzahl unter Zar Dušan entstanden sind.

Die Veröffentlichung der Gräberfresken von Chilandar, einschließlich ihrer Datierung und der Identifizierung der in den einzelnen Grabkammern Bestatteten, unter Erbringung der entsprechenden Beweise findet sich bei V. J. Đurić, *Chilandar*, 56—58 (ebenda auch Aufführung der wenig umfangreichen älteren Literatur).

99.

Die Veröffentlichung der Fresken samt ihrer mit entsprechenden Argumenten belegten Datierung sowie der Darlegung der in diesem Zusammenhang ins Blickfeld rückenden Parallelen zwischen thessalonikischer und serbischer Malerei erfolgt bei V. J. Đurić, *Besrebrnici*, 125—136, und id., *La peinture murale de Resava*, 285.

100.

Die umfassendste Beschreibung dieser Fresken lieferte A. Orlandos in Ἀρχεῖον τῶν βυζαντινῶν μνημείων τῆς Ἑλλάδος, IV 1 (Athènes 1938) 69—99. Die besten Reproduktionen davon erscheinen bei S. Pelekanidis, pl. 119—139. Kürzere einschlägige Ausführungen: G. Millet, *Iconographie*, 392 (Registrierung der hohen Ähnlichkeit zwischen der Kreuzabnahme in Hagios Niketas bei Skopje und der gleichen Szene im hiesigen Gotteshaus; in der Tat handelt es sich hierbei um eine Kopie mit nur unwesentlichen Änderungen); A. Stransky, *Remarques*, 44—45.

101.
Die Malerei von Zemen klingt wirklich sehr stark an diejenige des kastorianischen Hagioi Taxiarchoi an: weitgehende Affinität der Heiligentypen, hier wie dort Vorrang der — zudem gleichermaßen naiven — Zeichnung vor allen anderen Ausdrucksmitteln, Ähnlichkeit der Gestaltung von Haupt- und Barthaar und Draperien und schließlich noch gemeinsame Merkmale bei der Farbgebung: fehlender Schmelz und Mißklänge. Beide Werke stammen aus denselben Jahren, beide stehen in ihrer Epoche völlig isoliert da. Es ist nicht ausgeschlossen, daß die Stifter in beiden Fällen auf das Wirken einer lokalstädtischen, höchstwahrscheinlich in Kastoria beheimateten Malerwerkstatt zurückgriffen.
Zum Unterschied von den kastorianischen Fresken erfuhren die von Zemen eine sehr umfassende Behandlung. Sowohl ihre Datierung als auch die Zugehörigkeit ihrer Stifter wurden Gegenstand eingehender Auseinandersetzungen. Hier nur die wichtigsten einschlägigen Abhandlungen: A. Grabar, *Bulgarie*, I, 185—223, II, pl. XXII—XXXIV (vollständige Beschreibung und ikonographische Analyse); N. Mavrodinov, *Živopis*, 171—176; Đ. Stričević, *O titularnom imenu srpskih despota*, Starinar, n. s. VII—VIII (1958) 114—117 (stichhaltigste Ausführungen zur Identifizierung der Mitglieder der Stifterfamilie und Klarlegung ihres Verhältnisses zum serbischen Zaren — Aufführung der gesamten älteren Literatur zu dieser Frage); D. Panajotova, *Bolgarskaja monumental'naja živopis' XIV věka*, Sofija 1966, 117—168 (im wesentlichen auf Grabars Werk aufbauend); L. N. Mavrodinova, *Zemenskata c'rkva*, Sofija 1966 (kleine Monographie, enthaltend die Zusammenfassung der früheren Studien der Verfasserin über Stifter, Entstehungszeit und Stil der Fresken von Zemen; im Endergebnis Fehlschluß in bezug auf die Datierung: ausgehendes 13. oder beginnendes 14. Jahrhundert); A. Boschkov, *Die bulgarische Malerei*, Recklinghausen, 1969, 73, 75, Abb. 52—60; I. Dujčev, *Traits de polémique dans la peinture murale de Zemen*, ZLU 8 (1972) 119—127 (in Anlehnung an die von A. Grabar vorgenommene Analyse der „Zurichtung der Nägel für die Kreuzigung Christi" gelangt der Autor zu dem Urteil, daß es sich hierbei um ein polemisches Bilddetail judenfeindlichen Charakters handelt, welches sich gegen die bulgarische Kaiserin Theodora richtete, die Jüdin war — eine kühne Schlußfolgerung, aus der wiederum die Datierung der Fresken in die Mitte des 14. Jahrhunderts sowie die Unterstellung der damaligen Unabhängigkeit des Herrschaftsgebiets des Despoten Dejan resultiert).

102.
Eine umfassende Studie über den Wandschmuck von Hypapanti erbrachte erst G. Subotić in *Počeci monaškog života i crkva manastira Sretenja u Meteorima*, ZLU 2 (1966) 143—176 (Aufführung der gesamten älteren Literatur).
Zu den historischen Inschriften sowie dem Porträt und der Persönlichkeit des Hieromonachen Neilos vgl. M. Laskaris, *Byzantinoserbica saeculi XIV*, Byzantion (1957) 5—6, 13—61, 21—25, 33—34, und D. M. Nicol, *Meteora*, London 1963, 84—86, 158—160, passim.
Die interessante Erscheinung des fischenden Knaben im Rahmen der Taufe Jesu ist aus der altchristlichen Malerei der römischen Katakomben übernommen. Der Fischer hat nämlich einen symbolischen Gehalt: er verkörpert das Geheimnis des Christwerdens durch die Taufe: vgl. F. Gerke, *Die Spätantike und frühes Christentum*, Baden-Baden 1969, 26, 36.

103.
Entdeckung, Reinigung und Konservierung dieser Malerei erfolgten zwischen 1969 und 1973. Davor war nur ein kleines Fragment bekannt, welches ins 13. Jahrhundert datiert wurde: Z. Kajmaković, *Novosti iz Savine*, Zograf 3 (1969) 58—59 (vgl. a. id., *Slikarstvo*, 58). Kurz vor Abschluß der besagten Arbeiten erschienen zwei ziemlich knapp gefaßte Beschreibungen der Fresken, in denen diese dem Maler Lovro Dobričević aus Kotor zugeschrieben werden: V. J. Đurić in *Istorija Crne Gore*, II/2, Titograd 1970, 462—463; id., *Manastir Savina*, Boka 5 (Herceg-Novi 1973) 8—15.

104.
Kurzbeschreibungen der Porträts bzw. nur die Entzifferung der dabeistehenden Inschriften finden sich bei: J. Šafarik, *Građa za staru istoriju srbsku*, Glasnik Društva srbske slovesnosti VI (Beograd 1854) 188, Antonin', 324—325, list' 5, 7 (Zeichnungen der Porträts und Erfassung der Inschriften aus der Zeit, da sie noch besser erhalten waren), P. N. Miljukov', *Drěvnosti*, 124—125, J. Hadži-Vasiljević, *Prilep i njegova okolina*, Beograd 1902, 71—72, und J. Ivanov', 70. Die umfassendste einschlägige Beschreibung mit Analyse erscheint bei S. Radojčić, *Portreti*, 62—64.

105.
Die grundlegende — wenngleich nicht vollständige — Studie zur Malerei des Marko-Klosters schrieb L. Mirković i Ž. Tatić, *Markov manastir*, Novi Sad, 1925, 1—6, 31—76 (Aufführung der gesamten älteren Literatur, die sich hauptsächlich auf die Geschichte des Klosters beschränkt). L. Mirković war es auch, der die Kenntnis der komplizierten Ikonographie dieses Werks im Laufe der Zeit durch eine Reihe von Sonderstudien bereicherte: *Anđeli i demoni na kapitelima u crkvi sv. Dimitrija Markova manastira kod Skoplja*, Starinar, III ser. VI (1931) 3—13 (von apokryphen Deutungen der Liturgie ausgehende Erklärung der Engel- und Dämonenerscheinungen); *Novootkrivene freske u Markovom manastiru kod Skoplja*, GSND XII (1933) 181—191 (ikonographische Definition der Figuren in der unteren Zone von Schiff und Narthex); *Ikona Bogorodice Odigitrije u Markovu manastiru*, Starinar, n. s. I (1950) 247 (zu dem konstantinopolitanischen Brauch, die Ikone der Gottesmutter Hodegetria auf den Schultern zu tragen, wie dies in der Szene des 12. Ikos des Akathistos-Hymnos gezeigt ist); *Da li se freske Markova manastira mogu tumačiti Žitijem sv. Vasilija Novog*, Starinar, n. s. XII (1961) 77—88 (Deutung der Einzelgestalten in der unteren Zone der Kirche und in der Apsis sowie der Bilder in der Blendkalotte des Narthex).

Unter den vorhandenen ikonographischen Besonderheiten waren es vornehmlich das sich in der unteren Zone von Schiff und Narthex hinziehende Motiv des Himmlischen Hofstaats, verkörpert durch Christus als Kaiser und die Gottesmutter als Kaiserin, der Prophet David und die Soldatenheiligen als Edelleute in der damaligen byzantinischen Adelstracht, sowie das in der Narthexblendkalotte wiedergegebene Thema, welche in hohem Maße die Aufmerksamkeit auf sich lenkten. Das Bild des Himmlischen Hofstaats mit seinen nach Maßgabe der am irdischen Hof üblichen Rangstufen gekleideten Gestalten, wie es nicht nur hier im Marko-Kloster, sondern auch in Treskavac und Zaum, an der Fassade der Ochrider Peribleptoskirche und in Hagios Athanasios in Kastoria (s. a. Anm. 59 u. 86 in diesem Buch) erscheint, hat verschiedene Deutungen erfahren. G. Millet gelangte, nachdem er diese Darstellung im Münchner Serbischen Psalter, in Zaum und Kastoria wahrgenommen hatte, zu der Ansicht, daß es nicht nur durch die Psalmen, sondern auch durch Texte von Gregorios Palamas inspiriert sei, der in seinen Werken den Christuskönig, die Himmelskönigin und den himmlischen Hofstaat erwähnt — G. Millet, *Byzance et non l'Orient*, Revue archéologique XI (1908) 180—181 —, was ihn zu der Schlußfolgerung verleitete, die Verbreitung dieses Themas in der byzantinischen Malerei habe sich erst seit Palamas' Zeit verbreitet. Weiter ausgeführt wird die Idee vom Einfluß des Palamismus auf dieses Motiv bei A. Xyngopoulos, 'Άγιος Δημήτριος ὁ Μέγας Δοὺξ ὁ 'Απόκαυκος, 'Ελληνικά 15 (Tessalonique 1957) 122—140. Der Autor bezieht sich dabei auf eine Homilie des Konstantinopler Patriarchen Philoteos Kokkinos, in der er die Beschreibung des Traums Palamas' fand, in dem diesem der himmlische Hofstaat — der thronende Christuskönig und sein Gefolge: Duces und Hofadelige, in glänzende höfische Gewänder gekleidet — erschienen war. Mit der Entdeckung der Wiedergabe dieses Themas im Rahmen der um 1340, also vor dem Zustandekommen der Palamasschen wie der Philoteosschen Texte, entstandenen Fresken von Treskavac wurde die Annahme von der Möglichkeit einer palamistischen Beeinflussung von Wandbildschöpfungen mit diesem

Motiv hinfällig. Verworfen wird die Auslegung von G. Millet bei V. N. Lazarěv, *Kovalěvskaja*, 254—260; allerdings beschränkt sich der Verfasser bei seinen diesbezüglichen ikonographischen Untersuchungen auf die Gestalten des Christuskönigs und der Himmelskönigin.

Unabhängig von den Schaffensbeiträgen G. Millets, A. Xyngopoulos' und V. N. Lazarěvs ging dieses Thema S. Radojčić an, der in *Slikarstvo*, 153—155, 157, und insbesondere in *Freske Markovog manastira i život sv. Vasilija Novog*, ZRVI 4 (1956) 215—225, der Wiedergabe des Himmlischen Hofstaats in der unteren Zone, ebenso wie der des Gastmahls der Göttlichen Weisheit in der Narthexblendkalotte die Lebensbeschreibung des hl. Basilios des Jüngeren zugrundelegte. Auf diese Studie reagierte L. Mirković mit der Abhandlung *Da li se freske Markova manastira mogu tumačiti Žitijem sv. Vasilija Novog*, Starinar, n. s. XII (1961) 77—88, in dem er nicht nur Texte von Psalm 44 (45) sowie der salomonischen Weisheitssprüche, sondern auch den Cherubimgesang der Liturgie samt seinen Abwandlungen im Lauf des Kirchenjahrs, wie sie während des Großen Einzugs gesungen werden, für die Sinndeutung der die untere Zone von Altarraum, Schiff und Narthex füllenden Bildthematik wie auch des Motivs der Göttlichen Weisheit in der Narthexblendkalotte heranzieht. Bisher ist diese Erklärung die lückenloseste und einleuchtendste. Dazu s. a. P. Mijović, *Carska ikonografija*, 113—155, und D. Tasić, *Živopis pevničkih prostora crkve sv. Apostola u Peći*, SKM IV—V (1968—1971) 243—248. Mit der in der Freske der Narthexkalotte eingefangenen göttlichen Vision befaßte sich A. Grabar in *Sources*, 379. Die Himmlische Liturgie im Altarraum erfuhr ihre Deutung auch bei J. D. Ştefănescu, I, 74—75, passim, und S. Dufrenne, *Quelques aspects de l'iconographie des peintures de Mistra au temps du Despotat de Morée*, L'école de la Morava et son temps, Beograd 1972, 32, 34, passim (Aufführung der älteren Literatur sowie analoger Denkmäler).

Eine weniger intensive Behandlung wurde der Ikonographie der übrigen Zyklen und sonstigen interessanten Einzelsujets zuteil. Gewisse Szenen des Christuslebens werden bei G. Millet, *Iconographie*, 722, Répertoire, s. v. Marco, aufgegriffen. J. Myslivec setzte sich in *Akathist*, 98—127, passim, mit der Wiedergabe des Akathistos-Hymnos auseinander und analysierte in *Dvě studie*, 58, 60, 66, 67, 73, 87, 155, den dem hl. Nikolaus gewidmeten Zyklus. Auf den so ungewöhnlichen Festkalender ging Lj. Manojlović-Radojčić in *Ilustrovani Kalendar u Markovom manastiru*, ZLU 9 (1973) 61—80, ein. Zur Koimesisszene s. L. Wratislav-Mitrovic et N. Okunev, 167, zu der ihren toten Sohn beweinenden Gottesmutter V. N. Lazarěv, *Kovalěvskaja*, 251—254. Vgl. auch Anm. 42 und 137 in diesem Buch. Den umfassendsten Abriß der mit den Fresken des Marko-Klosters verbundenen ikonographischen Problematik brachte T. Velmans in G. Millet, *La peinture* IV, XXV—XXXIII. In einem anderen Beitrag, nämlich *Infiltrations occidentales dans la peinture murale byzantine au XIV*[e] *et au début du XV*[e] *siècle*, L'école de la Morava et son temps, Beograd 1972, 41—43, wendet sich dieser Autor den Engels- und Teufelsgestalten auf den Kapitellen sowie der Szene der Geißelung Christi zu und verweist diese Darstellungen in den abendländischen Einflußbereich. Letzteres Bild setzen überhaupt alle Forscher, die sich mit seiner Ikonographie befassen, in Bezug zum Westen; ungeachtet dessen erscheint es auch im „byzantinischsten" Denkmal jener Epoche, nämlich in Ivanovo, und auch auf der Staurothek des Kardinals Bessarion, die konstantinopolitanischen Ursprungs ist: vgl. E. Bakalova, *Sur la peinture bulgare de la seconde moitié du XIV*[e] *siècle*, L'école de la Morava et son temps, Beograd 1972, 65, note 22. K. Balabanov vermerkt in KN III (1971) 63—65, ein interessantes Detail auf zwei im Rahmen der Szenen der beiden letzten Strophen des Akathistos-Hymnos erscheinenden Ikonenwiedergaben: der darauf abgebildete Jesusknabe trägt einen runden Ohrring. Hier dürfte ein aus dem Orient übernommener Volksbrauch im Bild eingefangen sein, der das Tragen von Ohrringen bei Einzelkindern als Talisman gegen den bösen Blick sowie bei Kindern männlichen Geschlechts in Familien mit hoher Kindersterblichkeit vorsieht.

Bei der Reinigung und Konservierung der Fresken wurden die im 19. Jahrhundert übertünchten Stifterporträts freigelegt, die in der älteren Literatur ausgiebig debattiert wurden: P. Srećković, *Putničke slike*, Glasnik Srpskog učenog društva 46 (Beograd 1878) 220; I. Jastrebov, *Nastavak beležaka iz mog putovanja po Staroj Srbiji*, ibid., 57 (1884) 69—70; id., *Iz moga putničkog zapisnika*, Slovinac VII/1 (Dubrovnik 1884) 3; G. Balasčev' in Minalo 7—8 (Sofija 1913); V. Jordanov', *Krali-Marko*, Sofija 1916, Abbildung auf einer der Bildbeilagen; L. Mirković — Ž. Tatić, o. c., 1—3 (Aufführung der sonstigen älteren, weniger wichtigen Literatur); L. Mirković, *Mrnjavčevići*, Starinar, III ser. 3 (1925) 18—19; S. Radojčić, *Portreti*, 62. Die Veröffentlichung der einen Gruppe dieser Porträts — der an der Südfassade neben dem Kirchenportal erscheinenden Bildnisse König Vukašins und König Markos — besorgte: K. Balabanov, *Novootkriveni portreti kralja Marka i kralja Vukašina u Markovom manastiru*, Zograf 1 (1966) 28—29; id., *Novootkrieni portreti na kralot Marko i kralot Volkašin vo Markoviot manastir*, KN III (1967) 47—65 (Aufführung der wesentlichen Angaben; gelegentliche Unrichtigkeiten). Erneut beschrieben sind diese beiden Gestalten — diesmal zusammen mit den sie umgebenden Heiligen — bei V. J. Đurić, *Tri događaja*, 87—97, wo sich zudem eine ikonographische Sonderbetrachtung zum Bild König Markos unter dem Aspekt des darin enthaltenen Gedankens von einem „neuen David" findet. Vgl. auch T. Velmans, *Le portrait*, 113—114.

Die an der Narthexnordwand befindliche zweite Gruppe der Stifterporträts, umfassend König Vukašin mit dem Kirchenmodell in der Hand, Königin Jelena und König Marko, veröffentlichte N. Nošpal-Nikuljska in *Za ktitorskata kompozicija i napisot vo Markoviot manastir — selo Sušica, Skopsko*, Glasnik, Institut za nacionalna istorija XV (Skopje 1971) 225—235. Vgl. auch V. J. Đurić, *Markov manastir — Ohrid*, 133 (etliche Berichtigungen zu der früheren Beschreibung). Interessant ist der Umstand, daß die Porträts in den Zug der den himmlischen Hofstaat bildenden Heiligengestalten eingefügt und neben die Wiedergabe Kaiser Konstantins und seiner kaiserlichen Mutter Helena gesetzt sind. Den Leitgedanken für die Aufnahme der Porträts in den Rahmen dieses Sujets fand der Maler — dabei offensichtlich von einem Vertreter der Geistlichkeit beraten, der die Ausschmückung des Gotteshauses leitete — in jenem Gebet, das während des Salbungsakts bei der Krönung der byzantinischen wie auch der serbischen Herrscher gelesen und bei dem der „König der Könige und Herr der Herren" um Erhörung der Bitte angefleht wurde, die Regierung des neuen Herrschers möge durch die Mittlerschaft Samuels und Davids und die Fürsprache der Gottesmutter, Konstantins und Helenas und anderer Heiliger friedlich, gerecht und ohne Wirren sein. Zu diesem Gebet vgl. V. J. Đurić, *Tri događaja*, 93 (Aufführung der älteren Literatur).

Häufig wird darauf hingewissen, daß im Marko-Kloster auch eine Abbildung Zar Urošs vorhanden sei, und zwar in der Szene der 23. Strophe des Akathistos-Hymnos: S. Radojčić, *Slikarstvo*, 156; G. Babić, *L'iconographie constantinopolitaine de l'Acathiste de la Vierge à Cozia (Valachie)*, ZRVI XIV/XV (1973) 188 (Geltendmachung des Vorbehalts, daß das fragliche Bildnis auch den byzantinischen Kaiser darstellen könnte, der zur Zeit der Dichtung des Akathistoshymnos herrschte). Nachdem der Wandschmuck des Marko-Klosters frühestens 1376 entstanden sein kann, ist das Erscheinen des 1371 verstorbenen Uroš im Rahmen dieses Werks ein Ding der Unmöglichkeit. Bei der bewußten Gestalt handelt es sich tatsächlich um die Darstellung eines byzantinischen Kaisers, möglicherweise Herakleios', wie dies Mirković annahm.

Zu der im Zuge der Konservierung gemachten Neuentdeckung der Stifterinschrift in dem Gotteshaus vgl. N. Nošpal-Nikuljska, o. c., 235—238 (Aufführung der älteren Literatur). Berichtigungen zur Lesung dieser Inschrift sowie die Datierung des Baus und der

Ausschmückung der Kirche finden sich bei V. J. ĐURIĆ, *Markov manastir — Ohrid*, 133. Einzelheiten über den Verlauf der Konservierung: S. SPIROVSKI, *Rezultati od konzervatorskite raboti na freskoživopisot vo crkvata sv. Dimitrija — Markov manastir*, Glasnik, Institut za nacionalna istorija, XV (Skopje 1971) 239—245.

Die grundlegende Aufteilung des Gesamtwerks in zwei unterschiedlich geprägte Schaffenszyklen erfolgt bei V. J. ĐURIĆ, *Markov manastir*, LE, 3 (1964) 409—410, S. RADOJČIĆ, *Slikarstvo*, 157—160, und im Text von T. VELMANS in G. MILLET, *La peinture*, IV, 1969, XXXII. S. Radojčić und T. Velmans neigen dazu, diese Malerei auch, was den Stil anbelangt, in Bezug zur romanischen bzw. gotischen Kunst des Abendlands zu setzen. S. Radojčić zufolge waren die Meister des Marko-Klosters Vertreter der stilistischen Auffassungen des Küstenlands. Der Beweis dafür, daß die ältere Malergruppe aus den Künstlerwerkstätten Ochrids hervorging, die jüngere aber mit hoher Wahrscheinlichkeit aus Skopje kam, wird erst bei V. J. ĐURIĆ, *Markov manastir — Ohrid*, 131—160, angetreten.

Zu den im Rahmen der religiösen Malerei vorgenommenen Versuchen, zum Zeitpunkt seines Entstehens geübte liturgische Bräuche im religiösen Bild einzufangen sowie die Gestalten der erscheinenden Geistlichen, Sänger und Vorleser, ja sogar die von Heiligen in zeitgenössischen Gewändern wiederzugeben, vgl. J. MYSLIVEC, *Akathist*, 117—118, id., *Dvě studie*, 155, und V. J. ĐURIĆ, *La peinture murale de Resava*, 288—289.

Die vollständigsten Beschreibungen zu den Fresken des Marko-Klosters sowie einschlägige Bilddokumentation enthalten folgende Werke: V. R. PETKOVIĆ, *La peinture*, I, pl. 142—146; II, 56—57, pl. CLXIII—CLXVII; id., *Pregled*, 180—183; G. MILLET, *La peinture*, IV, pl. 73—108.

Kürzere einschlägige Ausführungen: P. N. MILJUKOV', *Drěvnosti*, 134—136; P. N. KONDAKOV', *Makědonija*, 182—185; A. MICHEL, 953; Č. MARJANOVIĆ, *Srpski spomenici u novoj Srbiji, I. Markov manastir*, Beograd 1914; V. R. PETKOVIĆ, *Markov manastir*, Bosanska vila (Sarajevo 1914) 1—6; A. STEVANOVIĆ, *Jedno zanimljivo otkriće u izgledu*, Srpski književni glasnik (Beograd 1920) 371—376; id., *Nekoliko profanih fresko slika otkrivenih u Markovom manastiru*, ibid. (1922) 216—220, 293—298; id. in Godišnjak Srpske kraljevske akademije XXIX (Beograd 1921) 34—44; ibid. (1922) 73—93; CH. DIEHL, *Manuel*, II, 821; P. MURATOFF, 150, 151; J. HADŽI-VASILJEVIĆ, *Skoplje i njegova okolina*, Beograd 1930, 435—437; N. MAVRODINOV, *Živopis*, 147—149; D. TALBOT RICE, *The Beginnings*, 191; id., *Art*, 212—213; id., *Painting*, 114; A. GRABAR, *Europe orientale*, 70, 76, 78; *Vsěobščaja*, 118; L. S. ALEŠINA — N. V. JAVORSKAJA, 44; V. MOLÈ, 170; CH. DELVOYE, 355; V. LAZAREV, *Storia*, 390; S. RADOJČIĆ, *Geschichte*, 85—86; W. F. VOLBACH UND J. LAFONTAINE-DOSOGNE, 263—264, 274; NIKOLOVSKI — ĆORNAKOV — BALABANOV, 29—31; A. STOJAKOVIĆ, *Arhitektonski prostor*, 146, 195, 196.

106.

Zu dem klösterlichen Diptychon, in dem König Marko an erster Stelle genannt wird — daher auch meine Annahme, daß die Errichtung und Ausmalung der Kirche sein Verdienst ist oder doch zumindest zu seiner Zeit erfolgte —, vgl. J. IVANOV', 127. Eine Fehldatierung in bezug auf dieses Gotteshaus, nämlich in die Zeit um 1300, erscheint bei G. TRAJČEV, *Manastirite v' Makedonija*, Sofija 1933, 112—113. Auf die Fresken als solche lenkte die Aufmerksamkeit als erster R. LJUBINKOVIĆ, *Srpski crkveni spomenici u klisuri reke Treske*, bibl. „Hrišćansko delo", XXIV, Skoplje 1940, 9, 13 —; ihren Entstehungszeitraum allerdings setzt er mit der ersten Hälfte des 14. Jahrhunderts an. Treffend in der Darstellung und angemessen in der Datierung (nach 1371) sind die Ausführungen von S. RADOJČIĆ in *Slikarstvo*, 160. Die Zurückführung des Entstehens dieser Malerei auf das Schaffen der in Skopje bestehenden städtischen Künstlerwerkstätten erfolgt bei V. J. ĐURIĆ, *Markov manastir — Ohrid*, 139—140.

107.

Die Veröffentlichung der Fresken dieser Kirche ist noch nicht so lange her; sie erfolgte erst nach Abschluß der zwischen 1955 und 1958 an Architektur und Malerei des Gotteshauses vorgenommenen Konservierungsarbeiten: R. LJUBINKOVIĆ, *Istraživački i konzervatorski radovi na crkvi Vavedenja u Lipljanu, Istorija, živopis*, ZZSK X (1959) 71—73, 79—86, 91. Dabei wurde ihre Datierung zu früh angesetzt, nämlich innerhalb des Zeitraums der ersten zwei Jahrzehnte des 14. Jahrhunderts. Die Annahme, daß sie auch nach 1331 entstanden sein könnten, äußert dann M. JOVANOVIĆ in *Lipljan*, LE, 3, 1964, 320. S. RADOJČIĆ unterstellt in *Slikarstvo*, 166, die Möglichkeit einer Urheberschaft von Meistern der Malerwerkstatt des Metropoliten und Zographen Jovan aus Prilep. Die Datierung der Malerei in die Zeit nach 1371 und ihre Zuordnung zum Freskenwerk des Marko-Klosters erfolgt bei V. J. ĐURIĆ, *Morava*, 18, 43.

108.

Einen Abdruck der Schenkungsurkunde, derzufolge das Kloster Pološko in den Besitz von Chilandar überging, brachte S. NOVAKOVIĆ in *Zakonski spomenici srpskih država srednjega veka*, Beograd 1912, 409—410. Die Beschreibung der Malerei einschließlich der Aufzeigung der im Marko-Kloster dazu vorhandenen Parallelen erfolgt bei Đ. MANO-ZISI, *Pološko*, Starinar, III ser. VI (1931) 114—123. Freskenreproduktionen erscheinen auch bei V. R. PETKOVIĆ, *La peinture*, II, 51—52, pl. CLI—CLIII. Die Annahme von der Schaffung dieser Fresken im Jahre 1340 und die Feststellung ihrer Ähnlichkeit mit dem Wandschmuck des Marko-Klosters finden sich bei N. MAVRODINOV, *Živopis*, 149. S. Radojčić sieht in ihnen ein Werk konstantinopolitanischer Meister und zählt sie zu den besten ihrer Zeit: S. RADOJČIĆ, *Slikarstvo*, 148—149. Er datiert sie in die vierziger Jahre des 14. Jahrhunderts und erklärt einige der vorhandenen ikonographischen Besonderheiten (Kreuzigungsszene; Engel an den Pendentifs).

Kürzere Ausführungen: V. R. PETKOVIĆ, *Pregled*, 258—259; NIKOLOVSKI — ĆORNAKOV — BALABANOV, 144.

Zu dem Maler Mihail von Pološko vgl. H. R. WILLOUGHBY, *Greek rebinding colophons in Chicago manuscripts*, SK XI (Bělgrad' 1940) 26—27 (Verwechslung von Pološko mit Polozk in Rußland). Die exakte Erfassung der Inschrift erfolgt bei Đ. BOŠKOVIĆ, *Graditelji i slikari*, 128 (was freilich die Fresken anbelangt, unterstellt dieser Autor die Möglichkeit eines Entstehens zu Beginn des 14. Jahrhunderts). Die gesamte ältere Literatur zu dem griechischen Evangeliar von Chicago sowie ein Abriß seiner Geschichte sind bei G. BABIĆ, *Srpski zapisi u grčkom četvorojevanđelju br. 131 iz Čikaga (SAD)*, ZLU 8 (1972) 361—369, aufgeführt. Die in dieser Handschrift auf eingelegten Blättern erscheinenden Miniaturwiedergaben der drei Evangelisten werden von der Verfasserin allerdings nicht etwa dem 14. Jahrhundert, dem sie — mit ihrer starken Affinität zu den Wandbildern von Pološko ganz offensichtlich ein Werk des Zographen Mihail — zweifellos zugehören, sondern einem weit späteren Zeitpunkt, nämlich dem Jahr 1700, zugeordnet. Daß dem nicht so ist und diese Miniaturen ebenso wie die Fresken der hiesigen Kirche zu einer Zeit entstanden sind, da das Kloster Pološko noch eine Besitzung Chilandars war, wird sowohl durch die Person eines Kosmas von Chilandar und dessen nachdrückliches Bestreben um die Anfertigung der bewußten Handschriftenkopien in Pološko als auch durch die an so repräsentativer Stelle erscheinende Freskenwiedergabe des Tempelgangs Mariä, d. h. ausgerechnet der Szene des Festgeheimnisses von Chilandar, im hiesigen Gotteshaus bezeugt: beide zur Frage stehenden Werke also, Buch- wie Wandmalereien, sind unbedingt in die Zeit vor 1378 zu datieren, dem Jahr, in dem die Brüder Dejanović, Konstantin und Jovan Dragaš, Pološko einem anderen Athoskloster, nämlich Hagios Panteleimon, als Schenkung vermachten. Zu dieser Besitzübergabe vgl. S. NOVAKOVIĆ, o. c., 512—515.

Die einzigartige Ikonographie der Kreuzigungsszene fußt auf dem Wortlaut der von Johannes Chrysostomos verfaßten Predigt vom heiligen Kreuz: *Zlatoustove besede*, Pančevo 1882, 184—185.

109.
Die im Rahmen der Malerei erscheinende Stifterinschrift nahm zunächst J. Hadži-Vasiljević wahr; ihre Veröffentlichung durch diesen Autor aber — J. HADŽI-VASILJEVIĆ, *Prilep i njegova okolina*, Beograd 1902, 116 — enthält zahlreiche Fehler, zu denen auch noch die Datierung hinzukommt, die mit dem 15. Jahrhundert angesetzt wird. In berichtigter Lesart erscheint die Inschrift bei V. J. ĐURIĆ, *Icônes*, 41 (= *Ikone*, 37), wo auch ein Versuch zur Identifizierung des Stifters unternommen wird. Ihre vollständigste Erfassung gelang Z. RASOLKOSKA-NIKOLOVSKA in *Istorijatot na manastirot Zrze niz natpisite i zapisite od XIV do XIX vek*, Zbornik na Arheološkiot muzej (Skopje 1966) 88. Erwähnt wird sie auch bei P. MILJKOVIĆ-PEPEK, *O mitropolitu Jovanu i jeromonahu Makariju*, Bagdala 118 (Kruševac 1969) 12 (gleiche, nur etwas erweiterte Fassung: id., *O slikarima*, 240—241); im übrigen schreibt der Verfasser der hier wirkenden Malergruppe fälschlicherweise auch die Fresken in der Peribleptos-Kirche von Ochrid, im Marko-Kloster, in Lipljan und St. Nikolaus von Šiševo zu. Eine einschlägige Bemerkung bringt dieser Autor auch in seinem Text in *Prilep*, 104.

Die Reinigung und Konservierung der Fresken erfolgte 1962 und 1963. Einen Bericht dazu nebst einem kurzen, lückenhaften Themenabriß sowie einer Ausführung zur Frage der Schöpfer dieses Werks, bei der diese unzutreffenderweise mit dem Metropoliten Jovan und dem Hieromonachen Makarije angegeben werden, beinhaltet D. ĆORNAKOV, *Manastirot Zrze*, KN IV (Skople 1971) 15—18. Die bisher eizige Abhandlung zu dieser Malerei findet sich bei V. J. ĐURIĆ, *Mitropolit Jovan*, 21, 22—25.

110.
Die wesentlichsten Angaben zum Wandschmuck von St. Andreas an der Treska brachte V. R. PETKOVIĆ in *Jedna srpska slikarska škola XIV veka*, GSND III (1927) 51—61, *La peinture*, II, 58, und *Pregled*, 3—5. Eine gründliche Behandlung erfuhren sie daneben auch bei S. MIHAILOV, *Za arhitekturata i živopista na manastirskata crkva „Sv. Andrej" na r. Treska*, Arheologija 1 (Sofija 1968) 9—18.

Kürzere Ausführungen: R. LJUBINKOVIĆ, *Srpski spomenici u klisuri reke Treske*, bibl. „Hrišćansko delo", knj. XXIV, Skoplje 1940, 13—15; N. MAVRODINOV, *Živopis*, 147 (Fehldatierung: 1359); *LE*, I, 1959, 83; NIKOLOVSKI — ĆORNAKOV — BALABANOV, 33—35; S. RADOJČIĆ, *Geschichte*, 87—88.

Mit den beiden Malerpersönlichkeiten aus dem geistlichen Stand, dem Metropoliten und Zographen Jovan und dem Hieromonachen und Zographen Makarije, und damit wiederum auch mit den Fresken der Andreaskirche befassen sich folgende Werke: S. RADOJČIĆ, *Majstori*, 42—45; id., *Slikarstvo*, 164—168; V. J. ĐURIĆ, *Icônes*, 40—44, 105 (u. a. Aufführung der älteren Literatur zu der Ikone des Metropoliten Jovan mit dem Christusmotiv des Erlösers und Lebensspenders); id., *Mitropolit Jovan*, 18—33 (ältere Literatur); P. MILJKOVIĆ-PEPEK, *O slikarima*, 239—247.

111.
Von der sie überdeckenden Mörtelschicht befreit, gereinigt und konserviert wurden die Fresken 1969/1970. Eine einschlägige Kurzveröffentlichung besorgte im Zuge der Vorbereitung einer Monographie über das hiesige Gotteshaus P. MILJKOVIĆ-PEPEK, *Spomenici*, 7—11 (Konstatierung von Ähnlichkeiten mit dem Werk des Metropoliten Jovan). Vgl. auch *Prilep*, 103—104.

112.
Die ersten Angaben zum Tschin von Zrze, die noch vor seiner Reinigung erbracht wurden, stammen vom Autor des vorliegenden Buchs: V. J. ĐURIĆ, *Über den „Čin" von Chilandar*, BZ 53 (1960) 348; id., *Icônes*, 40, 41 (die ebenda geäußerte Annahme, es handle sich bei diesen Ikonen um Werke des Metropoliten Jovan, war durch den Zustand bewirkt worden, in dem sie sich vor ihrer Reinigung befanden — einen Zustand, der kaum verbindlichere Wahrnehmungen zuließ). Vgl. auch S. RADOJČIĆ, *Slikarstvo*, 166 (gleichfalls Unterstellung der Urheberschaft Jovans, und zwar nicht nur bei den Tschin, sondern auch bei dem die Verklärung darstellenden Fresko über dem Kirchenportal von Zrze, welches meiner Ansicht nach ein Werk des Malers Dimitrije ist). Zur Entzifferung eines im Rahmen des Tschin erscheinenden Schriftvermerks trug Z. Rasolkoska-Nikolovska durch die Berichtigung der Lesart eines Namens bei: Z. RASOLKOSKA-NIKOLOVSKA, *Istorijatot na manastirot Zrze niz natpisite i zapisite*, Zbornik na Arheološkiot muzej (Skopje 1966) 88. Nach der Reinigung wurde klar, daß es sich hier um eine Schöpfung des Hieromonachen Makarios und eines seiner Mitarbeiter handelt: V. J. ĐURIĆ, *Mitropolit Jovan*, 19, 32—33; P. MILJKOVIĆ-PEPEK, *O slikarima*, 244—245 (zu frühe Datierung des Tschin in die Zeit um 1400). Ganz aus der Reihe fällt lediglich die Zuschreibung K. BALABANOV, *Icones de Macédoine*, Beograd — Skopje 1969, XXV, LIV, der den Tschin grundloserweise dem Mönch Grigorije, einem Gehilfen des Metropoliten Jovan, zuschreibt.

Zu der Ikone der Gottesmutter Pelagonitissa s. V. J. ĐURIĆ, *Icônes*, 43—44, 105—106 (Aufführung der gesamten älteren Literatur), S. RADOJČIĆ, *Icônes*, XIII, Bibliographie no. 67, und K. BALABANOV, *Icones de Macédoine*, Beograd—Skopje 1969, LIV—LV. Balabanov schreibt Makarije (ebenso wie P. MILJKOVIĆ-PEPEK in *O slikarima* 246—247) auch eine in Ochrid gefundene und nunmehr in die Sammlung der Kunstgalerie von Skopje aufgenommene Ikone der Gottesmutter Hodegetria zu — eine Attribution, die angesichts der bei diesem Werk gegenüber Makarijes Schaffen zu verzeichnenden starken Abweichungen in bezug auf Gestaltung der Köpfe und künstlerische Verfahrensweise nur schwer aufrechtzuerhalten ist.

113.
P. Miljković-Pepek datierte dieses Wandbild in die Zeit um die Mitte des 13. Jahrhunderts: P. MILJKOVIĆ-PEPEK, *Contribution*, 193 n. 10, 195, fig. 19. Demgegenüber steht seine zeitliche Einstufung bei S. RADOJČIĆ, *Slikarstvo*, 166, die der slawischen Fassung der zugehörigen Inschrift mit dem Namen des Stifters, Dmitar, entspricht — einem Umstand, der vor der serbischen Eroberung Prileps im Jahre 1334 undenkbar ist; bezüglich der Attribution legt sich letzterer Verfasser auf die Schule des Metropoliten Jovan fest. Die Inschrift bringt (mit einigen Lesefehlern) V. ĆOROVIĆ in PKJIF VI (1926) 136; ebenda wird die Frage aufgeworfen, ob es sich bei dem darin erwähnten Dmitar nicht um den Sohn König Vukašins handeln könnte.

114.
Einen kurzen Abriß der Fresken sowie die (freilich nicht restlose) Erfassung der über Stifter und Maler informierenden Inschrift bringt P. N. MILJUKOV', *Drevnosti*, 63—65, dem indessen ein Versehen bezüglich des Namens der Kirche unterlief, den er mit St. Marina angibt. Die vollständige Beschreibung der Malerei und deren — allerdings grundloserweise mit dem ausgehenden 13. bzw. beginnenden 14. Jahrhundert angesetzte — Datierung erfolgte nebst einer eigenständigen, gegenüber der des ersteren Autors umfassenderen Lesung der Inschrift erst bei TH. POPA, *Piktura e shpellave eremite në Shqipni*, Studime historike, XIX, 3 (Tiranë 1965) 73—82. Die in Treskavac, Zaum, der Ochrider Peribleptoskirche, dem Marko-Kloster, St. Nikolaus von Šiševo und dem kastorianischen Hagios Athanasios erscheinende Wiedergabe der Soldatenheiligen in spezifischer Adelskleidung mit hoher Kopfbedeckung ist hier auf eine einzige Gestalt beschränkt, nämlich die des hl. Alexandros. Vgl. V. J. ĐURIĆ, *Mitropolit Jovan*, 20.

115.
Eine Beschreibung dieser Fresken findet sich erstmals bei P. N. MILJUKOV', *Drěvnosti*, 65—74, ebenso wie auch die Bekanntgabe der vorhandenen Inschriften von geschichtlichem Belang. Die Veröffentlichung letzterer erfolgte am treffendsten bei J. IVANOV', 59, und TH. POPA, *A propos de certaines inscriptions des églises de Notre-Dame à Maligrad et de Ristoz (Ascension) à Mborje*, Buletin i Universitetit Shtetëtor të Tiranës, ser. shkencat shoqërore, 2 (Tiranë 1959) 257—262.

An die kunstgeschichtliche Analyse dieser Malerei ging als erster A. Stránský heran: A. Stránský, *Portrét kesara Novaka a jeho rodiny na Prespanském ostrově Malý Grad v Albánii*, Ročenka kruhu pro pěstování dějin umění, Praha 1931; id., *Remarques*, 41—44. Die überhaupt beste Studie darüber verfaßte D. Dhamo, *L'église de Notre-Dame à Maligrad*, Studia albanica 2 (Tirana 1964) 107—119 (exakte Trennung der aus der Zeit des Cäsaren Novak stammenden und der älteren Freskenschicht).

Einschlägige Kurzbemerkungen erscheinen außerdem bei G. Millet, *Iconographie*, 273, 275, 406, 409, 410, 532 (zur Ikonographie der Szenen des Einzugs in Jerusalem, der Kreuzigung und der Auferstehung), V. R. Petković, *Pregled*, 261—262, J. Kovačević, *Nošnja*, 56, S. Adhami, *Monumente të kultures në Shqipëri*, Tiranë 1958, 113—115, V. Puzanova — D. Damo, *Někotoryje pamjatniki monumentaľnoj živopisi 13—14 věkov v Albanii*, Studia Albanica 2 (Tirana 1965) 160—161 [= *Disa tipare të pikturës monumentale në Shqipëri gjate skekujve XIII—XIV*, Studime historike 2 (Tiranë 1967) 110—111], Th. Popa, *Elemente laike dhe realiste në pikturën tonë mesjetare*, ibid., 1 (1972) 136—139 (zu den Porträts des Cäsaren Novak und seiner Angehörigen), und D. I. Pallas in *Reallexikon zur byzantinischen Kunst*, II, München 1968, 320—321 (Aufführung der gesamten älteren Literatur).

116.
Das Standardwerk zu diesen Fresken bilden die einschlägigen Ausführungen von A. Orlandos in *'Αρχεῖον τῶν βυζαντινῶν μνημείων τῆς 'Ελλάδος*, IV/2 (1938) 147—158. Die besten Reproduktionen davon erscheinen bei S. Pelekanidis, pl. 142—154.

Zur Ikonographie des Himmlischen Hofstaats vgl. zusätzlich zu den diesbezüglichen Hinweisen von A. Orlandos auch Anm. 105 in diesem Buch.

Ein kurzer Vermerk zur Malerei von Hagios Athanasios findet sich außerdem bei K. A. Pihion, *Τουριστικὸς ὁδηγὸς Καστορίας*, Kastoria 1958, 44—45.

117.
Die Fresken in diesem Gotteshaus kommen nur beiläufig zur Sprache; denn die meisten Forscher, die sich hier einfanden, wandten sich mehr den vorhandenen Inschriften historischen Inhalts zu denn der Malerei: P. N. Miljukov', *Drěvnosti*, 74—76; A. Stránský, *Remarques*, 43; Th. Popa, *Disa mbishkrime të kishave të Shën Mërisë në Maligrad dhe Ristozit në Mborje*, Buletin i Universitetit shtetëtor të Tiranës, ser. shkencat shoqërore, 2 (1959) 257—261; D. I. Pallas in *Reallexikon zur byzantinischen Kunst*, II, München 1968, 319—320 (vollständiges Literaturverzeichnis).

118.
Eine kleine Monographie über dieses Kirchlein schrieb M. Ćorović-Ljubinković, *Crkva Stari sv. Kliment u Ohridu*, Starinar, III ser. XV (1942) 92—100.

Sonstige einschlägige Kurzbemerkungen: F. Mesesnel, *Ohrid*, 46—47; V. R. Petković, *Pregled*, 235—236; R. Kuzmanovski — D. Šaljić, *Ohrid*, Beograd 1966, 43; Nikolovski — Ćornakov — Balabanov, 248. Zu der Ikone des hl. Naum s. V. J. Đurić, *Icônes*, 30, 101 (Zuordnung zur Malerei der Alten St. Klimentkirche), sowie K. Balabanov, *Icones de Macédoine*, Beograd—Skopje 1969, XLVIII, fig. 48 (analoger Rückschluß).

119.
Eine Abhandlung zur Malerei dieser Kirche existiert nicht; sie findet lediglich Erwähnung bei Đ. Mano-Zisi, *Mali prilozi o živopisu 14 veka ohridskih crkava*, Starinar, III ser. VI (1931) 135, F. Mesesnel, *Ohrid*, 38, R. Ljubinković, *Ohrid*, 127 (Datierung ans Ende der ersten Hälfte des 14. Jahrhunderts), R. Kuzmanovski — D. Šaljić, *Ohrid*, Beograd 1966, 43—44, und Nikolovski — Ćornakov — Balabanov, 252—253.

120.
C. Grozdanov, *Dzidnoto slikarstvo i ikonopisot vo Struškiot kraj*, Struga i Struško, Struga 1970, 337—338 (Beschreibung der Freskenreste und Datierung in die Zeit um 1370).

121.
Die Inschrift über dem Grab von Ostoja Rajaković wurde wiederholt veröffentlicht: Lj. Stojanović, *ZN*, IV, 1923, br. 6073; J. Ivanov', 39. Zur Frage der herzegowinischen Herkunft dieses Adeligen s. V. Ćorović in *Prilozi proučavanju narodne poezije* V (Beograd 1938) 53—56, und id., *Historija Bosne*, I, Beograd 1940, 287. Mit der gemutmaßten Rolle Ostoja Rajakovićs als Rhapsode von Volksepen scheint es nicht sonderlich viel auf sich zu haben, obschon dieses Thema ausgiebig diskutiert wurde. Neben den genannten Beiträgen von V. Ćorović s. a. D. Kostić, *Starost narodnog epskog pesništva našeg*, Južnoslovenski filolog XII (Beograd 1933) 48—51 [Aufführung der älteren Literatur; Betrachtung zu dem in der Grabinschrift erscheinenden Ausdruck „po guslom" („durch die Gusla") und diesbezügliche Unterstellung, dahinter verberge sich ein Hinweis auf die Verknüpfung des Ruhms von Ostoja Rajakovićs Namen mit diesem Begleitinstrument des epischen Liederguts der Serben], und F. Repp, *Ostoja Rajaković, ein Spielmann und Sippengenosse König Markos*, Zeitschrift für slavische Philologie XXIII, 1 (Heidelberg 1954) 39—59 (Änderung des Aussagegehalts der Inschrift und Vornahme völlig willkürlicher Rückschlüsse).

Die umfassendste Beschreibung des Wandbilds findet sich bei P. N. Miljukov', *Drěvnosti*, 92—93, und N. P. Kondakov', *Makědonija*, 245—247. Einschlägige Kurzvermerke erscheinen außerdem bei F. Mesesnel, *Ohrid*, 42—43, R. Ljubinković, *Ohrid*, 139, und V. J. Đurić, *Vizantijske i italovizantijske starine u Dalmaciji*, Prilozi povijesti umjetnosti u Dalmaciji 12 (Split 1960) 138. Zu der Tracht Rajakovićs s. J. Kovačević, *Nošnja*, 57—58.

122.
Zu diesem Gotteshaus besteht eine umfangreiche, modern gehaltene Monographie, die auch die gesamte ältere Literatur umfaßt: G. Subotić, *Sveti Konstantin i Jelena u Ohridu*, Beograd 1971. Bezüglich der von den Schöpfern seines Wandschmucks gemalten Ikonen s. V. J. Đurić, *Icônes*, 30—31, 102. Was die rätselhafte Gestalt in der Leibung des Westportals angeht, so unterstellt S. Radojčić, *Izobraženije otroka pri cerkovnom vchodě v sěrbskoj živopisi načala XV věka*, Sbornik statěj v čest' V. N. Lazarěva, Moskva 1973, 330—331, daß es sich hierbei um das Bildnis eines unbekannten Jünglings handelt.

123.
Diese Malerei ist lediglich am Rande vermerkt: V. R. Petković, *Pregled*, 266, 267; Nikolovski — Ćornakov — Balabanov, 170—171, 173; B. Babić, *Pregled*, 12; *Prilep*, 188. Die im Rahmen dieser beiläufigen Erfassung vorgenommene Datierung ist zumeist verfehlt. Was indes beim Wandschmuck der Kirche zur Allerreinsten Gottesmutter der Aufmerksamkeit entging, ist der Umstand, daß der Entstehungszeitpunkt der Apsisfresken ein anderer ist, als der der Wiedergabe der Gottesmutter mit dem Kinde in der Nische über dem Kircheneingang: ersteres Bildwerk stammt vom Ende des 14. Jahrhunderts, letzteres hingegen aus der Zeit des Beginns der Türkenherrschaft in der Stadt.

124.
Eine Ravanica-Monographie schrieb: V. R. Petković, *Manastir Ravanica*, Beograd 1922 (Ausführungen zur Malerei auf S. 41—72). Auf die darin von ihm zusammengestellte Dokumentation griff der Autor noch zwei weitere Male zurück, indem er Wiederholungen daraus bzw. Ergänzungen dazu brachte: *La peinture*, II, 59—60, pl. CLXXXII—CLXXXIII; *Pregled*, 271—275. Die Reinigung und Konservierung des Wandschmucks von Ravanica erfolgte zwischen 1962 und 1964 (B. Živković, *Konzervatorski radovi na živopisu manastira Ravanice*, Saopštenja VIII, 1969, 137—143); doch bereits

im Zuge der vorbereitenden Arbeiten dazu waren neue Daten über das Freskenwerk gewonnen und zwei neue Studien darüber geschrieben worden: R. Nikolić, *Prilog za proučavanje živopisa manastira Ravanice*, Saopštenja IV (1961) 5—31, und M. Ljubinković, *Ravanica*, Beograd 1966, VIII—XVIII, pl. 2—47.
Ein Aspekt dieser Malerei, dem im Rahmen ihrer Erfoschung ein ziemlich breiter Raum zuteil wurde, ist ihre Ikonographie. Zu denen, die sich schon früher mit ihr befaßt haben, gehört neben V. R. Petković, R. Nikolić und M. Ljubinković auch G. Millet: G. Millet, *Iconographie*, cf. Répértoire, s. v. Ravanica. Die ikonographische Ähnlichkeit der Evangelisten an den Pendentifs mit der Personifikation der göttlichen Weisheit sowie die Stilbezüge zwischen den Fresken von Ravanica und denen von Volotovo sind streiflichtartig aufgezeigt bei D. V. Ajnalov', *Vizantijskaja živopis' XIV stolětija*, Pětrograd 1917, 145—146. D. Medaković vermerkt in *Bogorodica „Živonosni istočnik" u srpskoj umetnosti*, ZRVI 5 (1958) 206, passim, das Vorhandensein des Gottesmuttertyps „Lebensspendende Quelle" in Ravanica. Zu dem im Südchor wiedergegebenen Weihnachtshymnos vgl. V. I. Džurič, *Portrěty v izobraženijach rožděstvěnskich stichir*, Sbornik statěj v čest' V. N. Lazarěva, Moskva 1973, 246—7, zu den in diesem Szenenbild erscheinenden Sängern außerdem N. Zias, *Some Representations of byzantine Cantors*, Athens Annals of Archaeology, II/2, 1969, 233—238 (Betrachtung unter dem Aspekt der in der kastorianischen Malerei des 15. und 16. Jahrhunderts dazu vorhandenen Analogien sowie der einschlägigen Textvorlagen in musikalischen Handschriften).

Viel diskutiert wurde auch über die Schöpfer des Freskenwerks von Ravanica. Ausgehend von der von V. R. Petković veröffentlichten Signatur Konstantins (die von B. Vulović, nachdem ihm die Entzifferung des Textes der Signaturinschrift zum Gutteil gelungen war, bestätigt wurde: B. Vulović, *Potpis slikara Konstantina*, Saopštenja I, 1956, 167—168), schrieb S. Radojčić diesem Maler den überwiegenden Teil des Wandschmucks von Ravanica und darüberhinaus auch desjenigen von Sisojevac zu (*Majstori*, 30—40), gelangte aber in der Folge zu der Einsicht, daß sich das Wirken besagten Konstantins im hiesigen Gotteshaus auf die unteren Zonen beschränkte (*Slikarstvo*, 178—184). Vgl. auch R. Ljubinković, *Majstori*, 191—192. Was die Meister anbelangt, welche die Fresken der mittleren Wandzone von Ravanica geschaffen haben, so habe auch ich versucht, ihre Herkunft zu enträtseln, und mich dabei entschlossen, sie in Anbetracht ihres Stils thessalonikischen Werkstätten zuzuordnen: vgl. V. J. Đurić, *Solunsko poreklo*, 119—124; id., *Besrebrnici*, 125—126; id., *La peinture murale de Resava*, 285—286. Dieses Urteil stieß bei allen anderen mit der Erforschung der Malerei von Ravanica befaßten Fachleuten auf mehr oder weniger intensiven Widerstand. Immerhin möchte ich an dieser Stelle den von mir angeführten Argumenten ein weiteres Beweismoment hinzufügen: in der einstigen Metropolitankirche zu Edessa wurden alte Fresken entdeckt, die mit denen der Mittelzonen von Ravanica fast völlig übereinstimmen; sie werden von dem thessalonikischen Professor für Kunstgeschichte E. Zigaridas in Kürze veröffentlicht werden.

Einschlägige Streiflichter: A. Michel, 954; Ch. Diehl, *Manuel*, II, 821; *Temnićski zbornik*, III (Beograd 1936) 141—143; *Spomenici kulture*, 117; *Srbija*, 222—223; R. Nikolić, *Ravanica i Manasija*, izd. „Turistička štampa", Beograd 1960, 7—8; *Vsĕobščaja*, 120; *LE*, IV, 1966, 61; R. Nikolić — B. Živković, 15—25; D. Talbot Rice, *Painting*, 185; S. Radojčić, *Portreti*, 64—65; id., *La Pittura*, 320; id., *Geschichte*, 104—107; V. Lazarev, *Storia*, 392, 400; id., *Kovalĕvskaja*, 247, 262, 263, 266; A. Grabar, *Europe orientale*, 70, 72; V. J. Đurić, *Morava*, 10—13, 34—37; D. Milošević, *Moravska Srbija*, 22—23.

Bei der Datierung der Malerei von Ravanica schwanken die Ansichten zwischen 1376/77 und 1387 — je nachdem, wie die verfügbaren Quellen (Abschriften der Stiftungsurkunde, Freskenbild der Stifterfamilie usw.) über die Errichtung und Ausmalung des Gotteshauses ausgelegt werden, auf die die Forschung, nachdem die Inschrift mit den einschlägigen Jahreszahlangaben nicht erhaltenblieb, angewiesen ist. Meiner Meinung nach verhielt sich die Sache so, daß sich die Ausmalung über mehrere Jahre hinwegzog, und zwar in der Weise, daß zunächst eine Meistergruppe die Hauptkuppel ausschmückte, sodann eine zweite die Fresken der mittleren Zonen schuf und schließlich eine dritte das Dekorationswerk mit der Ausfüllung der unteren Wandpartien abschloß. Die Annahme von Pausen zwischen der Tätigkeit der einzelnen Gruppen ist denkbar, jedoch nicht zwingend. Lediglich in bezug auf den endgültigen Abschluß des Werks läßt sich eine genauere zeitliche Bestimmung erbringen — und auch dies nur anhand eines nicht ganz festen Anhaltspunkts in Gestalt des Porträts des älteren Fürstensohns, Stefan, dessen Geburtsjahr fast einwandfrei mit 1377 feststeht [vgl. Đ. Stričević, *Hronologija*, 118—120, und M. Dinić, *Iz naše ranije prošlosti*, PKJIF, XXX, 3—4 (1964) 243—246] und den das Bild als etwa zehnjährigen Knaben zeigt (V. R. Petković, *Manastir Ravanica*, 45).

Dem auf diesem Indiz aufbauenden Rückschluß läuft die Behauptung zuwider, das Dekorationswerk müsse zwischen 1376 und 1381 vollendet worden sein, da in der innerhalb dieses Zeitraums ausgestellten Stiftungsurkunde von Ravanica beide Söhne Lazars erwähnt seien (was bedeuten würde, daß der ältere um 1370 geboren wurde — dies aber trifft nachgewiesenermaßen nicht zu) und es darin weiter heiße, daß die Ausschmückung (identifiziert mit Ausmalung) der Kirche damals bereits vollzogen gewesen sei. Vgl. R. Nikolić in Saopštenja IV (1961) 18—20.

Nun ist es nur naheliegend, bei der Suche nach Anhaltspunkten für die Datierung der Errichtung und Ausmalung der Kirche von Ravanica auf die Stiftungsurkunde des Klosters zurückzugreifen, doch muß dabei ausdrücklich festgehalten werden, daß diese nicht im Original, sondern lediglich in Form zweier späterer Abschriften — der von Bologna und der von Vrdnik — erhalten ist, die, wiewohl sie beide von derselben Vorlage, und zwar, wie dies bereits vermerkt wurde (V. R. Petković, *Manastir Ravanica*, 22), von dem seinerzeit an der Narthexwand des Gotteshauses aufgezeichneten Originaltext (nur so läßt sich ja auch das neben Fürst Lazars Namen stehende Attribut „хтитор сто мѣста сего Раванице", der Stifter dieser heiligen Stätte Ravanica, erklären) ausgehen dürften, hinsichtlich der Angabe des Ausstellungszeitpunkts voneinander abweichen: in ersterer lautet die diesbezügliche Jahreszahl 1376/77 (ѕѡпе), in letzterer 1380/81 (ѕѡпѳ). In einer davon muß dem Verfasser also ein Fehler bei der Übertragung der Endziffer unterlaufen sein. Nun sind е und ѳ einander in der Form ziemlich ähnlich; unterstellt man dazu noch eine sehr wohl mögliche Verschmutzung oder gar Beschädigung der Wandinschrift, so wird ohne weiteres vorstellbar, daß der eine der beiden Kopisten an der betreffenden Stelle den ersten, der andere hingegen den zweiten Buchstaben las (vgl. B. Vulović, *Ravanica*, Beograd 1966, 25—34, wo diese Frage in ihrem ganzen Umfang unter Anführung der gesamten einschlägigen älteren Literatur erörtert, dabei aber die Sache mit dem Versehen bei der Übertragung der Endziffer etwas anders erklärt wird). Bei der Beurteilung beider Abschriften in bezug auf Originaltreue wurde der von Bologna — der mit der Jahreszahl 1376/77 also — mit dem Hinweis darauf, daß sie auch den Namen des seinerzeitigen Patriarchen Jefrem enthalte, der in der von Vrdnik fehle, der Vorzug gegenüber letzterer gegeben (Stričević, Vulović). Ob diese Einstellung gerechtfertigt ist, steht noch dahin: geht man nämlich davon aus, daß die Vrdniker Textfassung diejenige ist, die dem Original näher kommt, so erhält man einmal eine einleuchtendere Erklärung in bezug auf gewisse wesentliche technische Gegebenheiten — es ist nämlich eher möglich, ein ѳ, das durch Verschmutzung oder Beschädigung nicht erkennbar ist, als е zu lesen (wie dies bei der Bologneser Variante denn auch der Fall gewesen sein dürfte), denn umgekehrt —, und vermeidet zum andern auch eine Konfrontation mit Widersprüchen geschichtlicher Natur; die Stelle etwa, an der Fürst Lazar seine Söhne erwähnt, fügt sich auf diese Weise reibungslos in den Zusammenhang ein, denn die Jungfürsten waren ja vor 1380/81 geboren, und ein Teil des Wandschmucks konnte damals schon fertig sein. Erheblich früher anzusetzen ist der Bau des Gotteshauses: er wurde allem Anschein nach ca. 1375 in Angriff genommen.

125.
Eine Reinigung und Konservierung dieser Fresken steht bisher aus. Ihre Veröffentlichung erfolgte bei V. J. Đurić, *Morava*, 13, 37, wo sie in die Zeit um 1380 datiert werden. Eine kurze Themenaufzählung findet sich bei R. Nikolić, *Živopis crkvice sv. Nikole u manastiru Gornjaku*, Saopštenja IX (1970) 161—165; die ebenda vorgenommene Datierung ist zu spät angesetzt: mit dem ausgehenden 15. bzw. dem beginnenden 16. Jahrhundert. Zur Persönlichkeit von Gregorios Sinaites, dessen Zeit diese Malerei zugeordnet wird, vgl. Đ. Sp. Radojičić, *Grigorije iz Gornjaka*, Istoriski časopis III (Beograd 1952) 85—105. Weiter siehe dazu — ebenso wie zur Frage des Zeitpunkts, zu dem die Ausstellung der Klosterkunde erfolgte — Đ. Stričević, *Hronologija*, 116—117.

126.
Den Hinweis auf diese Fresken lieferte S. Radojčić: S. Radojčić, *Hilandar*, 180. Ihre Behandlung erfolgte bei V. J. Đurić, *Chilandar*, 86—91, wo ihren Schöpfern auch die Ikone des hl. Theodoros zugeschrieben wird.

127.
Die Konservierung von Architektur und Malerei des Klosters ist (wiewohl schon früher teilweise bewältigt: M. Lađević, *Radovi na živopisu u Arilju, Veluću i Ježevici*, Saopštenja I, 1956, 42—44) noch im Gange. Erst nach Abschluß der Arbeiten wird es möglich sein, verbindlichere Aussagen zu den in der Kirche vorhandenen Stifter- und Herrscherporträts und damit auch zum Entstehungszeitpunkt der Malerei zu machen, über die diese Bildnisse als einzige genaueren Aufschluß geben können.

Den stärksten Einsatz bei der Erforschung Velućes leistete: V. R. Petković, *Pregled*, 54—56; id., *Manastir Veluća, Istorija i živopis*, Starinar, n. s. III—IV (1955) 45—59. Zu dem Schluß, daß das unmittelbare Vorbild für Veluće die „Lazarica", eine der frühen Stiftungen Fürst Lazars, gewesen sei, gelangte aufgrund einer vergleichenden Betrachtung der architektonischen Formen und des Gepräges der plastischen Ausgestaltung beider Gotteshäuser Đ. Bošković: *Manastir Veluće, Arhitektura i skulptura*, ibid., 60—74.

Mit den Porträts von Veluće befaßten sich neben V. R. Petković noch zwei weitere Autoren: J. Kovačević, *Nošnja*, 60—61 (Beschreibung der Gewandung der abgebildeten Personen), und Đ. Stričević, *Hronologija*, 120—123 (Versuch einer Identifizierung des Stifters mit dem Despoten Ivaniš). Streiflichter zum Stephanskult von Veluće: M. Ćorović-Ljubinković, *Odraz*, 55—56. Kurzbemerkungen zur Stilprägung der Fresken: S. Radojčić, *Slikarstvo*, 170; id., *Geschichte*, 111; V. J. Đurić, *Morava*, 13—14, 37—38. Darstellungen allgemeiner Art: *Spomenici kulture*, 156; *Srbija*, 200.

128.
Das Standardwerk zu den hiesigen Fresken bildet nach wie vor der einschlägige Text bei Đ. Mano-Zisi, *Nova Pavlica na Ibru*, Starinar, III ser. VIII—IX (1933—34) 193—205. Eine ergänzende Wahrnehmung dazu brachte Đ. Bošković in *Najnovija građa iz oblasti naše srednjevekovne arhitekture*, PKJIF 14 (1934) 265; ihmzufolge ist die Mörtelgrundlage bei Gesichtern und Händen der Heiligengestalten der unteren Zone jünger als die der übrigen Malerei. Dies ist insofern unrichtig, als die besondere Beschaffenheit des Mörtels an den bewußten Stellen lediglich durch dessen Zusammensetzung, nicht aber durch sein Alter bedingt ist. Vgl. auch V. R. Petković, *Pregled*, 239—240. Freilich sind die obengenannten Beiträge bereits veraltet, denn inzwischen wurde die Reinigung und Konservierung des Wandschmucks vollzogen, was zu neuen Ergebnissen geführt hat, deren Veröffentlichung allerdings noch aussteht: vgl. S. Nenadović — B. Vulović, *Konzervatorski radovi na Novoj Pavlici*, Saopštenja I (1956) 47—50.

Die wichtigste Frage im Rahmen der Diskussionen zu diesen Fresken bildet die Bestimmung des Zeitpunkts der Ausmalung des Gotteshauses, bei der von den Porträts der Brüder Musić und der zugehörigen Inschriften sowie auch vom Text einer Dichtung über die Überführung des Leichnams des Fürsten Lazar ausgegangen werden kann. V. R. Petković datiert den Wandschmuck auf 1397/98 — V. R. Petković, *Likovi Stefana i Lazara Musića u Pavlici*, PKJIF 6 (1926) 221—227 —, Đ. Stričević ordnet ihn der Spanne zwischen 1381 und 1388 zu — Đ. Stričević, *Hronologija*, 123—127 (Koordinierung der Schaffung der Porträts mit den geschichtlichen Quellen; Aufführung der gesamten älteren Literatur) —, und M. Živković schließlich setzt den Zeitpunkt der Vollendung des Freskenwerks ziemlich glaubwürdig mit 1387 an und bringt überdies ein Höchstmaß an exakten Wahrnehmungen: M. Živković, *Portreti Stefana i Lazara Musića u Novoj Pavlici na Ibru*, Povelja 8 (Kraljevo 1973) 100—112.

Mit der Lazar-Chronik befaßte sich, dabei besonders auf die Frage des Jahres ihrer Niederschrift eingehend, in jüngerer und jüngster Zeit R. Novaković, *Istorijsko-geografske crtice*, PKJIF 25 (1959) 78—80; id., *Da li je Danilo izabran za patrijarha 1390 godine?* ibid., 26 (1960) 71—81; id., *Kojim se putem mogla kretati povorka s moštima kneza Lazara ...*, ibid., 280—288 (Aufführung der gesamten einschlägigen älteren Literatur).

Abhandlungen zu den Stilmerkmalen des Wandschmucks: S. Radojčić, *Slikarstvo*, 168—169; V. J. Đurić, *Morava*, 14—15, 38—39. Kürzere Anmerkungen: *Spomenici kulture*, 225; *Srbija*, 216—217; *LE*, 3, 1964, 640; *EJ*, 6, 1965, 443. Die — jeder Grundlage entbehrende — Feststellung vom Vorhandensein stilistischer Parallelen zur Malerei von Pavlica in den Fresken der Peter- und Paulskapelle des thessalonikischen Vladaton-Klosters traf A. Xyngopoulos in *Thessalonique*, 71—72.

129.
Die grundlegende Studie zur Malerei von Rudenica verfaßte L. Mirković, *Rudenica*, PKJIF 11 (1931) 81—112. Einschlägiges Belegmaterial bringt auch V. R. Petković in *La peinture*, II, 62, pl. CXCI, CXCII, und *Pregled*, 288—289.

G. Millet behandelte die Ikonographie einzelner Szenen, von denen er einige dem Schaffenskreis des Abendlands zuordnete: G. Millet, *Iconographie*, 324, 337—338, 512—513. Den Herrscher- und Stifterporträts wandten S. Radojčić in *Portreti*, 68—69, und J. Kovačević in *Nošnja*, 69—70, ihr Augenmerk zu.

Ein Kapitel für sich bildet die Problematik, die sich an die Signatur des Malers Teodor knüpft. S. Radojčić identifiziert diesen Teodor, in Anlehnung an die ikonographischen Analysen G. Millets, mit jenem Teodor Savina aus Kotor, der 1377 als Schüler des griechischen Meisters Georgios in Dubrovnik seine Ausbildung als Maler begann — S. Radojčić, *Die Meister*, 438—439; id., *Majstori*, 45—46; id., *Hilandar*, 168—169; id., *Slikarstvo*, 185 —, und addiziert ihm neben den Fresken von Rudenica auch die Miniaturen zweier Handschriften des Chilandar-Klosters — der Johannes-Chrysostomos-Homilien (Nr. 400) und des Evangeliars Nr. 58 —, die beide aus der Mitte des 15. Jahrhunderts stammen. Beide Lösungsvorschläge aber — sowohl der zur Identifizierung des Malers gemachte als auch der die Zuordnung der bewußten Werke betreffende — sind unannehmbar, da der eine wie der andere in eklatantem Widerspruch zu den tatsächlichen Gegebenheiten steht. Vor allem einmal sind die von G. Millet getroffenen Feststellungen von einer abendländischen Beeinflussung des ikonographischen Gepräges der Malerei von Rudenica schon geraume Zeit überholt: neue Entdeckungen haben erwiesen, daß zahlreiche ikonographische Details, deren Ursprung seinerzeit im Abendland gesucht wurde, lange bevor sie dort auftauchten, in ihrer Urform bereits in der byzantinischen Kunst vorhanden waren, und auf Rudenica ist diese

Erkenntnis in ganz besonders hohem Maße anwendbar. Was sodann die Person Teodor Savinas anbelangt, so beschränken sich die Angaben über ihn auf den obenerwähnten Umstand; man weiß nicht einmal, ob er auch wirklich Maler wurde, und es ist alles andere als wahrscheinlich, daß diesen Knaben mit dem Teodor von Rudenica mehr verbindet als die Namensgleichheit. Und zu besagten zwei Werken der Buchmalerei schließlich ist zu sagen, daß sie weder untereinander noch — dies gilt namentlich für die Miniaturen der erstgenannten Handschrift, des Chilandar-Manuskripts Nr. 400 also — mit den Fresken von Rudenica etwas gemein haben, von denen sie überdies die beträchtliche Zeitspanne von 40—50 Jahren trennt (vgl. dazu R. Ljubinković, *Majstori*, 192, und V. J. Đurić, *Slikar Radoslav i freske Kalenića*, Zograf 2, 1967, 28), womit jeder Zweifel daran ausgeschlossen ist, daß hinter den drei Schaffenszyklen auch drei verschiedene Meister stehen, die einander in ihren künstlerischen Auffassungen vollkommen fremd sind.

Aufschlußreiche Ausführungen zur Malerei von Rudenica: M. Valtrović, *Rudenica*, Srpske ilustrovane novine, br. 4, Novi Sad 1881, 51—53; *Spomenici kulture*, 156—158; *Srbija*, 227; V. J. Đurić, *Morava*, 15, 39—40; D. Milošević, *Srbi svetitelji*, 174 (zu dem selten erscheinenden Mönchsbildnis des hl. Sava von Serbien; als Sekundärliteratur dazu vgl. R. Grujić, *Monaški portreti sv. Save*, GSND XV—XVI, 1963, 353—354: der Autor sagt zwar nichts über das hiesige Porträt, welches ihm unbekannt war, doch äußert er sich ganz allgemein zur Darstellung des hl. Sava als Mönch, bringt die Entstehung dieses Themas in Chilandar zur Sprache und unterstellt, es müsse auch in einem weiteren Athoskloster, nämlich in Xeropotamou, vertreten gewesen sein; fest steht jedenfalls das Vorhandensein eines derartigen Bilds im Rahmen des 1208/9 geschaffenen Wandschmucks von Studenica, von woher es denn auch in die Malerei der nahen Rudenica übernommen worden sein kann); G. Babić, *Društveni položaj*, 148 (exakte, auf entsprechende Nachweise gestützte Datierung dieser Fresken in die Zeit zwischen 1402 und 1405).

130.
Eine genaue Datierung dieser noch nicht einmal gründlich erforschten Fresken ist nicht möglich. Sie kommen nur beiläufig zur Sprache: S. Mandić, *Freske skinute sa zidova nekih porušenih crkava*, Saopštenja I (1956) 170—171; V. J. Đurić, *Morava*, 15—16, 40; *Antica arte serba*, Roma 1970, 40.

131.
Die ältere Freskenschicht in der Kuppel wurde 1968 entdeckt; eine Veröffentlichung steht bisher aus. Noch ist die Reinigung und Konservierung des Wandschmucks dieser Kirche nicht abgeschlossen: vgl. D. Pavlović, *Ispitivački radovi na arhitekturi crkve manastira Ljubostinje*, Saopštenja VIII (1969) 176—177.

Ebensowenig existiert vorerst eine Behandlung der Malerei der zweiten Schicht. Auf diese ca. 1405 entstandenen Fresken wird nur beiläufig und ausschließlich im Zusammenhang mit anderen, Ljubostinja nur zum Teil berührenden Fragen hingewiesen: S. Radojčić, *Portreti*, 66—68 (ausführliche Besprechung der hiesigen Porträts — vgl. auch J. Kovačević, *Nošnja*, 65—67, und V. J. Đurić, *Tri događaja*, 75); V. R. Petković, *Pregled*, 177—178 (Themenabriß); Ch. Walter, *Conciles*, 117—119 (Beschreibung der restweise erhaltenen Wiedergabe der Ökumenischen Konzile; Fehldatierung: ins 16. bzw. 17. Jahrhundert).

Eine wirklich gründliche Behandlung erfuhr im Zusammenhang mit der Malerei von Ljubostinja nur die Frage: wer der Maler war, der über dem Narthexeingang signiert hat. Bei der Beantwortung dieser Frage einigte sich die überwiegende Mehrheit der Fachleute auf die Identifizierung dieses Meisters mit Makarije dem Zographen aus Zrze: den Anfang dabei macht Đ. Sp. Radojičić, der auch die erste Erläuterung der Signatur bringt — Đ. Sp. Radojičić, *Makarije živopisac Ljubostinje*, Starinar, n. s. 1 (1950) 87—90, mit dem Untersuchungsergebnis Radojičićs konform geht S. Radojčić in *Majstori*, 43—44, und *Slikarstvo*, 166, 168, eigene Beweise zugunsten dieser Attribution erbrachte der Verfasser des vorliegenden Buchs — s. V. J. Đurić, *Icônes*, 42; id., *Mitropolit Jovan*, 19, 29—30; id., *Morava*, 17, 41—42 —, und in der gleichen Richtung liegen die diesbezüglichen Ausführungen bei P. Miljković-Pepek, *O slikarima*, 245, sowie in *LE*, 3, 1964, 356—357, *EJ*, 5, 1962, 575, *Srbija*, 213, und *Kraljevo*, 161. Lediglich zwei Forscher machten, ohne sonderlich tief in die gegebene Problematik einzudringen, eine konträre Auffassung geltend, derzufolge die Fresken von Ljubostinja mit dem Schaffen Makarijes absolut nichts zu tun haben: es sind dies R. Nikolić, *Lazarica i Ljubostinja*, izd. „Turistička štampa", Beograd 1963, 27—30, (der Makarije von Ljubostinja, ungeachtet der in dieser Hinsicht eindeutigen Aussage der Signaturinschrift, sogar die Eigenschaft des Malers abspricht) und K. Balabanov, *Icones de Macédoine*, Beograd—Skopje 1969, XXVI, LIV (der die bewußte Identifizierung als willkürliche Unterstellung betrachtet.)

132.
Noch nicht veraltet ist die von Đ. Mano-Zisi verfaßte Studie über Koporin: Đ. Mano-Zisi, *Manastir Koporin*, Starinar, III ser., VIII—IX (1933—1934) 210—217. Anderweitige Angaben zur hiesigen Malerei: P. Popović, *Iz srpskih starina, Datum živopisa u Koporinu*, PJKIF X (1930) 232 (erstmalige Veröffentlichung der Inschrift zum Bildnis des Despoten Stefan und Kurzbeschreibung zu letzterem); V. R. Petković, *La peinture*, II, 61, pl. CLXXXV—CXC; id., *Pregled*, 151—152; *Spomenici kulture*, 93; S. Radojčić, *Portreti*, 69; id., *Geschichte*, 111; id., *Slikarstvo*, 188; V. J. Đurić, *Icônes*, 42; id., *Morava*, 17—18, 42; id., *Mitropolit Jovan*, 20, 33; *LE*, 3, 1964, 216; *Srbija*, 210.

133.
Die teilweise Veröffentlichung dieser Fresken erfolgte nach ihrer Entdeckung im Jahre 1955 und der im Anschluß daran vorgenommenen Reinigung: D. Mihajlović, *Crkva u Ramaći — novi spomenik slikarstva Moravske škole*, Saopštenja I (1956) 147—155. Die fällige Monographie schrieb B. Knežević, *Crkva u selu Ramaći*, ZLU 4 (1968) 121—166. Vgl. auch S. Radojčić, *Geschichte*, 110. Zu der im Rahmen dieses Werks erscheinenden Wiedergabe der Steinigung des hl. Stephan und dem Bezug zwischen dieser Darstellung und den vorhandenen Porträts s. M. Ćorović-Ljubinković, *Odraz*, 56, zum Ursprung von Stil und Ikonographie der Malerei V. J. Đurić, *Morava*, 18—19, 43—44.

134.
Nur einige Fragmente der hiesigen Fresken waren vor der Reinigung und Konservierung bekannt. Letztere erfolgte zwischen 1969 und 1970 — R. Gašić, *Konzervacija živopisa manastira Jošanice*, Saopštenja IX (1970) 145—147 —, und daraufhin erschien auch die erste Beschreibung der neuentdeckten Fresken: R. Nikolić, *Prilog proučavanju živopisa manastira Jošanice*, ibid., 129—143 (zu spät, nämlich mit der Mitte des 15. Jahrhunderts angesetzte Datierung).

135.
Kürzere Ausführungen zu Geschichte und Malerei des Klosters: I. Ruvarac, *O kučajinskim manastirima po zapisima*, Starinar VI/2 (1889) 35; Đ. Bošković, *Beleške sa putovanja*, ibid., III ser, VIII—IX (1933—1934) 284—285; V. R. Petković, *La peinture* II, 61, pl. CLXXXV—CLXXXVI; id., *Pregled*, 297; *Spomenici kulture*, 118—119. V. R. Petković war auch der erste, der die kompositionsbedingten Ähnlichkeiten zwischen Sisojevac und Ravanica registrierte.
Die Wahrnehmung der in Resava einerseits und in der Kapelle Uglješas in Vatopedi andererseits vorhandenen Analogien (übereinstimmende Zeichnung der Soldatenheiligen, gleiches Dekorationsprogramm im Altarraum) zu Sisojevac wurde zum Ausgangspunkt für die Suche nach dem Ursprung des in Sisojevac und Resava vertretenen Stils, die zu der Feststellung führte, dieser sei aus der thessalonikischen Kunst der zweiten Hälfte des 14. Jahr-

hunderts hervorgegangen: V. J. ĐURIĆ, *Solunsko poreklo*, 118—124; id., *Besrebrnici*, 125—126, 131—132; id., *Morava*, 19—21, 44—46; id., *La peinture murale de Resava*, 285—286. Es bestehen allerdings auch gegensätzliche Ansichten; dazu vgl. Anmerkung Nr. 136 in diesem Buch. Vgl. auch S. RADOJČIĆ, *Slikarstvo*, 184—185.

136.
Über Resava sind drei Monographien erschienen, die nicht nur im Umfang verschieden sind, sondern auch in bezug auf die Aussagen zum Wandschmuck des Gotteshauses divergieren: S. STANOJEVIĆ — L. MIRKOVIĆ — Đ. BOŠKOVIĆ, *Manastir Manasija*, Beograd 1928 (der auf S. 37—56 erscheinende, von L. Mirković verfaßte Text über die Malerei bringt in erster Linie eine Beschreibung davon und geht auf die Ikonographie ein), V. J. ĐURIĆ, *Resava*, éd. „Jugoslavija", Beograd 1963 (in diesem Bändchen kommen eher die stilistischen Merkmale des Dekorationswerks sowie die Frage nach der Herkunft seiner Schöpfer zur Sprache), und S. TOMIĆ — R. NIKOLIĆ, *Manasija, Istorija — živopis*, Beograd 1964 (der hier — auf S. 47—97 — gebrachte Abriß der Fresken stammt bereits aus der Zeit nach dem Abschluß der Konservierungsarbeiten; sein Verfasser, R. Nikolić, führte eine ikonographische Teilanalyse sowie eine Untersuchung zum Stil durch, den er als unter dem Einfluß der abendländischen Kunst Italiens und des jugoslawischen Küstenlands zustandegekommen zu erklären sucht).

Eine eingehende Behandlung erfuhr die Ikonographie des Porträts des Despoten Stefan. Ausführungen dazu finden sich, abgesehen von den in dem Beitrag von L. Mirković enthaltenen, bei S. RADOJČIĆ, *Portreti*, 70—71, V. J. ĐURIĆ, *Portreti na poveljama vizantijskih i srpskih vladara*, ZFF VII—1 (1963) 265, id., *Tri dogadaja*, 75, und T. VELMANS, *Le portrait*, 113.

Die Szenenikonographie hingegen löste kein sonderliches Interesse aus; sie kommt im wesentlichen nur im Rahmen der ikonographischen Analysen in den besagten Monographien zur Sprache — spezielle Darstellungen sind selten: G. MILLET, *Iconographie*, 210, 647, 648 (zur Taufe Jesu sowie zum Bild der wunderbaren Brotvermehrung); A. XYNGOPOULOS, *Thessalonique*, 52—53 (zum Motiv der Seelen der Gerechten in der Hand Gottes; Zurückführung dieser Darstellung auf das Schaffen im Thessalonike des beginnenden 14. Jahrhunderts — ungeachtet der Tatsache, daß es dafür andernorts weit ältere Beispiele gibt: vgl. V. J. ĐURIĆ, *Ist. kompozicije*, ZRVI XI, 1968, 104). Vgl. außerdem A. AMMANN, 193.

Dafür hat die Auseinandersetzung um die Maler von Resava und den Ursprung ihres Stils innerhalb der Untersuchungen breiten Raum eingenommen und in den letzten Jahren alle anderen wichtigen Fragen in den Hintergrund gedrängt. Den Auftakt dazu gab S. RADOJČIĆ, *Portreti*, 70, mit der Behauptung, der Herkunftsort der Maler liege im Bereich der ägäischen Inseln, auf denen Despot Stefan 1402 weilte. L. MIRKOVIĆ, *Die Ikonen*, 315, legte sich diesbezüglich auf Kreta fest. Meine eigene Ansicht ist die, daß der stilistische Nährboden dieser Malerei und teilweise auch die Künstlerheimat ihrer Schöpfer in Thessalonike zu suchen sind; als Grundlage für diese Ansicht diente mir die Feststellung, daß die Heiligenfiguren des Wandschmucks thessalonikischer Kirchen aus der zweiten Hälfte des 14. Jahrhunderts — Apostelkirche, Nea Moni und Hagios Demetrios, daneben auch Hagioi Anargyroi in Vatopedi — höchst greifbare Affinitäten zu Sisojevac und Resava aufweisen: V. J. ĐURIĆ, *Solunsko poreklo*, 111—126; id., *Besrebrnici*, 125—136; id., *Resava*, III—V; id., *La peinture murale de Resava*, 277—286. Diese Betrachtungsweise fand auch in der griechischen Fachwelt Anklang: vgl. K. KALOKYRIS, *Entstehung und Gestaltung der byzantinischen Denkmäler in Mazedonien, Alt-Serbien und Bulgarien*, Tessaloniki 1970, 14—15. Ungeachtet der augenfälligen Analogien aber, die die Fresken von Resava nach Thessalonike hin orientieren, wurden auch andere Anregungen bezüglich der Einordnung ihres Stils und ihrer Schöpfer vorgetragen: so verweist R. Nikolić letztere herkunftsmäßig in die adriatische Inselwelt und schaffensmäßig in den Einflußbereich Venedigs — S. TOMIĆ — R. NIKOLIĆ, *Manasija*, 79—90; R. NIKOLIĆ, *Na koja ostrva pomišlja Konstantin Filozof kada govori o Manasiji*, Saopštenja VIII (1969) 187 —, obwohl eindeutig feststeht, daß Resavas Fresken mit der venezianischen oder Dubrovniker Malerei auch nicht die leiseste Ähnlichkeit haben, S. Radojčić zieht diesbezüglich Mytilene in Betracht und stellt die These von einem starken abendländischen Einfluß auf, der in Resava und im damaligen Schaffen im Bereich des ägäischen Archipels in gleichem Maße zur Geltung gekommen sei — S. RADOJČIĆ, *Slikarstvo*, 202 —, and M. Kašanin unterstellt die Urheberschaft heimischer Meister: M. KAŠANIN, *Resava despota Stefana*, Zograf 3 (1969) 8—10.

Ausführungen zu den Stilmerkmalen der Malerei von Resava bringen neben den Monographien folgende Werke und Studien: S. RADOJČIĆ, *Slikarstvo*, 196—203, V. J. ĐURIĆ, *Morava*, 21—24 46—50, id., *La peinture murale de Resava*, 286—291, M. KAŠANIN, *Resava despota Stefana*, 3—10, D. MILOŠEVIĆ, *Moravska Srbija*, 23—25, und A. STOJAKOVIĆ, *Ktitorski model Resave*, L'école de la Morava et son temps, Beograd 1972, 269—274 (zur Bildarchitektur- und Bildraumkonzeption von Resava).

Brauchbare Angaben enthalten auch V. R. PETKOVIĆ, *La peinture*, II, 63—64, pl. CCII—CCVIII, id., *Pregled*, 282—285, R. NIKOLIĆ, *Ravanica i Manasija*, izd. „Turistička štampa", Beograd 1960, 13—15, *LE*, 3, 1964, 392, *EJ*, 6, 1965, 6—7, und B. ŽIVKOVIĆ — R. NIKOLIĆ, 5—15.

In würdiger Weise sind die Fresken von Resava in den Standardwerken zur südslawischen und byzantinischen Kunst vertreten: CH. DIEHL, *Manuel*, II, 821, 827; D. TALBOT RICE, *Art*, 214; id., *The Beginnings*, 188; id., *Painting*, 183; V. MOLÈ, 171—172; V. LAZAREV, *Storia*, 392; L. S. ALËŠINA — N. V. JAVORSKAJA, 47; S. RADOJČIĆ, *La pittura*, 322; id., *Geschichte*, 109—110; J. BECKWITH, *Art*, 150; W. F. VOLBACH UND LAFONTAINE-DOSOGNE, 274.

Aussagen allgemeiner Natur finden sich in für breite Leserkreise bestimmten Darstellungen: Č. MARJANOVIĆ, *Ćuprija, Paraćin i Jagodina*, Temnićski zbornik III (Beograd 1936) 143—144; *Spomenici kulture*, 109—110; *Srbija*, 224—226.

137.
V. R. Petković war es, der am meisten über die Malerei von Kalenić schrieb, und auch ihrem frühzeitigen Bekanntwerden haben die Fresken hier Beiträgen dieses Autors zu verdanken: V. R. PETKOVIĆ, *Freske iz unutrašnjeg narteksa crkve u Kaleniću*, Starinar, n. r., III (1908) 121—143 (Beschreibung des Wandschmucks im Narthex, Ermittlung der Stifter dieses Werks und seines Entstehungszeitpunkts; Erfassung der im Rahmen der Wiedergabe des Marienlebens vorhandenen Berührungspunkte zwischen den hiesigen Fresken und den Mosaiken des Chora-Klosters in Konstantinopel); V. R. PETKOVIĆ — Ž. TATIĆ, *Manastir Kalenić*, Vršac 1926 (Betrachtung zur Malerei und eingehende Beleuchtung der Geschichte des Klosters in V. R. Petkovićs Textabschnitt auf S. 5—9 und 59—86); V. POPOVIĆ — V. R. PETKOVIĆ, *Staro Nagoričino — Psača — Kalenić*, Beograd 1933 (auch hier wieder von V. R. Petković erstellt: auf S. 68—87 erscheinend, ein thematischer Abriß des Freskenzyklus; außerdem: Reproduktionen der am vollständigsten erhaltenen Fresken); V. R. PETKOVIĆ, *La peinture*, II, 62—63, pl. CXCIX—CCI; id., *Pregled*, 137—141.

Ausführungen zu den Bildnissen des Despoten Stefan und der Mitglieder der Stifterfamilie und im Zusammenhang damit auch zur Porträtikonographie überhaupt, zu den Trachten, in die die dargestellten Personen gekleidet sind, und zur Frage des Entstehungszeitpunkts der Malerei erscheinen — ganz abgesehen von dem, was V. R. Petković dazu schrieb — bei P. POPOVIĆ *Iz srpskih starina*, PKJIF X (1930) 230—232, 233—234 (zur Anordnung der Porträts, zur Identifizierung der Abgebildeten sowie zu einem besonderen Requisit der Gewandung eines der letzteren, nämlich dem bestickten Beutel am Gürtel des Edelmanns Petar, der in dieser Form auch bei einem der Söhne des Despoten Đurađ im Rahmen der Illuminationen des Chrysobulls von Esphigmenou auftaucht), weiter bei S. Radojčić, *Portreti*, 69—70, J. Kovačević, *Nošnja*, 67, und G. Babić, *Društveni položaj*, 146—148 (Feststellung der Tatsache, daß der Stifter Bogdan Protovestiarios am Hofe des Despoten Stefan war).

Auch die Szenenikonographie rief das Interesse der Fachwelt wach: dem ikonographischen Aspekt des Zyklus des Erdenlebens Christi (Verkündigung, Geburt Jesu, Kreuzabnahme, Gestalt des toten Christus) wandte sich G. Millet zu — G. Millet, *Iconographie*, Répertoire des monuments, 721—722, s. v. Kalenić —, mit dem Gottesmutterzyklus befaßte sich — neben V. R. Petković — J. Lafontaine-Dosogne, *Enfance*, 51, 64, 66, 112, 123, 132, 162, 193, 206, 207. Ein Fresko indes hat die Forscher ganz besonders für sich eingenommen, nämlich das Bild des toten Christus: A. Michel, 954; G. Millet, *Iconographie*, 483—488 (dieser Autor widmete dem zur Frage stehenden Christustyp in der byzantinischen Kunst sein ganz besonders Augenmerk); J. Myslivec, *Dvě studie*, 19, 23, 42 (auf S. 13—52 erscheinend: spezielle ikonographische Untersuchung zur Darstellung Christi im Grab); S. Dufrenne, *Les programmes iconographiques des églises byzantines de Mistra*, Paris 1970, 32—33.

Die 1956 und 1957 vorgenommene Reinigung der Fresken von Kalenić (vgl. B. Živković, *Konzervatorski radovi na freskama Kalenića*, Saopštenja IV, 1961, 181—187) gab den Anstoß zur Veröffentlichung einer Reihe von Kurzmonographien: B. Živković, *Kalenić*, izd. Turističkog saveza Srbije i „Turističke štampe", Beograd 1960 (zur Malerei s. S. 7—13); B. Živković — R. Nikolić, 26—37; S. Radojčić, *Kalenić*, éd. „Jugoslavija", Beograd 1964 (beste Abhandlung zum Stil der Fresken; reichhaltigster Bestand an Reproduktionen); id., *Frěski Kalenića*, Andrej Rublëv i jego epocha, Moskva 1971, 250—261 (ebenfalls zum Stil); R. Nikolić, *Manastir Kalenić*, izd. „Turistička štampa", Beograd 1972, 21—30.

Die Malerei von Kalenić fand auch Eingang in Standardwerke über byzantinische bzw. südslawische Kunst: A. Michel, 954; Ch. Diehl, *Manuel*, II, 821; V. Molè, 171; L. S. Alešina — N. V. Javorskaja, 46—47; O. Bihalji-Merin, *Freske i ikone*, Beograd 1960, 14; D. Talbot Rice, *The Beginnings*, 187—188; id., *Painting*, 183; D. Talbot Rice — S. Radojčić, 11, 27; S. Radojčić, *La pittura*, 321; id., *Slikarstvo*, 188—194; id., *Geschichte*, 108—109; A. Grabar, *Byzance*, 174; id., *Europe orientale*, 70, 72; V. J. Đurić, *Morava*, 24—27, 50—53; W. F. Volbach und J. Lafontaine-Dosogne, 147, 274—275; J. Beckwith, *Art*, 150; D. Milošević, *Moravska Srbija*, 23.

Zu den Sonderthemen der spezifischen Lichtwiedergabe sowie der Bildraumgestaltung von Kalenić vgl. V. J. Đurić, *Morava*, 25—26, 50—51, und A. Stojaković, *Uloga i karakter svetlosti u našem starom slikarstvu*, Bagdala br. 165 (Kruševac 1972) 21—24, wo der erstere, sowie id., *Arhitektonski prostor*, 102, 154, 155, 156, 195, 196, 204, wo der letztere Fragenkomplex zur Sprache kommt. Auf breiteste Leserkreise zugeschnittene Ausführungen zu diesem Dekorationswerk: *Spomenici kulture*, 114—115; *Srbija*, 208.

Was nun schließlich die Frage der Meister von Kalenić anbelangt, so wurden — freilich: recht sporadisch — auch hier Ansätze zu einer Lösung gemacht, die auch dem korrelativen Namensproblem gerecht zu werden suchte. R. Ljubinković unterstellt in *Kalenić*, Arheološki spomenici i nalazišta u Srbiji, II, Beograd 1956, 120—123, daß sich hinter der in der untersten Freskenzone der Narthexsüdwand befindlichen Inschrift mit dem Namen Dositej eine Malersignatur verbirgt. Diese Annahme jedoch verliert jedwede Glaubwürdigkeit, sobald man die bewußte Inschrift im Zusammenhang mit den — heute allerdings stark beschädigten — beiden Bildern betrachtet, neben denen sie erscheint. Diese zeigten die Gestalten zweier halbfigurig (?) dargestellter, kapuzentragender Mönche, neben denen jeweils ein Inschriftfragment erhaltenblieb: neben dem einen ist dies das Attribut РАБЬ Б҃ЖИ, während der Name hier beschädigt ist, neben dem anderen hingegen ist es eben letzterer — ДОСНΘЄН — (vgl. Zeichng. S. 186 in Saopštenja IV, 1961). Es dürfte sich hier um die Porträts von Angehörigen der Stifterfamilie oder aber von angesehenen Mitgliedern der Klosterkongregation handeln, denen — ähnlich wie in der Kirche von Karan — aufgrund des Mönchsstands der Abgebildeten eine der unscheinbarsten Stellen zugewiesen wurde.

In Anbetracht der außerordentlich starken Affinität der Fresken von Kalenić zu den Miniaturen im Evangeliar des Geistlichen Bessarion, welches heute in der Öffentlichen Bibliothek in Leningrad aufbewahrt, aber in Serbien um 1429 entstanden ist, wurden sie dem Schöpfer dieser Illuminationen, dem Buchmaler Radoslav, zugeschrieben: V. J. Đurić, *Slikar Radoslav i freske Kalenića*, Zograf 2 (1967) 22—29 (Beschreibung der Miniaturen und Vergleich zwischen ihnen und den Fresken von Kalenić; unter Einbeziehung älterer Literatur vorgenommene Untersuchung zum Schicksal des Malers und zum Nachhall seines Schaffens in der Folgezeit).

Gewisse Stilparallelen zur Malerei von Kalenić wurden außerdem in Thessalonike (vgl. V. J. Đurić, *Besrebrnici*, 134—135) und einer aus Konstantinopel stammenden Miniatur (vgl. D. Tasić, *Spomenici carigradskog slikarstva u poslednjem veku samostalnosti*, L'école de la Morava et son temps, Beograd 1972, 16—17) wahrgenommen.

Zu den Miniaturen im Evangeliar des Geistlichen Bessarion vgl. auch N. P. Kondakov', *Russkaja ikona*, IV, 2, Praga 1933, 254, S. Radojčić, *Stare srpske minijature*, Beograd 1950, 37—38, id., *Majstori*, 46—47, und id., *Slikarstvo*, 187; zu den Miniaturen in den Johannes-Chrysostomos-Homilien im Chilandar-Kloster (Handschrift Nr. 400) s. Anmerkung Nr. 129, zweiter Abschnitt, in diesem Buch sowie V. J. Đurić, *Slikar Radoslav i freske Kalenića*, 28—29 (Aufführung der gesamten älteren Literatur).

138.
Die Veröffentlichung der Fresken von Gračanica erfolgte bei B. Vulović, *Portret Todora sina despota Đurđa u Gračanici*, Zbornik Arhitektonskog fakulteta 4 (Beograd 1962) 3—11 (Ansetzung des Entstehungszeitpunkts mit dem Jahr 1426; Begründung dieser Datierung), und P. Mijović, *Monodija o kamenu*, Kruševac 1967, 103—108 (späte Datierung: 1430). Vgl. auch V. J. Đurić, *Morava*, 28, 54, und S. Radojčić, *Izobraženije otroka pri cerkovnom vchodě v sěrbskoj živopisi načala XV věka*, Vizantija, Južnyje Slavjaně i Drěvnjaja Rus', Zapadnaja Ěvropa, Sbornik statěj v čest' V. N. Lazarěva, Moskva 1973, 326—331 (Datierung auf das Jahr 1428; Motivierung der Sitte, den Erstgeborenen an der Kirchentür porträtieren zu lassen).

Die Schenkungsurkunde des Despoten Đurađ für das Kloster Esphigmenou wurde sehr frühzeitig veröffentlicht und gründlich erforscht: V. G. Barskij, *Vtoroje posěščenije Svjatoj Afonskoj Gory*, S-Pětěrburg' 1887, 225; D. Abramović, *Opisanie drevnostiĭ srbski u Svetoĭ (Atonskoĭ) gori*, Beograd 1847, 67—69 (gewisse Abweichungen vom Original bei der zeichnerischen Wiedergabe der Miniaturen); P. Popović — S. Smirnov, *Minijatura porodice despota Đurđa na povelji u svetogorskom manastiru Esfigmenu iz 1429*, GSND XI (1931) 97—110 (im Zusammenhang damit s. a, PKJIF, XIII, 1933, 207—214, und GSND, XIII, 1934, 213—214); S. Radojčić, *Portreti*, 71—73; V. J. Đurić, *Portreti na poveljama vizantijskih i srpskih vladara*, ZFF VII-1 (1963) 253—254, passim. sl. 15, 16 (Farbreproduktionen).

139.
Die Veröffentlichung des Freskenfragments in Hagiou Pavlou besorgte A. Xyngopoulos, *Nouveaux témoignages de l'activité des peintres macédoniens au Mont-Athos*, BZ 52 (1959) 62—64. Die beiden Ikonen in ebendiesem Kloster wurden bisher nicht eigentlich veröffentlicht, sondern lediglich am Rande vermerkt, und zwar bei V. J. Đurić, *Morava*, 28, 54, wo (pl. XXVI) auch eine Reproduktion der einen, der St. Georgsikone, erscheint. Bei beiden handelt es

sich um eine Prozessionsikone. Die Rückseite der St. Georgsikone ist völlig zerstört. Sie hat eine Flächendimension von 83,5×40 cm, eine Dicke von 2,8 cm. Die Flächenausmaße des zweiten Tafelbilds, das auf der Vorderseite die Gottesmutter mit dem Kinde und auf der Rückseite die Kreuzigung zeigt, betragen 100×71 cm.

V. G. Barskij, der das Kloster vor der Zerstörung der alten Kirche besuchte, traf, ohne eine Beschreibung ihrer Fresken zu bringen, die Feststellung, die vorhandenen Inschriften seien bulgarisch gewesen — s. V. G. Barskij, *Vtoroje poseščenije*, 390. Damit nun aber dürfte dem Autor mit aller Wahrscheinlichkeit ein Fehler unterlaufen sein, dessen Ursache darin zu suchen ist, daß er im 18. Jahrhundert lebte und, wie dies damals schon zu sein pflegte, die einzelnen kirchenslawischen Fassungen nicht auseinanderzuhalten vermochte.

140,

Zu den Fresken auf dem Grab Repoš s. V. J. Đurić, *Chilandar*, 94—95 (Aufführung der spärlichen älteren Literatur, die lediglich das Vorhandensein dieser Malerei am Rande vermerkte). Vgl. auch id., *Morava*, 28, 54—55.

141.

Die Fresken von Gornja Kamenica wurden erst 1971 gereinigt und konserviert und sind noch nicht veröffentlicht. Einschlägige Randbemerkungen finden sich bei V. J. Đurić, *Morava*, 28—29, 55. Die Inschrift vom Bau des Gotteshauses brachte Lj. Stojanović in *ZN*, I, 1902, br. 318. Meiner eigenen Nachprüfung zufolge handelt es sich dabei in Wirklichkeit um eine im 19. Jahrhundert angefertigte Abschrift des Originals, das damals bereits schlecht zu erkennen war.

WORTERLÄUTERUNGEN

Acheiropoieiton wörtl.: nicht von Händen gemacht. Bild Christi, oder Mariens, dem eine übernatürliche Entstehung zugeschrieben wird

Akathistoshymnos Hymnus auf die Theotokos (Gottesmutter), der stehend (ἀκάθιτος) am Samstag vor dem fünften Fastensonntag gesungen wird

Anachoret Einsiedlermönch

Anargyroi wörtl. die Silbergeldlosen. Gemeint sind die Heiligen Kosmas und Damian (ἀνάργυρυι)

Anastasis wörtl. Auferstehung, in byzantinischer Darstellung die Höllenfahrt Christi

Anathema öffentliche Verfluchung, eine Art Bann

Anokathedra Über die Presbyterbänke erhobener Thronsitz für den Patriarchen im Scheitel der Apsis

Autokephalie Selbständigkeit

Blachernoissa auch Blachernitissa, russisch Známenie. Gottesmutter des Zeichens. In Orantenhaltung, vor ihrem Leib Christus Emanuel in einer Aureole

Bogumilentum siehe Patarenerbewegung

Chartophylax Ursprünglich Notar, später etwa Generalvikar des Patriarchen (χαρτοφύλαξ)

Chartoularios Kirchlicher Bürobeamter

Chrysobulon „Goldene Bulle", kaiserliche Urkunde mit Goldsiegel

Deesis Fürbitte. Maria und Johannes der Täufer bitten beim Jüngsten Gericht um Gnade für die Menschheit

Dikaios Oberer einer Gruppe von Einsiedelmöchen, die eine dorfähnliche Siedlung (skiti) bewohnen (δικατος)

Diakonikon meist rechts neben der Apsis gelegener Raum zur Aufbewahrung der kirchlichen Geräte und Gewänder

Eleousa „die sich Erbarmende"

Eparchie Provinz

Galaktotrophousa wörtl.: die milchnährende = das Kind stillende Maria

Glykophilousa (die süß liebende), ähnliche Darstellung wie Eleousa, das Kind berührt mit einer Hand das Kinn der Mutter

Hesychasmus Mystische Strömung, die durch Versenkung, (Nabelbeschau) die Vision des Lichtes der Verklärung Christi auf dem Berg Tabor zum Ziel hatte. Der H. war Anlaß zu schärfsten theologischen Auseinandersetzungen

Hetoimasia (ἑτοιματία) wörtl. Vorbereitung. Darstellung des Gottesthrones als Sinnbild der Gegenwärtigkeit Gottes (z. B. beim Konzil) und Thron für den kommenden Weltenrichter

Hirmos Musterstrophe (εἱρμός)

Hodegetria Führerin, Maria mit dem segnenden Kind auf dem linken Arm

Homilie Deutung eines Bibeltextes in Predigtform

Igumen Abt (ἡγούμενος)

Ikonoklasmus Bildersturm, theologisch-politische Auseinandersetzung im byzantinischen Reich des 8. und 9. Jh. Den Bilderstürmern (Ikonoklasten) fiel fast der gesamte Bilderbestand zum Opfer, bis die Bilderverehrer (Ikonodulen) wieder die Oberhand bekamen

Infuln Zierbänder der Mitra

Intercessio Eintreten für fremde Schuld oder Verpflichtung. Vermittlerrolle von Heiligen zwischen der schuldigen Menschheit und Christus

Johannes Prodromos (der Vorläufer), Johannes der Täufer

Kalyptra Schleierartiges Kopftuch

Katholikon Hauptkirche eines Klosters

Keramidion heißt ein entsprechendes Marienbild

Koimesis wörtl. Schlaf. Marientod und gleichzeitige Aufnahme in den Himmel durch Christus.

Kryptogramm eine Art verschlüsseltes Wort, dessen Buchstaben die Initialen anderer Worte sind

Kukulion Einleitungsstrophe zu einem Hymnus

Mandylion heißt das sog. Abgarbild von Edessa, das einer Legendenversion nach durch Abdruck des Gesichtes Christi auf einem Tuch entstand

Maphorion Mantel

Megaloschimos (μεγαλόσχημος) Mönch, der das große Schima, d. h. das höhere Profess-stadium erreicht hat. Im Gegensatz zum Mikroschimos (μικρόσχημος) trägt er ein anderes Gewand

Menologion Sammlung von Heiligenlegenden

Metamorphosis Verklärung Christi auf dem Berg Tabor

Narthex Vorhalle, (griechisch meist Pronaos). Oft gibt es zwei Vorhallen, eine äußere (Exonarthex) und eine innere (Endonarthex)

Naos Kirchenschiff

Omophorion Stola

Paenula entspricht der Kasel, liturgisches Obergewand ohne Ärmel

Pantokrator Christus als Weltenherrscher

Paraklisis betende, auch fürbittende Maria

Parusie (παρουσία) das Wiedererscheinen Herrn, = das Jüngste Gericht

Pastorale Hirtenstab

Patarenerbewegung eine häretische Bewegung, die die bestehende Kirchen- und Weltordnung angriff. Meist wird sie Bogumilensekte genannt. (Verwandt damit sind die Vorstellungen der Albingenser)

Pelagonitissa wörtl.: Seefahrerin

Pentekostarion Liturgisches Buch, das die Zeit von Ostersonntag bis zum ersten Sonntag nach Pfingsten umfaßt

PHILOXENIE	wörtl. Gastfreundschaft Abrahams beim Besuch der drei Engel. Byzantinische Ersatzdarstellung für die Trinität
PLATYTERA TON OURANON	(πλατυτέρα τῦν οὐρανῦν) die weiter (umfassender) ist als die Himmlische. Thronende Maria mit dem Kind auf dem Knie
PRONOIA	Feudales Lehenssystem
PROSKOMIDIE	Vorbereitung der heiligen Gaben für das Meßopfer
PROTHESIS	links der Apsis gelegener Raum zur Vorbereitung des Meßopfers
PROTOVESTIARIOS	Vorsteher der kaiserlichen Garderobe
SEBASTOKRATOR	wörtl. „verehrungswürdiger Herrscher", wenig aussagekräftiger Rang in einer Zeit der Titelinflation
STAUROTHEK	Behälter für eine Kreuzreliquie
SYNAXIS	Versammlung
TAXIARCHOI	die Erzengel
TEMPLON	Ikonostas
THEMA	Ursprünglich Armeekorps, übertragen auf die Militärbezirke dann auch Verwaltungseinheit (θέμα)
TROPARIEN	Kurze Lieder, die zwischen die Lesungen des Stundengebets eingeschaltet werden
TYPIKON	Klosterregel
ZOGRAPH	griechisch: Maler (ζωγράφος)

REGISTER

Historische und geographische Namen, Denkmäler und ikonographische Begriffe

Die in Kursiv gesetzten Ziffern bezeichnen die Bilder. Die halbfetten Ziffern beziehen sich auf den Text.

Verzeichnis der Autorennamen

INHALT

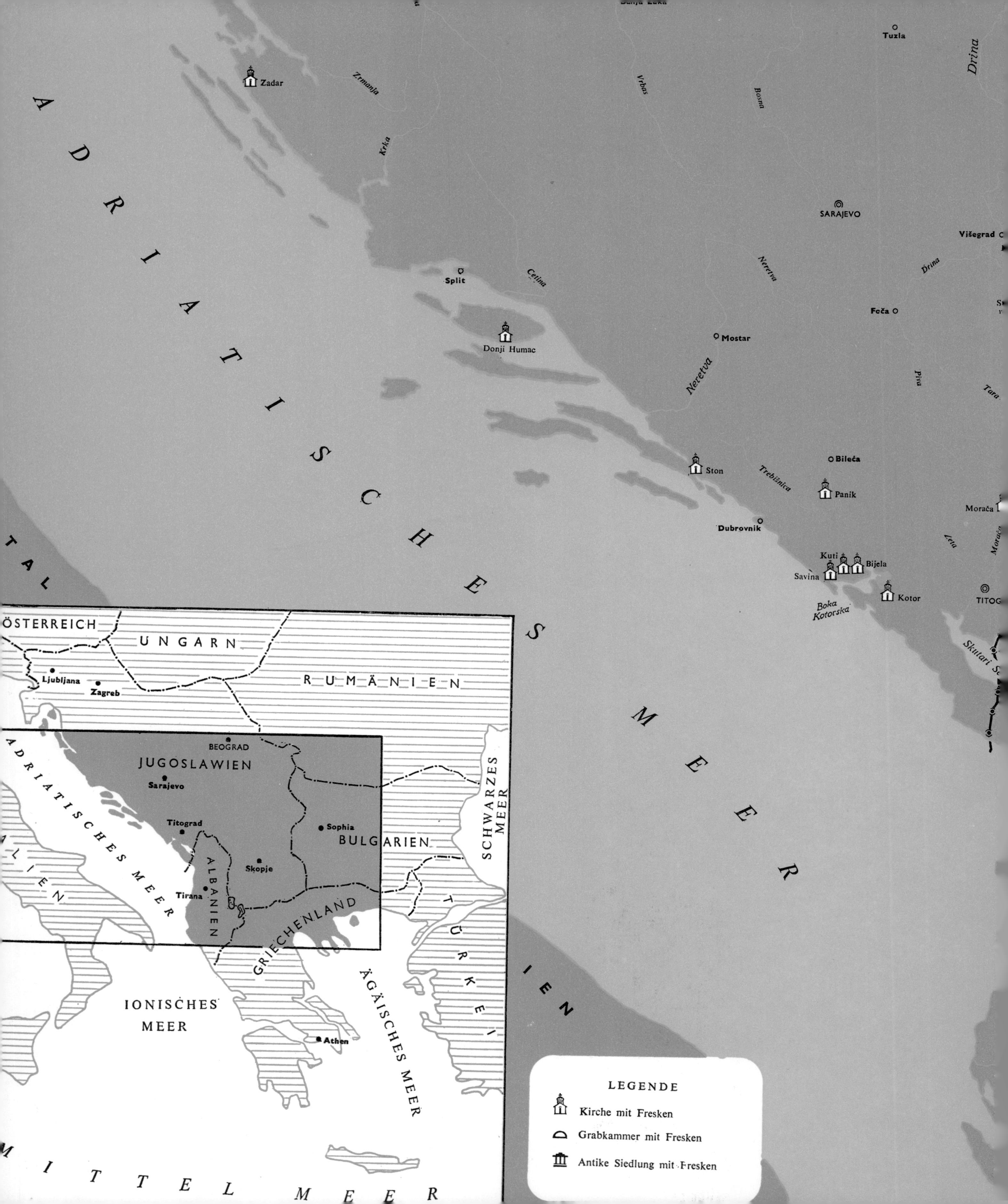

Zadar
Zrmanja
Krka
Vrbas
Bosna
Tuzla
Drina
SARAJEVO
Višegrad
Neretva
Drina
Split
Cetina
Foča
Donji Humac
Mostar
Neretva
Piva
Tara
Ston
Trebišnica
Bileća
Panik
Morača
Dubrovnik
Lešta
Morača
Kuti
Bijela
Savina
Kotor
Boka Kotorska
TITOG
Skutari S
ADRIATISCHES MEER
TAL
IEN
ÖSTERREICH
UNGARN
RUMÄNIEN
Ljubljana
Zagreb
BEOGRAD
JUGOSLAWIEN
Sarajevo
ADRIATISCHES MEER
Titograd
Sophia
BULGARIEN
SCHWARZES MEER
ALIEN
Skopje
ALBANIEN
Tirana
GRIECHENLAND
TÜRKEI
IONISCHES MEER
ÄGÄISCHES MEER
Athen
MITTEL MEER
LEGENDE
Kirche mit Fresken
Grabkammer mit Fresken
Antike Siedlung mit Fresken